IMPACTOS DO NOVO CPC NAS SÚMULAS E ORIENTAÇÕES JURISPRUDENCIAIS DO TST

Inclui Teoria dos Precedentes Judiciais

Élisson Miessa

IMPACTOS DO NOVO CPC NAS SÚMULAS E ORIENTAÇÕES JURISPRUDENCIAIS DO TST

Inclui Teoria dos Precedentes Judiciais

CONFORME NOVO CPC 2015

2016

EDITORA
*Jus*PODIVM

www.editorajuspodivm.com.br

EDITORA JusPODIVM
www.editorajuspodivm.com.br

Rua Mato Grosso, 175 – Pituba, CEP: 41830-151 – Salvador – Bahia
Tel: (71) 3363-8617 / Fax: (71) 3363-5050 • E-mail: fale@editorajuspodivm.com.br

Copyright: Edições JusPODIVM

Conselho Editorial: Dirley da Cunha Jr., Leonardo de Medeiros Garcia, Fredie Didier Jr., José Henrique Mouta, José Marcelo Vigliar, Marcos Ehrhardt Júnior, Nestor Távora, Robério Nunes Filho, Roberval Rocha Ferreira Filho, Rodolfo Pamplona Filho, Rodrigo Reis Mazzei e Rogério Sanches Cunha.

Capa: Rene Bueno e Daniela Jardim *(www.buenojardim.com.br)*

Diagramação: Marcelo S. Brandão

Fechamento desta edição: 23.11.2015

Todos os direitos desta edição reservados à Edições JusPODIVM.

É terminantemente proibida a reprodução total ou parcial desta obra, por qualquer meio ou processo, sem a expressa autorização do autor e da Edições JusPODIVM. A violação dos direitos autorais caracteriza crime descrito na legislação em vigor, sem prejuízo das sanções civis cabíveis.

APRESENTAÇÃO

O Direito Processual do Trabalho, embora seja um ramo autônomo, em diversos momentos se vale do processo comum como fonte subsidiária e supletiva (CLT, art. 769; NCPC, art. 15).

Nesse contexto, o novo Código de Processo Civil (Lei 13.105/14), como norma geral de processo, provoca relevantes impactos no processo do trabalho, exigindo do estudioso do direito uma análise detalhada das modificações introduzidas pelo novel código.

Uma das grandes novidades do novo CPC é a inclusão dos precedentes judiciais obrigatórios, contemplando em seu art. 927 que os juízes deverão observar: I – as decisões do Supremo Tribunal Federal em controle concentrado de constitucionalidade; II – os enunciados de súmula vinculante; III – os acórdãos em incidente de assunção de competência ou de resolução de demandas repetitivas e em julgamento de recursos extraordinário e especial repetitivos; IV – os enunciados das súmulas do Supremo Tribunal Federal em matéria constitucional e do Superior Tribunal de Justiça em matéria infraconstitucional; V – a orientação do plenário ou do órgão especial aos quais estiverem vinculados.

Esse dispositivo, guardadas as devidas ponderações, aproxima o direito brasileiro, embasado no *civil law*, do *common law*, dando prevalência às decisões judiciais, com o objetivo de exaltar os princípios da segurança jurídica, confiança legítima, igualdade, eficiência e economia processual.

Diante de tão relevante novidade, a presente obra, em seu primeiro capítulo, busca estudar a teoria dos precedentes, a fim de que possa compreendê-la, fazendo-se as observações pertinentes ao direito brasileiro, em especial ao direito processual do trabalho.

Em seguida, procuramos analisar os impactos que o novo Código irá produzir na jurisprudência consolidada do C. TST, separando a análise nos capítulos segundo, terceiro e quarto.

Assim, o segundo capítulo foi destinado a estudar as súmulas e orientações jurisprudenciais que deverão ser canceladas pelo C. TST, uma vez que o novo CPC alterou os fundamentos determinantes do que foi consolidado.

O terceiro pretende verificar aquelas que, embora impactadas pelo novo Código, poderão ser mantidas desde que alteradas ou pelo menos reinterpretadas.

Já o quarto capítulo analisa as súmulas e orientações jurisprudenciais que foram atingidas pelo novo CPC, mas que deverão ser mantidas, seja porque o novo Código atraiu as diretrizes consolidadas pelo C. TST, seja porque seus fundamentos determinantes não foram alterados.

De todo modo, aquelas súmulas e orientações que simplesmente tiverem alteração do número do dispositivo não foram analisadas nesta obra, uma vez que entendemos que a simples modificação de artigo não significa impacto capaz de merecer um estudo mais detido, como é a proposta desta obra.

Em termos práticos, ao todo foram impactadas **diretamente** 93 (noventa e três) súmulas e orientações jurisprudenciais do TST, o que representa mais de 30% (trinta por cento) da jurisprudência consolidada do C. TST relacionada ao processo do trabalho.

Enfim, o objetivo deste livro é facilitar o estudo do confronto entre o novo CPC e a jurisprudência consolidada do Tribunal Superior do Trabalho.

De qualquer modo, para aqueles que pretendem analisar os comentários de todas as súmulas e orientações jurisprudenciais do E. TST, deixamos a indicação de nossa obra *Súmulas e Orientações Jurisprudenciais do TST comentadas e organizadas por assunto*, publicada por esta editora.

Élisson Miessa

SUMÁRIO

Capítulo I
TEORIA DOS PRECEDENTES JUDICIAIS E SUA INCIDÊNCIA NO PROCESSO DO TRABALHO

1. Introdução 17
2. Famílias jurídicas 18
    2.1. Civil law (família romano-germânica) 18
    2.2. Common law (família anglo-saxônica) 19
    2.3. Aproximação entre o civil law e o common law 21
3. Precedentes judiciais 21
    3.1. Conceito 21
    3.2. Natureza jurídica dos precedentes judiciais 22
    3.3. Classificação dos precedentes 23
    3.4. Estrutura dos precedentes 23
        3.4.1. Ratio decidendi ou holding 24
        3.4.2. Obter dictum 27
    3.5. Precedente, jurisprudência e súmula 28
    3.6. Precedentes judiciais no direito brasileiro 29
        3.6.1. Regras e princípios atingidos 29
        3.6.2. Rol dos precedentes obrigatórios no Novo CPC 30
            3.6.2.1. Súmulas 31
            3.6.2.2. Decisão judicial 33
        3.6.3. Deveres gerais dos tribunais 36
        3.6.4. Outros efeitos dos precedentes 37
        3.6.5. Constitucionalidade dos precedentes obrigatórios no direito brasileiro 39

3.7. Técnicas para utilização dos precedentes 41
    3.7.1. *Distinguishing* 41
    3.7.2. Superação dos precedentes judiciais 44
        3.7.2.1. *Overruling* 44
        3.7.2.2. *Signaling* (Sinalização) 52
        3.7.2.3. *Overriding* 52
        3.7.2.4. Eficácia temporal na superação do precedente 53
4. Reclamação 55
5. Aplicação da teoria dos precedentes judiciais no processo do trabalho ... 58
    5.1. Integração (art. 15 do NCPC) 58
        5.1.1. As lacunas no direito processual do trabalho 59
        5.1.2. Subsidiariedade e supletividade 62
        5.1.3. Antinomias 63
        5.1.4. Diálogo das fontes 65
        5.1.5. Omissão na CLT 66
        5.1.6. Compatibilidade com o processo do trabalho 68

Capítulo II
SÚMULAS E ORIENTAÇÕES JURISPRUDENCIAIS SUPERADAS

1. Introdução 71
2. Partes e Procuradores 72
    2.1. Representação 72
        2.1.1. Representação irregular. Procuração apenas nos autos do agravo de instrumento (OJ nº 110 da SDI-I do TST) 72
        2.1.2. Mandato. Atos urgentes. Fase recursal (Súmula nº 383 do TST) 75
    2.2. Honorários Advocatícios. Hipóteses de Cabimento (Súmula nº 219 do TST) 80
    2.3. Benefício da justiça gratuita. Desnecessários poderes específicos para declaração de insuficiência econômica (OJ nº 331 da SDI-I do TST) 84
3. Tutela Antecipada 87
    3.1. Competência para concessão nos tribunais (OJ nº 68 da SDI-II do TST) 87
4. Recursos 90
    4.1. Teoria geral dos recursos 90

4.1.1. Ilegitimidade do MPT para recorrer na defesa de interesse patrimonial privado (OJ nº 237 da SDI-I do TST) 90

4.1.2. Assinatura apenas da petição de interposição ou das razões recursais. Validade (OJ nº 120 da SDI-I do TST) 92

4.1.3. Preparo (Custas e depósito recursal). Recolhimento Insuficiente. Diferença ínfima. Deserção (OJ nº 140 da SDI-I do TST) 94

4.1.4. Depósito de multas impostas pelo juízo. Aplicação da multa do art. 557, § 2º, do CPC, à pessoa jurídica de direito público (OJ nº 389 da SDI-I do TST) 99

4.2. Recursos em Espécie 101

4.2.1. Embargos de declaração 101

4.2.1.1. Embargos de declaração com efeitos modificativos. Necessidade do contraditório (OJ nº 142 da SDI-I) 101

4.2.1.2. Não cabimento de embargos de declaração de decisão denegatória de recurso de revista exarada por presidente do TRT (OJ nº 377 da SDI-I) 107

4.2.2. Recurso de Revista 111

4.2.2.1. Prequestionamento (recursos de natureza extraordinária). Exigência de prequestionamento em matéria de ordem pública (OJ nº 62 da SDI-I) 111

5. Execução Trabalhista 115

5.1. Penhora 115

5.1.1. Penhora em dinheiro (Súmula nº 417 do TST) 115

5.1.2. Penhora em conta-salário (OJ nº 153 da SDI-II do TST) ... 118

5.2. Depositário 124

5.2.1. Depositário infiel. Penhora sobre coisa futura e incerta (OJ nº 143 da SDI-II do TST) 124

6. Embargos de Terceiro. Competência na execução por carta precatória (Súmula nº 419 do TST) 126

7. Ação Cautelar 129

7.1. Reintegração em Ação Cautelar (OJ nº 63 da SDI-II do TST) 129

8. Ação Rescisória 131

8.1. Competência 131

8.1.1. Competência para ajuizamento da ação rescisória e possibilidade jurídica do pedido (Súmula nº 192 do TST) 131

8.1.2. Manifesto equívoco em ajuizar ação rescisória no TST para desconstituir julgado proferido pelo TRT ou vice-versa (OJ nº 70 da SDI-II do TST) 138

8.2. Pressupostos da ação rescisória 141
   8.2.1. Trânsito em julgado 141
      8.2.1.1. Comprovação (Súmula nº 299 do TST) 141
   8.2.2. Decisão de mérito 143
      8.2.2.1. Decisão que acolhe arguição de coisa julgada (OJ nº 150 da SDI-II do TST) 143
      8.2.2.2. Questão processual (Súmula nº 412 do TST) 146
      8.2.2.3. Decisão que não conhece de recurso de revista por ausência de divergência jurisprudencial (Súmula nº 413 do TST) 149
8.3. Petição Inicial 153
   8.3.1. Valor da causa. Inviabilidade de majoração de ofício (OJ nº 155 da SDI-II do TST) 153
   8.3.2 Tutela antecipada e pedido liminar na ação rescisória (Súmula nº 405 do TST) 155
8.4. Hipóteses de cabimento 158
   8.4.1. Dolo ou colusão 158
      8.4.1.1. Dolo da parte vencedora em detrimento da vencida (Súmula nº 403 do TST) 158
      8.4.1.2. Multa por litigância de má-fé (OJ nº 158 da SDI-II do TST) 160
   8.4.2. Violação literal de disposição de lei 164
      8.4.2.1. Prescrição total ou parcial. Construção jurisprudencial (Súmula nº 409 do TST) 164
   8.4.3 Ação rescisória para invalidar transação 165
      8.4.3.1. Termo de conciliação (acordo judicial) (Súmula nº 259 do TST) 165
      8.4.3.2. Acordo prévio ao ajuizamento da reclamação (OJ nº 154 da SDI-II do TST) 168
   8.4.4. Ação rescisória para invalidar confissão (Súmula nº 404 do TST) 171
8.5. Ação cautelar para suspender execução da decisão rescindenda (OJ nº 131 da SDI-II do TST) 174

Capítulo III
SÚMULAS E ORIENTAÇÕES JURISPRUDENCIAIS MODIFICADAS OU REINTERPRETADAS

1. Introdução 177
2. Partes e Procuradores 178

2.1. Capacidade postulatória – Jus postulandi (Súmula nº 425 do TST) 178

2.2. Representação 181

    2.2.1. Procuração. Mandato tácito (Súmula nº 164 do TST) 181

    2.2.2. Representação Irregular. Autarquia (OJ nº 318 da SDI-I do TST) 185

2.3. Honorários Advocatícios 187

    2.3.1. Base de cálculo (OJ nº 348 da SDI-I do TST) 187

3. Atos processuais 189

    3.1. Prazos Processuais. Recesso forense e férias coletivas dos ministros do TST. (Súmula nº 262 do TST) 189

4. Petição Inicial 194

    4.1. Indeferimento Liminar (Súmula nº 263 do TST) 194

5. Tutela Antecipada 197

    5.1. Concessão de Liminar. Faculdade do Juiz (Súmula nº 418 do TST) 197

6. Sentença 201

    6.1. Fato superveniente que possa influir no julgamento (súmula nº 394 do TST) 201

7. Recursos 205

    7.1. Teoria Geral dos Recursos 205

        7.1.1. Princípio da fungibilidade. Embargos de declaração contra decisão monocrática do relator (Súmula nº 421, II, do TST) 205

        7.1.2. Custas processuais. 207

            7.1.2.1. Pagamento das custas em recurso ordinário no mandado de segurança (OJ nº 148 da SDI – II do TST) 207

            7.1.2.2. Novo valor da causa arbitrado ex officio e majoração das custas processuais (OJ nº 88 da SDI-II do TST) 209

        7.1.3. Efeitos dos recursos. Efeito devolutivo (Súmula nº 393 do TST) 212

        7.1.4. Reexame necessário. Cabimento (Súmula nº 303 do TST) 220

8. Execução 226

    8.1. Penhora 226

        8.1.1. Carta de fiança bancária (OJ nº 59 da SDI-II do TST) 226

8.1.2. Penhora sobre parte da renda de estabelecimento comercial (OJ nº 93 da SDI-II do TST) 230

9. Ação Rescisória 232

   9.1. Pressupostos da ação rescisória 232

      9.1.1. Trânsito em julgado 232

         9.1.1.1. Ausência da decisão rescindenda e/ou da certidão de trânsito em julgado autenticadas (OJ nº 84 da SDI-II do TST) 232

      9.1.2. Decisão de Mérito 235

         9.1.2.1. Decisão que declara preclusa a oportunidade de impugnação da sentença de liquidação (OJ nº 134 da SDI-II do TST) 235

   9.2. Representação Processual. Procuração com poderes específicos para o ajuizamento de reclamação trabalhista. Irregularidade verificada na fase recursal (OJ nº 151 da SDI-II do TST) 237

   9.3. Petição Inicial 239

      9.3.1. Cumulação subsidiária de pedidos (OJ nº 78 da SDI-II do TST) 239

   9.4. Hipóteses de cabimento 241

      9.4.1. Colusão das partes (OJ nº 94 da SDI-II do TST) 241

      9.4.2. Violação literal de disposição de lei. Alcance da regra. Expressão lei (OJ nº 25 da SDI-II do TST) 244

10. Mandado de Segurança. Decisão homologatória de adjudicação (OJ nº 66 da SDI-II do TST) 248

Capítulo IV
SÚMULAS E ORIENTAÇÕES JURISPRUDENCIAIS MANTIDAS

1. Introdução 251

2. Competência 251

   2.1. Conflito de Competência. Incompetência territorial (OJ nº 149 da SDI-II do TST) 251

3. Partes e Procuradores 254

   3.1. Representação 254

      3.1.1. Mandato e substabelecimento. Condições de validade (Súmula nº 395 do TST) 254

      3.1.2. Mandato. Pessoa jurídica de direito público (Súmula nº 436 do TST) 257

   3.2. Honorários Periciais 259

3.2.1. Assistente técnico (Súmula nº 341) 259

3.2.2. Honorários periciais do beneficiário da justiça gratuita (súmula nº 457 do TST) 261

3.3. Justiça Gratuita 264

3.3.1. Momento oportuno para requerimento (OJ nº 269 da SDI-I do TST) 264

3.3.2. Declaração de pobreza. Comprovação (OJ nº 304 da SDI-I do TST) 266

4. Litisconsórcio 268

4.1. Procuradores distintos. Prazo (OJ nº 310 da SDI-I do TST) 268

5. Intervenção de terceiros 270

5.1. Assistência (súmula nº 82 do TST) 270

6. Atos Processuais 274

6.1. Notificação 274

6.1.1. Pluralidade de advogados. Publicação em nome de advogado diverso daquele expressamente indicado (Súmula nº 427 do TST) 274

6.2. Prazos Processuais 277

6.2.1. Intimação ou publicação ocorrida na sexta-feira. Início da contagem do prazo (Súmula nº 1 do TST). 277

6.2.2. Prazos Processuais. Intimação em sábado. (Súmula nº 262 do TST) 279

6.2.3. Feriado local. Ausência de expediente forense. Necessidade de comprovação (Súmula nº 385 do TST) 282

7. Provas 288

7.1. Ônus da prova. Jornada de trabalho. Registro. Distribuição dinâmica do ônus da prova (Súmula nº 338 do TST) 288

8. Recursos 295

8.1. Princípio da fungibilidade. Embargos de declaração contra decisão monocrática do relator (Súmula nº 421, I, do TST) 295

8.1.1. Juízo de Admissibilidade. Admissibilidade parcial pelo juízo a quo (súmula nº 285 do TST) 298

8.1.2. Pressupostos Recursais 300

8.1.2.1. Representação. Agravo de instrumento e recurso de revista interpostos por procurador com poderes limitados ao âmbito do TRT (OJ nº 374 da SDI-I do TST) 300

8.1.3. Documentos. Juntada de documentos (súmula nº 8 do TST) 301

8.2. Recursos em espécie 303

8.2.1. Embargos de declaração 303

8.2.1.1. Embargos de declaração com efeitos modificativos. Cabimento (Súmula nº 278 do TST) 303

8.2.1.2. Embargos de declaração com efeitos prequestionatórios (Súmula nº 184 do TST) 306

8.2.2. Recurso de Revista 308

8.2.2.1. Prequestionamento (recursos de natureza extraordinária) 308

8.2.2.2. Divergência jurisprudencial 319

8.2.3. Recurso de embargos à Seção de Dissídios Individuais do TST 327

8.2.3.1. Embargos à SDI da decisão em agravo (Súmula nº 353 do TST) 327

8.2.3.2. Embargos à SDI contra decisão monocrática (OJ nº 378 da SDI-I do TST) 337

8.2.4. Agravo interno e regimental. Constitucionalidade do art. 557 do CPC (Súmula nº 435 do TST) 339

9. Execução trabalhista 343

9.1. Juros. Incidência independentemente de constar no pedido inicial ou na condenação (Súmula nº 211 do TST) 343

10. Ação Rescisória 346

10.1. Legitimidade do Ministério Público do Trabalho (súmula nº 407 do TST) 346

10.2. Competência para ajuizamento da ação rescisória (Súmula nº 192 do TST) 349

10.3. Decadência (Súmula nº 100 do TST) 355

10.4. Pressupostos da ação rescisória 372

10.4.1. Trânsito em julgado. Comprovação (Súmula nº 299 do TST) 372

10.4.2. Decisão de Mérito 376

10.4.2.1. Decisão homologatória de adjudicação, de arrematação e de cálculos (Súmula nº 399 do TST) . 376

10.4.2.2. Sentença de extinção da execução (OJ nº 107 da SDI-II do TST) 379

10.5. Hipóteses de cabimento 382

10.5.1. Documento novo (Súmula n° 402 do TST) 382
10.5.2. Ação rescisória fundada em erro de fato. Caracterização (OJ n° 136 da SDI-II do TST) 386
10.6. Recursos 389
10.6.1. Decisão proferida em agravo regimental confirmando decisão monocrática do relator que indefere petição inicial da ação rescisória com fundamento em matéria controvertida (Súmula n° 411 do TST) 389
10.7. Ação cautelar em ação rescisória para suspender execução. Documentos indispensáveis (OJ n° 76 da SDI-II do TST) 392
11. Mandado de Segurança 394
11.1. Cabimento 394
11.1.1. Tutela antecipada concedida na sentença (Súmula n° 414 do TST) 394
11.1.2. Execução na pendência de recurso extraordinário (OJ n° 56 da SDI-II do TST) 397
11.2. Efeitos dos recursos. Efeito suspensivo. Medida cautelar para imprimir efeito suspensivo a recurso interposto contra decisão proferida em mandado de segurança (OJ n° 113 da SDI-II do TST) 399
12. Dissídio Coletivo 402
12.1. Incompatibilidade do arresto, apreensão ou depósito no dissídio coletivo (OJ n° 3 da SDC do TST) 402

BIBLIOGRAFIA 405

ÍNDICE EM ORDEM NUMÉRICA

1. Súmulas do TST 413
2. Orientações Jurisprudenciais da SDI – I do TST 423
3. Orientações Jurisprudenciais da SDI – II do TST 426
4. Orientações Jurisprudenciais da SDC do TST 431

CAPÍTULO I

TEORIA DOS PRECEDENTES JUDICIAIS E SUA INCIDÊNCIA NO PROCESSO DO TRABALHO

1. INTRODUÇÃO

O Novo Código de Processo Civil concede grande destaque à teoria dos precedentes judiciais proveniente da família jurídica do *common law*, conforme se observa, principalmente nos artigos 926 e 927. Contudo, deve-se ressaltar que o sistema jurídico brasileiro, em razão da colonização portuguesa e espanhola, possui forte inspiração da família do *civil law* e que há inúmeras diferenças entre as características das duas famílias jurídicas.

Desse modo, é essencial que se compreenda a teoria dos precedentes judiciais, para que haja a correta adaptação dessa teoria ao direito processual pátrio, principalmente no que tange ao processo do trabalho, com respeito aos princípios próprios do ordenamento jurídico brasileiro.

Assim, após serem estudadas as principais características das famílias jurídicas romano-germânica (*civil law*) e anglo-saxônica (*common law*) e a tendência de aproximação entre os dois sistemas jurídicos, será realizada uma análise da teoria dos precedentes judiciais, com ênfase na estrutura dos precedentes, nos princípios afetados pela adoção de referida teoria no direito processual brasileiro, nas técnicas para a utilização e para a superação dos precedentes e dos dispositivos do NCPC que versam sobre o tema. Também será analisado o instituto da reclamação, contemplado nos artigos 988 a 993 do NCPC, que, embora não seja direcionado apenas aos precedentes descritos no art. 927 do NCPC, torna-se mais um meio de garantir sua aplicação.

Por fim, faz-se necessário o estudo da aplicação dos precedentes judiciais no processo do trabalho, principalmente com base nos artigos 15 do NCPC e 769 da CLT, que impõem a necessidade de diálogo entre as normas do processo civil e de processo do trabalho, desde que haja, além da omissão, compatibilidade com os princípios próprios da seara trabalhista.

2. FAMÍLIAS JURÍDICAS

Há uma grande variedade de modos de manifestação do direito em todo o mundo, uma vez que, de acordo com a estrutura de cada sociedade, muda-se o teor das regras e os instrumentos jurídicos disponíveis para efetivá-las. Todavia, se considerarmos os elementos principais desses ordenamentos jurídicos, que são utilizados na interpretação e aplicação do direito, a diversidade é reduzida consideravelmente, o que possibilita o agrupamento dos direitos existentes em "famílias jurídicas".

O modo de classificação em famílias jurídicas, todavia, não é unânime entre os autores. De acordo com René David, atualmente, os principais grupos de direito são: a família romano-germânica (*civil law*), a família anglo-saxônica (*common law*) e a família dos direitos socialistas. Ao lado dessas grandes famílias, é possível ainda o agrupamento do direito muçulmano, hindu e judaico, o direito do Extremo Oriente e o direito da África negra e Madagascar[1].

Considerando que nosso ordenamento jurídico recebeu grande influência da família romano-germânica (*civil law*) e que o Novo CPC passará a dar destaque aos precedentes judiciais provenientes do *common law*, a seguir serão analisadas as principais características dessas duas famílias jurídicas.

2.1. *Civil law* (família romano-germânica)

A família romano-germânica engloba os direitos constituídos com fundamento no direito romano e foi formada "graças aos esforços das universidades europeias, que elaboraram e desenvolveram a partir do século XII, com base em compilações do imperador Justiniano, uma ciência jurídica comum a todos"[2]. Em razão de ter sido criado nas universidades latinas e germânicas, o sistema recebeu a denominação de sistema romano-germânico (*civil law*).

O *civil law* concede papel de destaque às normas escritas e legisladas, defende a completude do direito codificado e, consequentemente, coloca em segundo plano as demais fontes do direito, como a jurisprudência e os costumes.

No tocante à sistematização, no *civil law*, "as leis básicas são organizadas em códigos, por matéria ou ramo do Direito, de forma ordenada, lógica e com-

---

1. DAVID, René. *Os grandes sistemas do Direito Contemporâneo*. Tradução de Hermínio A. Carvalho. 4. ed. São Paulo: Martins Fontes, 2002. p. 23.
2. DAVID, René. *Os grandes sistemas do Direito Contemporâneo*. Tradução de Hermínio A. Carvalho. 4. ed. São Paulo: Martins Fontes, 2002. p. 24.

preensível, com a concentração das formações jurídicas por meio dos órgãos estatais politicamente dominantes"[3].

O sistema romano-germânico busca, portanto, a ideia de previsibilidade do ordenamento jurídico, baseada no fundamento de que todas as situações devem estar previstas na lei. Essa ideia de completude do direito legislado tem como objetivo original a aplicação da lei de forma estrita pelo julgador.

Em razão de a tradição jurídica romano-germânica acreditar que o sistema de regras codificadas basta a si próprio, em geral, os precedentes como criadores do direito possuem caráter secundário.

O Brasil e os demais países da América Latina têm forte influência da tradição romano-germânica em razão das colonizações espanhola e portuguesa. Todavia, conforme será analisado posteriormente, a aproximação entre o *civil law* e os diversos institutos do *common law* é cada vez mais nítida, principalmente se analisado o ordenamento jurídico brasileiro.

2.2. Common law (família anglo-saxônica)

Diferentemente do *civil law*, que teve origem nas universidades europeias, o *common law* foi criado pelos próprios juízes na resolução de determinados litígios, "principalmente pela ação dos Tribunais Reais de Justiça"[4]. Em razão dessa diferença histórica, a própria formação dos juristas no *common law* baseou-se na atividade prática.

Segundo Ronald Dworkin o termo *common law*

> designa o sistema de direito de leis originalmente baseadas em leis costumeiras e não escritas da Inglaterra, que se desenvolveu a partir da doutrina do precedente. De maneira geral, a expressão refere-se ao conjunto de leis que deriva e se desenvolve a partir das decisões dos tribunais, em oposição às leis promulgadas através de processo legislativo.[5]

Prevalece, portanto, o direito casuístico, fundamentado nos precedentes judiciais. A obrigação de se recorrer às regras que já foram estabelecidas pelos juízes é denominada de *stare decisis*.

---

3. ALMEIDA, Wânia Guimarães Rabêllo de. *Direito Processual Metaindividual do Trabalho: a adequada e efetiva tutela jurisdicional dos direitos de dimensão transindividual*. Salvador. Editora JusPODIVM, 2016. p. 91.
4. DAVID, René. *Os grandes sistemas do Direito Contemporâneo*. Tradução de Hermínio A. Carvalho. 4. ed. São Paulo: Martins Fontes, 2002. p. 351.
5. DWORKIN, Ronald *apud* ALMEIDA, Wânia Guimarães Rabêllo de. *Direito Processual Metaindividual do Trabalho: a adequada e efetiva tutela jurisdicional dos direitos de dimensão transindividual*. Salvador: Editora JusPODIVM, 2016. p. 91. nota 66.

Nas palavras da doutrinadora Wânia Guimarães Rabêllo de Almeida

> No sistema do *common law*, o Direito pode ser definido como o conjunto de normas de caráter jurídico, não escritas, sancionadas e acolhidas pelos costumes e pela jurisprudência. Nele, a jurisprudência dos tribunais superiores vincula os tribunais inferiores, pois, ao julgarem os casos concretos, os juízes declaram o direito comum aplicável. Os julgados proferidos são registrados nos arquivos das Cortes e publicados em coletâneas (*reports*) e adquirem a força obrigatória de regras de precedentes (*rules of precedents*), razão pela qual atuam como parâmetro para os casos futuros. Os juízes e juristas abstraem destes julgados princípios e regras para, no futuro, ampliarem os limites do *common law*, propiciando a sua evolução.
>
> Não existindo precedente ou norma escrita, os tribunais podem criar uma norma jurídica para aplicá-la ao caso concreto, predominando a forma de raciocínio analógico a partir de "precedentes judiciários"[6].

Porém, nada obsta de existirem leis nesse sistema. Todavia, como o "precedente jurisprudencial é a principal fonte do Common Law, os juízes sempre interpretaram de modo restritivo a legislação (Statute Law), limitando ao máximo a incidência desta no Common Law"[7]. Nesse sentido, assevera Luiz Guilherme Marinoni:

> No *common law*, os Códigos não tem a pretensão de fechar os espaços para o juiz pensar; portanto, não se preocupam em ter todas as regras capazes de solucionar os casos conflitivos. Isto porque, no *common law*, jamais se acreditou ou se teve a necessidade de acreditar que poderia existir um Código que eliminasse a possibilidade de o juiz interpretar a lei. Nunca se pensou em negar ao juiz do *common law* o poder de interpretar a lei. De modo que, se alguma diferença há, no que diz respeito aos Códigos, entre o *civil law* e o *common law*, tal distinção está no valor ou na ideologia subjacente à ideia de Código[8].

Desse modo, a preocupação do *common law* não se baseia na necessidade de o juiz aplicar, de forma estrita, a legislação, mas na possibilidade de o próprio juiz interpretar o direito.

---

6. ALMEIDA, Wânia Guimarães Rabêllo de. *Direito Processual Metaindividual do Trabalho: a adequada e efetiva tutela jurisdicional dos direitos de dimensão transindividual*. Salvador: Editora JusPODIVM, 2016. p. 96..
7. LOSANO, Mário G. *Os grandes sistemas jurídicos: introdução aos sistemas jurídicos europeus e extraeuropeus*. Tradução de Marcela Varejão. Revisão da tradução de Silvana Cobucci Leite. São Paulo: Martins Fontes, 2007. p. 334.
8. MARINONI, Luiz Guilherme. *Aproximação crítica entre as jurisdições de civil law e de common law e a necessidade de respeito aos precedentes no Brasil*. Revista da Faculdade de Direito – UFPR. Curitiba, nº 49, p. 11-58, 2009.

2.3. Aproximação entre o civil law e o common law

Atualmente, observa-se a tendência de aproximação dos dois sistemas jurídicos, com a adoção de normas codificadas em países do *common law* e com a valorização dos precedentes nos países do *civil law*. Como descreve Rodolfo de Camargo Mancuso:

> a dicotomia entre as famílias jurídicas *civil law/common law* hoje não é tão nítida e radical como o foi outrora, sendo visível *uma gradativa e constante aproximação* entre aqueles regimes: o direito legislado vai num *crescendo*, nos países tradicionalmente ligados à regra do precedente judicial e, em sentido inverso, é a jurisprudência que vai ganhando espaço nos países onde o primado recai na norma legal[9]. (destaque no original)

No Brasil, em que o modelo adotado se baseia no paradigma do *civil* law, a aproximação entre os dois sistemas jurídicos é ainda mais evidente, uma vez que diversos instrumentos previstos no ordenamento jurídico são claramente inspirados na tradição jurídica do *common law* como, por exemplo, o controle de constitucionalidade difuso e concentrado, as súmulas vinculantes do STF, os recursos repetitivos etc.

Essas características próprias do ordenamento jurídico brasileiro fazem com que, de acordo com Fredie Didier, seja necessário "romper com o 'dogma da ascendência genética', não comprovado empiricamente, segundo o qual o Direito brasileiro se filia a essa ou àquela tradição jurídica"[10].

Com o Novo Código de Processo Civil, os precedentes judiciais passarão a ter maior destaque, aproximando-se o direito brasileiro ainda mais das técnicas utilizadas no sistema do *common law*. Todavia, em razão de a cultura jurídica pátria ter suas raízes muito ligadas à tradição do *civil law*, o próprio modelo de precedentes adotado possui grandes diferenças em relação ao modelo anglo-saxão.

3. PRECEDENTES JUDICIAIS

3.1. Conceito

De acordo com Fredie Didier, Paula Sarno Braga e Rafael Alexandria de Oliveira, o precedente, em sentido amplo, "é a decisão judicial tomada à luz de um caso concreto, cujo elemento normativo pode servir como diretriz para o

---

9. MANCUSO, Rodolfo de Camargo. *Divergência jurisprudencial e súmula vinculante*. 3. ed. rev., atual. e ampl. São Paulo: Editora Revista dos Tribunais, 2007. p. 183.
10. DIDIER JR., Fredie. *Curso de Direito Processual Civil: introdução ao direito processual civil, parte geral e processo de conhecimento*. 17. ed. Salvador: JusPODIVM, 2015. p. 60.

julgamento posterior de casos análogos"[11]. Em um sentido ainda mais amplo, "o precedente é um evento passado que serve como um guia para a ação presente"[12].

Percebe-se por tal conceito que, havendo decisão judicial, é possível a existência do precedente, de modo que em todos os sistemas jurídicos há precedentes, diferenciando-se, porém, quanto à forma e à importância que lhe é dado em cada sistema.

Em sentido estrito, precedente pode ser entendido como a razão de decidir ou norma do precedente, sendo denominado de *ratio decidendi*.

O precedente tem **visão retrospectiva**, já que incumbe ao julgador um olhar para trás. "A função de decidir a partir de precedentes estaria, assim, ligada ao passado, eis que o fato de uma decisão ter sido dada em determinada matéria anteriormente é significante para a solução do caso presente."[13]

Ademais, também deve ser visto sob o **aspecto prospectivo**, já que no momento da prolação da decisão, especialmente as Cortes Superiores, devem ter a dimensão de que seus julgados serão observados no futuro. Essa perspectiva ganha relevância no direito brasileiro, já que, como será analisado posteriormente, a definição da decisão que servirá como precedente decorre do próprio criador da decisão e não simplesmente daqueles que a analisam no futuro.

Por fim, consigne-se que os precedentes podem versar sobre questões de direito material e de direito processual[14].

3.2. Natureza jurídica dos precedentes judiciais

No tocante à natureza jurídica dos precedentes judiciais, há divergências na doutrina: uns entendendo que se trata de ato-fato-jurídico e outros de ato-jurídico.

De acordo com Didier, Braga e Oliveira, o precedente judicial deve ser analisado como um ato-fato-jurídico, pois, "embora esteja encartado na fundamentação de uma decisão judicial (que é um ato jurídico), é tratado como um *fato* pelo legislador. Assim, os efeitos de um precedente produzem-se independentemente da manifestação do órgão jurisdicional que o produziu.

---

11. DIDIER JR., Fredie; BRAGA, Paula Sarno; OLIVEIRA, Rafael Alexandria de. *Curso de Direito Processual Civil: teoria da prova, direito probatório, decisão, precedente, coisa julgada e tutela provisória*. vol. 2, 10. ed. Salvador: JusPODIVM, 2015. p. 441.
12. DUXBURY, Neil apud MACÊDO, Lucas Buril de. *Precedentes judiciais e o direito processual civil*. Salvador: JusPODIVM, 2015. p. 88.
13. DUXBURY, Neil apud MACÊDO, Lucas Buril de. *Precedentes judiciais e o direito processual civil*. Salvador: JusPODIVM, 2015. p. 93.
14. No mesmo sentido, o enunciado nº 327 do Fórum Permanente de Processualistas Civis: "os precedentes vinculantes podem ter por objeto questão de direito material ou processual" e o art. 928, parágrafo único, do Novo CPC.

São efeitos *ex lege*. São, pois, efeitos *anexos* da decisão" ou seja, "produz efeitos jurídicos, independentemente da vontade de quem o pratica"[15].

Todavia, de acordo com Lucas Buril Macêdo, o precedente, em sentido amplo, "pode ser classificado como ato jurídico, é decisão que pode ter por eficácia a geração de normas, em outras palavras, é fonte do direito"[16]. Já no sentido estrito, possui a natureza de princípio ou regra, pois corresponde à própria norma contida no texto da decisão judicial.

Independentemente da posição a ser adotada é certo que, quanto ao efeito, ambos reconhecem que precedente é **efeito anexo da decisão judicial**, transformando-a em **fonte de direito** para os casos subsequentes.

3.3. Classificação dos precedentes

A principal classificação dos precedentes está ligada ao grau de eficácia que possuem dentro de um ordenamento, podendo ser dividido em: persuasivos ou obrigatórios (vinculantes).

Os **precedentes persuasivos** são aqueles que, apesar de não precisarem necessariamente ser seguidos pelos juízes, podem constituir os fundamentos em outras decisões. Sua observância, portanto, não é obrigatória, possuindo apenas o caráter argumentativo para tomada de posição em determinado sentido. O juiz o segue não porque é obrigatório, mas porque está convencido de que o entendimento do precedente está correto.

Por sua vez, os **precedentes vinculantes** (*binding precedent*) são aqueles que, obrigatoriamente, devem ser observados pelo julgador ao proferir decisão em casos semelhantes, "sob pena de incorrer em erro quanto à aplicação do direito, que pode se revelar tanto como *error in judicando* como *error in procedendo*"[17].

3.4. Estrutura dos precedentes

Estruturalmente, os precedentes judiciais são compostos pelos fundamentos fáticos que embasam a controvérsia e pelos fundamentos jurídicos utilizados na motivação da decisão, denominando-se *ratio decidendi* ou *holding*.

---

15. JR. DIDIER, Fredie; BRAGA, Paula Sarno; OLIVEIRA, Rafael Alexandria de. *Curso de Direito Processual Civil: teoria da prova, direito probatório, decisão, precedente, coisa julgada e tutela provisória*. vol. 2, 10. ed. Salvador: JusPODIVM, 2015. p. 453.
16. MACÊDO, Lucas Buril de. *Precedentes judiciais e o direito processual civil*. Salvador: JusPODIVM, 2015. p. 99.
17. MACÊDO, Lucas Buril de. *Precedentes judiciais e o direito processual civil*. Salvador: JusPODIVM, 2015. p. 102.

Percebe-se por essa afirmação uma diferença essencial entre a lei e os precedentes. A lei, como norma geral e abstrata, desliga-se dos fundamentos que a originaram, passando as discussões levantadas antes de sua criação a serem um elemento histórico que, embora tenham alguma relevância interpretativa, em regra, não são determinantes. Por sua vez, o precedente está umbilicalmente vinculado ao caso concreto que lhe deu fundamento, não se admitindo a análise tão somente da tese jurídica criada, mas essencialmente do(s) caso(s) que lhe deu (deram) origem.

Ademais, o precedente pode contar, na sua estrutura, com colocações que reforcem a tese jurídica defendida, porém sem integrar a *ratio decidendi*. Essas colocações acessórias são denominadas de *obter dictum*.

Portanto, compreender e diferenciar *ratio decidendi* de *obter dictum* é de suma importância para realizar o manejo dos precedentes judiciais.

3.4.1. Ratio decidendi ou holding

A *ratio decidendi* ou *holding* consiste na razão para a decisão ou a razão de decidir. Para as Cortes brasileiras são os fundamentos determinantes da decisão[18]. Como descrito pelo TST, em decisão proferida sob a vigência da Lei 13.015/14 e já invocando a teoria dos precedentes, "a *ratio decidendi* é entendida como os fundamentos determinantes da decisão, ou seja, a proposição jurídica, explícita ou implícita, considerada necessária para a decisão"[19].

Trata-se, pois, do precedente em sentido estrito[20], uma vez que corresponde ao elemento que vinculará o julgamento posterior de casos semelhantes, ou seja, é a norma criada pela decisão.

No *common law*, as decisões não têm apenas importância para as partes, mas também para os juízes e jurisdicionados, uma vez que podem servir como precedentes. Daí a relevância do aspecto prospectivo do precedente, de modo que os juízes devem ter dimensão de que seus julgados serão observados no futuro.

Nesse sistema jurídico há diversas teorias para que se encontre a *ratio decidendi* de determinado precedente. Em estudo de Karl Llewellyn, citado por Lucas Buril de Macêdo, há o apontamento de 64 formas para se encontrar

---

18. STF (Rcl 5216 Agr/PA; RE 630705 AgR/MT); STJ (MS 15920/DF; AgRg no REsp 786612).
19. TST – EEDRR 160100-88.2009.5.03.0038, TP – Min. José Roberto Freire Pimenta. DEJT 14.04.2015/J-24.03.2015 – Decisão por maioria.
20. DIDIER JR., Fredie; BRAGA, Paula Sarno; OLIVEIRA, Rafael Alexandria de. *Curso de Direito Processual Civil: teoria da prova, direito probatório, decisão, precedente, coisa julgada e tutela provisória*. 10. ed. Salvador: JusPODIVM, 2015. v. 2, p. 441.

a *ratio decidendi* dos precedentes judiciais[21], sendo os principais os métodos desenvolvidos por Wambaugh, Oliphant e Goodhart.

O método de Wambaugh baseia-se na ideia de que a *ratio decidendi* consiste na regra geral e que, sem ela, a decisão seria totalmente diferente. De acordo com o jurista, deve ser encontrada a proposição de direito e, inserida antes dela, uma palavra que negue o seu significado. Caso a decisão se mantenha, chega-se à conclusão de que a proposição não corresponde à *ratio decidendi*, pois não foi fundamental à decisão. Por outro lado, se a conclusão da decisão for alterada pela palavra inserida, tem-se a norma geral, extraindo-se o precedente. Essa tese, porém, só tem relevância quando há um fundamento determinante, não sendo útil quando a decisão tem dois ou mais fundamentos que, isoladamente, podem alcançar a mesma solução.

A teoria de Oliphant, denominada de teoria realista, defende a ideia de que a busca da *ratio decidendi* é impossível, pois as reais razões da decisão não são verdadeiramente expostas pelo julgador. Ademais, as proposições criadas na decisão somente poderão ser definidas pelos juízes posteriores.

Para Goodhart, a *ratio decidendi* apenas é encontrada após o levantamento de todos os fatos fundamentais da decisão tomada pelo juiz, ou seja, devem ser destacados todos os fatos utilizados pelo julgador e, em seguida, devem ser identificados quais foram substanciais (materiais) para a decisão. Essa tese tem a virtude de valorizar os fatos para a definição do precedente, mas acaba ignorando a fundamentação da decisão[22].

Embora possa ser importante a definição de um método para se alcançar a *ratio decidendi*, é praticamente impossível definir um único método infalível[23], até porque a *ratio decidendi* é norma que pressupõe interpretação, seja para criá-la, seja para aplicá-la no futuro.

Noutras palavras, a norma do precedente difere de seu texto. Este é um símbolo gráfico, isto é, aquilo que é descrito literalmente na decisão. A norma tem no texto o seu ponto de partida, mas vai muito além dele, decorrendo da interpretação do texto, que pode gerar diversos significados e não somente o literal descrito no texto. Disso resulta que a extração da *ratio decidendi* pressupõe interpretação do texto no caso concreto.

---

21. MACÊDO, Lucas Buril de. *Precedentes judiciais e o direito processual civil*. Salvador: JusPODIVM, 2015. p. 317.
22. PEIXOTO, Ravi. *Superação do precedente e segurança jurídica*. Salvador: JusPODIVM, 2015. p. 175.
23. No mesmo sentido, PEIXOTO, Ravi. *Superação do precedente e segurança jurídica*. Salvador: JusPODIVM, 2015, p. 183.

De qualquer maneira, para que se busque a *ratio decidendi*, deve-se investigar, primordialmente, a fundamentação utilizada no julgamento, que compreende as razões que fizeram com que o julgador proferisse determinado dispositivo. Isso porque a essência da decisão, ou seja, o que deverá ser aplicado pelos demais juízes, em regra, encontra-se na fundamentação.

E nesse aspecto ganha relevância a fundamentação exaustiva descrita no art. 489, § 1º, do Novo CPC. Queremos dizer que a fundamentação da decisão judicial sempre teve muita importância, tanto que seu regramento vem disposto na Constituição Federal (CF/88, art. 93, IX). Isso se justifica, dentre outros aspectos, para que as partes tenham conhecimento das razões que levaram o juiz a decidir desta ou daquela forma, possibilitando o contraditório em âmbito recursal, e permitindo que o Tribunal *ad quem* possa compreender os motivos da decisão. Contudo, no contexto do CPC de 1973, a decisão sempre foi pensada *inter partes*, não produzindo reflexos para o futuro, sendo incapaz, como regra, de beneficiar ou prejudicar terceiros.

Já na ideologia dos precedentes, a decisão, reconhecida como precedente, produz efeitos prospectivos atingindo casos semelhantes. Além disso, para que um precedente não seja aplicado em determinado caso futuro, é necessário que a decisão posterior fundamente demonstrando que ele se distingue do caso concreto ou que o precedente está ultrapassado. Verifica-se, portanto, que a fundamentação ganha ambiente de destaque na decisão judicial com o Novo CPC, seja para produzir efeitos no futuro, seja para afastar a incidência dos precedentes em casos concretos.

Conquanto a *ratio decidendi* seja identificada, em regra, na fundamentação, na análise dos fundamentos não se deve ignorar as razões fáticas que embasaram a decisão (relatório) e o dispositivo. A propósito, o art. 489, § 3º, do NCPC é expresso ao declinar que "a decisão judicial deve ser interpretada a partir da conjugação de todos os seus elementos e em conformidade com o princípio da boa-fé".

Desse modo, para que se possa extrair o alcance e significado da *ratio decidendi*, deve-se analisar, cuidadosamente, todos os elementos da decisão: relatório, fundamentação e dispositivo.

Cabe destacar que, no *common law*, a *ratio decidendi* não é definida pela decisão original. Isso porque quem define que uma decisão é um precedente são os julgados posteriores que, analisando a decisão anterior, extraem a norma geral que poderá ser aplicada a casos semelhantes. Não se pode negar, porém, que o julgado original já possui interpretação, sendo assim um ponto inicial da interpretação do texto. Nas palavras de Ravi Peixoto:

> Aquele precedente gerado em uma primeira decisão vai sendo paulatinamente interpretado, seja pela Corte que o editou, seja pelas demais Cortes

nos julgados futuros, que irão, de forma inexorável, mesmo que restritivamente, por se basearem no texto de precedentes anteriores, aumentar ou restringir o seu âmbito de aplicação. A delimitação da *ratio decidendi* será realizada pelos julgados posteriores, atuando aquele julgado original como um parâmetro inicial do texto a ser interpretado. Ou seja, há um trabalho conjunto tanto da Corte competente para estabelecer o precedente, como dos demais julgados que vão interpretar aquele texto e incorporar novos elementos à *ratio decidendi*. Não se tem nem um domínio completo por parte da Corte que emitiu o precedente originário e nem uma liberdade absoluta nos julgados que o interpretam[24].

Por fim, temos que fazer ainda duas observações.

Primeira: é possível extrair mais de uma *ratio decidendi* de um precedente, especialmente quando se tratar de cumulação de pedidos, admitindo-se tantas normas do precedente quanto são os capítulos da decisão[25].

Segundo: o precedente ou a súmula não são estáticos, permitindo sua reconstrução com a evolução do direito, com as mudanças sociais etc., o que significa que a *ratio decidendi*, por ser uma norma, pode ser interpretada diferentemente com o passar do tempo. Isso demonstra "que a regra extraída dos precedentes nunca está acabada, tendo um caráter permanentemente incompleto, que paulatinamente evolui em conjunto com as demais modificações ocorridas no direito e na sociedade"[26].

3.4.2. Obter dictum

Em determinadas situações, o juiz pode levantar elementos jurídicos e realizar colocações que, embora possam servir como reforço da tese apresentada, não compõem propriamente a *ratio decidendi*. Essas colocações acessórias são denominadas de *obter dictum*. Trata-se, pois, de conceito residual, ou seja, é tudo aquilo que não se considera como *ratio decidendi*.

A *obter dictum* representa, portanto, as argumentações incidentais sem as quais os fundamentos determinantes da decisão se manterão. São questões levantadas pelo juiz que não precisariam ser enfrentadas para que se chegasse à conclusão.

---

24. PEIXOTO, Ravi. *Superação do precedente e segurança jurídica*. Salvador: JusPODIVM, 2015. p. 185-186.
25. MACÊDO, Lucas Buril de. *Precedentes judiciais e o direito processual civil*. Salvador: JusPODIVM, 2015. p. 333.
26. PEIXOTO, Ravi. *Superação do precedente e segurança jurídica*. Salvador: JusPODIVM, 2015. p. 187.

É válido destacar que o *obter dictum*, apesar de não compor a *ratio decidendi*, pode, em casos posteriores, ser transformado em *ratio decidendi*. "Nessa hipótese, o julgador subsequente, ao observar determinado precedente, torna o seu *obter dictum* do caso passado a *ratio decidendi* de sua própria decisão, o que enseja a sua elevação ao *status* da norma"[27]. No mesmo sentido Didier, Braga e Oliveira[28]:

> (...) o *obter dictum*, embora não sirva como precedente, não é desprezível. O *obter dictum* pode sinalizar uma futura orientação do tribunal, por exemplo. Além disso, o voto vencido em um julgamento colegiado (...) tem a sua relevância para que se aplique a técnica de julgamento da apelação, do agravo de instrumento contra decisão de mérito e da ação rescisória, cujo resultado não seja unânime, na forma do art. 942 do CPC, bem como tem eficácia persuasiva para uma tentativa futura de superação do precedente.

Por derradeiro, consigne-se que o *obter dictum*, embora não gere o efeito vinculativo do precedente, pode servir de elemento persuasivo para decisões posteriores. "A sua força depende do tribunal do qual emanou, da argumentação que lhe fundamenta, das características de sua formação, do seu acolhimento na doutrina e da influência e autoridade do julgador de quem a emanou."[29]

3.5. Precedente, jurisprudência e súmula

Precedente, jurisprudência e súmula são termos distintos, embora intimamente ligados. Objetivamente analisado, precedente é uma decisão judicial, da qual se retira a *ratio decidendi*. Quando o precedente é reiteradamente aplicado, tem-se a jurisprudência que, sendo predominante em um tribunal, poderá gerar a formação da súmula, que consiste no resumo da jurisprudência dominante do tribunal a respeito de determinada matéria.

Trata-se, pois, de um processo evolutivo: precedente ➔ jurisprudência ➔ súmula[30].

---

27. MACÊDO, Lucas Buril de. *Precedentes judiciais e o direito processual civil*. Salvador: JusPODIVM, 2015. p. 340.
28. DIDIER JR., Fredie; BRAGA, Paula Sarno; OLIVEIRA, Rafael Alexandria de. *Curso de Direito Processual Civil: teoria da prova, direito probatório, decisão, precedente, coisa julgada e tutela provisória*. vol. 2, 10. ed. Salvador: JusPODIVM, 2015. p. 445-446.
29. ATAÍDE JR, Jaldemiro Rodrigues de apud MACÊDO, Lucas Buril de. *Precedentes judiciais e o direito processual civil*. Salvador: JusPODIVM, 2015. p. 339.
30. DIDIER JR., Fredie; BRAGA, Paula Sarno; OLIVEIRA, Rafael Alexandria de. *Curso de Direito Processual Civil: teoria da prova, direito probatório, decisão, precedente, coisa julgada e tutela provisória*. 10. ed. Salvador: JusPODIVM, 2015. v. 2, p. 487.

3.6. Precedentes judiciais no direito brasileiro

3.6.1. Regras e princípios atingidos

Embora o direito brasileiro, há algum tempo, tenha se aproximado do *common law*, como se verifica, por exemplo, pelas ações de controle concentrado no STF, súmula vinculante, recursos especial, extraordinário e de revista repetitivos, o Novo CPC introduz, efetivamente, a teoria dos precedentes no sistema processual brasileiro, impondo que alguns princípios sejam repensados e reinterpretados para que se adequem à nova realidade.

O princípio da legalidade (art. 8º do NCPC) deve ser entendido não como a necessidade de o juiz decidir apenas conforme a lei (ou princípios), mas em conformidade com todas as demais fontes do ordenamento jurídico, o que inclui os precedentes obrigatórios.

Do mesmo modo, o princípio da igualdade deve ser observado não apenas frente à lei, mas frente ao direito, inclusive perante as decisões judiciais. "É preciso que, na leitura do *caput* do art. 5º da Constituição Federal, o termo 'lei' seja interpretado como 'norma jurídica', entendendo-se que todos são iguais, ou que devem ser tratados como iguais, perante a 'norma jurídica', qualquer que seja ela, de quem quer que ela emane."[31]

O dever de motivar as decisões judiciais também passa a ter papel de destaque na teoria dos precedentes, vez que, como dito, a *ratio decidendi* é extraída, primordialmente, da fundamentação, de modo que as decisões devem delimitar com precisão os fatos e fundamentos que as embasam, não se limitando a aplicar leis ou súmulas. A decisão judicial, na teoria dos precedentes, amplia seu efeito extraprocessual, atingindo situações futuras em casos semelhantes.

Nessa ordem de ideia, o princípio do contraditório também deve ser analisado em um viés mais amplo, já que a norma criada com o precedente atingirá outras situações, de modo que se torna relevante a figura do *amicus curiae*.

Por fim, o princípio da segurança jurídica deixa de ser visto apenas como a consolidação de situações passadas, mas como previsibilidade da atuação do Estado-juiz, contemplando, assim, o princípio da confiança legítima (NCPC, art. 927, § 4º).

---

31. DIDIER JR., Fredie; BRAGA, Paula Sarno; OLIVEIRA, Rafael Alexandria de. *Curso de Direito Processual Civil: teoria da prova, direito probatório, decisão, precedente, coisa julgada e tutela provisória.* 10. ed. Salvador: JusPODIVM, 2015. v. 2, p. 445.

3.6.2. Rol dos precedentes obrigatórios no Novo CPC

O Novo CPC elenca os precedentes no artigo 927, *in verbis*:

> Art. 927. Os juízes e os tribunais observarão:
>
> I – as decisões do Supremo Tribunal Federal em controle concentrado de constitucionalidade;
>
> II – os enunciados de súmula vinculante;
>
> III – os acórdãos em incidente de assunção de competência ou de resolução de demandas repetitivas e em julgamento de recursos extraordinário e especial repetitivos;
>
> IV – os enunciados das súmulas do Supremo Tribunal Federal em matéria constitucional e do Superior Tribunal de Justiça em matéria infraconstitucional;
>
> V – a orientação do plenário ou do órgão especial aos quais estiverem vinculados.

Pelo *caput* do aludido dispositivo, percebe-se que os juízes e os tribunais "observarão" tais precedentes, o que significa que não se trata da faculdade de o juiz aplicar ou não o precedente, mas sim dever de observá-lo, criando, portanto, precedentes obrigatórios e não meramente persuasivos. Nesse sentido, o enunciado nº 170 do Fórum Permanente de Processualistas Civis:

> As decisões e precedentes previstos nos incisos do *caput* do art. 927 são vinculantes aos órgãos jurisdicionais a eles submetidos.

Por serem vinculantes, as decisões que não contenham manifestação sobre referidos precedentes obrigatórios provocam decisões com erro de julgamento ou de procedimento, sendo consideradas inclusive omissas, nos termos do art. 1.022, parágrafo único, II, do NCPC.

Cabe destacar que os precedentes obrigatórios vinculam não somente o tribunal que proferiu a decisão, mas também os órgãos a ele subordinados.

Pela redação do art. 927 do NCPC é interessante notar que o legislador adaptou a teoria dos precedentes à realidade brasileira, admitindo que a eficácia obrigatória possa decorrer de um precedente ou da jurisprudência (sumulada ou não), a depender do caso[32], **mas sempre decorrente de uma decisão colegiada**.

Com efeito, analisaremos esse dispositivo, para fins didáticos, de dois enfoques: súmulas e decisão judicial.

---

32. DIDIER JR., Fredie; BRAGA, Paula Sarno; OLIVEIRA, Rafael Alexandria de. *Curso de Direito Processual Civil: teoria da prova, direito probatório, decisão, precedente, coisa julgada e tutela provisória*. 10. ed. Salvador: JusPODIVM, 2015. v. 2, p. 442.

3.6.2.1. Súmulas

Nos incisos II e IV, o art. 927 impõe a observância dos enunciados de súmula vinculante e dos enunciados das súmulas do Supremo Tribunal Federal em matéria constitucional e do Superior Tribunal de Justiça em matéria infraconstitucional. Incluímos, no inciso IV, as súmulas do TST.

Essa imposição de observar súmulas ocorre porque o direito brasileiro, desde 1963, é baseado em súmulas. Desse modo, ao criar a súmula, o tribunal a define como "precedente" a ser observado no futuro.

Não se nega a diferença técnica de súmulas e precedentes, mas a realidade brasileira e a forma como foi contextualizada a ideia de precedentes no Novo CPC impõem-nos afirmar que as súmulas são um **mecanismo objetivo** para gerar a obrigatoriedade dos precedentes.

Em outros termos, na criação da súmula buscam-se decisões reiteradas acerca de determinado tema, o que a afasta da ideia genuína de precedentes, que não exige reiteração de decisões. Contudo, a súmula cria uma norma a ser observada no futuro, aproximando-se dos precedentes. Ademais, na súmula, a Corte realiza o resumo da jurisprudência dominante (precedentes reiterados), nada mais fazendo do que definir **objetivamente** a *ratio decidendi* para os casos futuros.

Conquanto a *ratio decidendi* seja extraída objetivamente da súmula, como já dito, o texto não pode ser confundido com a norma existente na súmula, a qual pressupõe interpretação pelo aplicador do direito. Isso nos leva à conclusão de que, do mesmo modo que o juiz não é mera boca da lei, ele também não será mero aplicador das súmulas, impondo interpretá-las no caso concreto. É por isso que o art. 489, § 1º, do NCPC veda a simples reprodução do texto da súmula.

Cabe consignar que, em razão das particularidades do sistema de precedentes no Brasil, principalmente no tocante à atribuição do caráter dos precedentes às súmulas, a doutrina apresenta diversas críticas.

A principal corresponde ao fato de as súmulas se apresentarem como autônomas em relação à situação fática das decisões que as originaram, o que as transforma em enunciados gerais e abstratos[33].

Ademais, em interessante pesquisa realizada pela UFMG, na qual se investigou empiricamente a prática de se seguirem precedentes judiciais e súmulas no direito brasileiro, constatou-se que, em alguns casos, a edição das súmulas do STF e do STJ não levaram em conta decisões reiteradas.

---

33. LIMA Júnior, Cláudio Ricardo Silva. *Precedentes Judiciais no Processo Civil Brasileiro: aproximação entre civil law e common law e aplicabilidade do stare decisis.* Rio de Janeiro: Lumen Juris, 2015. p. 325.

Tal constatação, ao que parece, decorre da dificuldade hermenêutica de quantificar e conceber o que seja "reiteradas decisões".

A título de exemplificação, das 35 súmulas analisadas junto ao Superior Tribunal de Justiça, duas tinham como pano de fundo entre dois e três julgados, respectivamente, como fundamentos de criação. Não obstante, das 20 súmulas sem efeitos vinculantes analisadas junto ao Supremo Tribunal Federal, quatro apresentaram dois e um julgado como fundamentos de criação.

O que mais chamou atenção foi a edição das súmulas vinculantes, pois estas estão vinculadas ao pressuposto constitucional e legal de "reiteradas decisões sobre casos análogos" para suas respectivas criações. Neste caso, das 15 súmulas vinculantes analisadas três fundamentavam sua criação em três ou até mesmo um precedente, como é o caso, por exemplo, da súmula vinculante nº 28, que teve como fundamento apenas a Ação Direita de Inconstitucionalidade nº 1074[34].

Critica-se também a técnica de elaboração dos textos das súmulas, uma vez que a *ratio decidendi* é criada com o objetivo de solucionar casos concretos, não podendo apresentar, em sua redação, conceitos muito vagos. Todavia, muitas súmulas dos tribunais superiores apresentam redação ampla e com conceitos jurídicos indeterminados, o que dificulta sua concretude.

Essas críticas também atingem as súmulas vinculantes, uma vez que, mesmo com a participação e manifestação dos interessados, elas permanecem sem o vínculo com a realidade fática a que deu origem a tese jurídica concretizada e podem contar com conceitos jurídicos abstratos[35].

O NCPC, na tentativa de evitar o distanciamento das súmulas em relação ao contexto em que se originaram, passou a estabelecer que "ao editar enunciados de súmula, os tribunais devem ater-se às circunstâncias fáticas dos precedentes que motivaram sua criação" (art. 926, § 2º).

Portanto, incumbe aos tribunais uma nova postura na criação das súmulas, não podendo ignorar os fatos que levaram à sua edição. Do mesmo modo, na interpretação da súmula, incumbe ao intérprete partir dos precedentes que lhe deram ensejo, não podendo, pois, desvincular-se desse elemento histórico.

---

34. Justiça Pesquisa – *A força normativa do direito judicial. Uma análise da aplicação prática do precedente no direito brasileiro e dos seus desafios para a legitimação da autoridade do Poder Judiciário*. https://www.academia.edu/13250475/A_for%C3%A7a_normativa_do_direito_judicial_-_Justi%C3%A7a_Pesquisa_-_UFMG.

35. DIDIER JR., Fredie; BRAGA, Paula Sarno; OLIVEIRA, Rafael Alexandria de. *Curso de Direito Processual Civil: teoria da prova, direito probatório, decisão, precedente, coisa julgada e tutela provisória*. 10. ed. Salvador: JusPODIVM, 2015. V. 2. p. 489.

Não se pode negar, porém, que, nesse momento inicial de implementação da teoria dos precedentes no direito brasileiro, a existência de súmula facilitará consideravelmente a tarefa de definir qual o entendimento deverá ser observado.

3.6.2.2. Decisão judicial

O art. 927 não limitou a eficácia obrigatória às súmulas. Contemplou, ainda, decisões judiciais que deverão ser observadas nos casos futuros, adotando, nesse ponto, o sentido original do conceito de precedente. Desse modo, deverão ser observadas:

I – as decisões do Supremo Tribunal Federal em controle concentrado de constitucionalidade; (...)

III – os acórdãos em incidente de assunção de competência ou de resolução de demandas repetitivas e em julgamento de recursos extraordinário e especial repetitivos; (...)

V – a orientação do plenário ou do órgão especial aos quais estiverem vinculados.

No inciso I, esclarece o enunciado nº 168 do Fórum Permanente de Processualistas Civis o que segue:

Os fundamentos determinantes do julgamento de ação de controle concentrado de constitucionalidade realizado pelo STF caracterizam a *ratio decidendi* do precedente e possuem efeito vinculante para todos os órgãos jurisdicionais.

Atente-se para o fato de que **não se deve confundir efeito obrigatório do precedente com o efeito vinculante** decorrente da coisa julgada *erga omnes*.

O efeito vinculante das ações de controle de constitucionalidade alcança todos os órgãos jurisdicionais do País e, ainda, a administração pública direta e indireta, nas esferas federal, estadual e municipal. Nesse caso, o Poder Público, em razão de expressa disposição legal, vincula-se ao dispositivo da decisão do controle concentrado, que reconhece ou não a constitucionalidade de determinada norma. Portanto, o efeito vinculante decorre do dispositivo, enquanto o efeito obrigatório do precedente deriva da *ratio decidendi*. Para elucidar o tema, o doutrinador Fred Didier Jr. exemplifica:

No julgamento de uma ADI, o STF entende que uma lei estadual (nº 1000/2007, p. ex.) é inconstitucional por invadir matéria de competência da lei federal. A coisa julgada vincula todos à seguinte decisão: a lei estadual nº 1000/2007 é inconstitucional; a eficácia do precedente recai sobre a seguinte *ratio decidendi*: 'a lei estadual não pode versar sobre determinada matéria, que é da competência de lei federal'. Se for editada outra lei estadual, em outro Estado, haverá necessidade de propor nova ADI, sobre a nova lei, cuja decisão certamente será baseada no precedente anterior; arguida a sua inconstitucionalidade em sede de controle difuso, deverá ser observado esse precedente prévio e obrigatório do STF sobre a matéria[36].

O inciso III congrega decisões dos tribunais superiores e dos tribunais regionais. No primeiro caso, quando admite como precedente as decisões proferidas nos recursos extraordinário (STF), especial (STJ) e, incluímos, de revista (TST)[37] repetitivos e os incidentes de assunção de competência a serem julgados pelas Cortes Superiores. No segundo caso (tribunais regionais), quando reconhece como precedente as decisões proferidas em incidente de assunção de competência ou de resolução de demandas repetitivas. Nessas situações, "há previsão de incidente processual para elaboração do precedente obrigatório (arts. 489, § 1º, 984, § 2º e 1.038, § 3º do NCPC), com natureza de processo objetivo"[38], o que permite a realização de audiências públicas e a possibilidade de participação do *amicus curiae* (art. 927, § 2º do NCPC).

Por fim, também são considerados como precedentes a orientação do plenário ou do órgão especial aos quais estiverem vinculados (art. 927, V do NCPC). Esse inciso cria uma hipótese de cláusula de abertura para contemplar a obrigatoriedade de diversas orientações firmadas no plenário ou órgão fracionário, que pode decorrer de uma decisão ou decisões reiteradas.

Essa obrigatoriedade deve ser vista sob os aspectos horizontal e vertical. Noutras palavras, os membros e órgãos fracionários de um tribunal devem observar os precedentes proferidos pelo plenário ou órgão especial do próprio tribunal (horizontal), assim como os demais órgãos de instância inferior (vertical).

No processo do trabalho, a interpretação desse inciso é facilitada, compreendendo as orientações jurisprudenciais da Seção de Dissídios Coletivos (SDC), da Seção de Dissídios Individuais (SDI-I e SDI-II) e do Tribunal Pleno do TST. Ademais, pensamos que nesse inciso se inserem as súmulas dos tribunais regionais, as quais obrigam o próprio tribunal e os juízes a ele vinculados. Nesse caminho, o enunciado 167 do Fórum Permanente de Processualistas Civis:

---

36. DIDIER JR., Fredie; BRAGA, Paula Sarno; OLIVEIRA, Rafael Alexandria de. *Curso de Direito Processual Civil: teoria da prova, direito probatório, decisão, precedente, coisa julgada e tutela provisória*, 10. ed. Salvador: JusPODIVM, 2015. v. 2, p. 464.
37. Nesse sentido, dispõe o enunciado nº 346 do Fórum Permanente de Processualistas Civis: "A Lei nº 13.015, de 21 de julho de 2014, compõe o microssistema de solução de casos repetitivos".
38. DIDIER JR., Fredie; BRAGA, Paula Sarno; OLIVEIRA, Rafael Alexandria de. *Curso de Direito Processual Civil: teoria da prova, direito probatório, decisão, precedente, coisa julgada e tutela provisória*. 10. ed. Salvador: JusPODIVM, 2015. v. 2, p. 465. No mesmo sentido, PEIXOTO, Ravi. *Superação do precedente e segurança jurídica*. Salvador: JusPODIVM, 2015. p. 167.

Os tribunais regionais do trabalho estão vinculados aos enunciados de suas próprias súmulas e aos seus precedentes em incidente de assunção de competência ou de resolução de demandas repetitivas.

Antes de finalizar este tópico, necessário fazer duas observações.

A primeira consiste em definir a natureza do rol do art. 927 do NCPC. Parte da doutrina entende que se trata de rol meramente exemplificativo, admitindo inclusive a obrigatoriedade das decisões de turmas ou seções dos tribunais superiores[39], com fulcro no art. 926 do NCPC. Pensamos de forma diversa.

Embora o art. 926 absorva a teoria dos precedentes, impondo que os tribunais devem manter a jurisprudência estável, íntegra e coerente, bem como o art. 927, V, crie uma norma mais aberta, pensamos que o rol é taxativo, não se permitindo a existência de precedentes obrigatórios decorrentes de decisões de turmas, seções[40] e muito menos decisões monocráticas e sentenças.

Isso ocorre porque, conquanto a ideia originária de precedentes não se vincule a esta ou aquela decisão, definindo a *ratio decidendi* e sua capacidade obrigatória em momento futuro, pensamos que o legislador pátrio não importou, genuinamente, os precedentes como no *common law*, fazendo as adaptações necessárias para que a teoria pudesse se enquadrar em nosso ordenamento. Desse modo, como já visto, a definição legal de quais decisões são consideradas como precedentes obrigatórios tem o condão, nesse momento inicial, de facilitar sua identificação e minimizar discussões doutrinárias e processuais que poderiam gerar instabilidade ao sistema buscado. Nada obsta que, em momento futuro, adote-se uma cláusula aberta de precedentes obrigatórios, mas, no estágio atual, acreditamos que o rol taxativo trará a segurança jurídica pretendida com a implementação desse novo sistema no ordenamento brasileiro.

A segunda observação está relacionada ao sentido de precedentes no direito brasileiro, o qual é diferente do sentido no *common law*.

Nos países de tradição anglo-saxônica, os precedentes são considerados como tal somente em momento posterior ao julgamento do caso, ou seja, no momento da utilização da *ratio decidendi* em outro caso. Queremos dizer, a decisão não nasce como precedente, passando a ter esse "status", posteriormente, quando em um caso concreto se define que o caso pretérito gerou um precedente.

No direito brasileiro, em razão da própria tradição jurídica do *civil law*, o caráter obrigatório é concedido pelo próprio julgador de determinado caso, ou seja, no momento presente. Com efeito, ao criar uma súmula, seu criador já a

---

39. Por todos PEIXOTO, Ravi. *Superação do precedente e segurança jurídica*. Salvador: JusPODIVM, 2015. p. 168.
40. Salvo no caso de orientações, por estarem incluídas no inciso V.

define como obrigatória. Do mesmo modo, ao julgar o incidente de assunção de competência ou os recursos repetitivos, já se define que essa decisão é um precedente obrigatório.

3.6.3. Deveres gerais dos tribunais

Com a introdução da teoria dos precedentes nos tribunais, passa a ter extrema relevância a uniformização da jurisprudência, ao não se admitir que casos semelhantes sejam decididos de modos opostos, exaltando o princípio da igualdade.

A uniformização da jurisprudência garante maior segurança jurídica aos jurisdicionados, uma vez que estes poderão pautar suas condutas segundo o entendimento já decidido no passado.

Desse modo, o art. 926 do NCPC impõe que "os tribunais devem uniformizar sua jurisprudência e mantê-la estável, íntegra e coerente".

O dever de uniformizar impõe **atuação comissiva** dos tribunais diante de divergência interna, devendo obrigatoriamente disseminá-la. É o que dispôs o art. 896, §3º, da CLT, criando a Lei 13.015/14, o que denominamos de incidente de uniformização trabalhista no art. 896, §§ 4º a 6º, da CLT[41].

Seguindo o mecanismo de objetivar os precedentes por meio de súmulas, o legislador, no § 1º do art. 926 do NCPC, descreveu que "na forma estabelecida e segundo os pressupostos fixados no regimento interno, os tribunais editarão enunciados de súmula correspondentes a sua jurisprudência dominante".

Noutras palavras, insere-se no dever de uniformizar o dever de sintetizar a jurisprudência, sumulando-a[42].

Já o dever de manter estável a jurisprudência consiste na impossibilidade de mudanças de posicionamento sem justificativa adequada e na necessidade de modulação dos efeitos da decisão nos casos de alteração de posicionamento.

Por sua vez, o dever de integridade versa que o tribunal precisa estar alinhado em sua atuação[43], trilhando o caminho de suas decisões em uma linha reta.

Disso resulta o dever de coerência, o qual institui que o tribunal seja compreendido como um órgão único, coeso em suas decisões.

---

41. MIESSA, Élisson. *Recursos Trabalhistas.* Salvador: JusPODIVM, 2015. p. 273-280.
42. DIDIER JR. Fredie; BRAGA, Paula Sarno; OLIVEIRA, Rafael Alexandria de. *Curso de Direito Processual Civil: teoria da prova, direito probatório, decisão, precedente, coisa julgada e tutela provisória,* 10. ed. Salvador: JusPODIVM, 2015. v. 2, p. 474.
43. MACÊDO, Lucas Buril de. *Precedentes judiciais e o direito processual civil.* Salvador: JusPODIVM, 2015. p. 433.

Portanto, esse dispositivo legaliza a chamada disciplina judiciária, vez que impõe aos desembargadores observância à jurisprudência dominante do tribunal, reconhecendo a vinculação horizontal de seus precedentes.

Por fim, o art. 927, § 5º, do NCPC prevê o dever de dar publicidade dos precedentes do tribunal, descrevendo que "os tribunais darão publicidade a seus precedentes, organizando-os por questão jurídica decidida e divulgando-os, preferencialmente, na rede mundial de computadores". No mesmo sentido, o art. 979 do NCPC, que trata do incidente de demandas repetitivas.[44]

3.6.4. Outros efeitos dos precedentes

No direito brasileiro, além dos efeitos obrigatório e persuasivo dos precedentes, em algumas hipóteses, eles produzem **efeito obstativo**, impedindo a revisão judicial das decisões, seja para não admitir a demanda, o recurso ou o reexame necessário, seja para negar de plano o postulado.

Nesse sentido, estabelece o art. 496, § 4º do NCPC que não estão sujeitas ao duplo grau de jurisdição as sentenças fundadas em súmula de tribunal superior, em acórdão proferido pelo STF ou pelo STJ (incluímos pelo TST) em julgamento de recursos repetitivos; em entendimento firmado em incidente de resolução de demandas repetitivas ou de assunção de competência ou em entendimento coincidente com orientação vinculante firmada no âmbito administrativo do próprio ente público, consolidada em manifestação, parecer ou súmula administrativa. Nesse mesmo sentido, dispõe o art. 932, IV, do NCPC, *in verbis*:

> Art. 932. Incumbe ao relator:
>
> IV – negar provimento a recurso que for contrário a:
>
> a) súmula do Supremo Tribunal Federal, do Superior Tribunal de Justiça ou do próprio tribunal;
>
> b) acórdão proferido pelo Supremo Tribunal Federal ou pelo Superior Tribunal de Justiça[45] em julgamento de recursos repetitivos;
>
> c) entendimento firmado em incidente de resolução de demandas repetitivas ou de assunção de competência.

---

44. "Art. 979. A instauração e o julgamento do incidente serão sucedidos da mais ampla e específica divulgação e publicidade, por meio de registro eletrônico no Conselho Nacional de Justiça.

    § 1º Os tribunais manterão banco eletrônico de dados atualizados com informações específicas sobre questões de direito submetidas ao incidente, comunicando-o imediatamente ao Conselho Nacional de Justiça para inclusão no cadastro. (...)"

45. Incluímos o Tribunal Superior do Trabalho.

Na CLT, o art. 894, § 3º, é expresso no sentido de que "o Ministro Relator denegará seguimento aos embargos: I – se a decisão recorrida estiver em consonância com súmula da jurisprudência do Tribunal Superior do Trabalho ou do Supremo Tribunal Federal, ou com iterativa, notória e atual jurisprudência do Tribunal Superior do Trabalho, cumprindo-lhe indicá-la; (...)".

Além disso, o Novo CPC, alterando, consideravelmente, a sistemática da improcedência liminar, passa a declinar no art. 332 o que segue:

> Art. 332. Nas causas que dispensem a fase instrutória, o juiz, independentemente da citação do réu, julgará liminarmente improcedente o pedido que contrariar:
>
> I – enunciado de súmula do Supremo Tribunal Federal ou do Superior Tribunal de Justiça;
>
> II – acórdão proferido pelo Supremo Tribunal Federal ou pelo Superior Tribunal de Justiça em julgamento de recursos repetitivos;
>
> III – entendimento firmado em incidente de resolução de demandas repetitivas ou de assunção de competência;
>
> IV – enunciado de súmula de tribunal de justiça sobre direito local. (...)

Do mesmo modo que o precedente é capaz de obstar determinada demanda, recurso ou reexame necessário, ele pode autorizar a admissão ou acolhimento de determinado ato processual, sendo chamado de **eficácia autorizante do precedente**[46]. É o que ocorre, por exemplo, na possibilidade de se conceder a tutela de evidência (NCPC, art. 311, II[47]), dar provimento monocrático do recurso (NCPC, art. 932, V[48]), admitir o recurso de revista com base em divergência jurisprudencial, contrariedade à súmula do TST ou orientação jurisprudencial (CLT, art. 896, a).

---

46. DIDIER JR. Fredie; BRAGA, Paula Sarno; OLIVEIRA, Rafael Alexandria de. *Curso de Direito Processual Civil: teoria da prova, direito probatório, decisão, precedente, coisa julgada e tutela provisória*, 10. ed. Salvador: JusPODIVM, 2015. v. 2, p. 458.
47. "Art. 311. A tutela da evidência será concedida, independentemente da demonstração de perigo de dano ou de risco ao resultado útil do processo, quando: (...)II – as alegações de fato puderem ser comprovadas apenas documentalmente e houver tese firmada em julgamento de casos repetitivos ou em súmula vinculante; (...)"
48. "Art. 932. V – depois de facultada a apresentação de contrarrazões, dar provimento ao recurso se a decisão recorrida for contrária a: a) súmula do Supremo Tribunal Federal, do Superior Tribunal de Justiça ou do próprio tribunal; b) acórdão proferido pelo Supremo Tribunal Federal ou pelo Superior Tribunal de Justiça em julgamento de recursos repetitivos; c) entendimento firmado em incidente de resolução de demandas repetitivas ou de assunção de competência; (...)"

O precedente pode ainda produzir **efeito rescindente**, tendo a eficácia de rescindir decisão transitada em julgado[49]. É o caso de a decisão do STF, em controle concentrado ou difuso, reconhecer a inconstitucionalidade de lei ou ato normativo que embasou uma decisão judicial. Nessa hipótese, se o reconhecimento é posterior ao trânsito em julgado, o art. 525, § 15, do NCPC admite o ajuizamento de ação rescisória, cujo prazo será contado da decisão proferida pelo STF. Do mesmo modo, com o Novo CPC será rescindível decisão que contrarie os precedentes obrigatórios, como se extrai do art. 966, V, do NCPC[50], pois, como visto, o precedente obrigatório é considerado fonte de direito e, portanto, norma jurídica.

3.6.5. Constitucionalidade dos precedentes obrigatórios no direito brasileiro

O art. 927 do NCPC provoca questionamento na doutrina acerca de sua constitucionalidade, uma vez que estabelece precedentes obrigatórios que devem ser observados por juízes e tribunais. Desse modo, argumenta-se que o dispositivo desconsiderou as diferenças entre as súmulas vinculantes e as demais súmulas dos tribunais superiores e ampliou a competência dos tribunais[51].

Parece-nos, todavia, que o art. 927 do NCPC, ao estabelecer os precedentes obrigatórios no direito brasileiro, não viola a Constituição Federal, principalmente no que tange à competência dos tribunais superiores.

O Supremo Tribunal Federal exerce a função de Corte Constitucional, tendo, consequentemente, como principal competência julgar e interpretar as matérias constitucionais (art. 102 da CF/88). Do mesmo modo, cabe ao Superior Tribunal de Justiça julgar e interpretar as questões relacionadas à legislação federal –infraconstitucional – (art. 105 da CF/88). Por fim, o Tribunal Superior do Trabalho, que representa o órgão de cúpula do Poder Judiciário Trabalhista, é responsável por conferir a palavra final em matéria trabalhista infraconstitucional, tendo a função de uniformizar a interpretação da legislação trabalhista no âmbito de sua competência (art. 111-A da CF/88).

Observa-se, dessa forma, que, sendo as Cortes Superiores responsáveis pelo julgamento das matérias constitucionais e infraconstitucionais, cabe a elas o dever de proferir a última palavra sobre tais temas, o que não impõe

---

49. DIDIER JR. Fredie; BRAGA, Paula Sarno; OLIVEIRA, Rafael Alexandria de. *Curso de Direito Processual Civil: teoria da prova, direito probatório, decisão, precedente, coisa julgada e tutela provisória*, 10. ed. Salvador: JusPODIVM, 2015. v. 2, p. 459.
50. Art. 966. A decisão de mérito, transitada em julgado, pode ser rescindida quando: (...) V – violar manifestamente norma jurídica.
51. Nesse sentido: THEODORO JÚNIOR, Humberto et al. *Novo CPC – Fundamentos e sistematização*, 2. ed. Rio de Janeiro: Forense, 2015. p. 359.

necessariamente a reiteração de decisões, podendo surgir evidentemente de uma decisão (precedente), como ocorre, por exemplo, nas ações de controle concentrado e recursos repetitivos.

Agora indaga-se: qual a lógica de se terem Cortes Superiores com o poder de proferir a palavra final se elas não necessitam ser observadas pelas instâncias inferiores? O mesmo se diga dos tribunais regionais: qual a utilidade da uniformização obrigatória de jurisprudência implantada pela Lei 13.015/14, se o próprio tribunal ou as instâncias inferiores não adotarem o entendimento consolidado?

A resposta está na teoria dos precedentes, que é eminentemente ligada à estrutura hierarquizada do Poder Judiciário, já definida constitucionalmente. Desse modo, não há nenhuma restrição quanto à possibilidade de estabelecerem os precedentes obrigatórios que devem ser utilizados pelo próprio tribunal criador do precedente e pelos juízes e tribunais hierarquicamente inferiores.

Aliás, já advertia Kelsen:

> A teoria, nascida no terreno do *common law* anglo-americano, segundo o qual somente os tribunais criam direito, é tão unilateral como a teoria, nascida no terreno do direito legislado da Europa Continental, segundo a qual os tribunais não criam de forma alguma Direito, mas apenas aplicam Direito já criado. Esta teoria implica a ideia de que só há normas jurídicas individuais. A verdade está no meio. Os tribunais criam direito, a saber – em regra – Direito individual; mas, dentro de uma ordem jurídica que institui um órgão legislativo ou reconhece o costume como facto produtor de Direito, fazem-no aplicando o Direito geral já de antemão criado pela lei ou pelo costume. A decisão judicial é a continuação, não o começo, do processo de criação[52].

Ademais, a utilização dos precedentes judiciais, conforme já mencionado, serve como meio de concretização de princípios e regras constitucionais, tais como a segurança jurídica, a igualdade, a eficiência e economia processual.

No tocante à segurança jurídica, o respeito aos precedentes é capaz de, além de tornar a aplicação do direito mais segura e coerente, reforçar sua previsibilidade e estabilidade[53]. Isso porque o sistema de precedentes torna mais seguro o modo de aplicação das normas jurídicas e deixa, estabelecida de forma clara, que solução jurídica será aplicada a determinado caso concreto, garantindo assim

---

52. KELSEN apud SILVA, Paulo Henrique Tavares da; SILVA, Juliana Coelho Tavares da. *Utilização do precedente judicial no âmbito do processo trabalhista*. In: *O Novo Código de Processo Civil e seus reflexos no processo do trabalho*. MIESSA, Élisson (Org.). Salvador: JusPODIVM, 2015. p. 558.
53. MACÊDO, Lucas Buril de. *Precedentes judiciais e o direito processual civil*. Salvador: JusPODIVM, 2015. p. 149.

o respeito às três facetas da segurança jurídica: cognoscibilidade, estabilidade e previsibilidade.

Ressalte-se ainda que a necessidade de observância das decisões pretéritas representa importante instrumento na proteção da confiança legítima.

Além disso, a teoria dos precedentes possui fundamentação no princípio da igualdade, uma vez que preza que os casos atuais sejam tratados da mesma maneira que os casos passados, desde que haja semelhança fática. Assim, o sistema de precedentes faz com que a decisão, "uma vez tomada, gere o dever de que os julgamentos seguintes sejam no mesmo sentido"[54]. A garantia da igualdade, pois, reforça ainda o dever de imparcialidade do juiz, uma vez que este estará vinculado à observação dos precedentes obrigatórios.

A teoria dos precedentes está ainda relacionada aos princípios da eficiência jurisdicional e da economia processual, uma vez que os precedentes obrigatórios evitam que os juízes tenham que se preocupar em encontrar soluções para as questões jurídicas já resolvidas. Ademais, a previsibilidade das decisões desestimula o ajuizamento de recursos, pois há considerável chance de o tribunal repetir a *ratio decidendi* invocada pelo juízo *a quo*[55]. Observa-se, desse modo, que os precedentes judiciais também possuem efeitos diretos na duração razoável do processo.

Portanto, a nosso juízo, os arts. 926 e 927 do NCPC são constitucionais.

3.7. Técnicas para utilização dos precedentes

3.7.1. Distinguishing

Na utilização dos precedentes, inicialmente, deve-se extrair a *ratio decidendi*, afastando-se os elementos acidentais (*obter dictum*), que não são obrigatórios. Ato contínuo, o órgão julgador deve confrontar o caso em julgamento com o precedente, analisando se ele possui semelhanças com o precedente.

Havendo similitude, o julgador deverá interpretar a norma do precedente, aplicando-a ao caso, salvo na hipótese de superação (*overruling*).

Por outro lado, entendendo o julgador que há distinção entre a tese do precedente e o caso em julgamento, ele poderá: a) não aplicá-lo; ou b) interpretá-lo de forma ampliativa ou restritiva, incidindo no caso.

---

54. MACÊDO, Lucas Buril de. *Precedentes judiciais e o direito processual civil*. Salvador: JusPODIVM, 2015. p. 155.
55. MACÊDO, Lucas Buril de. *Precedentes judiciais e o direito processual civil*. Salvador: JusPODIVM, 2015. p. 161.

Essa análise comparativa, com o objetivo de distinguir o precedente do caso *sub judice*, é chamada de *distinguishing* ou *distinguish*. Trata-se de técnica de confronto, de interpretação (da norma) e de aplicação dos precedentes.

As distinções (*distinguishing*) constituem-se como a principal forma de operacionalização dos precedentes judiciais, podendo "evitar ou trazer a aplicação de um precedente no caso subsequente"[56].

A técnica do *distinguishing* deve ser realizada por qualquer julgador, porque é considerada como uma técnica de aplicação do direito. Nesse sentido, o enunciado nº 174 do Fórum Permanente de Processualistas Civis:

> A realização da distinção compete a qualquer órgão jurisdicional, independentemente da origem do precedente invocado.

Obviamente, não se exige, para a aplicação do precedente, que os casos sejam totalmente idênticos, uma vez que, se fosse necessária essa exigência, não haveria como se julgar com base no precedente. "O raciocínio é eminentemente *analógico*."[57]

Desse modo, na aplicação do precedente, "é preciso observar os fatos que foram decisivos para que a decisão anterior fosse efetivamente prolatada e, em seguida, analisar as similaridades com o caso subsequente, especificando se os fatos categorizados que foram considerados juridicamente importantes estão presentes e quais fatos não possuem relevância para o Direito"[58]. Impõe, portanto, a análise das diferenças entre os dois casos analisados e a verificação da importância destas a ponto de justificar a não aplicação do precedente.

O *distinguishing* pode ser analisado de dois enfoques. O primeiro, mais amplo, corresponde à técnica de comparação realizada entre dois casos para que se verifique as diferenças e similaridades. Na concepção mais estrita, o *distinguishing* corresponde ao resultado propriamente obtido com a comparação, na qual se conclui pela utilização ou não do precedente, em razão de divergências substanciais. Na realidade, a técnica ocorre em momentos sucessivos: primeiro, compara-se para, em seguida, verificar o resultado dessa comparação.

Tendo em vista que a interpretação do precedente só é realizada em momento posterior, ao realizar o *distinguishing*, o juiz pode ampliar a extensão e

---

56. MACÊDO, Lucas Buril de. *Precedentes judiciais e o direito processual civil*. Salvador: JusPODIVM, 2015. p. 351.
57. MARINONI, Luiz Guilherme; ARENHART, Sérgio Cruz; MITIDIERO, Daniel. *Novo Curso de Processo Civil: tutela dos direitos mediante procedimento comum*, São Paulo: Editora Revista dos Tribunais, 2015. v. 2, p. 615.
58. MACÊDO, Lucas Buril de. *Precedentes judiciais e o direito processual civil*. Salvador: JusPODIVM, 2015. p. 353.

os limites da decisão utilizada como paradigma (*leading case*). Nesses casos, a distinção será ampliativa (*ampliative distinguishing*).

Nas hipóteses em que a aplicação do precedente é muito ampla, e o juiz, ao realizar o *distinguishing*, especifica determinadas situações fáticas de aplicação da *ratio decidendi*, é realizada a distinção restritiva (*restrictive distinguishing*). Nesse caso, é interessante notar que parte da doutrina entende que o precedente será aplicado ao caso concreto de forma restritiva[59]. Para outros, o processo de restrição tem como finalidade restringir a tese jurídica do precedente para que não seja aplicado ao caso concreto[60]. A nosso juízo, a restrição pode gerar tanto a aplicação do precedente de forma diminuta quanto afastar sua incidência do caso concreto; nessa última hipótese, quando no processo de restrição o precedente distanciar-se dos fatos substanciais do caso concreto. Como advertido por Ravi Peixoto, essa "técnica deve ser realizada com cuidado, sob pena de haver tentativa de superação do órgão jurisdicional incompetente para tanto"[61].

De qualquer maneira, observa-se que a *ratio decidendi* de um precedente paradigmático (*leading case*) muitas vezes precisará de outros precedentes posteriores para a delimitação do alcance de seus efeitos. Ademais, essa técnica afasta o julgador da ideia de que é mero aplicador de precedentes ou súmulas, devendo interpretá-los em cada caso concreto.

Contudo, é preciso ficar claro: havendo precedente obrigatório (ou súmula, se for o caso) sobre determinada tese, o juiz deve aplicá-lo, se não existirem distinções, ou não aplicá-lo, se verificar diferenças substanciais. O que não se permite é que, mesmo existindo um precedente obrigatório, o julgador simplesmente o desconsidere (decisão *per incuriam*). Nesse caso, a decisão é considerada omissa, por força do art. 1.022, parágrafo único, I e II, do NCPC.

No Novo CPC, pode-se observar a técnica da distinção em diversos dispositivos, como se constata nos artigos 489, §1º, incisos V e VI, 1.037, § 9º, 1.042, §1º, II, 1.029, §§1º e 2º e 1.043, §§ 4º e 5º. Do mesmo modo, a Lei 13.015/14 incluiu essa técnica na CLT, passando a prever no art. 896-C, § 16, que "a decisão firmada em recurso repetitivo não será aplicada aos casos em que se demonstrar que a situação de fato ou de direito é distinta das presentes no processo julgado sob o rito dos recursos repetitivos".

---

59. MACÊDO, Lucas Buril de. *Precedentes judiciais e o direito processual civil*. Salvador: JusPODIVM, 2015. p 362.
60. DIDIER JR. Fredie; BRAGA, Paula Sarno; OLIVEIRA, Rafael Alexandria de. *Curso de Direito Processual Civil: teoria da prova, direito probatório, decisão, precedente, coisa julgada e tutela provisória*. 10. ed. Salvador: JusPODIVM, 2015. v. 2, p. 491.
61. PEIXOTO, Ravi. *Superação do precedente e segurança jurídica*. Salvador: JusPODIVM, 2015. p. 216.

3.7.2. Superação dos precedentes judiciais

A teoria dos precedentes judiciais, como visto, impõe que o princípio da segurança jurídica deixe de ser analisado apenas como a consolidação de situações passadas, mas também como previsibilidade da atuação do Estado-juiz, dando origem ao princípio da confiança legítima. Isso significa que os jurisdicionados passarão a confiar em que, em casos semelhantes, o Poder Judiciário proferirá julgamentos semelhantes.

Contudo, o direito deve estar em constante modificação para se adequar às mudanças sociais, políticas e econômicas da sociedade, de modo que, embora a jurisprudência deva ser estável, nada obsta a alteração de entendimento. Todavia, a superação dos precedentes e súmulas deve ser realizada de acordo com determinadas formalidades, para que seja assegurada a segurança jurídica, a igualdade e a confiança legítima.

Ademais, a superação deve ocorrer sempre de forma excepcional. Para se ter um parâmetro do *common law*, a Suprema Corte americana, de 1789 a 2009, realizou apenas 210 superações[62]. Na Inglaterra, a Suprema Corte, de 1898 a 1966, não admitia superação. De 1966 a 1991, a doutrina faz menção à utilização da superação de forma inequívoca apenas oito vezes[63]. Infelizmente, essa lógica não é adotada pelas Cortes brasileiras na alteração de seus posicionamentos, mas que fique como padrão a ser seguido, a partir de agora, com a introdução efetiva dos precedentes na sistemática processual brasileira.

Nesse contexto, iremos analisar as técnicas existentes para a adequada superação dos precedentes ou súmulas.

3.7.2.1. Overruling

A *overruling* consiste na substituição de um precedente por outro em momento posterior, perdendo o precedente inicial sua força obrigatória. Desse modo, a *ratio decidendi* deixa de ser considerada como uma fonte de direito, podendo, contudo, ser utilizada como precedente persuasivo.

A *overruling* pode ocorrer de forma:

1) **expressa**: quando, expressamente, o tribunal adota nova fundamentação e substitui a *ratio decidendi* anterior, ou seja, passa a adotar de forma expressa um novo entendimento;

---

62. GERHARDT, Michael. *Apud* PEIXOTO, Ravi. *Superação do precedente e segurança jurídica*. Salvador: JusPODIVM, 2015. p. 202.
63. CROSS, Rupert; HARRIS, J. W. *apud* PEIXOTO, Ravi. *Superação do precedente e segurança jurídica*. Salvador: JusPODIVM, 2015. p. 202.

2) **tácita (implícita):** quando é adotado novo entendimento, contrário ao precedente, sem que, todavia, haja expressa substituição da *ratio decidendi* anterior.

No ordenamento brasileiro, a doutrina tem negado a *overruling* tácita (*implied overruling*), uma vez que o art. 927, § 4º, do NCPC exige fundamentação adequada e específica para a superação de determinado precedente, ou seja, impõe atuação expressa[64].

Nesse ponto, é importante diferenciar a superação implícita (*overruling* tácito) da transformação (*transformation*).

Na **transformação**, embora ocorra uma superação implícita, o tribunal busca compatibilizar o novo entendimento com o precedente anterior, dando a ideia de que ele não foi superado. Contudo, trata-se de superação implícita ao quadrado[65], pois, "além de revogar a orientação anterior de forma implícita, ainda tenta compatibilizá-la com o novo precedente"[66].

De acordo com Lucas Buril Macêdo, a transformação não deve ser considerada como uma técnica, mas como uma prática que deve ser evitada, uma vez que confronta o princípio da segurança jurídica ao superar determinado precedente sem as formalidades necessárias[67].

No Brasil, o *overruling* pode ocorrer de forma:

1) **difusa:** quando um processo chega ao tribunal, e a decisão nele proferida supera o precedente anterior. Nesse caso, tem-se a vantagem de permitir que qualquer pessoa possa contribuir para promover a revisão do entendimento já consolidado[68];

2) **concentrada:** quando há instauração de um procedimento autônomo direcionado a revisar ou cancelar o entendimento já consolidado no tribunal.

---

64. Nesse sentido, DIDIER JR. Fredie; BRAGA, Paula Sarno; OLIVEIRA, Rafael Alexandria de. *Curso de Direito Processual Civil: teoria da prova, direito probatório, decisão, precedente, coisa julgada e tutela provisória*. 10. ed. Salvador: JusPODIVM, 2015. v. 2, p. 494; PEIXOTO, Ravi. *Superação do precedente e segurança jurídica*. Salvador: JusPODIVM, 2015. p. 199.
65. PEIXOTO, Ravi. *Superação do precedente e segurança jurídica*. Salvador: JusPODIVM, 2015. p. 200.
66. DIDIER JR. Fredie; BRAGA, Paula Sarno; OLIVEIRA, Rafael Alexandria de. *Curso de Direito Processual Civil: teoria da prova, direito probatório, decisão, precedente, coisa julgada e tutela provisória*. 10. ed. Salvador: JusPODIVM, 2015. v. 2, p. 495.
67. MACÊDO, Lucas Buril de. *Precedentes judiciais e o direito processual civil*. Salvador: JusPODIVM, 2015. P. 371.
68. DIDIER JR. Fredie; BRAGA, Paula Sarno; OLIVEIRA, Rafael Alexandria de. *Curso de Direito Processual Civil: teoria da prova, direito probatório, decisão, precedente, coisa julgada e tutela provisória*. 10. ed. Salvador: JusPODIVM, 2015. v. 2, p. 496.

A *overruling* concentrada pode ocorrer, por exemplo, com as súmulas vinculantes (Lei nº 11.417/06, art. 3º) ou nas teses firmadas nos incidentes de resolução de demandas repetitivas, de que o artigo 986 do NCPC expressamente dispõe:

> Art. 986. A revisão da tese jurídica firmada no incidente far-se-á pelo mesmo tribunal, de ofício ou mediante requerimento dos legitimados mencionados no art. 977, inciso III.

No tocante às súmulas, orientações jurisprudenciais e precedentes normativos do Tribunal Superior do Trabalho, seu procedimento vem estabelecido no Regimento Interno do Tribunal, o qual descreve no art. 158:

> Art. 158. A revisão ou cancelamento da jurisprudência uniformizada do Tribunal, objeto de Súmula, de Orientação Jurisprudencial e de Precedente Normativo, será suscitada pela Seção Especializada, ao constatar que a decisão se inclina contrariamente a Súmula, a Orientação Jurisprudencial ou a Precedente Normativo, ou por proposta firmada por pelo menos dez Ministros da Corte, ou por projeto formulado pela Comissão de Jurisprudência e Precedentes Normativos.
>
> § 1.º Verificando a Seção Especializada que a maioria se inclina contrariamente a Súmula, a Orientação Jurisprudencial ou a Precedente Normativo, deixará de proclamar o resultado e encaminhará o feito à Comissão de Jurisprudência e Precedentes Normativos para, em trinta dias, apresentar parecer sobre a sua revisão ou cancelamento, após o que os autos irão ao Relator para preparação do voto e inclusão do feito em pauta do Tribunal Pleno.
>
> § 2.º A determinação de remessa à Comissão de Jurisprudência e Precedentes Normativos e ao Tribunal Pleno é irrecorrível, assegurada às partes a faculdade de sustentação oral por ocasião do julgamento. (...)

O pedido de revisão ou cancelamento também poderá ser proposto pelas partes (TST-RI, art. 157 c/c 156, § 2º) e pelo Ministério Público do Trabalho (LC nº 75/93, art. 83, VI; TST-RI, art. 157 c/c 156, § 2º). Ao Tribunal Pleno compete rever ou cancelar súmula, orientação jurisprudencial ou precedente normativo, caso a deliberação ocorra por maioria absoluta (TST-RI, arts. 62, §1º, IV; 68, VII e XI).

Ademais, a Lei nº 13.015/14, ao introduzir, no processo do trabalho, o recurso de revista repetitivo, tratou expressamente do *overruling*, como se verifica pelo disposto no art. 896-C, § 17, *in verbis*:

> § 17. Caberá revisão da decisão firmada em julgamento de recursos repetitivos quando se alterar a situação econômica, social ou jurídica, caso em que será respeitada a segurança jurídica das relações firmadas sob a égide da decisão anterior, podendo o Tribunal Superior do Trabalho modular os efeitos da decisão que a tenha alterado.

O doutrinador Fredie Didier, ao comentar o referido artigo, faz algumas observações que, pela relevância e objetividade, são dignas de transcrição:

> Essa superação somente pode ser feita pelo Tribunal Superior do Trabalho. Demais tribunais e juízes não poderiam suplantar entendimento de órgão hierarquicamente superior. O TST só poderá partir para o *overruling* a partir de "critérios argumentativos-procedimentais já enumerados, respeitando os seguintes aspectos: 1) o substancial, o tribunal precisa demonstrar que a *ratio decidendi* em voga causa injustiças ou é inadequada, e que determinado princípio determina sua mudança por uma norma que demonstre ser mais adequada ou justa para a situação; 2) o formal, o tribunal precisa demonstrar que as razões substanciais para a mudança superam as razões formais para a continuidade, isto é, que é mais importante a prevalência do princípio material do que a segurança jurídica fornecida pela continuidade da tese; 3) o da segurança na mudança, aspecto final, que consiste na proteção da confiança legítima, ou seja, depois de o tribunal posicionar-se pela necessidade de mudança, deve passar a se preocupar com a proteção dos jurisdicionados que atuaram com expectativa legítima na aplicação dos precedentes, seja determinando um regime de transição ou aplicando o chamado *prospective overruling*, fazendo a nova tese incidir apenas sobre relações jurídicas que se deem a partir de certo momento[69].

Cumpre consignar que o art. 927, § 2º, do NCPC[70] impõe modificação do Regimento Interno do TST, a fim de que permita, expressamente, debates públicos[71] na alteração de súmulas, orientações, precedentes normativos ou julgamentos de casos repetitivos, por meio de audiências públicas e participação de pessoas, órgãos ou entidades que possam contribuir para a rediscussão da tese, incluindo-se aqui a participação do *amicus curiae*.

Nesse último aspecto, é importante destacar que, na pesquisa realizada pela UFMG, constatou-se que "tanto o Superior Tribunal de Justiça, quanto o Supremo Tribunal Federal não disponibilizam os debates sobre a instituição das súmulas sem efeitos vinculantes, mesmo eles existindo e tendo previsão no Regimento Interno de ambas as Cortes. A ausência de publicação dos debates

---

69. DIDIER JR., Fredie; MACÊDO, Lucas Buril. *Reforma no processo trabalhista brasileiro em direção aos precedentes obrigatórios: a Lei nº 13.015/2014*. apud DIDIER JR. Fredie; BRAGA, Paula Sarno; OLIVEIRA, Rafael Alexandria de. Curso de Direito Processual Civil: teoria da prova, direito probatório, decisão, precedente, coisa julgada e tutela provisória. 10. ed. Salvador: JusPODIVM, 2015. v. 2, p. 498.
70. NCPC, art. 927, § 2º. A alteração de tese jurídica adotada em enunciado de súmula ou em julgamento de casos repetitivos poderá ser precedida de audiências públicas e da participação de pessoas, órgãos ou entidades que possam contribuir para a rediscussão da tese.
71. Sem prejuízo, em 2012 promoveu amplo debate na "II semana do TST" acerca das alterações da sua jurisprudência consolidada.

também tornou impossível a identificação do *leading case*, o que de certa forma prejudica o intérprete em sua tarefa de aplicar as técnicas do *distinguish* e do *overruling*"[72].

3.7.2.1.1. Fundamentação

O NCPC, apesar de claramente permitir a superação dos precedentes, exige que a decisão seja devidamente fundamentada, com observância dos princípios da segurança jurídica, da proteção da confiança e da isonomia, conforme se observa no art. 927, § 4º:

> § 4º A modificação de enunciado de súmula, de jurisprudência pacificada ou de tese adotada em julgamento de casos repetitivos observará a necessidade de fundamentação adequada e específica, considerando os princípios da segurança jurídica, da proteção da confiança e da isonomia.

Verifica-se, assim, que a decisão que tiver como objetivo a *overruling* deverá possuir "uma carga de motivação maior, que traga argumentos até então não suscitados e a justificação complementar da necessidade de superação do precedente"[73], ou seja, não basta a fundamentação corriqueira, devendo ser identificados com clareza os elementos que levaram à revogação do precedente anterior, sob pena de a decisão ser decretada nula[74].

É importante destacar que, enquanto a superação do precedente impõe um maior esforço argumentativo, a manutenção do entendimento anterior e sua aplicação em casos futuros atenuam o dever de fundamentação, sem prejuízo de o magistrado demonstrar que aquele precedente se adapta ao caso concreto. Trata-se do chamado **princípio da inércia argumentativa**[75]. Nas palavras do doutrinador Ravi Peixoto:

> "o princípio da inércia argumentativa, relacionado com a própria manutenção do precedente estabelecido anteriormente, também atua na diminuição do ônus argumentativa (sic) de quem atua com base no entendimento atual e

---

72. Justiça Pesquisa – *A força normativa do direito judicial. Uma análise da aplicação prática do precedente no direito brasileiro e dos seus desafios para a legitimação da autoridade do Poder Judiciário.* https://www.academia.edu/13250475/A_for%C3%A7a_normativa_do_direito_judicial_-_Justi%C3%A7a_Pesquisa_-_UFMG.
73. DIDIER JR. Fredie; BRAGA, Paula Sarno; OLIVEIRA, Rafael Alexandria de. *Curso de Direito Processual Civil: teoria da prova, direito probatório, decisão, precedente, coisa julgada e tutela provisória*. 10. ed. Salvador: JusPODIVM, 2015. V .2, p. 497.
74. PEIXOTO, Ravi. *Superação do precedente e segurança jurídica*. Salvador: JusPODIVM, 2015. p. 201.
75. ATAÍDE JR., Jaldemiro Rodrigues de. *O princípio da inércia argumentativa diante de um sistema de precedentes em formação no direito brasileiro*. Revista de processo. São Paulo: RT, nº 229, mar. 2014.

mitiga a necessidade de motivação do magistrado, a quem se requer basicamente a demonstração de aplicação"[76].

Trata-se, pois, de atenuação e não ausência de fundamentação, impondo que o magistrado argumente no sentido de que o precedente se enquadra no contexto fático apresentado em julgamento.

3.7.2.1.2. Hipóteses de superação

O *overruling* pode ocorrer quando o precedente deixa de corresponder aos padrões de congruência social e de consistência sistêmica, ou seja, quando determinada *ratio decidendi* passa a ser incompatível com os valores da sociedade ou com o próprio ordenamento jurídico. Ademais, também pode ocorrer quando a isonomia e a segurança jurídica impõem a superação do precedente[77].

Observa-se, portanto, que as hipóteses são restritas, o que justifica a necessidade do maior esforço argumentativo nas decisões que impliquem a superação dos precedentes judiciais. O STF, na ADIN 4.071, indicou que a mudança no entendimento jurisdicional "pressupõe a ocorrência de significativas modificações de ordem jurídica, social ou econômica, ou, quando muito, a superveniência de argumentos nitidamente mais relevantes do que aqueles antes prevalecentes"[78].

Nesse sentido, dispõe o enunciado nº 322 do Fórum Permanente de Processualistas Civis:

> A modificação de precedente vinculante poderá fundar-se, entre outros motivos, na revogação ou modificação da lei em que ele se baseou, ou em alteração econômica, política, cultural ou social referente à matéria decidida.

3.7.2.1.2.1. Superveniência de lei nova (Novo CPC)

A necessidade de superação de determinado precedente também pode surgir com a superveniência de lei nova que com ele seja incompatível. Essa hipótese será verificada com o Novo CPC, uma vez que, com a nova legislação processual civil, diversos entendimentos consolidados na jurisprudência dos tribunais, inclusive no TST, deverão ser superados, adequando-se às novas regras do direito processual comum.

---

76. PEIXOTO, Ravi. *Superação do precedente e segurança jurídica*. Salvador: JusPODIVM, 2015. p. 202.
77. EISENBERG, Melvin apud PEIXOTO, Ravi. *Superação do precedente e segurança jurídica*. Salvador: JusPODIVM, 2015. p. 203.
78. ADI 4071 AgR, Relator(a): Min. MENEZES DIREITO, Tribunal Pleno, julgado em 22/04/2009, DJe-195 DIVULG 15-10-2009 PUBLIC 16-10-2009.

Salienta-se que, de acordo com a doutrina, na hipótese de modificação da legislação, não ocorre propriamente a superação dos precedentes[79]. Nesse caso, a não aplicação do precedente poderá ser realizada por qualquer juiz e não vai necessitar de reforço da argumentação da decisão[80]. Nesse sentido, o enunciado nº 324 do Fórum Permanente de Processualistas Civis:

> Lei nova, incompatível com o precedente judicial, é fato que acarreta a não aplicação do precedente por qualquer juiz ou tribunal, ressalvado o reconhecimento de sua inconstitucionalidade, a realização de interpretação conforme ou a pronúncia de nulidade sem redução de texto.

A não aplicação do precedente por qualquer juiz ou tribunal é permitida nesse caso, porque a alteração de textos normativos é realizada pelo Poder Legislativo e, portanto, de forma externa aos tribunais, não se tratando de descumprimento do entendimento jurisprudencial, mas de aplicação da norma vigente. Ademais, a alteração legislativa modifica a própria base (razão de existir) do precedente (ou súmulas). Nesses casos, o novo entendimento, consolidado pelo texto normativo, passará a ser aplicado a partir da data de sua vigência no ordenamento jurídico[81].

3.7.2.1.3. Quem pode realizar a superação

Os precedentes constantes no rol do art. 927 do NCPC são obrigatórios, o que significa que necessariamente deverão ser aplicados pelos juízes e tribunais, ainda que estes não concordem com sua *ratio decidendi*. Assim, "sendo a norma válida e eficaz, os juízes subsequentes precisam aplicá-la, concordem ou não. É justamente nisso que consiste a obrigatoriedade dos precedentes judiciais".[82]

Os precedentes judiciais poderão deixar de ser aplicados se houver distinção ou quando forem efetivamente superados. Nesse sentido, dispõe o art. 489, § 1º, VI, do NCPC, *in verbis*:

> § 1º Não se considera fundamentada qualquer decisão judicial, seja ela interlocutória, sentença ou acórdão, que:

---

79. Nesse sentido: PEIXOTO, Ravi. *Superação do precedente e segurança jurídica*. Salvador: JusPODIVM, 2015. p. 209 e JR. DIDIER, Fredie; BRAGA, Paula Sarno; OLIVEIRA, Rafael Alexandria de. *Curso de Direito Processual Civil: teoria da prova, direito probatório, decisão, precedente, coisa julgada e tutela provisória*. 10. ed. Salvador: JusPODIVM, 2015. v. 2, p. 498.
80. JR. DIDIER, Fredie; BRAGA, Paula Sarno; OLIVEIRA, Rafael Alexandria de. *Curso de Direito Processual Civil: teoria da prova, direito probatório, decisão, precedente, coisa julgada e tutela provisória*. 10. ed. Salvador: JusPODIVM, 2015. v. 2, p. 498.
81. PEIXOTO, Ravi. *Superação do precedente e segurança jurídica*. Salvador: JusPODIVM, 2015. p. 210.
82. MACÊDO, Lucas Buril de. *Precedentes judiciais e o direito processual civil*. Salvador: JusPODIVM, 2015. p. 381.

(...)

VI – deixar de seguir enunciado de súmula, jurisprudência ou precedente invocado pela parte, sem demonstrar a existência de distinção no caso em julgamento ou a superação do entendimento.

Salienta-se, contudo, que, ao contrário do que ocorre no *distinguishing* (distinção), no qual a diferenciação dos casos pode ser realizada por qualquer magistrado, independentemente de sua hierarquia, a **superação só é permitida ao próprio tribunal prolator do precedente ou ao tribunal hierarquicamente superior**[83].

Desse modo, o art. 489, § 1º, VI, do NCPC deve ser interpretado de forma a permitir que a distinção (*distinguishing*) seja realizada por qualquer juiz, mas que a superação dos precedentes judiciais seja apenas realizada pelo tribunal criador do precedente ou hierarquicamente superior. Isso ocorre pela própria ideologia dos precedentes obrigatórios, vez que, se fosse admitida a superação pelos órgãos inferiores, o precedente não seria aplicado a casos semelhantes, deixando, pois, de ser obrigatório.

Cabe fazer nesse ponto duas observações.

Primeira, como visto, a superveniência de texto legislativo que altere a base do precedente, súmula ou orientação jurisprudencial não é considerada como forma de superação de precedentes, uma vez que decorrente de atos externos ao Tribunal, podendo ser realizada, portanto, por qualquer juízo.

Segunda, a utilização da técnica de **superação antecipada** (*anticipatory overruling*) permite a não aplicação pelos juízes de 1ª instância ou de tribunais inferiores de determinado precedente formado pelos tribunais hierarquicamente superiores. Essa situação ocorre quando, apesar de o precedente não ter sido superado pelos tribunais superiores, já há a sinalização pelo tribunal criador do precedente ou hierarquicamente superior de que o entendimento será modificado.

Com efeito, é possível concluir que os juízes e tribunais inferiores, diante de um precedente obrigatório não superado pelo tribunal criador ou hierarquicamente superior, somente deixarão de aplicá-lo em três hipóteses:

1) *distinguishing*;

2) superveniência de texto legislativo que altere a base do precedente, da súmula ou de orientação jurisprudencial; ou

3) superação antecipada (sinalização).

---

83. MACÊDO, Lucas Buril de. *Precedentes judiciais e o direito processual civil*. Salvador: JusPODIVM, 2015. p. 388.

3.7.2.2. Signaling (Sinalização)

A *signaling* consiste na técnica utilizada quando um tribunal, apesar de aplicar determinado precedente, ao perceber sua desatualização, sinaliza sua futura superação. A técnica tem como objetivo conceder segurança jurídica aos jurisdicionados, uma vez que evita a superação do precedente de forma repentina.

A sinalização de possível mudança nos precedentes tem como função, além da preservação da segurança jurídica e da confiança aos jurisdicionados, a provocação de novo debate público no tocante ao entendimento sinalizado, conforme previsão do § 2º do art. 927 do NCPC, *in verbis*:

> § 2º A alteração de tese jurídica adotada em enunciado de súmula ou em julgamento de casos repetitivos poderá ser precedida de audiências públicas e da participação de pessoas, órgãos ou entidades que possam contribuir para a rediscussão da tese.

Não se pode negar que a sinalização gera insegurança momentânea aos jurisdicionados, já que, não sendo expressa, não se sabe exatamente qual o caminho a ser seguido pela Corte. Nesse contexto, como declina Lucas Buril, "a segurança é um importante objetivo a se alcançar em qualquer sistema jurídico, todavia, ela não é absoluta, pelo que a antecipação da superação, embora reduza a segurança, promove uma mudança desejada no Direito, atendendo a exigências sociais, e, assim, ao próprio sistema jurídico"[84].

3.7.2.3. Overriding

O *overriding* é a possibilidade de reduzir o alcance de um precedente anterior pela existência de um precedente posterior. Por exemplo, o STF indica na Súmula 343 que não cabe ação rescisória por violação de dispositivo de lei, mas logo em seguida a interpreta no sentido de que ela não se aplica à norma constitucional, como expressamente declara o TST na Súmula 83.

É, portanto, a revogação (superação) parcial do precedente anterior.

Percebe-se que muito se assemelha à transformação, porque o tribunal busca manter o precedente antigo, dando-lhe nova interpretação. A diferença entre a transformação e o *overriding* é que este é uma superação parcial, enquanto aquele é total.

Ele difere ainda da distinção restritiva (*restrictive distinguishing*), pois nesta se busca uma diferenciação fática, enquanto no *overriding* tem-se uma questão de direito que leva à restrição do alcance do precedente.

---

84. MACÊDO, Lucas Buril de. *Precedentes judiciais e o direito processual civil*. Salvador: JusPODIVM, 2015. p. 415.

De qualquer modo, e seguindo as palavras do doutrinador Lucas Buril, "no direito brasileiro não se faz necessário importar um conceito que possui pouca utilidade e eleva desnecessariamente a complexidade do sistema jurídico"[85].

3.7.2.4. Eficácia temporal na superação do precedente

A eficácia temporal na hipótese de alteração do precedente tem como objetivo definir a seguinte indagação: sendo um precedente superado, os efeitos são *ex tunc* (retroativos) ou *ex nunc*?

No Brasil, o entendimento clássico é no sentido de que a modificação da jurisprudência (sumulada ou não) tem efeitos retroativos, abrangendo os fatos passados ainda não transitados em julgado. Isso porque a modificação decorre de decisões reiteradas que passam a decidir de modo diverso do precedente originário, o que significa que seu caminho já é iniciado em momento pretérito. Ademais, o novo entendimento passa a ser entendido como mais adequado, atingindo o contexto atual e o passado.

No entanto, esse entendimento é criticado, porque afasta a segurança jurídica e a confiança dos jurisdicionados nos posicionamentos das Cortes. A crítica é majorada quando se pensa em precedentes obrigatórios, considerados como fonte de direito, invocando, por vezes, analogicamente, a irretroatividade das leis, a fim de abarcar as normas jurídicas que abrangem os precedentes.

De qualquer modo, a melhor solução às divergências da eficácia temporal dos precedentes judiciais corresponde à modulação de seus efeitos pelo tribunal prolator. É o que passa a dispor o artigo 927, § 3º do NCPC, *in verbis*:

> §3º Na hipótese de alteração de jurisprudência dominante do Supremo Tribunal Federal e dos tribunais superiores ou daquela oriunda de julgamento de casos repetitivos, pode haver modulação dos efeitos da alteração no interesse social e no da segurança jurídica.

No mesmo sentido, o disposto no § 17 do artigo 896-C da CLT:

> § 17. Caberá revisão da decisão firmada em julgamento de recursos repetitivos quando se alterar a situação econômica, social ou jurídica, caso em que será respeitada a segurança jurídica das relações firmadas sob a égide da decisão anterior, podendo o Tribunal Superior do Trabalho modular os efeitos da decisão que a tenha alterado.

---

85. MACÊDO, Lucas Buril de. *Precedentes judiciais e o direito processual civil*. Salvador: JusPODIVM, 2015. p. 408.

Nas palavras do doutrinador Fred Didier, ao analisar o referido dispositivo do Novo CPC:

> Uma interpretação constitucional e sistemática dessa regra, com base na própria segurança jurídica e na boa-fé, impõe admitir que esse poder de modular a eficácia da decisão de *overruling* seja exercido quando estiver em jogo a alteração de qualquer precedente, jurisprudência ou enunciado de súmula, de qualquer tribunal, desde que tenha eficácia normativa[86].

No entanto, existem diversas teses acerca da modulação dos efeitos, dentre as quais pode-se destacar[87]:

a) aplicação retroativa pura: o novo entendimento abrange todos os fatos passados, inclusive os transitados em julgado, permitindo-se a ação rescisória;

b) aplicação retroativa clássica: o novo precedente é aplicável aos fatos passados ainda não transitados em julgado;

c) aplicação prospectiva pura: o novo precedente é aplicado apenas aos fatos posteriores, não valendo para o caso que deu origem ao precedente;

d) aplicação prospectiva clássica: o novo precedente aplicado aos fatos novos, inclusive ao caso concreto que originou a superação;

e) aplicação prospectiva a termo: quando o tribunal define uma data ou condição para que produza efeito o precedente.

De plano, não se deve definir um único critério como prevalecente, dependendo de cada caso concreto. Porém, a nosso juízo, não devemos invocar a retroatividade para atingir situações consolidadas pela coisa julgada[88].

Ademais, de acordo com Didier, Braga e Oliveira, a data inicial da revogação do precedente anterior poderá ser considerada como a data da sinalização de que o precedente poderá ser revogado. Assim, quando a efetiva superação do precedente for precedida pela sinalização (*signaling*), será considerada esta o parâmetro inicial da revogação[89].

---

86. DIDIER JR. Fredie; BRAGA, Paula Sarno; OLIVEIRA, Rafael Alexandria de. *Curso de Direito Processual Civil: teoria da prova, direito probatório, decisão, precedente, coisa julgada e tutela provisória*. 10. ed. Salvador: JusPODIVM, 2015. v. 2, p. 503.
87. ATAÍDE JUNIOR apud DIDIER JR. Fredie; BRAGA, Paula Sarno; OLIVEIRA, Rafael Alexandria de. *Curso de Direito Processual Civil: teoria da prova, direito probatório, decisão, precedente, coisa julgada e tutela provisória*. 10. ed. Salvador: JusPODIVM, 2015. v. 2, p. 504.
88. Exceto quanto ao disposto no art. 525, § 15 do NCPC.
89. DIDIER JR. Fredie; BRAGA, Paula Sarno; OLIVEIRA, Rafael Alexandria de. *Curso de Direito Processual Civil: teoria da prova, direito probatório, decisão, precedente, coisa julgada e tutela provisória*, 10. ed. Salvador: JusPODIVM, 2015. v. 2, p. 505.

Cabe ressaltar, que nas hipóteses nas quais a não utilização dos precedentes ocorrer em razão de alterações nos textos normativos que sustentavam sua *ratio decidendi*, o novo entendimento deverá começar a ser aplicado a partir da data de vigência do novo texto legal. Assim, "o novo entendimento terá como eficácia temporal inicial a data da entrada em vigência da alteração do texto"[90].

4. RECLAMAÇÃO

A teoria dos precedentes não impõe a existência de um mecanismo específico para fazer valer sua obrigatoriedade. Isso porque a não aplicação do precedente, quando era o caso de aplicá-lo, provocará um julgamento com *error in judicando* ou *error in procedendo*[91], possibilitando sua anulação ou modificação em grau recursal.

Contudo, o NCPC passa a disciplinar a reclamação, em seus artigos 988 a 993, que, embora não seja direcionada tão somente aos precedentes descritos no art. 927 do NCPC, torna-se mais um meio de garantir sua aplicação.

A reclamação já era prevista na Constituição Federal de 1988 para a preservação da competência do STJ e do STF e para a preservação da autoridade de suas decisões (arts. 102, I, "l" e 105, I, "f"), bem como para anular o ato administrativo ou cassar a decisão judicial que contrariar súmula vinculante aplicável ao caso (art. 103-A, § 3º).

O Novo CPC amplia, consideravelmente, o cabimento da reclamação, permitindo seu ajuizamento em **qualquer tribunal** (art. 988, § 1º), seja para manter sua competência, seja para garantir a autoridade de sua decisão.

"A previsão tem alcance prático significativo, em especial quanto aos tribunais de segundo grau."[92] Esse alcance tem maior enfoque na seara trabalhista, uma vez que a Lei 13.015/14 implantou efetivamente o mecanismo de uniformização obrigatório da jurisprudência em segundo grau, por meio de súmulas regionais ou teses prevalentes (CLT, art. 896, §§ 4º a 6º), impondo, consequentemente, sua observância no âmbito do tribunal, seja pelo próprio tribunal (dever de coerência e/ou autorreferência), seja pelos órgãos inferiores.

De acordo com o artigo 988 do NCPC, a parte interessada ou o Ministério Público poderão propor a reclamação para preservar a competência do tribunal, garantir a autoridade das decisões do tribunal, a observância de decisão

---

90. PEIXOTO, Ravi. *Superação do precedente e segurança jurídica.* Salvador: JusPODIVM, 2015. p. 210.
91. MACÊDO, Lucas Buril de. *Precedentes judiciais e o direito processual civil.* Salvador: JusPODIVM, 2015. p. 102.
92. NEVES, Daniel Amorim Assumpção. *Novo Código de Processo Civil – Lei 13.105/2015.* Rio de Janeiro: Forense; São Paulo: MÉTODO, 2015. p. 521

do STF em controle concentrado de constitucionalidade e a observância de enunciado de súmula vinculante e de precedente proferido em julgamento de casos repetitivos ou em incidente de assunção de competência.

Assim, a reclamação poderá ser proposta em qualquer tribunal, mas o seu julgamento competirá ao órgão jurisdicional cuja competência se busca preservar ou cuja autoridade se pretenda garantir (artigo 988, §1º, do NCPC). A reclamação deverá ainda ser dirigida ao presidente do tribunal e instruída com prova documental (art. 988, §2º, do NCPC).

Cabe ressaltar que, sempre que possível, assim que recebida, a reclamação será autuada e distribuída ao relator do processo principal (art. 988, § 3º).

Como não possui natureza de ação rescisória, a reclamação deverá ser proposta antes do trânsito em julgado da decisão[93] (art. 988, § 5º).

De acordo com o STF[94], a reclamação não possui natureza de recurso, ação ou incidente processual, mas de direito de petição (art. 5º, XXXIV, da CF/88). Desse modo, não há impedimentos para que a mesma decisão seja impugnada por meio recursal e pela reclamação[95]. Nesse sentido, o § 6º do artigo 988 do NCPC estabelece: "a inadmissibilidade ou o julgamento do recurso interposto contra a decisão proferida pelo órgão reclamado não prejudica a reclamação".

Esse entendimento deve ser visto com cautela, pois a utilização desenfreada da reclamação provocará um inevitável sucateamento das vias recursais, possibilitando a ampliação considerável do número de processos nos tribunais, afastando-se inclusive da segurança jurídica, eficiência e economia processual almejadas com os precedentes.

Nesse contexto, não se pode negar que, embora possua natureza de direito de petição, a reclamação tem o objetivo de impugnar determinadas decisões. É, portanto, um meio de impugnação de decisão judicial. Desse modo, tendo em vista a irrecorribilidade das decisões interlocutórias prevista no art. 893, § 1º, da CLT, deve-se entender que, no âmbito laboral, as decisões interlocutórias não são passíveis de reclamação, com exceção das hipóteses previstas na súmula nº 214 do TST[96].

---

93. Nesse mesmo sentido dispõe a súmula nº 734 do STF: "Não cabe reclamação quando já houver transitado em julgado o ato judicial que se alega tenha desrespeitado decisão do Supremo Tribunal Federal".
94. ADI 2212, Relator(a): Min. ELLEN GRACIE, Tribunal Pleno, julgado em 02/10/2003, DJ 14-11-2003 PP-00011 EMENT VOL-02132-13 PP-02403.
95. MARINONI, Luiz Guilherme; ARENHART, Sérgio Cruz; MITIDIERO, Daniel. *Novo Curso de Processo Civil: tutela dos direitos mediante procedimento comum, volume II*. São Pulo: Editora Revista dos Tribunais, 2015. p. 603.
96. **Súmula nº 214 do TST.** Decisão Interlocutória. Irrecorribilidade
    Na Justiça do Trabalho, nos termos do art. 893, § 1º, da CLT, as decisões interlocutórias não ensejam recurso imediato, salvo nas hipóteses de decisão: a) de Tribunal Regional do Traba-

Ademais, válido destacar que, diferentemente da previsão da CF/88, o NCPC não faz referência aos atos administrativos, mas apenas aos atos jurisdicionais. Assim, com exceção das súmulas vinculantes, somente caberá reclamação dos atos emanados por órgãos do Poder Judiciário, excluindo-se, portanto, a Administração Pública Direta e Indireta.

Nas situações nas quais a reclamação tiver como objeto a garantia da observância de decisão do Supremo Tribunal Federal, em controle concentrado de constitucionalidade, e a garantia da observância de enunciado de súmula vinculante e de precedente proferido em julgamento de casos repetitivos ou em incidente de assunção de competência, deverão ser analisadas a aplicação indevida da tese jurídica e a sua não aplicação aos casos que a ela correspondam (art. 988, § 4º do NCPC).

Ao despachar a reclamação, o relator deverá requisitar informações da autoridade a quem for imputada a prática do ato impugnado, que as prestará no prazo de dez dias; se necessário, deverá ordenar a suspensão do processo ou do ato impugnado para evitar dano irreparável e determinará a citação do beneficiário da decisão impugnada, que terá o prazo de quinze dias para a apresentação da contestação (art. 989 do NCPC).

Registra-se que qualquer interessado poderá impugnar o pedido do reclamante (art. 990 do NCPC) e que, quando não tiver formulado a reclamação, o Ministério Público terá vista do processo por cinco dias, após o decurso do prazo para informações e para o oferecimento da contestação pelo beneficiário do ato impugnado (art. 991 do NCPC).

Caso a reclamação seja julgada procedente, o tribunal cassará a decisão exorbitante de seu julgado ou determinará medida adequada à solução da controvérsia (art. 992 do NCPC). O presidente do tribunal determinará o imediato cumprimento da decisão, lavrando-se o acórdão posteriormente (art. 993).

Na Justiça do Trabalho, a reclamação era prevista no Regimento Interno do TST (arts. 190 a 194). Todavia, o STF no Recurso Extraordinário nº 405.031[97] entendeu que a reclamação somente pode ser criada ou regulada pela lei em sentido formal e material. Dessa forma, em razão da ausência de previsão na CF/88 e de disposição legal, o STF entendeu que a reclamação prevista no Regimento Interno era inconstitucional.

---

lho contrária à Súmula ou Orientação Jurisprudencial do Tribunal Superior do Trabalho; b) suscetível de impugnação mediante recurso para o mesmo Tribunal; c) que acolhe exceção de incompetência territorial, com a remessa dos autos para Tribunal Regional distinto daquele a que se vincula o juízo excepcionado, consoante o disposto no art. 799, § 2º, da CLT.

97. RE 405031, Relator(a): Min. MARCO AURÉLIO, Tribunal Pleno, julgado em 15/10/2008, DJe-071 DIVULG 16-04-2009 PUBLIC 17-04-2009 EMENT VOL-02356-06 PP-01114 RTJ VOL-00210-02 PP-00733 RDDP nº 76, 2009, p. 170-175 LEXSTF v. 31, n, 364, 2009, p. 172-184.

Entretanto, como o NCPC não restringe os tribunais passíveis de reclamação, entendemos que a reclamação será permitida na Justiça Trabalhista, para a garantia da observância das súmulas e orientações jurisprudenciais do TST, súmulas dos Tribunais Regionais do Trabalho, decisões proferidas em julgamento de casos repetitivos e em incidência de assunção de competência, entre outras, como forma de garantir as decisões do tribunal, conforme dispõe o inciso II do artigo 988.

5. APLICAÇÃO DA TEORIA DOS PRECEDENTES JUDICIAIS NO PROCESSO DO TRABALHO

Nos tópicos anteriores, buscamos analisar, de forma global, a teoria dos precedentes judiciais, fazendo, de qualquer modo, alguns apontamentos acerca do processo do trabalho. Nesse tópico, o intuito é ser mais específico sobre a incidência dos art. 926 e 927 do Novo CPC na seara trabalhista.

5.1. Integração (art. 15 do NCPC)

O Novo Código de Processo Civil, além das mudanças no direito processual civil, também ocasionará diversas alterações na seara trabalhista. Um dos dispositivos que trará muitas discussões no direito processual do trabalho corresponde ao artigo 15 do NCPC, *in verbis*:

> Art. 15. Na ausência de normas que regulem processos eleitorais, trabalhistas ou administrativos, as disposições deste Código lhes serão aplicadas supletiva e subsidiariamente.

Conforme se observa pela leitura do dispositivo, o Novo CPC deverá ser aplicado de forma **subsidiária e supletiva** ao processo do trabalho na ausência de normas próprias. Referido artigo trouxe, portanto, uma abordagem diferente daquela prevista nos artigos 769[98] e 889[99] da CLT, uma vez que estes determinam que o direito processual comum deve ser aplicado de forma subsidiária ao processo do trabalho naquilo em que for compatível.

Assim, verifica-se que o dispositivo do NCPC contempla duas diferenças substanciais em relação aos artigos celetistas: 1) exige apenas omissão da legislação trabalhista para sua incidência, nada versando sobre a compatibilidade; 2) permite sua aplicação em caráter supletivo à legislação trabalhista.

---

98. Art. 769. Nos casos omissos, o direito processual comum será fonte subsidiária do direito processual do trabalho, exceto naquilo em que for incompatível com as normas deste Título.

99. Art. 889 – Aos trâmites e incidentes do processo da execução são aplicáveis, naquilo em que não contravierem ao presente Título, os preceitos que regem o processo dos executivos fiscais para a cobrança judicial da dívida ativa da Fazenda Pública Federal.

Dessa forma, necessária uma análise detida do novel dispositivo para que seja possível delimitar sua abrangência, alcance e, consequentemente, suas implicações no direito processual do trabalho.

5.1.1. As lacunas no direito processual do trabalho

O estudo do direito compreende duas posições no tocante à existência ou não de lacunas no sistema jurídico. A primeira corrente é baseada na ideia de "plenitude lógica do Direito", não admitindo, portanto, a existência de lacunas no ordenamento jurídico. A segunda posição admite a existência de lacunas e, consequentemente, as diversas formas possíveis de integração da norma jurídica, de modo que se garanta a completude do ordenamento jurídico[100].

Considerando a dinâmica da sociedade e a constante alteração de valores e direitos por ela preconizados, entendemos que o sistema legal possui lacunas, havendo a necessidade da integração normativa. Nesse sentido, Rizzato Nunes afirma que o alto grau de complexidade presente na sociedade contemporânea oferece aos indivíduos diversas possibilidades de ação, não conseguindo as normas jurídicas disciplinar todas as situações existentes nas relações sociais[101].

De acordo com Paulo Nader, "as lacunas são imanentes às codificações (...). Somente quando os fatos se repetem assiduamente, tornam-se conhecidos e as leis não são modificadas para alcançá-los, é que poderá inculpar o legislador ou os juristas".[102]

As lacunas podem ser classificadas em:

1) **normativas**: quando não existem normas em determinadas situações;

2) **ontológicas**: quando a norma existe, mas não corresponde à realidade social, em razão de sua incompatibilidade histórica com o desenvolvimento social;

3) **axiológicas**: quando a norma é prevista, mas, se aplicada, a solução do caso será injusta.

Apesar do reconhecimento da existência de lacunas no ordenamento jurídico, é vedado ao juiz pronunciar *non liquet*, ou seja, independentemente do caso submetido ao julgamento, deverá haver apreciação judicial, em decorrência da ideia de completude do ordenamento jurídico (art. 140 do NCPC). Assim, nos casos omissos, faz-se necessária a integração do ordenamento, conforme dispõe

---

100. SILVA, José Antônio Ribeiro de Oliveira; COSTA, Fábio Natali; BARBOSA, Amanda. *Magistratura do Trabalho: formação humanística e temas fundamentais do direito*. São Paulo: LTr, 2010. p. 63.
101. NUNES, Rizzato, *Manual de Introdução ao Estudo do Direito*. São Paulo: Saraiva, 2011. p. 322.
102. NADER, Paulo. *Introdução ao Estudo do Direito*. Rio de Janeiro: Forense, 2008. p. 193.

o artigo 4º da Lei de Introdução às Normas do Direito Brasileiro (LINDB): "quando a lei for omissa, o juiz decidirá o caso de acordo com a analogia, os costumes e os princípios gerais de direito".

Portanto, a integração relaciona-se à ideia de completude/suprimento das lacunas existentes no ordenamento jurídico, permitindo o julgamento de determinado caso, ainda que inexistente norma jurídica específica a ser utilizada. Nas palavras de Carlos Henrique Bezerra Leite, "a integração, pois, constitui uma autorização do sistema jurídico para que o intérprete possa valer-se de certas técnicas a fim de solucionar um caso concreto, no caso de lacuna"[103].

Nesse contexto, havendo lacuna na legislação trabalhista, estará permitida a aplicação do processo comum.

Cabe destacar que, como visto, a aplicação subsidiária e supletiva da legislação processual civil ocorrerá não somente em casos de omissão da legislação processual do trabalho, ou seja, na presença de lacunas normativas, mas também nos casos em que se verifica a presença das lacunas ontológicas e axiológicas.

Nesse sentido, Carlos Henrique Bezerra Leite acredita que o próprio conceito de lacuna deve ser repensado, possibilitando uma heterointegração dos subsistemas do direito processual civil e do direito processual do trabalho, sempre que houver a finalidade de aumento de efetividade deste último:

> A heterointegração pressupõe, portanto, existência não apenas das tradicionais lacunas normativas, mas, também, das lacunas ontológicas e axiológicas. Dito de outro modo, a heterointegração dos dois subsistemas (processo civil e trabalhista) pressupõe a interpretação evolutiva do art. 769 da CLT, para permitir a aplicação subsidiária do CPC não somente na hipótese (tradicional) de lacuna normativa do processo laboral, mas, também, quando a norma do processo trabalhista apresentar manifesto envelhecimento que, na prática, impede ou dificulta a prestação jurisdicional justa e efetiva deste processo especializado[104].

Destaca-se ainda o enunciado nº 66, aprovado na 1ª Jornada de Direito Material e Processual do Trabalho, realizada em Brasília-DF, que permite a aplicação do CPC quando houver lacunas axiológicas e ontológicas, *in verbis*:

> **Enunciado nº 66.** Aplicação subsidiária de normas do Processo Comum ao Processo Trabalhista. Omissões ontológica e axiológica. Admissibilidade.

---

103. LEITE, Carlos Henrique Bezerra. *Curso de Direito Processual do Trabalho*. 12. ed. São Paulo: LTr, 2014. p. 101.
104. LEITE, Carlos Henrique Bezerra. *Curso de Direito Processual do Trabalho*. 12. ed. São Paulo: LTr, 2014, p. 105.

Diante do atual estágio de desenvolvimento do processo comum e da necessidade de se conferir aplicabilidade à garantia constitucional da duração razoável do processo, os artigos 769 e 889 da CLT comportam interpretação conforme a Constituição Federal, permitindo a aplicação de normas processuais mais adequadas à efetivação do direito. Aplicação dos princípios da instrumentalidade, efetividade e não retrocesso social.

Seguindo a mesma linha, leciona o doutrinador Mauro Schiavi:

> (...) a moderna doutrina vem defendendo um diálogo maior entre o processo do trabalho e o processo civil, a fim de buscar, por meio de interpretação sistemática e teleológica, os benefícios obtidos na legislação processual civil e aplicá-los ao processo do trabalho. Não pode o juiz do trabalho fechar os olhos para normas de Direito Processual Civil mais efetivas que a Consolidação das Leis do Trabalho, e, se omitir sob o argumento de que a legislação processual do trabalho não é omissa, pois estão em jogo interesses muito maiores que a aplicação da legislação processual trabalhista. O Direito Processual do Trabalho deve ser um instrumento célere, efetivo, confiável e que garanta, acima de tudo, a efetividade da legislação processual trabalhista e a dignidade da pessoa humana[105].

Ademais, referido autor, reconhecendo a chamada vertente evolutiva da doutrina, permite a aplicação do direito processual comum também quando a previsão da CLT mostra-se prejudicial aos princípios da efetividade e acesso à justiça do direito processual trabalhista. Nesse contexto, o autor assevera que, como o direito processual do trabalho possui o objetivo de possibilitar e ampliar o acesso do trabalhador à Justiça, os princípios basilares desse ramo do direito devem ser observados a todo o momento, descrevendo:

> Não é possível, a custa de se manter a autonomia do processo do trabalho e a vigência de suas normas, sacrificar o acesso do trabalhador à Justiça do Trabalho, bem como o célere recebimento de seu crédito alimentar.
> Diante dos princípios constitucionais que norteiam o processo e também da força normativa dos princípios constitucionais, não é possível uma interpretação isolada da CLT, vale dizer: divorciada dos princípios constitucionais do processo, máxime o do acesso efetivo e real à justiça do trabalho, duração razoável do processo, bem como a uma ordem jurídica justa, para garantia acima de tudo, da dignidade da pessoa humana do trabalhador e melhoria da sua condição social. [106]

---

105. SCHIAVI, Mauro. *Manual de Direito Processual do Trabalho*. 7. ed. São Paulo: LTr, 2014. p. 165.
106. SCHIAVI, Mauro. *Manual de Direito Processual do Trabalho*. 7. ed. São Paulo: LTr, 2014. p. 150.

Do exposto, reconhece-se a aplicação do direito processual comum ao processo do trabalho nas hipóteses de lacunas normativas, ontológicas e axiológicas.

5.1.2. Subsidiariedade e supletividade

A subsidiariedade e a supletividade representam duas formas de preenchimento de lacunas, com o fim de garantir a completude do ordenamento jurídico.

A **subsidiariedade corresponde à aplicação do direito comum quando a legislação trabalhista não disciplina determinado instituto ou situação.** Como exemplos da necessidade de aplicação subsidiária do processo civil ao processo trabalhista, destaca-se a disciplina das tutelas de provisórias, o rol de bens impenhoráveis, inspeção judicial, dentre outros.

O artigo 15 do Novo Código de Processo Civil inovou, possibilitando sua aplicação ao processo trabalhista não somente de forma subsidiária, mas também de forma supletiva.

A **supletividade determina a aplicação do NCPC quando, apesar de a legislação trabalhista disciplinar determinado instituto, não o faz de modo completo.** Como exemplos da aplicação supletiva, podemos destacar as hipóteses de suspeição e impedimento, uma vez que a CLT, em seu artigo 801, disciplina apenas a suspeição, pois foi baseada no CPC de 1939, que não previa o instituto do impedimento de forma separada, sendo necessária, portanto, a aplicação supletiva da disciplina processual civil. Outros exemplos consistem nas matérias que podem ser alegadas nos embargos à execução (art. 917 do NCPC c/c art. 884, § 1º, da CLT), nas regras do ônus da prova (art. 373 do NCPC c/c art. 818 da CLT), dentre outros.

Ressaltando as diferenças entre as expressões subsidiariedade e supletividade, o relator-parcial da Comissão Especial destinada a proferir parecer ao Projeto de Lei nº 6.025, de 2005, do Senado Federal, deputado Efraim Filho, sintetizou: "a alteração da parte final é por opção técnica: aplicação subsidiária visa ao preenchimento de lacuna; aplicação supletiva, à complementação normativa."[107]

Portanto, percebe-se, até esse momento da explanação, que tanto os arts. 769 e 889 da CLT como o art. 15 do NCPC tratam do preenchimento de lacunas, de modo que surge a indagação: existe conflito entre tais dispositivos?

---

107. FILHO, Efraim. *Comissão Especial destinada a proferir parecer ao Projeto de Lei nº 6.025, de 2005, do Senado Federal, e apensados, que tratam do "Código de Processo Civil" (revoga a Lei nº 5.869, de 1973): Relatório Parcial*. Disponível em: http://www2.camara.leg.br/atividade-legislativa/comissoes/comissoes-temporarias/especiais/54a-legislatura/8046-10-codigo-de-processo--civil/arquivos/parecer_deputado-efraim-filho. Acesso em 27 fev. 2015.

5.1.3. Antinomias

As antinomias são verificadas na presença de normas conflitantes, não se podendo definir, de plano, qual delas deve ser aplicada na resolução do caso concreto. Desse modo, quando houver um conflito (ou colusão) "entre duas normas, dois princípios ou de uma norma e um princípio geral de direito em sua aplicação prática a um caso particular"[108] estará configurada a antinomia entre referidas normas. De acordo com Tércio Sampaio Ferraz Jr., a antinomia jurídica pode ser definida como:

> (...) a oposição que ocorre entre duas normas contraditórias (total ou parcialmente), emanadas de autoridades competentes num mesmo âmbito normativo, que colocam o sujeito numa posição insustentável pela ausência ou inconsistência de critérios aptos a permitir-lhe uma saída nos quadros de um ordenamento dado.[109]

Nos casos de antinomias jurídicas são utilizados critérios para a definição da norma a ser aplicada no caso concreto:

a) **Critério hierárquico:** estabelece que, nos casos de antinomias, deve prevalecer a norma hierarquicamente superior.

b) **Critério da especialidade:** determina que, havendo conflito, a norma especial deve prevalecer nos conflitos com a norma geral.

c) **Critério cronológico:** declina que a norma mais recente prevalece nas situações de antinomias, ou seja, a norma posterior revoga a norma anterior.

Com a nova disposição trazida pelo artigo 15 do NCPC, parte da doutrina pode acreditar que, por apresentar a CLT norma específica, não teria ocorrido a revogação dos arts 769 e 889 da CLT. Desse modo, essa corrente dará prevalência à regra da especialidade em detrimento da norma geral descrita no NCPC.

Todavia, o artigo 15 do NCPC não regula o processo eleitoral, trabalhista e administrativo. Trata-se, portanto, de norma de sobredireito, pois indica a norma que deve ser aplicada em casos de omissão das legislações no âmbito processual como um todo. Em sentido semelhante, Edilton Meireles:

> (...) lembramos que o art. 15 do novo CPC é regra de processo do trabalho e não de processo civil. Este novo dispositivo somente topograficamente está

---

108. DINIZ, Maria Helena. *Compêndio de Introdução à Ciência do Direito*. 20. ed. São Paulo: Saraiva, 2009. p. 484.
109. FERRAZ JUNIOR, Tercio Sampaio. *Introdução ao estudo do direito: técnica, decisão, dominação*. 5. ed. São Paulo: Atlas, 2007. p. 212.

inserido no CPC, mas não se cuida de regra do processo civil (em sentido estrito), tanto que a ele não se aplica[110].

Com efeito, não há que se falar em aplicação do critério da especialidade.

Para a outra parte, defender-se-á a revogação dos arts. 769 e 889 da CLT pelo art. 15 do NCPC em razão do critério da cronologia. Nesse contexto, invoca-se o artigo 2º, §1º, da LINDB, que dispõe: "a lei posterior revoga a anterior quando expressamente o declare, quando seja com ela incompatível ou quando regule inteiramente a matéria de que tratava a lei anterior" (*lex posterior derrogat legi priori*). Com efeito, sendo o NCPC cronologicamente mais recente que a CLT, o disposto nos artigos 769 e 889 da CLT seriam revogados pelo art. 15 do NCPC.

Também não nos parece correto esse entendimento.

Primeiro, porque nosso ordenamento jurídico privilegia a revogação expressa, em detrimento da revogação tácita[111], como se depreende do art. 9º da Lei Complementar nº 95/98, *in verbis*:

> Art. 9º A cláusula de revogação deverá enumerar, expressamente, as leis ou disposições legais revogadas.

Segundo, porque, a nosso juízo, não existe antinomia entre os referidos dispositivos, devendo ser aplicados de forma coordenada, possibilitando um verdadeiro "diálogo das fontes", como será demonstrado no tópico seguinte.

De qualquer modo, não podemos deixar de tecer uma observação para aqueles que são adeptos do critério cronológico.

Caso realmente houvesse a revogação tácita do artigo 769 da CLT, seria importante o questionamento da necessidade de compatibilização na aplicação do NCPC ao processo do trabalho. Isto porque o artigo 769 da CLT exige, para a aplicação do processo comum, dois requisitos cumulativos: omissão e compatibilidade, enquanto o artigo 15 do NCPC exige apenas omissão da legislação trabalhista.

No entanto, para que a aplicação supletiva ou subsidiária ocorra de forma harmônica com o sistema normativo lacunoso, sempre deve haver compatibilização com os princípios e normas da própria legislação a ser integrada, no caso, do direito processual trabalhista. Caso isso não ocorra, a integração pelos

---

110. MEIRELES, Edilton. O novo CPC e sua aplicação supletiva e subsidiária no processo do trabalho. In: *O Novo Código de Processo Civil e seus reflexos no processo do trabalho*. MIESSA, Élisson (Org.). Salvador: JusPODIVM, 2015. p. 46, nota 13.
111. FARIAS, Cristiano Chaves; ROSENVALD, Nelson. *Curso de Direito Civil: Parte Geral e LINDB*. 11. ed. Salvador: JusPodivm, 2013. p. 132.

referidos métodos poderia, em vez de possibilitar a completude do ordenamento jurídico, provocar maiores antinomias e prejuízos ao sistema integrado.

Queremos dizer, toda norma inserida em um microssistema, necessariamente, deve ser compatível com ele, sob pena de quebrar a identidade e ideologia do sistema que está integrando a norma. Desse modo, utilizando-se do critério cronológico, ainda assim, não se pode afastar a necessidade de compatibilização com o processo do trabalho das normas do processo civil que lhe serão aplicadas.

5.1.4. Diálogo das fontes

Em alguns casos não se faz necessária a aplicação dos critérios hierárquico, cronológico e especial. Isto porque, em determinadas situações, além de não se verificar verdadeiras antinomias, há necessidade de harmonização entre as normas do ordenamento jurídico e não de sua exclusão[112].

Nessas hipóteses, faz-se necessária a coordenação das diferentes normas para que ocorra o chamado "diálogo das fontes", possibilitando uma aplicação "simultânea, coerente e coordenada das plúrimas fontes legislativas convergentes."[113]

Noutras palavras, no diálogo das fontes, as normas não se excluem, mas se complementam, permitindo uma visão unitária do ordenamento jurídico.

De acordo com Cláudia Lima Marques[114], são três as possibilidades de diálogo entre as fontes:

1) diálogo sistemático de coerência: quando aplicada simultaneamente duas leis, uma serve de base conceitual da outra.

2) diálogo sistemático de complementariedade e subsidiariedade: quando uma norma pode completar a outra, de forma direta (complementariedade) ou indireta (subsidiariedade).

3) diálogo de coordenação e adaptação sistemática: quando "os conceitos estruturais de uma determinada lei sofrem influências da outra."[115]

---

112. MARQUES, Cláudia Lima. Diálogo entre o Código de Defesa do Consumidor e o Novo Código Civil: do "Diálogo das fontes" no combate às cláusulas abusivas. *Revista de Direito do Consumidor nº* 45. São Paulo, p. 71-99, jan.-mar. 2003.
113. MARQUES, Cláudia Lima. Diálogo entre o Código de Defesa do Consumidor e o Novo Código Civil: do "Diálogo das fontes" no combate às cláusulas abusivas. *Revista de Direito do Consumidor nº* 45. São Paulo, p. 71-99, jan.-mar. 2003.
114. MARQUES, Cláudia Lima. Diálogo entre o Código de Defesa do Consumidor e o Novo Código Civil: do "Diálogo das fontes" no combate às cláusulas abusivas. *Revista de Direito do Consumidor nº* 45. São Paulo, p. 71-99, jan.-mar. 2003.
115. TARTUCE, Flávio. *O diálogo das fontes e a hermenêutica consumerista no Superior Tribunal de Justiça*. Disponível em: http://www.flaviotartuce.adv.br/index2.php?sec=artigos. Acesso em: 11 mar. 2015.

Nesse contexto, parece-nos que os arts. 769 e 889 da CLT não conflitam com o art. 15 do NCPC, devendo conviver harmoniosamente e ser aplicados de forma coordenada e simultânea, por força do diálogo sistêmico de complementariedade e subsidiariedade.

Portanto, acreditamos que os dispositivos do NCPC e da CLT devem ser interpretados em conjunto, entendendo-se que, para a aplicação subsidiária e supletiva do NCPC ao processo trabalhista, devem estar presentes dois requisitos: omissão e compatibilidade.

Em resumo, o que muda com a chegada do Novo CPC é simplesmente o fato de que, a partir de agora, de forma expressa, passa a ser admitida a aplicação supletiva (complementar) do CPC, mantendo-se intactos os requisitos dos arts. 769 e 889 da CLT.

Partindo dessa premissa, voltamos aos precedentes judiciais para verificar se existe omissão na CLT quanto ao tema e se há compatibilidade com o processo trabalhista a permitir sua invocação de forma subsidiária e supletiva.

5.1.5. Omissão na CLT

A Lei nº 13.015/14, dando ênfase à teoria dos precedentes judiciais, atraiu para o processo do trabalho o julgamento por amostragem (seriado), incluindo nos arts. 896-B e 896-C da CLT o recurso de revista repetitivo, acompanhando o que já existia no âmbito dos recursos extraordinário e especial.

Além de trazer para a seara trabalhista mecanismo já existente no ordenamento, a CLT foi além, implementando a imposição de uniformização de jurisprudência nos Tribunais Regionais do Trabalho, que denominamos de incidente de uniformização trabalhista[116]. Nesse contexto, estabeleceu o art. 896, §§ 4º, 5º e 6º:

> § 4º Ao constatar, de ofício ou mediante provocação de qualquer das partes ou do Ministério Público do Trabalho, a existência de decisões atuais e conflitantes no âmbito do mesmo Tribunal Regional do Trabalho sobre o tema objeto de recurso de revista, o Tribunal Superior do Trabalho determinará o retorno dos autos à Corte de origem, a fim de que proceda à uniformização da jurisprudência.
>
> § 5º A providência a que se refere o § 4º deverá ser determinada pelo Presidente do Tribunal Regional do Trabalho, ao emitir juízo de admissibilidade sobre o recurso de revista, ou pelo Ministro Relator, mediante decisões irrecorríveis.
>
> § 6º Após o julgamento do incidente a que se refere o § 3º, unicamente a súmula regional ou a tese jurídica prevalecente no Tribunal Regional do

---

116. MIESSA, Élisson. *Recursos trabalhistas*. Salvador: JusPODIVM, 2015. p. 273-280.

Trabalho e não conflitante com súmula ou orientação jurisprudencial do Tribunal Superior do Trabalho servirá como paradigma para viabilizar o conhecimento do recurso de revista, por divergência.

Desse modo, é sabido que uma das hipóteses de cabimento do recurso de revista é o caso de divergência jurisprudencial, que consiste em decisões divergentes sobre a mesma norma analisando fatos idênticos ou semelhantes. Um dos casos de divergência acontece quando o acórdão de um TRT julga de forma divergente de acórdão de outro TRT. Com o advento da referida lei, essa regra foi frontalmente atingida.

Isso porque, caso exista uma divergência interna no TRT, ele obrigatoriamente terá que uniformizar seu entendimento, com a criação de súmulas regionais. A propósito, caso o TRT não faça a uniformização, espontaneamente, o TST poderá determinar o retorno dos autos à origem para que se proceda à uniformização (CLT, art. 896, § 4º).

Assim, a partir da criação da súmula regional (TRT), somente ela ou a tese jurídica prevalente servirá para viabilizar a divergência no recurso de revista.

Percebe-se, pelas alterações introduzidas pela Lei nº 13.015/14, o nítido intuito de dar prevalência aos precedentes judiciais, seja para uniformizar o julgamento dos casos repetitivos, seja para impor o dever de uniformização aos tribunais regionais, inserindo-se, nesse último caso, o dever de sintetizar a jurisprudência, sumulando-a.

No entanto, a própria CLT reconhece sua incompletude, impondo, no que couber, a aplicação do CPC (CLT, arts. 896, § 3º, e 896-B).

A propósito, tais dispositivos não contemplam os diversos precedentes descritos no art. 927 do NCPC, nem mesmo as diretrizes do art. 926 do NCPC, o que gera algumas incongruências no sistema como, por exemplo, o descumprimento da súmula regional pelo próprio tribunal criador.

Queremos dizer, a CLT impõe o dever de uniformizar a jurisprudência regional, mas não impede que o próprio regional possa julgar contra suas súmulas. Agora com o Novo CPC, o dever de coerência, descrito no art. 926, institui que o tribunal seja compreendido como um órgão único, coeso em suas decisões. Portanto, esse dispositivo legaliza a chamada disciplina judiciária, vez que impõe aos desembargadores observância à jurisprudência dominante do tribunal, reconhecendo a vinculação horizontal de seus precedentes.

Presente, pois, a omissão da CLT, ainda que do aspecto da supletividade (complementariedade).

5.1.6. Compatibilidade com o processo do trabalho

A utilização de instrumentos típicos do *common law* na seara trabalhista ganha maior relevância, porque a própria lei sempre impôs a essa seara a atuação uniforme, já que, desde 1943, rege por meio de "súmulas", chamadas na ocasião de prejulgados, conforme declinava o at. 902 da CLT. É interessante notar que o referido artigo não previa a súmula como a existente atualmente no TST, pois, além de ser vinculante, ela antevia os fatos, afastando assim a ideia de decisões reiteradas, ou seja, de uniformização da jurisprudência. Noutros termos, ela poderia nascer antes mesmo da aplicação da norma, sendo mera interpretação da regra jurídica pelo órgão. Isso ocorria porque a Justiça do Trabalho, na época, era órgão do Poder Executivo.

Com o advento da Constituição Federal de 1946, a Justiça do Trabalho integrou o Poder Judiciário de modo que a aplicação dos prejulgados passou a ser impugnada. Contudo, apenas em 1963, com a efetiva elaboração do primeiro prejulgado, eles foram questionados de forma incisiva, fazendo com que o Supremo Tribunal Federal declarasse a sua inconstitucionalidade em 12.5.77, retirando a força vinculativa do instituto. Em 1982, a Lei nº 7.033 revogou expressamente o art. 902 da CLT, mas os prejulgados existentes se mantiveram, pois foram transformados nas Súmulas nº 130 a 179 do TST, estando em vigência algumas delas até os dias atuais.

Cabe registrar que a criação da súmula no direito brasileiro, como uniformização da jurisprudência, é concedida ao ministro Victor Nunes Leal[117], e foi instituída pelo Supremo Tribunal Federal, ao alterar seu Regimento Interno em 1963 e publicar, de imediato, 370 súmulas, inclusive no tocante a matéria trabalhista.

---

117. "A Súmula, o próprio Victor [Nunes Leal] contaria em conferência de 1981, em Santa Catarina, minimizando-lhe, embora, as dificuldades da aceitação: 'Por falta de técnicas mais sofisticadas, a Súmula nasceu – e colateralmente adquiriu efeitos de natureza processual – da dificuldade, para os Ministros, de identificar as matérias que já não convinha discutir de novo, salvo se sobreviesse algum motivo relevante. O hábito, então, era reportar-se cada qual a sua memoria, testemunhando, para os colegas mais modernos, que era tal ou qual a jurisprudência assente na Corte. Juiz calouro, com o agravante da falta de memória, tive que tomar, nos primeiros anos, numerosas notas e bem assim sistematizá-las, para pronta consulta durante as sessões de julgamento. Daí surgiu a ideia da Súmula, que os colegas mais experientes – em especial os companheiros da Comissão de Jurisprudência, Ministros Gonçalves de Oliveira e Pedro Chaves – tanto estimularam. E se logrou, rápido, o assentamento da Presidência e dos demais Ministros. Por isso, mais de uma vez, tenho mencionado que a Súmula é subproduto de minha falta de memoria, pois fui eu afinal o Relator não só da respectiva emenda regimental como dos seus primeiros 370 enunciados. Esse trabalho estendeu-se até as minúcias da apresentação gráfica da edição oficial, sempre com o apoio dos colegas da Comissão, já que nos reuníamos, facilmente, pelo telefone." (ALMEIDA, Fernando Dias Menezes de. *Memória jurisprudencial*: Ministro Victor Nunes: Série Memória Jurisprudencial. Brasília: Supremo Tribunal Federal, 2006. p. 33).

Entretanto, com o advento da Emenda Constitucional n° 16/65, que alterou o art. 17 da Constituição Federal de 1946, as decisões do TST tornaram-se irrecorríveis, salvo na hipótese de matéria constitucional, o que afastou a aplicação das súmulas do STF no que tange à matéria estritamente trabalhista.

Nesse contexto, no âmbito da Justiça do Trabalho, o Tribunal Superior do Trabalho criou a súmula de jurisprudência uniforme, em 1969, concretizando-se no art. 180 do regimental interno daquele órgão então vigente.

Tal criação teve como incentivo ainda o Decreto-Lei n° 229 de 28.2.67, que introduziu como pressuposto de admissibilidade recursal que a decisão impugnada estivesse em desconformidade com a jurisprudência uniforme do TST. Assim, para facilitar a identificação da jurisprudência uniforme, foram criadas as súmulas, as quais, em 1985, passaram a ser chamadas de enunciados, por meio da Resolução n° 44/85, que perdurou até o ano de 2005, quando novamente se retomou a expressão súmula (Resolução n° 129/2005).

Posteriormente, o Tribunal Superior do Trabalho editou a Súmula n° 42, que foi substituída pela Súmula n° 333, a qual possuía a seguinte redação:

> Não ensejam recursos de revista e de embargos decisões superadas por iterativa, notória e atual jurisprudência da Seção Especializada em Dissídios Individuais[118].

Criou-se, pois, mais um requisito de admissibilidade dos recursos extraordinários, ou seja, somente seriam admitidos os recursos de revista e o de embargos para a SDI – I do TST se a decisão recorrida não fosse superada por iterativa, notória e atual jurisprudência da Seção Especializada em Dissídios Individuais. No entanto, para concretizar tal requisito, fazia-se necessário definir o que era decisão superada por iterativa, notória e atual jurisprudência. Surgem, então, as orientações jurisprudências com o intuito de preencher referida lacuna.

Contudo, a utilização das orientações jurisprudenciais como requisito de admissibilidade recursal passou a ser questionada, uma vez que impunha restrição maior do que a disposta no art. 896, "a", da CLT, pois tal artigo descrevia como obstrução do recurso de revista tão somente a súmula de jurisprudência do TST.

Assim, como forma de afastar referida ilegalidade, a Lei n° 9.756/98 alterou o artigo 896 da CLT, estabelecendo em seu § 4° o que segue:

---

118. Atualmente a redação da Súmula foi alterada pela Resolução n° 155/2009, com o intuito de adequar-se ao art. 896, § 7°, da CLT, tendo a seguinte redação: "Não ensejam recurso de revista decisões superadas por iterativa, notória e atual jurisprudência do Tribunal Superior do Trabalho".

a divergência apta a ensejar o recurso de revista deve ser atual, não se considerando como tal a ultrapassada por súmula, ou superada por iterativa e notória jurisprudência do Tribunal Superior do Trabalho[119].

Além disso, o art. 894, II, da CLT, declina expressamente que cabem os embargos para a SDI:

> II – das decisões das Turmas que divergirem entre si ou das decisões proferidas pela Seção de Dissídios Individuais, ou contrárias a súmula ou orientação jurisprudencial do Tribunal Superior do Trabalho ou súmula vinculante do Supremo Tribunal Federal.

Com efeito, as orientações jurisprudenciais passaram a ter papel tão importante quanto as súmulas na unificação da jurisprudência do Tribunal Superior do Trabalho.

Portanto, percebe-se a nítida influência da jurisprudência consolidada no âmbito trabalhista, dando papel de destaque às decisões da Corte trabalhista. O mesmo se diga do recurso de revista repetitivo (CLT, art. 896-B e 896-C) e do incidente de uniformização trabalhista.

Nesse contexto, parece-nos compatível com o processo do trabalho as diretrizes do Novo CPC, de modo que, existindo omissão na CLT e compatibilidade com a seara trabalhista, imperativa a incidência dos arts. 926 e 927 do NCPC ao processo do trabalho.

Desse modo, a partir de agora, em diversos casos, a posição dos órgãos hierarquicamente superiores torna-se obrigatória, impondo uma maior reflexão e estudo sobre o tema, especialmente quanto às súmulas e orientações jurisprudenciais do TST.

A propósito, com a chegada do Novo CPC, diversas súmulas e orientações serão impactadas, sabendo-se que, nesse caso, qualquer juízo, poderá afastar a incidência da jurisprudência consolidada pelo advento da nova legislação. Com efeito, necessária a análise detida desses impactos, o que passaremos a fazer nos próximos capítulos.

---

119. Com o advento da Lei nº 13.015/14, essa norma encontra-se topograficamente no § 7º, do art. 896, tendo a seguinte redação: "A divergência apta a ensejar o recurso de revista deve ser atual, não se considerando como tal a ultrapassada por súmula do Tribunal Superior do Trabalho ou do Supremo Tribunal Federal, ou superada por iterativa e notória jurisprudência do Tribunal Superior do Trabalho".

CAPÍTULO II

SÚMULAS E ORIENTAÇÕES JURISPRUDENCIAIS SUPERADAS

1. INTRODUÇÃO

Neste capítulo, iremos analisar as súmulas e orientações jurisprudenciais que tiveram sua *ratio decidendi* (fundamentos determinantes), consideravelmente, atingida pelo Novo CPC ao ponto de provocar sua superação.

Conforme visto no capítulo anterior, a teoria dos precedentes judiciais impõe que o princípio da segurança jurídica deixe de ser analisado apenas como a consolidação de situações passadas, mas também como previsibilidade da atuação do Estado-juiz, dando origem ao princípio da confiança legítima.

Contudo, o direito deve estar em constante modificação para se adequar às mudanças sociais, políticas e econômicas da sociedade, de modo que, embora a jurisprudência deva ser estável, nada obsta a alteração de entendimento. Para que sejam observados os princípios da segurança jurídica, da igualdade e da confiança legítima, a superação dos precedentes e súmulas deve ser realizada de acordo com determinadas formalidades e sempre de forma excepcional.

A superação dos precedentes é denominada de *overruling* e pode ocorrer quando o precedente deixa de corresponder aos padrões de congruência social e de consistência sistêmica, ou seja, quando seu fundamento determinante (*ratio decidendi*) passa a ser incompatível com os valores da sociedade. A superação ainda pode ocorrer quando há superveniência de lei nova incompatível com o precedente.

Essa última hipótese será verificada com o Novo CPC, uma vez que, com a nova legislação processual civil, diversos entendimentos consolidados na jurisprudência dos tribunais, inclusive no TST, deverão ser superados, adequando-se às novas regras do direito processual comum.

De acordo com a doutrina, nesses casos, por não ocorrer propriamente a superação dos precedentes[1], a não aplicação do precedente poderá ser realizada por qualquer juiz e não vai necessitar de reforço da argumentação da decisão[2]. Nesse sentido, o enunciado nº 324 do Fórum Permanente de Processualistas Civis:

> Lei nova, incompatível com o precedente judicial, é fato que acarreta a não aplicação do precedente por qualquer juiz ou tribunal, ressalvado o reconhecimento de sua inconstitucionalidade, a realização de interpretação conforme ou a pronúncia de nulidade sem redução de texto.

A não aplicação do precedente por qualquer juiz ou tribunal pela superveniência de lei nova é permitida, porque a alteração de textos normativos é realizada pelo Poder Legislativo e, portanto, de forma externa aos tribunais, não se tratando de descumprimento do entendimento jurisprudencial, mas de aplicação da norma vigente. Ademais, a alteração legislativa modifica a própria base (razão de existir) do precedente (ou súmulas). Nesses casos, o novo entendimento, consolidado pelo texto normativo, passará a ser aplicado a partir da data de sua vigência no ordenamento jurídico[3].

Feita essa breve introdução, passamos a analisar pontualmente cada súmula ou orientação jurisprudencial atingida.

2. PARTES E PROCURADORES

2.1. Representação

2.1.1. Representação irregular. Procuração apenas nos autos do agravo de instrumento (OJ nº 110 da SDI-I do TST)

> **Orientação Jurisprudencial nº 110 da SDI – I do TST.** Representação irregular. Procuração apenas nos autos de agravo de instrumento
>
> A existência de instrumento de mandato apenas nos autos de agravo de instrumento, ainda que em apenso, não legitima a atuação de advogado nos processos de que se originou o agravo.

---

1. Nesse sentido: PEIXOTO, Ravi. *Superação do precedente e segurança jurídica*. Salvador: JusPODIVM, 2015. p. 209 e DIDIER JR., Fredie; BRAGA, Paula Sarno; OLIVEIRA, Rafael Alexandria de. *Curso de Direito Processual Civil: teoria da prova, direito probatório, decisão, precedente, coisa julgada e tutela provisória*. 10. ed. Salvador: JusPODIVM, 2015. v. 2, p. 498.
2. DIDIER JR., Fredie; BRAGA, Paula Sarno; OLIVEIRA, Rafael Alexandria de. *Curso de Direito Processual Civil: teoria da prova, direito probatório, decisão, precedente, coisa julgada e tutela provisória*. 10. ed. Salvador: JusPODIVM, 2015. v. 2, p. 498.
3. PEIXOTO, Ravi. *Superação do precedente e segurança jurídica*. Salvador: JusPODIVM, 2015. p. 210.

Dentre os pressupostos recursais do agravo de instrumento exige-se a formação do instrumento, em que deverão estar presentes as cópias autênticas das procurações outorgadas aos advogados do agravante e do agravado, nos termos do art. 897, § 5º, I, da CLT.

Com efeito, o patrono da parte, ao interpor o recurso de agravo de instrumento, deverá comprovar sua capacidade postulatória por meio da juntada de cópia da procuração ou da ata de audiência no caso de mandato tácito ou *apud acta*. Isso ocorre porque os poderes conferidos para os autos principais legitimam o advogado a praticar todos os atos processuais, inclusive os recursais, exceto, por óbvio, se houver restrição expressa na procuração legitimando o patrono apenas para os autos principais.

Pode ocorrer, porém, de o agravo de instrumento ser interposto por advogado que não represente a parte nos autos principais. É o que disciplina a presente orientação.

Nesse caso, o TST entende que ao patrono foi conferido o poder de representação de ato secundário, qual seja, o agravo de instrumento, e não para os autos principais. Assim, a habilitação concedida para a interposição do recurso (agravo de instrumento) não inclui a de atuar posteriormente nesses autos. Em outros termos, para a Corte Trabalhista, o advogado constituído para os autos principais pode o menos, que é a interposição do recurso. Por outro lado, o advogado constituído para o menos (recurso) não pode praticar o mais, ou seja, atuar nos autos principais.

Além disso, o TST justifica a presente restrição no fato de o agravo de instrumento ser interposto em autos apartados, o que inviabilizaria a representação do advogado nos autos principais. Contudo, mesmo quando o agravo de instrumento estiver em apenso aos autos principais, a orientação é expressa em não permitir tal representação.

Com efeito, para o C. TST, a existência de mandato apenas nos autos do agravo de instrumento, ainda que em apenso, não permite a atuação do advogado nos autos principais que deram origem ao agravo.

No entanto, é sabido que a interposição de recurso não faz surgir nova relação processual, vez que ele ocorre dentro do mesmo processo. Nos dizeres do doutrinador José Carlos Barbosa Moreira, conceitua-se recurso "como o remédio voluntário idôneo a ensejar, dentro do mesmo processo, a reforma, a invalidação, o esclarecimento ou a integração de decisão judicial que se impugna. Atente-se bem: dentro do mesmo *processo*, não necessariamente dos mesmos *autos*. A interposição do agravo de instrumento dá lugar à formação de autos apartados; bifurca-se o *procedimento*, mas o processo permanece *uno*, com a peculiaridade de pender, simultaneamente, no primeiro e no segundo grau de jurisdição"[4].

Assim, pensamos que, constituindo a parte novo advogado para interpor o recurso de agravo de instrumento, ele estará legitimado a atuar dentro da relação processual, seja no recurso, seja nos autos principais. Isso quer dizer que não se pode admitir uma restrição na capacidade postulatória dentro da relação principal[5], sob pena de fulminar o conceito de recurso e, principalmente, o princípio da instrumentalidade das formas. Nesse sentido, já decidiu o Supremo Tribunal Federal:

> Procuração em autos apartados. É de reputar-se existe o mandato e regular a representação da parte, quando a procuração se encontrar em autos apensos aos autos principais (JSTF 174/92)[6]

Esse entendimento é contemplado, expressamente, no §4º do artigo 105 do Novo CPC, o qual estabelece que "salvo disposição expressa em sentido contrário constante do próprio instrumento, a procuração outorgada na fase de conhecimento é eficaz **para todas as fases do processo**, inclusive para o cumprimento de sentença" (Grifo Nosso).

Nota-se, portanto, que o NCPC reforça a ideia de que a procuração é válida para todos os momentos do processo, o que atinge, evidentemente, a fase recursal. Desse modo, observa-se que a *ratio decidendi* (fundamento determinante) da presente orientação jurisprudencial foi alterada pelo Novo CPC, fazendo-se necessária sua superação.

Registra-se, por fim, que, interposto o agravo de instrumento em autos apartados, deverá a parte cientificar nos autos principais a existência de procuração no referido agravo, o que poderá inclusive ser determinado pelo juiz, com base no art. 76 do NCPC. Isso ocorre porque, havendo obrigatoriedade de comprovar que o advogado possui mandato constituído nos autos principais quando interpõe o agravo de instrumento, a recíproca também deve ser observada, ou seja, quando a procuração inicialmente é apresentada no agravo de instrumento, ela deverá ser informada e comprovada nos autos principais, sob pena de vício de representação.

---

4. MOREIRA, José Carlos Barbosa. *Comentários ao Código de Processo Civil*. 15. ed. Rio de Janeiro: Forense, 2010. vol. 5, p. 233.
5. Exceto se houver restrição expressa na procuração.
6. NERY Jr., Nelson; NERY, Rosa Maria de Andrade. Comentários ao código de processo civil. São Paulo: RT, 2015. p. 491.

2.1.2. Mandato. Atos urgentes. Fase recursal (Súmula nº 383 do TST)

> **Súmula nº 383 do TST.** Mandato. Arts. 13 e 37 do CPC. Fase recursal. Inaplicabilidade
>
> I – É inadmissível, em instância recursal, o oferecimento tardio de procuração, nos termos do art. 37 do CPC[7], ainda que mediante protesto por posterior juntada, já que a interposição de recurso não pode ser reputada ato urgente.
>
> II – Inadmissível na fase recursal a regularização da representação processual, na forma do art. 13 do CPC[8], cuja aplicação se restringe ao Juízo de 1º grau.

I – É inadmissível, em instância recursal, o oferecimento tardio de procuração, nos termos do art. 37 do CPC[9], ainda que mediante protesto por posterior juntada, já que a interposição de recurso não pode ser reputada ato urgente.

O art. 37 do CPC/73[10] permitia que o patrono pudesse intentar ação a fim de evitar decadência ou prescrição, além de **praticar atos urgentes, sem o instrumento de mandato,** apresentando posteriormente a procuração nos autos. Ao apresentar a procuração, os atos eram ratificados. Por outro lado, a não apresentação tornava inexistentes os atos praticados. Tratava-se assim de **atuação condicional**, ou seja, somente seria existente se ocorresse a juntada da procuração *a posteriori* nos autos.

Verifica-se, ainda, que o art. 37 do CPC/73 pressupunha a prática de atos urgentes que justificassem a atuação do patrono sem procuração. O TST, por meio da presente súmula, não considerava a interposição do recurso como ato urgente, sendo, portanto, inaplicável o disposto no art. 37 do CPC/73 na fase recursal, ainda que com protesto para posterior juntada.

---

7. NCPC, art. 104.
8. NCPC, art. 76.
9. NCPC, art. 104.
10. Art. 37. Sem instrumento de mandato, o advogado não será admitido a procurar em juízo. Poderá, todavia, em nome da parte, intentar ação, a fim de evitar decadência ou prescrição, bem como intervir, no processo, para praticar atos reputados urgentes. Nestes casos, o advogado se obrigará, independentemente de caução, a exibir o instrumento de mandato no prazo de 15 (quinze) dias, prorrogável até outros 15 (quinze), por despacho do juiz. Parágrafo único. Os atos, não ratificados no prazo, serão havidos por inexistentes, respondendo o advogado por despesas e perdas e danos.

Isto porque, "a sucumbência é fato previsível no processo"[11], uma vez que, com o ajuizamento da ação, a parte já tem conhecimento que poderá ser vencida, devendo, dessa forma, acautelar-se quanto à possível interposição de recurso. Nesse sentido, já decidiu o Supremo Tribunal Federal:

> Atos urgentes. A interposição de recurso não é passível de enquadramento entre os atos reputados urgentes. É que concorre, sempre, a possibilidade de o provimento judicial ser contrário aos interesses sustentados no processo, cabendo à parte precatar-se.[12]

No mesmo caminho a Súmula nº 115 do STJ:

> Na instância especial é inexistente recurso interposto por advogado sem procuração.

O NCPC, todavia, altera essa sistemática, inovando em dois aspectos: 1) permite que o advogado atue sem procuração para evitar **preclusão;** 2) altera a natureza jurídica do ato não ratificado, considerando-o como **ineficaz** e não mais como inexistente. É o que se verifica pela redação do artigo 104, *in verbis*:

> Art. 104. O advogado não será admitido a postular em juízo sem procuração, salvo para **evitar preclusão**, decadência ou prescrição, ou para praticar ato considerado urgente.
>
> § 1º Nas hipóteses previstas no caput, o advogado deverá, independentemente de caução, exibir a procuração no prazo de 15 (quinze) dias, prorrogável por igual período por despacho do juiz.
>
> § 2º O ato não ratificado **será considerado ineficaz** relativamente àquele em cujo nome foi praticado, respondendo o advogado pelas despesas e por perdas e danos. (Grifos nosso)

Vê-se que o Novo CPC amplia consideravelmente a possibilidade de o advogado atuar sem procuração, ao incluir sua atuação para o afastamento da preclusão. Isso porque é sabido que a preclusão consiste na perda da faculdade de praticar um ato processual, como regra, por não ter exercido seu direito oportunamente, o que inclui a apresentação de contestação, razões finais, interposição de recurso etc. Ressalte-se, porém, que a preclusão anunciada no aludido dispositivo diz respeito à **preclusão temporal**[13].

Com efeito, havendo expressa disposição legal admitindo a interposição de recurso sem a presença de procuração nos autos, o fundamento determinante

---

11. BEBBER, Júlio César. *Recursos no processo do trabalho*. 2. ed. São Paulo: LTr, 2009. p. 129.
12. STF – RE 184642-9-SP, rel. Min. Marco Aurélio. DJU 24.11.1994.
13. Alvim, J. E. Carreira. *Comentários ao novo Código de Processo Civil: Lei 13.105/15*: vol. 2. Art. 82 ao 148. Curitiba: Juruá, 2015. p. 156.

(*ratio decidendi*) deste item sumular foi frontalmente atingido, sendo necessário seu cancelamento.

De qualquer forma, o ato continua sendo condicional, o que significa que não apresentada a procuração no prazo de 15 dias, ele será ineficaz. Apresentada a procuração dentro dos 15 dias, automaticamente, o recurso será ratificado. Havendo necessidade de prorrogação do prazo é imprescindível a autorização judicial. Queremos dizer, o prazo para juntada é um prazo legal, já a prorrogação produz um prazo judicial[14].

É importante consignar que a **atuação sem procuração difere daquela que existe procuração nos autos, mas a representação é irregular**. A primeira é tratada neste item sumular e tem prazos definidos no art. 104 do NCPC para regularização, sob pena de não produção de efeitos dos atos praticados. Já na hipótese de procuração existente, mas com vício de representação como, por exemplo, ausência de juntada da procuração no agravo de instrumento, aplica-se o item II desta súmula, podendo-se com o Novo CPC invocar o art. 76. Noutras palavras, existindo regra própria **para os atos sem procuração não se aplica o art. 76 do NCPC**, mas tão somente o disposto no art. 104.

Destaca-se, por fim, que o Novo CPC altera a natureza do ato não ratificado, de ato inexistente para ato ineficaz, uma vez que a exigência de indenização por perdas e danos do advogado só faz sentido se decorrente de um ato jurídico existente, sendo "inconcebível e ilógico colocar a extinção do 'nada jurídico' como suporte fático do dever de indenizar"[15].

II – Inadmissível na fase recursal a regularização da representação processual, na forma do art. 13 do CPC16, cuja aplicação se restringe ao Juízo de 1º grau.

O art. 13 do CPC/73 estabelecia:

> Art. 13. Verificando a incapacidade processual ou a irregularidade da representação das partes, o juiz, suspendendo o processo, marcará prazo razoável para ser sanado o defeito.
>
> Não sendo cumprido o despacho dentro do prazo, se a providência couber:
>
> I – ao autor, o juiz decretará a nulidade do processo;
>
> II – ao réu, reputar-se-á revel;
>
> III – ao terceiro, será excluído do processo.

---

14. Alvim, J. E. Carreira. *Comentários ao novo Código de Processo Civil: Lei 13.105/15*: vol. 2. Art. 82 ao 148. Curitiba: Juruá, 2015. p. 157.
15. DIDIER JR, Fredie. *Curso de Direito Processual Civil: Introdução ao Direito Processual Civil, Parte Geral e Processo de Conhecimento*, vol. 1. Salvador: Editora JusPODIVM, 2015, P. 337.
16. NCPC, art. 76.

Analisando referido artigo, o C. TST entendeu que ele tem **incidência tão somente na 1ª instância** e não em fase recursal, uma vez que as consequências do afastamento da irregularidade estão direcionadas a decretações do primeiro grau, pois gera nulidade do processo, revelia ou exclusão do terceiro do processo. Na **fase recursal**, não se podem admitir os efeitos descritos no aludido artigo, já que, sendo a regularidade de representação um **pressuposto recursal, sua ausência gerará apenas o não conhecimento do recurso**. Além disso, a interposição do recurso consuma o ato recursal, sendo incabível sua regularização posterior, ante a **preclusão consumativa**.

Além do C. TST, o Supremo Tribunal Federal tem decidido de forma reiterada pela inaplicabilidade do art. 13 do CPC na fase recursal[17].

Assim, para o **C. TST tanto o art. 37 como o art. 13, ambos do CPC/73, são inaplicáveis na fase recursal**, devendo, por isso, o recorrente estar regularmente representado, sob pena de não conhecimento do recurso, ante a falta de pressuposto recursal.

No entanto, como já anunciávamos[18], com o advento da Lei nº 11.276/2006, que introduziu o § 4º do art. 515 do CPC/73, o entendimento do TST deveria sofrer reparos, já que tal dispositivo passou a permitir, expressamente, a possibilidade de correção de defeitos processuais em sede recursal, o que, a nosso juízo, incluía a representação processual[19].

Ademais, o § 11 do art. 896 da CLT, introduzido pela Lei nº 13.015/14, passou a declarar que, "quando o recurso tempestivo contiver defeito formal que não se repute grave, o Tribunal Superior do Trabalho poderá desconsiderar o vício ou mandar saná-lo, julgando o mérito". Trata-se de regra que busca efetivar o princípio da instrumentalidade das formas, devendo ser observada pelos tribunais.

Com o NCPC, a necessidade do cancelamento da súmula torna-se ainda mais cristalina, uma vez que o art. 76, § 2º, possibilita a regularização da representação processual na fase recursal:

---

17. Nesse sentido: STF – AgR-AgR / PR. Rel. Min. Gilmar Mendes. DJe 4.3.2010. Public. 5.3.2010. Republicação: DJe 11.3.2010 Public. 12.3.2010 e STF – AI 546.997/SP-AgR, Primeira Turma, Rel. Min. Marco Aurélio. DJ de 31.3.06.
18. MIESSA, Élisson; CORREIA, Henrique. *Súmulas e orientações jurisprudenciais do TST comentadas e organizadas por assunto*. 5. ed. Salvador: JusPODIVM, 2015. p. 785.
19. Interpretando o art. 515, § 4º, do CPC, a doutrina entende que "é possível pensar, ainda, no suprimento de um defeito de representação (art. 13 do CPC): juntada da procuração ou juntada do estatuto social da pessoa jurídica, p. ex.". DIDIER Jr., Fredie; CUNHA, Leonardo José Carneiro da. *Curso de direito processual civil: Meios de impugnação às decisões judiciais e processo nos tribunais*. 8. ed. Bahia: JusPODIVM, 2010. v. 3. p. 135.

Art. 76. Verificada a incapacidade processual ou a irregularidade da representação da parte, o juiz suspenderá o processo e designará prazo razoável para que seja sanado o vício.

§ 1º Descumprida a determinação, caso o processo esteja na instância originária:

I – o processo será extinto, se a providência couber ao autor;

II – o réu será considerado revel, se a providência lhe couber;

III – o terceiro será considerado revel ou excluído do processo, dependendo do polo em que se encontre.

§ 2º Descumprida a determinação em fase recursal perante tribunal de justiça, tribunal regional federal ou tribunal superior, o relator:

I – não conhecerá do recurso, se a providência couber ao recorrente;

II – determinará o desentranhamento das contrarrazões, se a providência couber ao recorrido.

Portanto, o referido parágrafo 2º é direcionado expressamente para a fase recursal, alterando o fundamento determinante (*ratio decidendi*) desta súmula, o que impõe seu cancelamento.

Assim agiu o legislador, porque o vício de representação é um vício sanável, de modo que o TST (incluímos os Tribunais Regionais) deverá mandar saná-lo, admitindo a regularização da representação em sede recursal, nos termos do art. 76 do NCPC. Tal dispositivo tem como base os princípios da cooperação e da primazia da decisão de mérito (NCPC, arts. 4º e 6º).

Interessante questão passará a ser suscitada no que tange à irregularidade de representação nos embargos de declaração, uma vez que, com o advento da Lei 13.015/14, o § 3º do art. 897-A da CLT declinou:

§ 3º Os embargos de declaração interrompem o prazo para interposição de outros recursos, por qualquer das partes, salvo quando intempestivos, irregular a representação da parte ou ausente a sua assinatura.

Percebe-se por esse dispositivo que a irregularidade de representação tem o condão de afastar o efeito interruptivo dos embargos de declaração. Agora indaga-se: essa ausência de efeito interruptivo é imediata ou somente ocorrerá após aberto o prazo para regularização da representação?

Para uns, a norma do § 3º é regra própria, devendo prevalecer ao disposto no art. 76 do NCPC. Ademais, o referido artigo do NCPC não prevê tal hipótese, já que o § 1º não é direcionado aos recursos e o § 2º foi dirigido aos tribunais.

Pensamos, porém, que o art. 897-A, § 3º, da CLT trouxe apenas o efeito que será produzido com a irregularidade de representação. No entanto, este efeito somente deverá ser invocado após a abertura de prazo para sua regularização, aplicando-se analogicamente o art. 76 do NCPC. Noutras palavras, primeiro dá-se o prazo para regularização e, descumprida a determinação, os embargos de declaração não serão conhecidos e não provocarão o efeito interruptivo para os demais recursos[20]. Isso deverá ocorrer, porque, como visto, tal irregularidade é um vício sanável, de modo que deve prevalecer a decisão de mérito em detrimento das decisões obstativas de recursos.

2.2. Honorários Advocatícios. Hipóteses de Cabimento (Súmula nº 219 do TST)

> **Súmula nº 219 do TST.** Honorários advocatícios. Hipótese de cabimento
>
> I – Na Justiça do Trabalho, a condenação ao pagamento de honorários advocatícios, nunca superiores a 15% (quinze por cento), não decorre pura e simplesmente da sucumbência, devendo a parte, concomitantemente: a) estar assistida por sindicato da categoria profissional; b) comprovar a percepção de salário inferior ao dobro do salário mínimo ou encontrar-se em situação econômica que não lhe permita demandar sem prejuízo do próprio sustento ou da respectiva família. (art. 14, § 1º, da Lei nº 5.584/1970).
>
> (...)

Considerando os objetivos desta obra, vamos nos limitar a analisar o item I desta Súmula.

I – Na Justiça do Trabalho, a condenação ao pagamento de honorários advocatícios, nunca superiores a 15% (quinze por cento), não decorre pura e simplesmente da sucumbência, devendo a parte, concomitantemente: a) estar assistida por sindicato da categoria profissional; b) comprovar a percepção de salário inferior ao dobro do salário mínimo ou encontrar-se em situação econômica que não lhe permita demandar sem prejuízo do próprio sustento ou da respectiva família. (art. 14, § 1º, da Lei nº 5.584/1970).

O Tribunal Superior do Trabalho não admite o pagamento de honorários advocatícios na Justiça Laboral pela mera sucumbência[21], exigindo para sua concessão a presença cumulativa de dois requisitos: 1) ser beneficiário da jus-

---

20. No mesmo sentido: TEIXEIRA FILHO, Manoel Antônio. *Comentários à Lei 13.015/14: uniformização de jurisprudência: recursos repetitivos*. 3. ed. rev. e. ampl. São Paulo: LTr, 2015. p. 70.
21. No mesmo sentido a Súmula nº 633 do STF: "Cabimento – Condenação em Verba Honorária – Recursos Extraordinários – Interposição em Processo Trabalhista – Exceção. É incabível a condenação em verba honorária nos recursos extraordinários interpostos em processo trabalhista, exceto nas hipóteses previstas na Lei 5.584/70".

tiça gratuita (comprovar a percepção de salário igual[22] ou inferior ao dobro do salário mínimo ou que se encontra em situação econômica que não lhe permita demandar sem prejuízo do próprio sustento ou da respectiva família); b) ser assistido pelo sindicato da categoria.

Embasa sua restrição nos seguintes argumentos: a) na existência do *jus postulandi*, pois é faculdade da parte contratar advogado; b) e no art. 14 da Lei nº 5.584/70, que permite tão somente a condenação dos honorários quando o empregado estiver assistido pelo sindicato, além de ser beneficiário da justiça gratuita (comprovar a percepção de salário igual ou inferior ao dobro do salário-mínimo ou encontrar-se em situação econômica que não lhe permita demandar sem prejuízo do próprio sustento ou da respectiva família).

Com base nesse último artigo, combinado ao art. 11, § 1º, da Lei nº 1.060/50[23], o TST limitou o pagamento dos honorários advocatícios a 15%, os quais são destinados ao sindicato da categoria e não ao advogado[24]. Isso ocorre porque o vínculo do empregado é com o sindicato assistente e não diretamente com o advogado. Este é contratado pelo sindicato e não pelo empregado. Assim, como o sindicato tem o dever de prestar assistência judiciária gratuita aos integrantes da categoria, o ordenamento recompõe seus gastos com a condenação da parte contrária ao pagamento dos honorários. O advogado do sindicato, por sua vez, cobra diretamente do sindicato, conforme estipulado entre eles.

Essa é a sistemática vigente e preconizada pela presente súmula.

Todavia, com o Novo CPC referida súmula não deverá prevalecer. Isso porque, de acordo com o art. 1.072, III, foram revogados os artigos arts. 2º, 3º, 4º, 6º, 7º, 11, 12 e 17 da Lei nº 1.060/50, atingindo, portanto, a limitação dos honorários advocatícios a 15% (art. 11, §1º). Queremos dizer, a limitação a 15% definida neste item sumular decorre do art. 11, § 1º, da Lei 1.060/50, o qual foi revogado pelo Novo CPC.

Agora indaga-se: qual a porcentagem será utilizada pelo TST, já que tal dispositivo foi revogado?

Sendo certo que a porcentagem dos honorários passou a ser disciplinada integralmente pelo art. 85 do Novo CPC, poderíamos invocá-lo, fixando entre

---

22. Embora a súmula não declare o salário igual ao mínimo legal, o art. 790, § 3º, da CLT é expresso nesse sentido, ou seja, o benefício da justiça gratuita atinge os que recebem salário igual ou inferior ao dobro do mínimo legal. No mesmo sentido, a redação do art. 14, § 1º, da Lei 5.584/70.
23. Art. 11 § 1º: "Os honorários do advogado serão arbitrados pelo juiz até o máximo de 15% (quinze por cento) sobre o líquido apurado na execução da sentença".
24. "Os honorários do advogado, pagos pelo vencido, reverterão em favor do Sindicato assistente" (art. 16 da Lei nº 5.584/70).

10% e 20% sobre o valor da condenação, do proveito econômico obtido ou, não sendo possível mensurá-lo, sobre o valor atualizado da causa.

Todavia, não fará sentido utilizar o padrão de fixação do valor dos honorários conforme o Novo CPC e continuar a não admitir o pagamento dos honorários advocatícios pela mera sucumbência (art. 85 do NCPC). Noutras palavras, essa interpretação implicará o aproveitamento do acessório (fixação do valor dos honorários), sem se valer do principal (honorários de sucumbência), invertendo a ordem lógica de que o acessório deve seguir o principal.

Dessa forma, acreditamos que a mera adequação do percentual dos honorários advocatícios não é suficiente para adaptar a presente súmula ao ordenamento vigente, devendo haver a concessão dos honorários pela mera sucumbência.

Além da alteração imposta pelo NCPC, já anunciávamos[25] diversos fundamentos no ordenamento jurídico pátrio que exigem o cancelamento do item I da súmula nº 219 do TST.

Primeiro, porque a Lei nº 5.584/70 disciplina a atuação do ente sindical em juízo, não fazendo nenhuma ressalva quanto à atuação do advogado privado e o consequente pagamento de honorários advocatícios.

Segundo, porque a regra disposta no art. 791 da CLT tão somente garante o exercício facultativo do *jus postulandi*, não vedando a utilização de advogado privado e o pagamento dos honorários advocatícios.

Terceiro, porque na Justiça do Trabalho, assim como nos demais ramos do Judiciário, vige o princípio da sucumbência, tanto que o art. 790-B da CLT é expresso em direcionar a responsabilidade pelo pagamento dos honorários periciais à parte **sucumbente** na pretensão objeto da perícia.

Quarto, porque a condenação da parte vencida ao pagamento dos honorários advocatícios decorre da responsabilidade da parte causadora do dano de repará-lo integralmente, sob pena de gerar prejuízos à parte vencedora. Nesse sentido, o art. 404 do CC/02 contemplou:

> Art. 404. As perdas e danos, nas obrigações de pagamento em dinheiro, serão pagas com atualização monetária segundo índices oficiais regularmente estabelecidos, abrangendo juros, custas e **honorários de advogado**, sem prejuízo da pena convencional. (grifo nosso)

Ademais, o art. 389 CC/02 também declinou que:

---

25. MIESSA, Élisson; CORREIA, Henrique. *Súmulas e orientações jurisprudenciais do TST comentadas e organizadas por assunto*. 5. ed. Salvador: JusPODIVM, 2015. p. 795.

Art. 389. Não cumprida a obrigação, responde o devedor por perdas e danos, mais juros e atualização monetária segundo índices oficiais regularmente estabelecidos, e **honorários de advogado**. (grifo nosso)

Verifica-se por este último dispositivo que a mera inadimplência é capaz de gerar a obrigação de pagar honorários de advogado, não havendo nenhuma exigência de sucumbência para seu pagamento[26].

Quinto, porque é fundamento básico da prestação jurisdicional justa a não penalização da parte que tenha razão com qualquer custo do processo, revertendo-se este à parte vencida.

Além disso, o acesso à justiça não se faz com a mera abertura das portas do judiciário para as partes, mas, sim, com a tutela efetiva de seus direitos, o que passa pela presença do advogado, já que o direito e o processo do trabalho exigem conhecimento específico, o que, em regra, não possui as partes que litigam em juízo. Além disso, o dinamismo existente nessa seara exige atualização constante, o que dificulta ainda mais a incidência do *jus postulandi*. Assim, "o auxílio de um advogado é essencial, senão indispensável para decifrar leis cada vez mais complexas e procedimentos misteriosos, necessários para ajuizar uma causa. Os métodos para proporcionar a assistência judiciária àqueles que não a podem custear são, por isso mesmo, vitais"[27].

Sexto, porque a Instrução Normativa nº 27 do TST disciplinou, em seu art. 5º, que "exceto nas lides decorrentes da relação de emprego, os honorários advocatícios são devidos pela mera sucumbência". Ora, não parece lógico e nem mesmo jurídico deferir honorários advocatícios pela mera sucumbência nos casos de relação de trabalho, e, na hipótese de relação de emprego, em que o empregado é hipossuficiente, exigir as formalidades da súmula em comentário. O que faz o TST é criar maior ônus para a parte que possui menos poder aquisitivo, qual seja, o trabalhador.

Poder-se-ia argumentar que a condenação ao pagamento de honorários advocatícios prejudicaria o empregado que tivesse seus pedidos julgados improcedentes. Inverte-se, porém, a ordem lógica, vez que se busca tutelar o trabalhador que não tem razão, enquanto aquele que faz jus aos direitos postulados

---

26. "REPARAÇÃO DE DANOS – HONORÁRIOS CONTRATUAIS DE ADVOGADO. Os arts. 389 e 404 do Código Civil autorizam o Juiz do Trabalho a condenar o vencido em honorários contratuais de advogado, a fim de assegurar ao vencedor a inteira reparação do dano." Enunciado nº 53 da 1ª Jornada de Direito Material e Processual do Trabalho, realizada no TST.
27. Mauro Cappelletti e Braynt Garth in SOUTO MAIOR, Jorge Luiz. *Honorários advocatícios no processo do trabalho: uma reviravolta imposta também pelo novo código civil*. Revista do Tribunal Regional do Trabalho da 15ª Região, Campinas, São Paulo, nº 21, 2002. Disponível em: <http://trt15.gov.br/escola_da_magistratura/Rev21Art4.pdf>. Acesso em: 17 ago. 2010.

terá redução de seus créditos pelo pagamento dos honorários advocatícios. A propósito, o empregado vencido, se for beneficiário da justiça gratuita, estará isento do pagamento dos honorários advocatícios, por força do art. 98, § 1º, do Novo CPC, afastando-se assim qualquer argumento de prejuízos ao empregado hipossuficiente.

Por fim, o Tribunal Superior do Trabalho, por meio da Súmula nº 425, restringiu o *jus postulandi* "às Varas do Trabalho e aos Tribunais Regionais do Trabalho, não alcançando a ação rescisória, a ação cautelar, o mandado de segurança e os recursos de competência do Tribunal Superior do Trabalho". Isso quer dizer que, a partir desse entendimento, as partes são obrigadas a contratar advogados quando o processo extrapolar o âmbito dos Tribunais Regionais. Ora, se o *jus postulandi* não é facultativo, afasta-se um dos fundamentos do TST para aplicar a Súmula nº 219 do TST, exigindo-se, portanto, seu cancelamento. O que fez a C. Corte foi exigir a presença do advogado, sem que tivesse direito aos honorários advocatícios, violando ainda mais as regras dispostas nas fundamentações descritas anteriormente.

Por todos esses argumentos, somados à revogação do art. 11, § 1º, da Lei 1.060/50 é salutar o cancelamento deste item sumular.

2.3. Benefício da justiça gratuita. Desnecessários poderes específicos para declaração de insuficiência econômica (OJ nº 331 da SDI-I do TST)

> **Orientação Jurisprudencial nº 331 da SDI – I do TST.** Justiça gratuita. Declaração de insuficiência econômica. Mandato. Poderes específicos desnecessários
>
> Desnecessária a outorga de poderes especiais ao patrono da causa para firmar declaração de insuficiência econômica, destinada à concessão dos benefícios da justiça gratuita.

O benefício da justiça gratuita confere à parte a isenção do pagamento de taxas ou custas judiciais; selos postais; despesas com publicação na imprensa oficial; a indenização devida à testemunha que, quando empregada, receberá do empregador salário integral, como se em serviço estivesse; as despesas com a realização de exame de código genético – DNA – e de outros exames considerados essenciais; os honorários do advogado e do perito e a remuneração do intérprete ou do tradutor nomeado para apresentação de versão em português de documento redigido em língua estrangeira; o custo com a elaboração de memória de cálculo, quando exigida para instauração da execução; os depósitos previstos em lei para interposição de recurso[28], para propositura de ação e para a prática de outros atos processuais inerentes ao exercício da ampla defesa e do contraditório; e os emolumentos devidos a notários ou registradores em decorrência da prática de registro, averbação ou qualquer outro ato notarial necessário à efetivação de decisão judicial ou à continuidade de processo judicial no qual o benefício tenha sido concedido, nos termos do artigo 98, §1º do NCPC.

Para se beneficiar de tais isenções, a parte[29], na Justiça do Trabalho, deve ser enquadrada em duas hipóteses: a) receber salário igual ou inferior ao dobro do mínimo legal; b) ou declarar, sob as penas da lei, que não está em condições de pagar as custas do processo sem prejuízo do sustento próprio ou de sua família (CLT, art. 790, § 3º).

A **declaração** a que faz referência o artigo 790, § 3º, da CLT **pode ser feita por meio de simples afirmação do declarante ou do advogado na petição inicial**, não havendo necessidade de ser realizada em documento separado (OJ nº 304 da SDI – I do TST), tendo presunção de veracidade. De acordo com o art. 99 do NCPC, o pedido da justiça gratuita pode ser realizado na petição inicial, na contestação, na petição para ingresso de terceiro no processo ou em recurso. Caso não seja realizada na primeira manifestação da parte na instância, o pedido poderá ser formulado por petição simples, nos autos do próprio processo (art. 99, §1º do NCPC), presumindo-se verdadeira a alegação de insuficiência deduzida exclusivamente por pessoa natural (art. 99, §3º do NCPC).

Dúvida surgiu, porém, se referida declaração, quando firmada pelo advogado, exigia poderes específicos na procuração ou se a cláusula *ad judicia* é capaz de conferir poderes ao patrono para praticar tal ato.

---

28. O posicionamento atual do TST é no sentido de ser obrigatório o depósito recursal, mesmo na hipótese de concessão do benefício da justiça gratuita ao empregador. Nesse sentido os seguintes precedentes do C. TST: TST-E-ED-RR – 61200-96.2010.5.13.0025, Relator Ministro: João Batista Brito Pereira, Subseção I Especializada em Dissídios Individuais, DEJT 24/08/2012; TST-E-ED-RR-45600-16.2007.5.05.0008, Relatora Ministra: Maria de Assis Calsing, Subseção I Especializada em Dissídios Individuais, DEJT 18/03/2011; TST-AIRR-956-72.2011.5.18.0141, Relator Ministro: Lelio Bentes Corrêa, 1a Turma, DEJT 17/08/2012; TST-AIRR-332-54.2010.5.03.0083, Relator Ministro: Walmir Oliveira da Costa, 1ª Turma, DEJT 19/12/2011.

29. A jurisprudência, atualmente, com fundamento no art. 5º, LXXIV, da CF/88 tem se posicionado no sentido de deferir o benefício da justiça gratuita ao empregador. No entanto, na hipótese de pessoa jurídica, a concessão do benefício não decorre de simples declaração, mas de demonstração inequívoca da fragilidade econômica, o que é reforçado pelo art. 99, § 3º, do NCPC. Esse entendimento é aplicado também para o pedido formulado pelo sindicato, quando atua como substituto processual (TST-E-ED-RR-175900-14.2009.5.09.0678, SBDI-I, rel. Min. Delaíde Miranda Arantes, red. p/ acórdão Min. Renato de Lacerda Paiva, 14.11.2013). Em sentido contrário, a Súmula nº 6 do TRT da 2ª Região: "não se aplica em favor do empregador o benefício da justiça gratuita", e a Súmula nº 30 do TRT da 12ª Região quando o empregador for pessoa jurídica: "não se estende à pessoa jurídica o instituto da assistência judiciária gratuita".

O **Tribunal Superior do Trabalho entendeu que os poderes de foro** (cláusula *ad judicia*) **são suficientes para que o advogado possa declarar na petição inicial o estado de miserabilidade do trabalhador**, não se exigindo, portanto, poderes específicos. O TST justifica seu posicionamento com base no art. 1º da Lei nº 7.115/83, o qual estabelece que a declaração destinada a fazer prova da dependência econômica pode ser firmada pelo próprio interessado ou por procurador bastante. Entende a C. Corte Trabalhista que a expressão "procurador bastante" indica o advogado que atua em juízo munido de procuração com poderes para o foro em geral. A propósito, fundamenta o Tribunal Superior que o art. 38 do CPC/73 não exigia poderes específicos para se firmar declaração de pobreza.

Todavia, o Novo CPC passa a tratar expressamente sobre o tema, de modo diverso do entendimento da Corte trabalhista.

Com efeito, o artigo 105, *caput*, do NCPC estabelece que

> a procuração geral para o foro, outorgada por instrumento público ou particular assinado pela parte, habilita o advogado a praticar todos os atos do processo, **exceto** receber citação, confessar, reconhecer a procedência do pedido, transigir, desistir, renunciar ao direito sobre o qual se funda a ação, receber, dar quitação, firmar compromisso e **assinar declaração de hipossuficiência econômica**, que devem constar de cláusula específica (Grifo nosso).

Portanto, o referido artigo impõe que a declaração de pobreza decorre de poderes específicos, não estando incluído na cláusula de foro geral. Desse modo, a *ratio decidendi* (fundamentos determinantes) desta súmula foi alterada, de modo que acreditamos que a OJ nº 331 da SDI-I do TST deverá ser cancelada.

Ademais, antes mesmo do advento do novo CPC já anunciávamos a necessidade de cancelamento desta orientação[30]. É que, conquanto tenha a declaração de miserabilidade presunção de veracidade, ela poderá ser impugnada, sendo capaz de produzir efeitos civis e inclusive criminais, em caso de declaração falsa. Isso quer dizer que a declaração poderá produzir efeitos para além dos atos meramente processuais, ocasionando prejuízos para a parte.

Dessa forma, diante das sanções decorrentes da declaração de pobreza, já defendíamos a necessidade de poderes específicos para sua formalização[31]. Assim não agindo, o advogado estaria assumindo o risco de poder ser responsabilizado civil e criminalmente na hipótese de declaração falsa.

---

30. MIESSA, Élisson; CORREIA, Henrique. *Súmulas e orientações jurisprudenciais do TST comentadas e organizadas por assunto*. 5. ed. Salvador: *JusPODIVM*, 2015. p. 792.
31. No mesmo sentido: MARTINS, Sérgio Pinto. *Comentários às Orientações Jurisprudenciais da SBDI – 1 e 2 do TST*. São Paulo: Atlas, 2009. p. 192.

Nosso entendimento, portanto, foi contemplado no art. 105, *caput*, do NCPC exigindo o cancelamento da presente orientação.

3. TUTELA ANTECIPADA

3.1. Competência para concessão nos tribunais (OJ n° 68 da SDI-II do TST)

> **Orientação Jurisprudencial n° 68 da SDI – II do TST.** Antecipação de tutela. Competência
> Nos Tribunais, compete ao relator decidir sobre o pedido de antecipação de tutela, submetendo sua decisão ao Colegiado respectivo, independentemente de pauta, na sessão imediatamente subsequente.

A presente orientação jurisprudencial teve origem na divergência sobre a competência do juiz-presidente da Vara do Trabalho para conceder tutela antecipada[32]. Alguns advogavam que, sendo a Justiça do Trabalho à época um órgão colegiado, a competência deveria ser do colegiado e não do juiz-presidente. No entanto, prevaleceu o entendimento de que a competência para a concessão da antecipação dos efeitos da tutela era tão somente do juiz-presidente, aplicando-se analogicamente o art. 659, IX e X, da CLT, o qual concedia privativamente ao presidente das varas a competência para deferir liminares no caso de transferências e reintegrações. Entendia-se, portanto, que o art. 273 do CPC/73 deveria ser interpretado à luz do art. 659, IX e X da CLT, de modo que incumbia ao presidente da vara a competência para conceder a antecipação dos efeitos da tutela.

Com o advento da Emenda Constitucional n° 24/99, extinguiu-se a representação classista, passando a Vara do Trabalho a ser composta apenas por juiz singular de carreira. Dessa forma, perdeu relevância a discussão acerca da competência para conceder a antecipação dos efeitos da tutela na Vara do Trabalho, o que provocou a alteração da orientação em comentário, mantendo-se apenas a parte do Tribunal.

---

32. Redação original – inserida em 20.9.2000. OJ 68 da SDI II do TST. "Antecipação de tutela. Competência. Na Junta de Conciliação e Julgamento, a tutela antecipatória de mérito postulada, inclusive nas hipóteses previstas nos incisos IX e X, art. 659, da CLT, deve ser prontamente submetida e decidida pelo Juiz-Presidente. Nos Tribunais, compete ao Relator decidir sobre o pedido de antecipação de tutela, submetendo sua decisão ao Colegiado respectivo, independentemente de pauta, na sessão imediatamente subsequente".

No que tange à concessão da antecipação dos efeitos da tutela pelos Tribunais é necessário esclarecer de imediato que o pedido de tutela antecipada pode ser requerido a qualquer tempo. Nesse sentido, o Tribunal poderá analisar a tutela antecipada quando tiver competência originária e ainda no caso de competência recursal (NCPC, art. 299, parágrafo único).

Considerando, porém, que o Tribunal é um órgão colegiado, devendo, portanto, proferir decisões colegiadas, permanecia dúvida acerca da competência para o deferimento ou indeferimento na tutela antecipada nos Tribunais. Para uns, a competência era exclusiva do órgão colegiado (ex. Turma). Para outros, a competência por delegação era do relator, aplicando-se a mesma sistemática utilizada na época dos Juízes Classistas.

O C. TST adotou a segunda corrente, sedimentando o entendimento de que a tutela antecipada no Tribunal será proferida pelo relator, ante a urgência do provimento buscado. Nesse sentido, citamos a ementa de um dos precedentes desta orientação jurisprudencial:

> RECURSO ORDINÁRIO EM AGRAVO REGIMENTAL – PROCESSO DE COMPETÊNCIA ORIGINÁRIA DOS TRIBUNAIS – ANTECIPAÇÃO DE TUTELA. A competência para conceder a tutela antecipada na Justiça do Trabalho, nos processos de competência originária do Tribunal, é do Relator. Se, ao tempo em que as JCJs eram órgãos colegiados, cabendo aos integrantes classistas decidirem efetivamente sobre o mérito, esta Corte já manifestava seu entendimento no sentido de considerar a competência do Juiz Presidente da JCJ para decidir sobre o pedido de antecipação de tutela (ROMS-417142/98.7, Rel. Min. MOURA FRANÇA), não poderia ser adotado critério diverso para se estabelecer a competência sobre a matéria nos Tribunais, sobretudo diante da celeridade que foi imposta ao instituto pelo legislador no CPC, não podendo depender de submissão à pauta e decisão colegiada. No plano dos efeitos, o provimento da tutela antecipada assemelha-se à realizada mediante o ato de liminar, cuja competência também pertence ao Relator. Recurso a que se nega provimento[33].

Contudo, a atuação do relator no caso é uma mera delegação de poder, mantendo-se com o órgão colegiado a competência para decidir[34]. Dessa forma, para preservar a competência do órgão colegiado poderá ser interposto o agravo regimental ou interno, que terá o condão de levar ao colegiado o conhecimento da decisão da tutela antecipada[35].

---

33. TST – ROAG 421537/1998. Rel. Min. Ives Gandra. DJ 4.8.2000.
34. NEVES, Daniel Amorim Assumpção. *Manual de direito processual civil*. 2. ed. Rio de Janeiro: Forense; São Paulo: Método, 2010. p. 643.
35. DIDIER Jr., Fredie; BRAGA, Paula Sarno e OLIVEIRA, Rafael. *Curso de direito processual civil: Teoria da prova, direito probatório, teoria do procedente, decisão judicial, coisa julgada e antecipação*

Na época do CPC de 1973, por não existir previsão legal, entendia-se que nesse agravo não havia apresentação de contrarrazões, o que permitia o seu julgamento na sessão imediatamente subsequente, como descrito na presente orientação.

É importante destacar que o TST não determinava a submissão automática da decisão monocrática ao colegiado, como pode parecer por uma interpretação literal desta orientação. Dependia para tanto da interposição do agravo regimental ou interno, o qual era julgado na sessão imediatamente subsequente.

No entanto, no âmbito do TST, o regimento interno impõe que o relator deverá "submeter pedido de liminar ao órgão competente, antes de despachá-lo, desde que repute de alta relevância a matéria nele tratada. Caracterizada a urgência do despacho, concederá ou denegará a liminar, que será submetida ao referendo do Colegiado na primeira sessão que se seguir" (TST-RI, art. 106, I). Nesse caso, portanto, a submissão deverá ser automática, mas perceba que isso ocorrerá tão somente se a matéria for de alta relevância. Nos demais casos, o julgamento é feito pelo relator, submetendo-se a decisão ao agravo.

O NCPC reforça o entendimento do TST no que se refere à competência do relator para apreciar o requerimento das tutelas provisórias, como se depreende do art. 932, II, *in verbis*:

> Art. 932. Incumbe ao relator:
>
> (...)
>
> II – apreciar o pedido de tutela provisória nos recursos e nos processos de competência originária do tribunal;

Contudo, o art. 1.021, § 2º, do NCPC impõe o cancelamento dessa orientação, uma vez que passa a garantir o contraditório no agravo interno, com a apresentação das contrarrazões, além de exigir a inclusão na pauta de julgamento, como se verifica a seguir:

> § 2º O agravo será dirigido ao relator, que intimará o agravado para manifestar-se sobre o recurso no prazo de 15 (quinze) dias, ao final do qual, não havendo retratação, o relator levá-lo-á a julgamento pelo órgão colegiado, com inclusão em pauta.

Com efeito, exigindo-se a apresentação de contrarrazões e a inclusão na pauta, não há que se falar em submissão da "decisão ao Colegiado respectivo, independentemente de pauta, na sessão imediatamente subsequente", devendo assim ser cancelada a presente orientação. Caso o C. TST entenda que não é há

---

dos efeitos da tutela. 5. ed. Bahia: JusPODIVM, 2010. v. 2, p. 523.

necessidade de cancelamento total da presente orientação, pelo menos sua parte final deverá ser cancelada, mantendo na orientação apenas que a competência para concessão da tutela antecipada é do relator.

De qualquer modo, é necessário registrar que, como regra, no agravo interno continua não existindo sustentação oral, já que o art. 937, VII, do NCPC, que o previa, foi vetado, mantendo-se a obrigatoriedade da sustentação oral apenas no agravo interno interposto contra decisão de relator que extinga a ação rescisória, o mandado de segurança e a reclamação (NCPC, art. 937, § 3º). Nada obsta, porém, de o próprio Tribunal prever a possibilidade de sustentação em outras hipóteses, por força do art. 937, IX, do NCPC[36].

4. RECURSOS

4.1. Teoria geral dos recursos

4.1.1. Ilegitimidade do MPT para recorrer na defesa de interesse patrimonial privado (OJ nº 237 da SDI-I do TST)

> **Orientação Jurisprudencial nº 237 da SDI – I do TST.** Ministério Público do Trabalho. Ilegitimidade para recorrer
>
> O Ministério Público não tem legitimidade para recorrer na defesa de interesse patrimonial privado, inclusive de empresas públicas e sociedades de economia mista.

A orientação jurisprudencial sob exame decorreu de processos judiciais em que o Ministério Público do Trabalho interpôs recurso a favor de empresas públicas e sociedades de economia mista. Portanto, de plano, há de se restringir sua interpretação apenas a essas entidades e não em todos os casos, como pode aparentar a presente orientação.

Dessa forma, a orientação foi editada sob o fundamento de que o Ministério Público do Trabalho atua como fiscal da ordem jurídica em duas hipóteses:

– quando a lei o exigir e;

– quando há interesse público.

No primeiro caso, a exigência se limita às pessoas jurídicas de direito público, enquanto no segundo não há interesse público a legitimar a atuação do

---

36. MEDINA, José Miguel Garcia. *Novo Código de Processo Civil Comentado: com remissões e notas comparativas ao CPC/1973*. São Paulo: Editora Revista dos Tribunais, 2015. p. 1.267.

Ministério Público na tutela das empresas públicas e sociedades de economia mista, porque são equiparadas às empresas privadas (CF/88, art. 173, § 1º).

Conquanto o Novo CPC não altere propriamente a *ratio decidendi* (fundamentos determinantes) dessa súmula, pensamos que o entendimento deve ser superado, provocando a alteração desse entendimento.

Isso porque a Constituição Federal de 1988 incumbiu ao Ministério Público a defesa da ordem jurídica, do regime democrático e dos interesses sociais e individuais indisponíveis, criando conceitos genéricos para garantir a atuação do Ministério Público como guardião do interesse público.

Ademais, o art. 83, VI da LC nº 75/93 permite que o Ministério Público possa "recorrer das decisões da Justiça do Trabalho, quando entender necessário, tanto nos processos em que for parte, como naqueles em que oficiar como fiscal da lei, bem como pedir revisão dos Enunciados da Súmula de Jurisprudência do Tribunal Superior do Trabalho".

Além disso, acompanhando o entendimento predominante da doutrina, o art. 996 do NCPC conferiu ao Ministério Público ampla legitimidade para recorrer, tanto como parte como fiscal da ordem jurídica. Portanto, o Novo CPC passou a contemplar, expressamente, que o MPT poderá recorrer mesmo quando ainda não participava do processo, ou seja, nos casos em que desempenha o papel de fiscal da ordem jurídica. Melhor explicando.

Parte é aquele que participa da relação processual em contraditório, sendo titular de situações jurídicas processuais ativas e passivas, independentemente de fazer pedido ou contra ele for pedido algo.

Assim, o Ministério Público, quando adentra ao processo como fiscal da ordem jurídica, adquire a condição de parte, servindo a diferenciação de órgão agente ou interveniente apenas para legitimar o ingresso do *parquet* no processo. Em outros termos, **antes** de o Ministério Público ser incluído no processo **permite-se a diferenciação entre fiscal da ordem jurídica e órgão agente**, mas, **após** sua inclusão, **passa a ser considerado como parte**.

Desse modo, quando o art. 996 do NCPC admite o recurso do Ministério Público como fiscal da ordem jurídica está partindo do pressuposto que ele ainda não estava atuando no processo.

Nessa hipótese, o que legitima a atuação o Ministério Público é o interesse público, que no nosso entender deve ser aferido pelo próprio Ministério Público, pois a norma constitucional concedeu-lhe tal atribuição. Com efeito, "a legitimação e o interesse recursal do *Parquet* estarão sempre presentes, porque decorrem de previsão expressa na lei. Cabe ao tribunal apreciar o conteúdo substancial do recurso, provendo-o ou não."[37]

A propósito, as empresas públicas e sociedades de economia mista, conquanto pessoas jurídicas de direito privado, devem observar os princípios da legalidade, impessoalidade, moralidade, eficiência e publicidade, constituindo, portanto, matéria de relevante interesse público[38].

Desse modo, não há razão para restringir a atuação do Ministério Público, pois a própria Lei Maior reservou-lhe papel fundamental para a preservação do Estado Democrático de Direito, razão pela qual entendemos que a presente orientação jurisprudencial deve ser cancelada.

4.1.2. Assinatura apenas da petição de interposição ou das razões recursais. Validade (OJ nº 120 da SDI-I do TST)

> **Orientação Jurisprudencial nº 120 da SDI – I do TST.** Recurso. Assinatura da petição ou das razões recursais. Validade
>
> O recurso sem assinatura será tido por inexistente. Será considerado válido o apelo assinado, ao menos, na petição de apresentação ou nas razões recursais.

O art. 899 da CLT estabelece que os recursos podem ser interpostos por simples petição. Da interpretação desse dispositivo, poder-se-ia admitir que não se exige, no processo do trabalho, formalismo na interposição dos recursos. Contudo, em homenagem ao princípio da dialeticidade e à Súmula nº 422 do TST, as partes recorrentes utilizam-se na praxe de duas petições no momento da interposição do recurso: uma chamada petição de interposição direcionada ao juízo *a quo* e outra de razões recursais dirigida ao juízo *ad quem*.

Diante dessa duplicidade de peças, pode ocorrer de alguma das petições não estar assinada, levando o C. TST a abrandar o vício da representação por se tratar no caso de vício sanável. No entanto, o TST, na orientação em comentário, declinou que, sendo apócrifa a petição, ou seja, não havendo nenhuma assinatura, o recurso será tido por inexistente. Por outro lado, estando a petição

---

37. LEITE, Carlos Henrique Bezerra. *Curso de direito processual do trabalho*. 6. ed. São Paulo: LTr, 2008. p. 724.
38. LEITE, Carlos Henrique Bezerra. *Curso de direito processual do trabalho*. 6. ed. São Paulo: LTr, 2008. p. 724.

de interposição **ou** as razões recursais assinadas, ainda que apenas uma delas, o recurso será válido, devendo ser processado[39].

Pensamos, porém, de forma diversa quanto ao recurso ausente de assinatura. Isso porque, com base no princípio da instrumentalidade das formas, a ausência de assinatura do recurso não pode ser tida como ato inexistente, mas como um vício sanável, mormente em se tratando de procurador que já estava patrocinando a parte no processo.

Desse modo, verificada a irregularidade de representação da parte, o juiz deverá suspender o processo e designar prazo razoável para que seja sanado o vício, nos termos do artigo 76 do NCPC. Cabe ressaltar que o novel dispositivo permite que o vício seja sanado na instância originária e na fase recursal, como se depreende, nesta última hipótese, do parágrafo 2º, *in verbis*:

> Art. 76. Verificada a incapacidade processual ou a irregularidade da representação da parte, o juiz suspenderá o processo e designará prazo razoável para que seja sanado o vício.
>
> (...)
>
> § 2º Descumprida a determinação em fase recursal perante tribunal de justiça, tribunal regional federal ou tribunal superior, o relator:
>
> I – não conhecerá do recurso, se a providência couber ao recorrente;
>
> II – determinará o desentranhamento das contrarrazões, se a providência couber ao recorrido.

Ademais, o art. 896, § 11, da CLT admite que, não sendo vício grave, como é o caso, o C. TST poderá desconsiderá-lo ou mandar saná-lo, acompanhando o disposto do art. 76 do Novo CPC. Pensamos que o artigo celetista aplica-se a todos os tribunais e não apenas à Corte trabalhista, pois o art. 896, § 11, nada mais faz do que contemplar o princípio da economia processual nas nulidades, o qual estabelece que nulidade não será pronunciada quando for possível suprir-se a falta ou repetir-se o ato (CLT, art. 796, a).

Dessa forma, a nosso ver, a ausência de assinatura ou a assinatura de uma das peças do recurso – interposição e razões – pode gerar efeitos diferentes. No primeiro caso, há vício sanável que poderá ser eliminado com a aplicação

---

39. O doutrinador Sérgio Pinto Martins entende que somente teria validade o recurso se as razões recursais estivessem assinadas, pois é este ato que devolverá a matéria ao juízo *ad quem*. Para o doutrinador, a simples assinatura da petição de interposição é incapaz de validar o recurso, até mesmo porque não haveria na legislação previsão para concessão de prazo para sanar a irregularidade. MARTINS, Sérgio Pinto. *Comentários às Orientações Jurisprudenciais da SBDI – 1 e 2 do TST*. São Paulo: Atlas, 2009. p. 61.

do art. 76 do NCPC e 896, § 11, da CLT[40]. Na segunda hipótese – assinatura de uma das peças – existe mera irregularidade, sem consequências processuais[41], devendo o recurso ser processado normalmente. É por isso que o próprio § 11 admite que o vício possa ser desconsiderado, como ocorre neste último caso.

Observa-se, portanto, que com a expressa possibilidade de saneamento do vício inclusive na fase recursal, o NCPC e a CLT alteraram a *ratio decidendi* (fundamentos determinantes) da presente orientação jurisprudencial, razão pela qual seu entendimento deverá ser superado, provocando o cancelamento desta orientação.

Por fim, não se pode deixar de dizer que, com a introdução do processo judicial eletrônico, perde relevância essa orientação, vez que a protocolização do recurso pressupõe a assinatura digital, sendo considerado o subscritor do recurso aquele que o assinou digitalmente. Pode acontecer de constar o nome de um advogado na petição de interposição e no recurso, mas o recurso for assinado digitalmente por outro advogado. Nesse caso, o TST já decidiu que o efetivo subscritor do recurso é aquele cuja chave de assinatura foi registrada, responsabilizando-se pela petição entregue, sendo regular a representação desde que o subscritor esteja devidamente constituído nos autos. Isso ocorre em atenção ao **princípio da existência concreta**, segundo o qual, nas relações virtuais, predomina aquilo que verdadeiramente ocorre e não aquilo que é estipulado (Informativo nº 5 do TST[42]).

4.1.3. Preparo (Custas e depósito recursal). Recolhimento Insuficiente. Diferença ínfima. Deserção (OJ nº 140 da SDI-I do TST)

> **Orientação Jurisprudencial nº 140 da SDI – I do TST.** Depósito recursal e custas. Diferença ínfima. Deserção. Ocorrência
>
> Ocorre deserção do recurso pelo recolhimento insuficiente das custas e do depósito recursal, ainda que a diferença em relação ao "quantum" devido seja ínfima, referente a centavos.

---

40. Em sentido contrário, não admitindo o saneamento desse vício com base no art. 896, § 11, da CLT. BRANDÃO, Cláudio. *Reforma do Sistema Recursal Trabalhista: comentários à Lei nº 13.015, de 2014.* 1. ed. São Paulo: LTr, 2015. p. 107.
41. NEVES, Daniel Amorim Assumpção. *Manual de direito processual civil.* 2. ed. Rio de Janeiro: Forense; São Paulo: Método, 2010. p. 590.
42. TST-E-RR-236600-63.2009.5.15.0071. SBDI-I, Rel. Min. Aloysio Corrêa da Veiga. 12.4.2012.

O recolhimento das custas processuais e do depósito recursal constitui pressuposto de admissibilidade recursal, de modo que sua falta gera a deserção, ou seja, o recurso não é processado ou conhecido. Pode ocorrer de algumas vezes a parte recorrente efetuar o pagamento inferior ao devido a título de custas e depósito recursal.

Na época do CPC de 1973, alguns doutrinadores entendiam que, nessa hipótese, o art. 511, § 2º, do CPC/73[43] deveria ser aplicado subsidiariamente ao processo do trabalho permitindo a complementação dos valores. Além disso, os defensores dessa tese alegavam que, tratando de diferença ínfima, o princípio da instrumentalidade das formas deveria ser invocado, dando prevalência ao conteúdo em detrimento da forma.

Porém, o C. TST não admitia a incidência dessa norma na seara trabalhista, dando origem à presente orientação. Tal entendimento justificava-se por três fundamentos.

Primeiro, porque o Código de Processo Civil disciplinava apenas as custas processuais, nada versando sobre o depósito recursal, o que significa que, no máximo, a norma poderia ser aplicada na hipótese das custas.

Segundo, porque as custas processuais no **processo civil**, principalmente após a vigência da Lei nº 8.950/94, são calculadas pelas partes, sendo comum o erro na formulação das contas. Essa situação fez com que a Lei nº 9.756/98 acrescentasse o §2º ao art. 511 do CPC/73, possibilitando a complementação das custas processuais[44]. A CLT, diferentemente do CPC/73, não alterou seu regime de cálculo das custas processuais, mantendo a norma cogente dirigida ao magistrado, no sentido de que em toda decisão deverá constar o valor a ser pago de custas processuais (CLT, art. 832, § 2º e 789, § 2º). Portanto, na seara trabalhista a responsabilidade pelo cálculo das custas processuais é do órgão prolator da decisão, razão pela qual a parte sabe com exatidão qual o montante a ser pago, não incidindo o CPC.

Terceiro, porque a diferença, ainda que ínfima, não deveria ser admitida, vez que privilegiava critério subjetivo de análise dos pressupostos processuais extrínsecos, gerando insegurança jurídica e até mesmo critério discriminatório entre os jurisdicionados, uma vez que para cada julgador a diferença ínfima teria um valor. Em outras palavras, não poderia deixar a cargo de cada juiz a

---

43. CPC/73, art. 511, § 2º: A insuficiência no valor do preparo implicará deserção, se o recorrente, intimado, não vier a supri-lo no prazo de cinco dias.
44. Nesse sentido, mas analisando a orientação com base no CPC de 1973, BEBBER, Júlio César. Recursos no processo do Trabalho. 4. ed. São Paulo: LTr, 2014. p. 162.

definição do valor correspondente à diferença ínfima e, consequentemente, a autorização da complementação do depósito[45].

No entanto, com o advento do Novo CPC o entendimento do E. TST deverá ser cancelado.

É que a nova ordem processual, idealizada pelo Novo CPC, preconiza a busca pela decisão de mérito, afastando vícios sanáveis, a fim de alcançar a tutela jurisdicional efetiva (NCPC, arts. 4º e 6º). Nesse contexto, restringe a jurisprudência defensiva, sempre que seja possível sanar o vício processual.

Trata-se do chamado princípio da primazia da decisão de mérito, o qual pode ser verificado na fase recursal, dentre outros, no art. 932, parágrafo único e no art. 938, § 1º, a seguir transcritos:

> Art. 932, parágrafo único. Antes de considerar inadmissível o recurso, o relator concederá o prazo de 5 (cinco) dias ao recorrente para que seja sanado vício ou complementada a documentação exigível.
>
> Art. 938. § 1º Constatada a ocorrência de vício sanável, inclusive aquele que possa ser conhecido de ofício, o relator determinará a realização ou a renovação do ato processual, no próprio tribunal ou em primeiro grau de jurisdição, intimadas as partes. (...)

Essa nova ideologia, inserida da teoria geral do processo, impõe uma releitura das nulidades processuais, mormente quando ligadas aos pressupostos recursais extrínsecos.

Nesse contexto, o art. 1.007, § 2º, do NCPC[46], que permite a complementação do recolhimento do preparo, embora tenha mantido a mesma sistemática do Código anterior, irradia seus efeitos para o processo do trabalho, devendo ser aplicado subsidiariamente. Queremos dizer, aplica-se o Novo CPC, porque a CLT é omissa quando à possibilidade de complementação, além do que a norma é compatível com o processo do trabalho, pois este também preza pela tutela jurisdicional efetiva, sendo-lhe aplicável o princípio da primazia da decisão de mérito.

Não se pode negar que o Novo CPC não versa sobre o depósito recursal. É que o preparo, no processo civil, engloba as custas relativas ao processamento do recurso, o porte de remessa e o retorno dos autos, todos com natureza

---

45. BRANDÃO, Cláudio. *Reforma do Sistema Recursal Trabalhista*: comentários à Lei nº 13.015, de 2014. 1. ed. São Paulo: LTr, 2015, p. 135.
46. Art. 1.007. No ato de interposição do recurso, o recorrente comprovará, quando exigido pela legislação pertinente, o respectivo preparo, inclusive porte de remessa e de retorno, sob pena de deserção. (...) § 2º A insuficiência no valor do preparo, inclusive porte de remessa e de retorno, implicará deserção se o recorrente, intimado na pessoa de seu advogado, não vier a supri-lo no prazo de 5 (cinco) dias.

tributária (taxa). No processo do trabalho, o preparo compreende as custas processuais e o depósito recursal, tendo as primeiras natureza de taxa e o segundo de garantia de futura execução. Isso, porém, não afasta a aplicação do princípio da primazia da decisão de mérito no depósito recursal, vez que se trata de um pressuposto recursal (embora específico do processo do trabalho) que na hipótese, pode ser sanado.

Ademais, o art. 896, §11 da CLT, introduzido pela Lei nº 13.015/14, embasado na mesma sistemática dos supramencionados dispositivos, permite que, quando o recurso de revista contiver defeito formal que não se repute grave, o TST poderá desconsiderar o vício ou mandar saná-lo, julgando o mérito.

Assim, caso o recolhimento das custas ou do depósito recursal seja efetuado em valor inferior ao devido, por corresponder a uma irregularidade formal, deverá ser oportunizada à parte a possibilidade de complementar o valor.

Parte da doutrina tem defendido que o art. 896, § 11, da CLT permite a complementação apenas no recurso de revista, nos embargos e no agravo de instrumento em recurso de revista, pois nesses casos o objetivo principal de uniformização da jurisprudência deve ser privilegiado[47]. No entanto, com visto, incidindo o Novo CPC não há que se criar restrições quando à modalidade do recurso interposto, de modo que a complementação deverá ser permitida em qualquer recurso, a fim de se preservar o princípio da primazia da decisão de mérito.

Nesse contexto, estabelecem os enunciados nº 106 e 214 do Fórum Permanente de Processualistas Civis, a seguir transcritos:

> **Enunciado nº 106.** (arts. 6º, 8º, 1.007, § 2º) Não se pode reconhecer a deserção do recurso, em processo trabalhista, quando houver recolhimento insuficiente das custas e do depósito recursal, ainda que ínfima a diferença, cabendo ao juiz determinar a sua complementação. (Grupo: Impacto do CPC no Processo do Trabalho)
>
> **Enunciado nº 214.** (art. 1.007, § 2º; art. 15) Diante do §2º do art. 1.007, fica prejudicada a OJ nº 140 da SDI-I do TST ("Ocorre deserção do recurso pelo recolhimento insuficiente das custas e do depósito recursal, ainda que a diferença em relação ao "quantum" devido seja ínfima, referente a centavos"). (Grupo: Impacto do CPC no Processo do Trabalho)

Portanto, percebe-se que a *ratio decidendi* (fundamento determinante) da presente orientação foi frontalmente atingida pelo Novo CPC, impondo, assim, seu cancelamento.

---

47. MALLET, Estêvão. *Reflexões sobre a Lei nº 13.015/2014*. Revista Magister de Direito Trabalhista e Previdenciário nº 63. Nov./Dez. 2014.

Por fim, temos que tecer algumas considerações acerca dos §§ 4º e 5º, do art. 1.007, que assim vaticinam:

> § 4º O recorrente que não comprovar, no ato de interposição do recurso, o recolhimento do preparo, inclusive porte de remessa e de retorno, será intimado, na pessoa de seu advogado, para realizar o recolhimento em dobro, sob pena de deserção.
>
> § 5º É vedada a complementação se houver insuficiência parcial do preparo, inclusive porte de remessa e de retorno, no recolhimento realizado na forma do § 4º.

Tais dispositivos ampliam consideravelmente a possibilidade de regularização desse vício, passando a dar uma segunda chance para a parte realizar o recolhimento, pois permite que, mesmo que não haja o recolhimento do preparo no momento da interposição do recurso (no processo do trabalho, dentro do prazo alusivo ao recurso – CLT, art. 789, § 1º), a parte deverá ser intimada para fazê-lo, mas nesse caso em dobro.

Portanto, a "deserção deixou de ser uma consequência automática do não recolhimento do preparo e do porte de remessa e retorno. O sistema confere à parte uma segunda chance para evitar a deserção"[48].

Por se tratar de penalidade (pagamento em dobro) sua interpretação deverá ser restritiva, de modo que incidirá apenas quando não houver pagamento integral das custas processuais, não incidindo quando: 1) o valor recolhido for inferior ao devido e; 2) na hipótese de recolhimento dentro do prazo alusivo ao recurso faltando apenas a juntada do comprovante nos autos[49]. Ademais, não incidirá a dobra no depósito recursal, pois tem natureza diversa das custas processuais, ou seja, enquanto aquelas tem natureza de taxa, este tem natureza de garantia de futura execução, não podendo ser majorada por uma penalidade.

De qualquer modo, sendo intimado o recorrente para recolher o preparo ou complementá-lo e não o fazendo ou recolhendo-o em valor inferior ao devido, o recurso será deserto, não havendo nova oportunidade para recolhimento.

---

48. NERY Jr., Nelson; NERY, Rosa Maria de Andrade. *Comentários ao código de processo civil*. São Paulo: RT, 2015. p. 2042.
49. MEDINA, José Miguel Garcia. *Novo Código de Processo Civil Comentado: com remissões e notas comparativas ao CPC/1973*. São Paulo: Editora Revista dos Tribunais, 2015, p. 1.378.

4.1.4. Depósito de multas impostas pelo juízo. Aplicação da multa do art. 557, § 2°, do CPC, à pessoa jurídica de direito público (OJ n° 389 da SDI-I do TST)

> **Orientação Jurisprudencial n° 389 da SDI – I do TST.** Multa prevista no art. 557, § 2°, do CPC. Recolhimento. Pressuposto recursal. Pessoa jurídica de direito público. Exigibilidade
>
> Está a parte obrigada, sob pena de deserção, a recolher a multa aplicada com fundamento no § 2° do art. 557 do CPC[50], ainda que pessoa jurídica de direito público.

O Tribunal tem como natureza o colegiado, de modo que todas as decisões deveriam ser proferidas por um órgão colegiado. Tanto é assim que a decisão do tribunal, seja interlocutória, seja sentença, será considerada acórdão, pois as decisões "são sempre precedidas da expressão *acordam*, representando, assim, a vontade de todos ou da maioria dos membros da corte"[51].

No entanto, com base nos princípios da economia e celeridade processual, o legislador passou a atribuir poderes ao relator para julgar monocraticamente os recursos, como se observa, por exemplo, nos arts. 894, § 3°, da CLT e 932 do NCPC (art. 557 do CPC/73). Trata-se, porém, de mera delegação de poder ao relator, "mantendo-se com o órgão colegiado a competência para decidir"[52].

Assim, para manter a substância do tribunal (órgão colegiado) e a competência do colegiado, a decisão monocrática do relator está sujeita ao agravo (NCPC, art. 1.021).

Ocorre, entretanto, que o agravo interno (e/ou regimental) não pode ser utilizado de forma abusiva, ou seja, com o simples objetivo de procrastinar o andamento do processo, sob pena de ferir o próprio princípio da celeridade processual. Com base nisso, o legislador criou mecanismo sancionatório para aqueles que utilizarem de forma abusiva o agravo, estabelecendo, no art. 1.021, §4° do NCPC, o qual é aplicável supletivamente ao processo do trabalho (TST--IN 17/99, item III), o que segue:

> § 4° Quando o agravo interno for declarado manifestamente inadmissível ou improcedente em votação unânime, o órgão colegiado, em decisão fun-

---

50. NCPC, art. 1.021, §4°.
51. BEBBER, Júlio César. *Recursos no processo do trabalho*. 2. ed. São Paulo: LTr, 2009. p. 58.
52. NEVES, Daniel Amorim Assumpção. *Manual de direito processual civil*. 2. ed. Rio de Janeiro: Forense; São Paulo: Método, 2010. p. 643.

damentada, condenará o agravante a pagar ao agravado multa fixada entre um e cinco por cento do valor atualizado da causa[53].

O recolhimento da referida multa foi contemplado como pressuposto recursal, vez que qualquer outro recurso posterior à aplicação da multa fica condicionado ao seu pagamento (art. 1.021, §5º do NCPC). Registra-se que, sendo o art. 1.021, §4º do NCPC regra específica, fica afastada a possibilidade de cumulação com a litigância de má-fé estabelecida nos arts. 80, VI e 81 do NCPC[54].

A imposição da multa supramencionada tem aplicação para qualquer das partes, inclusive ao reclamante. O C. TST, entretanto, afastou a necessidade de recolhimento prévio na hipótese de beneficiário da justiça gratuita, mas não o isentou do pagamento no fim do processo (TST-IN 17/99, item IV), o que é reproduzido no art. 1.021, § 5º, do NCPC.

Divergência surgiu quanto à exigência do recolhimento dessa multa para as pessoas jurídicas de direito público, ante as isenções dispostas no Decreto-Lei nº 779/69, inciso IV, e na Lei nº 9.494/97.

O C. TST, na presente orientação, optou por não isentar as pessoas jurídicas, diferenciando o depósito recursal, previsto no art. 899 da CLT, da multa ora analisada. Isso porque, enquanto aquele tem como finalidade garantir o sucesso de futura execução, a multa do art. 1.021, §4º do NCPC busca inibir e punir as partes que apresentam recursos inadmissíveis e infundados, tendentes a atrasar a entrega da prestação jurisdicional. Isso quer dizer que esse dispositivo é uma penalidade embasada na duração razoável do processo (CF/88, art. 5º, LXXVIII), devendo ser aplicada a qualquer parte do processo, o que inclui **o ente público.**

Ademais, o Decreto-Lei nº 779/69 e a Lei nº 9.494/97 têm como foco afastar tão somente o depósito recursal e não a multa prevista no art. 1.021, §4º do NCPC. Além disso, o C. TST entende que não aplicar essa multa ao ente público estaria esvaziado o conteúdo da norma jurídica, que é de sancionar a parte. Aliás, o depósito no fim do processo não irá atender o desiderato do art. 1.021, §4º do NCPC, que tem objetivo inibitório, no sentido de penalizar a parte e evitar o retardamento da prestação jurisdicional. O mesmo entendimento era adotado pelo STF[55].

---

53. Observa-se que o NCPC altera o valor da multa aplicada, uma vez que o art. 557, §2º do CPC/73 determinava que a multa deveria ser fixada entre um e dez por cento do valor corrigido da causa.
54. MOREIRA, José Carlos Barbosa. *Comentários ao código de processo civil*. 15. ed. Rio de Janeiro: Forense, 2010. v. 5, p. 571 e 689.
55. STF – RE-AgR-ED-ED-390474/MG. Rel. Min. Marco Aurélio. Primeira Turma. DJe-20.11.2008 e STF – AI-AgR-ED-603003/MG. Rel. Min.Cezar Peluso. DJ 14.9.2007.

Contudo, o Novo CPC dá um novo viés para o caso, uma vez que passa a estabelecer, expressamente, no 1.021, §5º que a Fazenda Pública e o beneficiário da justiça gratuita não pagam a referida multa como pressuposto processual, devendo pagá-la no final do processo, como se verifica *in verbis*:

> § 5º A interposição de qualquer outro recurso está condicionada ao depósito prévio do valor da multa prevista no § 4º, **à exceção da Fazenda Pública e do beneficiário de gratuidade da justiça, que farão o pagamento ao final**. (grifo nosso)

Portanto, o NCPC, ao retirar expressamente a natureza de pressuposto recursal da multa prevista no art. 1021, §4º para os entes públicos, provocou a alteração da *ratio decidendi* (fundamento determinante) da presente orientação, impondo seu cancelamento.

Por fim, é preciso ficar claro: não há isenção de pagamento, mas apenas se afasta a necessidade de pagamento como pressuposto recursal, exigindo seu recolhimento no final do processo, seja pelo beneficiário da justiça gratuita, seja pela Fazenda Pública[56].

4.2. Recursos em Espécie

4.2.1. Embargos de declaração

4.2.1.1. Embargos de declaração com efeitos modificativos. Necessidade do contraditório (OJ nº 142 da SDI-I)

> **Orientação Jurisprudencial nº 142 da SDI – I do TST.** Embargos de declaração. Efeito modificativo. Vista à parte contrária
>
> I – É passível de nulidade decisão que acolhe embargos de declaração com efeito modificativo sem que seja concedida oportunidade de manifestação prévia à parte contrária.
>
> II – Em decorrência do efeito devolutivo amplo conferido ao recurso ordinário, o item I não se aplica às hipóteses em que não se concede vista à parte contrária para se manifestar sobre os embargos de declaração opostos contra sentença.

---

56. Parte da doutrina acredita que o NCPC deveria ter possibilitado o pagamento da multa ao final do processo para quaisquer partes e que a regra prevista no art. 1.021, §5º fere o princípio da isonomia. Nesse sentido: BUENO, Cassio Scarpinela. *Novo Código de Processo Civil Anotado*. São Paulo: Saraiva, 2015. p. 658.

I – É passível de nulidade decisão que acolhe embargos de declaração com efeito modificativo sem que seja concedida oportunidade de manifestação prévia à parte contrária.

Em princípio, os embargos de declaração não estão submetidos ao contraditório.

No entanto, o art. 897-A, *caput*, da CLT admitiu expressamente os embargos de declaração com efeito modificativo nas hipóteses de omissão, contradição e manifesto equívoco no exame dos pressupostos extrínsecos do recurso. Assim, diante da possibilidade de os embargos de declaração poderem alterar o conteúdo da decisão embargada, a doutrina passou a divergir acerca da necessidade de se conceder o contraditório à parte contrária.

Parcela da doutrina entende que é dispensável a intimação do embargado, uma vez que não há alegação de matéria nova no processo, mas simplesmente pedido de esclarecimento ou integração do julgado.

O C. TST, no entanto, adotou tese contrária, entendendo que, na hipótese de os embargos terem efeito modificativo, há necessidade de intimação do embargado para se manifestar, pois, existindo a possibilidade de se alterar o julgado, poderá criar prejuízo para a parte contrária, sendo-lhe permitido manifestar previamente em homenagem aos princípios do contraditório e da ampla defesa. No mesmo sentido, já decidiu o Supremo Tribunal Federal:

> EMBARGOS DE DECLARAÇÃO, EFEITO MODIFICATIVO E CONTRADITÓRIO (CF, ART. 5º, LV) – Firme o entendimento do Tribunal que a garantia constitucional do contraditório exige que à parte contrária se assegure a possibilidade de manifestar-se sobre embargos de declaração que pretendam alterar decisão que lhe tenha sido favorável.[57]

Com o advento da Lei nº 13.015/14, afastou-se qualquer dúvida acerca do tema, vez que o art. 897-A, § 2º, da CLT passou a contemplar, expressamente, a necessidade do contraditório, como se verifica pelo seu teor a seguir transcrito:

> § 2º Eventual efeito modificativo dos embargos de declaração somente poderá ocorrer em virtude da correção de vício na decisão embargada e desde que ouvida a parte contrária, no prazo de 5 (cinco) dias.

Como se percebe pelo aludido dispositivo, a manifestação do embargado será por meio de contrarrazões, a qual possui o mesmo prazo do recurso. Desse modo, interpostos os embargos de declaração, será concedido ao embargado o prazo de 5 dias para apresentar suas contrarrazões, sob pena de poder ser configurada a nulidade.

---

57. STF – RE 384031 – AL – 1ª T. Rel. Min. Sepúlveda Pertence. DJU 4.6.2004.

Registra-se que a orientação em comentário declina ser "passível" de nulidade. Isso ocorre porque o TST entende que a decretação da nulidade ocorrerá apenas quando demonstrado o prejuízo processual, a teor do disposto no art. 794 da CLT, que assim vaticina:

> Art. 794 – Nos processos sujeitos à apreciação da Justiça do Trabalho só haverá nulidade quando resultar dos atos inquinados manifesto prejuízo às partes litigantes.

É o que estabelece o C.TST inclusive no item II, que passamos a analisar.

II – Em decorrência do efeito devolutivo amplo conferido ao recurso ordinário, o item I não se aplica às hipóteses em que não se concede vista à parte contrária para se manifestar sobre os embargos de declaração opostos contra sentença.

Conforme anunciado no item anterior, havendo embargos de declaração com efeito modificativo há necessidade de observância do contraditório prévio, sob pena de nulidade. No entanto, somente se pode falar em nulidade quando demonstrado o prejuízo à parte (CLT, art. 794). Tal prejuízo deve ser de índole processual, não se cogitando, nessa hipótese, de prejuízo "material, financeiro, econômico ou moral decorrente do conflito de direito material"[58].

É com fundamento na ausência de prejuízo processual que o C.TST deixou expresso no item II em comentário que, sendo a sentença sujeita a recurso ordinário, não será obrigatório o contraditório prévio nos embargos de declaração.

E assim agiu, porque o recurso ordinário, por ser um recurso de natureza ordinária e de fundamentação livre, admite a rediscussão de forma ampla da matéria fática, o exame total das provas e debate pleno da aplicação do direito, podendo fundar-se no mero inconformismo da parte vencida[59]. Em decorrência disso, o efeito devolutivo tem aplicação plena nessa modalidade de recurso, incidindo de forma supletiva no processo do trabalho o art. 1.013 do NCPC[60].

Isso quer dizer que **todas as matérias tratadas na sentença poderão ser levantadas oportunamente no recurso ordinário, ou seja, não haverá prejuízo**, porque o contraditório será diferido, vale dizer, será exercido, posteriormente, no recurso ordinário. Nesse contexto, vislumbram-se os precedentes do E. TST transcritos a seguir:

NULIDADE PROCESSUAL – EMBARGOS DECLARATÓRIOS OPOSTOS À SENTENÇA – EFEITO MODIFICATIVO – AUSÊNCIA DE VISTA À PARTE

---

58. LEITE, Carlos Henrique Bezerra. *Curso de direito processual do trabalho*. 9. ed. São Paulo: LTr, 2011. p. 383.
59. BEBBER, Júlio César. *Recursos no processo do trabalho*. 2. ed. São Paulo: LTr, 2009. p. 46.
60. Para o estudo específico do efeito devolutivo, vide comentários da Súmula nº 393 do TST.

CONTRÁRIA – DEVOLUÇÃO AO TRIBUNAL DE TODA A MATÉRIA DEBATIDA EM PRIMEIRO GRAU – INEXISTÊNCIA DE PREJUÍZO – NULIDADE NÃO DECRETADA – APLICAÇÃO CONJUGADA DA OJ 142 DA SBDI-1 DO TST COM O ART. 794 DA CLT – PRINCÍPIOS DO CONTRADITÓRIO E DA AMPLA DEFESA NÃO ATINGIDOS. Tendo o Regional negado a existência de prejuízo para as Partes (ante a ausência de intimação dos embargos declaratórios do Reclamante opostos à sentença, acolhidos com efeito modificativo do julgado), em razão da oportunidade que tiveram de devolver ao Tribunal, mediante a interposição do recurso ordinário, toda a matéria decidida na sentença, não há demonstração de contrariedade à Orientação Jurisprudencial nº 142 da SBDI-1 do TST, nem de vulneração dos princípios do contraditório e da ampla defesa. Isso porque a referida orientação giza ser passível de nulidade a decisão que acolhe os embargos declaratórios com efeito modificativo, sem ser dada oportunidade para a parte contrária se manifestar a respeito. Mas, **consoante a norma prescrita no art. 794 da CLT, não havendo prejuízo, não há que se falar em nulidade. Como se vê, a orientação jurisprudencial em comento afirma que 'pode ser decretada a nulidade' da decisão, mas a nulidade também pode deixar de ser decretada no caso de não ter havido prejuízo para a parte a quem aproveitaria, o que demonstra a razoabilidade da aplicação conjugada do seu entendimento com a norma contida no art. 794 da CLT. Ademais, podendo ser devolvida ao Regional mediante o recurso ordinário das Partes, toda a matéria discutida na sentença, sem nenhum prejuízo à sua apreciação ainda à luz dos fatos e das provas coligidos nos autos**, não restou demonstrada a ofensa aos princípios da ampla defesa e do contraditório inscritos no art. 5º, LV, da Carta Magna. Recurso de revista não conhecido (grifos acrescidos)[61].

RECURSO DE REVISTA. NULIDADE PROCESSUAL. EMBARGOS DE DECLARAÇÃO. CONCESSÃO DE EFEITO MODIFICATIVO SEM INTIMAÇÃO DA PARTE CONTRÁRIA. OJ 142 DA SBDI-1/TST. A Orientação Jurisprudencial 142 da SBDI-1/TST dispõe ser passível de nulidade a decisão que acolhe os embargos declaratórios com efeito modificativo, sem que seja dada oportunidade para a parte contrária se manifestar a respeito. Todavia, ela não contém uma regra absoluta, devendo ser compatibilizada com a norma prescrita no art. 794 da CLT, segundo a qual não haverá nulidade se não houver manifesto prejuízo aos litigantes. Na hipótese, consignou o v. acórdão regional que a Reclamada, embora não tenha sido intimada para manifestar-se sobre os embargos de declaração acolhidos com efeito modificativo, já havia exaurido a oportunidade de contestar o pedido de seguro--desemprego postulado na inicial e, no recurso ordinário, manifestou seu inconformismo contra o deferimento da parcela. Ou seja, foi-lhe garantida a oportunidade de devolver à instância revisora, mediante a interposição

---

61. TST – RR 01500-2002-906-06-00-8. 4ª T. Rel. Min. Ives Gandra Martins Filho. DJU 23.4.2004.

do seu recurso ordinário, a análise da matéria de fato e de direito decidida na primeira instância (Princípios do Duplo Grau de Jurisdição e do *Tantum Devolutum Quantum Appellatum*). Assim, não se vislumbra a alegada ofensa aos princípios constitucionais do devido processo legal, da ampla defesa e do contraditório, garantidos pelo art. 5º, LIV e LV, da CF. Precedentes da Corte, pelas Turmas e pela SBDI-1. Recurso de revista não conhecido.[62]

No entanto, com o advento da Lei 13.015/14, o § 2º do art. 897-A da CLT passou a declarar expressamente que:

> [...] eventual efeito modificativo dos embargos de declaração somente poderá ocorrer em virtude da correção de vício na decisão embargada e desde que ouvida a parte contrária, no prazo de 5 (cinco) dias.

Queremos dizer, o aludido dispositivo não fez ressalva quanto à sentença, impondo o contraditório inclusive nessa hipótese.

Nesse mesmo sentido, o art. 1.023, §2º do NCPC declina que "o juiz intimará o embargado para, querendo, manifestar-se, no prazo de 5 (cinco) dias, sobre os embargos opostos, caso seu eventual acolhimento implique a modificação da decisão embargada".

Referido dispositivo coaduna-se com o princípio do contraditório, o qual foi valorizado na redação do Novo CPC (arts. 7º, 9º e 10º) e que tem como finalidade, entre outras, evitar decisões-surpresa.

Dessa forma, o legislador declinou, indiretamente, que a não concessão de vista à parte contrária gerará violação ao princípio do contraditório. Isso porque o contraditório permite que a parte possa influenciar o julgador no momento do julgamento. Com efeito, mesmo que o contraditório possa ser diferido, no recurso ordinário, o legislador afastou essa possibilidade, impondo que o contraditório seja **prévio**, a fim de que a parte contrária possa participar do convencimento do juízo no julgamento dos embargos. Melhor explicando.

O princípio do contraditório é previsto em diversos dispositivos da nova legislação processual civil, que são aplicáveis ao processo do trabalho, inclusive pelo que impõe o art. 5º, LV, da CF/88.

O art. 7º do NCPC assegura a paridade de armas entre as partes, bem como à necessidade de o órgão jurisdicional zelar pelo efetivo contraditório, *in verbis*:

> Art. 7º É assegurada às partes paridade de tratamento em relação ao exercício de direitos e faculdades processuais, aos meios de defesa, aos ônus, aos deveres e à aplicação de sanções processuais, competindo ao juiz zelar pelo efetivo contraditório.

---

62. TST-RR 202700-73.2005.5.02.0465.6ª T. Rel. Min. Maurício Godinho Delgado. DEJT 30.4.2010.

Pela leitura do dispositivo, é possível perceber duas principais interfaces: a paridade de armas e o efetivo contraditório. A paridade de armas corresponde à uniformidade de possibilidades na participação do processo concedida às partes. O efetivo contraditório possui duas características principais: participação e possibilidade de influência no resultado do processo, uma vez que não basta a mera permissão de que as partes se manifestem no processo, sendo necessária a garantia de que, o que for apresentado, será considerado pelo juiz ao proferir a decisão (poder de influência).[63]

Nesse sentido, dispõe os artigos 9º e 10º do NCPC que as decisões não poderão ser proferidas caso as partes não sejam previamente ouvidas, evitando-se, dessa forma, que o juiz tome decisões-surpresa. Com isso, percebe-se que o princípio do contraditório, mais do que representar uma garantia às partes, serve como limitador dos poderes do juiz.

Dessa maneira, o NCPC reforçou a ideia do contraditório dinâmico, superando o paradigma de que o princípio deveria ser encarado de modo estático, garantindo apenas a bilateralidade na exposição dos argumentos das partes sem abranger, todavia, um verdadeiro diálogo entre partes-juiz[64].

Portanto, a legislação processual atual não possui qualquer ressalva no tocante ao contraditório nos embargos de declaração modificativos opostos contra sentença.

Com efeito, na mesma linha do que já defendíamos antes do NCPC[65], pensamos que, por expressa disposição legal (CLT e CPC), o contraditório nos embargos de declaração deverá ser prévio, exigindo-o inclusive na hipótese de sentença, o que deverá provocar o cancelamento do item II da OJ nº 142 da SDI I do TST.

De qualquer modo, caso se entenda pela continuação da aplicação dessa orientação, o que, repita-se, não nos parece adequado, ela não deverá incidir, como bem observado pelo C. TST, na hipótese de decisão sujeita a recurso de índole extraordinária (ex. recurso de revista e embargos para a SDI), em que se impõe o contraditório prévio, ou seja, antes do julgamento dos embargos de declaração. Isso ocorre porque, nesses recursos, não se admite a verificação de fatos e provas, ficando limitado à análise de direito, o que significa que o prejuízo para a parte é presumido, pois não poderá alegar todas as matérias que

---

63. DIDIER JR, Fredie. *Curso de Direito Processual Civil*: vol. 1 – Introdução ao Direito Processual Civil e Processo de Conhecimento. 15. ed. Salvador: Editora JusPodivm, 2013, p. 57.
64. THEODORO JR, Humberto. *Processo justo e contraditório dinâmico*. Revista de Estudos Constitucionais, Hermenêutica e Teoria do Direito jan.-jun. 2010, p. 69.
65. MIESSA, Élisson; CORREIA, Henrique. *Súmulas e orientações jurisprudenciais do TST comentadas e organizadas por assunto*. 5. ed. Salvador: *JusPODIVM*, 2015. p. 1056.

poderia levantar na instância ordinária ou nas contrarrazões dos embargos de declaração, que poderiam influenciar o julgador a acolher sua tese.

Por fim, esclarece-se que o contraditório somente é obrigatório se o efeito modificativo for **potencialmente** previsto, de modo que, havendo rejeição liminar dos embargos, improcedência ou na hipótese de obscuridade, será desnecessária a concessão de vista à parte contrária. É que, nesses casos, não há que se falar em prejuízo processual.

4.2.1.2. Não cabimento de embargos de declaração de decisão denegatória de recurso de revista exarada por presidente do TRT (OJ nº 377 da SDI-I)

> Orientação Jurisprudencial nº 377 da SDI – I do TST. Embargos de declaração. Decisão denegatória de recurso de revista exarado por presidente do TRT. Descabimento. Não interrupção do prazo recursal
>
> Não cabem embargos de declaração interpostos contra decisão de admissibilidade do recurso de revista, não tendo o efeito de interromper qualquer prazo recursal.

Inicialmente, cumpre consignar que o NCPC extinguiu o duplo juízo de admissibilidade. Desse modo, na apelação, o juízo de admissibilidade será realizado apenas pelo tribunal competente e não mais pelo juízo de origem (*a quo*), conforme se observa do art. 1.010, §3º[66]. Assim, conforme estabelece o enunciado nº 99 do Fórum Permanente de Processualistas Civis, "o órgão *a quo* não fará juízo de admissibilidade da apelação". Nesse mesmo sentido, o art. 1.028, §3º do NCPC dispõe que o recurso ordinário é remetido ao STF ou STJ independentemente de juízo de admissibilidade.

No tocante aos recursos extraordinário e especial, o NCPC também é claro ao estabelecer que a remessa ao tribunal ocorre independentemente de juízo de admissibilidade, conforme se verifica no artigo 1.030, parágrafo único:

> Art. 1.030. Recebida a petição do recurso pela secretaria do tribunal, o recorrido será intimado para apresentar contrarrazões no prazo de 15 (quinze) dias, findo o qual os autos serão remetidos ao respectivo tribunal superior.

---

66. Art. 1.010. A apelação, interposta por petição dirigida ao juízo de primeiro grau, conterá: (...) § 1º O apelado será intimado para apresentar contrarrazões no prazo de 15 (quinze) dias. § 2º Se o apelado interpuser apelação adesiva, o juiz intimará o apelante para apresentar contrarrazões. § 3º Após as formalidades previstas nos §§ 1º e 2º, os autos serão remetidos ao tribunal pelo juiz, independentemente de juízo de admissibilidade.

Parágrafo único. A remessa de que trata o caput dar-se-á independentemente de juízo de admissibilidade[67].

Contudo, no processo do trabalho, a nosso juízo, o novel código somente será aplicado ao recurso ordinário e ao agravo de petição, ante a ausência de norma na CLT e sua compatibilidade com o processo do trabalho[68], o que significa que nesses recursos não há falar em juízo de admissibilidade *a quo*.

Por outro lado, o Novo CPC não fulmina o juízo *a quo* de admissibilidade do recurso de revista, vez que a CLT tem regra própria no art. 896, §1º da CLT que contempla, expressamente, que o juízo de admissibilidade no recurso de revista será realizado, inicialmente, pelo Presidente do Tribunal Regional do Trabalho.

Desse modo, mantido o juízo *a quo* no recurso de revista, a presente orientação jurisprudencial passa pela análise do art. 897-A da CLT, inclusive sobre quais decisões são impugnáveis por meio de embargos de declaração.

Parte da doutrina e da jurisprudência entende que os embargos de declaração somente têm cabimento para impugnar sentenças ou acórdãos, como se depreende da interpretação literal do art. 897-A da CLT, que assim disciplina:

> Art. 897-A. Caberão embargos de declaração da **sentença ou acórdão**, no prazo de cinco dias, devendo seu julgamento ocorrer na primeira audiência ou sessão subsequente a sua apresentação, registrado na certidão, admitido efeito modificativo da decisão nos casos de omissão e contradição no julgado e manifesto equívoco no exame dos pressupostos extrínsecos do recurso. [...] (grifo nosso)

Com base nesse entendimento, o C. TST negou a possibilidade de o recorrente interpor embargos de declaração da decisão do tribunal *a quo*, que analisa os pressupostos processuais extrínsecos, ou seja, não terá cabimento os embargos de declaração da decisão do primeiro juízo de admissibilidade, ficando reservado ao segundo juízo de admissibilidade a ser proferido pelo tribunal *ad quem*.

Isso ocorre porque, para o Tribunal Superior do Trabalho, o juízo de admissibilidade *a quo* profere **despacho** de processamento ou não processamento do recurso, o qual não pode ser embargado, sendo impugnado, na hipótese de não processamento, por meio do agravo de instrumento.

---

67. Esse dispositivo deverá ser revogado, como prevê o substitutivo ao projeto de Lei nº 2.384, de 2015, já aprovado na Câmara dos Deputados, mantendo-se o juízo de admissibilidade *a quo* pelo presidente ou vice-presidente do Tribunal, nas hipóteses de recursos especial e extraordinário, aproximando-se, novamente, do processo do trabalho.
68. No mesmo sentido, SCHIAVI, Mauro. *Manual de Direito Processual do Trabalho*. 9. ed. São Paulo: LTr, 2015. p. 903.

Diante do não cabimento dos embargos nessa hipótese, o TST afasta seu principal efeito, qual seja, a interrupção do prazo para os recursos posteriores. Exemplificamos:

> A empresa W interpõe recurso de revista alegando que o acórdão regional violou lei federal. O presidente do TRT denega seguimento ao recurso por ser intempestivo. A empresa interpõe embargos de declaração afirmando a existência de manifesto equívoco na análise da tempestividade, vez que o último dia do prazo era feriado, conforme demonstram os documentos já juntados nos autos. O TRT não conhece dos embargos. A empresa interpõe agravo de instrumento com a finalidade de destrancar o recurso de revista. Nessa hipótese, o TST entende que o agravo de instrumento é intempestivo, porque, não sendo cabíveis os embargos de declaração, não há interrupção do prazo do agravo de instrumento, de modo que se torna intempestivo. Portanto, para o TST, a empresa W deveria interpor diretamente o agravo de instrumento contra a denegação do recurso pelo presidente do TRT.

No mesmo sentido, também decidiu o Supremo Tribunal Federal:

> AGRAVO REGIMENTAL EM AGRAVO DE INSTRUMENTO. DECISÃO QUE NÃO ADMITE O RECURSO EXTRAORDINÁRIO. OPOSIÇÃO DE EMBARGOS DE DECLARAÇÃO. RECURSO INCABÍVEL. AGRAVO DE INSTRUMENTO INTEMPESTIVO.
>
> I – Não cabem embargos de declaração da decisão que não admite o recurso extraordinário.
>
> II – Recurso incabível não tem o efeito de suspender o prazo recursal.
>
> III – Agravo regimental improvido[69].

Em resumo, para o TST, da decisão do primeiro juízo de admissibilidade (juízo *a quo*) do recurso de revista, não cabe o recurso de embargos de declaração para análise dos pressupostos extrínsecos do recurso, sendo admitido apenas o agravo de instrumento na hipótese de não processamento do recurso. Por outro lado, da decisão do juízo de admissibilidade *ad quem* (proferido pelo Tribunal a que foi dirigido o recurso – no caso o TST) são cabíveis os embargos de declaração para impugnar o manifesto equívoco no exame dos pressupostos extrínsecos do recurso.

---

69. STF, AI 588.190 AgR/RJ. Rel. Min. Ricardo Lewandowski. j. 3.4.2007.

Contudo, acompanhando a doutrina majoritária[70] e no mesmo sentido do que já defendíamos[71], o art. 1.022 do NCPC passou a estabelecer, de forma expressa, a possibilidade de impugnação de **qualquer decisão judicial** por meio dos embargos de declaração[72]. E isso se justifica porque qualquer provimento jurisdicional deve ser claro e ausente de omissão ou contradição, de modo que o art. 897-A da CLT deve ser interpretado em consonância com o artigo do Novo CPC.

Dessa forma, acreditamos que houve alteração da *ratio decidendi* (fundamento determinante) da presente súmula, razão pela qual ela deverá ser cancelada.

Aliás, antes mesmo do NCPC já defendíamos o cancelamento da presente súmula[73]. Isso porque, a legislação, ao admitir o cabimento dos embargos de declaração quando há manifesto equívoco no exame dos pressupostos extrínsecos do recurso, teve como objetivo conceder ao jurisdicionado um instrumento rápido e efetivo para afastar decisões teratológicas (absurdas), não limitando seu cabimento a acórdãos.

Com efeito, entendemos que os embargos devem caber tanto da decisão do juízo *a quo* como do juízo *ad quem* proferidos no recurso de revista, porque privilegiam a celeridade e a efetividade processual, além de sepultar de imediatos vícios absurdos, como declina Júlio César Bebber: "Não me parece adequado esse entendimento, uma vez que não se pode impedir a correção de manifestações jurisdicionais imperfeitas"[74].

De qualquer modo, mesmo que o C. TST mantenha entendimento consubstanciado nessa orientação após o advento do Novo CPC, ele ficará limitado ao recurso de revista, vez que nos demais recursos foi extinto o juízo de admissibilidade *a quo*.

---

70. MOREIRA, José Carlos Barbosa. *Comentários ao código de processo civil*. 15. ed. Rio de Janeiro: Forense, 2010. v. 5, p. 549.
71. MIESSA, Élisson; CORREIA, Henrique. *Súmulas e orientações jurisprudenciais do TST comentadas e organizadas por assunto*. 5. ed. Salvador: JusPODIVM, 2015. p. 1061.
72. Art. 1.022. Cabem embargos de declaração **contra qualquer decisão judicial** para: I – esclarecer obscuridade ou eliminar contradição; II – suprir omissão de ponto ou questão sobre o qual devia se pronunciar o juiz de ofício ou a requerimento; III – corrigir erro material. (grifo nosso)
73. MIESSA, Élisson; CORREIA, Henrique. *Súmulas e orientações jurisprudenciais do TST comentadas e organizadas por assunto*. 5. ed. Salvador: JusPODIVM, 2015. p. 1061.
74. BEBBER, Júlio César. *Recursos no processo do trabalho*. 2. ed. São Paulo: LTr, 2009. p. 237. No mesmo sentido: NEVES, Daniel Amorim Assumpção. *Manual de direito processual civil*. 2. ed. Rio de Janeiro: Forense; São Paulo: Método, 2010. p. 669.

4.2.2. Recurso de Revista

4.2.2.1. Prequestionamento (recursos de natureza extraordinária). Exigência de prequestionamento em matéria de ordem pública (OJ nº 62 da SDI-I)

> **Orientação Jurisprudencial nº 62 da SDI – I do TST.** Prequestionamento. Pressuposto de admissibilidade em apelo de natureza extraordinária. Necessidade, ainda que se trate de incompetência absoluta.
>
> É necessário o prequestionamento como pressuposto de admissibilidade em recurso de natureza extraordinária, ainda que se trate de incompetência absoluta.

A doutrina entende que, ao lado dos efeitos tradicionais dos recursos (devolutivo e suspensivo), os recursos possuem ainda o **efeito translativo**, entendido como a possibilidade de o juízo *ad quem* **julgar matérias de ordem pública**, que, por serem conhecidas de ofício, independem de manifestação da parte[75]. Parcela minoritária da doutrina, contudo, acredita que esse efeito nada mais é do que o efeito devolutivo em sua profundidade, o qual é decorrente do princípio inquisitivo, devolvendo ao tribunal todos os fundamentos e questões debatidas no processo, assim como as questões de ordem pública[76].

Abstraindo a discussão acerca da existência ou não do efeito translativo, o que nos interessa nesse momento é afirmar que as matérias de ordem pública devem ser conhecidas de ofício pelo órgão julgador.

Contudo, a jurisprudência e a doutrina não são pacíficas acerca do conhecimento de ofício de tais matérias nos recursos de natureza extraordinária.

Para uns, ele tem aplicação apenas nos recursos de natureza ordinária, pois nestes há análise integral dos fatos e fundamentos jurídicos, admitindo inclusive o reexame das provas. Já os recursos extraordinários, por estarem vinculados ao exame do direito objetivo, exigem a presença do prequestionamento. Noutros palavras, nos recursos de natureza extraordinária somente há manifestação do Tribunal Superior sobre as matérias previamente decididas e levantadas expressamente pelo recorrente. Isso quer dizer que, para essa tese, o **efeito translativo não tem aplicação nos recursos de natureza extraordinária**,

---

75. NERY Jr., Nelson; NERY, Rosa Maria de Andrade. *Comentários ao Código de Processo Civil*. São Paulo: RT, 2015. p. 1994-1995.
76. JORGE, Flávio Cheim. *Teoria geral dos recursos cíveis*. 4. ed. rev., atual. e ampl. São Paulo: Editora Revista dos Tribunais, 2009. p. 275.

como é o caso no processo do trabalho dos recursos de revista, embargos para a SDI e do recurso extraordinário para o STF.

Desse posicionamento, é possível extrair que os Tribunais Superiores apenas podem manifestar, por exemplo, sobre ilegitimidade de parte, interesse de agir e incompetência absoluta se houver decisão prévia acerca do tema e impugnação expressa no recurso.

Assim, mesmo que se trate de matéria de ordem pública, como é o caso da incompetência absoluta, o recorrente deverá expressamente demonstrar sua insurgência no recurso de natureza extraordinária, com a finalidade de preencher o pressuposto do prequestionamento capaz de legitimar a atuação do TST. Essa era a interpretação dada à presente orientação pelo TST, bem como o entendimento adotado pelo STF[77].

Para a outra parte da doutrina e da jurisprudência, embora os recursos de natureza extraordinária se submetam ao prequestionamento, exigindo decisão prévia acerca do tema, trata-se de pressuposto recursal específico desses recursos. Desse modo, o prequestionamento está ligado ao juízo de admissibilidade, o que significa que, superado este juízo, o tribunal ultrapassa a questão do prequestionamento, podendo, a partir daí, conhecer todos os demais fundamentos relacionados ao capítulo impugnado, inclusive conhecendo de ofício matérias de ordem pública. Portanto, o requisito do prequestionamento tão somente viabiliza a abertura da instância especial, não impedindo a incidência do efeito translativo após o conhecimento do recurso. Nas palavras do doutrinador Nelson Nery, nesta segunda fase, "incide o regime jurídico da teoria geral dos recursos como um todo, inclusive com a incidência do efeito translativo: exame pelo STF e STJ[78], *ex officio*, das matérias de ordem pública"[79].

No mesmo sentido, declina Fredie Didier Jr. ao tratar da profundidade do efeito devolutivo:

> (...) poderá o STF/STJ analisar matéria que não foi examinada na instância *a quo*, pois o prequestionamento diz respeito apenas ao juízo de admissibilidade. O juízo de rejulgamento da causa é diferente do juízo de admissibilidade do recurso extraordinário: para que admita o recurso é indispensável o prequestionamento, mas uma vez admitido, no juízo de rejulgamento não há qualquer limitação cognitiva, a não ser a limitação horizontal estabelecida pelo recorrente (extensão do efeito devolutivo). Conhecido o recurso

---

77. No mesmo sentido é o entendimento do STF. AI-AgR 633.188/MG, 1ª Turma, rel. Min. Ricardo Lewandowski, j. 2.10.2007; AI-AgR 5050.029/MS, 2ª Turma, rel. Min. Carlos Velloso, j. 12.4.2005.
78. Incluímos o TST.
79. NERY Jr., Nelson. *Teoria Geral dos recursos*. 7. Ed. São Paulo: Editora Revista dos Tribunais, 2014. p. 466.

excepcional, a profundidade do efeito devolutivo não tem qualquer peculiaridade. Nada há de especial no *julgamento* de um recurso excepcional; o "excepcional" em recurso excepcional está em seu juízo de admissibilidade, tendo em vista as estritas hipóteses de cabimento.

E arremata:

> Para fins de impugnação (efeito devolutivo), somente cabe o recurso extraordinário/especial se for previamente questionada, pelo tribunal recorrido, determinada questão jurídica. Para fins de julgamento (efeito translativo ou profundidade do efeito devolutivo), porém, uma vez conhecido o recurso extraordinário/especial, poderá o tribunal examinar todas as matérias que possam ser examinadas a qualquer tempo, inclusive a prescrição, decadência e as questões de ordem pública de que trata o § 3º do art. 267 do CPC[80].

O Novo CPC passa a fazer a diferenciação apontada pela segunda corrente ao estabelecer no art. 1.034, parágrafo único, que:

> Parágrafo único. Admitido o recurso extraordinário ou o recurso especial por um fundamento, devolve-se ao tribunal superior o conhecimento dos demais fundamentos para a solução do capítulo impugnado.

Desse modo, o novel dispositivo destaca que o prequestionamento está ligado ao juízo de admissibilidade, o que significa que, uma vez superado, é possível a Corte superior invocar matérias de ordem pública, ainda que não decididas nas instâncias inferiores.

Na realidade, teoricamente, os recursos extraordinários tem três momentos distintos e sucessivos: 1º) análise dos pressupostos recursais; 2º) juízo sobre a alegação de ofensa constitucional ou lei federal; 3º) julgamento da causa, aplicando o direito em espécie[81].

No primeiro momento, faz-se a análise dos pressupostos extrínsecos e intrínsecos, inclusive da presença do prequestionamento. Estando presentes, passa-se a verificar a efetiva violação dos dispositivos indicados como afrontados (2º momento). Reconhecida a violação constitucional ou de lei federal, o Tribunal Superior pode determinar o retorno dos autos à origem, atuando-se apenas como corte de cassação. No entanto, pode o Tribunal, ao invés de determinar o retorno dos autos à origem, entrar no terceiro momento, agindo como corte de revisão. Nesse caso, rejulgará a causa, podendo analisar todos os fundamentos

---

80. DIDIER Jr., Fredie; CUNHA, Leonardo José Carneiro da. *Curso de direito processual civil: Meios de impugnação às decisões judiciais e processo nos tribunais.* 8. ed. Bahia: JusPODIVM, 2014. v. 3, p. 301-302.
81. STJ, RE 346736 AgR-ED, Rel. Min. Teori Zavascki, 2ª Turma, DJe 18.6.2013.

ligados ao capítulo impugnado, incluindo fatos supervenientes, matérias de ordem pública e vícios da decisão, o que significa que, nesse momento, incide o efeito translativo. Repito, apenas no terceiro momento (juízo de revisão) que há incidência desse efeito.

Desse modo, sendo a incompetência absoluta matéria de ordem pública, nesse terceiro momento, ela poderá ser reconhecida de ofício.

Por tais fundamentos, pensamos que, com o advento do Novo CPC e para que não haja equívoco na interpretação dessa orientação, o melhor caminho é seu cancelamento, permitindo-se, o acolhimento **de ofício** pelo E. TST da incompetência absoluta, nos termos indicados anteriormente.

Contudo, caso o C. TST pretenda manter vigente a orientação em comentário, ela deverá ser adequadamente interpretada, adotando efetivamente o prequestionamento como um pressuposto de admissibilidade que, uma vez ultrapassado, permite o reconhecimento de ofício de matéria de ordem pública e a análise de todos os fundamentos relacionados ao capítulo impugnado. Isso poderá ser extraído da própria literalidade da orientação que trata "o prequestionamento como pressuposto de admissibilidade em recurso de natureza extraordinária".

Por fim, é necessário fazer uma observação.

Na hipótese de **apenas** a matéria de ordem pública ser impugnada no recurso de natureza extraordinário, mantém-se a exigência do prequestionamento. Assim, se, por exemplo, o objetivo da parte é interpor recurso de revista para impugnar a incompetência absoluta da Justiça do Trabalho, tal matéria deverá ser prequestionada, já que, no caso o que autoriza a abertura da instância superior é a própria analise da incompetência. Nesse sentido, leciona Daniel Assumpção Neves:

> Caso o recurso especial ou extraordinário tenha como objeto somente a pretensa ofensa a uma matéria de ordem pública que não tenha sido discutida e decidida pelo Tribunal, o recurso não deverá ser conhecido, e assim tal matéria jamais chegará a ser analisada. Mas se outra matéria qualquer foi objeto de prequestionamento e é impugnada pelo recorrente, o recurso deve ser conhecido e a partir desse momento admite-se o enfrentamento das matérias de ordem pública (alegadas pelo recorrente ou de ofício)[82].

Com efeito, pensamos que a presente orientação deve ser cancelada com o Novo CPC, ou, se mantida, deverá ser interpretada conforme anunciado anteriormente.

---

82. NEVES, Daniel Amorim Assumpção. *Manual de direito processual civil*. 7. ed. Rio de Janeiro: Forense; São Paulo: Método, 2015. p. 685.

5. EXECUÇÃO TRABALHISTA

5.1. Penhora

5.1.1. Penhora em dinheiro (Súmula nº 417 do TST)

> **Súmula nº 417 do TST.** Mandado de segurança. Penhora em dinheiro
> (...)
> III – Em se tratando de execução provisória, fere direito líquido e certo do impetrante a determinação de penhora em dinheiro, quando nomeados outros bens à penhora, pois o executado tem direito a que a execução se processe da forma que lhe seja menos gravosa, nos termos do art. 620 do CPC[83].

Considerando os objetivos desta obra, vamos nos limitar a analisar o item III desta Súmula.

III – Em se tratando de execução provisória, fere direito líquido e certo do impetrante a determinação de penhora em dinheiro, quando nomeados outros bens à penhora, pois o executado tem direito a que a execução se processe da forma que lhe seja menos gravosa, nos termos do art. 620 do CPC[84].

A decisão judicial executável está, em regra, suscetível de recurso. Não havendo interposição deste, haverá o trânsito em julgado da decisão, permitindo sua execução definitiva. Por outro lado, ocorrendo a interposição de recurso, este pode ter efeito meramente devolutivo ou também efeito suspensivo. Na hipótese de ter efeito suspensivo, a decisão judicial não produzirá efeitos de imediato, impedindo o início da execução. Já no caso de efeito meramente devolutivo, a decisão gerará efeitos, possibilitando assim a execução provisória da decisão judicial (sentença ou acórdão).

No processo do trabalho é cediço que os recursos, em regra quase que absoluta, possuem efeito meramente devolutivo, o que significa que é campo fértil para a execução provisória, disciplinada no art. 520 do NCPC, aplicável subsidiariamente à seara laboral.

A execução provisória, portanto, busca agilizar a prestação jurisdicional, uma vez que, enquanto o processo está pendente de julgamento do recurso, poderão ser exercidos atos de execução da decisão judicial.

---

83. NCPC, art. 805.
84. NCPC, art. 805.

Por se tratar de título provisório, porquanto pendente de decisão recursal, o C. TST entendeu que o executado tem direito líquido e certo de que a penhora não recaia sobre dinheiro, **quando nomeados outros bens à penhora**, ante o princípio da menor onerosidade ao credor. Argumenta ainda que, no processo do trabalho, a execução provisória somente é permitida até a penhora (art. 899, caput e §1º da CLT), de modo que a autorização judicial para o levantamento dos valores depositados, conforme descrito nos arts. 520, IV e 521 do NCPC, é incompatível com a seara trabalhista.[85]

Todavia, acreditamos que esse entendimento não deve prevalecer com a vigência do NCPC.

O art. 805 do NCPC, à primeira vista, conduz à conclusão de que o entendimento do TST está em conformidade com a legislação processual civil, uma vez que o dispositivo estabelece que "quando por vários meios o exequente puder promover a execução, o juiz mandará que se faça pelo modo menos gravoso para o executado".

Todavia, o art. 520 do NCPC, na mesma linha do art. 475-O do CPC/73, estabelece expressamente em seu *caput* que o "cumprimento provisório da sentença impugnada por recurso desprovido de efeito suspensivo será realizado da mesma forma que o cumprimento definitivo". Isso quer dizer que a execução provisória, embora tenha certas limitações, deverá observar as mesmas diretrizes da execução definitiva. Com efeito, a ordem de preferência disposta no art. 835 do NCPC deve ser aplicada na execução provisória, até mesmo porque não existe nenhum dispositivo que impeça sua aplicação ou discipline, de forma diversa, a ordem de preferência na execução provisória.

Ademais, o artigo 835, § 1º do NCPC declina que "é prioritária a penhora em dinheiro, podendo o juiz, nas demais hipóteses, alterar a ordem prevista no *caput* de acordo com as circunstâncias do caso concreto". Assim, referido dispositivo é expresso em priorizar o dinheiro, permitindo a alteração da ordem apenas nos demais casos, relativizando o princípio da menor onerosidade para o devedor[86] (art. 805 do NCPC). Melhor dizendo, o princípio da efetividade da tutela executiva se sobrepõe ao da menor onerosidade no caso de penhora em dinheiro.

Aliás, a penhora tem como objetivo satisfazer o crédito do exequente, em regra, na Justiça Laboral do trabalhador. Tal crédito se consubstancia em dinheiro, o que significa que a penhora deve desaguar em bens que possuam a

---

85. TST-RO-7284-66.2013.5.15.0000, SBDI-II, rel. Min. Douglas Alencar Rodrigues, 14.4.2015 (Informativo execução nº 14), embora faça referência ao antigo art. 475-O do CPC/73.
86. MEDINA, José Miguel Garcia. *Novo Código de Processo Civil Comentado: com remissões e notas comparativas ao CPC/1973.* São Paulo: Editora Revista dos Tribunais, 2015, p. 1133.

maior liquidez possível, a fim de verdadeiramente efetivar a tutela jurisdicional. A penhora não pode ser vista com um fim em si mesmo, mas com a finalidade de transformar-se em dinheiro da maneira mais ágil.

Nesse sentido, a lúcida lição do doutrinador Jorge Luiz Souto Maior:

> A penhora é o ato de extrema importância para a efetividade da execução. Não se deve encarar a penhora como um mero *iter* do procedimento, pois que isso implica, muitas vezes, negar a própria utilidade de todos os atos subsequentes da execução. Em outras palavras, pouco adianta cumprir o preceito legal, penhorando-se um bem que não possui a mínima chance de ser convertido em dinheiro, mediante venda em hasta pública. Grande parte dos problemas vividos nas execuções trabalhistas situa-se no fato da realização de penhora de bens de baixo interesse comercial. **O importante não é garantir a execução, sob o ponto de vista formal, mas estabelecer uma garantia de que o crédito em questão será satisfeito após obedecidas as formalidades legais subsequentes.**[87] (grifo nosso)

Além disso, a limitação imposta pelo TST vai de encontro à evolução do processo civil, que admite inclusive o levantamento do depósito em dinheiro, desde que o exequente preste caução (NCPC, art. 520, IV). Aliás, dispensa até mesmo a exigência de caução nos créditos de natureza alimentar, **independentemente de sua origem** (NCPC, art. 521, I).

Mesmo antes do NCPC, o enunciado nº 69 da 1ª Jornada de direito material e processual do trabalho, bem como o enunciado nº 21 da Jornada Nacional da execução trabalhista a seguir transcritos já defendiam essa posição:

> **Enunciado nº 69.** EXECUÇÃO PROVISÓRIA. APLICABILIDADE DO ART. 475-O DO CPC NO PROCESSO DO TRABALHO
>
> I – A expressão "...até a penhora..." constante da Consolidação das Leis do Trabalho, art. 899, é meramente referencial e não limita a execução provisória no âmbito do direito processual do trabalho, sendo plenamente aplicável o disposto no Código de Processo Civil, art. 475-O.
>
> II – Na execução provisória trabalhista é admissível a penhora de dinheiro, mesmo que indicados outros bens. Adequação do postulado da execução menos gravosa ao executado aos princípios da razoável duração do processo e da efetividade.
>
> III – É possível a liberação de valores em execução provisória, desde que verificada alguma das hipóteses do artigo 475-O, § 2º, do Código de Processo Civil, sempre que o recurso interposto esteja em contrariedade com

---

87. SOUTO MAIOR, Jorge Luiz *apud* SCHIAVI, Mauro. *Execução no processo do trabalho*. São Paulo: LTr, 2008. p. 173.

Súmula ou Orientação Jurisprudencial, bem como na pendência de agravo de instrumento no TST.

Enunciado nº 21. EXECUÇÃO PROVISÓRIA. PENHORA EM DINHEIRO. POSSIBILIDADE. É válida a penhora de dinheiro na execução provisória, inclusive por meio do Bacen Jud. A Súmula nº 417, item III, do Tribunal Superior do Trabalho (TST), está superada pelo art. 475-O do Código de Processo Civil (CPC).

Dessa forma, pensamos que o C. TST deverá cancelar o item III da presente súmula, tendo em vista a alteração de sua *ratio decidendi* (fundamento determinante) pelo art. 835, §1º do NCPC que deixa expressa a prioridade da penhora em dinheiro, seja na execução definitiva, seja na execução provisória.

5.1.2. Penhora em conta-salário (OJ nº 153 da SDI-II do TST)

> **Orientação Jurisprudencial nº 153 da SDI – II do TST.** Mandado de segurança. Execução. Ordem de penhora sobre valores existentes em conta salário. Art. 649, IV, do CPC. Ilegalidade
>
> Ofende direito líquido e certo decisão que determina o bloqueio de numerário existente em conta salário, para satisfação de crédito trabalhista, ainda que seja limitado a determinado percentual dos valores recebidos ou a valor revertido para fundo de aplicação ou poupança, visto que o art. 649, IV, do CPC[88] contém norma imperativa que não admite interpretação ampliativa, sendo a exceção prevista no art. 649, § 2º, do CPC[89] espécie e não gênero de crédito de natureza alimentícia, não englobando o crédito trabalhista.

O direito brasileiro consagrou a impenhorabilidade das verbas de natureza alimentar. Desse modo, na época do CPC de 1973, declinava, no art. 649, IV, serem impenhoráveis:

> IV – os vencimentos, subsídios, soldos, salários, remunerações, proventos de aposentadoria, pensões, pecúlios e montepios; as quantias recebidas por liberalidade de terceiro e destinadas ao sustento do devedor e sua família, os ganhos de trabalhador autônomo e os honorários de profissional liberal, (...)

---

88. NCPC, art. 833, IV.
89. NCPC, art. 833, §2º.

Referido dispositivo foi relativizado em seu parágrafo 2º, permitindo a penhora de tais rendimentos quando destinados ao pagamento de prestação alimentícia.

Interpretando esse artigo, o C. TST entendeu que aludidos vencimentos são **absolutamente impenhoráveis**, vez que são destinados a preservar a subsistência do devedor e de sua família. Além disso, entendeu que a exceção prevista no § 2º teve como foco tão somente a prestação alimentícia decorrente da ação de alimentos (pensão alimentícia), o que não engloba os créditos trabalhistas, embora possuam natureza alimentar.

O E. TST entendeu ainda que, mesmo as sobras salariais, revertidas para fundo de aplicação ou poupança, também são impenhoráveis. Seria o caso, por exemplo, de o executado receber R$ 10.000,00 e no fim do mês lhe sobrar R$ 1.000,00, que seria aplicado na poupança. Nesse caso, o TST entende que o valor transferido para a poupança derivou do salário do executado, sendo preservado pela impenhorabilidade.

Com base nesse entendimento, o Tribunal Superior do Trabalho passou a admitir a impetração do mandado de segurança quando fosse penhorada conta--salário do executado, mesmo que apenas uma porcentagem, sob o fundamento de violação de direito líquido e certo do executado.

Registra-se que, embora a penhora tenha mecanismo próprio de impugnação, qual sejam, os embargos à execução (penhora), a jurisprudência do TST[90] e a do próprio STF permitem a impetração de mandado de segurança nas hipóteses em que do ato impugnado possa advir prejuízos imediatos e irreparáveis ou de difícil reparação ao executado.

Todavia, referida orientação jurisprudencial, felizmente, teve seus fundamentos determinantes (*ratio decidendi*) frontalmente atingidos pelo Novo CPC, impondo seu cancelamento.

Isso porque o art. 833 do NCPC, embora tenha mantido a regra da impenhorabilidade das verbas de natureza alimentar e os valores depositados em caderneta de poupança (incisos IV e X[91]), passou a declarar expressamente no § 2º que:

---

90. TST-RO-107-82.2014.5.09.0000, SBDI-II, rel. Min. Alberto Luiz Bresciani de Fontan Pereira, 14.10.2014 (Informativo execução nº 7).
91. Art. 833. São impenhoráveis:
    (...)
    IV – os vencimentos, os subsídios, os soldos, os salários, as remunerações, os proventos de aposentadoria, as pensões, os pecúlios e os montepios, bem como as quantias recebidas por liberalidade de terceiro e destinadas ao sustento do devedor e de sua família, os ganhos de trabalhador autônomo e os honorários de profissional liberal, ressalvado o § 2º;
    (...)

2º O disposto nos incisos IV e X do caput não se aplica à hipótese de penhora para pagamento de prestação alimentícia, independentemente de sua origem, bem como às importâncias excedentes a 50 (cinquenta) salários-mínimos mensais, devendo a constrição observar o disposto no art. 528, § 8º, e no art. 529, § 3º. (grifo nosso)

Pelo novel dispositivo é possível observar duas regras:

1) se o devedor receber mais de 50 salários-mínimos mensais, é possível a penhora do que exceder a esse montante;

2) se a verba for de natureza alimentar, independentemente de sua origem, é possível a penhora da retribuição pecuniária do devedor.

No primeiro caso, cria-se um critério objetivo para a impenhorabilidade, de modo que o excedente a 50 salários-mínimos poderá ser penhorado, sendo indiferente se a dívida é ou não de natureza alimentar.

No segundo caso, direciona-se às dívidas alimentares. Nessa hipótese, o NCPC é claro ao ampliar a possibilidade de penhora da retribuição do devedor para pagamento de **qualquer** prestação alimentícia, ou seja, independentemente de sua origem. Desse modo, não se sustenta a limitação imposta pelo TST de que a exceção da impenhorabilidade da remuneração do devedor apenas diz respeito à ação de alimentos. Nas palavras do doutrinador Wolney de Macedo Cordeiro:

> A vigente norma processual civil, de forma explícita, elimina a possibilidade de uma interpretação restritiva quanto à penhora de salário para a quitação de execução decorrente de crédito alimentar. Trata-se de uma grande evolução da norma processual brasileira, que há muito tempo se ressentia de uma ampliação das hipóteses de constrição do salário do devedor[92].

Com efeito, o art. 833, § 2º, do Novo CPC impõe que a expressão prestação alimentícia seja interpretada em consonância com o art. 100, § 1º, da CF/88 o qual estabelece que "os débitos de natureza alimentícia compreendem aqueles decorrentes de salários, vencimentos, proventos, pensões e suas complementações, benefícios previdenciários e indenizações por morte ou por invalidez, fundadas em responsabilidade civil, em virtude de sentença judicial transitada em julgado". Isso decorre do próprio art. 1º do Novo CPC que declina que suas normas devam ser interpretadas "conforme os valores e as normas fundamentais estabelecidas na Constituição da República Federativa do Brasil".

X – a quantia depositada em caderneta de poupança, até o limite de 40 (quarenta) salários--mínimos.

92. CORDEIRO, Wolney de Macedo. *Execução no processo do trabalho*. Salvador: JusPODIVM, 2015. p. 344.

Portanto, chega-se à conclusão de que tanto o salário do executado como os créditos do obreiro possuem natureza alimentar. Disso resulta que ambos os créditos são destinados a garantir a subsistência de quem os recebe e de seus familiares[93].

Noutras palavras, a impenhorabilidade de certos bens estabelecida na ordem jurídica é regra que restringe o direito fundamental à tutela executiva (e também à tutela efetiva). Tal restrição se justifica como forma de preservar a dignidade do executado e de seus familiares, conferindo-lhe um patrimônio mínimo e verbas que possam garantir sua sobrevivência, como é o caso do salário. Por outro lado, o exequente também possui a mesma garantia de sobrevivência digna, além da tutela executiva e da efetividade da prestação jurisdicional.

Nessa ordem de ideias, parece-nos latente a colisão de direitos fundamentais.

Essa colisão, inicialmente, deve ser solucionada pelo legislador e, na falta de norma, em cada caso concreto pelo judiciário, aplicando-se o princípio da proporcionalidade.

Nesse contexto, o § 2º, do art. 833, faz referência expressa ao art. 529, § 3º, do NCPC, o qual vaticina que:

> § 3º Sem prejuízo do pagamento dos alimentos vincendos, o débito objeto de execução pode ser descontado dos rendimentos ou rendas do executado, de forma parcelada, nos termos do *caput* deste artigo, **contanto que, somado à parcela devida, não ultrapasse cinquenta por cento de seus ganhos líquidos.** (grifo nosso)

Desse modo, o legislador, vislumbrando a colisão dos direitos fundamentais, impõe uma solução, qual seja: veda que a penhora do salário do devedor possa exceder a 50% do montante líquido recebido.

Esse dispositivo exige uma nova interpretação dessa penhora, inclusive para aqueles que já admitiam a penhora do salário em determinado percentual, o qual era definido pelo Poder Judiciário com base na razoabilidade.

Isso porque, existindo regra própria e por estar a norma em consonância com os ditames constitucionais, a partir do Novo CPC, não há que se transferir ao judiciário a solução desta colisão para cada caso concreto, invocando o princípio da proporcionalidade e/ou razoabilidade, pois, nas palavras do doutrinador Daniel Sarmento:

---

93. "Há que se perceber, entretanto, que a execução de créditos trabalhistas envolve, na sua maioria, prestações de natureza alimentar, ainda que em sentido amplo. Nesse caso, entra em jogo, também a dignidade da pessoa humana do credor e de sua família, a exigir um equilíbrio dos limites políticos à penhora de bens do executado". BEBBER, Júlio César. *Processo do trabalho: adaptação à contemporaneidade.* São Paulo: LTr, 2011. p. 227.

Esta ponderação num Estado que 'leva a sério' a democracia, deve ser realizada primariamente pelo legislador. No entanto, na falta de norma, ou diante da sua inadequação dos valores constitucionais em jogo, a competência transfere-se para o juiz[94].

Portanto, passa a ser penhorável o salário do devedor até 50% do montante líquido mensal que receber.

Antes de terminar os comentários dessa orientação, há de se questionar ainda a impenhorabilidade das sobras salariais aplicadas em fundo de investimentos ou poupança, como preconizado pelo C. TST.

Entendemos que a impenhorabilidade do salário utiliza-se de critério mensal, não atingindo as sobras salariais. Se o executado poupou determinada quantia ou se sobrou do mês anterior é porque não necessita para sua sobrevivência, tornando-se penhorável.

> Se assim não fosse, tudo o que estivesse depositado em uma conta-corrente de uma pessoa física apenas assalariada jamais poderia ser penhora, mesmo que de grande monta, correspondente ao acúmulo dos rendimentos auferidos ao longo dos anos[95].

É interessante notar que o Superior Tribunal de Justiça que lida, em regra, com créditos que **não** são alimentares, já decidiu pela penhorabilidade das sobras, como se verifica pela ementa abaixo:

> PROCESSO CIVIL – MANDADO DE SEGURANÇA – CABIMENTO – ATO JUDICIAL – EXECUÇÃO – PENHORA – CONTA-CORRENTE – VENCIMENTOS – CARÁTER ALIMENTAR – PERDA – (...) Em princípio é inadmissível a penhora de valores depositados em conta-corrente destinada ao recebimento de salário ou aposentadoria por parte do devedor. Entretanto, tendo o valor entrado na esfera de disponibilidade do recorrente sem que tenha sido consumido integralmente para o suprimento de necessidades básicas, vindo a compor uma reserva de capital, a verba perde seu caráter alimentar, tornando-se penhorável. Recurso ordinário em mandado de segurança a que se nega provimento. [96]

Não se pode deixar de analisar ainda o inciso X do art. 833 do NCPC, que tornou impenhorável "até o limite de 40 (quarenta) salários-mínimos, a quantia depositada em caderneta de poupança".

---

94. SARMENTO, Daniel. *Direitos Fundamentais e relações privadas*. 2. ed. Rio de Janeiro: Editora Lumen Juris, 2006. p. 261.
95. DIDIER Jr., Fredie. et al. *Curso de direito processo civil: Execução*. 2. ed. Bahia: JusPODIVM, 2010. v. 5, p. 558.
96. STJ – RMS 25.397 – DF. 3ª T. Relª Nancy Andrighi. DJe 3.11.2008.

Como já defendíamos[97] na época do art. 649, X, do CPC/73 que tinha a mesma redação, tal dispositivo não se adapta aos princípios do processo do trabalho, que prezam pela efetividade da prestação jurisdicional, bem como pela própria proteção dos créditos do trabalhador que tem natureza alimentar[98].

O legislador acompanhando esse entendimento passou a descrever, expressamente, que tal dispositivo não será aplicável para as prestações alimentares, **independentemente de sua origem** (NCPC, art. 833, § 2º), de modo que fica indene de dúvidas a sua não aplicação ao processo do trabalho, salvo quando se tratar de execuções previdenciárias ou fiscais.

Portanto, observa-se que, na linha do que já defendíamos[99], o NCPC alterou a *ratio decidendi* (fundamentos determinantes) da presente orientação jurisprudencial ao expressar que a impenhorabilidade do salário (art. 833, IV) e a impenhorabilidade da quantia depositada em caderneta de poupança até o limite de 40 salários mínimos (art. 833, X) **não são** aplicadas nas hipóteses de penhora para o pagamento de prestação alimentícia, **independentemente de sua origem**. Ademais, o NCPC limitou de forma objetiva a impenhorabilidade ao afastar a garantia às verbas superiores a cinquenta salários mínimos mensais, independentemente do crédito exequendo.

Dessa forma, acreditamos que a presente orientação jurisprudencial deverá ser cancelada, devendo o TST aplicar o disposto no art. 833, §2º do NCPC e permitir a penhora dos vencimentos, salários e afins e da quantia depositada em caderneta de poupança, nas situações nas quais as verbas decorrentes das sentenças trabalhistas também possuam caráter alimentar, nos termos do art. 100, §1º da CF/88, limitando-se a penhora a 50% do montante líquido mensal recebido pelo executado.

---

97. MIESSA, Élisson; CORREIA, Henrique. *Súmulas e orientações jurisprudenciais do TST comentadas e organizadas por assunto*. 5. ed. Salvador: JusPODIVM, 2015. p. 1256-1259.
98. Nesse sentido: SCHIAVI, Mauro. *Execução no processo do trabalho*. São Paulo: LTr, 2008. p. 188. Em sentido contrário, não admitindo a penhora, TST-RO-179-34.2012.5.20.0000, SBDI-II, rel. Min. Delaíde Miranda Arantes, 24.2.2015 (Informativo execução nº 11)
99. MIESSA, Élisson; CORREIA, Henrique. *Súmulas e orientações jurisprudenciais do TST comentadas e organizadas por assunto*. 5. ed. Salvador: JusPODIVM, 2015. p. 1259.

5.2. Depositário

5.2.1. Depositário infiel. Penhora sobre coisa futura e incerta (OJ nº 143 da SDI-II do TST)

> **Orientação Jurisprudencial nº 143 da SDI – II do TST.** "Habeas corpus". Penhora sobre coisa futura e incerta. Prisão. Depositário infiel
>
> Não se caracteriza a condição de depositário infiel quando a penhora recair sobre coisa futura e incerta, circunstância que, por si só, inviabiliza a materialização do depósito no momento da constituição do paciente em depositário, autorizando-se a concessão de "habeas corpus" diante da prisão ou ameaça de prisão que sofra.

A sentença condenatória cria um título executivo judicial. Tratando-se de condenação de obrigação de pagar, a fase executiva se inicia pelo pagamento espontâneo (art. 523 do NCPC). Não havendo pagamento, o Estado-juiz, em decorrência de seu poder de império, introduz-se no patrimônio do devedor, vinculando determinados bens com a finalidade de satisfazer o crédito do exequente. Essa vinculação se dá por meio da penhora, entendida como o "ato de apreensão e depósito de bens para empregá-los, diretamente ou indiretamente, na satisfação do crédito executado"[100].

Percebe-se por esse conceito que o depósito dos bens é elemento constitutivo essencial ao ato executivo, de modo que a penhora só se tornará efetiva com a apreensão e o depósito dos bens (NCPC, art. 839). Isso ocorre porque a penhora busca subtrair o bem corpóreo da posse do executado, entregando-o a um depositário.

O depósito, no entanto, "pressupõe que a coisa exista materialmente, possa ser apreendida e entregue ao depositário".[101]

Nesse contexto, não se exige o depósito quando se tratar de penhora de renda de faturamento da empresa (OJ nº 93 da SDI – II do TST), uma vez que na hipótese há penhora de bem futuro e incerto, ou seja, não se sabe qual o montante a ser faturado pela empresa. Nesse caso, a penhora produzirá seus efeitos pela simples apreensão simbólica do bem.[102] Isso quer dizer que o depositário

---

100. DIDIER Jr., Fredie. et al. *Curso de direito processo civil: Execução*. 2. ed. Bahia: JusPODIVM, 2010. v. 5, p. 533.
101. BEBBER, Júlio César. *Mandado de segurança: habeas corpus, habeas data na justiça do trabalho*. 2. ed. São Paulo: LTr, 2008, p. 164.
102. BEBBER, Júlio César. *Mandado de segurança: habeas corpus, habeas data na justiça do trabalho*. 2. ed. São Paulo: LTr, 2008, p. 164.

de renda de faturamento da empresa não poderá ser considerado depositário infiel, não se submetendo à prisão estabelecida no art. 5º, LXVII, da CF/88.

Com efeito, havendo prisão do aludido depositário, o C. TST admitia a concessão de *habeas corpus*, que é o remédio constitucional cabível "sempre que alguém sofrer ou se achar ameaçado de sofrer violência ou coação em sua liberdade de locomoção, por ilegalidade ou abuso de poder" (CF/88, art. 5º, LXVIII).

No entanto, a presente orientação jurisprudencial deverá ser cancelada, porque contraria o entendimento adotado pelo STF na Súmula vinculante nº 25, o qual foi contemplado pelo Novo CPC. Ademais, conforme já defendíamos antes do NCPC[103], a orientação perdeu sua utilidade prática, especialmente sobre o cabimento do *habeas corpus* na Justiça do Trabalho. Explicamos o porquê dessa afirmação.

A Emenda Constitucional nº 45/04 alterou o art. 114 da CF/88, passando a integrar na competência da Justiça Laboral o julgamento dos *habeas corpus* quando o ato questionado envolver matéria sujeita à sua jurisdição (inciso IV).

Considerando que o Supremo Tribunal Federal, no julgamento da ADI-MC nº 3684/DF, afastou a competência penal dessa Justiça Especializada, o julgamento do *habeas corpus*, nessa seara, ficou quase restrito à figura do depositário infiel[104], como declinado no art. 5º, LXVII, da CF/88.

Ocorre, no entanto, que o STF, ao analisar o art. 7º do Pacto San José da Costa Rica e o art. 11 do Pacto Internacional dos Direitos Civis e Políticos, os quais restringem a prisão civil àqueles que não pagarem pensão alimentícia, entendeu que os tratados e as convenções internacionais de direitos humanos ratificados antes da EC nº 45/04 e não submetidos às diretrizes do § 3º do art. 5º da CF/88 têm *status* **supralegal**[105].

Isso significa que tais tratados e convenções internacionais no critério hierárquico ficam abaixo da Constituição, mas acima da legislação ordinária. Diante disso, eles provocam, na visão do STF, um efeito paralisante para as normas infraconstitucionais que regulamentam a figura do depositário infiel, ou seja, impedem que a norma infraconstitucional crie regra contrária ao estabelecido nos pactos.

---

103. MIESSA, Élisson; CORREIA, Henrique. *Súmulas e orientações jurisprudenciais do TST comentadas e organizadas por assunto*. 5. ed. Salvador: JusPODIVM, 2015, p. 1263.
104. Entendendo que o *habeas corpus* ficou restrito ao depositário infiel, BEBBER, Júlio César. *Mandado de segurança: habeas corpus, habeas data na justiça do trabalho*. 2. ed. São Paulo: LTr, 2008, p. 162.
105. STF – RE 466.343-1/SP. Rel. Min. Cezar Peluso. DJ 3.12.2008.

Assim, por força da supralegalidade do Pacto San José da Costa Rica e do Pacto Internacional dos Direitos Civis e Políticos, tornou-se inaplicável a legislação infraconstitucional sobre a prisão civil do depositário infiel. Noutras palavras, tais pactos não incidiram diretamente na Constituição Federal, permanecendo em vigor o art. 5º, LXVII, mas paralisaram os efeitos das normas infraconstitucionais que o regulamentam.

A conclusão a que se chega é pela impossibilidade de prisão civil, exceto no caso de inadimplemento voluntário e inescusável de obrigação alimentícia.

Desse modo, o E. STF expediu a **Súmula vinculante nº 25**, a qual vaticina:

> É ilícita a prisão civil de depositário infiel, qualquer que seja a modalidade do depósito.

O art. 161, parágrafo único, do NCPC adota o entendimento constante na referida súmula vinculante, nada versando sobre a possibilidade de prisão civil do depositário infiel. Com efeito, declinou referido dispositivo que "o depositário infiel responde civilmente pelos prejuízos causados, sem prejuízo de sua responsabilidade penal e da imposição de sanção por ato atentatório à dignidade da justiça".

Portanto, o NCPC não reproduz a redação do art. 666, §3º e 904, parágrafo único, do CPC/73 que determinavam a prisão do depositário infiel[106].

Do exposto, acreditamos que a presente orientação jurisprudencial deve ser cancelada, uma vez que a prisão do depositário infiel não é admissível no direito brasileiro, conforme disposições da súmula vinculante nº 25 do Supremo Tribunal Federal. Ademais, o NCPC, ao excluir as disposições referentes à prisão do depositário infiel, reforça a exclusão dessa espécie de prisão civil do nosso ordenamento jurídico.

6. EMBARGOS DE TERCEIRO. COMPETÊNCIA NA EXECUÇÃO POR CARTA PRECATÓRIA (SÚMULA Nº 419 DO TST)

> **Súmula nº 419 do TST.** Competência. Execução por carta. Embargos de terceiro. Juízo deprecante
>
> Na execução por carta precatória, os embargos de terceiro serão oferecidos no juízo deprecante ou no juízo deprecado, mas a competência para julgá-los é do juízo deprecante, salvo se versarem, unicamente, sobre vícios ou irregularidades da penhora, avaliação ou alienação dos bens, praticados pelo juízo deprecado, em que a competência será deste último.

---

106. MEDINA, José Miguel Garcia. *Novo Código de Processo Civil Comentado: com remissões e notas comparativas ao CPC/1973*. São Paulo: Editora Revista dos Tribunais, 2015, p. 274.

O processo do trabalho não estabelece os embargos de terceiro, razão pela qual se aplica subsidiariamente a legislação processual civil (CLT, art. 769 c/c art. 889).

Nesse contexto, dispõe o art. 674 do NCPC que "quem, não sendo parte no processo, sofrer constrição ou ameaça de constrição sobre bens que possua ou sobre os quais tenha direito incompatível com o ato constritivo, poderá requerer seu desfazimento ou sua inibição por meio de embargos de terceiro".

Trata-se, pois, de ação autônoma de conhecimento, incidente na fase de conhecimento ou na fase de execução, destinada a eliminar ou evitar a constrição de bens de terceiros que não participa do processo ou não responde patrimonialmente pela dívida.

Como se trata de ação acessória, ela é distribuída por dependência, sendo julgada pelo juiz que ordenou a apreensão. Essa regra já vinha descrita no art. 1.049 do CPC/73 e, agora, vem reproduzida no art. 676, *caput*, do NCPC.

No entanto, pode ocorrer de os bens apreendidos não se localizarem no local do juiz que determina a constrição. Nesse caso, surgiu divergência na doutrina e na jurisprudência acerca de qual o juízo competente para a interposição e o julgamento dos embargos de terceiros. Noutras palavras, na hipótese de expedição de carta precatória para a apreensão de bens, em qual juízo o terceiro deverá interpor os embargos: no juízo deprecante ou no juízo deprecado, e qual o juízo competente para julgá-los?

No que tange aos embargos à execução, o Superior Tribunal de Justiça buscou pacificar a divergência por meio da Súmula nº 46[107], o que foi adotado pelo legislador, na época do CPC/73, ao estabelecer no art. 747 o que segue:

> Art. 747. Na execução por carta, os embargos serão oferecidos no juízo deprecante ou no juízo deprecado, mas a competência para julgá-los é do juízo deprecante, salvo se versarem unicamente vícios ou defeitos da penhora, avaliação ou alienação dos bens.

O Novo CPC manteve a mesma sistemática, como se observa pelo art. 914, § 2º, *in verbis*:

> Art. 914. § 2º Na execução por carta, os embargos serão oferecidos no juízo deprecante ou no juízo deprecado, mas a competência para julgá-los é do juízo deprecante, salvo se versarem unicamente sobre vícios ou defeitos da penhora, da avaliação ou da alienação dos bens efetuadas no juízo deprecado.

---

107. No mesmo sentido, a Súmula nº 32 do TRF.

Percebe-se que a norma diferenciou o juízo em que os embargos são oferecidos daquele que irá julgá-los. Assim, quanto à interposição, eles podem ser interpostos tanto no juízo deprecante, como no juízo deprecado. Já para o julgamento, a regra é do juízo deprecante, sendo competente o juízo deprecado somente quando o vício ou defeito levantado versar sobre a penhora, avaliação ou alienação dos bens, ou seja, sobre vícios atinentes aos atos praticados no juízo deprecado.

Conquanto o art. 747 do CPC/73 fosse direcionado aos embargos à execução, o C. TST adotou a mesma ideologia para os embargos de terceiro, como se verifica pelo teor da súmula em comentário.

Todavia, com a vigência do NCPC, a *ratio decidendi* (fundamento determinante) da presente súmula foi frontalmente atingida devendo, por isso, ser cancelada.

É que o art. 676, parágrafo único, do Novo CPC, ao disciplinar os embargos de terceiro, passa a declinar expressamente que "nos casos de ato de constrição realizado por carta, os embargos serão oferecidos no juízo deprecado, salvo se indicado pelo juízo deprecante o bem constrito ou se já devolvida a carta".

Definiu-se, portanto, que a regra é a interposição e o julgamento dos embargos de terceiro no juízo deprecado, admitindo a competência do juízo deprecante em apenas duas hipóteses: 1) se foi ele quem indicou o bem constrito; ou 2) quando a carta precatória já tiver sido devolvida.

A finalidade da norma é definir a competência pelo juízo responsável pela individualização do bem objeto da constrição.

Desse modo, se o juízo deprecante determina, ainda que por carta precatória, a penhora de determinado bem, os embargos de terceiro devem ser interpostos e julgados no juízo deprecante. Agora, se o juízo deprecante determina a penhora de tantos bens quantos necessários para garantir a execução, ficando a cargo do juízo deprecado a individualização, este será competente para o recebimento e julgamento dos embargos de terceiro.

Essa regra será diferente em uma hipótese: quando a individualização tenha sido feita pelo juízo deprecado, mas a carta já estiver sido devolvida ao juízo deprecante, vez que nesse caso será competente o juízo deprecante. "A razão de ser dessa exceção é óbvia: com a devolução da carta precatória, o juízo deprecado encerrou sua atuação naquele processo em que foi prolatada a decisão de constrição judicial indevida. Não terá, pois, condições de desfazer o ato de constrição, acaso os embargos de terceiro sejam julgados procedentes"[108].

---

108. ROCHA, Thais Guimarães Braga da. Procedimentos especiais: embargos de terceiro. In: Primeiras lições sobre o novo direito processual civil brasileiro (de acordo com o Novo Código de Processo Civil, Lei 13.105, de 16 de março de 2015). Coord. Humberto Theodoro

Assim, tendo os embargos de terceiro regra própria no Novo CPC, não há que se aplicar o art. 914, § 2º, do NCPC que versa sobre a competência dos embargos à execução[109], impondo assim o cancelamento da presente súmula.

Por fim, cumpre destacar que a competência ora tratada é de natureza funcional e, portanto, de natureza absoluta, podendo ser levantada a qualquer tempo e reconhecida *ex officio*.

7. AÇÃO CAUTELAR

7.1. Reintegração em Ação Cautelar (OJ nº 63 da SDI-II do TST)

> **Orientação Jurisprudencial nº 63 da SDI – II do TST.** Mandado de segurança. Reintegração. Ação cautelar
> Comporta a impetração de mandado de segurança o deferimento de reintegração no emprego em ação cautelar.

Iniciamos os comentários dessa orientação citando um de seus precedentes:

> REINTEGRAÇÃO PROVISÓRIA NO EMPREGO. PROCESSO CAUTELAR. A finalidade instrumental, subsidiária, efêmera e, pois, precária da tutela cautelar não se compadece com o acolhimento de provimento jurisdicional de cunho satisfativo, consistente em reintegração provisória no emprego. O manejo impróprio e abusivo do processo cautelar tanto mais se evidencia quando se tem presente a viabilidade de outorga de tutela antecipatória de mérito no processo trabalhista, inclusive no tocante às obrigações de fazer e não fazer, através de liminar em processo de conhecimento (CLT, art. 659, IX e X), máxime após o advento da Lei 8.952, de 13.12.94, que imprimiu nova redação aos arts. 273 e 461, do CPC. Assim, vulnera direito subjetivo do empregador a reintegração provisória ordenada em sentença de processo cautelar, importando inobservância do devido processo legal. Recurso conhecido e provido.[110]

Pela análise do precedente indicado anteriormente, é possível extrair que o C. TST admite a impetração de mandado de segurança na hipótese de

---

Júnior, Fernanda Alvim Ribeiro de Oliveira, Ester Camila Gomes Norato Rezende. Rio de Janeiro: Forense, 2015. p. 497.
109. Tese já defendida pela doutrina majoritária no processo civil na época do CPC de 1973. Por todos, CÂMARA, Alexandre Freitas. *Lições de direito processual civil*. 20. ed. São Paulo: Atlas. 2013. vol. 3. p. 506.
110. TST – ROMS 298642/1996. Rel. Min. João Oreste Dalazen. DJ 15.5.1998.

reintegração concedida em processo cautelar. O posicionamento do Tribunal Superior do Trabalho tem como fundamento a diferença entre a tutela cautelar e a tutela antecipada.

A tutela cautelar é tutela instrumental que visa a garantir o resultado útil do processo. Seu objetivo é garantir para, no futuro, poder satisfazer. Não possui, portanto, um fim em si mesmo.

Considerando, entretanto, que, antes de 1994, o ordenamento previa em poucos casos a concessão de tutela de urgência satisfativa, a praxe forense começou a se valer das "cautelares satisfativas", com o nítido objetivo de obter uma satisfação fática e não meramente uma garantia (instrumental). Utilizava-se, assim, a tutela cautelar com objetivos distintos da sua finalidade, o que era admitido pelo Judiciário em determinados casos, como forma de preservar o direito material.

O legislador, em 1994, com o intuito de distribuir o ônus do tempo do processo[111] – que antes era arcado somente pelo autor – e afastar o dano marginal[112], criou a tutela antecipada, permitindo a concessão dos efeitos fáticos pretendidos na sentença, no bojo da fase de conhecimento com base em um juízo de verossimilhança (cognição sumária). Admitiu-se, pois, a entrega do bem da vida pretendido antes da existência do título executivo judicial. Permitiu-se, assim, a concessão de uma tutela eminentemente satisfativa, o que a diferenciou da tutela cautelar.

Diante dessa inovação legislativa, a Corte Trabalhista passou a entender que não se justificaria, após o advento da tutela antecipada, a concessão de tutela satisfativa dentro de um processo cautelar. No caso, a parte deveria interpor ação de conhecimento requerendo a reintegração por meio de tutela antecipada, sob pena de violar direito líquido e certo do empregador, a ser preservado pelo mandado de segurança.

Ocorre, no entanto, que desde a Lei nº 10.444/2002, o legislador, reconhecendo a diferença entre a tutela antecipada e a tutela cautelar, mas admitindo que ambas são tutelas de urgência, introduziu no § 7º do art. 273 do CPC/73[113] a denominada fungibilidade entre tais tutelas. Embora o dispositivo em apreço permitisse a concessão de cautelar quando postula tutela antecipada, era majoritariamente aceito o inverso, ou seja, a concessão de tutela antecipada quando requerida tutela cautelar. Trata-se da fungibilidade de mão dupla.

---

111. MARINONI, Luiz Guilherme; ARENHART, Sérgio Cruz. Curso de processo civil: processo de conhecimento. 6. ed. rev., atual. ampl. São Paulo: Editora Revista dos Tribunais, 2007. v. 2, p. 196.
112. Dano marginal é aquele causado ou agravado pela duração do processo. BEDAQUE, José Roberto dos Santos. Tutela cautelar e tutela antecipada: tutelas sumárias e de urgência. 5. ed. São Paulo: Editora Malheiros, 2009. p. 21.
113. § 7º Se o autor, a título de antecipação de tutela, requerer providência de natureza cautelar, poderá o juiz, quando presentes os respectivos pressupostos, deferir a medida cautelar em caráter incidental do processo ajuizado.

Do mesmo modo, o NCPC no art. 305, parágrafo único, ao versar sobre a tutela cautelar antecedente permitiu que, caso o juiz entenda que o pedido tenha natureza antecipada, possa conhecê-lo como tal, contemplando expressamente a possibilidade de conceder a tutela antecipada quando postulada como tutela cautelar.

Ademais, o Novo CPC cria a tutela antecipada antecedente, o que significa que, postulado o pedido como cautelar antecedente, mas concedido como tutela antecipada antecedente, será conferido ao autor prazo para aditar a petição inicial, seguindo os termos do art. 303 do NCPC.

Por fim, o **novel código exclui o processo cautelar autônomo**, tratando a tutela antecipada e a tutela cautelar como tutelas provisória de urgência, as quais podem ser concedidas em caráter antecedente ou incidental (NCPC, art. 294). Não há, pois, uma ação cautelar autônoma como prevista na presente orientação.

Portanto, superada a *ratio decidendi* (fundamentos determinantes) dessa orientação, necessário seu cancelamento.

8. AÇÃO RESCISÓRIA

8.1. Competência

8.1.1. Competência para ajuizamento da ação rescisória e possibilidade jurídica do pedido (Súmula nº 192 do TST)

> **Súmula nº 192 do TST**. Ação rescisória. Competência e possibilidade jurídica do pedido
>
> (...)
>
> III – Em face do disposto no art. 512 do CPC[114], é juridicamente impossível o pedido explícito de desconstituição de sentença quando substituída por acórdão de Tribunal Regional ou superveniente sentença homologatória de acordo que puser fim ao litígio.
>
> IV – É manifesta a impossibilidade jurídica do pedido de rescisão de julgado proferido em agravo de instrumento que, limitando-se a aferir o eventual desacerto do juízo negativo de admissibilidade do recurso de revista, não substitui o acórdão regional, na forma do art. 512 do CPC[115].
>
> (...)

---

114. NCPC, art. 1.008.
115. NCPC, art. 1.008.

Considerando os objetivos desta obra, vamos limitar a analisar dos itens III e IV desta Súmula nesse momento, verificando o item I no capítulo das súmulas mantidas.

III – Em face do disposto no art. 512 do CPC, é juridicamente impossível o pedido explícito de desconstituição de sentença quando substituída por acórdão de Tribunal Regional ou superveniente sentença homologatória de acordo que puser fim ao litígio.

O art. 1.008 do NCPC, reproduzindo o mesmo entendimento do art. 512 do CPC/73[116], estabelece:

> Art. 1.008. O julgamento proferido pelo tribunal substituirá a decisão impugnada no que tiver sido objeto de recurso.

Trata-se do chamado efeito substitutivo do recurso, o qual ocorrerá quando o **recurso for conhecido** e, no mérito: a) não for provido; ou b) for provido para reformar a decisão. Na hipótese de provimento do recurso para anular a decisão impugnada (*error in procedendo*), há efeito rescindente e não efeito substitutivo[117].

O efeito substitutivo, portanto, pressupõe decisão meritória, ou seja, pronunciamento de mérito do recurso. Ocorrendo tal efeito, a última decisão substituirá a decisão originária. Assim, por exemplo, o acórdão regional substituirá a sentença quanto aos objetos impugnados no recurso.

Diante de tal substituição, a decisão a ser rescindível é a última decisão de mérito, no exemplo anterior, o acórdão regional.

O mesmo se diz quando há homologação posterior de acordo. Nessa hipótese, o acordo substitui a decisão judicial (seja sentença ou acórdão), de modo que, antes do NCPC, deveria ser ajuizada ação rescisória para atacar o acordo e não a decisão judicial[118].

É isso que disciplina o presente item da súmula em comentário, entendendo o C. TST que, existindo ação rescisória para impugnar decisão que já foi substituída, haverá impossibilidade jurídica do pedido, ensejando a extinção da ação rescisória sem resolução do mérito, por força do antigo art. 267, VI, do CPC/73.

O TST já vinha atenuando o rigor dessa súmula como forma de preservar o acesso à justiça, admitindo que em uma única ação rescisória contenha "mais

---

116. Art. 512. O julgamento proferido pelo tribunal substituirá a sentença ou a decisão recorrida no que tiver sido objeto de recurso.
117. DIDIER Jr., Fredie; CUNHA, Leonardo José Carneiro da. *Curso de direito processual civil: Meios de impugnação às decisões judiciais e processo nos tribunais*. 8. ed. Bahia: JusPODIVM, 2010. v. 3, p. 373.
118. Vide comentários da Súmula 259 do TST.

de um pedido, em ordem sucessiva, de rescisão da sentença e do acórdão" (OJ nº 78 da SDI – II do TST). O que fez o TST nessa orientação foi afastar a impossibilidade jurídica do pedido anunciada no item da súmula em comentário, permitindo o pedido subsidiário.

Contudo, acreditamos que o referido item sumular deverá ser cancelado, pois se encontra dissonante do ordenamento jurídico atual, em especial com a disciplina trazida pelo NCPC.

Isso porque o Novo Código de Processo Civil não contempla a possibilidade jurídica do pedido como condição da ação. Noutras palavras, o art. 485, VI, do NCPC não reproduz a impossibilidade jurídica do pedido como causa da extinção do processo sem resolução do mérito, apenas se referindo à legitimidade e ao interesse de agir.

Tal opção teve como objetivo disseminar intensa discussão doutrinária acerca da existência ou não dessa condição da ação. É que, mesmo Liebman, criador dessas três condições, a partir de 1970 deixou de incluir a possibilidade jurídica do pedido, deslocando o exemplo que incluía naquela categoria (divórcio) para o interesse de agir.

Portanto, com o advento do Novo CPC não há que se falar em impossibilidade jurídica do pedido.

Ademais, mesmo antes do NCPC, parcela da doutrina já criticava o entendimento do TST, declinando que o que haveria na hipótese seria a falta de interesse de agir, porque, efetivamente, não existe interesse em rescindir o que não está mais no mundo jurídico.[119]

Para parte da doutrina, porém, a questão não se resolvia simplesmente pela ausência de interesse de agir, como se depreende das lições de Cândido Rangel Dinamarco:

> Insisto ainda nessa distinção: a) se proponho perante o tribunal local uma ação rescisória tendo por objeto um acórdão do Supremo Tribunal Federal ou do Superior Tribunal de Justiça, a questão se resolve em termos puros de competência, porque um órgão judiciário não é competente para rescindir acórdão de outro (e muito menos de um Superior); b) mas quem pede ao tribunal do Estado a rescisão de acórdão dele próprio não incorre em incompetência, ainda que esse acórdão houver sido substituído por um do Supremo Tribunal Federal ou do Superior Tribunal de Justiça: o que falta

---

119. TEIXEIRA FILHO, Manoel Antônio. *Curso de direito processual do trabalho*. São Paulo: LTr, 2009. v. 3, p. 2791.

é a condição de ação definida como interesse de agir dada a inutilidade da pretendida decisão[120].

Em síntese, essa tese doutrinária pregava as seguintes conclusões: 1) rescisória no TRT pedindo a rescisão de decisão do TST era caso de incompetência, devendo o tribunal encaminhar os autos ao TST. O mesmo ocorre quando a rescisória for ajuizada no TST para rescindir acórdão do TRT, devendo os autos ser encaminhados ao TRT; 2) rescisória no TRT postulando rescisão de acórdão regional que foi substituído pelo acórdão do TST era caso de ausência de interesse de agir.

Existia ainda outro segmento doutrinário admitindo que o caso sempre se resolveria pela incompetência[121], exigindo o encaminhamento dos autos ao juízo competente, como forma de privilegiar o acesso à justiça, bem como os princípios da celeridade, instrumentalidade de forma e simplicidade. Interessante notar que o Supremo Tribunal Federal já havia adotou tal posicionamento, reconhecendo como excesso de formalismo a extinção do processo sem resolução do mérito quando a rescisória fosse direcionada à desconstituição da sentença que já havia sido substituída pelo acórdão, pois o Tribunal Regional é competente para rescindir tanto a sentença como seu próprio acórdão. Vejamos a ementa do acórdão da Suprema Corte:

> **EMENTA:** Recurso extraordinário. Agravo regimental. 2. Ação rescisória. Extinção do feito, sem julgamento do mérito, por impossibilidade jurídica do pedido. 3. Entendimento no sentido de que o autor pretendia rescindir a sentença, em vez de buscar a desconstituição do acórdão que a substituiu. 3. Formalismo excessivo que afeta a prestação jurisdicional efetiva. Erro no pedido que não gera nulidade, nem causa para o não provimento. 4. Força normativa da Constituição. Jurisprudência do STF quanto à matéria que constitui objeto da ação rescisória. 5. Recurso extraordinário provido. Remessa ao TRT da 4ª Região, a fim de que aprecie a ação rescisória, como entender de direito.[122]

O NCPC seguiu esse último entendimento ao estabelecer, em seu artigo 968, §5º, II, que:

---

120. DINAMARCO, Cândido Rangel apud DIDIER Jr., Fredie; CUNHA, Leonardo José Carneiro da. *Curso de direito processual civil: Meios de impugnação às decisões judiciais e processo nos tribunais.* 8. ed. Bahia: JusPODIVM, 2010. v. 3, p. 375.
121. Por todos, KLIPPEL, Rodrigo; BASTOS, Antonio Adonias. *Manual de processo civil.* Rio de Janeiro: Lumen Juris, 2011. p. 936.
122. STF – RE-Agr 395.662/RS. 2ª Turma. Rel. Min. Gilmar Mendes. DJ 23.4.2004.

§ 5º Reconhecida a incompetência do tribunal para julgar a ação rescisória, o autor será intimado para emendar a petição inicial, a fim de adequar o objeto da ação rescisória, quando a decisão apontada como rescindenda:

(...)

II – tiver sido substituída por decisão posterior.

Portanto, observa-se por tal dispositivo que se o autor da ação rescisória postular a rescisão de acórdão que já foi substituído será caso de incompetência, permitindo-se inclusive a emenda da petição inicial.

Desse modo, a *ratio decidendi* (fundamento determinante) do item III da súmula nº 192 do TST foi totalmente alterada pela sistemática do NCPC exigindo-se seu cancelamento, pois, a partir de agora, os autos deverão ser encaminhados ao juízo competente, não podendo ser extinto sem resolução do mérito como preconiza o E. TST.

IV – É manifesta a impossibilidade jurídica do pedido de rescisão de julgado proferido em agravo de instrumento que, limitando-se a aferir o eventual desacerto do juízo negativo de admissibilidade do recurso de revista, não substitui o acórdão regional, na forma do art. 512 do CPC[123].

Inicialmente, cumpre consignar que o NCPC extinguiu o duplo juízo de admissibilidade. Desse modo, na apelação, o juízo de admissibilidade é realizado apenas pelo tribunal competente e não mais pelo juízo de origem (*a quo*), conforme se observa do art. 1.010, §3º[124]. Assim, conforme estabelece o enunciado nº 99 do Fórum Permanente de Processualistas Civis, "o órgão *a quo* não fará juízo de admissibilidade da apelação". Nesse mesmo sentido, o art. 1.028, §3º do NCPC dispõe que o recurso ordinário é remetido ao STF ou STJ independentemente de juízo de admissibilidade.

No tocante aos recursos extraordinário e especial, o NCPC também é claro ao estabelecer que a remessa ao tribunal ocorre independentemente de juízo de admissibilidade, conforme se verifica no artigo 1.030, parágrafo único:

> Art. 1.030. Recebida a petição do recurso pela secretaria do tribunal, o recorrido será intimado para apresentar contrarrazões no prazo de 15 (quinze) dias, findo o qual os autos serão remetidos ao respectivo tribunal superior.

---

123. NCPC, art. 1.008.
124. Art. 1.010. A apelação, interposta por petição dirigida ao juízo de primeiro grau, conterá: (...) § 1º O apelado será intimado para apresentar contrarrazões no prazo de 15 (quinze) dias. § 2º Se o apelado interpuser apelação adesiva, o juiz intimará o apelante para apresentar contrarrazões. § 3º Após as formalidades previstas nos §§ 1º e 2º, os autos serão remetidos ao tribunal pelo juiz, independentemente de juízo de admissibilidade.

Parágrafo único. A remessa de que trata o caput dar-se-á independentemente de juízo de admissibilidade[125].

Contudo, no processo do trabalho, a nosso juízo, o novel código somente será aplicado ao recurso ordinário e ao agravo de petição, ante a ausência de norma na CLT e sua compatibilidade com o processo do trabalho[126], o que significa que nesses recursos não há falar em juízo de admissibilidade *a quo*.

Por outro lado, o Novo CPC não fulmina o juízo *a quo* de admissibilidade do recurso de revista, vez que a CLT tem regra própria no art. 896, §1º da CLT que contempla, expressamente, que o juízo de admissibilidade no recurso de revista será realizado, inicialmente, pelo Presidente do Tribunal Regional do Trabalho.

Desse modo, mantido o juízo *a quo* no recurso de revista, interposto o recurso do acórdão regional, é sabido que ele será submetido a dois juízos de admissibilidade: o juízo de admissibilidade *a quo* e o juízo de admissibilidade *ad quem*.

O juízo de admissibilidade *a quo* é realizado pelo juízo de origem, ou seja, aquele que teve sua decisão impugnada. Nesse primeiro momento, o magistrado, ao verificar a ausência dos pressupostos recursais, profere juízo de admissibilidade negativo, razão pela qual denega processamento ao recurso, trancando assim a via recursal. Nessa hipótese, admite-se o recurso de agravo de instrumento, que no processo do trabalho tem a finalidade específica de atacar a decisão do juízo *a quo* que denega seguimento ao recurso (CLT, art. 897, b).

Verifica-se que o agravo de instrumento busca impugnar a decisão do juízo de admissibilidade *a quo*, e não o próprio acórdão regional. Desse modo, por estar direcionado ao juízo de admissibilidade, evidentemente, não produzirá decisão de mérito, vez que nesse juízo apenas são analisados os pressupostos recursais. Tanto é assim que, sendo conhecido e provido o agravo de instrumento, ele somente terá o condão de dar seguimento ao recurso denegado.

Portanto, o que elucida a Corte Trabalhista nesta súmula é que, havendo agravo de instrumento para destrancar o recurso de revista, a decisão do agravo não substitui o acórdão regional proferido no recurso ordinário, mas a decisão de inadmissão do recurso, sendo incabível, assim, a ação rescisória. Exemplo:

> Acórdão do TRT mantém a condenação da empresa para reintegrar o empregado dirigente sindical. Interposto o recurso de revista, por violação ao

---

125. Esse dispositivo deverá ser revogado, como prevê o substitutivo ao projeto de Lei nº 2.384, de 2015, já aprovado na Câmara dos Deputados, mantendo-se o juízo de admissibilidade *a quo* pelo presidente ou vice-presidente do Tribunal, nas hipóteses de recursos especial e extraordinário, aproximando-se, novamente, do processo do trabalho.
126. No mesmo sentido, SCHIAVI, Mauro. *Manual de Direito Processual do Trabalho*. 9. ed. São Paulo: LTr, 2015. p. 903.

art. 543 da CLT, o presidente do TRT denega seguimento ao recurso, porque é intempestivo. A parte interpõe, dessa decisão, agravo de instrumento para discutir a intempestividade. O TST conhece e dá provimento ao agravo por entender que o recurso é tempestivo. No entanto, não conhece do recurso de revista, porque ausência de preparo. A decisão do TST, no agravo de instrumento, tem o condão de analisar apenas a tempestividade (pressuposto recursal), o que significa que não irá substituir o acórdão regional. Ela irá substituir apenas a decisão (ausente de mérito) do presidente do TRT que entendeu ser intempestivo o recurso. Na hipótese, a rescisória deverá atacar o acórdão regional, porque é a última decisão de mérito (reintegração), sendo competente o TRT.

Registra-se que o C. TST entende ser a hipótese em apreço impossibilidade jurídica do pedido.

Todavia, pensamos que o Novo CPC impõe o cancelamento deste item sumular.

Primeiro, porque, conforme já salientamos no item anterior, o NCPC excluiu a possibilidade jurídica do pedido da categoria das condições da ação, não podendo, pois, mencionar tal categoria.

Segundo, porque o art. 966, §2º, II do NCPC admite expressamente a ação rescisória contra decisão que impeça a admissibilidade do recurso correspondente, como se verifica *in verbis*:

> Art. 966, § 2º. Nas hipóteses previstas nos incisos do *caput*, será rescindível a decisão transitada em julgado que, embora não seja de mérito, impeça:
> (...)
> II – admissibilidade do recurso correspondente.

Pelo referido dispositivo, percebe-se que a decisão de inadmissibilidade do recurso passa a ser suscetível de ação rescisória. Nas palavras do doutrinador Marinoni esse dispositivo:

> Basicamente, serve para mostrar que determinadas decisões, posto que não enfrentem o mérito da causa, *impedem definitivamente* a discussão de determinada questão.[127]

Com efeito, a decisão de admissibilidade que, por exemplo, entende que o recurso é intempestivo é suscetível de corte rescisório, com base no Novo CPC.

---

127. MARINONI, Luiz Guilherme; ARENHART, Sérgio Cruz, MITIDIERO, Daniel. *Novo curso de processo civil: tutela dos direitos mediante procedimento comum*, volume II. São Paulo: Editora Revista dos Tribunais, 2015, p. 592.

Contudo, é importante observar duas hipóteses distintas que levam a procedimentos diferentes.

Primeira: se a ação rescisória busca atacar a decisão de admissibilidade porque o vício está nela contido, por exemplo, a decisão que declara a intempestividade viola norma jurídica, é possível a rescisão, com fundamento no art. 966, § 2º, II, do NCPC.

Segunda: se a ação rescisória pretende enfrentar o acórdão regional, mas, equivocadamente, indica a decisão de admissibilidade como rescindível, prevalece o entendimento que esta última decisão não substitui o acórdão regional. No entanto, também nesse caso, a rescisória não será extinta sem resolução de mérito. É que nessa hipótese incide o art. 968, §5º, I, do NCPC que estabelece:

> § 5º Reconhecida a incompetência do tribunal para julgar a ação rescisória, o autor será intimado para emendar a petição inicial, a fim de adequar o objeto da ação rescisória, quando a decisão apontada como rescindenda:
>
> I – não tiver apreciado o mérito e não se enquadrar na situação prevista no § 2º do art. 966; (...)

Noutras palavras, é necessária a abertura de prazo para que o autor da ação rescisória adeque o objeto da rescisória, direcionando-a ao acórdão regional. O que se procura, portanto, com o Novo CPC é exaltar a primazia da decisão de mérito na ação rescisória, estando em consonância com o art. 4º do NCPC.

8.1.2. Manifesto equívoco em ajuizar ação rescisória no TST para desconstituir julgado proferido pelo TRT ou vice-versa (OJ nº 70 da SDI-II do TST)

> **Orientação Jurisprudencial nº 70 da SDI – II do TST.** Ação rescisória. Manifesto e inescusável equívoco no direcionamento. Inépcia da inicial. Extinção do processo
>
> O manifesto equívoco da parte em ajuizar ação rescisória no TST para desconstituir julgado proferido pelo TRT, ou vice-versa, implica a extinção do processo sem julgamento do mérito por inépcia da inicial.

Conforme comentado na Súmula nº 192 do TST, a competência da ação rescisória é definida pela **decisão de mérito** que se busca desconstituir. Nesse contexto, o Tribunal Regional terá competência para rescindir: a) seus próprios julgados e b) as sentenças proferidas pela Vara do Trabalho. Por outro lado, o TST terá competência para rescindir seus próprios acórdãos. Ressalta-se que em todos os casos, o que se deve buscar para delimitar a competência da ação rescisória é a **decisão de mérito, pois é esta que está sujeita, em regra, à rescindibilidade**.

Assim, se a última decisão de mérito for proferida, por exemplo, pelo TST, no julgamento do recurso de revista, a ação rescisória destinada a desconstituí-la deverá ser ajuizada no TST. Do mesmo modo, na hipótese de a última decisão de mérito ser do Tribunal Regional, este terá competência para a ação rescisória.

Na orientação jurisprudencial em apreço, o C. TST analisa o equivocado ajuizamento da ação rescisória em tribunal diverso daquele que seria competente para julgá-la, ou seja, o autor, por exemplo, ajuíza a ação rescisória no TRT para desconstituir decisão do TST. Entende a Corte Trabalhista que no caso haverá inépcia da inicial, por impossibilidade jurídica do pedido, com fundamento no antigo art. 295, parágrafo único, inciso III, do CPC/73. Segue a mesma sistemática da Súmula nº 192 do TST, apenas indicando que, por ser manifesto o equívoco, o magistrado o verificará de plano e no início do processo, dando ensejo ao indeferimento da petição inicial.

Conforme já defendíamos[128], o caso não se resolve pela inépcia da inicial, por impossibilidade jurídica do pedido, vez que esta somente ocorrerá quando o que se postula é vedado por lei. Ademais, o NCPC, como já explicado na Súmula nº 192, extinguiu a possibilidade jurídica do pedido da categoria das condições da ação (art. 485, VI), apenas mencionando a legitimidade e o interesse processual.

Desse modo, acreditamos que a hipótese se soluciona pela incompetência. Cabe trazer, nesse momento, as lições do doutrinador Cândido Rangel Dinamarco:

> Insisto ainda nessa distinção: a) se proponho perante o tribunal local uma ação rescisória tendo por objeto um acórdão do Supremo Tribunal Federal ou do Superior Tribunal de Justiça, a questão se resolve em termos puros de competência, porque um órgão judiciário não é competente para rescindir acórdão de outro (e muito menos de um Superior); (...) [129].

A orientação em análise se amolda perfeitamente ao entendimento do doutrinador, ou seja, rescisória no TRT pedindo a rescisão de decisão do TST, ou vice-versa. Nesse caso o doutrinador expressamente declina que se trata de incompetência, devendo o Tribunal incompetente encaminhar os autos ao tribunal competente.

---

128. MIESSA, Élisson; CORREIA, Henrique. *Súmulas e orientações jurisprudenciais do TST comentadas e organizadas por assunto*. 5. ed. Salvador: JusPODIVM, 2015, p. 1313.
129. DINAMARCO, Cândido Rangel *apud* DIDIER Jr., Fredie; CUNHA, Leonardo José Carneiro da. *Curso de direito processual civil: Meios de impugnação às decisões judiciais e processo nos tribunais*. 8. ed. Bahia: JusPODIVM, 2010. v. 3, p. 375.

A propósito, a doutrina é uniforme no sentido de que a indicação incorreta do juízo competente não dá origem ao indeferimento da petição inicial, como se verifica pela manifestação do doutrinador Nelson Nery Jr.:

> A indicação incorreta do juízo não enseja o indeferimento da petição inicial. Tratando-se de incompetência absoluta (material ou funcional), o juízo destinatário deverá, *ex officio*, anular os atos decisórios e remeter os autos ao juízo competente (CPC 64 § 3º); (...)[130]

As supramencionadas lições doutrinárias foram contempladas na redação do Novo Código de Processo Civil, conforme se observa no artigo 968, §§5º e 6º:

> § 5º Reconhecida a incompetência do tribunal para julgar a ação rescisória, o autor será intimado para emendar a petição inicial, a fim de adequar o objeto da ação rescisória, quando a decisão apontada como rescindenda:
>
> I – não tiver apreciado o mérito e não se enquadrar na situação prevista no § 2º do art. 966;
>
> II – tiver sido substituída por decisão posterior.
>
> § 6º Na hipótese do § 5º, após a emenda da petição inicial, será permitido ao réu complementar os fundamentos de defesa, e, em seguida, os autos serão remetidos ao tribunal competente.

Assim, reconhecida a incompetência do tribunal para o julgamento da ação rescisória, o autor deverá ser intimado para emendar a petição inicial, adequando inclusive o objeto da ação rescisória.

Após a emenda da petição inicial, é garantido o contraditório do réu, sendo permitido que este complemente sua defesa devendo, em seguida, ser realizado o encaminhamento dos autos ao tribunal competente.

Cabe destacar que o NCPC possibilita a emenda da petição inicial à parte antes da remessa ao tribunal competente para o julgamento, em razão de o erro poder não estar relacionado apenas ao foro, mas também ao pedido, uma vez que há possibilidade de alteração do próprio objeto da ação rescisória (rescisão de julgado proferido por outro tribunal)[131].

Portanto, o NCPC atinge frontalmente a *ratio decidendi* (fundamento determinante) desta orientação, de modo que acreditamos deverá ser cancelada.

---

130. NERY Jr., Nelson; NERY, Rosa Maria de Andrade. *Comentários ao Código de processo civil.* São Paulo: RT, 2015. p. 885.
131. MEDINA, José Miguel Garcia. *Novo Código de Processo Civil Comentado: com remissões e notas comparativas ao CPC/1973.* São Paulo: Editora Revista dos Tribunais, 2015, p. 1314.

8.2. Pressupostos da ação rescisória

8.2.1. Trânsito em julgado

8.2.1.1. Comprovação (Súmula nº 299 do TST)

> **Súmula nº 299 do TST.** Ação rescisória. Decisão rescindenda. Trânsito em julgado. Comprovação. Efeitos
>
> (...)
>
> III – A comprovação do trânsito em julgado da decisão rescindenda é pressuposto processual indispensável ao tempo do ajuizamento da ação rescisória. Eventual trânsito em julgado posterior ao ajuizamento da ação rescisória não reabilita a ação proposta, na medida em que o ordenamento jurídico não contempla a ação rescisória preventiva.
>
> (...)

Considerando os objetivos desta obra, vamos nos limitar a analisar o item III desta súmula nesse capítulo, tratando dos demais itens no capítulo das súmulas mantidas.

O presente item contempla a hipótese em que o trânsito em julgado ocorre depois do ajuizamento da ação rescisória, ou seja, no momento do ajuizamento da ação não havia coisa julgada material.

É sabido que, com trânsito em julgado da decisão, nasce o interesse processual para a parte ajuizar a ação rescisória. Em decorrência disso, o trânsito em julgado é documento indispensável para o ajuizamento de tal ação, sendo considerado como um pressuposto processual da ação rescisória.

Nesse contexto, o C. TST entendeu que a ação rescisória somente pode ser ajuizada depois do trânsito em julgado, não sendo admitida a figura da **ação rescisória preventiva**. Noutras palavras, mesmo que o trânsito em julgado tenha ocorrido depois do ajuizamento da ação rescisória, a **Corte Trabalhista entende que o vício não é suprimido, dando ensejo à extinção do processo sem resolução do mérito, seja liminarmente ou após a instrução do feito**. Exemplo:

> Sentença judicial proferida no dia 20 de março julga improcede os pedidos do autor. Em 28 de março, dentro do prazo para interposição do recurso ordinário, ou seja, antes do trânsito em julgado, o autor interpõe ação rescisória alegando que o juiz prolator da decisão era impedido (NCPC, art. 966, II). Nessa hipótese, como o início do prazo decadencial para a ação rescisória somente ocorreu no dia 29 de março, o C. TST entende que a ação rescisória deve ser extinta sem resolução do mérito.

De fato, o trânsito em julgado deve ser consumado, como regra, antes do ajuizamento da ação rescisória. Contudo, se a petição inicial não for indeferida liminarmente, por ausência de interesse de agir, nada impede que o interesse surja no transcorrer do processo[132], devendo o tribunal aproveitar os atos já praticados em homenagem aos princípios da celeridade, efetividade processual e primazia da decisão de mérito.

Aliás, desde Liebman a posição adotada é no sentido de que as condições da ação podem surgir no curso do processo, como se verifica de suas lições:

> A falta, mesmo que só de uma das condições, induz a *carência de ação*, e pode ser declarada, até mesmo de ofício, em qualquer grau de jurisdição. De outro lado, é suficiente que as condições da ação eventualmente inexistentes no momento da propositura da demanda, sobrevenham no curso do processo e subsistam no momento em que a causa for decidida[133].

E isso ocorre porque sobrevindo o interesse de agir está presente a utilidade e necessidade do provimento jurisdicional, não se podendo extingui-lo sem resolução do mérito.

O Novo CPC reforça essa sistemática ao consagrar, no art. 4º, o princípio da primazia da decisão de mérito dispondo que "as partes têm o direito de obter em prazo razoável a **solução integral do mérito**, incluída a atividade satisfativa" (grifo nosso). Desse modo, o juízo deve sempre ter como objetivo a decisão de mérito, estimulando que ela ocorra[134].

Além disso, a ocorrência do trânsito em julgado no curso do processo é um fato superveniente, que deve ser observado pelo tribunal, por força do art. 493 do NCPC. Nesse sentido, Fredie Didier Jr, Rafael Alexandria de Oliveira e Paula Sarno Braga:

> Ele autoriza que se dê relevância a qualquer fato superveniente que possa interferir no julgamento da causa, notadamente para impedir o juízo de inadmissibilidade do processo, que deve ser evitado, como se evitam as nulidades processuais. Assim, por exemplo: (*i*) ajuizada ação rescisória antes do trânsito em julgado da decisão rescindenda, a superveniência deste impede o juízo de inadmissibilidade da demanda (...)[135].

---

132. YARSHELL, Flávio Luiz. *Ação rescisória: juízos rescindente e rescisório*. São Paulo: Malheiros Editores Ltda., 2005. p. 133.
133. In: KLIPPEL, Rodrigo; BASTOS, Antonio Adonias. *Manual de processo civil*. Rio de Janeiro: Lumen Juris, 2011. p. 969.
134. DIDIER JR. Fredie. *Curso de Direito Processual Civil: Introdução ao Direito Processual Civil, Parte Geral e Processo de Conhecimento*, vol. 1. 17. ed. Salvador: Editora JusPODIVM, 2015. p. 136.
135. DIDIER JR., Fredie; BRAGA, Paula Sarno; OLIVEIRA, Rafael Alexandria de. *Curso de Direito Processual Civil: teoria da prova, direito probatório, decisão, precedente, coisa julgada e tutela provisória*, vol. 2. 10. ed. Salvador: Editora JusPODIVM, 2015. p. 401.

Cabe destacar que o NCPC, no art. 493, parágrafo único[136], faz a ressalva de que, caso o fato novo seja constatado de ofício, o juiz deverá ouvir as partes sobre ele antes de decidir, garantindo a ampla defesa e o contraditório.

Assim, pensamos que esse item sumular deve ser cancelado, de modo que, surgido o interesse de agir com o trânsito em julgado posterior da decisão, o tribunal deverá julgar o mérito da ação rescisória, afastando a ausência dessa condição da ação, seja porque já existente, seja para preservar os princípios da celeridade, efetividade processual e primazia da decisão de mérito.

8.2.2. Decisão de mérito

8.2.2.1. Decisão que acolhe arguição de coisa julgada (OJ n° 150 da SDI-II do TST)

> **Orientação Jurisprudencial n° 150 da SDI – II do TST.** Ação rescisória. Decisão rescindenda que extingue o processo sem resolução de mérito por acolhimento da exceção de coisa julgada. Conteúdo meramente processual. Impossibilidade jurídica do pedido
>
> Reputa-se juridicamente impossível o pedido de corte rescisório de decisão que, reconhecendo a configuração de coisa julgada, nos termos do art. 267, V, do CPC256, extingue o processo sem resolução de mérito, o que, ante o seu conteúdo meramente processual, a torna insuscetível de produzir a coisa julgada material.

O art. 485 do CPC/73 (art. 966 do NCPC) declinava que apenas a decisão de mérito estava suscetível de ação rescisória, ou seja, aquela que produzia coisa julgada material.

Noutras palavras, a decisão de mérito produz efeitos para fora do processo, de modo que, após o trânsito em julgado, não poderá ser alterada em outro processo, formando-se assim a denominada coisa julgada material.

Por outro lado, a sentença terminativa (sem resolução do mérito) produz, em regra, efeitos para dentro do processo. Assim, com o trânsito em julgado, a imutabilidade fica restrita àquela relação processual, podendo, no entanto,

---

136. Art. 493. Se, depois da propositura da ação, algum fato constitutivo, modificativo ou extintivo do direito influir no julgamento do mérito, caberá ao juiz tomá-lo em consideração, de ofício ou a requerimento da parte, no momento de proferir a decisão. Parágrafo único. Se constatar de ofício o fato novo, o juiz ouvirá as partes sobre ele antes de decidir.
137. NCPC, art. 485, V.

ser modificada com o ajuizamento de outra ação. Aqui, tem-se a coisa julgada meramente formal, a qual era incapaz de dar ensejo à ação rescisória.

A inadmissibilidade da ação rescisória, na hipótese de sentença terminativa, justifica-se, porque, podendo ser ajuizada outra ação, não tem a parte interesse processual para a ação rescisória. Seria o caso, por exemplo, de o processo ser extinto sem resolução do mérito em decorrência de homologação da desistência. Nada impede que, nessa hipótese, a parte ajuíze novamente outra ação, o que significa que não há utilidade (interesse) em ajuizar a ação rescisória (NCPC, art. 486).

Diante dessa sistemática, o C. TST entendeu que a decisão que acolhe a exceção de coisa julgada, por ser decisão meramente processual que extingue o processo sem resolução do mérito (art. 485, V, do NCPC), não se submete à ação rescisória, ante a impossibilidade jurídica do pedido. Exemplificamos:

> Paulo ajuíza reclamação trabalhista em face da empresa X postulando o pagamento de horas extras e adicional de insalubridade. Na audiência inaugural, as partes conciliam, dando o reclamante quitação geral ao objeto do contrato de trabalho. Em seguida, ajuíza nova reclamação requerendo indenização por danos morais praticados durante a relação de emprego. O juiz extingue essa nova ação sem resolução do mérito, com fundamento na coisa julgada, ante a quitação geral ocorrida no acordo judicial. Dessa última decisão, o TST não admite a ação rescisória, por ser decisão destituída de mérito (terminativa).

No entanto, ao tempo do CPC/73, a doutrina já criticava o entendimento adotado pela Corte Trabalhista.

Inicialmente, quanto à extinção da ação rescisória com fundamento na impossibilidade jurídica do pedido. Isso porque é sabido que a impossibilidade jurídica ocorria quando o que se postulava estava vedado por lei. Contudo, não havia nenhuma vedação no ordenamento acerca do ajuizamento da ação rescisória na situação em exame. O que poderia haver na hipótese seria falta de interesse de agir, porque não existia interesse em rescindir decisão ausente de coisa julgada material.

Além disso, a doutrina esclarecia que, embora a decisão que acolhia a coisa julgada fosse terminativa do feito, o art. 268 do CPC/73 impedia que o autor intentasse novamente a ação. Isso significava que a decisão produzia efeitos para fora do processo, atingindo inclusive o direito material, vez que a parte estava impedida de ajuizar nova demanda sobre o caso. Diante de tal peculiaridade lecionava a doutrina:

> Essa situação *sui generis* leva a uma aparente contradição: sendo proibida a alteração da sentença por decisão de outro processo, e prevendo o art. 485, *caput*, do CPC que a ação rescisória só é cabível contra sentença de mérito,

seria a sentença do art. 276 (sic)[138], V, do CPC a mais imutável de todo o sistema? É inviável dar tamanho grau de imutabilidade a uma sentença terminativa, quando até mesmo a sentença de mérito pode ser modificada, ainda que excepcionalmente, por meio da ação rescisória. Dessa forma, para resolver essa aparente incongruência, entende-se cabível a *ação rescisória* contra essa sentença terminativa.[139]

Desse modo, entender que tal decisão se tornava imutável, mesmo que apresentasse os vícios de rescindibilidade, seria "negar a garantia constitucional da inafastabilidade do controle jurisdicional, inscrita no art. 5º, XXXV, da Constituição da República"[140].

Com o advento do Novo CPC, os ensinamentos doutrinários foram absorvidos, razão pela qual acreditamos que a presente orientação jurisprudencial deverá ser cancelada.

Isso porque o Novo CPC retirou a possibilidade jurídica das condições da ação, como se observa no art. 485, VI. Assim, o que poderia haver, no máximo, seria falta de interesse de agir.

Além disso, o § 1º do art. 486 do CPC, vaticina que:

> Art. 486. O pronunciamento judicial que não resolve o mérito não obsta a que a parte proponha de novo a ação.
>
> § 1º No caso de extinção em razão de litispendência e nos casos dos incisos I, IV, VI e VII do art. 485, a propositura da nova ação depende da correção do vício que levou à sentença sem resolução do mérito.(...)

Vislumbra-se pelo aludido dispositivo que é possível o ajuizamento de nova demanda quando ocorre a extinção do processo sem resolução do mérito, **desde que a parte corrija o vício**, uma vez que, não havendo correção, ele será novamente extinto.

Contudo, em determinadas hipóteses, a parte pode entender que não há vício a ser corrigido, buscando impugnar diretamente a decisão que extinguiu o processo sem resolução do mérito, acreditando, por exemplo, que ela violou norma jurídica. Pode acontecer ainda de não ser possível a correção do vício, como ocorre com a coisa julgada.

Nesses casos, o art. 966, §2º, I, do NCPC, de forma expressa, admite que poderá ser rescindida a decisão que, **embora não seja de mérito**, impeça nova

---

138. O correto seria citar o art. 267, V, do CPC.
139. NEVES, Daniel Amorim Assumpção. *Manual de direito processual civil*. 2. ed. Rio de Janeiro: Forense; São Paulo: Método, 2010. p. 470.
140. YARSHELL, Flávio Luiz. *Ação rescisória: juízos rescindente e rescisório*. São Paulo: Malheiros Editores Ltda., 2005. p. 164.

propositura da demanda, desde que, evidentemente, presentes os vícios de rescindibilidade do art. 966 do NCPC.

Pelo referido dispositivo, percebe-se que a coisa julgada **formal** passa a ser suscetível de ação rescisória, desde que impeça a propositura da nova demanda. Nas palavras do doutrinador Marinoni esse dispositivo:

> Basicamente, serve para mostrar que determinadas decisões, posto que não enfrentem o mérito da causa, *impedem definitivamente* a discussão de determinada questão. Isso ocorre basicamente em relação às decisões sobre a legitimidade para a causa, sobre o interesse de agir, sobre a litispendência, sobre a coisa julgada e sobre a perempção. Pode ocorrer justamente de haver interesse em rescindir-se decisão terminativa que violou norma jurídica ao não reconhecer, por exemplo, a existência de interesse processual[141].

Assim, acreditamos que a presente orientação deverá ser cancelada, pois a decisão que reconhece a coisa julgada impede o ajuizamento de outra demanda, enquadrando-se, portanto, no art. 966, §2º, I do NCPC.

8.2.2.2. Questão processual (Súmula nº 412 do TST)

> **Súmula nº 412 do TST.** Ação rescisória. Sentença de mérito. Questão processual
>
> Pode uma questão processual ser objeto de rescisão desde que consista em pressuposto de validade de uma sentença de mérito.

A ação rescisória é uma ação especial destinada a atacar, como regra, a decisão judicial que tenha gerado coisa julgada material. É por isso que o art. 966, *caput*, do NCPC impõe que ela tenha como pressuposto a existência de uma decisão de mérito.

Conquanto a decisão de mérito seja aquela que resolva a lide sedimentando a relação jurídica material, isto é, aplicando o direito material, na época do CPC/73, entendia-se que era possível que certo equívoco processual na decisão transitada em julgado pudesse ensejar ação rescisória, desde que a sua correção importasse em invalidação da sentença de mérito (RSTJ 99/143; voto do Min. Cesar Rocha, p. 149)[142].

---

141. MARINONI, Luiz Guilherme; ARENHART, Sérgio Cruz, MITIDIERO, Daniel. *Novo curso de processo civil: tutela dos direitos mediante procedimento comum*, volume II. São Paulo: Editora Revista dos Tribunais, 2015, p. 592.
142. NEGRÃO, Theotonio. GOUVÊA, José Roberto F. *Código de processo civil e legislação processual em vigor*. 41. ed. São Paulo: Saraiva, 2009. p. 634.

Isso ocorria porque a **sentença de mérito** poderia (e pode) ser rescindida se possuir qualquer tipo de vício, seja material ou **processual**. Nesse sentido, leciona Carlos Henrique Bezerra Leite:

> A ação rescisória só pode voltar-se contra decisão de mérito, mas o defeito procedimental (*error in procedendo*), contido na sentença de mérito, também pode dar ensejo à rescisória[143].

Seria o caso, por exemplo, de a sentença de mérito decidir que a parte é legítima para determinada ação. Essa sentença, por ser uma decisão de mérito, poderá ser contrariada por meio de ação rescisória para questionar a ilegitimidade manifesta da parte, ou seja, poderá ser invocada uma questão processual que, uma vez acolhida, invalidará a sentença de mérito[144]. Outra hipótese é o caso de o Tribunal conhecer de recurso intempestivo e analisar o mérito da pretensão recursal. Caso acolhida, em rescisória, a alegação de ausência de tal pressuposto de admissibilidade, rescindir-se-á o aresto, para, em juízo rescisório, não se conhecer do recurso, ficando excluída do universo jurídico a parte do *decisum* que analisou a questão meritória.

Nesse contexto, o Supremo Tribunal Federal definiu que "pode uma questão processual ser objeto de rescisão, quando consista em pressuposto de validade da sentença de mérito"[145]. O mesmo caminho trilhou a Corte Trabalhista na presente súmula.

É importante ressaltar que, no entendimento da presente súmula, não basta simplesmente que se trate de uma questão processual para definir a possibilidade de rescisão ou não da decisão. Necessário que se trate de pressuposto de validade da sentença de mérito, ou seja, que a questão processual, caso acolhida, inviabilize o exame do mérito da causa. Nas brilhantes palavras do Ministro José Simpliciano Fontes Faria Fernandes:

> "(...) para perquirir-se a possibilidade de uma questão processual ser objeto de ação rescisória, seja ela qual for (litispendência, coisa julgada, peremção, nulidade por negativa de prestação jurisdicional, ilegitimidade de partes, julgamento extra petita, irregularidade de representação, deserção, intempestividade ou inadequação de recurso, etc.), há que se fazer uma análise inversa dos fatos que envolveram a demanda originária. É dizer: deve-se aferir, primeiramente, o desfecho jurídico ocorrido nela para, após, caso tenha havido decisão de mérito, examinar-se possível *error in judicando*

---

143. LEITE, Carlos Henrique Bezerra. *Curso de direito processual do trabalho*. 9. ed. São Paulo: LTr, 2011. p. 1255.
144. Nesse sentido: KLIPPEL, Bruno. *Direito sumular esquematizado – TST*. São Paulo: Saraiva, 2011. p. 553.
145. STF – A.R. nº 1.315-8 DF. Pleno. Rel. Min. Octávio Gallotti. D.J.U. 5.10.90.

quando da rejeição do obstáculo processual que eventualmente impedia o magistrado de adentrar-se na pretensão de direito material manifestada na petição inicial ou no recurso"[146].

Contudo, a nosso juízo, a *ratio decidendi* (fundamentos determinantes) da presente súmula foi atingida pelo Novo CPC, impondo seu cancelamento.

É que o art. 966, do NCPC, embora mantenha no *caput* a regra de que a ação rescisória deva enfrentar a decisão de mérito, em seu § 2º passa a permitir, expressamente, o ajuizamento de ação rescisória para atacar decisão **sem mérito**, ou seja, possibilita o enfrentamento da decisão que produz a coisa julgada formal, como se depreende pelo seu teor a seguir transcrito:

> Art. 966. § 2º Nas hipóteses previstas nos incisos do *caput*, será rescindível a decisão transitada em julgado que, embora não seja de mérito, impeça:
>
> I – nova propositura da demanda; ou
>
> II – admissibilidade do recurso correspondente.

Pelo aludido dispositivo, percebe-se que a questão processual, **ainda que não** consista em pressuposto de validade de uma decisão de mérito, será atacável pelo corte rescisório. Essa conclusão altera radicalmente o entendimento sumular. Exemplificamos para melhor compreensão.

> Suponhamos que determinado sindicato ajuíze ação civil coletiva para tutelar os interesses dos integrantes da categoria. Considerando o sindicato parte ilegítima, por entender o Tribunal que se tratava de interesses heterogêneos, após o trânsito em julgado, não era possível o ajuizamento de ação rescisória, com base no entendimento da presente súmula, vez que há apenas coisa julgada formal. Agora, se fosse reconhecida a legitimidade do sindicato e, julgado o mérito da demanda, era possível que a empresa pudesse ajuizar ação rescisória alegando a ilegitimidade do sindicato, por entender que houve violação à norma jurídica (CF/88, art. 8, III, c/c art. 82 do CDC), ou seja, atacava uma questão processual antecedente ao mérito da demanda que, se acolhida, fulminava a decisão de mérito.

Com o advento do Novo CPC, em ambos os casos, será possível o ajuizamento da ação rescisória. Na primeira hipótese, com fundamento no art. 966, § 2º, I, do NCPC, vez que, embora a decisão de ilegitimidade seja destituída de mérito, ela impede o ajuizamento de outra ação pelo sindicato (evidentemente, para tutelar os mesmos interesses). Na segunda hipótese, com base no *caput* do art. 966, porquanto se trata de decisão de mérito.

---

146. ROAR-203/2005-000-13-00.8. DJ 9.3.2007

Com efeito, embora na segunda hipótese o entendimento da súmula possa continuar a ser aplicado, na primeira hipótese há confronto direto com o Novo CPC, impondo, portanto, o cancelamento da presente súmula.

8.2.2.3. Decisão que não conhece de recurso de revista por ausência de divergência jurisprudencial (Súmula nº 413 do TST)

> **Súmula nº 413 do TST.** Ação rescisória. Sentença de mérito. Violação do art. 896, "a", da CLT
>
> É incabível ação rescisória, por violação do art. 896, "a", da CLT, contra decisão que não conhece de recurso de revista, com base em divergência jurisprudencial, pois não se cuida de sentença de mérito (art. 485 do CPC[147]).

O Tribunal Superior do Trabalho tem a função de unificar a jurisprudência nacional em sede de matéria trabalhista. É exatamente, por isso, que é cabível o recurso de revista por divergência jurisprudencial, assim entendida como a existência de **decisões conflitantes**, ou seja, quando as decisões proferidas em grau de recurso ordinário, em dissídio individual, pelos Tribunais Regionais do Trabalho:

> a) derem ao mesmo dispositivo de lei federal interpretação diversa da que lhe houver dado outro Tribunal Regional do Trabalho, no seu Pleno ou Turma, ou a Seção de Dissídios Individuais do Tribunal Superior do Trabalho, ou contrariarem súmula de jurisprudência uniforme dessa Corte ou súmula vinculante do Supremo Tribunal Federal;
>
> b) derem ao mesmo dispositivo de lei estadual, Convenção Coletiva de Trabalho, Acordo Coletivo, sentença normativa ou regulamento empresarial de observância obrigatória em área territorial que exceda a jurisdição do Tribunal Regional prolator da decisão recorrida, interpretação divergente, na forma da alínea a (...) (CLT, art. 896).

Vê-se, pelo referido dispositivo, que a **divergência jurisprudencial** é um **pressuposto recursal intrínseco do recurso de revista**, a ser analisado no juízo de admissibilidade, o qual não profere decisão de mérito. Melhor explicando.

O recurso passa por dois momentos bem distintos: o juízo de admissibilidade e o juízo de mérito. No primeiro, o Tribunal irá analisar a presença dos

---

147. NCPC, art. 966.

pressupostos recursais (extrínsecos e intrínsecos). Ausentes tais pressupostos, o recurso não será conhecido (admitido), faltando assim decisão de mérito. Presentes os pressupostos recursais, o Tribunal passa ao juízo de mérito dando ou não provimento ao recurso, proferindo nesse caso decisão de mérito.

Portanto, a análise da divergência é anterior à decisão de mérito, o que significa que, não existindo divergência jurisprudencial, o recurso de revista não será conhecido, faltando decisão de mérito a legitimar o cabimento da ação rescisória. Com efeito, de acordo com o TST, não havendo decisão de mérito, falta interesse processual para o ajuizamento da ação rescisória.

Todavia, acreditamos que a presente súmula deverá ser cancelada com o advento do Novo CPC.

Isso porque, o art. 966, §2º, II do NCPC[148] contempla a possibilidade de rescisão da decisão que, embora não julgue o mérito, **impeça a admissibilidade do recurso correspondente**.

Esse dispositivo deve ser interpretado de duas formas:

a) sendo negativo o juízo de admissibilidade, forma-se a **coisa julgada material**, impedindo a discussão da decisão de mérito impugnada. Assim, será admitida a rescisória para atacar a decisão do juízo negativo, com o propósito de possibilitar a discussão da decisão de mérito;

b) sendo negativo o juízo de admissibilidade, forma-se **coisa julgada formal** que obsta a propositura de nova demanda (NCPC, art. 966, § 2º, I)[149]. Nesse caso, permite-se a ação rescisória, já que não é possível o ajuizamento de outro demanda para discussão do que se levantava no processo de origem.

Com efeito, o NCPC permite que a decisão que não admitiu o recurso possa ser desconstituída quando contiver um dos vícios elencados no art. 966, uma vez que, embora não corresponda a uma decisão de mérito, ela ocasiona uma decisão que impede que o mérito seja rediscutido ou que possa gerar o ajuizamento de nova demanda.

Atente-se para o fato de que, mesmo nessa hipótese, os vícios de rescindibilidade elencados nos incisos do art. 966 devem ser invocados. É só imaginarmos uma decisão de não admissibilidade, por ausência de divergência, realizada por um relator impedido (NCPC, art. 966, II).

---

148. NCPC, art. 966, §2º, II: Nas hipóteses previstas nos incisos do *caput*, será rescindível a decisão transitada em julgado que, embora não seja de mérito, impeça: (...) II – admissibilidade do recurso correspondente.
149. MEDINA, José Miguel Garcia. *Novo Código de Processo Civil Comentado: com remissões e notas comparativas ao CPC/1973*. São Paulo: Editora Revista dos Tribunais, 2015, p. 1296.

Portanto, como a divergência jurisprudencial é um pressuposto intrínseco, sua análise ocorre no juízo de admissibilidade, o qual passa a ser rescindível quando for negativo e contiver um dos vícios elencados no art. 966, impondo assim o cancelamento desta súmula.

Antes de finalizar é necessário tecer considerações acerca da competência da ação rescisória que ataca o juízo de admissibilidade.

No processo civil, como o NCPC acaba com o juízo de admissibilidade *a quo*, como se depreende dos arts. 1.010, § 3º, 1.028, § 3º e 1.030, parágrafo único[150], não teremos maiores dúvidas, de modo que a competência será do juízo que fez a análise negativa da admissibilidade do recurso. Essa afirmação já provoca impacto na Súmula nº 192, I, do TST, uma vez que sempre se definia a competência com base na última decisão de mérito e, agora, nas hipóteses do art. 966, § 2º, do NCPC a competência levará em conta decisão destituída de mérito (juízo de admissibilidade negativo ou que impeça a propositura de nova ação).

No processo do trabalho, a discussão será mais aflorada, porque, a nosso juízo, o novel código somente será aplicado ao recurso ordinário e ao agravo de petição, ante a ausência de norma na CLT e sua compatibilidade com o processo do trabalho[151].

Por outro lado, o Novo CPC não fulmina o juízo *a quo* de admissibilidade do recurso de revista, vez que a CLT tem regra própria no art. 896, §1º da CLT que contempla, expressamente, que o juízo de admissibilidade no recurso de revista será realizado, inicialmente, pelo Presidente do Tribunal Regional do Trabalho.

Isso nos leva à conclusão de que, no processo laboral, o juízo de admissibilidade negativo do recurso de revista continuará existindo, tanto no juízo *a quo*, como no juízo *ad quem*. Agora voltamos ao problema central: de quem será a competência da ação rescisória nesse caso?

A resposta poderia ser simplificada, definindo a competência pelo juízo que proferiu a inadmissibilidade do recurso. No entanto, antes de responder esse questionamento, temos que definir como será o julgamento da ação rescisória nessa nova modalidade.

É sabido que a ação rescisória possui dois momentos bem distintos: o juízo rescindendo (rescindente) e o juízo rescisório. No primeiro, busca-se a desconstituição da decisão de mérito transitada em julgado, enquanto no se-

---

150. Esse dispositivo deverá ser revogado, como prevê o substitutivo ao projeto de Lei nº 2.384, de 2015, já aprovado na Câmara dos Deputados, mantendo-se o juízo de admissibilidade *a quo* pelo presidente ou vice-presidente do Tribunal, nas hipóteses de recursos especial e extraordinário, aproximando-se, novamente, do processo do trabalho.
151. No mesmo sentido, SCHIAVI, Mauro. *Manual de Direito Processual do Trabalho*. 9. ed. São Paulo: LTr, 2015. p. 903.

gundo haverá novo julgamento sobre a matéria objeto de análise da sentença rescindida. Como regra, ocorrerá tanto o juízo rescindendo como o rescisório, mas em algumas hipóteses haverá apenas o juízo rescindendo.

Dessa forma, na ação rescisória que busca atacar o juízo de admissibilidade teremos, cumulativamente, o juízo rescindente e o juízo rescisório?

Em sendo positiva a resposta, chegaremos à conclusão de que o juízo *a quo* não pode ser competente para a ação rescisória, vez que no juízo rescisório estaria usurpando competência do órgão jurisdicional superior. Exemplificamos:

> Sendo interposto recurso de revista é denegado seu seguimento no TRT de origem (juízo *a quo*). Transitada em julgada a decisão, a parte resolve ajuizar ação rescisória para desconstituir a decisão proferida no juízo de admissibilidade. Nesse caso, a ação rescisória deverá ser ajuizada no TST, pois rescindindo a decisão (juízo rescindente), poderá no juízo rescisório julgar o recurso de revista indevidamente trancado. Isso significa que, se fosse admitida a competência do TRT, ele poderia, no juízo rescisório, julgar o recurso de revista, o que não é permitido.

Como se trata de inovação sem precedentes no CPC/73, pensamos que a melhor opção será responder de forma negativa o questionamento anterior, limitando a ação rescisória ao juízo rescindente. Em outros termos, a nosso juízo, atacando-se a decisão negativa de admissibilidade, **o corte rescisório terá apenas o condão de rescindir a decisão negativa de admissibilidade, restaurando o natural andamento do processo que havia transitado em julgado, permitindo o processamento e/ou julgamento do recurso trancado.**

Pensamos dessa forma, com o objetivo de manter a competência recursal. É que permitindo o juízo rescisório, estaríamos alterando a competência para o julgamento do recurso trancado. No exemplo anterior, o recurso de revista deixaria de ser julgado pelas turmas do TST (competente para esse recurso) e passaria a ser julgado pela SDI-II (competente para a ação rescisória), o que significa que a SDI-II se transformaria em subseção recursal para o julgamento do recurso de revista. O mesmo ocorrerá nos recursos de competência dos tribunais regionais.

Com efeito, a nosso juízo, nessa ação rescisória haverá apenas juízo rescindente.

Adotando essa tese, a competência da ação rescisória no processo do trabalho, torna-se simplificada: é competente para a ação rescisória o juízo que proferiu a decisão negativa de admissibilidade do recurso.

Desse modo, se a ação rescisória busca atacar a decisão de inadmissibilidade do recurso de revista ou dos embargos de divergência proferida no TST, a competência para analisá-la é do C.TST, ainda que a decisão não seja de mérito. Por outro lado, se a inadmissibilidade foi proferida pelo Tribunal Regional do Trabalho a competência será do TRT.

8.3. Petição Inicial

8.3.1. Valor da causa. Inviabilidade de majoração de ofício (OJ n° 155 da SDI-II do TST)

> **Orientação Jurisprudencial n° 155 da SDI – II do TST.** Ação rescisória e mandado de segurança. Valor atribuído à causa na inicial. Majoração de ofício. Inviabilidade
>
> Atribuído o valor da causa na inicial da ação rescisória ou do mandado de segurança e não havendo impugnação, nos termos do art. 261 do CPC[152], é defeso ao Juízo majorá-lo de ofício, ante a ausência de amparo legal. Inaplicável, na hipótese, a Orientação Jurisprudencial da SBDI-2 n° 147 e o art. 2°, II, da Instrução Normativa n° 31 do TST.

O valor da causa é a atribuição econômica dos pedidos formulados pelo autor, sendo certo que "a toda causa será atribuído valor certo, ainda que não tenha conteúdo econômico imediatamente aferível." (NCPC, art. 291).

No processo do trabalho, há divergência sobre a obrigatoriedade da indicação do valor da causa na petição inicial, entendendo alguns que não é requisito da petição inicial, porquanto não há exigência expressa na CLT. Para outros, trata-se de requisito essencial, pois define o rito procedimental (sumário, sumaríssimo ou ordinário).

Com o intuito de sedimentar o entendimento acerca da obrigatoriedade e de qual o valor da causa na ação rescisória, o TST editou a OJ n° 147 da SDI – II, que foi posteriormente cancelada pela Resolução n° 142/2007. Atualmente, o valor da causa na ação rescisória vem declinado nos arts. 2° e 3° da Instrução Normativa n° 31 do TST que assim vaticinam:

> Art. 2° O valor da causa da ação rescisória que visa desconstituir decisão da fase de conhecimento corresponderá:
>
> I – no caso de improcedência, ao valor dado à causa do processo originário ou aquele que for fixado pelo Juiz;
>
> II – no caso de procedência, total ou parcial, ao respectivo valor arbitrado à condenação.
>
> Art. 3° O valor da causa da ação rescisória que visa desconstituir decisão da fase de execução corresponderá ao valor apurado em liquidação de sentença.

---

152. NCPC, art. 293.

Há de se consignar ainda que, da orientação jurisprudencial em comento, é possível extrair, ao menos em tese, que o TST também exige o valor da causa no mandado de segurança, embora, em regra, não tenha conteúdo econômico[153].

Conquanto seja obrigatório o valor da causa na petição inicial de tais ações, é sabido que o mandado de segurança e a ação rescisória se submetem a rito especial, aplicando-lhes subsidiariamente o CPC. Desse modo, na época do CPC de 1973, a impugnação do valor da causa deveria observar o disposto no art. 261, parágrafo único, do CPC/73.

Nesse contexto, entendeu o C. TST que, inexistindo impugnação da parte contrária quanto ao valor atribuído à causa, presumia-se aceito o valor indicado na petição inicial, não podendo o julgador alterá-lo *ex officio*. Vale transcrever os seguintes precedentes:

> VALOR DA CAUSA NÃO IMPUGNADO. MAJORAÇÃO DE OFÍCIO. IMPOSSIBILIDADE. Nos termos do artigo 261, caput, e parágrafo único, do Código de Processo Civil, o Réu poderá, no prazo da contestação, impugnar o valor atribuído à causa. Não o fazendo, presume-se aceito aquele indicado na petição inicial. Na hipótese dos autos, o acórdão recorrido, ao proceder à majoração do referido montante sem que houvesse a impugnação pela parte adversa, não deve ser mantido, por contrariar o dispositivo de lei mencionado. Recurso conhecido e provido parcialmente.[154]
>
> VALOR DA CAUSA. MAJORAÇÃO DE OFÍCIO. Além de o valor dado à inicial da rescisória corresponder ao da inicial da reclamação trabalhista, em virtude de a decisão ali proferida ter sido indicada como decisão rescindenda, o certo é que ele não foi impugnado nos termos do art. 261 do CPC, afastando a possibilidade de majoração de ofício pelo Juízo, pelo que se impõe o restabelecimento do valor original, reduzindo-se, por consequência, as custas processuais. Recurso a que dá provimento[155].

Desse modo, se o valor atribuído à ação rescisória não observasse o disposto na Instrução Normativa nº 31 do TST, ou o mandado de segurança não arbitrasse corretamente o valor da causa, caberia ao réu impugná-lo, sob pena de presumi-lo aceito e impedir sua alteração *ex officio*. Isso se justificava especialmente na ação rescisória, pois o depósito prévio está vinculado ao valor da causa.

Contudo, a sistemática do TST deverá ser alterada com a vigência do NCPC, impondo o cancelamento desta orientação.

---

153. BEBBER, Júlio César. *Mandado de segurança: habeas corpus, habeas data na justiça do trabalho*. 2. ed. São Paulo: LTr, 2008, p. 85.
154. TST – ROAR-453-2003-000-04-00. SBDI-II. Rel. Min. Emmanoel Pereira. DJU 20.5.2005.
155. TST – ROAR-6669/2000-000-04-00.1. SBDI-II. Rel. Min. Barros Levenhagen, DJU 28.4.2006.

Isso porque, além de o Novo CPC não ter reproduzido o disposto no parágrafo único do art. 261 do CPC/73, ele passou a permitir, de forma expressa, que o juiz corrija o valor da causa, de ofício, quando verificar que não corresponde ao conteúdo patrimonial em discussão ou ao proveito econômico perseguido pelo autor (art. 292, §3º).

O art. 292, §3º do NCPC atrai, portanto, a ideia do art. 2º da Lei nº 5.584/70, que determina que, não havendo acordo, o juiz, antes de passar à instrução da causa, deverá fixar-lhe o valor da causa se não houver indicação na petição inicial.

O dever de o juiz corrigir de ofício se justifica em razão do caráter de ordem pública do valor da causa, uma vez que este extrapola o interesse patrimonial do autor ou do réu e possui repercussão em todo o processo, sendo, no processo do trabalho, o critério utilizado para a determinação do procedimento aplicado (ordinário, sumário e sumaríssimo). Ademais, como já dito, na ação rescisória o valor da causa é de suma importância, pois norteia o valor do depósito prévio de 20% descrito no art. 836 da CLT.

Por fim, registra-se que, embora o juiz possa reconhecer de ofício o equívoco do valor da causa, isso não obsta a impugnação pela parte, caso não haja a declaração judicial. Nesse caso, no mesmo sentido do que já era realizado no processo do trabalho, o NCPC passa a admitir que a impugnação ao valor da causa seja formulada em preliminar da contestação (art. 293), não havendo, portanto, necessidade de peça autônoma.

8.3.2 Tutela antecipada e pedido liminar na ação rescisória (Súmula nº 405 do TST)

> **Súmula nº 405 do TST.** Ação rescisória. Liminar. Antecipação de tutela
>
> I – Em face do que dispõe a MP 1.984-22/2000 e reedições e o artigo 273, § 7º, do CPC275, é cabível o pedido liminar formulado na petição inicial de ação rescisória ou na fase recursal, visando a suspender a execução da decisão rescindenda.
>
> II – O pedido de antecipação de tutela, formulado nas mesmas condições, será recebido como medida acautelatória em ação rescisória, por não se admitir tutela antecipada em sede de ação rescisória.

Para melhor compreensão analisaremos em conjunto os dois itens dessa súmula.

---

156. NCPC, art. 305, parágrafo único.

Proferida a decisão de mérito e não havendo mais oportunidade para recurso, temos o trânsito em julgado da decisão e, consequentemente, a formação da coisa julgada material.

Diante do esgotamento recursal, a sentença condenatória seguirá para a efetivação na fase executiva, momento em que haverá entrega ao exequente do bem da vida pleiteado.

Pode ocorrer, no entanto, de o executado ajuizar ação rescisória com a finalidade de desconstituir a decisão judicial sob o manto da coisa julgada material, postulando a suspensão da execução.

Muito se discutia acerca desse pedido de suspensão da execução, vez que, embora a sentença executada fosse decorrente de decisão transitada em julgado, em determinados casos a probabilidade de êxito da ação rescisória era expressiva, o que significava que a continuação da execução poderia causar lesão ao executado, inviabilizando inclusive o retorno ao *status quo ante*.

Diante disso, passou-se a permitir, em casos excepcionais, a utilização de medida cautelar inominada na ação rescisória com o objetivo de suspender a execução trabalhista.

Nesse contexto, a MP 1.984-22/2000 admitia, em seu art. 15, que seria aplicável "à ação rescisória o poder geral de cautela de que trata o art. 798 do Código de Processo Civil".

Ato contínuo, o legislador introduziu, no art. 273, § 7º, do CPC/73, a fungibilidade entre a medida cautelar e a tutela antecipada, reconhecendo a natureza instrumental do processo e que ambos os institutos se enquadravam no gênero tutela de urgência, de modo que, estando presentes os requisitos para seu deferimento, o juiz deveria deferi-lo independentemente do nome formulado no pedido (tutela antecipada ou medida cautelar).

Assim, admitido o cabimento da suspensão da execução do processo originário na ação rescisória, cumpria saber qual o meio judicial a ser utilizado para tal suspensão.

O C. TST entendeu que a medida cabível para a suspensão da execução do processo originário, quando ajuizada a ação rescisória, seria a ação cautelar (OJs nº 76 e 131 da SDI – II), vez que no seu entender não cabia tutela antecipada na rescisória.

O não cabimento da tutela antecipada nessa hipótese tinha como fundamento a restrição imposta pela doutrina e pela jurisprudência de não se admitir a concessão de tutela antecipada nas ações constitutivas. Melhor explicando, a ação rescisória possui duas fases distintas: o juízo rescindendo e o juízo rescisório. Na primeira, busca-se desconstituir o julgado anterior, tendo, portanto, natureza desconstitutiva. Na segunda fase, caso seja necessária, julga-se novamente o mérito do processo originário, tendo assim a mesma natureza deste processo. Sendo, portanto, a primeira fase ação desconstitutiva, a doutrina não admitia o cabimento da tutela antecipada, sob o argumento de que a (des)constituição somente seria admitida em juízo de certeza. A propósito, dizia a doutrina que não será cabível a desconstituição, por meio de cognição sumária, de uma decisão já transitada em julgado.

No entanto, a ação rescisória, além de desconstituir a decisão transitada em julgado, também produz outros efeitos materiais e processuais, dentre eles a suspensão da execução do processo originário, uma vez que, sendo procedente a ação rescisória, fulminará a fase executiva do processo originário. Assim, sendo certo que a tutela antecipada tem como finalidade antecipar os efeitos práticos da sentença, pensamos que a suspensão da execução deverá ser postulada por meio de tutela antecipada, sem prejuízo de se admitir a tutela cautelar em outras hipóteses, quando for o caso.

Atento a essas peculiaridades, o legislador introduziu já na época do CPC/73 o art. 489, passando a admitir expressamente o cabimento da tutela antecipada na ação rescisória. Do mesmo modo, o art. 969 do Novo CPC declinou que "a propositura da ação rescisória não impede o cumprimento da decisão rescindenda, ressalvada a concessão de tutela provisória".

Portanto, o NCPC admite a suspensão dos efeitos da decisão rescindenda por meio da tutela provisória, que poderá ser de evidência ou urgência. Neste último caso, pode ter o viés de cautelar ou tutela antecipada, sendo permitida sua postulação de modo antecedente ou incidental (art. 294 do NCPC).

Observa-se, dessa forma, que o art. 969 do NCPC não restringe a tutela provisória à suspensão dos efeitos da decisão rescindenda, sendo admitidas as tutelas de urgência (cautelares ou satisfativas) ou de evidência[157], quando for o caso.

Assim, acreditamos que o C. TST, em consonância com o NCPC, deverá cancelar a presente súmula ou alterá-la para permitir, indistintamente, a tutela provisória em ação rescisória.

De qualquer modo, por força do princípio da fungibilidade (NCPC, art. 305, parágrafo único), poderá ser concedida na ação rescisória tanto a tutela antecipada quanto a medida cautelar, independentemente da nomenclatura do pedido, desde que estejam presentes os requisitos para sua concessão.

Por fim, há de se consignar que a concessão de tutela de urgência, na ação rescisória, deve ser vista como excepcional, de modo que o simples ajuizamento da ação rescisória não impede o cumprimento da sentença ou do acordo rescindendo (NCPC, art. 969). Como bem adverte Araken de Assis:

---

157. BUENO, Cássio Scarpinella. *Novo Código de Processo Civil Anotado*. São Paulo: Saraiva, 2015, p. 609.

Convém ressaltar que não basta o desfalque patrimonial ou a intensidade dos efeitos desfavoráveis do julgado rescindendo na esfera jurídica do autor da rescisória. Esses efeitos têm a seu favor a autoridade da coisa julgada. E, por suposto, a rescisória represente remédio processual jungido a casos de rescindibilidade estritos e de árdua configuração, resultando em escassos juízos de procedência[158].

Isso ocorre especialmente porque o deferimento da suspensão da execução será proferida em decisão decorrente de cognição sumária (juízo de verossimilhança), o que significa dizer que uma decisão fundada em cognição exauriente (juízo de certeza), inclusive com o trânsito em julgado, poderá ficar sobrestada por meio de decisão de cognição sumária a ser proferida na ação rescisória. É por isso que sua utilização, a nosso juízo, somente terá cabimento em casos imprescindíveis, ainda que o Novo CPC não tenha reproduzido essa expressão como constava do art. 489 do CPC/73[159].

8.4. Hipóteses de cabimento

8.4.1. Dolo ou colusão

8.4.1.1. Dolo da parte vencedora em detrimento da vencida (Súmula nº 403 do TST)

> **Súmula nº 403 do TST.** Ação rescisória. Dolo da parte vencedora em detrimento da vencida. Art. 485, III, do CPC
>
> (...)
>
> II – Se a decisão rescindenda é homologatória de acordo, não há parte vencedora ou vencida, razão pela qual não é possível a sua desconstituição calcada no inciso III do art. 485 do CPC[160] (dolo da parte vencedora em detrimento da vencida), pois constitui fundamento de rescindibilidade que supõe solução jurisdicional para a lide.

Considerando os objetivos desta obra, vamos nos limitar a analisar o item II desta Súmula.

---

158. ASSIS, Araken. *Processo civil brasileiro, volume II: parte geral: institutos fundamentais:* tomo 2. São Paulo: Editora Revista dos Tribunais, 2015. p. 549
159. Em sentido contrário, não exigindo a excepcionalidade para sua concessão, NERY Jr., Nelson; NERY, Rosa Maria de Andrade. *Comentários ao Código de Processo Civil.* São Paulo: RT, 2015. p. 1.951.
160. NCPC, art. 966, III.

II – Se a decisão rescindenda é homologatória de acordo, não há parte vencedora ou vencida, razão pela qual não é possível a sua desconstituição calcada no inciso III do art. 485 do CPC (dolo da parte vencedora em detrimento da vencida), pois constitui fundamento de rescindibilidade que supõe solução jurisdicional para a lide.

O art. 485, III, do CPC/73, quando fazia alusão ao dolo, declinava que ele deveria resultar da parte vencedora em detrimento da parte vencida. Pressupunha, portanto, que tivesse havido sucumbência, ou seja, que existisse vencedor e vencido. O Novo CPC reproduz regra semelhante no art. 966, III[161].

Desse modo, na hipótese de acordo judicial, não há que se falar em vencido ou vencedor, vez que a realização de acordo pressupõe a concordância mútua das partes com concessões recíprocas, faltando-lhes, pois, sucumbência. Nesse sentido, leciona Manoel Antônio Teixeira Filho, interpretando o inciso III do art. 485, que tem correspondência no art. 966, III, do NCPC:

> No caso de sentença homologatória de acordo, não cabe a ação rescisória fundada no inciso III do art. 485 do CPC (dolo da parte vencedora em detrimento da vencida), por uma razão jurídica elementar: o acordo, ou transação, traduz um negócio jurídico bilateral, uma forma de solução consensual e privada da lide, e não uma solução jurisdicional, esta, em regra, impositiva. A sentença homologatória, aí lançada, limita-se a chancelar a manifestação de vontade das partes e se justifica pela necessidade de dotar-se o credor de um título executivo, caso a obrigação não seja adimplida[162].

Com efeito, o C. TST afastou a possibilidade de rescisão do acordo judicial com fundamento no dolo da parte vencedora em detrimento da vencida.

Tal entendimento, todavia, não impedia a rescisão do acordo judicial com fundamento na colusão das partes (OJ nº 94 da SDI-II do TST) e, na hipótese de vício de consentimento, com fundamento no antigo inciso VIII do art. 485 do CPC/73 (Súmula nº 259 do TST).

Entretanto, conforme comentamos na Súmula nº 259, acreditamos que a rescisão do acordo judicial não será mais possível com a vigência do NCPC.

Isso porque, o art. 485, VIII, do CPC/73 não foi reproduzido no rol das decisões de mérito que, após o trânsito em julgado, podem ser rescindidas, ou seja, a transação deixa de ser um vício de rescindibilidade (art. 966). Ademais, declina expressamente o §4º do art. 966 do NCPC o que segue:

---

161. "III – resultar de dolo ou coação da parte vencedora em detrimento da parte vencida ou, ainda, de simulação ou colusão entre as partes, a fim de fraudar a lei".
162. TEIXEIRA FILHO, Manoel Antônio. *Curso de direito processual do trabalho*. São Paulo: LTr, 2009. v. 3, p. 2824.

§4º Os atos de disposição de direitos, praticados pelas partes ou por outros participantes do processo e homologados pelo juízo, bem como os atos homologatórios praticados no curso da execução, estão sujeitos à anulação, nos termos da lei.

Assim, os atos homologados pelo juízo, como é o caso da transação judicial, não poderão mais ser objetos de ação rescisória, mas sim de ação anulatória.

Isso significa que, com o Novo CPC, em nenhuma hipótese o acordo judicial será suscetível de corte rescisório, perdendo a utilidade prática o presente item sumular.

Dessa forma, atingindo o novel código o fundamento determinante deste item sumular (acordo judicial), ele merece ser cancelado.

8.4.1.2. Multa por litigância de má-fé (OJ nº 158 da SDI-II do TST)

> **Orientação Jurisprudencial nº 158 da SDI – II do TST**. Ação rescisória. Declaração de nulidade de decisão homologatória de acordo em razão de colusão (art. 485, III, do CPC). Multa por litigância de má-fé. Impossibilidade
>
> A declaração de nulidade de decisão homologatória de acordo, em razão da colusão entre as partes (art. 485, III, do CPC282), é sanção suficiente em relação ao procedimento adotado, não havendo que ser aplicada a multa por litigância de má-fé.

O processo é pautado – ao menos na jurisdição contenciosa – pelo conflito de interesses entre as partes, sob pena de faltar interesse processual. Nesse contexto, quando as partes, de comum acordo, utilizam do processo judicial, apenas com o intuito de fraudar a lei ou prejudicar terceiros, temos a chamada colusão das partes, a qual dá origem à extinção do processo sem resolução do mérito, quando verificada antes do trânsito em julgado, ou, na hipótese de já estar transitada em julgado, dar ensejo ao vício de rescindibilidade descrito no art. 966, III do NCPC (art. 485, III, do CPC/73).

Com o ajuizamento da ação rescisória, e considerando que a colusão das partes contraria a boa-fé exigida no processo judicial, passou-se a discutir a possibilidade de incidir a multa por litigância de má-fé na ação rescisória, pelos atos praticados no processo originário.

---

163. NCPC, art. 966, III.

O C. TST adotou posicionamento que veda a incidência da litigância de má-fé por ato decorrente do processo originário, como se verifica na presente orientação.

E assim agiu porque entende que, sendo as relações distintas, os atos praticados no processo originário não podem gerar litigância de má-fé na ação rescisória, uma vez que a própria lei já definiu qual será o efeito gerado: a rescisão do julgado.

Além disso, aduz que, em regra, no processo da ação rescisória não existe ato capaz de gerar a incidência da litigância de má-fé, não se podendo valer do processo originário para tanto. Argumenta, ainda, que a colusão é analisada com base em indícios, enquanto a litigância de má-fé impõe um fato concreto.

Desse modo, para o C. TST não se aplica a litigância de má-fé na ação rescisória decorrente de colusão das partes. Nesse sentido, seguem alguns precedentes:

"(...) Esta Subseção Especializada tem adotado o entendimento de que o fato de ter sido reconhecida a nulidade do acordo homologado, em face de colusão entre as partes, é sanção suficiente com relação ao procedimento adotado, razão pela qual não é o caso de aplicação da multa de litigância de má-fé. (...)"[164]

(...) LITIGÂNCIA DE MÁ-FÉ. MULTA E INDENIZAÇÃO. A condenação em litigância de má-fé demanda a indicação precisa dos fatos concretos que a motivaram de forma que a conduta da parte subsuma a uma das hipóteses taxativas elencadas no art. 17 do CPC, não sendo suficiente a simples afirmação genérica de que houve ajuizamento de reclamação trabalhista para fins ilícitos e fraudulentos. No caso da colusão, ela dificilmente é provada mediante provas concretas e diretas, sendo deduzida por meio de indícios e da aplicação das regras de experiência comum subministradas pela observação do que ordinariamente acontece (art. 335 do CPC), o que dificulta a caracterização de litigância de má-fé. Destaca-se, ainda, precedentes desta Subseção Especializada no sentido de não aplicarem a multa de litigância de má-fé nos casos de rescisão de acordo judicial homologado em face de colusão, tendo como uma das partes a ora recorrente. Recurso Ordinário provido, neste tópico, para excluir da condenação o pagamento de multa e indenização de 1% e 10%, respectivamente, do valor da causa, decorrentes da litigância de má-fé. (...)"[165]

Ressalta-se que o entendimento do E. TST deve ser bem analisado. Isso porque somente não caberá a incidência da litigância quando se invocarem fatos do processo originário, o que significa que, se as partes praticarem os

---

164. TST-ROAR-187/2005-000-24-00. Re. Min. Pedro Paulo Manus. DJ 18.3.06.
165. TST – ROAR 24000-03.2005.5.24.0000. Rel. Min. José Simpliciano Fontes de F. Fernandes DEJT 22.8.2008.

atos descritos no art. 80 do NCPC (art. 17 do CPC/73) no processo da ação rescisória, será plenamente cabível a incidência da litigância de má-fé.

Pensamos, porém, que o Novo CPC atinge a *ratio decidendi* (fundamentos determinantes) da presente orientação, devendo provocar seu cancelamento.

A colusão das partes, no Novo CPC, deverá ser analisada em três enfoques:

1) verificada antes do trânsito em julgado;

2) verificada após a formalização de acordo judicial;

3) verificada após o trânsito em julgado de decisão de judicial.

Na primeira hipótese, a solução vem estampada no art. 142 do NCPC que vaticina:

> convencendo-se, pelas circunstâncias, de que autor e réu se serviram do processo para praticar ato simulado ou conseguir fim vedado por lei, o juiz proferirá decisão que impeça os objetivos das partes, aplicando, de ofício, as penalidades da litigância de má-fé.

Percebe-se pelo supramencionado dispositivo que, diferentemente do CPC/73 que não previa efeitos para a colusão e/ou simulação[166], o novel código as considerada como atos **objetivamente** contrários à boa-fé, impondo, consequentemente, a aplicação de multa pela litigância de má-fé (art. 81 do NCPC).

Noutras palavras, o art. 142 do NCPC não cria um ato discricionário ao juiz, mas impõe um poder-dever ao magistrado de aplicar as penalidades pela litigância de má-fé de forma imediata, quando constatar a colusão e/ou a simulação entre as partes.

Na segunda hipótese (colusão ou simulação verificada após o acordo judicial), conforme declinado nos comentários da Súmula nº 259 do TST, acreditamos que, com a vigência do NCPC, a decisão homologatória de acordo judicial somente poderá ser atacada por meio de ação anulatória, nos termos do art. 966, §4º do NCPC, sendo incabível a ação rescisória para tal fim.

Nesse caso, a ação anulatória tem como principal objetivo anular o ato jurídico perfeito que reconhece e envolve o ato jurídico estatal e não propriamente a sentença homologatória do acordo[167]. Com efeito, a anulação do ato de vontade (acordo entre as partes) acarreta como consequência a desconstituição do ato homologatório posterior, de modo que o processo originário deverá ser retomado do momento em que ocorreu o ato anulado. Assim, retomando seu

---

166. CPC/73. Art. 129. Convencendo-se, pelas circunstâncias da causa, de que autor e réu se serviram do processo para praticar ato simulado ou conseguir fim proibido por lei, o juiz proferirá sentença que obste aos objetivos das partes.

167. MARINONI, Luiz Guilherme; ARENHART, Sérgio Cruz, MITIDIERO, Daniel. *Novo curso de processo civil: tutela dos direitos mediante procedimento comum*, volume II. São Paulo: Editora Revista dos Tribunais, 2015, p. 599.

caminhar, o processo será extinto sem resolução de mérito, vez que o juiz deverá aplicar o disposto no art. 142 do NCPC, inclusive incidindo as penalidades da litigância de má-fé.

Na terceira hipótese (verificação de colusão ou simulação entre as partes após o trânsito em julgado da decisão), caberá ação rescisória, com fundamento no art. 966, III, do NCPC.

Contudo, pensamos que, nesse caso, a simples desconstituição da sentença por meio da ação rescisória não pode ser considerada como sanção suficiente ao intuito das partes de fraudar a lei ou terceiros.

Isso porque o legislador reconheceu objetivamente que a colusão e a simulação são atos contrários à boa-fé, impondo obrigatoriamente a incidência da litigância de má-fé. Embora no ordenamento anterior tal conclusão pudesse ser extraída de uma interpretação sistemática, no atual código o legislador foi claro e enfático: havendo colusão ou simulação haverá incidência da litigância de má-fé.

Assim, conquanto o processo originário e a ação rescisória sejam processos distintos, nessa última será o momento adequado para a aplicação da litigância de má-fé, inclusive de ofício, já que o processo originário transitou em julgado. Ressalta-se que tal aplicação tem como enfoque a conduta praticada no processo originário, e não o seu comportamento na ação rescisória[168].

Portanto, acreditamos que, do mesmo modo que o art. 142 impõe um poder-dever ao magistrado de aplicar as penalidades decorrentes da litigância de má-fé antes do trânsito em julgado, tal entendimento deverá incidir após o trânsito em julgado da decisão, não bastando a mera procedência do juízo rescindendo. É válido lembrar que nesses casos, a simulação ou colusão entre as partes provoca indevidamente a movimentação do Poder Judiciário em dois processos distintos: no processo originário e na ação rescisória.

Dessa forma, pensamos que a presente orientação deverá ser cancelada ou pelo menos ser alterada no sentido de permitir a incidência da litigância de má-fé por ato simulado ou em colusão decorrente do processo originário.

Por fim, cabe destacar que, diante da gravidade desse vício, o art. 967, III, b, do NCPC, expressamente contempla a legitimidade do Ministério Público para o ajuizamento da ação rescisória, sendo certo que o prazo decadencial para o Órgão Ministerial começa a fluir da ciência da fraude (Súmula nº 100, VI, do TST; NCPC, art. 975, § 3º). Do mesmo modo, o Ministério Público do Trabalho terá legitimidade para ajuizar a ação anulatória, na segunda hipótese, vez que buscará tutelar a ordem jurídica (CF/88, art. 127, caput; NCPC, art. 178, I; LC 75/93, art. 83, I).

---

168. YARSHELL, Flávio Luiz. *Ação rescisória: juízos rescindente e rescisório*. São Paulo: Malheiros Editores Ltda, 2005. p. 406-407.

8.4.2. Violação literal de disposição de lei

8.4.2.1. Prescrição total ou parcial. Construção jurisprudencial (Súmula nº 409 do TST)

> **Súmula nº 409 do TST.** Ação rescisória. Prazo prescricional. Total ou parcial. Violação do art. 7º, XXIX, da CF/1988. Matéria infraconstitucional
>
> Não procede ação rescisória calcada em violação do art. 7º, XXIX, da CF/1988 quando a questão envolve discussão sobre a espécie de prazo prescricional aplicável aos créditos trabalhistas, se total ou parcial, porque a matéria tem índole infraconstitucional, construída, na Justiça do Trabalho, no plano jurisprudencial.

O C. TST difere prescrição total de prescrição parcial.

Na **prescrição total**, o trabalhador terá 5 anos para ingressar com a reclamação a contar do **ato único do empregador**. Esse ato do empregador decorre da alteração contratual lesiva em suprimir direito não previsto em lei, como no caso de redução do percentual de comissão. Nesse caso, a partir desse ato ilícito (ato único) inicia-se a contagem do prazo. Em resumo, na prescrição total, o empregado terá 5 anos para questionar a legalidade ou não do ato praticado pelo empregador. Decorrido esse período, perde-se a exigibilidade do direito.

Na **prescrição parcial**, por sua vez, tornam-se exigíveis as parcelas anteriores a 5 anos a contar do ajuizamento da ação. Nessa hipótese, prescrição parcial, as prestações possuem previsão em lei, de modo que se **renova a contagem mês a mês**, sempre que a parcela não for paga. Em suma, se a alteração for contratual (contrato individual ou instrumento coletivo), a prescrição será total. Se a alteração afrontar texto da lei, a prescrição será parcial, contando-se o início a cada parcela lesionada (mês a mês). Na prescrição parcial, portanto, inicia-se a contagem do prazo do ajuizamento da ação, e não do ato único do empregador.

A tese da prescrição total e parcial foi criada pela jurisprudência do TST, conforme previsto na Súmula nº 294. A CLT é omissa a respeito do tema e tal modalidade de prescrição não está disciplinada no art. 7º, XXIX, da CF/1988.

Nesse contexto, o C. TST entendeu que o pedido de ação rescisória fundado no art. 485, V, do CPC/73 (art. 966, V do NCPC) não deveria proceder, uma vez que fundado em violação à súmula ou orientação jurisprudencial. Assim, seguindo a linha de entendimento da OJ nº 25 da SDI-II, em razão de a jurisprudência não ser contemplada no conceito de lei, para o E. TST a decisão que declara a prescrição parcial ou total é incapaz de legitimar o ajuizamento da ação rescisória com fulcro no art. 485, V do CPC/73 (art. 966, V do NCPC).

Todavia, acreditamos que o entendimento do TST deverá ser alterado, pois o NCPC, diferentemente do art. 485, V do CPC/73, passa a utilizar a expressão "norma jurídica" e não mais "lei". É sabido que norma jurídica engloba regras e princípios. Além disso, com o novel código é forçoso interpretar que, no sentido de norma jurídica, também há que se incluir os precedentes judiciais, abarcando as súmulas e orientações jurisprudenciais do TST.

Isso ocorre porque o Novo CPC concedeu papel de destaque aos precedentes judiciais, tornando-os obrigatórios, como determina o art. 927. Desse modo, se as súmulas e orientações devem ser obrigatoriamente observadas, a decisão que as contraria viola o ordenamento jurídico. E viola ainda uma norma jurídica, pois o precedente, além de solucionar um determinado caso, cria uma norma abstrata a ser aplicada para os casos futuros. Portanto, o referido dispositivo confere aos precedentes a natureza de fonte de direito, sendo, assim, norma jurídica de observância obrigatória.[169]

Com efeito, pensamos que o art. 966, V, do NCPC, ao se referir à norma jurídica, inseriu os precedentes judiciais, incluindo, dessa forma, as súmulas e as orientações jurisprudenciais, como anunciamos no capítulo I dessa obra.

Desse modo, a presente súmula deverá ser superada, uma vez que a decisão que declara a prescrição parcial ou total em descompasso com a jurisprudência do TST viola norma jurídica, capaz, portanto, de legitimar o ajuizamento da ação rescisória com fulcro no inciso V do art. 966 do NCPC.

8.4.3 Ação rescisória para invalidar transação

8.4.3.1. Termo de conciliação (acordo judicial) (Súmula nº 259 do TST)

> **Súmula nº 259 do TST.** Termo de conciliação. Ação rescisória
>
> Só por ação rescisória é impugnável o termo de conciliação previsto no parágrafo único do art. 831 da CLT.

A súmula que ora se comenta passava, inicialmente, pela interpretação sistemática dos arts. 485, VIII, e 486, ambos do CPC/73, os quais eram aplicados subsidiariamente ao processo do trabalho, por força do art. 769 da CLT.

Dispunha o art. 485, VIII, do CPC/73, que cabia ação rescisória quando houvesse:

---

169. Vide comentários da OJ nº 25 da SDI-II.

fundamento para invalidar confissão, desistência[170] ou transação, em que se baseou a sentença.

Por outro lado, declinava o art. 486 do CPC/73:

> Os atos judiciais, que não dependem de sentença, ou em que esta for meramente homologatória, podem ser rescindidos, como os atos jurídicos em geral, nos termos da lei civil.

A partir da sistemática apresentada pelo CPC/73 indagava-se: havendo sentença homologatória, seria cabível a ação anulatória (art. 486) ou a ação rescisória (art. 485, VIII)?

O C. TST entendeu que **caberia ação rescisória quando a sentença homologatória já estivesse sob o manto da coisa julgada**, sendo admitida a ação anulatória antes do trânsito em julgado, aplicando-se analogicamente o art. 352 do CPC/73[171]. De acordo com esse entendimento, uma vez transitada em julgada a decisão, a simples anulação tornaria o litígio sem solução, dependendo de uma nova decisão que somente seria proferida em ação rescisória por meio do juízo rescisório.

Em suma, para o E. TST a **ação anulatória caberia** quando: 1) o ato judicial não dependesse de sentença; e/ou 2) ajuizada antes do trânsito em julgado da sentença homologatória.

Dessa forma, na hipótese de **homologação de acordo judicial**, o ato depende de sentença homologatória, além do que o termo valerá como decisão irrecorrível, ou seja, a decisão faz coisa julgada no ato da homologação, conforme se depreende do art. 831, parágrafo único da CLT e da Súmula nº 100, V, do TST. Assim, por já ter transitado em julgado, **o meio de impugnação do acordo judicial seria a ação rescisória**, como declina a presente súmula.

No entanto, acreditamos que com a vigência do NCPC esse entendimento deverá ser alterado, provocando o cancelamento desta Súmula.

Primeiro, porque o NCPC não reproduz a redação do art. 485, VIII, do CPC/73 no rol das decisões de mérito que podem ser rescindidas (art. 966), ou seja, a transação não é considerada pelo NCPC como um vício de rescindibilidade.

---

170. Era pacífico na doutrina que o termo desistência deveria ser considerado como renúncia, pois somente esta faz coisa julgada material.
171. DIDIER Jr., Fredie; CUNHA, Leonardo José Carneiro da. *Curso de direito processual civil: Meios de impugnação às decisões judiciais e processo nos tribunais*. 8. ed. Bahia: JusPODIVM, 2010. v. 3, p. 420; CÂMARA, Alexandre Freitas. *Lições de direito processual civil*. 8. ed. Rio de Janeiro: Lumen Juris, 2004. v. 2, p. 22; NEVES, Daniel Amorim Assumpção. *Manual de direito processual civil*. 2. ed. Rio de Janeiro: Forense; São Paulo: Método, 2010. p. 733.

Segundo, porque o art. 393 do NCPC altera de modo substancial a previsão do art. 352 do CPC/73 e passa a declinar, expressamente, que a confissão poderá ser **anulada** se decorrente de erro de fato ou de coação, excluindo, portanto, a possibilidade de rescisão após o trânsito em julgado da decisão.

Terceiro, porque o art. 966, §4º do NCPC vaticina:

> § 4º Os atos de disposição de direitos, praticados pelas partes ou por outros participantes do processo e homologados pelo juízo, bem como os atos homologatórios praticados no curso da execução, estão sujeitos à anulação, nos termos da lei.

Portanto, tal dispositivo é enfático ao admitir tão somente o ajuizamento da ação anulatória do acordo judicial, afastando o cabimento da ação rescisória.

Quarto, porque, apesar de o art. 831, parágrafo único, da CLT declinar que o termo lavrado na conciliação valerá como decisão irrecorrível, ele não se mostra incompatível com o NCPC, uma vez que, a irrecorribilidade do ato tem apenas o condão de gerar o trânsito em julgado e, não necessariamente, possibilitar o ajuizamento da ação rescisória. Esta somente é admitida quando presentes os vícios de rescindibilidade, que não estão inseridos na CLT, mas sim no CPC, o qual é aplicável subsidiariamente ao processo do trabalho, por força do art. 836 da CLT. Com efeito, não sendo a transação considerada como vício de rescindibilidade, inadmissível o ajuizamento de ação rescisória, devendo o acordo ser atacado por meio de ação anulatória.

Essa ação busca anular o ato processual praticado pela parte em juízo (acordo judicial) e não o ato judicial propriamente dito (homologação). Isso porque, a homologação tem como objetivo apenas tornar o ato jurídico perfeito. Nesse sentido leciona Marinoni:

> Por essa razão, toda a força decorrente dos atos homologatórios, em verdade, não está precisamente no ato estatal, mas no *ato jurídico perfeito* que reconhece e envolve. O que se torna imutável em razão do ato homologatório não é exatamente o ato judicial, mas o ato processual realizado que, por enquadrar-se na categoria de ato jurídico perfeito, integra o núcleo duro do direito à segurança jurídica ao lado da coisa julgada (art. 5º, XXXVI, da CF). (Grifos no original)[172]

Quando a ação anulatória for julgada procedente, os atos subsequentes que dependam do ato anulado serão considerados ineficazes e o processo originário deverá ser retomado a partir do momento em que ocorreu o ato anulado, *in*

---

172. MARINONI, Luiz Guilherme; ARENHART, Sérgio Cruz; MITIDIERO, Daniel. *Novo curso de processo civil: tutela dos direitos mediante procedimento comum*, volume II. São Paulo: Editora Revista dos Tribunais, 2015, p. 599.

casu, da conciliação pois, "embora a ação anulatória não vise propriamente à desconstituição da decisão homologatória, é evidente que a anulação do ato homologado a esvazia, tornando-a reflexamente sem efeito"[173].

Em outros termos, anulando-se o acordo judicial o processo originário retorna seu trâmite natural no juízo de origem a partir do acordo, permitindo-se o julgamento da causa, inclusive para frustrar objetivos ilícitos pretendidos pelas partes, quando for o caso (NCPC, art. 142).

Cabe consignar que a competência para o julgamento da ação anulatória é do juízo de primeiro grau em que tramitou o processo no qual o ato que se pretende anular foi praticado, pois se trata de ação acessória à ação principal, conforme dispõem o art. 61 do NCPC[174] e a OJ nº 129 da SDI-II do TST.

Por fim, há que se fazer uma observação. Quanto à União Federal, em relação às contribuições previdenciárias, é cabível o recurso ordinário[175] do acordo judicial firmado na fase de conhecimento (CLT, art. 831, parágrafo único e art. 832, § 4º), o que significa que o trânsito em julgado ocorrerá com o esgotamento de seu prazo recursal (16 dias). Portanto, o trânsito em julgado, no que se refere às contribuições previdenciárias, terá momento diferenciado para a União Federal, só havendo interesse de agir para a ação anulatória após escoamento de tal prazo.

8.4.3.2. Acordo prévio ao ajuizamento da reclamação (OJ nº 154 da SDI-II do TST)

> **Orientação Jurisprudencial nº 154 da SDI – II do TST.** Ação rescisória. Acordo prévio ao ajuizamento da reclamação. Quitação geral. Lide simulada. Possibilidade de rescisão da sentença homologatória de acordo apenas se verificada a existência de vício de consentimento
>
> A sentença homologatória de acordo prévio ao ajuizamento de reclamação trabalhista, no qual foi conferida quitação geral do extinto contrato, sujeita-se ao corte rescisório tão somente se verificada a existência de fraude ou vício de consentimento.

---

173. MARINONI, Luiz Guilherme; ARENHART, Sérgio Cruz; MITIDIERO, Daniel. *Novo curso de processo civil: tutela dos direitos mediante procedimento comum*, volume II. São Paulo: Editora Revista dos Tribunais, 2015, p. 600.
174. NCPC, art. 61. A ação acessória será proposta no juízo competente para a ação principal.
175. Nesse sentido: MARTINS, Sérgio Pinto. *Comentários à CLT*. 13. ed. São Paulo: Atlas, 2009. p. 862 e MOURA, Marcelo. *Consolidação das leis do trabalho para concursos*. 1. ed. Bahia: JusPODIVM, 2011. p. 1074. Em sentido contrário, entendendo que, no caso, a União deverá se manifestar por simples petição: LEITE, Carlos Henrique Bezerra. *Curso de direito processual do trabalho*. 9. ed. São Paulo: LTr, 2011. p. 789. Há, ainda, julgados que admitem ser cabível o agravo de petição.

A Súmula nº 259 do TST declina que o acordo judicial, por transitar em julgado no ato de sua homologação, é suscetível de ação rescisória.

Com a inclusão da orientação em exame, ao que parece, o C. TST permitiu a rescindibilidade do acordo judicial em duas hipóteses: a) quando há colusão entre as partes (OJ nº 94 da SDI – II) e b) quando há vício de consentimento, o que é disciplinado na orientação em comentário.

A colusão das partes pressupõe o **consentimento de ambas as partes** com o objetivo de utilizar o processo judicial para fins ilícitos, seja para prejudicar terceiros ou para fraudar a lei. Aqui, o C. TST entende cabível a ação rescisória com fundamento no art. 485, III, do CPC/73 (art. 966, III, do NCPC).

Por outro lado, embora o acordo decorra de vontade mútua das partes, pode acontecer de uma das partes manifestar sua **vontade de forma viciada**. Noutras palavras, a vontade declarada não coincide exatamente com a vontade interna do agente, havendo disparidade entre a vontade real e a declarada[176]. Nesse caso, tem-se a denominada "**lide simulada**", também chamada coloquialmente de "casadinha", que, no entender da Corte Trabalhista, poderia ser rescindida com fulcro no antigo inciso VIII do art. 485 do CPC/73[177], o qual estabelecia que cabia ação rescisória se houvesse "fundamento para invalidar confissão, desistência ou **transação**, em que se baseou a sentença." (grifo nosso)

Registra-se que verificamos atualmente considerável número das chamadas "lides simuladas", nas quais o empregado é dispensado e, por expressa exigência de seu ex-empregador, tem que ajuizar reclamação trabalhista como condição para receber suas verbas rescisórias, inclusive com o advogado indicado pela empresa. Na reclamação é realizado acordo para dar plena quitação não apenas dos pedidos iniciais, mas também do extinto contrato de trabalho. Tal acordo acaba por fulminar os demais direitos dos obreiros, vez que a quitação geral sem ressalvas, no entender da jurisprudência predominante do TST, alcança todas as parcelas do extinto contrato de trabalho (OJ nº 132 da SDI – II do TST).

Diante disso, o TST entendeu que o meio viável para a desconstituição desse ajuste simulado é a ação rescisória. A prova dessa simulação, em regra, é basicamente indiciária, buscando demonstrar o objetivo de fraudar a lei e prejudicar o obreiro. Assim, a quitação geral do extinto contrato de trabalho somado à indicação do advogado do empregado pelo próprio ex-empregador, dentre outros, são indícios evidentes a demonstrar a simulação do ato.

Infelizmente o **C. TST** na presente orientação entende que a **prova indiciária não é motivo para demonstrar a "lide simulada". Exige a demonstração de**

---

176. BARROS, Flávio Augusto Monteiro de. *Manual de direito civil: Lei de introdução e parte geral*. São Paulo: Método, 2005. v. 1, p. 242-243.
177. Sem correspondente no Novo CPC.

vício de consentimento anterior à decisão homologatória, com base no art. 171, II, c/c o art. 849, *caput*, do CC/02. Em outros termos, incumbe ao autor da ação rescisória comprovar a efetiva existência dos defeitos de consentimento ou de vontade para invalidar o acordo judicial, tais como o erro, dolo, coação, estado de perigo ou lesão. Pode ainda demonstrar a fraude do ato.

Nesse contexto, a Corte Trabalhista entende que o simples fato de o trabalhador comparecer espontaneamente à audiência que homologou o acordo realizado entre as partes afasta a existência de vício de consentimento. Ademais, o C. TST, em precedente dessa orientação, chega a afirmar que:

> (...) a reclamante participou da audiência em que homologado o acordo. Assim, não se afigura erro sobre a qualidade essencial do ato, qual seja, encerrar a via judicial com quitação das verbas rescisórias, pois a parte sabia a utilidade e finalidade do ato jurídico que estava promovendo, não se tratando a hipótese da ocorrência de vício de consentimento mas de ajuste mediante concessões recíprocas livremente manifestadas.
>
> Registra-se que a reclamante poderia, em vez de celebrar o acordo dando quitação pelo extinto contrato de trabalho, ter optado por constituir outro advogado e prosseguir com a reclamação trabalhista postulando as parcelas que considerava devidas, procedimento inclusive adotado por uma das testemunhas do autor, conforme registrado no acórdão recorrido, valendo ressaltar que eventual prejuízo em relação ao valor recebido não é motivo suficiente para que se possa deduzir a existência de vícios que invalidem a transação[178].

Pensamos, porém que o melhor seria o cancelamento dessa orientação.

Primeiro, porque aludido entendimento foge à realidade existente nas Varas do Trabalho, afasta-se da ideia de hipossuficiência que vigora no Direito do Trabalho e, consequentemente, provoca reflexos no processo laboral. Além disso, estimula a fraude dos direitos trabalhistas.

Segundo, porque o entendimento consubstanciado na presente orientação encontra-se dissonante do preconizado pelo NCPC, o qual atingiu frontalmente sua *ratio decidendi* (fundamentos determinantes). Conforme comentamos na Súmula nº 259 do TST, acreditamos que o posicionamento do TST deverá ser alterado, passando-se a admitir o ajuizamento de ação anulatória para atacar o ato jurídico objeto da decisão homologatória, não se admitindo, consequentemente, a ação rescisória.

Isso porque, o NCPC não reproduz a redação do art. 485, VIII, do CPC/73 no rol das decisões de mérito que podem ser rescindidas (art. 966), ou seja, a transação deixa de ser considerada como vício de rescindibilidade a legitimar

---

178. TST – ROAR 1065386-38.2003.5.04.0900. Min. Antônio José Barros Levenhagen. DJ 11.3.2005.

o corte rescisório. Por outro lado, o art. 966, §4º do NCPC passa a dispor, expressamente, que os atos de disposição de direitos homologados pelo juízo (ex. transação), bem como os atos homologatórios praticados no curso da execução apenas estão sujeitos à anulação.

Desse modo, caso o acordo judicial homologado judicialmente tenha como objeto um ato de vontade viciado, acreditamos que somente caberá ação anulatória e não mais ação rescisória. Após a anulação do ato e tornada sem efeito a sentença homologatória, o processo originário deverá retornar a partir o ato anulado[179].

Antes de finalizar os comentários dessa orientação cabe consignar que, em regra, a "lide simulada" provoca a utilização da Justiça do Trabalho como órgão meramente homologador de rescisões contratuais.

No entanto, não se pode permitir que o Judiciário seja acionado indevidamente para obtenção de vantagem ilícita, utilizando-o para exercer o papel do próprio sindicato ou do Ministério do Trabalho e Emprego no que se refere à homologação das rescisões contratuais. Com efeito, a gravidade desse vício legitima o Ministério Público do Trabalho a ajuizar a ação anulatória, vez que há interesse público na proteção ao ordenamento jurídico e na segurança dos jurisdicionados (CF/88, art. 127, *caput;* NCPC, art. 178, I; LC 75/93, art. 83, I).

Além disso, o Ministério Público do Trabalho também poderá atuar para prevenir que tais práticas não ocorram no futuro, firmando termo de ajustamento de conduta ou ajuizando ação civil pública em face dos empregadores para que o Poder Judiciário não seja utilizado como mero órgão homologador de rescisões trabalhistas.

8.4.4. Ação rescisória para invalidar confissão (Súmula nº 404 do TST)

> **Súmula nº 404 do TST.** Ação rescisória. Fundamento para invalidar confissão. Confissão ficta. Inadequação do enquadramento no art. 485, VIII, do CPC.
>
> O art. 485, VIII299, do CPC, ao tratar do fundamento para invalidar a confissão como hipótese de rescindibilidade da decisão judicial, refere-se à confissão real, fruto de erro, dolo ou coação, e não à confissão ficta resultante de revelia.

---

179. Vide comentários da Súmula 259 do TST e OJ nº 158 da SDI-II do TST.
180. Sem correspondente no Novo CPC.

A confissão pode ser tácita (*ficta*) ou expressa (real).

No primeiro caso, há uma presunção criada pelo ordenamento, no sentido de que os fatos alegados são verdadeiros quando não houver defesa do réu, não comparecerem as partes para depor ou, ainda, quando comparecerem, mas se recusarem a depor. Tal confissão está ligada a **atos omissivos** das partes.

Já a confissão real vem disciplinada no art. 389 do NCPC, ocorrendo quando a parte expressamente admite, de forma voluntária, a verdade de um fato, contrário ao seu interesse e favorável ao adversário. Trata-se, portanto, de **ato positivo** decorrente de manifestação de vontade das partes, seus representantes ou advogados, nesse último caso quando tiver poderes para tanto.

Percebe-se, por aludida diferenciação, que apenas a confissão real possui manifestação de vontade que pode estar viciada. Desse modo, a invocação de erro, dolo ou coação pressupõe uma manifestação de vontade.

Nesse contexto, o art. 352, II, do CPC/73, contemplava a possibilidade de se ajuizar ação rescisória para "revogar" a confissão emanada de erro, dolo ou coação.

Com efeito, a **confissão ficta**, por ser **ausente de vontade**, afastava a incidência de vícios de consentimento a legitimar o ajuizamento da ação rescisória, com fulcro no art. 485, VIII, do CPC/73, como nos ensinava Bernardo Pimentel Souza:

> Ao revés, a confissão *ficta* proveniente do artigo 319 não autoriza a desconstituição do julgado, já que o inciso VIII do artigo 485 cuida apenas da confissão real (...)[181].

Assim, analisando sistematicamente os arts. 352, II, e 485, VIII, ambos do CPC/73, o C. TST entendeu que somente a confissão real era capaz de ensejar a ação rescisória.

Contudo, a presente súmula teve sua *ratio decidendi* (fundamento determinante) frontalmente atingida pelo Novo CPC, o que deverá provocar seu cancelamento.

Isso porque, o art. 393 do NCPC, diferentemente do art. 352 do CPC/73, não admite o ajuizamento de ação rescisória para atacar a confissão, permitindo que ela possa ser discutida por meio da ação anulatória, quando decorrente de erro de fato ou de coação.

Do mesmo modo, o inciso VIII do art. 485 do CPC/73 não possui correspondência no Novo CPC, conforme se observa no rol do art. 966, ou seja, a confissão deixou de ser um vício de rescindibilidade a legitimar o corte rescisório.

---

181. SOUZA, Bernardo Pimentel *apud* KLIPPEL, Bruno. *Direito sumular esquematizado – TST*. São Paulo: Saraiva, 2011. p. 538.

Portanto, os dois dispositivos que embasavam a presente súmula foram substancialmente alterados, impedindo a manutenção dessa súmula.

No entanto, fica a indagação: somente por ação anulatória a confissão poderá ser atacada? E quando a confissão viciada for fundamento de sentença de mérito transitada em julgado, a ação anulatória será eficaz para afastar a coisa julgada material?

A doutrina, já antevendo tal questionamento, passa a sustentar que, não havendo trânsito em julgado, será cabível ação anulatória para invalidar a confissão. Por outro lado, já existindo coisa julgada é possível o ajuizamento de ação rescisória com fundamento no inciso VI do art. 966, que trata da prova falsa[182], ou no inciso II, que diz respeito à coação ou dolo da parte vencedora em detrimento da parte vencida.

> Neste caso, a ação será ajuizada contra a *decisão transitada em julgado*, e não contra a confissão. Uma ação anulatória ajuizada contra a confissão, quando já há coisa julgada, é inócua: mesmo vitoriosa a parte, a coisa julgada permaneceria intacta. É preciso desfazer a coisa julgada – e isso tem de ser feito por ação rescisória[183]. (grifo no original)

Com efeito, mesmo com o advento do Novo CPC será possível discutir a confissão incidentalmente na ação rescisória.

Essa conclusão não mantém viva a presente súmula, pois, como visto, teve seus fundamentos determinantes alterados, podendo, no máximo, dar origem a um novo entendimento, interpretando os incisos II e VI do art. 966 do NCPC.

Por fim, é interessante destacar que o Novo CPC não considera o dolo como vício a legitimar a invalidação da confissão. Tal alteração contempla o entendimento majoritário da doutrina, bem com o disposto no art. 214 do CC que excluiu a possibilidade de invalidação da confissão por dolo, vez que, mesmo havendo dolo, a confissão somente será invalidada quando provocar um erro de fato. Noutras palavras, o dolo só tem relevância jurídica se provocar um erro de fato. Ademais, registra-se que a legitimidade para ajuizar essa ação é exclusiva do confitente, podendo ser transferida a seus herdeiros se ele falecer após a propositura da demanda (CPC, art. 393, parágrafo único).

---

182. NEVES, Daniel Amorim Assumpção. *Novo Código de Processo Civil – Lei 13.015/2015*. Rio de Janeiro: Forense, São Paulo: MÉTODO, 2015, p. 494.
183. DIDIER JR., Fredie; BRAGA, Paula Sarno; OLIVEIRA, Rafael Alexandria de. *Curso de Direito Processual Civil: teoria da prova, direito probatório, decisão, precedente, coisa julgada e tutela provisória*, vol. 2. 10. ed. Salvador: Editora JusPODIVM, 2015, p. 172.

8.5. Ação cautelar para suspender execução da decisão rescindenda (OJ nº 131 da SDI-II do TST)

> **Orientação Jurisprudencial nº 131 da SDI – II do TST.** Ação rescisória. Ação cautelar para suspender execução da decisão rescindenda. Pendência de trânsito em julgado da ação rescisória principal. Efeitos
>
> A ação cautelar não perde o objeto enquanto ainda estiver pendente o trânsito em julgado da ação rescisória principal, devendo o pedido cautelar ser julgado procedente, mantendo-se os efeitos da liminar eventualmente deferida, no caso de procedência do pedido rescisório ou, por outro lado, improcedente, se o pedido da ação rescisória principal tiver sido julgado improcedente.

Conforme declina a Súmula nº 405 do TST, para o C. TST é cabível pedido cautelar, na ação rescisória, com o objetivo de suspender a fase executória do processo principal[184]. Com efeito, para facilitar a compreensão dessa orientação iniciaremos com um exemplo:

> Paulo ajuíza reclamação trabalhista em face da empresa X postulando o pagamento de horas extras, sendo seus pedidos julgados procedentes. Transitada em julgada a decisão, inicia-se a execução definitiva. Nesse momento, a empresa toma conhecimento de que o reclamante, Paulo, é pai do juiz que proferiu a decisão. Desse modo, formula pedido cautelar antecedente para suspender a execução, sendo deferida a liminar. Em seguida, ajuíza ação rescisória (principal) para rescindir a decisão transitada em julgado, com fundamento no art. 966, II, do NCPC (impedimento do juiz).

A tutela cautelar tem como finalidade garantir o resultado útil do processo, no caso, da ação rescisória. Surge daí a sua natureza instrumental, acessória e conservativa.

Diante dessa natureza, a tutela cautelar, à época do CPC/73, era formulada em processo autônomo tendo regramento próprio quanto à eficácia de sua medida, estabelecendo o art. 808, III, do CPC/73:

> Art. 808. Cessa a eficácia da medida cautelar:
>
> (...)
>
> III – se o juiz declarar extinto o processo principal, com ou sem julgamento do mérito. (...)

---

184. Para verificar a discussão acerca da natureza da tutela que postula a suspensão dos efeitos da decisão, vide os comentários da Súmula nº 405 do TST.

Interpretando aludido dispositivo, parte da doutrina entendia que, na hipótese de deferimento da medida cautelar e posterior extinção sem resolução do mérito ou improcedência dos pedidos do processo principal, gerando a derrota do autor, haveria imediata perda da eficácia da medida cautelar que o favorecia. Isso porque a decisão proferida no processo principal decorria de cognição exauriente, enquanto a decisão da tutela cautelar era fundada em cognição sumária, o que significava que aquela deveria prevalecer a esta[185].

O C. TST, no entanto, optou por acompanhar a outra parte da doutrina que afirmava que a **perda da eficácia da medida cautelar somente se consolidaria com o trânsito em julgado da decisão do processo principal**, pois existia a possibilidade de ser reformada ou anulada em grau de recurso[186].

Conquanto o TST tenha adotado o posicionamento anterior, criou vinculação entre o julgamento do processo principal e do processo cautelar, aproximando-se de certa forma da primeira tese. Melhor explicando, com a finalidade de não permitir que uma decisão embasada em cognição exauriente (decisão da ação rescisória) seja sobreposta por decisão proferida em cognição sumária (medida cautelar), o C. TST disciplinou nessa orientação que o processo cautelar seguiria a sorte do processo principal, vez que, sendo procedente este, aquele também será procedente, enquanto a improcedência dos pedidos do processo principal provocará a improcedência dos pedidos cautelares.

Registra-se que, para a Corte Trabalhista, serão mantidos os efeitos da liminar na hipótese de **concessão de liminar da tutela cautelar e posterior procedência dos pedidos do processo principal** (no caso a ação rescisória). Na realidade, a nosso ver, o que acontecia no caso era que o processo principal absorvia os efeitos da medida liminar, continuando a produzir efeitos, pois o recurso da decisão na ação rescisória tem efeito meramente devolutivo. Em termos práticos, o que tínhamos era a manutenção da suspensão da execução até o trânsito em julgado da decisão da ação rescisória.

No entanto, com a vigência do NCPC, acreditamos que a presente súmula deverá ser cancelada.

É que o novo diploma legislativo exclui a possibilidade de um processo cautelar autônomo, tal como previsto nesta orientação. Com o novel código, a tutela cautelar, seja antecedente, seja incidental, será formulada **dentro da mesma relação processual**, inviabilizando a vinculação entre processos distin-

---

185. NEVES, Daniel Amorim Assumpção. *Manual de direito processual civil*. 2. ed. Rio de Janeiro: Forense; São Paulo: Método, 2010. p. 1148.
186. KLIPPEL, Rodrigo; BASTOS, Antonio Adonias. *Manual de processo civil*. Rio de Janeiro: Lumen Juris, 2011. p. 1565.

tos como proposto pelo C. TST na presente orientação, ao destacar inclusive a "perda de objeto" da ação cautelar.

Porém, é importante destacar que, sob o aspecto substancial, a temática seguirá, de certo modo, o caminho apresentado pelo C. TST.

Isso ocorre porque, como aludido, o NCPC admite que a tutela cautelar poderá ser requerida de forma antecedente ou incidental (NCPC, art. 294, parágrafo único), sem prejuízo, neste último caso, de ser postulada em conjunto com a petição inicial[187].

Na hipótese de tutela provisória **cautelar antecedente** a petição "indicará a lide e seu fundamento, a exposição sumária do direito que se objetiva assegurar e o perigo de dano ou o risco ao resultado útil do processo" (NCPC, art. 304, caput). Deferida ou não a **liminar** pleiteada, o réu será citado para apresentar resposta ao pedido cautelar, no prazo de 5 dias, sob pena de serem considerados verdadeiros os fatos alegados pelo autor. Sendo apresentada resposta, seguirá o procedimento comum, admitindo-se a instrução processual (NCPC, art. 307, parágrafo único). Ato contínuo o juiz resolve o pedido cautelar.

Sendo **improcedente** do pedido cautelar, o processo será extinto, não impedindo a formulação do pedido principal. Nesse caso, pode a parte formular "o pedido principal (art. 310), devendo, porém, constar de petição inicial de processo novo, de cognição plena e não sumária"[188].

Por outro lado, sendo **procedente** o pedido cautelar, a pretensão principal deverá ser formulada no prazo de 30 dias, a contar de sua efetivação, caso em que será apresentado nos **mesmos autos** em que deduzido o pedido de tutela cautelar (NCPC, art. 308). Desse modo, no final do processo, será proferida sentença que resolverá o mérito (ou não), mantendo, ou não, a medida cautelar. A propósito, o art. 309, III, do NCPC declina que "cessa a eficácia da tutela concedida em caráter antecedente, se: (...) III – o juiz julgar improcedente o pedido principal formulado pelo autor ou extinguir o processo sem resolução de mérito".

Com efeito, no Novo CPC não existem processos distintos como apresentado pelo C.TST na presente orientação, mas a decisão final certamente provocará reflexos na tutela cautelar, vez que está será mantida ou não na decisão final, seguindo a sorte do pedido definitivo.

---

187. THEODORO JÚNIOR, Humberto. *Curso de Direito Processual Civil – Teoria geral do direito processual Civil, processo de conhecimento e procedimento comum*, vol. I. Rio de Janeiro: Forense, 2015, p. 644.
188. THEODORO JÚNIOR, Humberto. *Curso de Direito Processual Civil – Teoria geral do direito processual Civil, processo de conhecimento e procedimento comum*, vol. I. Rio de Janeiro: Forense, 2015, p. 642.

CAPÍTULO III

SÚMULAS E ORIENTAÇÕES JURISPRUDENCIAIS MODIFICADAS OU REINTERPRETADAS

1. INTRODUÇÃO

Neste capítulo, iremos analisar as súmulas e orientações jurisprudenciais que, embora não tenham sofrido impactos tão significativos do NCPC, a ponto de serem superadas, terão que ser pontualmente modificadas ou, pelo menos, reinterpretadas pelo TST.

É evidente que as alterações das súmulas e orientações jurisprudenciais constantes nesse capítulo, não deverão ocorrer como no processo legislativo, ou seja, simplesmente com a modificação ou reinterpretação de suas redações. Impõe-se a existência de decisões reiteradas. Contudo, antes da existência de decisões reiteradas a legitimar sua alteração, o C. TST já poderá sinalizar (*signaling*) a superação de seu entendimento.

A *signaling* consiste na técnica utilizada quando um tribunal, apesar de aplicar determinado precedente, ao perceber sua desatualização, sinaliza sua futura superação. A técnica tem como objetivo conceder segurança jurídica aos jurisdicionados, uma vez que evita a superação do precedente de forma repentina.

A sinalização de possível mudança nos precedentes tem como função, além da preservação da segurança jurídica e da confiança aos jurisdicionados, a provocação de novo debate público no tocante ao entendimento sinalizado, conforme previsão do § 2º do art. 927 do NCPC, *in verbis*:

> § 2º A alteração de tese jurídica adotada em enunciado de súmula ou em julgamento de casos repetitivos poderá ser precedida de audiências públicas e da participação de pessoas, órgãos ou entidades que possam contribuir para a rediscussão da tese.

Não se pode negar que a sinalização gera insegurança momentânea aos jurisdicionados, já que, não sendo expressa, não se sabe exatamente qual o caminho a ser seguido pela Corte. Nesse contexto, como declina Lucas Buril, "a segurança é um importante objetivo a se alcançar em qualquer sistema jurídico, todavia, ela não é absoluta, pelo que a antecipação da superação, embora reduza a segurança, promove uma mudança desejada no Direito, atendendo a exigências sociais, e, assim, ao próprio sistema jurídico"[1].

2. PARTES E PROCURADORES

2.1. Capacidade postulatória – Jus postulandi (Súmula nº 425 do TST)

> **Súmula nº 425 do TST.** Jus postulandi na Justiça do Trabalho. Alcance
>
> O *jus postulandi* das partes, estabelecido no art. 791 da CLT, limita-se às Varas do Trabalho e aos Tribunais Regionais do Trabalho, não alcançando a ação rescisória, a ação cautelar, o mandado de segurança e os recursos de competência do Tribunal Superior do Trabalho.

O *jus postulandi*, no processo do trabalho, está previsto no art. 791 da CLT, consistindo na possibilidade de o empregado e empregador postularem em juízo pessoalmente, ou seja, sem a necessidade de advogado. Trata-se da chamada capacidade postulatória que, no âmbito civil, restringe-se, em regra, aos advogados.

Com o advento do art. 133 da Constituição Federal de 1988 e, principalmente, da Lei nº 8.906/94, que, em seu art. 1º, I, estabeleceu ser ato privativo do advogado "a postulação a qualquer órgão do Poder Judiciário e aos juizados especiais", passou-se a discutir se o art. 791 da CLT ainda permanecia em vigor.

O TST, por meio da Súmula nº 329, disciplinou que o *jus postulandi* permanecia vigorando na Justiça do Trabalho mesmo após a promulgação da Constituição Federal. O STF, por sua vez, decidiu que a capacidade postulatória dos advogados não é obrigatória na Justiça do Trabalho.[2]

Nesse sentido, a doutrina e a jurisprudência majoritárias admitem que o *jus postulandi* pode ser exercido no **âmbito da Justiça do Trabalho**, seja na instância ordinária, seja na extraordinária, como se verifica pelos comentários do doutrinador Carlos Henrique Bezerra Leite:

---

1. MACÊDO, Lucas Buril de. *Precedentes judiciais e o direito processual civil*. Salvador: JusPODIVM, 2015. p. 415.
2. STF – ADI nº 1.127. Rel. Min. Marco Aurélio. DJ 11.6.2010.

sobreleva registrar, por oportuno, que no processo do trabalho o *ius postulandi* das próprias partes só pode ser exercido junto à Justiça do trabalho. Isso significa que na hipótese de interposição de recurso extraordinário para o Supremo Tribunal Federal esgota-se a "jurisdição trabalhista", razão pela qual a parte deverá estar necessariamente representada por advogado.[3]

Ocorre, no entanto, que o Tribunal Superior do Trabalho, em decisões reiteradas, passou a não aplicar o *jus postulandi* para ações de rito especial que tramitavam na Justiça do Trabalho, sob o argumento de que tais ações deveriam seguir o rito do processo civil. Cite-se como exemplo a ação rescisória, em que a CLT é expressa em remeter ao processo civil (CLT, art. 836).

Não bastassem as ações de rito especial, a **Corte Trabalhista,** na súmula em comentário, **restringiu o** jus postulandi **às Varas do Trabalho e aos Tribunais Regionais do Trabalho.** Em outros termos, não admitiu o ajuizamento de recursos no TST pelas próprias partes, diminuindo, portanto, a incidência do art. 791 da CLT. Fundamentou-se que o referido artigo apenas permite às partes o direito de terem o acesso à justiça e acompanharem suas reclamações trabalhistas pessoalmente, nada mais. Além disso, os recursos interpostos no TST, em regra, são de natureza extraordinária, exigindo atuação eminentemente técnica para o preenchimento de seus pressupostos específicos. Contudo, atente-se para o fato de que, mesmo nos recursos de natureza ordinária interposto no TST, não se aplica o *jus postulandi*.

Trata-se, nos dizeres do magistrado e doutrinador Júlio César Bebber, da existência de meio-*jus postulandi*, o qual não possui base científica[4].

De qualquer modo, a partir da presente súmula o jus postulandi **não é admitido para a ação rescisória, mandado de segurança[5], ações cautelares e nos recursos de competência do TST.**

Cabe consignar que a presente súmula deverá ser pontualmente modificada com a vigência do NCPC, uma vez que ele exclui o processo cautelar como processo autônomo, devendo, as medidas cautelares serem requeridas no bojo do mesmo processo, sem a necessidade de instauração de uma nova relação processual[6].

---

3. LEITE, Carlos Henrique Bezerra. *Curso de direito processual do trabalho*. 6. ed. São Paulo: LTr, 2008. p. 403.
4. BEBBER, Júlio César. *Recursos no processo do trabalho*. 2. ed. São Paulo: LTr, 2009. p. 126.
5. Inclusive quando se tratar de recurso pelo autoridade coatora. TST-RO-126400-41.2009.5.03.0000, SBDI-II, rel. Min. Alberto Luiz Bresciani de Fontan Pereira, 9.12.2014 (Informativo nº 97).
6. FLEXA, Alexandre; MACEDO, Daniel; BASTOS, Fabrício. *Novo Código de Processo Civil – temas inéditos, mudanças e supressões*. SALVADOR: Editora JusPODIVM, p. 222.

Com efeito, a tutela cautelar, no novel código, embora possa ser postulada de forma antecedente e incidental (NCPC, art. 294, parágrafo único), em ambos os casos pressupõe uma única relação processual.

Desse modo, sendo as medidas cautelares requeridas no bojo da relação processual, necessário que seja permitido o *jus postulandi*. Caso contrário, será criada uma situação ilógica no direito processual do trabalho, uma vez que, a parte deverá ser representada por advogado para requerer tutela provisória cautelar antecedente, mas para a formulação do pedido principal (art. 308 do NCPC), poderá postular em juízo pessoalmente, ou seja, sem a presença de advogado.

O mesmo ocorrerá na tutela provisória cautelar incidental que, embora requerida por simples petição, dependerá de advogado, enquanto os demais atos processuais poderão seguir por meio do *jus postulandi*.

O pior ocorrerá quando a tutela cautelar for postulada na petição inicial. Nesse caso, mantendo-se o atual entendimento do C. TST, será vedado o pedido cautelar na petição inicial quando se utilizar do *jus postulandi*, interpretação que não podemos admitir, sob pena de violação do acesso ao judiciário (CF, art. 5º, XXXV).

Assim, acreditamos que a presente súmula deverá ser modificada para excluir a expressão "ação cautelar", possibilitando que a tutela cautelar, seja antecedente, seja incidental, possa ser requerida utilizando-se do *jus postulandi*.

Registra-se ainda que o jus postulandi **se aplica aos empregados e empregadores, não sendo aplicado**, porém, **nos embargos de terceiros, recursos de peritos e depositários**[7].

Quanto às **ações oriundas relação de trabalho,** decorrentes da ampliação da competência da Justiça do Trabalho pela Emenda Constitucional nº 45/04, parte majoritária da doutrina entende que o *jus postulandi* não é aplicável, pois os arts. 3º, § 3º, e 5º da IN nº 27/2005 do TST determinam que, nessa hipótese, o pagamento de honorários advocatícios decorre da mera sucumbência, o que significa que, implicitamente, exigiu-se a presença do advogado[8]. Para a outra tese, à qual nos filiamos, aplica-se o *jus postulandi* nas referidas ações, vez que o art. 1º da IN nº 27/2005 estabelece que nessas ações incidem as mesmas regras procedimentais que as da relação de emprego[9]. Essa tese ficou aprovada na 1ª Jornada de Direito Material e Processual do Trabalho, por meio do Enunciado 67, *in verbis*:

---

7. MARTINS, Sérgio Pinto. *Comentários à CLT*. 13. ed. São Paulo: Atlas, 2009. p. 820.
8. LEITE, Carlos Henrique Bezerra. *Curso de direito processual do trabalho*. 9. ed. São Paulo: LTr, 2011. p. 411.
9. No mesmo caminho entende o doutrinador Cléber Lúcio, declinando a necessidade de nova leitura do art. 791 da CLT, após a ampliação da competência da Justiça do Trabalho, de modo a "dar o máximo de efetividade ao benefício que o legislador quis conferir aos que buscam socorro no Judiciário Trabalhista". ALMEIDA, Cleber Lúcio de Almeida. *Direito processual do trabalho*. 4. ed., rev., atual. e ampl. Belo Horizonte: Del Rey, 2012. P. 385

JUS POSTULANDI. ART. 791 DA CLT. RELAÇÃO DE TRABALHO. POSSI-BILIDADE. A faculdade de as partes reclamarem, pessoalmente, seus direitos perante a Justiça do Trabalho e de acompanharem suas reclamações até o final, contida no artigo 791 da CLT, deve ser aplicada às lides decorrentes da relação de trabalho.

Por fim, não podemos ainda deixar de explanar que a restrição do *jus postulandi* feito pelo TST nessa súmula impõe a revisão, pela própria Corte Trabalhista, acerca do pagamento dos honorários advocatícios. Isso porque, se o advogado tem capacidade postulatória privativa para os casos aludidos anteriormente, é evidente que faz *jus* aos honorários advocatícios, razão pela qual merece nova revisão a Súmula nº 219 do TST ou, ainda seria melhor, seu próprio cancelamento.

2.2. Representação

2.2.1. Procuração. Mandato tácito (Súmula nº 164 do TST)

> **Súmula nº 164 do TST.** Procuração. Juntada
>
> O não cumprimento das determinações dos §§ 1º e 2º do art. 5º da Lei nº 8.906, de 04.07.1994 e do art. 37, parágrafo único, do Código de Processo Civil[10] importa o não conhecimento de recurso, por inexistente, exceto na hipótese de mandato tácito.

A procuração é o instrumento do mandato (CC/02, art. 653), razão pela qual o advogado somente está habilitado a atuar em juízo em nome de seu cliente após sua outorga, preenchendo assim o pressuposto processual da **capacidade postulatória**.

O mandato, em regra, deve ser expresso, a fim de conferir os poderes legítimos aos mandatários. Admite-se, entretanto, o mandato tácito ou *apud acta*, que, embora a jurisprudência não os distinga, parte da doutrina encontra diferença entre eles. Nesse sentido, entende Renato Saraiva:

> O **mandato tácito** é formado em função do comparecimento do causídico à audiência, representando qualquer das partes e praticando atos processuais, constando seu nome na ata de audiência. A **procuração** apud acta é

---

10. NCPC, art. 104, parágrafo único.

conferida pelo juiz em audiência, mediante ato formal, solene, devidamente registrado na ata de audiência.[11] (grifo nosso)

Interessante notar que o § 3º do art. 791, da CLT, admitiu a procuração *apud acta* no processo do trabalho, como se depreende do seu texto transcrito a seguir:

> § 3º A constituição de procurador com poderes para o foro em geral poderá ser efetivada, mediante simples registro em ata de audiência, a requerimento verbal do advogado interessado, com anuência da parte representada.

Assim, diferenciando ou não os institutos, o que importa é que, em um ou em outro caso, o advogado terá mandato válido e, consequentemente, procuração para atuar nos autos. Aqui, o advogado terá um mandato reconhecido na ata de audiência ou até mesmo tácito, validando todos seus atos pretéritos e posteriores, o que inclui os recursos.

Com efeito, pode ser interposto recurso pelo advogado que possua mandato tácito ou *apud acta*.

Consigna-se que a doutrina **exige para a existência do mandato tácito que a parte compareça em juízo com o advogado, participando este de, no mínimo uma audiência,** sendo insuficiente, portanto, a simples assinatura da petição inicial, defesa ou outra petição nos autos[12]. É o que também se verifica pelo § 3º, do art. 791 da CLT, citado anteriormente.

Difere o mandato tácito ou *apud acta* da **atuação urgente** em que o patrono **não** possui procuração.

Isso porque o ordenamento admite que o advogado atue sem procuração nos autos para a realização de **atos reputados urgentes**, como se verifica pelo artigo transcrito a seguir.

> Lei nº 8.906/94. Art. 5º. O advogado postula, em juízo ou fora dele, fazendo prova do mandato.
>
> § 1º O advogado, afirmando urgência, pode atuar sem procuração, obrigando-se a apresentá-la no prazo de quinze dias, prorrogável por igual período.
>
> § 2º A procuração para o foro em geral habilita o advogado a praticar todos os atos judiciais, em qualquer juízo ou instância, salvo os que exijam poderes especiais.

---

11. SARAIVA, Renato. *Curso de direito processual do trabalho*. 3. ed. São Paulo: Método, 2006. P. 204. No mesmo sentido, LEITE, Carlos Henrique Bezerra. *Curso de direito processual do trabalho*. 6. ed. São Paulo: LTr, 2008. p. 416-417.
12. HADAD, José Eduardo. *Precedentes jurisprudenciais do TST comentados*. 2. ed. São Paulo: LTr, 2002. p. 423.

O CPC de 1973 (art. 37) também admitia a atuação do advogado sem a procuração para evitar a decadência ou a prescrição, bem como para praticar atos considerados urgentes:

> CPC. Art. 37. Sem instrumento de mandato, o advogado não será admitido a procurar em juízo. Poderá, todavia, em nome da parte, intentar ação, a fim de evitar decadência ou prescrição, bem como intervir, no processo, para praticar atos reputados urgentes. Nestes casos, o advogado se obrigará, independentemente de caução, a exibir o instrumento de mandato no prazo de 15 (quinze) dias, prorrogável até outros 15 (quinze), por despacho do juiz.
>
> Parágrafo único. Os atos, não ratificados no prazo, serão havidos por inexistentes, respondendo o advogado por despesas e perdas e danos.

Pela análise dos dispositivos anteriores, vislumbrava-se que os atos urgentes deviam ser **convalidados** com a juntada *a posteriori* da procuração. Noutras palavras, o que permitia a legislação era a tutela imediata dos direitos da parte pelo patrono para que não pereça seu direito ou a própria ação, como, por exemplo, a iminente prescrição. Contudo, não admitia que o patrono prosseguisse no processo sem a juntada posterior de procuração. Assim, juntando a procuração, todos os atos pretéritos seriam ratificados.

O Novo CPC alterou, em parte, atuação do advogado sem procuração, passando a dispor no art. 104 o que segue:

> Art. 104. O advogado não será admitido a postular em juízo sem procuração, salvo para **evitar preclusão**, decadência ou prescrição, ou para praticar ato considerado urgente.
>
> § 1º Nas hipóteses previstas no caput, o advogado deverá, independentemente de caução, exibir a procuração no prazo de 15 (quinze) dias, prorrogável por igual período por despacho do juiz.
>
> § 2º O ato não ratificado será considerado ineficaz relativamente àquele em cujo nome foi praticado, respondendo o advogado pelas despesas e por perdas e danos. (grifo nosso)

Observa-se que o NCPC ampliou as hipóteses de atuação do advogado sem a juntada de procuração nos autos. Assim, além de possibilitar a postulação em juízo para evitar a decadência, prescrição ou para praticar ato considerado urgente, o NCPC permite a atuação do advogado para **evitar a preclusão**.

Nas palavras do doutrinador J.E. Carreira Alvim:

> A *preclusão* é a perda da faculdade de praticar um ato processual, por não ter sido oportunamente exercida, como acontece quando o réu deixa de apresentar a contestação, ou as partes de arrolar testemunhas, ou de interpor

o recurso no prazo; sendo que a preclusão a que alude o *caput* do art. 104 é a denominada preclusão *temporal*[13].

Portanto, é possível, com o Novo CPC, interpor recurso sem procuração para evitar a preclusão.

No entanto, para que o recurso ou o ato anterior praticado sem procuração sejam eficazes é necessário que haja a apresentação da procuração no prazo de 15 dias, prorrogável pelo mesmo prazo, como forma de ratificar o ato praticado. Assim não agindo, o ato será ineficaz, de modo que a representação não estará regular, gerando o não conhecimento do recurso.

Atente-se para o fato de que, nesse caso, não se aplica o art. 76 do NCPC que admite a regularização da representação, uma vez que possui regra própria no art. 104 do NCPC. Queremos dizer, o ato praticado sem procuração para evitar preclusão, decadência ou prescrição, ou para praticar ato considerado urgente é eficaz até que seja apresentada a procuração no prazo do art. 104. Não sendo apresentada será considerado ineficaz, não se exigindo que o juiz ou tribunal conceda novo prazo para regularização da representação, como disposto no art. 76 do NCPC.

Cabe consignar que, no tocante à necessidade de convalidação dos atos realizados, diferentemente do CPC/73 que indicava que os atos pretéritos seriam inexistentes, o Novo CPC declina que, caso não seja apresentada a posterior procuração, os atos são considerados como ineficazes.

A modificação da terminologia foi positiva, uma vez que a exigência de indenização por perdas e danos do advogado só faz sentido se decorrente de um ato jurídico existente, sendo "inconcebível e ilógico colocar a extinção do 'nada jurídico' como suporte fático do dever de indenizar"[14].

Com efeito, impõe-se a alteração da súmula nesse particular, ou seja, para alterar o termo inexistente por ineficaz.

Em resumo, conclui-se que, se o patrono agir nos casos do art. 104 *caput* do NCPC, sem apresentar procuração, a ausência de sua juntada posterior tornam ineficazes os atos já praticados, inclusive o recurso interposto que, consequentemente, não será conhecido. Por outro lado, tendo mandato tácito ou *apud acta*, terá o patrono poderes de foro em geral (cláusula *ad judicia*) para representar seu cliente, principalmente para interpor recurso, excetuando-se apenas os atos que dependam de outorga específica, como confessar, desistir, transigir, receber, dar quitação etc.

---

13. Alvim, J. E. Carreira. *Comentários ao novo Código de Processo Civil: Lei 13.105/15*: vol. 2. Art. 82 ao 148. Curitiba: Juruá, 2015. p. 156.
14. DIDIER JR, Fredie. *Curso de Direito Processual Civil: Introdução ao Direito Processual Civil, Parte Geral e Processo de Conhecimento*, vol. 1. Salvador: Editora JusPODIVM, 2015. p. 337.

2.2.2. Representação Irregular. Autarquia (OJ nº 318 da SDI-I do TST)

> **Orientação Jurisprudencial nº 318 da SDI – I do TST.** Representação irregular. Autarquia
>
> Os Estados e os Municípios não têm legitimidade para recorrer em nome das autarquias detentoras de personalidade jurídica própria, devendo ser representadas pelos procuradores que fazem parte de seus quadros ou por advogados constituídos.

É sabido que a Administração Pública subdivide-se em: Administração direta e indireta. As autarquias integram a Administração indireta, tendo personalidade jurídica, patrimônio e receita própria (Decreto-Lei nº 200/97, art. 4º, II, a e 5º, I).

Nos dizeres da doutrinadora Maria Sylvia Zanella Di Pietro, sendo a autarquia "pessoa jurídica, ela é titular de direitos e obrigações próprios, distintos daqueles pertencentes ao ente que a instituiu". E prossegue:

> pode-se conceituar a autarquia como a pessoa jurídica de direito público, criada por lei, com capacidade de autoadministração, para o desempenho de serviço público descentralizado, mediante controle administrativo exercido nos limites da lei[15].

Portanto, as autarquias não se confundem com as pessoas jurídicas de direito público integrantes da Administração direta (União, Estados e municípios).

O art. 12, VI, do CPC/73 conferia a representação judicial das pessoas jurídicas àqueles indicados no estatuto social ou pelos seus próprios diretores. A propósito, no que tange às autarquias, o art. 9º da Lei nº 9.469/97 declina:

> Art. 9º A representação judicial das autarquias e fundações públicas por seus procuradores ou advogados, ocupantes de cargos efetivos dos respectivos quadros, independe da apresentação do instrumento de mandato.

Assim, as autarquias são representadas em juízo, inclusive para recorrer, por procuradores que fazem parte de seu quadro ou por advogados constituídos por elas, não podendo, em regra, ser representadas pela Administração direta (União, Estados e municípios).

---

15. DI PIETRO, Maria Sylvia Zanella. *Direito administrativo.* 17. ed. São Paulo: Atlas, 2004. p. 368-369.

Atente-se para o fato de que o TST, na presente orientação, a falar em "advogados constituídos" admite a representação das autarquias por procuradores do Estado ou procuradores do Município apenas quando eles possuírem mandato constituído nos autos, ou seja, para o C. TST a representação por tais procuradores não decorre da lei, mas pode derivar de mandato judicial[16].

Todavia, o NCPC altera a sistemática do código de 1973, passando a prever expressamente a representação das autarquias e das fundações públicas no art. 75, IV, o qual estabelece:

> Art. 75. Serão representados em juízo, ativa e passivamente:
>
> (...)
>
> IV – a autarquia e a fundação de direito público, por quem a lei do ente federado designar.

Percebe-se pelo referido dispositivo que as autarquias e fundações de direito público serão representadas em juízo **por quem a lei do ente federado designar**. Noutras palavras, a partir do advento do Novo CPC, a representação de tais entidades pela administração pública poderá decorrer da própria lei ou de mandato judicial. Desse modo, nada obsta, por exemplo, de uma lei estadual permitir que determinada autarquia estadual seja representada pelos procuradores estaduais.

Ademais, no Estado de São Paulo, a Constituição Estadual já conferia, mesmo antes do Novo CPC, à Procuradoria-Geral do Estado a função de "representar judicial e extrajudicialmente o Estado e suas autarquias, inclusive as de regime especial, exceto as universidades públicas estaduais" (art. 99, I). Desse modo, considerando que a Constituição Federal não cria óbice a que o Estado organize a sua representação processual por meio de seus procuradores, bem como que os ocupantes da carreira possam representar os órgãos da administração indireta, o TST já admite a representação das autarquias do Estado de São Paulo pelos procuradores do Estado[17].

O Novo CPC reforça essa possibilidade, além de ampliá-la, vez que permite a representação com base na lei do ente federado, não havendo necessidade de contemplação na Constituição Estadual, como ocorre no Estado de São Paulo.

Dessa forma, acreditamos que a presente orientação jurisprudencial deverá ser modificada, para que seja incluída no final da sua redação a exceção de

---

16. TST, E-AIRR 151140-44.2007.5.04.0020. Primeira Subseção de Dissídios Individuais. Rel. Min. Augusto Cesar Leite de Carvalho. DEJT 16.8.2013.
17. TST, RR 196800-74.2008.5.15.0067. Quinta Turma. Rel. Min. Emmanoel Pereira. DEJT 26.3.2013; E-RR-143100-98.2007.5.02.0062. Relatora Ministra Rosa Maria Weber. DEJT 27.8.2010; E-ED-AIRR-236940-08.2005.5.02.0039. Relator Ministro Luiz Philippe Vieira de Mello Filho. DEJT 12.3.2010; E-ED-A-RR-546800-09.2006.5.15.0153. Relatora Ministra Maria de Assis Calsing. DEJT 26.2.2010.

a lei do ente federado designar outro representante, ou seja, a nosso juízo, a redação condizente com o Novo CPC é a seguinte: "os Estados e os Municípios não têm legitimidade para recorrer em nome das autarquias detentoras de personalidade jurídica própria, devendo ser representadas pelos procuradores que fazem parte de seus quadros ou por advogados constituídos, **salvo se a lei do ente federado designar outro representante**".

2.3. Honorários Advocatícios

2.3.1. Base de cálculo (OJ nº 348 da SDI-I do TST)

> **Orientação Jurisprudencial nº 348 da SDI – I do TST.** Honorários advocatícios. Base de cálculo. Valor líquido. Lei nº 1.060, de 05.02.1950
>
> Os honorários advocatícios, arbitrados nos termos do art. 11, § 1º, da Lei nº 1.060, de 05.02.1950, devem incidir sobre o valor líquido da condenação, apurado na fase de liquidação de sentença, sem a dedução dos descontos fiscais e previdenciários.

Os honorários advocatícios, na Justiça do Trabalho, são devidos quando houver assistência judiciária gratuita, ou seja, o empregado estiver assistido pelo sindicato da categoria e for beneficiário da justiça gratuita. Além disso, o C. TST admite a condenação ao pagamento dos honorários advocatícios pela mera sucumbência nas ações decorrentes de relação de trabalho (exceto relação de emprego), ação rescisória e na substituição processual. Esse é o entendimento consubstanciado nas Súmulas nº 219 e 329, assim como na Instrução Normativa nº 27.

Diante da condenação ao pagamento dos honorários advocatícios, surgiu divergência sobre sua base de incidência, justificando alguns que o valor deveria ser sobre o montante líquido da condenação com dedução inclusive dos descontos previdenciários e fiscais. Para outros, a condenação deveria considerar o valor bruto[18]. E, por fim, alguns entendiam que o valor deveria ser calculado sobre o montante líquido, incluindo-se neste montante os descontos previdenciários e fiscais.

Este último entendimento foi o que prevaleceu no Tribunal Superior do Trabalho, dando origem à presente orientação jurisprudencial.

A justificativa para a adoção desse entendimento baseou-se no art. 11, §1º, da Lei nº 1.060/50, o qual estabelecia que "os honorários de advogado serão

---

18. **Súmula nº 37 do TRT da 4ª Região – Honorários de assistência judiciária. Base de cálculo.**
Os honorários de assistência judiciária são calculados sobre o valor bruto da condenação.

arbitrados pelo juiz até o máximo de 15% (quinze por cento) sobre o líquido apurado na execução da sentença".

Entende-se por **valor líquido o montante a ser recebido pela parte, deduzidas tão somente as despesas processuais**. Não se deduz, porém, da base de cálculo, o Imposto de Renda e os descontos previdenciários, vez que estes são obrigações da própria parte que recebeu o montante da condenação, não incumbindo tal encargo ao advogado.

Na realidade, seria mais fácil indicar que os honorários advocatícios incidem sobre o valor bruto, descontando-se apenas as despesas processuais, o que tem o mesmo significado que valor líquido sem descontar o Imposto de Renda e as contribuições previdenciárias.

Sucede que o art. 1.072, III, do NCPC revogou o art. 11 da Lei nº 1.060/50, atingindo, portanto, a presente orientação jurisprudencial.

Contudo, a alteração deverá ocorrer apenas no seu fundamento legal, devendo o seu conteúdo permanecer o mesmo.

Isso porque, conforme comentamos na súmula nº 219, o C. TST, em regra, não utiliza as regras do processo civil na disciplina dos honorários advocatícios. Todavia, com a revogação do art. 11 da Lei nº 1.060/50, acreditamos ser necessária a aplicação do NCPC com o correspondente cancelamento da Súmula nº 219 do TST[19], pois este passou a disciplinar integralmente a matéria referente à fixação dos honorários no direito processual civil.

Desse modo, o NCPC dispõe, em seu artigo 85, § 1º, que os honorários advocatícios deverão ser fixados entre 10 e 20% sobre o valor da condenação, do proveito econômico obtido ou, não sendo possível mensurá-lo, sobre o valor atualizado da causa.

Conquanto o NCPC não determine, expressamente, que a base de cálculo dos honorários advocatícios deverá corresponder ao valor da condenação ou do proveito econômico obtido[20], **deduzindo-se as despesas processuais**, pensamos que, por razão lógica, o entendimento do TST deverá permanecer o mesmo, já que as despesas processuais não representam vantagem econômica do vencedor da causa. Ademais, se não existisse o processo, por óbvio, as despesas processuais não incidiriam sobre os valores recebidos.

---

19. Vide os comentários da Súmula nº 219 do TST.
20. Cabe destacar que a doutrina diferencia o conceito do valor da condenação do proveito econômico obtido. Assim, o proveito econômico obtido corresponde ao "ganho obtido pela parte vencedora, sem que tenha sido a outra parte condenada a pagar a quantia equivalente (...). Esse parâmetro deve ser utilizado sempre que a sentença não contenha condenação pecuniária". NERY JR., Nelson; NERY, Rosa Maria de Andrade. *Comentários ao Código de Processo Civil*. São Paulo: RT, 2015. p. 433.

Assim, a base de cálculo para os honorários advocatícios deverá continuar a ser o valor da condenação ou do proveito econômico obtido deduzindo-se apenas as despesas processuais e não os descontos previdenciários e fiscais.

Isso ocorre porque, se a parte tivesse recebido os valores deferidos na sentença sem ter que acionar o Poder Judiciário, os descontos fiscais e previdenciários ficariam exclusivamente a seu encargo, de modo que a mesma sistemática deverá ser aplicada na seara processual.

Deduzem-se, portanto, apenas os valores que decorrem diretamente do processo, quais sejam, as despesas processuais (custas processuais, honorários do perito etc.).

Conclui-se, pois, que, com o Novo CPC, a presente orientação jurisprudencial deverá ter sua redação alterada, excluindo-se a indicação do artigo 11 da Lei nº 1.060/50, que foi revogado, mas mantendo a sua substância.

Antes de finalizarmos os comentários da presente orientação jurisprudencial, cumpre fazermos uma observação quanto aos descontos previdenciários.

Sabemos que há contribuições previdenciárias cujo recolhimento é de responsabilidade do empregador, enquanto outras contribuições são devidas pelo empregado. Acreditamos que não deverão ser descontadas da base de cálculo dos honorários advocatícios apenas a quota-parte de responsabilidade do trabalhador. Assim, as contribuições previdenciárias devidas pelo empregador deverão ser descontadas da base de cálculo dos honorários advocatícios, pois não correspondem aos benefícios auferidos pelo cliente[21].

3. ATOS PROCESSUAIS

3.1. Prazos Processuais. Recesso forense e férias coletivas dos ministros do TST. (Súmula nº 262 do TST)

Súmula nº 262 do TST. Prazo judicial. Notificação ou intimação em sábado. Recesso forense

I – Intimada ou notificada a parte no sábado, o início do prazo se dará no primeiro dia útil imediato e a contagem, no subsequente.

II – O recesso forense e as férias coletivas dos Ministros do Tribunal Superior do Trabalho suspendem os prazos recursais.

---

21. Nesse sentido: TRT 3ª R.; RO 0000448-53.2014.5.03.0137; Rel. Des. Lucas Vanucci Lins; DJEMG 16/09/2015. Todavia, o TST já decidiu em sentido contrário: TST; ARR 0002362-86.2012.5.03.0020; Oitava Turma; Relª Desª Conv. Jane Granzoto Torres da Silva; DEJT 11/09/2015; Pág. 2100.

Considerando o formato proposta para essa obra, neste tópico iremos comentar apenas o item II, sendo o item I comentado no capítulo das súmulas mantidas.

II – O recesso forense e as férias coletivas dos Ministros do Tribunal Superior do Trabalho suspendem os prazos recursais.

Os prazos processuais, com base no **princípio da continuidade,** aplicado no processo do trabalho (art. 775 da CLT), iniciam-se e seguem de forma ininterrupta até seu vencimento. Ocorre, no entanto, que, por vezes, a legislação prevê algumas paralisações no processo, embasando-as no **princípio da utilidade dos prazos,** o qual dispõe que os prazos devem ser fixados em tempo suficiente para a prática do ato processual. Surgem, então, a **suspensão** e a **interrupção dos prazos processuais**. No primeiro, o curso do prazo é paralisado durante o período da suspensão, retornando a correr no primeiro dia útil após a paralisação. No segundo, interrupção, ocorrido o fato, a parte terá restituído integralmente seu prazo, iniciando-se novamente no primeiro dia útil após o término do fato.

A presente súmula descreve a hipótese de suspensão dos prazos, devendo, porém, ser analisada sob dois enfoques: a) o recesso forense e b) as férias coletivas dos ministros do TST.

No primeiro caso, cumpre analisar o art. 62, I, da Lei nº 5.010/66, com base no CPC/73 e, agora, no Novo CPC.

Na época do CPC de 1973, a praxe trabalhista valia-se da referida lei para reconhecer que o recesso na Justiça do Trabalho era a paralisação ocorrida no período de 20 de dezembro a 6 de janeiro.

Nesse contexto, embora o art. 62, I, da Lei nº 5.010/66 seja direcionado à Justiça Federal, ele era aplicado à Justiça do Trabalho. Aludido dispositivo versa o que segue:

> Art. 62. Além dos fixados em lei, serão **feriados** na Justiça Federal, inclusive nos Tribunais Superiores:
>
> I – os dias compreendidos entre 20 de dezembro e 6 de janeiro, inclusive;
> (...) (grifo nosso)

Inicialmente, a doutrina e a jurisprudência discutiam a natureza jurídica do **recesso**.

Da análise literal do dispositivo mencionado anteriormente, é possível extrair que o período do recesso é considerado feriado, razão pela qual alguns invocavam o disposto no art. 178 do CPC/73, o qual determinava:

> Art. 178. O prazo, estabelecido pela lei ou pelo juiz, é contínuo, não se interrompendo nos feriados.

Dessa forma, o prazo iniciado antes do recesso não seria interrompido ou suspenso, finalizando-se no primeiro dia útil após o término do recesso. Assim, se a parte, por exemplo, fosse intimada da sentença no dia 17 de dezembro, seu prazo para interposição do recurso ordinário teria início no dia 18 de dezembro, finalizando-se no dia 7 de janeiro.

Ocorre, no entanto, que o **C. TST** interpretou de forma diversa o **recesso**, concedendo-lhe **natureza de férias**[22], o que levou à aplicação do antigo art. 179 do CPC/73, o qual estabelecia que, no período das férias, **os prazos processuais ficariam suspensos**. Dessa forma, no caso do exemplo anterior, contar-se-ia o prazo no dia 18 e 19 de dezembro, retornando a correr no dia 7 de janeiro, vencendo, assim, no dia 12 de janeiro.

No mesmo sentido, declinava a Súmula nº 105 do extinto TFR:

> Prazos em Curso – Recesso Forense – Justiça Federal – Regra
>
> Aos prazos em curso no período compreendido entre 20 de dezembro e 6 de janeiro, na Justiça Federal, aplica-se a regra do artigo 179 do Código de Processo Civil.

Já na época do CPC/73 anunciávamos[23] que a Emenda Constitucional nº 45/04 acrescentou o inciso XII do art. 93 da CF/88, determinando que a atividade jurisdicional seja ininterrupta, vedando férias coletivas nos juízos e tribunais de segundo grau[24]. Diante dessa nova disposição, defendíamos que não era possível conferir ao período do recesso a natureza de férias, sob pena de violar o comando da Constituição Federal. Tal período, no máximo, poderia ter essa natureza no âmbito do TST, pois a vedação constitucional não alcançou os ministros do TST.

Assim, na época, interpretávamos que a presente súmula somente teria aplicação compatível com a Constituição Federal se direcionada ao próprio TST e não às Varas do Trabalho e aos Tribunais Regionais do Trabalho[25].

---

22. Para o doutrinador Nelson Nery é, na realidade, um feriado contínuo que provoca a suspensão dos prazos processuais. NERY Jr., Nelson; NERY, Rosa Maria de Andrade. *Comentários ao código de processo civil*. São Paulo: RT, 2015. p. 741.
23. MIESSA, Élisson; CORREIA, Henrique. *Súmulas e orientações jurisprudenciais do TST comentadas e organizadas por assunto*. 5. ed. Salvador: JusPODIVM, 2015. p. 839.
24. CF/88, art. 93, XII. A atividade jurisdicional será ininterrupta, sendo vedado férias coletivas nos juízos e tribunais de segundo grau, funcionando, nos dias em que não houver expediente forense normal, juízes em plantão permanente;
25. Em sentido contrário, a Resolução nº 14/2005 do CSJT: "Art. 1º O recesso forense, compreendido no período de 20 de dezembro a 6 de janeiro, nos Tribunais Regionais do Trabalho, não foi extinto em face da Emenda Constitucional nº 45/04. Art. 2º Os Tribunais Regionais do Trabalho deverão garantir o atendimento aos jurisdicionados nos casos urgentes, estabelecendo regime de plantão de Juízes nos dias em que não houver expediente forense normal. Art. 3º Os Tribunais regulamentarão o funcionamento dos plantões judiciários

O Novo CPC muda essa realidade, impondo uma nova interpretação desse item sumular. Explicamos.

De plano, o Novo CPC não faz diferença quanto à contagem dos prazos processuais nas férias e nos feriados, por razão lógica. É que no código atual os prazos contam-se apenas em dias úteis, de modo que sendo as férias e os feriados dias não úteis, desnecessário diferenciá-los, já que em ambos não há contagem do prazo (NCPC, art. 216). Esse argumento, por si só, já é suficiente para atingir o fundamento determinante (*ratio decidendi*) desse item sumular, já que o C. TST buscou definir a natureza do recesso, se feriado ou férias.

Além disso, observa-se que o art. 62, I, da Lei nº 5.010/66 impõe interpretação conjunta com o CPC, a fim de que possa ser aplicado, já que o regramento da contagem dos prazos no feriado ou nas férias está no código e não na referida lei, que apenas declina um período de sua realização. Queremos dizer, a aludida lei não fala em suspensão, interrupção ou continuidade do prazo, mas tão somente que o período de 20 de dezembro a 6 de janeiro é feriado. Desse modo, a Lei nº 5.010/66 não tem "vida própria", devendo ser interpretada sistemática e obrigatoriamente com o art. 216 do NCPC[26].

Por coerência ao nosso entendimento de que o art. 216 é inaplicável ao processo do trabalho, como anunciado no item I dessa súmula, pensamos que este dispositivo também não poderá ser utilizado para definir a contagem dos prazos no recesso trabalhista, **o que significa que, no processo do trabalho, a Lei nº 5.010/66 perde sua aplicação prática, vez que, como dito, ela é insuficiente por si só.**

Por outro lado, mesmo que se admita a incidência da aludida lei ao processo do trabalho, como visto, há de se invocar o NCPC para tentar instrumentalizá-la. Desse modo, definindo o recesso como feriado ou férias, o NCPC impede a realização de atos processuais nesse período, exceto a realização de citações, intimações, penhoras e tutelas de urgência (NCPC, art. 214). Essa interpretação de que será vedada a realização de atos processuais é **inadmissível** para as Varas do Trabalho e os Tribunais Regionais do Trabalho, sob pena de violar o inciso XII do art. 93 da CF/88, o qual determina que a atividade jurisdicional é ininterrupta.

Atento a essa vedação, o novel código cria um dispositivo inédito ao declinar no art. 220 que:

---

de modo a garantir o disposto no art. 93, inciso XII, da Constituição Federal. Parágrafo único. O sistema de plantões deve ser amplamente divulgado e fiscalizado pelos órgãos competentes."

26. Art. 216. Além dos declarados em lei, são feriados, para efeito forense, os sábados, os domingos e os dias em que não haja expediente forense.

Art. 220. Suspende-se o curso do prazo processual nos dias compreendidos entre 20 de dezembro e 20 de janeiro, inclusive.

§ 1º Ressalvadas as férias individuais e os feriados instituídos por lei, os juízes, os membros do Ministério Público, da Defensoria Pública e da Advocacia Pública e os auxiliares da Justiça exercerão suas atribuições durante o período previsto no caput.

§ 2º Durante a suspensão do prazo, não se realizarão audiências nem sessões de julgamento.

Vê-se pelo supramencionado dispositivo que, entre os dias 20 de dezembro a 20 de janeiro, os prazos ficarão suspensos, não se realizando audiências e sessões de julgamento.

Tal dispositivo, diferentemente do que ocorre nos feriados e férias, não obsta a realização de outros atos processuais. Pelo contrário, impõe a continuação da atividade jurisdicional, como se observa pelo § 1º, como forma de adequar-se ao disposto no inciso XII do art. 93 da CF/88, ficando ressalvadas apenas as cortes superiores que não foram atingidas por esse dispositivo constitucional.

Portanto, o art. 220 do NCPC é regra diversa do art. 62, I, da Lei nº 5.010/66. Aquele apenas descreve a suspensão dos prazos, enquanto a aludida lei, como regra, veda a prática dos atos processuais[27].

Com efeito, não sendo permitida a paralisação dos atos processuais nas Varas e Tribunais Regionais do Trabalho, pensamos que, com o novo CPC e como forma de compatibilizar com o inciso XII do art. 93 da CF/88, o art. 62, I, da Lei nº 5.010/66 deixa de ser aplicável, passando a ter incidência subsidiária o art. 220 do NCPC ao processo do trabalho, de modo que, entre 20 de dezembro a 20 de janeiro, os prazos ficarão suspensos[28].

Por fim, a súmula também faz referências às **férias coletivas** dos ministros do TST, mantidas pela Emenda Constitucional nº 45/04. Nesse caso, obsta a prática de atos processuais, salvo nas hipóteses dos itens I e II do art. 214 e do art. 215, ambos do NCPC, suspendendo-se os prazos processuais. Chega-se a tal conclusão interpretando-se a contrário *sensu* o *caput* do art. 215 do NCPC, ou seja, esse dispositivo, que é aplicado apenas às Cortes superiores que ainda

---

27. MEDINA, José Miguel Garcia. *Novo Código de Processo Civil Comentado: com remissões e notas comparativas ao CPC/1973*. São Paulo: Editora Revista dos Tribunais, 2015, p. 364.
28. Aparentemente no mesmo sentido, GARCIA, Gustavo Filipe Barbosa. Curso de direito processual do trabalho. 4ª ed. rev., atual. e ampl. Rio de Janeiro: Forense, 2015. p. 242. SARAIVA, Renato; MANFREDINI, Aryanna. *Curso de Direito Processual do Trabalho*. 12. ed. Salvador: Editora JusPODIVM, 2015. Em sentido contrário não admitindo a aplicação do NCPC, SILVA, Homero Batista Mateus da. *Curso de direito do trabalho aplicado: justiça do trabalho*. São Paulo: Editora Revista dos Tribunais, 2015. v. 9. p. 56-57.

têm férias coletivas, descreve quais atos não se suspendem no período das férias, o que significa que os demais atos ficarão suspensos.

4. PETIÇÃO INICIAL

4.1. Indeferimento Liminar (Súmula n° 263 do TST)

> **Súmula n° 263 do TST.** Petição inicial. Indeferimento. Instrução obrigatória deficiente
>
> Salvo nas hipóteses do art. 295 do CPC[29], o indeferimento da petição inicial, por encontrar-se desacompanhada de documento indispensável à propositura da ação ou não preencher outro requisito legal, somente é cabível se, após intimada para suprir a irregularidade em 10 (dez) dias, a parte não o fizer.

A CLT prevê os requisitos da petição inicial em seu art. 840, § 1º, **não disciplinando os efeitos do descumprimento do referido artigo**, exceto no caso do rito sumaríssimo, em que o art. 852-B, § 1º, da CLT impõe o arquivamento da reclamação quando ausente o pedido certo ou determinado e não indicar o valor correspondente, assim como quando não indicar o correto nome e endereço do reclamado.

Diante dessa lacuna no processo laboral, aplica-se subsidiariamente a disciplina constante no Código de Processo Civil, por força do art. 769 da CLT. Dessa forma, na época do CPC de 1973, invocava-se o art. 284 do CPC/73 que estabelecia:

> Art. 284. Verificando o juiz que a petição inicial não preenche os requisitos exigidos nos arts. 282 e 283, ou que apresenta defeitos e irregularidades capazes de dificultar o julgamento de mérito, determinará que o autor a emende, ou a complete, no prazo de 10 (dez) dias.
>
> Parágrafo único. Se o autor não cumprir a diligência, o juiz indeferirá a petição inicial.

Interpretando referido artigo, o TST editou a súmula em comentário, declinando que o autor (reclamante) deve ser intimado para emendar a inicial quando faltar documento indispensável à propositura da ação ou não preencher outro requisito legal, exceto nas hipóteses do art. 295 do CPC/73 (NCPC, art. 330), que ensejará o imediato indeferimento da petição inicial. Noutras palavras,

---

29. NCPC, art. 330.

para o C. TST, ocorrendo uma das hipóteses do art. 295 do CPC/73 (NCPC, art. 33030), a petição inicial deverá ser indeferida liminarmente, admitindo sua emenda apenas quando faltar documento indispensável à propositura da ação ou não preencher outro requisito legal.

O NCPC passa a tratar da matéria no art. 321, *in verbis*:

> Art. 321. O juiz, ao verificar que a petição inicial não preenche os requisitos dos arts. 319 e 320 ou que apresenta defeitos e irregularidades capazes de dificultar o julgamento de mérito, determinará que o autor, no prazo de 15 (quinze) dias, a emende ou a complete, indicando com precisão o que deve ser corrigido ou completado.
>
> Parágrafo único. Se o autor não cumprir a diligência, o juiz indeferirá a petição inicial.

Percebe-se pelo referido dispositivo duas alterações substanciais: 1) ampliou o prazo de emenda de 10 para 15 dias; 2) exigiu que o juiz indique com precisão o que deve ser corrigido ou completado. No mais, apesar de praticamente manter a redação do art. 284 do CPC/73, reafirmou o posicionamento que já defendíamos[31], no sentido de possibilitar que, mesmo nas hipóteses do art. 330 do NCPC, a parte seja intimada para emendar a petição inicial.

Isso porque o art. 321 do NCPC não faz nenhuma ressalva quanto à possibilidade de intimação do autor para emendar a inicial nas hipóteses do art. 330 do NCPC, até mesmo porque a emenda à inicial preza pelos princípios da celeridade, efetividade processual e da instrumentalidade das formas, além de ser um direito do autor[32] e não uma faculdade do juiz.

Ademais, o art. 4º do NCPC consagra o princípio da primazia da decisão de mérito ao dispor que "as partes têm o direito de obter em prazo razoável a **solução integral do mérito**, incluída a atividade satisfativa" (Grifo Nosso). Desse modo, o juízo deve sempre ter como objetivo a decisão de mérito e estimular que ela ocorra[33]. Assim, caso a petição inicial tenha um dos vícios dispostos

---

30. Art. 330. A petição inicial será indeferida quando: I – for inepta; II – a parte for manifestamente ilegítima; III – o autor carecer de interesse processual; IV – não atendidas as prescrições dos arts. 106 e 321. § 1º Considera-se inepta a petição inicial quando: I – lhe faltar pedido ou causa de pedir; II – o pedido for indeterminado, ressalvadas as hipóteses legais em que se permite o pedido genérico; III – da narração dos fatos não decorrer logicamente a conclusão; IV – contiver pedidos incompatíveis entre si. (...)
31. MIESSA, Élisson; CORREIA, Henrique. *Súmulas e orientações jurisprudenciais do TST comentadas e organizadas por assunto*. 5. ed. Salvador: JusPODIVM, 2015.
32. STJ – REsp 812.323/MG. 1ª. Turma. Rel. Min. Luiz Fux, j. 16.9.2008.
33. DIDIER JR. Fredie. *Curso de Direito Processual Civil: Introdução ao Direito Processual Civil, Parte Geral e Processo de Conhecimento*, vol. 1. 17. ed. Salvador: Editora JusPODIVM. p. 136.

no art. 330 do NCPC, o juiz deverá intimar a parte para que emende a petição inicial, caso ele seja sanável.

O art. 317 do NCPC reforça essa ideia e estabelece que o juiz, antes de proferir uma decisão sem resolução de mérito, deverá conceder à parte oportunidade para que, se possível, corrija o vício.

Nesse sentido, o enunciado nº 292 do Fórum Permanente de Processualistas Civis estabelece que "antes de indeferir a petição inicial, o juiz deve aplicar o disposto no artigo 321".

Deve-se observar ainda que o art. 321 faz referência expressa ao art. 319 do NCPC, o qual tem identidade com o art. 840 da CLT, vez que ambos preveem os requisitos da petição inicial. Em outros termos, o NCPC permite a intimação do autor para emendar a inicial no caso de ausência dos requisitos essenciais da petição, não fazendo ressalva quanto ao art. 330 do NCPC. Tanto é assim que o art. 319, bem como o art. 330, ambos do NCPC, estabelecem a causa de pedir e o pedido, no primeiro caso como requisito da inicial e no segundo como inépcia da inicial.

Desse modo, analisando sistematicamente esses dois últimos dispositivos, é possível extrair que, faltando causa de pedir ou pedido, por força do art. 321 do NCPC, o juiz deverá conceder prazo para que o autor emende a inicial, e não indeferi-la liminarmente como impõe a súmula em comentário.

Nesse sentido, leciona o doutrinador Nelson Nery Jr.[34]:

> **Falta de pedido ou causa de pedir.** A primeira hipótese de inépcia da petição inicial é a ausência de pedido ou de causa de pedir. (...) Estes dois elementos da ação devem estar presentes na petição inicial para que seja considerada apta. (...) A inépcia pelo defeito aqui apontado pode ser corrigida por emenda da petição inicial. (grifos no original)

A propósito, **o que define o indeferimento liminar da petição inicial é a natureza do vício** e não sua topografia no código, razão pela qual, sendo o vício sanável, o juiz deverá conceder prazo para que o autor emende a inicial, indeferindo-a, de plano, somente na hipótese de vício **insanável**.

Dessa forma, por ser a possibilidade de emendar a petição inicial um direito do autor, entendemos que, mesmo nos casos do art. 330 do NCPC, quando o vício for sanável como, por exemplo, a ausência de causa de pedir e de pedido, o juiz deverá oportunizar ao autor (reclamante) 15 dias para que emende a inicial e, somente após, se não suprido o vício, indeferir a petição inicial.

---

34. NERY Jr., Nelson; NERY, Rosa Maria de Andrade. *Comentários ao Código de Processo Civil.* São Paulo: Editora Revista dos Tribunais, 2015. p. 903.

Assim, considerando as diretrizes do NCPC, em especial a consagração do princípio da primazia da decisão de mérito (art. 4º) e a necessidade de o juízo, antes de proferir decisão sem resolução de mérito, conceder à parte prazo razoável para sanar o vício (art. 317 do NCPC), entendemos que a presente súmula deverá ser modificada, devendo ter o seguinte teor: "O indeferimento da petição inicial, nas hipóteses do art. 330 do NCPC, quando encontrar-se desacompanhada de documento indispensável à propositura da ação ou não preencher outro requisito legal, somente é cabível se, após intimada para suprir a irregularidade em 15 (quinze) dias, a parte não o fizer".

5. TUTELA ANTECIPADA

5.1. Concessão de Liminar. Faculdade do Juiz (Súmula nº 418 do TST)

> **Súmula nº 418 do TST.** Mandado de segurança visando à concessão de liminar ou homologação de acordo
>
> A concessão de liminar ou a homologação de acordo constituem faculdade do juiz, inexistindo direito líquido e certo tutelável pela via do mandado de segurança.

A análise da faculdade concedida ao juiz nessa súmula será verificada sob dois enfoques: a) da homologação do acordo e b) da concessão de liminar.

No que tange à **faculdade do juiz de homologar o acordo judicial**, é necessário frisar inicialmente que o processo do trabalho sempre foi permeado pelo espírito da conciliação, vez que as Constituições anteriores preconizavam ser a Justiça do Trabalho competente para "conciliar e julgar". No mesmo sentido, instituiu a Constituição Federal de 1988, em seu art. 114. Com o advento da Emenda Constitucional nº 45/04, o constituinte alterou o termo "conciliar e julgar", incumbindo a Justiça Laboral de "processar e julgar".

Referida alteração não teve o condão de afastar o contexto conciliatório da Justiça do Trabalho, vez que a norma infraconstitucional é enfática na exigência de que todos os dissídios individuais e coletivos serão sujeitos à conciliação (CLT, art. 764). O processo laboral exige, no mínimo, duas tentativas conciliatórias. A primeira a ser realizada na abertura da audiência (CLT, art. 846) e a segunda após o encerramento da instrução processual (CLT, art. 850). Registra-se que a tentativa de conciliação é considerada pelo texto celetista como um requisito intrínseco da sentença (CLT, art. 831).[35]

A conciliação como meio legítimo, célere e eficaz de solução de conflitos vem atualmente envolvendo os demais ramos do Poder Judiciário, tendo como seu principal defensor o Conselho Nacional de Justiça, ao procurar implantar a cultura de conciliação no País.

Ademais, o Novo CPC exalta a conciliação em diversos dispositivos, destacando em suas normas fundamentais que "a conciliação, a mediação e outros métodos de solução consensual de conflitos deverão ser estimulados por juízes, advogados, defensores públicos e membros do Ministério Público, inclusive no curso do processo judicial" (art. 3, § 3º).

Busca-se, com a conciliação, a aproximação das partes, conferindo-lhes a definição do destino do processo. Democratiza-se o processo, vez que permite que a sociedade se auto-organize em seus conflitos de interesses.

No entanto, considerando que o processo judicial acontece dentro do Poder Judiciário, incumbe ao juiz zelar para que a ordem pública seja preservada, garantindo que verdadeiramente ocorra conciliação e não mera renúncia de direitos, mormente no direito do trabalho, em que o trabalhador é a parte hipossuficiente da relação. "A conciliação não é um fim em si mesmo e não deve ser fruto da necessidade de sobrevivência do trabalhador, especialmente quando desempregado"[36].

Assim, tendo o juiz o dever de respeitar a ordem jurídica, ele **poderá não homologar o acordo judicial se verificar a inexistência de conciliação** (ex., prejuízo iminente para o empregado, lide simulada etc.), **não existindo no caso direito líquido e certo à homologação do acordo.**

No que se refere à **concessão de liminar**, s.m.j., pensamos que **não se trata de faculdade do juiz quando estiverem presentes todos os requisitos para sua concessão, mas, sim, de direito da parte**. Nesse sentido leciona Nelson Nery Jr.:

> Demonstrados o *fumus boni iuris* e o *periculum in mora*, ao juiz não é dado optar pela concessão ou não da tutela de urgência, pois tem o dever de concedê-la. É certo que existe certa dose de *subjetividade* na aferição da existência dos requisitos *objetivos* para a concessão. Mas não menos certo é que não se pode falar em poder discricionário do juiz nesses casos, pois não lhe são dados pela lei mais de um cainho igualmente legítimo, mas apenas um.[37] (grifos no original)

---

35. LEITE, Carlos Henrique Bezerra. *Curso de direito processual do trabalho*. 6. ed. São Paulo: LTr, 2008. p. 92.
36. Almeida, Cléber Lúcio. In: ROCHA, Andréa Pressas; ALVES NETO, João (org.). *Súmulas do TST comentadas*. Rio de Janeiro: Elsevier, 2011. p. 511.
37. NERY Jr., Nelson; NERY, Rosa Maria de Andrade. *Comentários ao Código de Processo Civil*. São Paulo: Editora Revista dos Tribunais, 2015. p. 858.

No mesmo caminho, José Roberto dos Santos Bedaque:

> Na realidade, não se trata de poder discricionário, visto que o juiz, ao conceder ou negar a antecipação da tutela, não o faz com conveniência e oportunidade, juízos de valor próprios da discricionariedade. Se a situação descrita pelo requerente se subsumir em qualquer das hipóteses legais não restará outra alternativa ao julgador senão deferir a pretensão. (...)
> Não tem o juiz, portanto, mera faculdade de antecipar a tutela. Caso se verifiquem os pressupostos legais, é dever fazê-lo. Existe, é verdade, maior liberdade no exame desses requisitos, dada a imprecisão dos conceitos legais. Mas essa circunstância não torna discricionário o ato judicial.[38]

Dessa forma, incumbe ao juiz preencher o conceito legal indeterminado existente na norma (NCPC, arts. 297, 300 e 311), por exemplo, verificar a existência do *periculum in mora*, *fumus boni iuris*, abuso do direito de defesa etc., e estando presentes os requisitos tem o **poder-dever** de deferir a liminar, razão pela qual a mera denegação da liminar ou seu deferimento, sem o preenchimento dos requisitos legais, fere direito líquido e certo do requerente, podendo ensejar a impetração de mandado de segurança. Em suma, não é faculdade do juiz a concessão, bem como a não concessão da liminar.

Com o NCPC, a necessidade de modificação da presente súmula torna-se ainda mais evidente. Isso porque, o art. 298 do NCPC dispõe que "na decisão que conceder, negar, modificar ou revogar a tutela provisória, o juiz motivará seu convencimento de modo claro e preciso". Assim, como já defendíamos[39], a análise da tutela provisória não permite a discricionariedade judicial, devendo estar vinculada aos requisitos legais. Desse modo, presentes os pressupostos legais, a tutela provisória deverá ser concedida e, ausentes esses requisitos, o juiz deverá denegá-la. Nesse sentido, dispõe o doutrinador Fredie Didier:

> Agir de modo contrário, fugindo à lei, configura arbitrariedade judicial, sobretudo pelo fato de o magistrado estar construindo norma jurídica concreta de conformação de direitos fundamentais – em que opta por preservar a efetividade do direito do requerente, com o deferimento da medida, ou por resguardar a segurança jurídica do requerido, com o seu indeferimento[40].

---

38. BEDAQUE, José Roberto dos Santos. *Tutela cautelar e tutela antecipada: tutelas sumárias e de urgência*. 5. ed. São Paulo: Editora Malheiros, 2009. p. 386.
39. MIESSA, Élisson; CORREIA, Henrique. *Súmulas e orientações jurisprudenciais do TST comentadas e organizadas por assunto*. 5. ed. Salvador: JusPODIVM, 2015. p. 883.
40. DIDIER JR., Fredie; BRAGA, Paula Sarno; OLIVEIRA, Rafael Alexandria de. *Curso de Direito Processual Civil: teoria da prova, direito probatório, decisão, precedente, coisa julgada e tutela provisória*, vol. 2. 10. ed. Salvador: Editora JusPODIVM, 2015, p. 584.

Cabe ressaltar que a necessidade de fundamentação da decisão que concede, nega, modifica ou revoga a tutela provisória também se aplica às decisões dos Tribunais, conforme prescreve o enunciado nº 141 do Fórum Permanente de Processualistas Civis: "o disposto no art. 298, CPC, aplica-se igualmente à decisão monocrática ou colegiada do Tribunal".

Reforçando nosso entendimento, consigna-se que o C. TST paradoxalmente admite, na Súmula nº 414, II, do TST a impetração do mandado de segurança com a finalidade de questionar a concessão de tutela antecipada proferida antes da sentença. Assim, sabendo-se que a tutela antecipada nada mais é do que a generalização das liminares[41], ou seja, ambas possuem a mesma finalidade e natureza, podemos concluir, de forma inequívoca, que a súmula em comentário deve ser interpretada no sentido de que apenas a homologação de acordo constitui faculdade do juiz, sendo, por outro lado, dever do magistrado a concessão de liminar quando presentes os requisitos legais para sua concessão.

Aliás, o próprio TST já sinalizou para a alteração dessa súmula, entendendo que a concessão de liminar não deve ser entendida como mera faculdade do juiz, conforme se observa no seguinte julgado:

> Recurso ordinário em mandado de segurança. Autos de infração. Suspensão da aplicação de penalidade administrativa. Indeferimento de pedido de antecipação dos efeitos da tutela. Ausência de direito líquido e certo. Súmula nº 418 do TST. Incidência.
>
> A Súmula nº 418 do TST consagra o entendimento segundo o qual "A concessão de liminar ou a homologação de acordo constituem faculdade do juiz, inexistindo direito líquido e certo tutelável pela via do mandado de segurança". Em voto divergente incorporado à fundamentação do relator, destacou-se que o instituto da tutela antecipada não deve ser compreendido como mera faculdade do juiz, um ato marcado pela absoluta discricionariedade, mas, sim, em conjunto com a cláusula constitucional do amplo acesso à justiça, da inafastabilidade da jurisdição, do contraditório e da ampla defesa, de modo que, presentes os requisitos previstos no art. 273 do CPC, a parte terá direito subjetivo à obtenção de uma decisão que antecipe os efeitos da tutela. (...) TST-RO-439-13.2013.5.08.0000, SBDI-II, rel. Min. Luiz Philippe Vieira de Mello Filho, 1.9.2015 (Informativo nº 116)

Portanto, necessária a modificação dessa súmula para excluir a expressão "a concessão de liminar", mantendo-se apenas a homologação do acordo.

---

41. Expressão utilizada por Dinamarco in NEVES, Daniel Amorim Assumpção. *Manual de direito processual civil*. 2. ed. Rio de Janeiro: Forense; São Paulo: Método, 2010. p. 1064.

6. SENTENÇA
6.1. Fato superveniente que possa influir no julgamento (súmula nº 394 do TST)

> **Súmula nº 394 do TST.** Art. 462 do CPC. Fato superveniente
>
> O art. 462 do CPC[42], que admite a invocação de fato constitutivo, modificativo ou extintivo do direito, superveniente à propositura da ação, é aplicável de ofício aos processos em curso em qualquer instância trabalhista.

O art. 462 do CPC/73 estabelecia que o juiz deveria tomar em consideração ao proferir a sentença, de ofício ou a requerimento da parte, fato constitutivo, modificativo ou extintivo do direito surgido após a propositura da ação.

O NCPC reproduziu a redação de referido dispositivo, conforme se observa pelo art. 493, *caput*:

> Art. 493. Se, depois da propositura da ação, algum fato constitutivo, modificativo ou extintivo do direito influir no julgamento do mérito, caberá ao juiz tomá-lo em consideração, de ofício ou a requerimento da parte, no momento de proferir a decisão.
>
> Parágrafo único. Se constatar de ofício o fato novo, o juiz ouvirá as partes sobre ele antes de decidir.

Trata-se de dispositivo que reconhece que o processo leva um tempo para ser solucionado, de modo que entre sua propositura e o julgamento podem ocorrer alterações de fato e de direito que atinjam o litígio. Busca, portanto, permitir que o magistrado julgue com justiça, analisando a demanda sob a situação fática existente no momento do julgamento.

Perceba-se pelo supramencionado artigo que a alteração pode atingir fatos constitutivos, modificativos e extintivos do direito. Nada versa sobre os fatos impeditivos. O silêncio quanto a tais fatos é proposital (silêncio eloquente), uma vez que "os fatos impeditivos necessariamente têm que ser anteriores ou contemporâneos à ocorrência do fato jurídico que dá vida ao direito do autor. Jamais serão posteriores (ou supervenientes)"[43].

---

42. NCPC, art. 493.
43. DIDIER JR., Fredie; BRAGA, Paula Sarno; OLIVEIRA, Rafael Alexandria de. *Curso de Direito Processual Civil: teoria da prova, direito probatório, decisão, precedente, coisa julgada e tutela provisória*, vol. 2. 10. ed. Salvador: Editora JusPODIVM, 2015, p. 402.

Além disso, observa-se que a alteração pode atingir fatos constitutivos. Por serem fatos relacionados à formação da relação jurídica, eles são aduzidos pelo autor. Portanto, o art. 493 autoriza a invocação de fato superveniente pelo autor.

Diante dessa afirmação, a doutrina majoritária entende que o autor apenas pode levantar fatos constitutivos simples, de modo que o art. 493 do NCPC **não** excepciona o princípio da estabilização da demanda. Noutras palavras, as hipóteses de alteração da demanda, antes (NCPC, art. 329, I) ou depois da citação (NCPC, art. 329, II), visam a modificar a causa de pedir e/ou o pedido. No caso do art. 493 do NCPC, a parte poderá invocar fato ou direito superveniente que possa influir no julgamento, **sem que altere, porém, o pedido ou a causa de pedir**. Nesse sentido, leciona Nelson Nery Jr.:

> O *ius superveniens* e o *factum superveniens* podem consistir no advento de fato ou direito que possa influir no julgamento da lide. Deve ser levado em consideração pelo juiz, de ofício ou a requerimento da parte ou interessado, independentemente de que possa ser com ele beneficiado no processo. Não se pode, a pretexto de pretender a incidência do *ius superveniens*, alterar a causa de pedir ou o pedido.[44]

Quanto aos fatos a serem aduzidos pelo réu (modificativos e extintivos), o art. 493 do NCPC possui identificação com o art. 342 do NCPC, que permite novas alegações após a contestação quando forem: "I – relativas a direito ou a fato superveniente; II – competir ao juiz conhecer delas de ofício; III – por expressa autorização legal, puderem ser formuladas em qualquer tempo e grau de jurisdição."

Como a CLT não possui regra semelhante a do art. 493 do NCPC, por força do art. 769 da CLT, ele é aplicável de forma subsidiária ao processo do trabalho.

Nesse contexto, o C. TST permite que seja analisado de ofício e em **qualquer instância trabalhista** fato constitutivo, modificativo ou extintivo do direito **posterior** ao ajuizamento da ação que possa influir no julgamento do mérito.

Do entendimento do Tribunal Superior do Trabalho é possível extrair que foi **afastada a aplicação desse dispositivo quando extrapolar a instância trabalhista**, ou seja, na hipótese de recurso extraordinário de competência do STF.

Por outro lado, admitiu aparentemente a **invocação de fato superveniente na instância extraordinária**, embora nesta seja exigido o prequestionamento. Na interpretação do E. TST, como o fato é superveniente, não há como questioná-lo anteriormente, podendo ser alegado, portanto, pela primeira vez na instância extraordinária. Nesse sentido, vejamos ementa de acórdão da Corte Trabalhista:

---

44. NERY Jr., Nelson; NERY, Rosa Maria de Andrade. *Comentários ao Código de Processo Civil*. São Paulo: Editora Revista dos Tribunais, 2015. p. 1166.

Fato superveniente à decisão proferida no recurso de revista. Imperiosidade de seu exame, à luz do artigo quatrocentos e sessenta e dois do CPC.

Se, após o julgamento da revista, ocorre fato relevante ao deslinde da questão *sub judice*, e este fato (bem como os documentos respectivos) vem aos autos por iniciativa de qualquer das partes, impõe-se à c. Turma julgadora da revista examiná-los, face ao comentado presente no artigo quatrocentos e sessenta e dois do CPC[45].

Isso não quer dizer, porém, que o C. TST irá reexaminar fatos e provas, ante a vedação de utilização do recurso de natureza extraordinária para esse fim, como se depreende da Súmula nº 126 do TST.

Registra-se que o Superior Tribunal de Justiça não admite a invocação de fato superveniente em recurso especial, por força do pressuposto recursal específico desse recurso: o prequestionamento, como se verifica na ementa a seguir:

> AGRAVO INTERNO. AGRAVO DE INSTRUMENTO. RECURSO ESPECIAL. FATOS SUPERVENIENTES. SÚMULA 284/STF. PREQUESTIONAMENTO. SÚMULAS 282/356/STF. REEXAME DE PROVAS. SÚMULA 7.
>
> I – Nos termos do artigo 462 do Código de Processo Civil, os fatos supervenientes à propositura da ação só podem ser levados em consideração até o momento da sentença (ou do acórdão), não em sede de recurso especial, inclusive por força da exigência constitucional do prequestionamento. (...)[46]

Cumpre consignar, ainda, que, embora a súmula em comentário, aparentemente, admita o fato superveniente na instância extraordinária, o tema não é pacífico no C. TST, vez que já decidiu pela inaplicabilidade do art. 462 do CPC/73 (art. 493 do NCPC) nessa instância, como se vislumbra pelo trecho do acórdão transcrito a seguir:

> **a) ARGUIÇÃO DE FATO SUPERVENIENTE – ART. 462/CPC**
>
> Sustenta o Estado recorrente que a promulgação da **Emenda Constitucional nº 19**, em 04 de junho de 1998 veio a constituir fato **novo**, a ensejar a aplicação do **art. 462 do CPC** à espécie, na forma admitida pelos precedentes reunidos no título **nº 81** do Boletim de Orientação Jurisprudencial da Seção de Dissídios Individuais do Tribunal Superior do Trabalho, porquanto introduzido o § 8º à redação do art. 37 da Constituição da República, de modo a ampliar a **autonomia gerencial** dos órgãos da administração pública direta e indireta.
>
> Ocorre que a alegação, sendo feita pela vez primeira perante o órgão julgador de instância extraordinária, atenta contra a orientação inequívoca

---

45. TST – ERR 5442/1990, Ac. 4921/1994. Min. Vantuil Abdala. DJ 28.4.1995.
46. STJ – AgRg nº 1.355.283 – MS. Rel. Min. Sidnei Beneti. DJ 04.05.2001.

do **Enunciado nº 297** da súmula da jurisprudência do Tribunal Superior do Trabalho, porque contrapõe-se ao instituto do prequestionamento, no qual se assenta a técnica específica do recurso de revista, quer para efeito de configuração de dissenso interpretativo, quer de violação a norma legal ou com força de lei.

NÃO CONHEÇO, pois, da preliminar. (...) (grifos no original)[47]

Porém é majoritário na jurisprudência que o **fato superveniente não pode ser invocado em embargos de declaração**. Nesse caminho, já decidiu o STF e o TST:

> Fato novo, ocorrido após o julgamento do recurso, não pode ser alegado, com base no art. 462 do CPC, em embargos de declaração para modificar-se a conclusão do acórdão embargado[48].

> EMBARGOS DE DECLARAÇÃO – FATO SUPERVENIENTE – EFEITO MODIFICATIVO – ENUNCIADO Nº 278 DO TST – INAPLICABILIDADE. Ocorrendo fato superveniente, os embargos declaratórios, apelo de integração, e não de substituição, não constituem meio hábil ao reexame de julgado. O efeito modificativo a que alude o Enunciado nº 278 do TST condiciona-se ao particular exame da natureza da omissão. **E não há falar em omissão, contradição ou obscuridade de julgado em relação a fato ainda não existente no mundo jurídico na data de sua prolação.** Embargos rejeitados[49].

Há de se registrar que a alegação de fato superveniente impõe-se que o magistrado **oportunize o contraditório**, razão pela qual a parte contrária deverá ser intimada para se manifestar a respeito de tais alegações, a fim de se evitar nulidade processual. Além disso, tal alegação deve ser **arguida no primeiro momento** em que a parte se manifestar no processo, sob pena de preclusão.

Destaca-se ainda que pelo teor do novel parágrafo único do art. 493, quando o fato superveniente for constatado de ofício, o juiz deverá ouvir as partes antes de decidir. O mesmo ocorre quando constatada pelo relator, nos termos do art. 933 do NCPC. Isso não significa que o juiz não possa conhecê-lo de ofício o fato ou direito superveniente, mas que, antes de proferir a decisão, deverá dar oportunidade de manifestação para a parte. O dispositivo representa, pois, a vedação das decisões-surpresa, sendo decorrência do princípio do contradi-

---

47. TST-RR-529198/99.7 – Rel. Min. Milton de Moura França. DJ 29.06.2001.
48. STF-EDRMS-22.105/DF, 1ª Turma, Rel. Min. Moreira Alves. DJ 19.04.96.
49. TST-EDAGEAIRR-450.698/98, SBDI1, Rel. Min. Rider Nogueira de Brito. DJ 24.09.99. Em sentido contrário admitindo a invocação em embargos de declaração, TST- RR 0000264-90.2010.5.15.0012. Primeira Turma. Rel. Min. Hugo Carlos Scheuermann. DEJT 12.6.2015.

tório[50] (arts. 9º e 10º do NCPC). Portanto, a presente súmula se mantém com o advento do Novo CPC, **mas sua interpretação deve ser condizente com os arts. 493, parágrafo único e 933.**

Por fim, há de se **diferenciar fato novo de fato superveniente** para a **fase recursal. Fato novo** é aquele que já existia ao tempo da decisão judicial, mas que a parte não quis ou não pode argui-lo. Esse fato somente poderá ser invocado em grau recursal se a parte demonstrar que deixou de argui-lo em momento anterior por motivo de força maior (NCPC, art. 1.014). Já o **fato superveniente** é aquele que ocorreu após a sentença, de modo que não poderia ser alegado antes da decisão. Nesse caso, pode a parte alegá-lo em grau de recurso ou o tribunal conhecê-lo de ofício, com base no art. 493 do NCPC[51].

7. RECURSOS

7.1. Teoria Geral dos Recursos

7.1.1. Princípio da fungibilidade. Embargos de declaração contra decisão monocrática do relator (Súmula nº 421, II, do TST)

> **Súmula nº 421 do TST.** Embargos declaratórios contra decisão monocrática do relator calcada no art. 557 do CPC. Cabimento
>
> I – Tendo a decisão monocrática de provimento ou denegação de recurso, prevista no art. 557 do CPC[52], conteúdo decisório definitivo e conclusivo da lide, comporta ser esclarecida pela via dos embargos de declaração, em decisão aclaratória, também monocrática, quando se pretende tão somente suprir omissão e não, modificação do julgado.
>
> II – Postulando o embargante efeito modificativo, os embargos declaratórios deverão ser submetidos ao pronunciamento do Colegiado, convertidos em agravo, em face dos princípios da fungibilidade e celeridade processual.

Considerando os objetivos dessa obra, nesse momento, iremos analisar apenas o item II, comentando o item I nas súmulas mantidas.

---

50. BUENO, Cássio Scarpinella. *Novo Código de Processo Civil anotado*. São Paulo: Saraiva, 2015, p. 328.
51. NERY Jr., Nelson; NERY, Rosa Maria de Andrade. *Comentários ao Código de Processo Civil*. São Paulo: Editora Revista dos Tribunais, 2015. p. 2074.
52. NCPC, art. 932.

II – Postulando o embargante efeito modificativo, os embargos declaratórios deverão ser submetidos ao pronunciamento do Colegiado, convertidos em agravo, em face dos princípios da fungibilidade e celeridade processual.

Os embargos declaratórios com efeitos infringentes ou modificativos são aqueles que possibilitam a alteração substancial do julgamento, sem que haja o pronunciamento do órgão *ad quem*.

Nesse sentido, e considerando a possibilidade da alteração do conteúdo do julgado, o que impõe inclusive a manifestação da parte contrária (CLT, art. 897-A, § 2º), o Tribunal Superior do Trabalho entendeu que, havendo embargos de declaração com efeito modificativo da decisão monocrática do relator, o que pretende a parte é a verdadeira reforma ou anulação do julgamento, de modo que os embargos deverão ser admitidos como agravo, com base no princípio da fungibilidade e celeridade processual.

Nessa hipótese, diferentemente do que ocorre no item I, o recorrente busca alterar a própria substância do julgamento, o que dá ensejo ao agravo.

Acolhendo a tese do C. TST, o Novo CPC passa a prever tal fungibilidade como se verifica pelo teor do art. 1.024, §3º, *in verbis*:

> § 3º O órgão julgador conhecerá dos embargos de declaração como agravo interno se entender ser este o recurso cabível, desde que determine previamente a intimação do recorrente para, no prazo de 5 (cinco) dias, complementar as razões recursais, de modo a ajustá-las às exigências do art. 1.021, § 1º.

Portanto, a partir do NCPC, a legislação admite expressamente o conhecimento dos embargos de declaração como agravo interno.

No entanto, a presente súmula admite a conversão dos embargos em agravo interno sem nenhuma condicionante. Já **o Novo CPC impõe que a parte recorrente seja intimada para complementar seu recurso, no prazo de 5 dias, antes de o tribunal julgar os embargos de declaração como agravo.**

Isso ocorre porque os embargos de declaração tem fundamentação vinculada, não ocorrendo o mesmo com o agravo interno que é de fundamentação livre, o que significa que o recorrente poderá trazer outros fundamentos que não seriam admitidos nos embargos[53]. É por isso que o novel código admite tal complementação, exigindo a intimação prévia do recorrente.

Desse modo, a intimação prévia do recorrente é pertinente e necessária, devendo prevalecer no processo do trabalho, por força do art. 769 da CLT e art. 15 do NCPC, o que impõe a modificação da presente súmula nesse

---

53. JORGE, Flávio Cheim. *Teoria geral dos recursos cíveis*. 7. ed. rev., atual. e ampl. São Paulo: Editora Revista dos Tribunais, 2015. p. 327.

particular, ou seja, para incluir a necessidade de intimação do recorrente para complementar suas razões recursais.

É oportuno esclarecer que, com a edição desta súmula, poder-se-ia argumentar que a dúvida objetiva a legitimar a aplicação do princípio da fungibilidade estaria sepultada, afastando assim o cabimento dos embargos de declaração. No entanto, considerando que o efeito modificativo é reconhecido pelo juízo, a parte mantém a dúvida se os embargos são ou não modificativos, razão pela qual permanece o requisito da dúvida objetiva a possibilitar a incidência do princípio da fungibilidade.

Com efeito, sendo interpostos os embargos de declaração apenas com o fim de suprir omissão, eles serão admitidos e julgados pelo relator. Por outro lado, tendo efeito modificativo, o recorrente será intimado para complementar o recurso e será recebido como agravo a ser julgado pelo colegiado, pois preenchidos os requisitos do princípio da fungibilidade, quais sejam: a) dúvida objetiva; b) inexistência de erro grosseiro; e c) observância do prazo do recurso correto (teoria do prazo menor).

7.1.2. Custas processuais.

7.1.2.1. Pagamento das custas em recurso ordinário no mandado de segurança (OJ n° 148 da SDI – II do TST)

> **Orientação Jurisprudencial n° 148 da SDI – II do TST.** Custas. Mandado de segurança. Recurso ordinário. Exigência do pagamento
>
> É responsabilidade da parte, para interpor recurso ordinário em mandado de segurança, a comprovação do recolhimento das custas processuais no prazo recursal, sob pena de deserção.

Interpretando a lei do mandado de segurança em conjunto com o art. 895 da CLT, o TST declinou ser cabível recurso ordinário das decisões definitivas em mandado de segurança (Súmula n° 201 do TST).

Tratando-se, portanto, de recurso ordinário, ele está sujeito aos pressupostos recursais destinados a esse recurso, o que inclui o pagamento das custas processuais.

Assim, deverá a parte recorrente comprovar o pagamento das custas processuais dentro do prazo recursal. Registra-se que, interpondo o recurso antes do vencimento do prazo recursal, o recorrente poderá comprovar o recolhimento das custas processuais até o fim do prazo alusivo ao recurso, nos termos do art. 789, § 1°, da CLT. Dessa forma, caso o recorrente interponha o recurso no 3° dia do prazo recursal, ele terá mais 5 dias para comprovar o recolhimento das custas processuais nos autos.

Contudo, a parte final da presente orientação deverá ser melhor interpretada com o advento do Novo CPC.

É que a nova ordem processual preconiza a busca pela decisão de mérito, afastando vícios sanáveis, a fim de alcançar a tutela jurisdicional efetiva (NCPC, arts. 4º e 6º). Nesse contexto, restringe a jurisprudência defensiva, sempre que seja possível sanar o vício processual.

Trata-se do chamado princípio da primazia da decisão de mérito, o qual pode ser verificado na fase recursal, dentre outros, no art. 932, parágrafo único e no art. 938, § 1º, a seguir transcritos:

> Art. 932, parágrafo único. Antes de considerar inadmissível o recurso, o relator concederá o prazo de 5 (cinco) dias ao recorrente para que seja sanado vício ou complementada a documentação exigível.
>
> Art. 938. § 1º Constatada a ocorrência de vício sanável, inclusive aquele que possa ser conhecido de ofício, o relator determinará a realização ou a renovação do ato processual, no próprio tribunal ou em primeiro grau de jurisdição, intimadas as partes. (...)

Nesse contexto, o art. 1.007, § 2º, do NCPC[54], que permite a complementação do recolhimento do preparo, embora tenha mantido a mesma sistemática do Código anterior, irradia seus efeitos para o processo do trabalho, devendo ser aplicado subsidiariamente. Queremos dizer, aplica-se o Novo CPC, porque a CLT é omissa quando à possibilidade de complementação, além do que a norma é compatível com o processo do trabalho, pois este também preza pela tutela jurisdicional efetiva.

Ademais, o art. 896, §11 da CLT, introduzido pela Lei nº 13.015/14, embasado na mesma sistemática dos supramencionados dispositivos, permite que, quando o recurso de revista contiver defeito formal que não se repute grave, o TST poderá desconsiderar o vício ou mandar saná-lo, julgando o mérito. Vê-se que a CLT admite a possibilidade de suprimento de vícios no recurso de revista que é um recurso de extraordinária, o que significa que com maior razão deverá ser admitida no recurso ordinário.

Assim, caso o recolhimento das custas seja efetuado em valor inferior ao devido, por corresponder a uma irregularidade forma, deverá ser oportunizada à parte a possibilidade de complementar o valor.

Ademais, os §§ 4º e 5º, do art. 1.007, que vaticinam:

---

54. Art. 1.007. No ato de interposição do recurso, o recorrente comprovará, quando exigido pela legislação pertinente, o respectivo preparo, inclusive porte de remessa e de retorno, sob pena de deserção. (...) § 2º A insuficiência no valor do preparo, inclusive porte de remessa e de retorno, implicará deserção se o recorrente, intimado na pessoa de seu advogado, não vier a supri-lo no prazo de 5 (cinco) dias.

§ 4º O recorrente que não comprovar, no ato de interposição do recurso, o recolhimento do preparo, inclusive porte de remessa e de retorno, será intimado, na pessoa de seu advogado, para realizar o recolhimento em dobro, sob pena de deserção.

§ 5º É vedada a complementação se houver insuficiência parcial do preparo, inclusive porte de remessa e de retorno, no recolhimento realizado na forma do § 4º.

Tais dispositivos ampliam consideravelmente a possibilidade de regularização desse vício, passando a dar uma segunda chance para a parte realizar o recolhimento, pois permite que, mesmo que não haja o recolhimento do preparo no momento da interposição do recurso, a parte deverá ser intimada para fazê-lo, mas nesse caso em dobro.

Portanto, a "deserção deixou de ser uma consequência automática do não recolhimento do preparo e do porte de remessa e retorno. O sistema confere à parte uma segunda chance para evitar a deserção"[55].

Desse modo, a presente orientação, para que fique em consonância com a nova ideologia processual, deve ser interpretada no sentido de que, somente após intimado o recorrendo para recolher ou complementar as custas processuais e não o fazendo, haverá deserção.

7.1.2.2. Novo valor da causa arbitrado ex officio e majoração das custas processuais (OJ nº 88 da SDI-II do TST)

> **Orientação Jurisprudencial nº 88 da SDI – II do TST.** Mandado de segurança. Valor da causa. Custas processuais. Cabimento
>
> Incabível a impetração de mandado de segurança contra ato judicial que, de ofício, arbitrou novo valor à causa, acarretando a majoração das custas processuais, uma vez que cabia à parte, após recolher as custas, calculadas com base no valor dado à causa na inicial, interpor recurso ordinário e, posteriormente, agravo de instrumento no caso de o recurso ser considerado deserto.

O valor da causa é a atribuição econômica dos pedidos formulados pelo reclamante, sendo certo que "a toda causa será atribuído valor certo, ainda que não tenha conteúdo econômico imediatamente aferível." (NCPC, art. 291).

---

55. NERY Jr., Nelson; NERY, Rosa Maria de Andrade. *Comentários ao código de processo civil*. São Paulo: RT, 2015. p. 2042.

No processo do trabalho, há divergência sobre a obrigatoriedade da indicação do valor da causa na petição inicial, entendendo alguns que não é requisito da petição inicial, porquanto não há exigência expressa na CLT. Para outros, com os quais pensamos estar a razão, trata-se de requisito essencial, pois define o rito procedimental (sumário, sumaríssimo ou ordinário).

Independentemente de a tese a ser adotada, o valor da causa serve para definição do rito, recolhimento de taxas judiciárias, fixação do valor para fins de aplicação de ato atentatório à dignidade da jurisdição, litigância de má-fé, multa pela interposição de embargos de declaração meramente protelatórios, assim como dos honorários advocatícios.

Na orientação em comentário, o TST visou ao processo que já possui valor da causa e, sem que haja impugnação pela parte contrária, o juiz o altera de ofício, majorando o valor das custas processuais.

Tal majoração *ex officio* não encontrava pacificação na doutrina, na época do CPC de 1973. Parcela da doutrina entendia que, como as custas processuais têm como um de seus escopos o pagamento de taxas judiciárias, incumbia ao juiz zelar pelo seu correto recolhimento para não lesar o Fisco, sendo, portanto, matéria de ordem pública alterável de ofício. Por outro lado, interpretando literalmente o artigo 261, parágrafo único, do CPC/73, a outra parte da doutrina entendia que apenas por meio de impugnação ao valor da causa este poderia ser alterado[56].

O NCPC soluciona a controvérsia doutrinária e determina que o juiz poderá corrigir de ofício o valor da causa, entendendo, portanto, que as custas processuais correspondem a matéria de ordem pública[57], conforme se observa no art. 292, §3º, *in verbis*:

> § 3º O juiz corrigirá, de ofício e por arbitramento, o valor da causa quando verificar que não corresponde ao conteúdo patrimonial em discussão ou ao proveito econômico perseguido pelo autor, caso em que se procederá ao recolhimento das custas correspondentes.

Portanto, sendo atualmente permitida a alteração *ex officio* não há falar em violação de direito líquido e certo, reforçando o entendimento do C. TST quanto à inviabilidade da impugnação por meio do mandado de segurança.

---

56. Nesse sentido é o entendimento do TST no que tange ao valor da causa do mandado de segurança e da ação rescisória (OJ nº 155 da SDI – II do TST). Esse entendimento deverá ser cancelado, como destacamos nos comentários da referida orientação.
57. MEDINA, José Miguel Garcia. *Novo Código de Processo Civil Comentado: com remissões e notas comparativas ao CPC/1973*. São Paulo: Editora Revista dos Tribunais, 2015, p. 452.

No caso em análise, o TST não adentrou propriamente na possibilidade ou não de alteração do valor da causa de ofício, uma vez que extinguiu o mandado de segurança sem resolução do mérito, por ser incabível na hipótese.

E assim agiu o C. TST, porque entendeu que a alteração *ex officio* do valor da causa possui mecanismo próprio de impugnação, o que afasta o cabimento do mandado de segurança. Isso porque, tratando-se de rito sumário, o art. 2º, e seus §§, da Lei 5.584/70 prevê que a impugnação ocorrerá por meio do pedido de revisão. Já no caso dos demais ritos (sumaríssimo e ordinário), a parte deverá insurgir-se contra a alteração do valor no momento do recurso ordinário.

Nesta última hipótese, recurso ordinário, cabe registrar que o recolhimento das custas processuais é um pressuposto recursal. Desse modo, o TST entendeu que o recorrente deverá recolher as custas com base no valor originário da causa e, sendo considerado deserto, deverá interpor o recurso de agravo de instrumento para destrancar o andamento do recurso (CLT, art. 897, b). Exemplificamos:

> João ajuíza reclamação trabalhista atribuindo à causa o valor de R$ 15.000,00, para efeitos meramente fiscais. Em sentença, o juiz julga improcedentes os pedidos da exordial, alterando de ofício o valor da causa para R$ 50.000,00, entendendo que este é o valor econômico dos pedidos. Nesse caso, nos termos da orientação em comentário, não sendo João beneficiário da justiça gratuita, deverá interpor recurso ordinário recolhendo as custas sobre o montante de R$ 15.000,00. Na hipótese de ser considerado deserto pelo juiz *a quo*, deverá interpor agravo de instrumento para destrancar o recurso.

Assim, para o TST é incabível o mandado de segurança para impugnar a majoração *ex officio* do valor da causa, por existirem mecanismos aptos a impugná-la.

Consigne-se que o Novo CPC atingirá em dois aspectos a presente orientação.

A primeira diz respeito ao valor das custas processuais. Como visto, o C. TST entende que o recorrente deverá recolher as custas com base no valor da inicial. No entanto, pode ocorrer de o tribunal entender que a alteração *ex officio* foi adequada, de modo que as custas terão sido recolhidas em valor inferior ao devido. Nesse caso, antes de se decretar a deserção do recurso, o tribunal deverá dar à parte a oportunidade de complementação das custas processuais, por força do princípio da primazia da realidade e do art. 1.007 do NCPC[58].

A segunda está relacionada ao agravo de instrumento, o que deverá provocar o cancelamento da parte final desta orientação.

É que o NCPC extinguiu o duplo juízo de admissibilidade. Desse modo, na apelação, o juízo de admissibilidade será realizado apenas pelo tribunal

---

58. Vide os comentários da OJ 140 da SDI-I do TST.

competente e não mais pelo juízo de origem (*a quo*), conforme se observa do art. 1.010, §3°[59]. Assim, conforme estabelece o enunciado n° 99 do Fórum Permanente de Processualistas Civis, "o órgão *a quo* não fará juízo de admissibilidade da apelação".

No processo do trabalho, a nosso juízo, o novel código será aplicado ao recurso ordinário e ao agravo de petição, ante a ausência de norma na CLT e sua compatibilidade com o processo do trabalho[60], o que significa que nesses recursos não há falar em juízo de admissibilidade *a quo*.

Portanto, extinto o juízo de admissibilidade no recurso ordinário, não há se fazer referência ao agravo de instrumento na orientação jurisprudencial em comentário, já que a parte recorrente discutirá o valor das custas processuais no recurso ordinário que será enviado para o Tribunal competente, independentemente de juízo de admissibilidade. Em outros termos, não haverá trancamento no juízo de origem a legitimar o cabimento do agravo de instrumento.

Com efeito, com o advento do Novo CPC, pensamos que deverá ser excluída da presente orientação a seguinte parte: "e, posteriormente, agravo de instrumento no caso de o recurso ser considerado deserto", mantendo-se o texto remanescente.

7.1.3. Efeitos dos recursos. Efeito devolutivo (Súmula n° 393 do TST)

> **Súmula n° 393 do TST.** Recurso ordinário. Efeito devolutivo em profundidade. Art. 515, §1°, do CPC
>
> O efeito devolutivo em profundidade do recurso ordinário, que se extrai do § 1° do art. 515 do CPC[61], transfere ao Tribunal a apreciação dos fundamentos da inicial ou da defesa, não examinados pela sentença, ainda que não renovados em contrarrazões. Não se aplica, todavia, ao caso de pedido não apreciado na sentença, salvo a hipótese contida no § 3° do art. 515 do CPC[62].

---

59. Art. 1.010. A apelação, interposta por petição dirigida ao juízo de primeiro grau, conterá: (...) § 1° O apelado será intimado para apresentar contrarrazões no prazo de 15 (quinze) dias. § 2° Se o apelado interpuser apelação adesiva, o juiz intimará o apelante para apresentar contrarrazões. § 3° Após as formalidades previstas nos §§ 1° e 2°, os autos serão remetidos ao tribunal pelo juiz, independentemente de juízo de admissibilidade.
60. No mesmo sentido, SCHIAVI, Mauro. *Manual de Direito Processual do Trabalho*. 9. ed. São Paulo: LTr, 2015. p. 903.
61. NCPC, art. 1.013, §1°.
62. NCPC, art. 1.013, §3°.

Os recursos são dotados de alguns efeitos, a saber: devolutivo, suspensivo, translativo, expansivo e substitutivo. Nos comentários dessa súmula, nos ateremos ao efeito devolutivo, que consiste na transferência ao juízo *ad quem* do conhecimento das matérias julgadas no juízo *a quo*, ou seja, busca-se nova manifestação do Poder Judiciário sobre a matéria decidida. Por esse raciocínio, é possível concluir que **todos os recursos são dotados do efeito devolutivo**, vez que essa transferência é inerente aos recursos[63]. O que difere, porém, é o grau da extensão e da profundidade que incidirá nos recursos.

O recurso ordinário, por ser um recurso de natureza ordinária e de fundamentação livre, admite a rediscussão de forma ampla da matéria fática, o exame total das provas e debate pleno da aplicação do direito, podendo fundar-se no mero inconformismo da parte vencida[64]. Em decorrência disso, o efeito devolutivo tem aplicação plena nessa modalidade de recurso, incidindo de forma supletiva no processo do trabalho o art. 1.013 do NCPC.

O efeito devolutivo deve ser analisado sob dois enfoques: da extensão (dimensão horizontal) e da profundidade (dimensão vertical).

A **extensão do efeito devolutivo** é a delimitação do objeto dentro da qual o recorrente pretende que o juízo *ad quem* se pronuncie. Trata-se de regra derivada do princípio dispositivo, vez que o recurso também é manifestação do poder de ação, o que significa que o recorrente poderá escolher contra quais objetos irá se insurgir. Tem-se aqui a aplicação do *caput* do art. 1.013 do NCPC, que consagra a máxima romana *tantum devolutum quantum appelatum*. Dessa forma, a insurgência do recorrente poderá ser de todos os capítulos da sentença em que foi sucumbente ou de apenas parte deles. Exemplifique-se:

> A empresa é condenada ao pagamento de horas extras, vale-transporte e indenização pelo dano moral. Caso ela interponha recurso ordinário, poderá insurgir-se contra todos os capítulos da sentença (horas extras, vale-transporte e indenização pelo dano moral) sendo, portanto, de extensão total. Por outro lado, poderá recorrer tão somente do capítulo referente ao vale-transporte, de modo que os demais capítulos (horas extras e indenização pelo dano moral) serão acobertados pela coisa julgada. Tem-se nesse último caso a extensão limitada.

Assim, o efeito devolutivo, em sua extensão, nada mais é do que a quantidade de matéria impugnada, decorrendo sempre da própria vontade do recorrente.

---

63. No sentido do texto: JORGE, Flávio Cheim. *Teoria geral dos recursos cíveis*. 7. ed. rev., atual. e ampl. São Paulo: Editora Revista dos Tribunais, 2015. p. 346-347. BEBBER, Júlio César. *Recursos no processo do trabalho*. 2. ed. São Paulo: LTr, 2009. p. 176. Em sentido contrário, entendendo que o efeito devolutivo somente tem aplicação quando há transferência para outro órgão, o que afasta sua aplicação nos embargos de declaração: MOREIRA, José Carlos Barbosa. *Comentários ao código de processo civil*. 15. ed. Rio de Janeiro: Forense, 2010. v. 5, p. 260-261.
64. BEBBER, Júlio César. *Recursos no processo do trabalho*. 2. ed. São Paulo: LTr, 2009. p. 46.

É imprescindível que a extensão do recurso seja feita inicialmente, passando-se somente em seguida para a análise de sua profundidade. Tanto é assim que o art. 1.013, § 1º, do NCPC faz menção expressa de que a profundidade ficará limitada ao capítulo impugnado.

A **profundidade do efeito devolutivo**, também chamada de dimensão vertical, é aquela que devolve **automaticamente** ao juízo *ad quem* todas as alegações, fundamentos e questões dentro da quantidade impugnada (extensão), independentemente de manifestação. Trata-se da faceta do efeito devolutivo que decorre da própria lei[65]. O que se busca com a profundidade do efeito devolutivo é colocar em idêntica situação o juízo *a quo* e juízo *ad quem* no momento do julgamento, de modo que este poderá analisar todas as alegações, fundamentações, questões e provas que estavam ao alcance do juízo *a quo*, ou seja, permite-se que o órgão julgador possa se utilizar "de todo o material deduzido em juízo, mesmo que a decisão recorrida e o recurso não façam qualquer referência ao mesmo"[66]. Com efeito, leciona o doutrinador Flávio Cheim Jorge ao interpretar os §§ 1º e 2º do art. 1.013 do NCPC:

> Consiste numa técnica processual em que se permite o tribunal, quando do julgamento dos recursos, fique em idêntica situação à que se encontrava o órgão *a quo* quando da prolação da decisão recorrida.
>
> Fixada a extensão da impugnação, o tribunal poderá utilizar-se de todo o material que dispunha o órgão *a quo* para a elaboração da decisão impugnada. Poderá avaliar todas as questões, todos os fatos, todas as provas, todos os fundamentos das partes, enfim, tudo aquilo que poderia ser objeto de cognição pelo julgador *a quo*.
>
> (...) O tribunal, quando do julgamento do recurso, deverá contar com todos os elementos que dispunha o juiz quando da prolação da decisão, a fim de que seja permitido um amplo reexame da causa. [67]

O efeito devolutivo, em sua profundidade, especificamente aos recursos ordinários, vem disciplinado nos §§ 1º e 2º, do art. 1.013 do NCPC, *in verbis*:

---

65. Alguns autores preferem enquadrá-lo como efeito translativo. Por todos, LEITE, Carlos Henrique Bezerra. *Curso de direito processual do trabalho*. 6. ed. São Paulo: LTr, 2008. p. 673. De nossa parte, pensamos que o efeito translativo somente permite a análise *ex officio* pelo juízo *ad quem* das matérias de ordem pública, não se confundindo com a profundidade do efeito devolutivo.
66. JORGE, Flávio Cheim. *Teoria geral dos recursos cíveis*. 7. ed. rev., atual. e ampl. São Paulo: Editora Revista dos Tribunais, 2015. p. 368.
67. JORGE, Flávio Cheim. *Teoria geral dos recursos cíveis*. 7. ed. rev., atual. e ampl. São Paulo: Editora Revista dos Tribunais, 2015. p. 368 e 371.

§ 1º Serão, porém, objeto de apreciação e julgamento pelo tribunal todas as questões suscitadas e discutidas no processo, ainda que não tenham sido solucionadas, desde que relativas ao capítulo impugnado.

§ 2º Quando o pedido ou a defesa tiver mais de um fundamento e o juiz acolher apenas um deles, a apelação devolverá ao tribunal o conhecimento dos demais.

Verifica-se pelo § 1º que o órgão julgador poderá se utilizar de todas as questões suscitadas e discutidas do processo, mesmo que a sentença tenha se omitido quanto a algumas delas, desde que relativas ao capítulo impugnado. Exemplificamos para elucidar o referido parágrafo.

A empresa foi condenada ao pagamento do adicional de insalubridade. Na sentença, o juiz afastou a conclusão da perícia e, com base no laudo do assistente técnico do reclamante, decidiu pela existência da insalubridade. Caso a empresa apresente recurso ordinário, o tribunal poderá verificar todo o conjunto probatório (perícia, laudos dos assistentes técnicos, depoimentos, documentos etc.), concluindo pelo provimento ou não do recurso. Assim, o tribunal poderá admitir a insalubridade não pelo laudo do assistente técnico, mas por documento apresentado pela própria empresa (por exemplo, PPRA). Verifica-se que, mesmo que o juiz *a quo* não tivesse citado o PPRA, o juízo *ad quem* não ficaria limitado às provas que convenceram o juízo *a quo*, podendo reexaminar todo o conjunto probatório, mesmo que a sentença não tivesse feito referência a algum deles.

Com base nesse dispositivo, vislumbra-se que a mera possibilidade de exame das questões pelo juízo *a quo* permite que o tribunal (juízo *ad quem*) possa enfrentá-las no julgamento. É imprescindível, pois, que o juízo *a quo* tenha tido a oportunidade de analisar as questões. Isso quer dizer que, no caso de revelia, não poderá o revel levantar questões novas, suscitadas apenas no recurso ordinário, uma vez que o juízo *a quo* não pode fazer nenhuma apreciação sobre elas.

Já o § 2º permite que o juízo *ad quem* possa analisar os diversos fundamentos levantados na inicial e na contestação para determinado pedido. Tal efeito, portanto, pode beneficiar ambas as partes. É o que ocorre, por exemplo, quando a reclamante postula a reintegração no emprego com o fundamento de que era representante da CIPA ou porque sofreu acidente de trabalho. Caso o juiz reconheça a garantia de emprego com base na representação da CIPA, nada mencionando sobre a garantia pelo acidente do trabalho da reclamante, na hipótese de recurso ordinário pela empresa, poderá o tribunal negar a garantia de emprego pela representação da CIPA, mas admiti-la com base no acidente de trabalho, mesmo que a reclamante não levante esse fundamento nas contrarrazões de recurso. Percebe-se que, analisada a extensão do recurso (pedido de reintegração), o tribunal estará apto, por força de lei, a analisar todos os fundamentos da inicial, ou seja, está em idêntica situação em que o juiz de 1º grau estava na ocasião do julgamento.

Conquanto o C. TST adote o efeito devolutivo amplo no recurso ordinário, ele expressamente consigna que **tal efeito não se aplica no caso de pedido não apreciado na sentença.**

Disso resulta que o recurso busca transferir ao juízo *ad quem* o conhecimento das matérias que estiveram sob o âmbito de julgamento do juízo *a quo*. A *contrario sensu* significa que, para o C.TST, não se pode transferir o objeto que não estava na decisão recorrida, ou seja, o recurso não pode ser maior que a decisão recorrida, sob pena de supressão de instância.

No entanto, pelo teor da parte final dessa súmula, na época do CPC/73, o TST admitia uma **exceção** a essa regra, permitindo a análise de pedido não apreciado na sentença no caso do art. 515, § 3º, do CPC/73 que possibilitava o julgamento do recurso no caso de processo extinto sem resolução de mérito, desde que a causa fosse exclusivamente de direito e/ou estivesse em condições de julgamento. Tal exceção era evidente, uma vez que, extinguindo o processo sem resolução do mérito, o juízo *a quo* não adentrava no julgamento dos pedidos, omitindo, pois, sua análise. Portanto, nesse caso havia omissão no julgamento quanto ao pedido, mas o ordenamento permitia sua análise pelo juízo *ad quem*, com base nos princípios da economia e celeridade processual.

Sucede que o art. 1013, §§ 3º e 4º do Novo CPC, correspondente ao art. 515, § 3º do CPC/73, ampliou consideravelmente as hipóteses de supressão de instância, isto é, de julgamento de mérito pelo tribunal quando o processo já estiver em condições de julgamento, sem que haja necessidade de retorno dos autos à origem. Desse modo, vaticina o referido dispositivo:

Art. 1.013. A apelação devolverá ao tribunal o conhecimento da matéria impugnada.

(...)

§ 3º Se o processo estiver em condições de imediato julgamento, o tribunal deve decidir desde logo o mérito quando:

I – reformar sentença fundada no art. 485;

II – decretar a nulidade da sentença por não ser ela congruente com os limites do pedido ou da causa de pedir;

III – constatar a omissão no exame de um dos pedidos, hipótese em que poderá julgá-lo;

IV – decretar a nulidade de sentença por falta de fundamentação.

§ 4º Quando reformar sentença que reconheça a decadência ou a prescrição, o tribunal, se possível, julgará o mérito, examinando as demais questões, sem determinar o retorno do processo ao juízo de primeiro grau.

Pela análise do referido § 3º, de plano, verifica-se que o legislador sepulta discussão anterior relacionada ao requisito para sua incidência. Isso porque, no CPC/73, dizia-se que a questão deveria ser exclusivamente de direito e estivesse em condições de imediato julgamento, mas a melhor doutrina interpretava o conectivo "e" como alternativo "ou". No Novo CPC fica mais claro, exigindo-se apenas que o processo esteja em condições imediata de julgamento. Desse modo, como já ressaltava a doutrina, "a pedra de toque para nortear a possibilidade de supressão de um grau de jurisdição, a meu ver, não está situada no *conteúdo do mérito*, mas na circunstância de o processo estar *apto para receber esse julgamento*"[68].

Vislumbra-se ainda que as hipóteses julgamento pelo tribunal sem o retorno dos autos à origem foram consideravelmente ampliadas, já que o CPC/73 tratava apenas do inciso I do art. 1.013 do NCPC.

Assim, com o advento do NCPC, o tribunal também poderá julgar o mérito nas hipóteses de nulidade de sentença por não observância dos limites do pedido ou da causa de pedir (inciso II). Noutras palavras, quando não observado o princípio da congruência (sentença extra *petita* e *ultra petita*) é possível o julgamento imediato pelo tribunal. Esse caso é o mais simples, porque basta que o tribunal exclua da decisão o que estiver além ou fora do que foi pedido, não havendo necessidade de retornar os autos à origem.

Já o inciso III permite que o tribunal julgue o mérito quando constatar omissão no exame de um dos pedidos, hipótese em que poderá julgá-lo. Está ligado, portanto, às decisões *citra petita*.

Referido inciso atinge frontalmente a *ratio decidendi* (fundamento determinante) da parte final dessa súmula, vez que o C. TST não admitia a análise de pedido não apreciado na sentença, o que agora é expressamente previsto pelo Novo CPC.

Portanto, com o advento do NCPC, ainda que haja omissão na decisão, o Tribunal poderá analisar o pedido e julgá-lo imediatamente, desde que esteja em condições de julgamento, não havendo que se falar em nulidade por supressão de instância, de modo que deverá ser modificada a presente súmula excluindo sua parte final (não se aplica, todavia, ao caso de pedido não apreciado na sentença, salvo a hipótese contida no § 3º do art. 515 do CPC).

É evidente, porém, que a análise da omissão pressupõe a provocação da parte, em decorrência do efeito devolutivo na extensão. Nas palavras dos doutrinadores Nelson Nery Junior e Rosa Maria de Andrade Nery o inciso III, do parágrafo 3º do artigo 1.013 "não deve ser interpretado no sentido de que a

---

68. BEBBER, Júlio César. *Recursos no processo do trabalho*. 2. ed. São Paulo: LTr, 2009. p. 186.

parte não tem a obrigação de destacar e discutir a omissão. Se a parte também não discute a questão, ocorre a preclusão."[69]

No entanto, indaga-se: tal provocação pressupõe a interposição dos embargos de declaração e, posteriormente, sua insurgência no recurso principal ou poderá ser levantada diretamente no recurso principal?

A resposta a esse questionamento passa pela análise da obrigatoriedade ou não de se interpor embargos de declaração.

O C. TST, na presente súmula, entendia ser obrigatória a interposição dos embargos de declaração, já que, como visto, não admitia que o tribunal julgasse pedido não apreciado na sentença. Desse modo, havendo omissão na decisão, impunha-se que, obrigatoriamente, a parte interpusesse os embargos de declaração e somente depois apresentasse o recurso ordinário.

No mesmo sentido, leciona o doutrinador Manoel Antônio Teixeira Filho:

> Pode a parte, no recurso, alegar obscuridade, contradição, ou omissão da sentença se a ela não opôs, no momento oportuno, embargos declaratórios a fim de que o órgão de primeiro grau corrigisse o seu pronunciamento? É evidente que, por princípio, a resposta deve ser negativa. Ora, esses embargos foram instituídos, exatamente, para expungir da sentença ou do acórdão certas falhas de expressão constatadas pelas partes; deste modo, a possibilidade de poderem ser arguidas essas imperfeições apenas perante o órgão *ad quem*, na oportunidade da interposição do recurso, implicaria negar a própria razão de ser do instituto, na ordem processual: por um comodismo pessoal, a parte preferiria denunciar a falha da sentença quando interpusesse o recurso, dispensando-se, assim, de oferecer embargos declaratórios àquele pronunciamento de primeiro grau. É juridicamente possível concluir-se, por esse motivo, que, em princípio, a não utilização dos embargos declaratórios, nos casos em que eram cabíveis (melhor, exigíveis), tem efeito preclusivo, de sorte a obstar a possibilidade de a parte vir a arguir a imperfeição formal do julgado em suas razões de recurso[70].

No entanto, no âmbito do processo civil, a doutrina majoritária, na época do CPC/73, já entendia que a não interposição dos embargos era incapaz de gerar preclusão[71], podendo o vício ser levantado no recurso principal, sendo,

---

69. NERY JUNIOR, Nelson; NERY, Rosa Maria de Andrade. *Comentários ao Código de Processo Civil*. São Paulo: Editora Revista dos Tribunais, 2015. p. 2069.
70. TEIXEIRA FILHO, Manoel Antônio. *Sistema dos recursos trabalhistas*. 12. ed. São Paulo: LTr, 2014. p. 368.
71. DIDIER Jr., Fredie; BRAGA, Paula Sarno; OLIVEIRA, Rafael. *Curso de direito processual civil: Teoria da prova, direito probatório, teoria do procedente, decisão judicial, coisa julgada e antecipação dos efeitos da tutela*. 8. ed. Salvador: JusPODIVM, 2013. v. 2. p. 353.

portanto, a interposição dos embargos mera faculdade das partes [72]. Isso apenas não se aplicaria aos recursos de natureza extraordinária, em decorrência do prequestionamento.

Nos parece que tenha sido essa a posição trilhada pelo Novo CPC, pois passa a admitir, expressamente, no inciso III que a omissão possa ser reconhecida e julgada diretamente pelo tribunal. O mesmo ocorre como o inciso IV, pois a falta de fundamentação também é caso de omissão, por força do art. 1.022, parágrafo único II, do NCPC.

Isso se justifica, porque a omissão na decisão provoca uma nulidade absoluta. Desse modo, não se pode dizer que, a ausência de provocação nos embargos de declaração, provocaria preclusão. Mas sendo nulidade absoluta, por que o tribunal não pode conhecê-la de ofício, dependendo de provocação da parte no recurso?

Porque não havendo recurso sobre o objeto omisso, teremos o trânsito em julgado desse capítulo, impossibilitando, assim, a manifestação pelo tribunal.

Portanto, pela interpretação do Novo CPC, é forçoso concluir que a interposição dos embargos é mera faculdade da parte, o que deverá ser aplicado ao processo do trabalho, por força do art. 769 da CLT.

Atente-se, porém, para o fato de que essa regra não deverá ser aplicada aos recursos de natureza extraordinária, uma vez que o art. 1.025 exige a interposição dos embargos de declaração para os fins de prequestionamento, ainda que sejam inadmitidos ou rejeitados[73].

Por fim, o § 4º do art. 1.013 permite que, acolhido o recurso ordinário interposto para reformar sentença que reconheça a decadência ou a prescrição, o tribunal avance no julgamento de mérito examinando as demais questões, quando possível, sem que haja necessidade de determinar o retorno ao juízo de origem. Nesse caso, assim como nas hipóteses do § 3º, pressupõe-se que a causa já esteja em condições de julgamento[74].

---

72. KLIPPEL, Rodrigo; BASTOS, Antônio Adonias. *Manual de Direito Processual Civil volume único*. 3ª ed. Salvador: JusPODIVM, 2013. p. 814.
73. Art. 1.025. Consideram-se incluídos no acórdão os elementos que o embargante suscitou, para fins de pré-questionamento, ainda que os embargos de declaração sejam inadmitidos ou rejeitados, caso o tribunal superior considere existentes erro, omissão, contradição ou obscuridade.
74. OLIVEIRA, Fernanda Alvim Ribeiro de. *Recursos em espécie: apelação*. In: Primeiras lições sobre o novo direito processual civil brasileiro (de acordo com o Novo Código de Processo Civil, Lei 13.105, de 16 de março de 2015). Coord. Humberto Theodoro Júnior, Fernanda Alvim Ribeiro de Oliveira, Ester Camila Gomes Norato Rezende. Rio de Janeiro: Forense, 2015. p. 774.

7.1.4. Reexame necessário. Cabimento (Súmula nº 303 do TST)

> **Súmula nº 303 do TST.** Fazenda pública. Duplo grau de jurisdição
>
> I – Em dissídio individual, está sujeita ao duplo grau de jurisdição, mesmo na vigência da CF/1988, decisão contrária à Fazenda Pública, salvo:
>
> a) quando a condenação não ultrapassar o valor correspondente a 60 (sessenta) salários mínimos;
>
> b) quando a decisão estiver em consonância com decisão plenária do Supremo Tribunal Federal ou com súmula ou orientação jurisprudencial do Tribunal Superior do Trabalho.
>
> II – Em ação rescisória, a decisão proferida pelo juízo de primeiro grau está sujeita ao duplo grau de jurisdição obrigatório quando desfavorável ao ente público, exceto nas hipóteses das alíneas "a" e "b" do inciso anterior.
>
> III – Em mandado de segurança, somente cabe remessa *"ex officio"* se, na relação processual, figurar pessoa jurídica de direito público como parte prejudicada pela concessão da ordem. Tal situação não ocorre na hipótese de figurar no feito como impetrante e terceiro interessado pessoa de direito privado, ressalvada a hipótese de matéria administrativa.

I – Em dissídio individual, está sujeita ao duplo grau de jurisdição, mesmo na vigência da CF/1988, decisão contrária à Fazenda Pública, salvo:

a) **quando a condenação não ultrapassar o valor correspondente a 60 (sessenta) salários mínimos;**

b) **quando a decisão estiver em consonância com decisão plenária do Supremo Tribunal Federal ou com súmula ou orientação jurisprudencial do Tribunal Superior do Trabalho.**

Com o advento da Constituição Federal de 1988, que exaltou os direitos fundamentais, começou-se a questionar com mais incidência a constitucionalidade do reexame necessário (Decreto-Lei nº 779/69, art. 1º, V), sob o fundamento de que violava o princípio da igualdade insculpido no *caput* do art. 5º da CF/88[75].

O C. TST, contudo, não adotou tal posicionamento, admitindo a constitucionalidade do duplo grau obrigatório para a Fazenda Pública, vez que "a igualdade consiste em tratar igualmente os iguais e desigualmente os desiguais", como prescreveu o filósofo Aristóteles. Assim, considerando que o ente público representa o interesse público, mesmo que secundário, o qual é indisponível

---

75. MARTINS, Sérgio Pinto. *Comentários às Súmulas do TST*. 8. ed. São Paulo: Atlas, 2010. p. 185.

(princípio da indisponibilidade da *res publicae*), seu tratamento deve ser diferenciado, atraindo assim a aplicação do reexame necessário.

O legislador também optou por manter o reexame necessário, mas passou a atenuá-lo em certas ocasiões, como estabeleciam os §§ 2º e 3º do art. 475 do CPC/73, *in verbis*:

> § 2º Não se aplica o disposto neste artigo sempre que a condenação, ou o direito controvertido, for de valor certo não excedente a 60 (sessenta) salários mínimos, bem como no caso de procedência dos embargos do devedor na execução de dívida ativa do mesmo valor.
>
> § 3º Também não se aplica o disposto neste artigo quando a sentença estiver fundada em jurisprudência do plenário do Supremo Tribunal Federal ou em súmula deste Tribunal ou do Tribunal Superior competente.

Diante desses parágrafos, passou-se a questionar a aplicação deles ao processo do trabalho. Para uns, o processo laboral tem regra própria prevista no Decreto-Lei nº 779/69, não havendo omissão a legitimar a aplicação desse dispositivo. Para outros, o referido Decreto-Lei somente prevê os casos de cabimento do reexame necessário, nada estabelecendo acerca das exceções previstas no CPC de 1973. O TST contemplou a segunda corrente, ante a lacuna normativa existente no processo do trabalho. No mesmo sentido, leciona José Antônio Ribeiro de Oliveira Silva[76]:

> (...) em várias hipóteses o que se constata é uma *normatização lacunosa* (lacuna primária ou normativa) da matéria na CLT e na legislação extravagante, como ocorre, por exemplo, nos seguintes temas: a) *remessa necessária* – o art. 1º, V, do Decreto-lei nº 779/1969 prevê apenas o indigitado recurso ordinário *ex officio*, nada mais disciplinando a respeito, razão pela qual não pode haver dúvida sobre a aplicação subsidiária das exceções dos §§ 2º e 3º do art. 475 do CPC[77].

Portanto, os §§ 2º e 3º do art. 475 do CPC/73 eram aplicáveis ao processo do trabalho.

Pelas mesmas razões, os §§ 3º e 4º do art. 496 do NCPC serão aplicados ao processo laboral. Tal dispositivo aprimorou a redação do art. 475 do CPC/73 e alterou os valores e as fundamentações que dispensam a remessa necessária, como se verifica pelo seu teor a seguir transcrito:

---

76. SILVA, José Antônio Ribeiro de Oliveira; COSTA, Fábio Natali; BARBOSA, Amanda. *Magistratura do trabalho: formação humanística e temas fundamentais do direito.* São Paulo: LTr, 2010. p. 69.
77. NCPC, art. 496, §§3º e 4º.

§ 3º Não se aplica o disposto neste artigo quando a condenação ou o proveito econômico obtido na causa for de valor certo e líquido inferior a:

I – 1.000 (mil) salários-mínimos para a União e as respectivas autarquias e fundações de direito público;

II – 500 (quinhentos) salários-mínimos para os Estados, o Distrito Federal, as respectivas autarquias e fundações de direito público e os Municípios que constituam capitais dos Estados;

III – 100 (cem) salários-mínimos para todos os demais Municípios e respectivas autarquias e fundações de direito público.

§ 4º Também não se aplica o disposto neste artigo quando a sentença estiver fundada em:

I – súmula de tribunal superior;

II – acórdão proferido pelo Supremo Tribunal Federal ou pelo Superior Tribunal de Justiça em julgamento de recursos repetitivos;

III – entendimento firmado em incidente de resolução de demandas repetitivas ou de assunção de competência;

IV – entendimento coincidente com orientação vinculante firmada no âmbito administrativo do próprio ente público, consolidada em manifestação, parecer ou súmula administrativa.

A principal modificação ocasionada pelo NCPC no § 3º consiste no aumento do valor apto a dispensar a remessa necessária e a expressa diferenciação entre os entes federados.

É interessante notar que o § 2º do art. 475 do CPC/73 afastava a necessidade de reexame necessário na hipótese em que a condenação, ou o direito controvertido, fosse de **valor certo** não excedente a 60 salários mínimos. Interpretando a expressão valor certo, o STJ passou a estabelecer que a dispensa do reexame necessário não se aplicava às sentenças ilíquidas (Súmula nº 490 STJ[78]). Seguindo esse entendimento, o *caput* do § 3º do art. 496 do NCPC passa a declarar expressamente que o valor deverá ser **certo e líquido.**

Esse entendimento surgiu porque, no processo civil, não havendo condenação líquida, buscava-se o valor da causa para a definição da exigência do reexame necessário. No entanto, o STJ passou a instituir que "o valor que baliza o cabimento ou não do reexame necessário é o da condenação (expresso na sentença), e não o da causa (constante na inicial) (...)"[79]. Assim, como na sen-

---

78. Súmula nº 490 do STJ: "A dispensa de reexame necessário, quando o valor da condenação ou do direito controvertido for inferior a sessenta salários mínimos, não se aplica a sentenças ilíquidas".
79. STJ – REsp 651.929/RS. 1ª Turma. Min. Luiz Fux, DJ de 25.4.2005.

tença ilíquida não há valor da condenação, o STJ impôs o reexame, obstando que fosse utilizado o valor da causa para tal fim.

Pensamos, porém, que, no processo do trabalho, não deve incidir a Súmula nº 490 do STJ e que o *caput* do § 2º do art. 496 do NCPC deverá ser adequadamente interpretado.

Isso porque, na seara laboral, a sentença deverá declinar o valor da condenação, ainda que a sentença seja ilíquida (CLT, art. 789, § 2º). Com efeito, não se buscará o valor estabelecido na petição inicial, mas sim o valor da condenação descrito na sentença, atendendo, dessa forma, o disposto no art. 496, § 3º, do NCPC. Tanto é assim, que, na redação da súmula em comentário, que deverá ser mantida, o TST expressamente dispõe "quando a condenação não ultrapassar", fazendo referência, pois ao valor da condenação, independentemente do valor ser líquido ou ilíquido.

Quanto à alínea b do item em comentário, o §4º do art. 496 do NCPC amplia as hipóteses de dispensa da remessa necessária em razão do fundamento da sentença impugnada, dando prevalência aos precedentes judiciais. Assim, quando a sentença estiver fundada em súmula de tribunal superior, acórdão proferido pelo STF ou pelo STJ (incluímos TST) em julgamento de recursos repetitivos, em entendimento firmado em incidente de resolução de demandas repetitivas ou de assunção de competência será dispensada da remessa necessária. Do mesmo modo, será dispensado o reexame necessário quando a decisão estiver fundada em entendimento coincidente com orientação vinculante firmada no âmbito administrativo do próprio ente público, consolidada em manifestação, parecer ou súmula administrativa.

Nesse ponto, não se pode deixar de dizer que o C. TST ampliou o conteúdo das referidas exceções, pois estabeleceu a não incidência do reexame necessário, quando a decisão estiver de acordo com orientação jurisprudencial do TST, embora o § 3º do art. 475 do CPC/73 e o § 4º do art. 496 do NCPC não versem sobre o assunto. Conquanto a seara trabalhista tenha forma diferenciada de sedimentar a jurisprudência, ora por meio de súmulas, ora por meio de orientações jurisprudenciais, pensamos que se tratando de exceção, sua interpretação deve ser restritiva e não ampliativa como fez o Tribunal Superior do Trabalho.

Além dos casos anteriores, na ação popular (Lei nº 4.717/65, art. 19) e na ação civil pública que serve para proteção de direitos de pessoas com deficiência (Lei 7.853/89, art. 4º, § 1º), a sentença que concluir pela improcedência dos pedidos ou ainda pela carência da ação estará sujeita ao reexame necessário.

Cumpre ressaltar ainda que, mesmo nas hipóteses anteriores nas quais não será aplicado o reexame necessário, a Fazenda Pública poderá recorrer. Noutras palavras, não será aplicado o reexame necessário, mas, caso o ente público não concorde com a decisão, poderá recorrer voluntariamente.

Portanto, com o Novo CPC, é possível concluir que a presente súmula deverá ser adaptada aos novos parâmetros determinados pelos § 3º e 4º do art. 496 do NCPC, mantendo-se a mesma essência.

Por fim, quanto ao direito intertemporal, deverão ser observadas as regras sobre remessa necessária vigentes época da prolação da sentença, como se depreende do enunciado nº 311 do Fórum Permanente de Processualistas Civis *in verbis*:

> **Enunciado nº 311.** A regra sobre remessa necessária é aquela vigente ao tempo da prolação da sentença, se modo que a limitação de seu cabimento no CPC não prejudica os reexames estabelecidos no regime do art. 475 CPC/73.

II – Em ação rescisória, a decisão proferida pelo juízo de primeiro grau está sujeita ao duplo grau de jurisdição obrigatório quando desfavorável ao ente público, exceto nas hipóteses das alíneas "a" e "b" do inciso anterior.

A ação rescisória é ação especial destinada a desconstituir decisões judiciais que tenham gerado, em regra, coisa julgada material. Isso quer dizer que, conquanto ligada à ação que deu origem à decisão impugnada, porque visa a sua desconstituição, com ela não se confunde, sendo, portanto, ação autônoma de competência originária dos Tribunais.

Por se tratar de ação autônoma, a sucumbência do ente público, ou seja, a decisão desfavorável ao ente público pode ter origem na própria ação rescisória, razão pela qual, mesmo que o reexame necessário já tenha ocorrido na ação da decisão rescindenda, ele deverá acontecer também na ação rescisória, que é uma ação própria, tendo causa de pedir e pedidos distintos da ação originária.

Com efeito, aplicando-se o reexame necessário na ação rescisória, evidentemente que as exceções explanadas nos §§ 3º e 4º do art. 496 do NCPC e sedimentadas no item I, da súmula em comentário, também deverão ser invocadas.

Por derradeiro, consigna-se que sendo a **ação rescisória de competência originária do Tribunal Superior do Trabalho não há que se falar em reexame necessário**. Primeiro, porque a Corte Trabalhista é a última instância da Justiça do trabalho. Segundo, porque a Carta Magna não atribuiu ao Supremo Tribunal Federal a competência para julgar remessa de ofício oriunda de ação rescisória de competência originária dos Tribunais Superiores, mas, sim, em sede de recurso ordinário, no tocante ao *habeas corpus*, ao mandado de segurança, ao *habeas-data* e ao mandado de injunção decididos em única ou última instância pelos Tribunais Superiores, se denegatória a decisão (CF, art. 102, II, a)[80].

---

80. TST – AR 82012/2003-000-00-00.5. Rel. Min. Ives Gandra Martins Filho. DJ 19.3.2004.

III – Em mandado de segurança, somente cabe remessa "ex officio" se, na relação processual, figurar pessoa jurídica de direito público como parte prejudicada pela concessão da ordem. Tal situação não ocorre na hipótese de figurar no feito como impetrante e terceiro interessado pessoa de direito privado, ressalvada a hipótese de matéria administrativa.

O presente item da súmula em comentário buscou interpretar o parágrafo único do art. 12 da Lei nº 1.533/51, o qual foi alterado (mantendo a mesma substância) pelo art. 14, § 1º, da Lei nº 12.016/2009, que declina:

> Art. 14. Da sentença, denegando ou concedendo o mandado, cabe apelação.
>
> § 1º Concedida a segurança, a sentença estará sujeita obrigatoriamente ao duplo grau de jurisdição.

Pela análise desse parágrafo primeiro, é possível extrair que tão somente quando o ente público é sucumbente haverá cabimento do reexame necessário. Isso porque o parágrafo é enfático em admiti-lo apenas quando há **concessão** da segurança. Com efeito, como do ente público emana o ato suscetível de provocar lesão a direito líquido e certo, ele, em regra, é o sujeito passivo do mandado de segurança, o que significa que, havendo concessão da segurança, haverá decisão desfavorável ao ente público, que deverá se submeter ao reexame necessário. Portanto, havendo concessão da segurança, cabível o reexame necessário. Por outro lado, sendo denegada a segurança, não há que se falar em reexame necessário.

É interessante notar que pode ocorrer de uma pessoa jurídica de direito público impetrar mandado de segurança por ato praticado por autoridade pública. Nesse caso, o C. TST tem entendido que, mesmo na hipótese de denegação da segurança, haverá o reexame necessário, pois houve decisão desfavorável ao ente público que impetrou o mandado de segurança[81].

Registra-se que o C. TST não aplica das exceções do art. 496 do NCPC para a hipótese de concessão do mandado de segurança[82]. Contudo, a nosso ver, embora a lei do mandado de segurança seja legislação especial, houve lacuna normativa quanto às exceções do reexame necessário previstas nos §§ 3º e 4º do art. 496 do NCPC, as quais deveriam ser aplicadas na hipótese de concessão da segurança[83].

---

81. TST-ReeNec e RO 8275200-96.2009.5.02.0000, Órgão Especial, rel. Min. Alberto Luiz Brescianı de Fontan Pereira, 6.8.2012 (Informativo nº 16).
82. No mesmo sentido: o STJ. REsp. 630.917/SP, 2ª T. Rel. Min. Castro Meira. j. 26.8.2008. DJe 25.9.2008.
83. No sentido do texto: Flávio Luiz Yarshell e Viviane Siqueira Rodrigues. In: Napoleão Nunes Maia Filho, Caio Cesar Vieira Rocha e Tiago Asfor Rocha Lima. (org.). *Comentários à nova lei do mandado de segurança*. São Paulo: Revista dos Tribunais, 2010. p. 188-190.

Dúvida surge quanto à interpretação da segunda parte do item III em comentário, ou seja, quando "figure como impetrante e terceiro interessado pessoa de direito privado", pois não há nenhuma referência nos precedentes, nem mesmo sob hipótese argumentativa.

Desse modo, pensamos que o vocábulo impetrante deve ser compreendido como impetrado, vez que, nos termos do art. 14, § 1º, da Lei nº 12.016/2009, haverá reexame necessário na hipótese de concessão da ordem.

Assim, deve-se entender que, na segunda parte, o Tribunal Superior do Trabalho sedimentou os casos em que o mandado de segurança é **impetrado** em face de pessoa jurídica de direito privado ou de particulares.

Isso porque é sabido que os atos dos particulares no exercício de função pública, assim como das sociedades de economia mista e das empresas públicas, por agirem em nome do Estado, estão sujeitos ao mandado de segurança, exceto quando o ato for mera atividade de gestão comercial.

Nesses casos, porém, o TST, interpretando a lei do mandado de segurança em consonância com o Decreto-Lei nº 779/69, declinou que a concessão da segurança contra pessoa jurídica de direito privado não está sujeita ao reexame necessário, exceto na hipótese de matéria administrativa (regida pelo direito público).

Dessa forma, para o C. TST somente cabe reexame necessário na hipótese de **concessão** da segurança em face de pessoa jurídica de direito público, sendo cabível ainda em face da pessoa jurídica de direito privado quando se tratar de matéria administrativa.

8. EXECUÇÃO

8.1. Penhora

8.1.1. Carta de fiança bancária (OJ nº 59 da SDI-II do TST)

> **Orientação Jurisprudencial nº 59 da SDI – II do TST.** Mandado de segurança. Penhora. Carta de fiança bancária
>
> A carta de fiança bancária equivale a dinheiro para efeito da gradação dos bens penhoráveis, estabelecida no art. 655 do CPC[84].

Reconhecida a dívida e não havendo pagamento, o patrimônio do devedor, inicialmente, responde pelo seu pagamento, ficando sujeito à execução forçada.

---

84. NCPC, art. 835.

Em regra, o patrimônio do devedor constitui a garantia para o pagamento da dívida. No entanto, tal garantia pode ser concedida por terceiro, passando a se responsabilizar pela dívida. Tem-se aqui uma garantia pessoal chamada de fiança.

Quando o fiador é um banco, temos a fiança bancária que consiste, portanto, em um contrato em que o banco garante o cumprimento da obrigação de seu cliente (ex., devedor trabalhista).

Considerando que o banco é detentor de capital líquido, qual seja, dinheiro, o art. 9º, II, da Lei 6.830/80, aplicável subsidiariamente ao processo do trabalho por força do art. 899 da CLT, permitiu que a fiança bancária seja oferecida como bem penhorável.

Além disso, a Lei 6.830/80 declinava expressamente que "a garantia da execução, por meio de depósito em dinheiro ou fiança bancária, produz os mesmos efeitos da penhora" (art. 9º, § 3º). Ademais, vaticinava o art. 15, I, da referida lei, que, a qualquer tempo no processo, o executado poderia substituir o bem penhorado "por depósito em dinheiro ou fiança bancária".

Desse modo, vislumbra-se que a Lei 6.830/80 igualou os efeitos da penhora, seja em dinheiro, seja por meio de fiança bancária, para fins de observância da gradação legal do art. 655 do CPC/73.

> O mecanismo é simples: o banco não exige o dinheiro no ato, mas se compromete, quando requisitado pelo juiz, a efetuar o depósito imediatamente, tal como se o banco aceitasse ser o fiador da dívida. Daí o nome carta de fiança, no sentido de uma comunicação de ajuste entre devedor e o banco[85].

Assim, o C. TST entendeu que o executado possui direito líquido e certo de oferecer como garantia do juízo a fiança bancária no lugar de dinheiro.

Após a edição da presente orientação jurisprudencial, a Lei nº 11.382/2006 incluiu o art. 656, §2º, ao CPC/73 e passou a permitir a substituição da penhora pela fiança bancária ou **pelo seguro garantia judicial**, desde que o valor não fosse inferior ao do débito, acrescido de 30% (trinta por cento).

O **seguro garantia judicial** corresponde ao contrato de seguro firmado entre o executado e uma seguradora com a finalidade de que esta última garanta o pagamento de depósitos judiciais em dinheiro e/ou a penhora de bens que possam ser imputadas ao executado na pendência de execução judicial.

Depois da alteração do CPC/73, a Lei nº 13.043/2014 modificou os artigos 9º, §3º, e 15, I, da Lei nº 6.830/80, acrescentando a possibilidade de oferecimento

---

85. SILVA, Homero Batista Mateus da. *Curso de direito do trabalho aplicado. Execução trabalhista.* São Paulo: Editora Revista dos Tribunais, 2015. v. 10. p. 155

do **seguro garantia judicial**, como meio de garantir a execução pelo executado, e a consequente possibilidade de substituição da penhora, não somente pelo depósito em dinheiro e fiança bancária, como também pelo seguro garantia. Todavia, não houve menção à necessidade de que o valor da fiança bancária e do seguro garantia judicial correspondessem ao valor do débito acrescido de 30% (trinta por cento).

Por sua vez, os artigos 835, § 2º e 848, parágrafo único, do NCPC mantiveram a mesma sistemática do CPC/73, como se verifica pelo teor a seguir transcrito:

> Art. 835, § 2º. Para fins de substituição da penhora, equiparam-se a dinheiro a fiança bancária e o seguro garantia judicial, desde que em valor não inferior ao do débito constante da inicial, acrescido de trinta por cento.
>
> Art. 848, parágrafo único. A penhora pode ser substituída por fiança bancária ou por seguro garantia judicial, em valor não inferior ao do débito constante da inicial, acrescido de trinta por cento.

Como são dispositivos que buscam completar o instituto da fiança bancária e do seguro garantia judicial e por serem mais eficazes à prestação da tutela jurisdicional, pensamos que devem ser aplicados supletivamente ao processo do trabalho (NCPC, art. 15), pois a Lei nº 6.830/80 trata apenas parcialmente da matéria.

Isso quer dizer que o valor da fiança bancária e do seguro garantia judicial não pode ser inferior ao do débito constante da inicial **acrescido de 30%** (trinta por cento).

Ademais, indicado outro bem para penhora, poderá o executado postular sua substituição por fiança bancária ou seguro garantia, desde que faça o requerimento no prazo de 10 (dez) dias, contados da intimação da penhora (NCPC, art. 847).

Com efeito, o requerimento do executado poderá ser indeferido quando formulado fora do prazo legal. Do mesmo modo, poderá ser indeferido quando a garantia não for suficiente ao previsto na legislação, ou seja, o valor for inferior ao principal acrescido de 30% (trinta por cento).

Do exposto e aplicando as disposições previstas no NCPC ao processo do trabalho, acreditamos que a presente orientação precisa ser modificada pelo C. TST, no sentido de incluir o seguro garantia e exigir que, para que sejam equivalentes ao dinheiro, devem corresponder ao valor da execução **acrescidos de 30%** (trinta por cento). A propósito, essa modificação já deveria ter ocorrido na vigência do CPC/73, com a redação dada pela Lei nº 11.382/2006, ao art. 656, §2º, do CPC/73.

Antes de finalizarmos os comentários da presente orientação jurisprudencial, é necessário fazer duas observações.

A primeira relacionada ao momento da indicação da fiança bancária e do seguro garantia judicial.

O sistema atual da execução no processo civil não admite a indicação de bens pelo devedor, possibilitando inclusive que a impugnação seja realizada sem a garantia do juízo. Nesse contexto, a carta de fiança bancária e o seguro garantia atuam como verdadeira substituição.

Contudo, o tema é tratado na ordem preferencial da penhora. Além disso, no processo do trabalho, o art. 880 da CLT mantém a possibilidade de indicação de bem pelo executado, de modo que é permitido indicar diretamente que a penhora recaia em fiança bancária ou seguro garantia judicial, ainda que não tenha ocorrido penhora pretérita[86]. Noutras palavras, não há necessidade de que já tenha ocorrida a penhora para se admitir a garantia, podendo ser indicada pelo executado no prazo descrito no art. 880 da CLT.

Com efeito, sendo simplesmente negada a indicação ou substituição do bem penhorado pela fiança bancária ou seguro garantia haverá violação de direito líquido e certo, admitindo a impetração do mandado de segurança.

A propósito, conquanto a penhora tenha mecanismo próprio de impugnação, qual sejam, os embargos à execução, a jurisprudência do TST e a do próprio STF permitem a impetração de mandado de segurança nas hipóteses em que do ato impugnado possa advir prejuízos imediatos e irreparáveis ou de difícil reparação ao executado, como ocorre na presente hipótese.

A segunda observação consiste na análise da apólice da fiança ou do seguro pelo juízo.

Embora o executado possa indicar como penhora a fiança bancária e o seguro garantia judicial, isso não obsta, evidentemente, que o juízo possa analisar em cada caso concreto a idoneidade da garantia, bem como a existência de vícios a inviabilizar a indicação ou substituição do bem. Nesse caso, a jurisprudência trabalhista tem admitido a indicação e/ou substituição da penhora quando houver certeza na efetividade da execução.

Desse modo, não se pode admitir cláusulas que restrinjam a responsabilidade da seguradora a determinadas hipóteses[87]. Além disso, é importante que o garantidor (fiador) renuncie ao benefício de ordem (CC/2002, art. 827) e a exoneração de responsabilidade em caso de fiança por prazo indeterminado (CC/2002, art. 835). Ademais, conquanto pensamos que o prazo de validade

---

86. CORDEIRO, Wolney de Macedo. *Execução no processo do trabalho*. Salvador: JusPODIVM, 2015, p. 372.
87. Nesse sentido: TRT 20ª R.; APet 0001141-25.2010.5.20.0001; Primeira Turma; Relª Desª Rita de Cássia Pinheiro de Oliveira; Julg. 29/07/2015; DEJTSE 13/08/2015.

não seja verdadeiramente um óbice à realização dessa penhora[88], é preciso ficar atento para tal prazo, uma vez que sendo ultrapassado considera-se que o "bem pereceu e a garantia se dissipou"[89], impedindo o conhecimento dos embargos à execução ou de agravo de petição interposto.

Essa segunda observação tem como objetivo ressaltar que o direito líquido e certo no mandado do segurança deve ser visto como prova pré-constituída para sua impetração e não, necessariamente, deferimento da segurança, que exigirá a análise detida de sua efetiva violação, passando-se pelo que foi verificado pelo juízo no momento do indeferimento da indicação e/ou substituição pela fiança bancária ou seguro garantia judicial.

8.1.2. Penhora sobre parte da renda de estabelecimento comercial (OJ nº 93 da SDI-II do TST)

> **Orientação Jurisprudencial nº 93 da SDI – II do TST.** Mandado de segurança. Possibilidade da penhora sobre parte da renda de estabelecimento comercial
>
> É admissível a penhora sobre a renda mensal ou faturamento de empresa, limitada a determinado percentual, desde que não comprometa o desenvolvimento regular de suas atividades.

A doutrina e a jurisprudência divergiam acerca da penhora sobre o faturamento da empresa, uma vez que a constrição recai sobre coisa futura e indeterminada, ou seja, não é possível saber se a empresa terá ou não faturamento. Assim, e considerando que a penhora busca individualizar bem determinado, alguns entendiam que era vedada tal modalidade de penhora. Esse era o entendimento do Superior Tribunal de Justiça. Além disso, entendia-se que a penhora do faturamento inviabilizaria as atividades da empresa, o que prejudicaria inclusive os empregados que estavam com contratos em vigor.

O C. TST, no entanto, passou a admitir a penhora sobre o faturamento na empresa, sob o fundamento de que se tratava de penhora de dinheiro. Exigiu, entretanto, que a penhora fosse efetivada sobre determinado percentual, com a finalidade de preservar a atividade empresarial e não prejudicar os demais credores e fornecedores da empresa. Invocava-se, portanto, a gradação do art.

---

88. Em sentido contrário: TST; AIRR 0001349-07.2010.5.01.0205; Sexta Turma; Rel. Des. Conv. Américo Bedê Freire; DEJT 08/05/2015.
89. SILVA, Homero Batista Mateus da. *Curso de direito do trabalho aplicado. Execução trabalhista.* São Paulo: Editora Revista dos Tribunais, 2015. v. 10. p. 156.

655 do CPC/73, o qual estabelecia ser o dinheiro o primeiro na ordem de preferência (inciso I), compatibilizando-a com o direito de propriedade e o princípio da razoabilidade. A propósito, a penhora do faturamento da empresa tem como foco o princípio da efetividade da tutela jurisdicional, entregando ao jurisdicionado, de forma mais célere e efetiva, o bem da vida pleiteado.

O legislador, verificando a efetividade de tal modalidade de penhora, já na época do CPC/73, alterou o art. 655 do CPC/73, admitindo, em seu inciso VII, a penhora de "percentual do faturamento de empresa devedora". No mesmo sentido, o art. 835, X, do NCPC manteve tal modalidade de penhora.

No entanto, o Novo CPC passa a permitir a referida penhora apenas de forma subsidiária (residual), conforme se observa no artigo 866, *caput*:

> Art. 866. Se o executado não tiver outros bens penhoráveis ou se, tendo-os, esses forem de difícil alienação ou insuficientes para saldar o crédito executado, o juiz poderá ordenar a penhora de percentual de faturamento de empresa. (...)

Assim, a penhora somente será admitida quando: a) o executado não tiver outros bens penhoráveis ou; b) tendo outros bens, eles forem de difícil alienação ou insuficientes para saldar o valor do crédito executado.

A subsidiariedade da penhora sobre percentual de faturamento de empresa é também notada na ordem de penhora prevista no artigo 835 do NCPC, vez que é a décima na ordem de preferência[90].

De qualquer modo, o NCPC mantém a necessidade de um administrador-depositário que deverá, além ter aprovada sua forma de atuação pelo juízo, prestar contas mensalmente, entregando em juízo as quantias recebidas, com os respectivos balancetes mensais (art. 866, §2º).

Registra-se que a legislação, ao permitir a penhora sobre determinado percentual, criou um conceito legal indeterminado, incumbindo ao juiz preencher, em cada caso concreto, qual o percentual adequado, devendo sempre se pautar pelo princípio da razoabilidade, conforme determina o art. 866, §1º do NCPC, "o juiz fixará percentual que propicie a satisfação do crédito exequendo em tempo razoável, mas que não torne inviável o exercício da atividade empresarial".

Portanto, acreditamos que a presente orientação jurisprudencial se encontra em consonância com as disposições do NCPC, uma vez que este contempla a possibilidade da penhora sobre o faturamento da empresa. Todavia, pensamos que o entendimento do TST deverá ser adequado ao art. 866 do NCPC, dei-

---

90. NEVES, Daniel Amorim Assumpção. *Novo Código de Processo Civil* – Lei 13.015/2015. Rio de Janeiro: Forense, São Paulo: MÉTODO, 2015, p. 432.

xando, de modo expresso, o caráter residual da referida espécie de penhora, permitindo sua incidência apenas quando não houver bens penhoráveis ou quando, tendo outros bens, eles forem de difícil alienação ou insuficientes para satisfazer o crédito executado.

9. AÇÃO RESCISÓRIA

9.1. Pressupostos da ação rescisória

9.1.1. Trânsito em julgado

9.1.1.1. Ausência da decisão rescindenda e/ou da certidão de trânsito em julgado autenticadas (OJ nº 84 da SDI-II do TST)

> **Orientação Jurisprudencial nº 84 da SDI – II do TST.** Ação rescisória. Petição inicial. Ausência da decisão rescindenda e/ou da certidão de seu trânsito em julgado devidamente autenticadas. Peças essenciais para a constituição válida e regular do feito. Arguição de ofício. Extinção do processo sem julgamento do mérito.
>
> A decisão rescindenda e/ou a certidão do seu trânsito em julgado, devidamente autenticadas, à exceção de cópias reprográficas apresentadas por pessoa jurídica de direito público, a teor do art. 24 da Lei nº 10.522/02, são peças essenciais para o julgamento da ação rescisória. Em fase recursal, verificada a ausência de qualquer delas, cumpre ao Relator do recurso ordinário arguir, de ofício, a extinção do processo, sem julgamento do mérito, por falta de pressuposto de constituição e desenvolvimento válido do feito.

Com o trânsito em julgado da decisão, nasce o interesse processual para o ajuizamento da ação rescisória. Diante disso, incumbe à parte demonstrar sua ocorrência no momento da interposição da ação rescisória, tratando-se, pois, de documento indispensável, como estabelece a Súmula nº 299 do TST.

Percebe-se, pelo declinado anteriormente, que o trânsito em julgado é condição da ação (interesse processual), enquanto sua **comprovação** na ação rescisória é pressuposto processual.

Na presente orientação, o C. TST buscou sedimentar alguns pontos: a) quais os documentos indispensáveis para o ajuizamento da ação rescisória; b) a necessidade de autenticação de tais documentos; c) juntada dos documentos indispensáveis na fase recursal da ação rescisória.

Quanto aos documentos indispensáveis, o TST exige a apresentação da decisão rescindenda. Isso se justifica porque, sendo atacada tal decisão na ação rescisória, por óbvio, ela deve ser juntada aos autos, a fim de delimitar os contornos da ação.

Exige ainda a Corte Trabalhista que a parte apresente certidão do trânsito em julgado, com a finalidade de comprovar a efetiva ocorrência do trânsito em julgado. Pensamos, no entanto, que sua comprovação pode ser feita por outros meios idôneos a demonstrar que já se formou a coisa julgada (ex., certidão de publicação da decisão que negou seguimento ao recurso de revista e do vencimento do prazo para a interposição do agravo de instrumento; certidão que demonstra que após a decisão do recurso de revista não houve interposição de nenhum outro recurso etc.)[91]. A propósito, a ampliação das formas de comprovação do trânsito em julgado se justifica, uma vez que até mesmo "o juízo rescindente não está adstrito à certidão de trânsito em julgado juntada com a ação rescisória, podendo formar sua convicção através de outros elementos dos autos quanto à antecipação ou postergação do *dies a quo* do prazo decadencial" (Súmula nº 100, item IV).

No que se refere à autenticação dos documentos, a Medida Provisória nº 1.360/96, convertida no art. 24 da Lei 10.522/02, passou a permitir que as pessoas jurídicas de direito público fossem dispensadas da exigência de autenticar os documentos fotocopiados exibidos em juízo, ante a fé pública inerente a esses órgãos. Diante disso, o C. TST entendeu que tais pessoas estavam dispensadas da autenticação, como se depreende da OJ nº 134 da SDI – I do TST.

Registra-se, entretanto, que o art. 830 da CLT, com a nova redação dada pela Lei nº 11.925/2009, permite que a cópia apresentada possa ser declarada autêntica pelo próprio advogado, sob sua responsabilidade pessoal.

Podemos concluir, portanto, que as pessoas jurídicas de direito público estão dispensadas da autenticação, enquanto as pessoas físicas e as jurídicas de direito privado podem ter seus documentos autenticados pelo próprio advogado sob sua responsabilidade.

Por fim, declina o TST nessa orientação que, havendo recurso da decisão da ação rescisória, o relator extinguirá o processo sem resolução do mérito, caso ainda não tenham sido apresentados os documentos indispensáveis.

Nesse ponto cabe consignar que, para o C. TST, a ausência de juntada da decisão rescindenda e/ou da comprovação do trânsito em julgado no momento do **ajuizamento** da ação rescisória permite a emenda da inicial, no prazo de 10 dias, como consubstanciado na Súmula nº 299, item II. Por outro lado, **na**

---

91. No mesmo sentido: KLIPPEL, Rodrigo; BASTOS, Antonio Adonias. *Manual de processo civil*. Rio de Janeiro: Lumen Juris, 2011. p. 946.

fase recursal da ação rescisória, o TST não admite a juntada de documentos indispensáveis, impondo, de ofício, a extinção do processo sem resolução do mérito, ante a falta de pressuposto processual.

Todavia, acreditamos que a parte final da presente orientação (extinção de ofício na fase recursal) deverá ser adequada ao entendimento consubstanciado no Novo CPC.

Isso porque o Novo CPC passou a exigir a concessão de prazo para suprimento de vícios na fase recursal, como se verifica pelos dispositivos a seguir elencados:

Art. 932. Incumbe ao relator: (...)

Parágrafo único. Antes de considerar inadmissível o recurso, o relator concederá o prazo de 5 (cinco) dias ao recorrente para que seja sanado vício ou complementada a documentação exigível.

Art. 938.

§ 1º Constatada a ocorrência de vício sanável, inclusive aquele que possa ser conhecido de ofício, o relator determinará a realização ou a renovação do ato processual, no próprio tribunal ou em primeiro grau de jurisdição, intimadas as partes. (...)

§ 4º Quando não determinadas pelo relator, as providências indicadas nos §§ 1º e 3º poderão ser determinadas pelo órgão competente para julgamento do recurso.

É possível concluir pelos referidos dispositivos que o Novo Código de Processo Civil permite que o tribunal aprecie determinadas questões de ofício, mas, para que ele possa levá-las em consideração, deverá conceder às partes a oportunidade de manifestação[92]. De forma expressa, o art. 317 do NCPC declina que "antes de proferir decisão sem resolução de mérito, o juiz deverá conceder à parte oportunidade para, se possível, corrigir o vício".

Com efeito, o Novo CPC exalta o princípio do contraditório evitando que o órgão julgador profira decisões-surpresas, de ofício (art. 10). Ademais, consagra o princípio da primazia da decisão de mérito, de modo que o julgador deverá fazer o possível para que a decisão de mérito ocorra[93].

Quanto à possibilidade da apresentação de documentos indispensáveis na fase recursal, é importante destacar que a própria CLT, com o advento da Lei nº 13.015/14, ressaltou no art. 896, § 11, a necessidade de suprimento de vícios sanáveis na fase recursal, buscando-se julgar o mérito do recurso.

---

92. DIDIER JR, Fredie. *Curso de Direito Processual Civil: Introdução ao Direito Processual Civil, Parte Geral e Processo de Conhecimento*, 17. ed. Salvador: Editora JusPODIVM, 2015, p. 81.
93. DIDIER JR., Fredie. *Curso de Direito Processual Civil: Introdução ao Direito Processual Civil, Parte Geral e Processo de Conhecimento*, vol. 1. 17. ed. Salvador: Editora JusPODIVM, 2015, p. 136.

Portanto, pensamos que a parte final desta orientação deve ser reinterpretada, no sentido de, na fase recursal, verificada a ausência de juntada da decisão rescindenda ou da comprovação do trânsito em julgado, o juízo deverá, inicialmente, conceder à parte oportunidade para a juntada dos documentos indispensáveis e, não sendo apresentada, proferir a decisão sem resolução de mérito.

9.1.2. Decisão de Mérito

9.1.2.1. Decisão que declara preclusa a oportunidade de impugnação da sentença de liquidação (OJ n° 134 da SDI-II do TST)

> **Orientação Jurisprudencial n° 134 da SDI – II do TST.** Ação rescisória. Decisão rescindenda. Preclusão declarada. Formação da coisa julgada formal. Impossibilidade jurídica do pedido
>
> A decisão que conclui estar preclusa a oportunidade de impugnação da sentença de liquidação, por ensejar tão somente a formação da coisa julgada formal, não é suscetível de rescindibilidade.

A presente orientação versa sobre a decisão que declara a preclusão para se manifestar sobre as contas de liquidação e a possibilidade de sua impugnação por meio de ação rescisória.

Declina o art. 879, § 2°, da CLT:

> § 2° Elaborada a conta e tornada líquida, o Juiz poderá abrir às partes prazo sucessivo de 10 (dez) dias para impugnação fundamentada com a indicação dos itens e valores objeto da discordância, sob pena de preclusão.

Vê-se por tal dispositivo que, aberta a oportunidade para a parte impugnar a conta de liquidação, caso não se manifeste no prazo legal, será declarada a preclusão, ou seja, perderá o direito de praticar o ato no processo.

Diante disso, o julgador homologará os cálculos, estabelecendo o valor devido pelo réu (*quantum debeatur*).

Essa decisão, no processo do trabalho, não é atacável pela via recursal (vertical), mas pelos embargos à execução (horizontal), nos termos do art. 884, § 3°, da CLT.

Interpostos os embargos à execução para discutir os cálculos da liquidação, se a parte não tiver se manifestado no prazo do art. 879, § 2°, da CLT, o juiz declarará preclusa sua oportunidade, não considerando sua manifestação.

A declaração da **preclusão**, conquanto constitua matéria de mérito, para o C. TST é **mérito meramente processual**, o que significa que é **incapaz de produzir coisa julgada material**, uma vez que não adentra na própria controvérsia.

Nesse contexto, a Corte Trabalhista afasta o cabimento da ação rescisória que objetiva desconstituir decisão que declara apenas a preclusão, pois o art. 966, *caput*, do NCPC impõe como pressuposto da ação rescisória a decisão de mérito (que resolve a lide), ou seja, capaz de ensejar a formação de coisa julgada material.

Trazemos, por oportuno, um dos fatos descritos nos precedentes desta orientação para melhor clarear a questão:

> Em liquidação de sentença o juiz confere ao devedor a oportunidade de se manifestar sobre os cálculos, nos termos do art. 879, § 2º, da CLT, o qual se mantém inerte, ocorrendo a preclusão. Homologam-se, portanto, os cálculos. Em seguida, o executado ajuíza embargos à execução pretendendo discutir os cálculos da liquidação, não sendo conhecido, ante a preclusão já anunciada. O executado interpõe agravo de petição que mantém a decisão do 1º grau. Transitada em julgada a decisão do Tribunal, o devedor ajuíza ação rescisória para discutir a preclusão disposta na decisão do agravo de petição que substituiu a decisão dos embargos de execução. Nesse caso, a presente orientação não admite a ação rescisória.

O entendimento do C. TST consubstanciado nessa orientação não deverá ser alterado com o advento do Novo CPC, uma vez que este apenas permite a rescisão das decisões que, embora não sejam de mérito, impeçam a nova propositura da demanda ou a admissibilidade do recurso correspondente (art. 966, §2º, I), o que não é o caso da preclusão.

Por fim, ressalta-se que, para o C. TST, impugnada equivocadamente tal decisão por meio de ação rescisória, ela será extinta sem resolução de mérito por impossibilidade jurídica do pedido. Todavia, o NCPC exclui a impossibilidade jurídica do pedido da categoria das condições da ação (art. 485, VI). Assim, conforme já defendíamos[94], a hipótese descrita na presente orientação deverá ser considerada como ausência de interesse de agir, pois não existe interesse em rescindir decisão ausente de coisa julgada material. Com a vigência do NCPC, portanto, impõe-se a modificação da orientação nesse ponto, ou seja, a expressão impossibilidade jurídica do pedido constante do cabeçalho deverá ser substituída por falta de interesse de agir.

---

94. MIESSA, Élisson; CORREIA, Henrique. *Súmulas e orientações jurisprudenciais do TST comentadas e organizadas por assunto*. 5. ed. Salvador: *JusPODIVM*, 2015. p. 761.

9.2. Representação Processual. Procuração com poderes específicos para o ajuizamento de reclamação trabalhista. Irregularidade verificada na fase recursal (OJ n° 151 da SDI-II do TST)

> **Orientação Jurisprudencial n° 151 da SDI – II do TST.** Ação rescisória e mandado de segurança. Irregularidade de representação processual verificada na fase recursal. Procuração outorgada com poderes específicos para ajuizamento de reclamação trabalhista. Vício processual insanável
>
> A procuração outorgada com poderes específicos para ajuizamento de reclamação trabalhista não autoriza a propositura de ação rescisória e mandado de segurança, bem como não se admite sua regularização quando verificado o defeito de representação processual na fase recursal, nos termos da Súmula n° 383, item II, do TST.

A ação rescisória e o mandado de segurança são identificados pela doutrina como ações autônomas de impugnação, o que significa que há formação de uma nova relação processual, diferenciando-se, portanto, do recurso que ocorre dentro do mesmo processo, como já comentado na OJ n º 110 da SDI – I do TST.

Essa diferença essencial entre as ações de impugnação e os recursos leva-nos à conclusão de que a constituição de advogado para o processo principal (reclamação trabalhista) não lhe dá a capacidade postulatória para atuar como representante da parte na ação rescisória e no mandado de segurança. Da mesma forma, a constituição de mandato válido para representar a parte nas ações de impugnação não confere ao patrono o direito de postular no processo principal.

Com efeito, ao ajuizar ação rescisória ou impetrar mandado de segurança, o advogado deverá apresentar procuração para tais atos, não podendo se valer da procuração juntada no processo principal[95].

No entanto, o TST, na presente orientação, somente **não** admite a utilização da procuração da ação principal nas ações de impugnação, se ela for conferida **com poderes específicos para ajuizar a reclamação trabalhista**. Noutras palavras, caso ela não tenha fins exclusivos para ajuizar a reclamação trabalhista, o C. TST admite sua utilização nas ações de impugnação[96]. Nessa hipótese,

---

95. No mesmo sentido já decidiu o STF quanto à ação rescisória. STF- AR2196 AgR, rel. Min. Dias Toffoli, Pleno, j. 23.6.2010.
96. "A questão que ora se traz à baila já foi enfrentada nesta Seção Especializada, ficando decidido que a procuração utilizada na reclamação trabalhista pode ser aproveitada no processo de ação rescisória desde que o mandato não tenha sido conferido exclusivamente

entende o Tribunal Superior que deverá ser apresentada cópia autenticada[97] da procuração com a petição inicial da ação impugnativa.

Consignamos ainda que o TST **não permite a utilização de mandato tácito** em ação rescisória, o que também deve ser aplicado no mandado de segurança, pois ele pressupõe a presença do advogado na audiência inaugural, acompanhando a parte, o que não ocorre nessas ações.[98]

Por fim, há de se esclarecer que, não sendo apresentada pelo advogado a procuração na petição inicial da ação impugnativa, seja por meio de mandato novo, seja de cópia autenticada do instrumento juntado no processo principal sem fins específicos, o vício de representação poderá ser sanado perante o 1º grau. No entanto, a Corte Trabalhista estabelece nessa orientação que esse vício não poderá ser regularizado na fase recursal.

Tal restrição tinha como fundamento o art. 13 do CPC/73[99] que apenas era aplicável em 1º grau, conforme entendimento do C.TST consubstanciado na Súmula nº 383, II do TST. Todavia, conforme salientamos nos comentários da referida súmula, acreditamos que o art. 76, §2º, do NCPC deverá provocar a alteração do entendimento do TST, uma vez que ele passa a admitir, de forma expressa, que os vícios de representação sejam sanados na fase recursal, como se verifica pelo seu teor a seguir transcrito:

> Art. 76. Verificada a incapacidade processual ou a irregularidade da representação da parte, o juiz suspenderá o processo e designará prazo razoável para que seja sanado o vício.
>
> § 1º Descumprida a determinação, caso o processo esteja na instância originária:
>
> I – o processo será extinto, se a providência couber ao autor;
>
> II – o réu será considerado revel, se a providência lhe couber;
>
> III – o terceiro será considerado revel ou excluído do processo, dependendo do polo em que se encontre.
>
> § 2º Descumprida a determinação em fase recursal perante tribunal de justiça, tribunal regional federal ou tribunal superior, o relator:
>
> I – não conhecerá do recurso, se a providência couber ao recorrente;

---

para o ajuizamento daquela ação. Dito de outro modo, a existência de procuração, na ação trabalhista com a cláusula *ad juditia* (sic), habilita o patrono a defender os interesses do constituinte no processo rescisório iniciado com o objetivo de desconstituir a decisão proferida em dita ação, desde que a finalidade não seja a de propor reclamação trabalhista". Precedente: TST- ROAR 1866/2002-000-15-00.6 – Min. José Simpliciano Fontes de F. Fernandes DJ 22.8.2008.

97. TST- ROMS 13.045/2003-000-02.4. Rel. Min. Emmanoel Pereira. DJU 9.2.2007.
98. TST-AIRO-35.240/2002-900-12-00.3, SBDI-2, Rel. Min. José Simpliciano Fontes de Faria Fernandes, DJ de 10.9.04; STF-MS-22.95-DF. Rel. Min. Moreira Alves. Tribunal Pleno. DJ de 15.9.00.
99. NCPC, art. 76, § 1º.

II – determinará o desentranhamento das contrarrazões, se a providência couber ao recorrido.

Portanto, o referido parágrafo 2º é direcionado expressamente para a fase recursal, alterando a *ratio decidendi* (fundamento determinante) da parte final dessa orientação.

Assim, acreditamos que, após decisões reiteradas, o C.TST deverá excluir a parte final dessa orientação ou alterá-la para permitir a regularização do vício de representação não apenas no juízo de 1º grau, mas também na fase recursal.

9.3. Petição Inicial

9.3.1. Cumulação subsidiária de pedidos (OJ nº 78 da SDI-II do TST)

> **Orientação Jurisprudencial nº 78 da SDI – II do TST.** Ação rescisória. Cumulação sucessiva de pedidos. Rescisão da sentença e do acórdão. Ação única. Art. 289 do CPC[100]
> É admissível o ajuizamento de uma única ação rescisória contendo mais de um pedido, em ordem sucessiva, de rescisão da sentença e do acórdão. Sendo inviável a tutela jurisdicional de um deles, o julgador está obrigado a apreciar os demais, sob pena de negativa de prestação jurisdicional.

O art. 1.008 do NCPC declina que o julgamento do Tribunal provoca a substituição da sentença no que for objeto do recurso. Trata-se do chamado efeito substitutivo do recurso, o qual ocorrerá quando o **recurso for conhecido** e, no mérito: a) não for provido; ou b) for provido para reformar a decisão. Na hipótese de provimento do recurso para anular a decisão impugnada (*error in procedendo*), há efeito rescindente e não efeito substitutivo[101].

O efeito substitutivo, portanto, pressupõe decisão meritória, ou seja, pronunciamento de mérito do recurso. Ocorrendo tal efeito, a última decisão substituirá a decisão originária. Assim, por exemplo, o acórdão regional substituirá a sentença quanto aos objetos impugnados no recurso.

Esse efeito é de suma importância para se delimitar qual é a última decisão de mérito capaz de ser rescindível, definindo assim o juízo competente. Tanto

---

100. NCPC, art. 326.
101. DIDIER Jr., Fredie; CUNHA, Leonardo José Carneiro da. *Curso de direito processual civil: Meios de impugnação às decisões judiciais e processo nos tribunais*. 8. ed. Bahia: JusPODIVM, 2010. v. 3, p. 373.

é assim que o C. TST entende que, sendo formulado pedido de rescisão de sentença que foi substituída por acórdão, o processo será extinto sem resolução do mérito por impossibilidade jurídica do pedido, como se verifica no item III da Súmula 192 do TST[102].

Contudo, atenuando o rigor da referida súmula, o TST passou a admitir a cumulação subsidiária de pedidos[103], ou seja, o pedido de rescisão da sentença e, subsidiariamente, do acórdão, ou vice-versa.

O posicionamento da Corte Trabalhista se justifica porque a ação rescisória, conquanto seja ação especial, submete-se ao art. 326 do NCPC (art. 289 do CPC/73), que permite a cumulação de pedidos, inclusive por meio de pedido subsidiário.

Ademais, o Tribunal Regional é competente para julgar a ação rescisória que visa a atacar tanto a sentença como seu próprio acórdão, vez que tem competência originária para essa ação. Isso significa que o pedido subsidiário, na hipótese, exalta os princípios da celeridade e efetividade jurisdicional, buscando ainda preservar o acesso à justiça.

Nesse contexto, entende o C. TST que, havendo pedido subsidiário, a ausência de seu julgamento provoca nulidade da decisão por negativa de prestação jurisdicional.

Registramos que, pela redação da orientação, o E.TST permitiu tal cumulação subsidiária apenas entre sentença e acórdão do TRT, vez que aqui há identidade de competência, isto é, o TRT é competente para desconstituir ambos os julgados. Não contemplou a possibilidade de pedido subsidiário de acórdão do TRT e acórdão do TST, pois nesse caso os juízos competentes serão distintos, ou seja, cada tribunal terá competência para desconstituir o seu próprio julgado.

No entanto, com o advento do Novo CPC, a presente súmula deverá ser adequadamente interpretada, a fim de manter sua vigência, sem prejuízo de ampliar seu campo de incidência permitindo, posteriormente, sua alteração. Explicamos.

Pode ocorrer de o autor não formular pedido subsidiário e ao mesmo tempo atacar decisão já substituída, por exemplo, sentença que já foi substituída por acórdão. Nesse caso, como já dito, o C.TST entende que o processo será extinto sem resolução de mérito (Súmula 192, III). Contudo, acreditamos que o item III da Súmula nº 192 deverá ser cancelado com o advento do Novo CPC, uma vez que o art. 968, §5º, II estabelece o que segue:

---

102. Acreditamos que essa súmula deverá ser cancelada. Vide comentários da Súmula nº 192.
103. Pensamos que se trata de pedido subsidiário e não sucessivo. Isso porque no pedido sucessivo a sua análise depende da procedência do pedido anterior. Por outro lado, o pedido subsidiário será julgado na hipótese de improcedência do primeiro, o que é o caso dessa orientação. No mesmo sentido, passa a declinar expressamente o art. 326, *caput*, do NCPC.

§ 5º Reconhecida a incompetência do tribunal para julgar a ação rescisória, o autor será intimado para emendar a petição inicial, a fim de adequar o objeto da ação rescisória, quando a decisão apontada como rescindenda:
(...)
II – tiver sido substituída por decisão posterior.

Pelo referido dispositivo, verifica-se que o autor será intimado para que possa emendar a petição inicial, sendo possível adequar a decisão que deve ser rescindida. Ademais, a determinação da emenda deverá indicar **com precisão o que deve ser corrigido ou completado** (NCPC, art. 321), obstando, assim, que o processo seja extinto sem resolução do mérito. Após a emenda da petição inicial, será permitido ao réu complementar os fundamentos de defesa, e, em seguida, os autos serão remetidos ao tribunal competente (NCPC, art. 968, § 6º).

Pensamos, porém, que, embora o dispositivo confira o direito de emenda da inicial, nada obsta de o autor já formular pedido subsidiário. Nessa hipótese, não haverá necessidade de emenda e muito menos de complementação da defesa, já que o réu, na contestação, teve a oportunidade de impugnar todos os pedidos, inclusive o subsidiário. Isso significa que os princípios do contraditório e da ampla serão respeitados, além de se exaltar os princípios da celeridade e efetividade processual.

Desse modo, acreditamos que a presente orientação deverá ter seu campo de incidência ampliado, para abranger o pedido subsidiário de acórdão do TRT e do acórdão do TST.

Portanto, com o Novo CPC, a rescisória não será extinta sem resolução do mérito, sob pena de nulidade por ausência de prestação jurisdicional e contrariedade do art. 968, §§ 5 e 6º, do NCPC, quando: 1) houver pedido único para atacar decisão já substituída, hipótese em que caberá emenda da inicial; ou 2) existir pedido subsidiário, hipótese em que os pedidos serão julgados, se competente o juízo para julgar o pedido subsidiário, ou os autos serão remetidos ao juízo competente, independentemente de emenda da inicial e complementação da defesa.

9.4. Hipóteses de cabimento

9.4.1. Colusão das partes (OJ nº 94 da SDI-II do TST)

Orientação Jurisprudencial nº 94 da SDI – II do TST. Ação rescisória. Colusão. Fraude à lei. Reclamatória simulada extinta

A decisão ou acordo judicial subjacente à reclamação trabalhista, cuja tramitação deixa nítida a simulação do litígio para fraudar a lei e prejudicar terceiros, enseja ação rescisória, com lastro em colusão. No juízo rescisório, o processo simulado deve ser extinto.

O processo judicial tem dentre seus objetivos a pacificação social entregando o bem da vida a quem de direito. Ele pressupõe, ao menos no processo contencioso, que haja conflito de interesse entres as partes, sob pena de faltar inclusive interesse processual para a movimentação do Poder Judiciário.

Diante disso, caso as partes utilizem o processo judicial para praticar ato simulado ou conseguir fim proibido em lei, o juiz o extinguirá sem resolução do mérito (NCPC, art. 142).

Ocorre, no entanto, que por vezes não é possível verificar a colusão das partes antes do acordo ou da decisão judicial, de modo que o magistrado homologará o acordo ou proferirá, de forma equivocada, sentença ou acórdão que transitará em julgado.

Ante a gravidade que esses vícios provocam no processo, o ordenamento permite a desconstituição da decisão transitada em julgada por meio da ação rescisória. Noutras palavras, havendo colusão das partes, o art. 966, III, do NCPC admite o ajuizamento da ação rescisória.

É interessante observar que a **colusão difere do dolo**, porque este é unilateral enquanto a **colusão decorre de acordo prévio das partes** (bilateral) com o objetivo de fraudar a lei ou prejudicar terceiros.

A doutrina diferenciava ainda o **processo simulado** do **processo fraudulento**. O primeiro busca prejudicar terceiros, embora as partes não tenham a intenção de se aproveitar do resultado do ato. Já no processo fraudulento as partes têm intenção de se beneficiar do resultado do processo, com o objetivo de atingir um fim não permitido pela lei.

Em face dessa diferenciação, parte da doutrina entendia que apenas o processo fraudulento estaria sujeito à ação rescisória, como se depreendia da parte final do inciso III do art. 485 do CPC/73[104].

Para a outra parcela da doutrina, acompanhada pelo C. TST, tanto o processo fraudulento como o simulado ensejavam a propositura da ação rescisória, vez que "a lei material dá ao ato em fraude à lei (CC 166 VI) o mesmo regime jurídico do ato simulado (CC 167) ou seja, o da *nulidade*"[105].

O art. 966, III, do NCPC põe fim à controvérsia doutrinária e dispõe, de modo expresso, que a decisão de mérito resultante de **simulação ou colusão** entre as partes, a fim de fraudar a lei, poderá ser objeto de ação rescisória, seguindo, portanto, o entendimento do c. TST.

---

104. MOREIRA, José Carlos Barbosa. *Comentários ao código de processo civil*. 15. ed. Rio de Janeiro: Forense, 2010. v. 5, p. 127.
105. NERY Jr., Nelson; NERY, Rosa Maria de Andrade. Comentários ao código de processo civil. São Paulo: RT, 2015. p. 1916.

Assim, **havendo decisão judicial, embasada em simulação ou colusão com o objetivo de prejudicar terceiros ou fraudar a lei, caberá a ação rescisória com fulcro no art. 966, III, do NCPC.** Exemplificamos:

> Exemplo 1: João ajuíza reclamação trabalhista em face de Pedro aduzindo que laborou durante 5 anos, com jornada de 15 horas sem intervalo para refeição e descanso, postulando o pagamento das horas extras e intervalo intrajornada. Pedro não apresenta contestação, sendo considerado revel, de modo que o magistrado o condena ao pagamento das verbas postuladas na exordial. Na fase de execução, chega ao conhecimento do juízo que João e Pedro simularam a reclamação trabalhista, a fim de que os bens de Pedro fossem repassados a João como forma de inviabilizar o recebimento dos créditos dos demais credores (trabalhistas e cíveis) de Pedro. Nessa hipótese, caberá a ação rescisória para desconstituir a sentença transitada em julgado.
>
> Exemplo 2: As partes de comum acordo simulam dispensa do empregado sem justa causa provocando decisão judicial com o único objetivo de liberar o FGTS.

Diante da gravidade desse vício, o art. 967, III, "b", do NCPC contempla a legitimidade do Ministério Público do Trabalho para o ajuizamento da ação rescisória quando a decisão rescindenda for efeito de simulação ou de colusão das partes, a fim de fraudar a lei, sendo certo que o prazo decadencial para o Órgão Ministerial começa a fluir a partir de sua ciência (Súmula nº 100, VI, do TST; NCPC art. 975, § 3º).

Consigna-se que, sendo procedente o pedido da ação rescisória pelo reconhecimento da colusão ou simulação das partes, o C. TST entende que, no juízo rescindendo, ocorrerá a desconstituição da decisão de mérito transitada em julgado e, no juízo rescisório, o processo simulado ou fraudulento será extinto sem resolução do mérito.

Pensamos, no entanto, que na hipótese **o Tribunal proferirá apenas o juízo rescindendo**. Noutras palavras, a ação rescisória possui dois momentos bem distintos: o juízo rescindendo e o juízo rescisório. No primeiro, busca-se a desconstituição da decisão de mérito transitada em julgado, enquanto no segundo haverá novo julgamento sobre a matéria objeto de análise da sentença rescindida. No entanto, na hipótese de colusão ou simulação das partes, não haverá novo julgamento (juízo rescisório), já que não existe lide a ser solucionada e até mesmo porque o que se busca é impedir o julgamento, como declina o art. 142 do NCPC. Nesse sentido, leciona Flávio Luiz Yarshell:

> Neste caso, a procedência do pedido de rescisão parece não levar propriamente a um juízo rescisório, porque o que se almeja é justamente cessar os efeitos do julgamento originário que, de alguma forma, procurou atingir objetivos ilegais. Portanto – e ao menos aparentemente –, a cassação do julgamento do mérito é o que se quer e o que basta. Proferir-se novo julgamento seria

considerar o objeto do processo originário como lícito, quando, justamente, é aí que reside o problema. O que se pretende é barrar esse julgamento.[106]

Com efeito, a nosso ver haverá somente o juízo rescindendo que desconstituirá a decisão de mérito transitada em julgado, obstando os objetivos das partes.

Registra-se que o entendimento da presente orientação deverá ser mantido apenas no que tange à decisão transitada em julgado, quando sustentada em colusão ou simulação das partes, pois contemplado no art. 966, III do NCPC.

No entanto, como já declinado nos comentários da Súmula nº 259 do TST, com o advento do Novo CPC, esse entendimento não deve ser aplicado ao acordo judicial. Isso porque, o art. 485, VIII, do CPC/73 não foi reproduzido no rol das decisões de mérito que, após o trânsito em julgado, podem ser rescindidas, ou seja, a transação deixa de ser um vício de rescindibilidade (art. 966). Ademais, declina expressamente o §4º do art. 966 do NCPC o que segue:

> §4º Os atos de disposição de direitos, praticados pelas partes ou por outros participantes do processo e homologados pelo juízo, bem como os atos homologatórios praticados no curso da execução, estão sujeitos à anulação, nos termos da lei.

Assim, os atos homologados pelo juízo, como é o caso da transação judicial, não poderão mais ser objetos de ação rescisória, mas sim de ação anulatória.

Conclui-se, portanto, que após o Novo CPC a presente orientação deverá ser aplicada apenas para as decisões judiciais transitadas em julgado, de modo que ela deverá ser alterada, no sentido de se excluir a expressão "ou acordo judicial".

Vide comentários da Súmula nº 259 e da OJ nº 154 da SDI – II, ambas do TST.

9.4.2. Violação literal de disposição de lei. Alcance da regra. Expressão lei (OJ nº 25 da SDI-II do TST)

> **Orientação Jurisprudencial nº 25 da SDI – II do TST.** Ação rescisória. Expressão "lei" do art. 485, V, do CPC. Não inclusão do ACT, CCT, portaria, regulamento, súmula e orientação jurisprudencial de tribunal
>
> Não procede pedido de rescisão fundado no art. 485, V, do CPC[107] quando se aponta contrariedade à norma de convenção coletiva de trabalho, acordo coletivo de trabalho, portaria do Poder Executivo, regulamento de empresa e súmula ou orientação jurisprudencial de tribunal.

---

106. YARSHELL, Flávio Luiz. *Ação rescisória: juízos rescindente e rescisório.* São Paulo: Malheiros Editores Ltda., 2005. p. 317.
107. NCPC, art. 966, V.

O art. 485, V, do CPC/73 permitia o ajuizamento da ação rescisória na hipótese de violação literal de dispositivo de lei, como forma de preservar e respeitar a íntegra do comando legislativo.

Era pacífico na doutrina e na jurisprudência que o conceito de lei deveria ser interpretado de forma ampla, compreendendo "a Constituição, a lei complementar, ordinária, ou delegada, a medida provisória, o decreto legislativo, a resolução (Carta da República, art. 59), o decreto emanado do executivo, o ato normativo baixado por órgão do Poder Judiciário (*v.g.* regimento interno: Constituição Federal, art. 96, nº I, letra *a*)"[108], sendo irrelevante se a norma era de direito material ou de direito processual. Incluíam-se ainda nesse conceito os princípios[109].

Assim, havendo decisão que violasse de forma literal qualquer uma das normas indicadas anteriormente, seria cabível a ação rescisória com base no inciso V do art. 485 do CPC/73.

Entretanto, o C. TST entendeu que o **conceito de lei não alcança** a norma de convenção coletiva de trabalho, acordo coletivo de trabalho, portaria do Poder Executivo, regulamento de empresa e súmula ou orientação jurisprudencial de tribunal.

Fundamenta a Corte Trabalhista que as **convenções e os acordos coletivos**, conquanto sejam fontes normativas autônomas, não se enquadram no vocábulo "lei", que está dirigido aos comandos abstratos e genéricos emanados da função legislativa (típica ou atípica) dos Poderes do Estado. Não alcança, portanto, as normas criadas pelas próprias partes, como é o caso das convenções e dos acordos coletivos. Nesse sentido, citamos precedente dessa orientação:

AÇÃO RESCISÓRIA. POSSIBILIDADE DE FUNDAMENTÁ-LA EM VIOLAÇÃO PREVISTA EM CONVENÇÃO COLETIVA. Lei é, por definição, o preceito oriundo do poder legislativo. E convenção coletiva nada mais é do que um acordo. Destarte, ainda que se entenda que as disposições do artigo 485 do CPC não estão voltadas para as questões do direito trabalhista, ainda assim, não seria possível fazer a ampliação pretendida, pois, daquele dispositivo não há nada que leve a concluir que nele esteja incluído o acordo, o que deveria acontecer, tendo em vista o direito civil. Ainda que se considere que tanto a lei quanto a convenção coletiva nada mais são do que normas, mesmo assim, não se concluiria pela possibilidade de admissão da rescisória por violação de norma convencional, pois uma é norma heterônoma e a outra autônoma, ou seja, uma é determinada pelo Estado, a outra pela vontade das partes, sendo, portanto, essencialmente diferentes.[110]

---

108. MOREIRA, José Carlos Barbosa. *Comentários ao código de processo civil.* 15. ed. Rio de Janeiro: Forense, 2010. v. 5, p. 131.
109. YARSHELL, Flávio Luiz. *Ação rescisória: juízos rescindente e rescisório.* São Paulo: Malheiros Editores Ltda., 2005. p. 323-324.
110. TST-ROAR-144174/94. SBDI-II. Rel. Min. Ângelo Mário de Carvalho. DJ 1.8.97.

No que tange à **portaria do Poder Executivo**, o TST também a afasta do conceito de lei, porque, em princípio, ela não constitui fonte formal de direito, faltando-lhe abstração, generalidade e impessoalidade.

Ocorre, no entanto, que, no direito do trabalho, mormente quanto às normas de segurança e medicina do trabalho, é sabido que as portarias exercem importante papel de efetivação do art. 7º, XXII, da CF/88, o qual impõe a "redução dos riscos inerentes ao trabalho, por meio de normas de saúde, higiene e segurança". A propósito, quando a própria lei determina que seu conteúdo seja preenchido pela portaria, esta alcança o estatuto de fonte normativa. É o que acontece, por exemplo, com as atividades ou operações consideradas perigosas, que, nos termos do art. 193 da CLT, serão especificadas por meio de portaria ministerial. "Em tais casos, o tipo jurídico inserido na respectiva portaria ganhará o estatuto de regra geral, abstrata, impessoal, regendo *ad futurum* situações fático-jurídicas, com qualidade de lei em sentido material."[111]

Portanto, ao menos quanto às **portarias do Executivo, gerais e abstratas**, pensamos que o entendimento do TST deveria ser modificado.

No que se refere ao **regulamento de empresa**, por se tratar de diploma produzido pela vontade privada do empregador, o TST o afasta do conceito de lei, não procedendo o pedido de ação rescisória com fundamento no art. 485, V, do CPC/73.

Por fim, o C. TST entende que o conceito de lei também não alcança as **orientações jurisprudenciais e as súmulas**, uma vez que são instrumentos de sedimentação da jurisprudência acerca da interpretação de determinada norma, ou seja, não são fontes normativas capazes de legitimar o ajuizamento da ação rescisória, com fulcro no inciso V do art. 485 do CPC/73.

Com efeito, para o C. TST, se a súmula e a orientação jurisprudencial buscaram interpretar determinado dispositivo, a decisão contrária ao entendimento sedimentado poderá dar ensejo à ação rescisória por violação ao dispositivo da lei contido na súmula, mas não por contrariar a própria súmula. Assim, se a parte, por exemplo, busca rescindir julgado que considerou válida a contratação de servidor público, sem concurso público, deverá invocar a violação ao art. 37, II e § 2º, da CF/1988 e não à Súmula nº 363 do TST.

Com o advento do Novo CPC o entendimento dessa orientação deverá se parcialmente modificado.

É que art. 966, V, do NCPC não mais faz menção à lei, mas sim à **norma jurídica**, o que amplia, a nosso juízo, o cabimento da ação rescisória.

---

111. DELGADO, Mauricio Godinho. *Curso de direito do trabalho*. 10. ed. São Paulo: LTr, 2011. p. 155.

A alteração legislativa não atinge o entendimento do C.TST quanto às normas coletivas, portaria do Executivo (com nossa ressalva) e o regulamento de empresa, pelos mesmos fundamentos já apresentados. No entanto, alcança às súmulas e orientações jurisprudenciais do TST.

Isso porque o novo modelo processual preconizado pelo NCPC, aplicado subsidiariamente ao processo do trabalho, valoriza os precedentes judiciais como normas jurídicas, aproximando o sistema processual brasileiro do sistema do *common law*. Nesse contexto, passa a considerar os precedentes como fonte de direito, tornando-os obrigatórios.

A ideia de precedentes como normas jurídicas vem estampada no art. 927 do NCPC, o qual dispõe que os juízes e tribunais devem observar as decisões do STF em controle concentrado de constitucionalidade; os enunciados de súmula vinculante; os acórdãos em incidente de assunção de competência ou de resolução de demandas repetitivas e em julgamento de recursos extraordinário e especial repetitivos; os enunciados das súmulas do STF em matéria constitucional e do STJ em matéria infraconstitucional (incluímos o TST); a orientação do plenário ou do órgão especial aos quais estiverem vinculados.

Desse modo, com o novel código é forçoso interpretar norma jurídica, incluindo os precedentes judiciais, o que abarca as súmulas e orientações do TST.

Não nos parece adequado impor a observância dos precedentes e, caso não aplicado, a decisão não puder ser considerada como violadora da ordem jurídica. Queremos dizer, se as súmulas e orientações devem ser obrigatoriamente aplicadas, a decisão que as contraria viola uma norma jurídica, pois o precedente cria uma norma abstrata a ser aplicada para os casos futuros.

Com efeito, pensamos que o art. 966, V, do NCPC, ao se referir à norma jurídica, inseriu os precedentes judiciais, incluindo, dessa forma, as súmulas e as orientações jurisprudenciais, como anunciamos no capítulo I dessa obra, o que significa que tais normas passam a fundamentar o pedido da ação rescisória, nos termos do art. 966, V, do NCPC.

Assim, ressalvado nosso entendimento quanto às portarias do Poder Executivo, acreditamos que a presente orientação deverá ser alterada para dispor tão somente que a invocação de violação de norma de convenção coletiva de trabalho, acordo coletivo de trabalho, portaria do Poder Executivo e regulamento de empresa não dará ensejo à procedência dos pedidos da ação rescisória calcada no inciso V do art. 966 do NCPC, excluindo-se de sua redação as súmulas e as orientações jurisprudenciais.

É evidente que a alteração dessa orientação, como das demais sugeridas nessa obra, não deve ocorrer como no processo legislativo, ou seja, simplesmente modificando sua redação. Impõe-se a existência de decisões reiteradas. Contudo, antes da existência de decisões reiteradas a legitimar sua alteração, o C. TST já poderá sinalizar (*signaling*[112]) a superação de seu entendimento, cancelando, por exemplo, a Súmula nº 409 do TST.

10. MANDADO DE SEGURANÇA. DECISÃO HOMOLOGATÓRIA DE ADJUDICAÇÃO (OJ Nº 66 DA SDI-II DO TST)

> **Orientação Jurisprudencial nº 66 da SDI – II do TST.** Mandado de segurança. Sentença homologatória de adjudicação. Incabível
>
> É incabível o mandado de segurança contra sentença homologatória de adjudicação, uma vez que existe meio próprio para impugnar o ato judicial, consistente nos embargos à adjudicação (CPC, art. 746).

O processo tem como finalidade a entrega do bem da vida postulado a quem de direito. Na sentença condenatória de obrigação de pagar quantia certa, o bem pleiteado é um crédito em dinheiro. Desse modo, caso o devedor não cumpra voluntariamente a determinação judicial, na fase executiva, o Estado-juiz interfere no seu patrimônio, com o fim de satisfazer o credor. Essa interferência ocorre por meio da penhora.

A penhora busca individualizar determinados bens do devedor para no fim do processo satisfazer o crédito do exequente, o que ocorrerá com o pagamento do débito.

Pode acontecer de o próprio credor incorporar ao seu patrimônio os bens penhorados, ou seja, o bem penhorado é retirado do patrimônio do executado e transferido ao credor como forma de pagamento. Tem-se aqui a chamada adjudicação.

Exercido o direito de adjudicação e decididos eventuais incidentes, o juiz homologará a adjudicação (NCPC, art. 877, *caput* e §1º).

Da homologação da adjudicação, parte da doutrina permite sua impugnação por meio do agravo de petição, uma vez que o art. 897, a, da CLT admite a interposição desse recurso das 'decisões' proferidas na execução.

No entanto, a tese majoritária, que acabou contemplada pelo TST nessa orientação ao interpretando o CPC de 1973, era no sentido de que da homo-

---

112. A *signaling* consiste na técnica utilizada quando um tribunal, apesar de aplicar determinado precedente, ao perceber sua desatualização, sinaliza sua futura superação. A técnica tem como objetivo conceder segurança jurídica aos jurisdicionados, uma vez que evita a superação do precedente de forma repentina.

logação caberiam os embargos à adjudicação, aplicando subsidiariamente ao processo do trabalho o art. 746 do CPC/73, o qual vaticinava em seu *caput*:

> Art. 746. É lícito ao executado, no prazo de 5 (cinco) dias, contados da adjudicação, alienação ou arrematação, oferecer embargos fundados em nulidade da execução, ou em causa extintiva da obrigação, desde que superveniente à penhora, aplicando-se, no que couber, o disposto neste Capítulo.

Desse modo, havendo decisão homologatória de adjudicação, o meio adequado de impugnação eram os embargos de adjudicação.

No entanto, o NCPC não reproduz os embargos previstos no antigo art. 746 do CPC/73, que possibilitavam discutir a adjudicação.

De qualquer modo, o art. 903, §2º, do NCPC manteve a possibilidade de impugnação mediante simples petição[113] interposta no prazo de 5 dias, a contar da cientificação do devedor quanto ao acolhimento da adjudicação (NCPC, art. 877). Após o referido prazo, será expedida a carta de adjudicação ou da ordem de entrega, de modo que, a partir de então, somente por meio de ação anulatória poderá ser discutida a adjudicação (art. 903, §4º e 966, § 4º do NCPC).

Assim, com o advento do NCPC, o meio adequado de impugnação é por simples petição, o que significa que a orientação jurisprudencial em comento deverá alterar a expressão "embargos à adjudicação" pela impugnação realizada mediante simples petição.

Nesse contexto, o art. 5º, II, da Lei nº 12.016/09 impede o cabimento do mandado de segurança de "decisão judicial da qual caiba recurso com efeito suspensivo". A doutrina e a jurisprudência, interpretando ampliativamente esse dispositivo, entendem que ele também alcança as situações em que o ordenamento processual contempla instrumento adequado e eficaz à tutela do direito[114].

Com efeito, sendo a manifestação nos próprios autos o meio eficaz à tutela do direito, permanece em vigor a substância dessa orientação com a entrada em vigor do NCPC, sendo incabível o mandado de segurança na espécie.

---

113. NERY Jr., Nelson; NERY, Rosa Maria de Andrade. *Comentários ao Código de Processo Civil*. São Paulo: RT, 2015. p. 903.
114. BEBBER, Júlio César. *Mandado de segurança: habeas corpus, habeas data na justiça do trabalho*. 2. ed. São Paulo: LTr, 2008, p. 147.

CAPÍTULO IV

SÚMULAS E ORIENTAÇÕES JURISPRUDENCIAIS MANTIDAS

1. INTRODUÇÃO

Neste capítulo, iremos analisar as súmulas e orientações jurisprudenciais que, embora atingidas pelo NCPC, não deverão ser canceladas nem modificadas.

Nesses casos, as novas disposições não serão aplicadas ao processo do trabalho, seja pela falta de omissão da legislação trabalhista, seja pela incompatibilidade com os preceitos da seara laboral.

Além disso, mesmo as normas que incidirão no processo do trabalho, nessas hipóteses serão incapazes de alterar a *ratio decidendi* das súmulas e das orientações, acompanhando, em muitos casos, o que já era decidido pelo C. TST.

2. COMPETÊNCIA

2.1. Conflito de Competência. Incompetência territorial (OJ nº 149 da SDI-II do TST)

> **Orientação Jurisprudencial nº 149 da SDI – II do TST.** Conflito de competência. Incompetência territorial. Hipótese do art. 651, § 3º, da CLT. Impossibilidade de declaração de ofício de incompetência relativa
>
> Não cabe declaração de ofício de incompetência territorial no caso do uso, pelo trabalhador, da faculdade prevista no art. 651, § 3º, da CLT. Nessa hipótese, resolve-se o conflito pelo reconhecimento da competência do juízo do local onde a ação foi proposta.

O art. 651 da CLT dispõe sobre a competência territorial da Justiça do Trabalho, ligando-se, pois, "aos *limites geográficos* do exercício da jurisdição"[1]. O seu *caput* estabelece que a regra de competência territorial para o ajuizamento da reclamação trabalhista é o local da prestação dos serviços. O § 3º do referido artigo, no entanto, declinou:

> § 3º Em se tratando de empregador que promova realização de atividades fora do lugar do contrato de trabalho, é assegurado ao empregado apresentar reclamação no foro da celebração do contrato de trabalho ou no da prestação dos respectivos serviços.

A doutrina e a jurisprudência não são pacíficas em delimitar o alcance desse parágrafo.

A **tese clássica** declina que tratando o § 3º de exceção, deve ser interpretado restritivamente. Nesse contexto, esse parágrafo somente terá aplicação quando o empregador exercer atividades em locais incertos, transitórios ou eventuais[2]. É o que acontece, por exemplo, com as atividades circenses, artísticas, feiras etc., que acabam desenvolvendo suas atividades em diversos locais.

Já a **tese moderna**, que vem sendo observada pela jurisprudência dominante, impõe que o § 3º deve ser interpretado, não sob o aspecto da transitoriedade das atividades da empresa, mas sim com o objetivo de alargar o acesso ao judiciário. Desse modo, amplia a interpretação dessa exceção, permitindo sua incidência quando a empresa realiza suas atividades em local diverso de sua base ou da contratação.

Embora a tese moderna acabe criando um confronto com o *caput* do art. 651, vez que este não se preocupa com o local da contratação impondo, simplesmente, a regra da prestação dos serviços, ela tem a virtude de facilitar o acesso ao judiciário, especialmente nos casos em que o trabalhador é contratado para prestar serviços em localidades muito distantes do local da contratação (ou domicílio), de modo que sendo observado o *caput* do art. 651 da CLT acabaria por inviabilizar o acesso ao judiciário.

É o que se verifica com frequência na arregimentação de trabalhadores, contratados em uma região do país para prestarem serviços em outra região muito distante. Com a extinção do contrato, retornam para seus lares, o que poderia inviabilizar o ajuizamento da reclamação trabalhista caso tivessem que propor a ação e acompanhar as audiências no local da prestação dos serviços. Ademais, na hipótese, o princípio da inafastabilidade da jurisdição previsto no art. 5º, XXXV, da CF/88 deve se sobrepor à restrição imposta pelo *caput* do

---

1. PINTO, José Augusto Rodrigues. *Processo trabalhista de conhecimento: direito processual do trabalho, organização judiciária trabalhista brasileira, processo e procedimento, prática.* 6. ed. São Paulo: LTr, 2001. p. 124.
2. MARTINS, Sérgio Pinto. *Comentários à CLT.* 17. ed. São Paulo: Atlas, 2013. p. 744.

art. 651 da CLT[3], permitindo o ajuizamento da reclamação trabalhista no local da prestação dos serviços, local da contratação ou até mesmo no domicílio do trabalhador. Nesse sentido, a 1ª Jornada de Direito Material e Processual do Trabalho, no Enunciado nº 7, estabeleceu:

> Enunciado nº 7. ACESSO À JUSTIÇA. CLT, ART. 651, § 3º. INTERPRETAÇÃO CONFORME A CONSTITUIÇÃO. ART. 5º, INC. XXXV, DA CONSTITUIÇÃO DA REPÚBLICA. Em se tratando de empregador que arregimente empregado domiciliado em outro município ou outro Estado da federação, poderá o trabalhador optar por ingressar com a reclamatória na Vara do Trabalho de seu domicílio, na do local da contratação ou na do local da prestação dos serviços.

Cabe ressaltar que o local da contratação é considerado como o lugar em que foi proposto o contrato, como se depreende do art. 435 do CC/02[4]. Exemplifica-se:

> Uma determinada empresa de construção civil telefona para empregados residentes na cidade de Arapurus, Estado do Maranhão, propondo contratá-los para trabalharem na cidade de São José do Rio Preto, Estado de São Paulo. Sendo aceita a proposta, o local da contratação será Arapurus, pois é o local em que o contrato foi proposto.

Desse modo, o art. 651, § 3º, da CLT dispõe sobre competência territorial **concorrente**, pois o trabalhador poderá optar por ajuizar sua reclamação trabalhista no local da prestação dos serviços ou no da contratação e, ainda, por força da inafastabilidade da jurisdição, também poderá ajuizar no seu próprio domicílio.

Tratando-se de competência territorial, o legislador levou em consideração o interesse das partes, inserindo-a na disponibilidade delas, o que dá ensejo à **prorrogação da competência**. Noutras palavras, no caso de competência territorial pode o autor ajuizar a demanda em local diverso do declinado pelo legislador e não havendo insurgência da parte contrária, por meio de preliminar de contestação, haverá prorrogação da competência.

Isso quer dizer que a competência territorial é relativa, dependendo de provocação da parte contrária para a declaração de incompetência do juízo. **Não se admite, portanto, a declaração de ofício dessa competência**.

> Como a competência relativa é matéria de direito dispositivo, é vedado ao juiz pronunciar-se *ex officio* sobre ela. O juiz só pode agir mediante provocação do réu, único legitimado para arguir a incompetência relativa por preliminar de contestação. Agindo de ofício, o juiz estará invadindo a

---

3. SARAIVA, Renato. *Curso de direito processual do trabalho*. 8. ed. São Paulo: Método, 2011. p. 115.
4. Art. 435. Reputar-se-á celebrado o contrato no lugar em que foi proposto.

esfera de disponibilidade da parte, pois o réu pode querer a prorrogação da competência (CPC 65).[5]

No mesmo sentido, a Súmula nº 33 do STJ:

> Incompetência Relativa – Declaração de Ofício. A incompetência relativa não pode ser declarada de ofício.

Assim, havendo equivocadamente declaração de incompetência territorial *ex officio*, ambas as partes poderão suscitar o conflito de competência, além do próprio juízo para o qual foi encaminhado o processo, resolvendo-se tal conflito pelo local em que foi proposta a demanda.

O NCPC altera apenas a forma de alegação da incompetência, uma vez que estabelece que a incompetência, absoluta ou relativa, deve ser alegada como preliminar de contestação (art. 64) e não mais por exceção de incompetência. Todavia, a incompetência relativa continua com o objetivo de preservar o interesse privado, ou seja, dependendo de alegação pelo réu (art. 65). Caso o réu não levante a preliminar de incompetência relativa na contestação (art. 64), estará preclusa a faculdade de fazê-lo, prorrogando-se a competência.

Desse modo, apesar de o Novo CPC ter alterado o modo de alegação da incompetência relativa, sua natureza não foi modificada. Assim, considerando-se a manutenção da *ratio decidendi* (fundamento determinante) da presente orientação jurisprudencial, ela deverá ser mantida mesmo após a vigência do NCPC, sendo vedada, portanto, a declaração de ofício da incompetência territorial, uma vez que esta representa competência de natureza relativa.

3. PARTES E PROCURADORES

3.1. Representação

3.1.1. *Mandato e substabelecimento. Condições de validade (Súmula nº 395 do TST)*

> **Súmula nº 395 do TST.** Mandato e substabelecimento. Condições de validade
>
> I – Válido é o instrumento de mandato com prazo determinado que contém cláusula estabelecendo a prevalência dos poderes para atuar até o final da demanda.

---

5. NERY JUNIOR, Nelson; NERY, Rosa Maria de Andrade. *Comentários ao Código de Processo Civil*. São Paulo: RT, 2015. p. 356.

> II – Diante da existência de previsão, no mandato, fixando termo para sua juntada, o instrumento de mandato só tem validade se anexado ao processo dentro do aludido prazo.
>
> III – São válidos os atos praticados pelo substabelecido, ainda que não haja, no mandato, poderes expressos para substabelecer (art. 667, e parágrafos, do Código Civil de 2002).
>
> IV – Configura-se a irregularidade de representação se o substabelecimento é anterior à outorga passada ao substabelecente.

Considerando os objetivos desta obra, vamos nos limitar a comentar os itens I e II desta Súmula.

I – Válido é o instrumento de mandato com prazo determinado que contém cláusula estabelecendo a prevalência dos poderes para atuar até o final da demanda.

O instituto do mandato é definido pelo Código Civil, sendo um contrato em que uma pessoa se obriga a praticar atos ou administrar interesses da outra, em nome e por conta dessa última.[6]

Por se tratar de um contrato, as partes são livres para estipularem prazo de validade, podendo ser indeterminado ou determinado.

Assim, estabelecendo as partes contratantes (mandante e mandatário) que a validade do mandato será até o fim da demanda, na realidade eles criam um mandato por prazo indeterminado dentro da relação processual. Em outros termos, enquanto durar o processo, o patrono terá poder de representação. Trata-se, portanto, de termo final incerto.

O NCPC, diferentemente do CPC/73, possui previsão de que a procuração outorgada na fase de conhecimento é eficaz para todas as demais fases do processo, inclusive para o cumprimento de sentença, excetuando-se apenas os casos nos quais a procuração possui disposição com sentido contrário, conforme se observa no art. 105, §4º:

> § 4º Salvo disposição expressa em sentido contrário constante do próprio instrumento, a procuração outorgada na fase de conhecimento é eficaz para todas as fases do processo, inclusive para o cumprimento de sentença.

Observa-se, portanto, que o entendimento do TST foi contemplado, de certo modo, pelo NCPC. Isso porque, na realidade, o Novo CPC dispensa a

---

6. BARROS, Flávio Augusto Monteiro de. *Manual de direito civil: Direito das obrigações e contratos.* São Paulo: Método, 2005. v. 2, p. 364.

necessidade de se impor um prazo de validade no mandato, valendo até o final da demanda, independentemente de cláusula nesse sentido.

Assim, a procuração outorgada tem validade até o final da demanda, existindo ou não cláusula no mandato.

Por fim, atente-se para o fato de que, embora o dispositivo supracitado indique que a outorga da procuração na fase de conhecimento dá eficácia para as demais fases, pensamos que também a hipótese de procuração outorgada na fase ou processo de execução (p.ex., título extrajudicial) garante ao patrono a representação nos embargos à execução e demais incidentes do processo.

II – Diante da existência de previsão, no mandato, fixando termo para sua juntada, o instrumento de mandato só tem validade se anexado ao processo dentro do aludido prazo.

Conforme explanado anteriormente, o mandato é um contrato, podendo as partes delimitarem seu termo inicial e final. Dessa forma, poderá o mandante exigir que o mandato somente tenha validade se for juntado nos autos até determinada data. Esse termo é capaz de validar o mandato apenas se cumprida a cláusula imposta no contrato (prazo de juntada). Interessante seria se todas as procurações definissem o prazo de validade para juntada nos autos, pois dessa forma o mandatário teria prazo contratual para elaborar, por exemplo, a petição inicial, o que é salutar para o mandante. Exemplificamos:

> Pedro outorga poderes para o advogado Paulo, ficando estabelecido que a procuração deve ser juntada aos autos até o dia 12.7.2015. No entanto, o patrono de Pedro apresenta a inicial com a procuração apenas em 15.8.2015, ou seja, fora do prazo estabelecido no mandato. Nesse caso, o mandato não terá validade nos autos.

Com efeito, juntando-se a procuração fora do prazo estabelecido no mandato, este não terá validade, vez que o mandatário, descumprindo a cláusula contratual, deixa de ter poderes para representar a parte no processo.

Porém, é evidente que o juízo deverá determinar a regularização da representação, inclusive na fase recursal, valendo-se do disposto no art. 76 do NCPC, *in verbis*:

> Art. 76. Verificada a incapacidade processual ou a irregularidade da representação da parte, o juiz suspenderá o processo e designará prazo razoável para que seja sanado o vício.
>
> § 1º Descumprida a determinação, caso o processo esteja na instância originária:
>
> I – o processo será extinto, se a providência couber ao autor;
>
> II – o réu será considerado revel, se a providência lhe couber;

III – o terceiro será considerado revel ou excluído do processo, dependendo do polo em que se encontre.

§ 2º Descumprida a determinação em fase recursal perante tribunal de justiça, tribunal regional federal ou tribunal superior, o relator:

I – não conhecerá do recurso, se a providência couber ao recorrente;

II – determinará o desentranhamento das contrarrazões, se a providência couber ao recorrido.

Portanto, antes de reconhecer o vício na representação, é necessário que seja concedido prazo para sua regularização e tão somente, se transcorrido *in albis* o prazo consignado pelo juízo, impor os seus efeitos.

3.1.2. Mandato. Pessoa jurídica de direito público (Súmula nº 436 do TST)

> **Súmula nº 436 do TST.** Representação processual. Procurador da União, Estados, Municípios e Distrito Federal, suas autarquias e fundações públicas. Juntada de instrumento de mandato
>
> I – A União, Estados, Municípios e Distrito Federal, suas autarquias e fundações públicas, quando representadas em juízo, ativa e passivamente, por seus procuradores, estão dispensadas da juntada de instrumento de mandato e de comprovação do ato de nomeação.
>
> II – Para os efeitos do item anterior, é essencial que o signatário ao menos declare-se exercente do cargo de procurador, não bastando a indicação do número de inscrição na Ordem dos Advogados do Brasil.

I – A União, Estados, Municípios e Distrito Federal, suas autarquias e fundações públicas, quando representadas em juízo, ativa e passivamente, por seus procuradores, estão dispensadas da juntada de instrumento de mandato e de comprovação do ato de nomeação.

Conforme verificado nos comentários da súmula anterior, a regra é a apresentação de mandato para que o representante possa validamente representar os interesses da parte no processo. Contudo, a presente súmula disciplina a representação processual das pessoas jurídicas de direito público, permitindo que, nesse caso, seja dispensável a juntada de instrumento de mandato.

Isso ocorre porque a representação de tais pessoas jurídicas de direito público decorre da lei, ou seja, do art. 75, I, II, III e IV do NCPC, *in verbis*:

Art. 75. Serão representados em juízo, ativa e passivamente:

I – a União, pela Advocacia-Geral da União, diretamente ou mediante órgão vinculado;

II – o Estado e o Distrito Federal, por seus procuradores;

III – o Município, por seu prefeito ou procurador;

IV – a autarquia e a fundação de direito público, por quem a lei do ente federado designar. (...)

Ademais, o poder de representação dos procuradores dessas entidades é inerente à sua própria função. Dessa forma, **a nomeação para o cargo**, devidamente publicada no Diário Oficial, **confere ao procurador das pessoas jurídicas de direito público o poder de representá-las em juízo, tendo a representação presunção de validade até prova em contrário**. Nesse sentido, é o disposto no art. 9º da Lei nº 9.469/97, que assim vaticina:

> A representação judicial das autarquias e fundações públicas por seus procuradores ou advogados, ocupantes de cargos efetivos dos respectivos quadros, independe da apresentação do instrumento de mandato.

Assim, os procuradores das pessoas jurídicas de direito público **estão dispensados** de apresentar procuração para representá-las em juízo, seja no polo ativo, seja no polo passivo da relação processual.

Por fim, consigna-se que o NCPC reforçou a ideia da presente súmula ao estabelecer, no artigo 287, parágrafo único, III[7] que estão dispensados da juntada de procuração as hipóteses em que a representação decorrer diretamente de norma prevista na Constituição Federal ou em lei, como é o caso da União, Estados, Municípios e Distrito Federal, suas autarquias e fundações públicas que possuem disciplina no artigo 75 do NCPC.

II – Para os efeitos do item anterior, é essencial que o signatário ao menos declare-se exercente do cargo de procurador, não bastando a indicação do número de inscrição na Ordem dos Advogados do Brasil.

Como visto no item anterior, a nomeação para o cargo, devidamente publicada no Diário Oficial, **confere ao procurador das pessoas jurídicas de direito público o poder de representá-las em juízo.**

Contudo, pode acontecer de determinadas pessoas jurídicas de direito público contratarem advogados particulares para representá-las em juízo, como ocorre, por exemplo, nas fundações e nas autarquias públicas, desde que a lei as autorize, pois se submetem ao princípio da legalidade.

---

7. Art. 287. A petição inicial deve vir acompanhada de procuração, que conterá os endereços do advogado, eletrônico e não eletrônico. Parágrafo único. Dispensa-se a juntada da procuração: I – no caso previsto no art. 104; II – se a parte estiver representada pela Defensoria Pública; III – se a representação decorrer diretamente de norma prevista na Constituição Federal ou em lei.

Nesses casos, tratando-se de advogado particular, é obrigatória a presença da procuração nos autos, sob pena de vício de representação, invocando-se as diretrizes da Súmula nº 164 do TST.

Desse modo, com a finalidade de identificar a regularidade da representação de tais pessoas, o TST inseriu o item II dessa súmula, exigindo que o procurador ao menos se declare como exercente do cargo de procurador, não bastando a simples indicação do número da OAB. No mesmo sentido, já havia decidido o STF:

> REPRESENTAÇÃO PROCESSUAL – PROCURADORES AUTÁRQUICOS – Tratando-se de autarquia, a representação por procurador do respectivo quadro funcional independe de instrumento de mandato. Suficiente é a revelação do *status*, mencionando-se, tanto quanto possível, o número da matrícula. Declinada a simples condição de advogado inscrito na Ordem dos Advogados do Brasil, presume-se a contratação do profissional para o caso concreto, exigindo-se, aí, a prova do credenciamento – a procuração. Precedentes: agravos regimentais nos 173.568-7, 173.652-7 e 174.249-7, julgados pela Segunda Turma em 7 de junho de 1994[8].

Pensamos, porém, que, na hipótese de exclusividade de representação do ente público por advogado público, como é o caso, por exemplo, da União, não há necessidade de tal declaração, vez que, obrigatoriamente, será o advogado público que estará representando a União (CF/88, art. 131)[9].

De qualquer modo, a nosso juízo, detectada a existência do vício de representação deverá ser oportunizado prazo para sua regularização, inclusive na fase recursal, por força do disposto no art. 76 do NCPC.

Atenta-se, por fim, para o fato de que esse item sumular não se aplica ao Ministério Público do Trabalho, pois este somente pode ser presentado por integrantes da carreira, além do que seus membros não são inscritos na OAB.

3.2. Honorários Periciais

3.2.1. Assistente técnico (Súmula nº 341)

> **Súmula nº 341 do TST.** Honorários do Assistente Técnico
> A indicação do perito assistente é faculdade da parte, a qual deve responder pelos respectivos honorários, ainda que vencedora no objeto da perícia.

---

8. STF-RE 174504 AgR / SP. 2ª Turma. Rel. Min. Marco Aurélio. DJ. 9.12.1994.
9. STF-Rcl 8025/SP. Tribunal Pleno. Rel. Min. Eros Grau. Julg. 9.12.2009. Dje. 6.8.2010.

O art. 3º da Lei nº 5.584/70, o qual revogou tacitamente o art. 826 da CLT, disciplina:

> Art. 3º Os exames periciais serão realizados por perito único designado pelo Juiz, que fixará o prazo para entrega do laudo.
>
> Parágrafo único. Permitir-se-á a cada parte a indicação de um assistente, cuja laudo terá que ser apresentado no mesmo prazo assinado para o perito, sob pena de ser desentranhado dos autos.

Pelo referido dispositivo depreende-se que o perito será indicado pelo juiz, podendo as partes indicarem assistentes, sendo neste último caso faculdade da parte. Registra-se que, conquanto aludido artigo permita apenas um perito único, admite-se a existência de mais de um perito indicado pelo juiz quando se tratar de perícia complexa, que abranja mais de uma área de conhecimento especializado, aplicando-se subsidiariamente o art. 475 do NCPC[10].

Os honorários do **perito indicado pelo juiz** serão **pagos pela parte sucumbente na pretensão objeto da perícia**, salvo se beneficiária da justiça gratuita, conforme dispõe o art. 790-B da CLT.

Por outro lado, o **assistente do perito** (assistente técnico) é profissional de confiança da própria parte, não se sujeitando inclusive a impedimento e suspeição, como declinado no art. 466, §1º do NCPC.

Assim, sendo a indicação do assistente técnico mera faculdade, bem como profissional de confiança da própria parte que o indicou, **o ônus pelo pagamento de seus honorários fica a cargo de quem o nomeou**, ainda que vencedor no objeto da perícia.

Por fim, cumpre destacar que o art. 84 do NCPC impõe que a remuneração do assistente técnico está incluída nas despesas processuais, o que já era previsto no art. 20, § 3º, CPC/73. No entanto, tal dispositivo não se aplica ao processo do trabalho, pois este tem regra própria sobre as despesas processuais disposta nos arts. 789, 789-A e 789-B, da CLT, não havendo, portanto, omissão a legitimar a aplicação do Novo CPC[11].

---

10. SCHIAVI, Mauro. *Manual de direito processual do trabalho*. 2. ed. São Paulo: LTr, 2009. p. 584.
11. SILVA, Bruno Freire e. *O novo CPC e o processo do trabalho I: parte geral*. São Paulo: LTr, 2015. p. 87.

3.2.2. Honorários periciais do beneficiário da justiça gratuita (súmula n° 457 do TST)

> **Súmula n° 457 do TST.** Honorários periciais. Beneficiário da justiça gratuita. Responsabilidade da União pelo pagamento. Resolução n° 66/2010 do CSJT. Observância.
>
> A União é responsável pelo pagamento dos honorários de perito quando a parte sucumbente no objeto da perícia for beneficiária da assistência judiciária gratuita, observado o procedimento disposto nos arts. 1°, 2° e 5° da resolução n° 66/2010 do Conselho Superior da Justiça do Trabalho – CSJT.

A Constituição Federal de 1988, em seu art. 5°, LXXIV, reconheceu como direito fundamental "a assistência jurídica integral e gratuita aos que comprovarem insuficiência de recursos".

Como forma de efetivar referido direito, a CLT afastou a necessidade de pagamento de honorários do perito ao beneficiário da justiça gratuita, quando sucumbente no objeto da perícia (art. 790-B). Com efeito, mesmo que a parte tenha perdido a questão relativa à perícia, não deverá arcar com os honorários do perito quando for beneficiária da justiça gratuita, uma vez que eles estão inseridos na gratuidade deferida, nos termos do art. 98, § 1°, VI do NCPC[12].

Contudo, não se pode exigir que o perito preste seus serviços sem qualquer retribuição, pois o *expert* não faz assistencialismo nos autos, mas exerce *munus* público e atividade profissional que deve ser remunerada.

Dessa forma, o Estado se incumbe de arcar com os honorários periciais, a fim de resguardar o benefício da justiça gratuita e não violar direito de outrem, como declina a Resolução n° 66/2010, como se verifica a seguir:

> Art. 1° Os Tribunais Regionais do Trabalho deverão destinar recursos orçamentários para:
>
> I – o pagamento de honorários periciais, sempre que à parte sucumbente na pretensão for concedido o benefício da justiça gratuita;
>
> II – o pagamento de honorários a tradutores e intérpretes, que será realizado após atestada a prestação dos serviços pelo juízo processante, de acordo com a tabela constante do Anexo.

---

12. Art. 98. § 1° A gratuidade da justiça compreende: (...)VI – os honorários do advogado e do perito e a remuneração do intérprete ou do tradutor nomeado para apresentação de versão em português de documento redigido em língua estrangeira;

§ 1º Os valores serão consignados sob a rubrica "Assistência Judiciária a Pessoas Carentes", em montante estimado que atenda à demanda da Região, segundo parâmetros que levem em conta o movimento processual.

§ 2º O juiz poderá ultrapassar em até 3 (três) vezes os valores fixados na tabela constante do Anexo, observados o grau de especialização do tradutor ou intérprete e a complexidade do trabalho, comunicando-se ao Corregedor do Tribunal.

Art. 2º A responsabilidade da União pelo pagamento de honorários periciais, em caso de concessão do benefício da justiça gratuita, está condicionada ao atendimento simultâneo dos seguintes requisitos:

I – fixação judicial de honorários periciais;

II – sucumbência da parte na pretensão objeto da perícia;

III – trânsito em julgado da decisão.

§ 1º A concessão da justiça gratuita a empregador, pessoa física, dependerá da comprovação de situação de carência que inviabilize a assunção dos ônus decorrentes da demanda judicial.

§ 2º O pagamento dos honorários poderá ser antecipado, para despesas iniciais, em valor máximo equivalente a R$ 350,00 (trezentos e cinquenta reais), efetuando-se o pagamento do saldo remanescente após o trânsito em julgado da decisão, se a parte for beneficiária de justiça gratuita.

§ 3º No caso de reversão da sucumbência, quanto ao objeto da perícia, caberá ao reclamado-executado ressarcir o erário dos honorários periciais adiantados, mediante o recolhimento da importância adiantada em GRU – Guia de Recolhimento da União, em código destinado ao Fundo de "assistência judiciária a pessoas carentes", sob pena de execução específica da verba. (NR)

Art. 3º Em caso de concessão do benefício da justiça gratuita, o valor dos honorários periciais, observado o limite de R$ 1.000,00 (um mil reais), será fixado pelo juiz, atendidos:

I– a complexidade da matéria;

II– o grau de zelo profissional;

III– o lugar e o tempo exigidos para a prestação do serviço;

IV– as peculiaridades regionais.

Parágrafo único. A fixação dos honorários periciais, em valor maior do que o limite estabelecido neste artigo, deverá ser devidamente fundamentada.

Art. 4º Havendo disponibilidade orçamentária, os valores fixados nesta Resolução serão reajustados anualmente no mês de janeiro, com base na variação do IPCA-E do ano anterior ou outro índice que o substitua, por ato normativo do Presidente do Tribunal.

Art. 5º O pagamento dos honorários efetuar-se-á mediante determinação do presidente do Tribunal, após requisição expedida pelo Juiz do feito, observando--se, rigorosamente, a ordem cronológica de apresentação das requisições e as deduções das cotas previdenciárias e fiscais, sendo o valor líquido depositado em conta bancária indicada pelo perito, tradutor ou intérprete.

Parágrafo único. O valor dos honorários será atualizado pelo IPCAE ou outro índice que o substitua, a partir da data do arbitramento até o seu efetivo pagamento. (...)

Da análise da Resolução nº 66/2010 supracitada é possível verificar que o pagamento dos honorários periciais ao beneficiário da justiça gratuita somente será custeado pela União quando **cumulativamente** forem preenchidos 3 requisitos: 1) o juiz fixar; 2) sucumbência da parte na pretensão objeto da perícia e 3) trânsito em julgado.

Do primeiro requisito exclui-se o pagamento do assistente do perito, uma vez que é indicado pela parte (Súmula nº 341 do TST). O segundo indica que, somente quando a parte beneficiária da justiça gratuita for sucumbente no objeto da perícia, a União suportará com o ônus dos honorários periciais, até porque, se a parte for vencedora no objeto da perícia, será a outra parte (em regra, o empregador) que deverá pagar os honorários do perito. Por fim, o terceiro requisito impõe que a discussão tenha sido sepultada por meio da formação da coisa julgada.

Interessante notar que a referida resolução permitiu ao juiz a antecipação dos honorários periciais, de modo que, sendo o beneficiário da justiça gratuita vencedor no objeto da perícia, a parte vencida, no fim, deverá ressarcir os cofres públicos.

Registramos ainda que a resolução em comentário, dando amplo acesso ao Judiciário, admitiu a concessão da justiça gratuita ao empregador, desde que seja pessoa física[13] e comprove a situação de carência que inviabilize a assunção dos ônus decorrentes da demanda judicial.

O NCPC, acompanhando o entendimento do C. TST, passa a disciplinar expressamente o pagamento dos honorários periciais quando a responsabilidade for do beneficiário da justiça gratuita, estabelecendo o art. 95, §§ 3º a 5º, o que segue:

§ 3º Quando o pagamento da perícia for de responsabilidade de beneficiário de gratuidade da justiça, ela poderá ser:

---

13. A jurisprudência, atualmente, com fundamento no art. 5º, LXXIV, da CF/88 tem se posicionado no sentido de deferir o benefício da justiça gratuita ao empregador, seja pessoa física, seja pessoa jurídica (TST-E-ED-RR-175900-14.2009.5.09.0678, SBDI-I, rel. Min. Delaíde Miranda Arantes, red. p/ acórdão Min. Renato de Lacerda Paiva, 14.11.2013). No mesmo sentido, a Súmula nº 481 do STJ: "Faz jus ao benefício da justiça gratuita a pessoa jurídica com ou sem fins lucrativos que demonstrar sua impossibilidade de arcar com os encargos processuais". Em sentido contrário, a Súmula nº 6 do TRT da 2ª Região: "não se aplica em favor do empregador o benefício da justiça gratuita", e a Súmula nº 30 do TRT da 12ª Região quando o empregador for pessoa jurídica: "não se estende à pessoa jurídica o instituto da assistência judiciária gratuita".

I – custeada com recursos alocados no orçamento do ente público e realizada por servidor do Poder Judiciário ou por órgão público conveniado;

II – paga com recursos alocados no orçamento da União, do Estado ou do Distrito Federal, no caso de ser realizada por particular, hipótese em que o valor será fixado conforme tabela do tribunal respectivo ou, em caso de sua omissão, do Conselho Nacional de Justiça.

§ 4º Na hipótese do § 3º, o juiz, após o trânsito em julgado da decisão final, oficiará a Fazenda Pública para que promova, contra quem tiver sido condenado ao pagamento das despesas processuais, a execução dos valores gastos com a perícia particular ou com a utilização de servidor público ou da estrutura de órgão público, observando-se, caso o responsável pelo pagamento das despesas seja beneficiário de gratuidade da justiça, o disposto no art. 98, § 2º.

§ 5º Para fins de aplicação do § 3º, é vedada a utilização de recursos do fundo de custeio da Defensoria Pública.

Observa-se que o NCPC mantém a sistemática da Resolução nº 66/2010, quando a perícia for realizada por perito particular, impondo seu pagamento pela União no valor descrito na respectiva resolução.

Além disso, inova ao possibilitar, de forma expressa, a realização de perícia por servidores do Poder Judiciário ou de outros órgãos públicos conveniados, conforme se verifica no art. 95, §3º, I, do NCPC. De acordo com Carreira Alvim, referida previsão teve o objetivo de "neutralizar a jurisprudência que se formou nos tribunais, contrária à indicação de servidores de entes públicos para a realização de prova técnica, por falta de previsão legal, devendo o adiantamento ser feito pelo Estado ao qual incumbe prestar assistência judiciária aos necessitados".[14]

3.3. Justiça Gratuita

3.3.1. Momento oportuno para requerimento (OJ nº 269 da SDI-I do TST)

> **Orientação Jurisprudencial nº 269 da SDI – I do TST.** Justiça gratuita. Requerimento de isenção de despesas processuais. Momento oportuno
>
> O benefício da justiça gratuita pode ser requerido em qualquer tempo ou grau de jurisdição, desde que, na fase recursal, seja o requerimento formulado no prazo alusivo ao recurso.

---

14. ALVIM, J.E. Carreira. *Comentários ao Novo Código de Processo Civil: Lei 13.015/15: volume 2 – arts. 82 ao 148.* Curitiba: Juruá, 2015, p. 100.

O benefício da justiça gratuita encontra-se regulamentado no art. 790, § 3°, da CLT, bem como nos arts. 98 a 102 do NCPC[15].

Declina a CLT que referido benefício poderá ser concedido a requerimento ou de ofício pelo juiz em qualquer instância.

O NCPC, por sua vez, esclarece no artigo 99 que o pedido de gratuidade da justiça pode ser formulado na petição inicial, na contestação, na petição para ingresso de terceiro no processo ou em recurso. Ademais, de acordo com o artigo 99, §1°, se o pedido for superveniente à primeira manifestação da parte na instância, poderá ser formulado por simples petição, nos autos do próprio processo e não suspenderá seu curso. Dessa forma, observa-se que o **benefício da justiça gratuita poderá ser requerido e concedido em qualquer tempo**, mesmo porque, referido benefício é fruto do estado econômico da parte, podendo, portanto, advir a qualquer tempo.

O TST fez uma ressalva quanto ao seu requerimento na fase recursal, admitindo-o apenas quando formulado dentro do prazo recursal. Isso ocorre porque o pagamento das custas processuais estabelecidas na decisão é um pressuposto recursal. Assim, se a parte não requerer o benefício da justiça gratuita no prazo alusivo ao recurso, este será julgado deserto, prejudicando os demais atos processuais. Exemplo:

> Sentença não reconhece o vínculo de emprego e, consequentemente, as horas extras postuladas, condenando o reclamante ao pagamento das custas processuais. Diante disso, o reclamante interpõe recurso ordinário sem o recolhimento das custas processuais. O juiz de primeiro grau denega seguimento ao recurso, ante a deserção. Assim, o reclamante interpõe agravo de instrumento para destrancar o recurso ordinário, requerendo nesta oportunidade o benefício da justiça gratuita. Nesse caso, como não houve pagamento das custas processuais no momento adequado, ficará mantida a deserção do recurso ordinário prejudicando a análise do agravo de instrumento.

É importante destacar que isso não significa que o benefício da justiça gratuita não poderá ser concedido após o prazo recursal. Como visto, ele pode ser requerido e concedido a qualquer tempo, inclusive após o prazo recursal. Agora o que precisa ficar claro é que a concessão do benefício depois do vencimento do prazo recursal será incapaz de restaurar o recurso não conhecido por ausência do pagamento das custas processuais (deserção).

Atente-se ainda para o fato de que o art. 789, § 1°, da CLT permite o pagamento das custas e sua comprovação nos autos dentro do prazo do recurso e não, necessariamente, no momento de sua interposição.

---

15. O NCPC revogou os artigos 2°, 3°, 4°, 6°, 7°, 11, 12 e 17 da Lei n° 1.060/50 (NCPC, art. 1.072).

Ademais, o NCPC, em seu art. 99, § 7º, estabelece que o requerimento da justiça gratuita na fase recursal dispensa o recorrente da comprovação do preparo. Caso o pedido de gratuidade da justiça seja indeferido, deverá ser fixado prazo para o pagamento do preparo.

O mesmo entendimento deverá ser adotado no processo do trabalho, a fim de se afastar o elemento surpresa do indeferimento e o consequente não conhecimento do recurso. A concessão de prazo para pagamento respalda-se no princípio da boa-fé objetiva, bem como no princípio da primazia da decisão de mérito. No mesmo sentido, o Enunciado nº 246 do Fórum Permanente de Processualistas Civis dispõe:

> **Enunciado nº 246.** Dispensa-se o preparo do recurso quando houver pedido de justiça gratuita em sede recursal, consoante art. 99, §6º, aplicável ao processo do trabalho. Se o pedido for indeferido, deve ser fixado prazo para o recorrente realizar o recolhimento.

Do exposto, conclui-se que o benefício da justiça gratuita poderá ser requerido e concedido em qualquer fase processual, desde que, na fase recursal, seja postulado no prazo alusivo ao recurso, sob pena de deserção. Ademais, conforme prescreve o NCPC, caso o requerimento seja indeferido na fase recursal, deverá ser fixado prazo para que o recorrente realize o recolhimento.

3.3.2. Declaração de pobreza. Comprovação
(OJ nº 304 da SDI-I do TST)

> **Orientação Jurisprudencial nº 304 da SDI – I do TST.** Honorários advocatícios. Assistência judiciária. Declaração de pobreza. Comprovação
>
> Atendidos os requisitos da Lei nº 5.584/70 (art. 14, § 2º), para a concessão da assistência judiciária, basta a simples afirmação do declarante ou de seu advogado, na petição inicial, para se considerar configurada a sua situação econômica (art. 4º, § 1º, da Lei nº 7.510/86, que deu nova redação à Lei nº 1.060/50).

O art. 14, §§ 2º e 3º, da Lei nº 5.584/70 prevê que a situação econômica do trabalhador será comprovada por meio de atestado fornecido pelo Ministério do Trabalho e Emprego e, em sua falta, pelo Delegado de Polícia.

No mesmo sentido, estabelecia o antigo art. 4º da Lei nº 1.060/50 que a situação econômica se comprovava por meio de atestado, o qual era expedido pela autoridade policial ou pelo Prefeito Municipal.

Ocorre, no entanto, que, com o advento da Lei nº 7.510/86, referido art. 4º foi consideravelmente alterado, afastando-se a necessidade de atestado para comprovação da situação econômica, declinando que "a parte gozará dos benefícios da assistência judiciária, mediante simples afirmação, na própria petição inicial, de que não está em condições de pagar as custas do processo e os honorários de advogado, sem prejuízo próprio ou de sua família".

Nesse contexto, com base no art. 5º, LXXIV, da CF/88, o C. TST reconheceu a revogação tácita dos §§ 2º e 3º do art. 14 da Lei nº 5584/70, razão pela qual passou a aplicar integralmente o disposto no art. 4º da Lei 1.060/50.

Sucede que o Novo CPC, expressamente, revogou o art. 4º da Lei 1.060/50 (art. 1.072, III do NCPC).

Conquanto tenha havido a revogação do referido dispositivo, não há que se restaurar a aplicação dos §§ 2º e 3º do art. 14 da Lei nº 5.584/70, uma vez que não se admite a repristinação implícita no direito brasileiro, como se depreende do art. 2º, § 3º, da Lei de Introdução às normas do direito brasileiro, *in verbis*:

> § 3º Salvo disposição em contrário, a lei revogada não se restaura por ter a lei revogadora perdido a vigência.

Além disso, o Novo CPC passa a prever o benefício da justiça gratuita, mantendo a mesma sistemática anterior. Desse modo, declina que a alegação de insuficiência deduzida exclusivamente por pessoa natural será considerada como verdadeira (art. 99, § 3º), permitindo que o pedido possa ser formulado na petição inicial, na contestação, na petição para ingresso de terceiro no processo ou em recurso (art. 99, *caput*) e, se o pedido for superveniente à primeira manifestação da parte na instância, por simples petição (art. 99, § 1º).

Assim, não há exigência de atestado para demonstrar a situação econômica da parte, bastando uma simples declaração na própria petição inicial, que pode ser feita pela parte ou pelo procurador. Neste último caso, atente-se para o fato de que o NCPC exige que a procuração contenha poderes expressos para assinar declaração de hipossuficiência econômica (art. 105).

Por fim, é importante destacar que, na hipótese de pessoa jurídica, a concessão do benefício da justiça gratuita não decorre de simples declaração, mas de demonstração inequívoca da fragilidade econômica, o que significa que referida orientação jurisprudencial não se aplica às pessoas jurídicas. Este posicionamento se aplica inclusive para o pedido formulado pelo sindicato, quando atua como substituto processual[16]. Aliás, o próprio NCPC faz a ressalva

---

16. TST-E-ED-RR-175900-14.2009.5.09.0678, SBDI-I, rel. Min. Delaíde Miranda Arantes, red. p/ acórdão Min. Renato de Lacerda Paiva, 14.11.2013 (informativo nº 66 do TST).

de que a presunção de veracidade apenas ocorre quando se tratar exclusivamente de pessoa natural (art. 99, §3º), ou seja, a declaração da pessoa jurídica não provoca presunção de sua miserabilidade, impondo a comprovação cabal da sua incapacidade financeira.

4. LITISCONSÓRCIO

4.1. Procuradores distintos. Prazo (OJ nº 310 da SDI-I do TST)

> **Orientação Jurisprudencial nº 310 da SDI – I do TST.** Litisconsortes. Procuradores distintos. Prazo em dobro. Art. 191 do CPC. Inaplicável ao processo do trabalho
>
> A regra contida no art. 191 do CPC[17] é inaplicável ao processo do trabalho, em decorrência da sua incompatibilidade com o princípio da celeridade inerente ao processo trabalhista.

A configuração tríplice da relação processual representa um "esquema mínimo", estando presentes três sujeitos: Estado-Juiz, autor e réu[18]. Pode ocorrer, no entanto, a introdução de outros sujeitos na relação, surgindo o fenômeno da pluralidade de partes.

Nessa pluralidade tem-se o **litisconsórcio,** que consiste na possibilidade de duas ou mais pessoas figurarem no polo ativo, passivo, ou em ambos os polos da relação processual.

Diante da pluralidade de sujeitos no polo da relação, pode ocorrer de as partes terem diferentes procuradores, como ocorre, por exemplo, quando duas empresas são representadas por advogados distintos.

Nesse caso, o Código de Processo Civil de 1973 estabelecia, no art. 191, que "quando os litisconsortes tiverem diferentes procuradores, ser-lhes-ão contados em dobro os prazos para contestar, para recorrer e, de modo geral, para falar nos autos".

O NCPC reproduz o teor de referido dispositivo em seu artigo 229[19], especificando, porém, que os litisconsortes terão prazos contados em dobro, desde

---

17. NCPC, art. 229.
18. CÂMARA, Alexandre Freitas. *Lições de direito processual civil.* 18. ed. Rio de Janeiro: Lumen Juris, 2008. v. 1, p. 152.
19. Art. 229. Os litisconsortes que tiverem diferentes procuradores, de escritórios de advocacia distintos, terão prazos contados em dobro para todas as suas manifestações, em qualquer juízo ou tribunal, independentemente de requerimento.

que os advogados sejam de escritórios de **advocacia distintos**. Além disso, em duas hipóteses, afastou a dobra dos prazos, como se observa pelo teor dos §§ 1º e 2º do art. 229, *in verbis*:

§ 1º Cessa a contagem do prazo em dobro se, havendo apenas 2 (dois) réus, é oferecida defesa por apenas um deles[20].

§ 2º Não se aplica o disposto no *caput* aos processos em autos eletrônicos.

Na presente orientação, a questão travada cinge-se à aplicação desse dispositivo na seara trabalhista.

Já na época do CPC/73, entendeu o TST, de forma acertada a nosso ver, que o processo do trabalho tem como sustentáculo o princípio da celeridade e efetividade processual, de modo que criou regras próprias de prazos processuais a fim de entregar de forma mais célere e eficaz o bem da vida à parte vencedora, que, em regra, é o empregado. Isso ocorre porque o processo do trabalho, como instrumento do direito material, busca tutelar os direitos fundamentais (sociais) e o direito alimentar.

Nesse contexto, o art. 769 da CLT autoriza a aplicação do processo comum, tão somente quando for compatível com o processo trabalhista, o que não ocorre no caso em questão, vez que o art. 191 do CPC/73 (atual art. 229 do NCPC) contraria a celeridade processual.

A propósito, o legislador, quando pretendeu conferir prazos diferenciados no processo do trabalho, o fez de forma expressa, como se verifica pelo art. 1º, inciso III, do Decreto-Lei nº 779/69, que confere prazo em dobro para a União, Estados, municípios, Distrito Federal, autarquias federais e fundações de direito público recorrerem.

Registramos que a Emenda Constitucional nº 45/04 ampliou a competência da Justiça do Trabalho para além das relações de emprego, atribuindo-lhe a competência para julgar as ações decorrentes da relação de trabalho. Entendemos, porém, que, mesmo para as ações decorrentes da relação do trabalho, também não deve ser aplicado o art. 229 do NCPC, sob pena de afastar uma das principais bases do processo do trabalho e da Justiça do Trabalho, qual seja, a celeridade. Ademais, a Instrução Normativa nº 27/05 impõe a tais ações os ritos e prazos do processo do trabalho (arts. 1º e 2º).

Dessa forma, considerando-se que a *ratio decidendi* (fundamento determinante) da orientação jurisprudencial nº 310 da SDI-I do TST foi conservada, ela deverá ser mantida, apenas havendo necessidade de adequação do número do dispositivo em referência, que passa a ser o art. 229 do NCPC.

---

20. Adota a tese do Supremo Tribunal Federal que não aplicava o art. 191 do CPC/73 "quando só um dos litisconsortes haja sucumbido" (Súmula nº 641 do STF).

Assim, mesmo que os litisconsortes tenham advogados distintos, não haverá duplicação dos prazos processuais, sendo inaplicável ao processo do trabalho o art. 229 do NCPC.

Por fim, é interessante observar que, embora os supracitados parágrafos do art. 229 do NCPC sigam a diretriz do processo laboral, desnecessária a incidência no processo do trabalho, vez que, como dito, nessa seara em nenhuma hipótese o prazo será dobrado quando presentes litisconsortes com procuradores distintos.

5. INTERVENÇÃO DE TERCEIROS

5.1. Assistência (súmula nº 82 do TST)

> **Súmula nº 82 do TST.** Assistência
> A intervenção assistencial, simples ou adesiva, só é admissível se demonstrado o interesse jurídico e não o meramente econômico.

O NCPC incluiu a assistência no capítulo de intervenção de terceiros, sendo admitida em qualquer procedimento e em todos os graus de jurisdição (NCPC, art. 119, parágrafo único). Embora o CPC/73 não a incluísse nesse capítulo, era pacífico na doutrina sua natureza, vez que há introdução voluntária de um terceiro no processo. Desse modo, apesar dessa alteração legislativa, o conceito de assistência foi mantido com o Novo CPC.

Com efeito, define-se **assistência como a intervenção voluntária de um terceiro na relação processual com o objetivo de auxiliar a parte originária** (assistido).

A assistência pode ser classificada em simples ou litisconsorcial. O Novo CPC tratou em seções separadas essas duas modalidades, versando sobre a primeira nos artigos 121 a 123 e sobre a assistência litisconsorcial no art. 124.

A **assistência simples**, também denominada de adesiva, permite a um terceiro que tenha **interesse jurídico** auxiliar uma das partes do processo para que ela vença a ação. Nessa modalidade de assistência, o assistente não possui nenhuma relação jurídica com o adversário do assistido, assim como não há disputa no processo de direito do assistente (terceiro). Exige-se, porém, que o assistente tenha interesse jurídico e não meramente econômico ou moral. É o que dispõe expressamente o *caput* do art. 119 do NCPC, que assim vaticina:

> Art. 119. Pendendo causa entre 2 (duas) ou mais pessoas, o terceiro **juridicamente interessado** em que a sentença seja favorável a uma delas poderá intervir no processo para assisti-la. (grifo nosso)

Conforme declina a melhor doutrina:

> É de *prejudicialidade* a relação entre a situação jurídica do terceiro e os direitos e obrigações versados na causa pendente. Ao afirmar ou negar o direito do autor, de algum modo o juiz estará colocando premissas para a afirmação ou negação do direito ou obrigação do terceiro – e daí o interesse deste em ingressar. Ingressa em auxílio de uma parte, mas não por altruísmo – e sim para prevenir-se contra declarações que no futuro possam influir em sua própria esfera de direitos. Como sempre, se ele não intervier restar-lhe-á intacta a possibilidade de defender seus próprios interesses depois, seja exercendo o direito de ação ou defendendo-se; e sempre sem o vínculo da coisa julgada, que não se estende a quem não haja sido parte no processo (art. 472[21]). Mas, intervindo procura evitar o precedente desfavorável. (grifos no original) [22]

Impõe-se, portanto, que exista um **nexo de prejudicialidade** entre os direitos discutidos e a situação do terceiro, de modo que a decisão judicial possa repercutir de maneira favorável ou desfavorável na esfera jurídica do terceiro. Exemplificamos para maior elucidação:

> João ajuíza reclamação trabalhista em face da empresa X postulando reintegração no emprego, porque foi dispensado sem justa causa, embora fizesse jus à garantia de emprego, pois tinha preenchido todos os requisitos descritos no acordo coletivo para sua aquisição. A empresa, por sua vez, alega que a cláusula invocada por João não concede o direito à garantia de emprego, mas tão somente uma indenização. Pedro, empregado da empresa X, intervém como assistente de João para defender o fato de que a referida cláusula descreve a garantia de emprego para os obreiros da empresa. Percebe-se, no exemplo, que Pedro tem interesse jurídico, porque poderá ser beneficiado reflexamente pela decisão favorável a João[23]. Haveria interesse meramente econômico se, por exemplo, João tivesse uma dívida pessoal com Carlos, e este buscasse assistir aquele na reclamação trabalhista, pois, se João vencesse a demanda, pagaria sua dívida.

Registra-se, ainda, entendimento de parte da doutrina no sentido de que, para se permitir a assistência simples, é necessária a existência de uma relação jurídica não controvertida entre o terceiro e a parte, além do que essa relação

---

21. NCPC, art. 506.
22. DINAMARCO, Cândido Rangel. *Instituições de direito processual civil*. 6. ed. São Paulo: Malheiros Editores Ltda., 2009. v. 2, p. 395-396.
23. Exemplo inspirado no citado por Manoel Antônio Teixeira Filho *in Litisconsórcio, assistência e intervenção de terceiros no processo do trabalho: oposição, nomeação à autoria, denunciação da lide, chamamento ao processo*. 3. ed. São Paulo: LTr, 1995. p. 137-138.

deve ser atingida pela decisão a ser proferida na ação[24]. É o que ocorre, por exemplo, quando o sublocatário (assistente) presta assistência ao locatário (assistido) em uma ação de despejo promovida pelo locador (adversário do assistido).

Portanto, para a primeira corrente, a base para a assistência está na prejudicialidade, enquanto, para a segunda impõe-se a existência de uma relação jurídica não controvertida entre o assistente e a parte, a qual será afetada pela decisão proferida no processo. Percebe-se, assim, que a utilização da segunda corrente restringe consideravelmente a assistência simples, tornando-a quase que inaplicável ao processo do trabalho.

Independentemente da tese adotada, na assistência simples exige-se a demonstração do interesse jurídico e não meramente econômico. Contudo, o direito discutido em juízo não é do assistente, de modo que a parte principal não depende de sua concordância para praticar atos de disposição do direito (NCPC, art. 122), ou seja, a parte principal pode isoladamente reconhecer a procedência do pedido, desistir da ação, renunciar ao direito sobre o que se funda a ação ou transigir sobre direitos controvertidos.

Embora a súmula em comentário faça referência apenas à assistência simples, necessário tecer alguns comentários acerca da assistência litisconsorcial.

O **assistente litisconsorcial** difere do assistente simples, porque no litisconsorcial o **assistente tem uma relação jurídica com o adversário** do assistido. Aqui, o **terceiro é titular da relação jurídica de direito material discutida no processo**[25]. Na modalidade litisconsorcial, o assistente poderia ter integrado em um dos polos da relação processual, mas, como não está presente, poderá ingressar como assistente. Dessa forma, como o direito discutido também está ligado ao assistente, o assistido, nesse caso, não pode praticar atos de disposição sem a anuência do assistente, isto é, ao assistente litisconsorcial não se aplica o art. 122 do NCPC. Registra-se que parte da doutrina iguala essa modalidade de assistência ao litisconsórcio facultativo ulterior, que é a introdução da própria parte no processo após o início da relação processual[26].

De qualquer modo, "o assistente *litisconsorcial* não formula nenhum pedido em nome próprio, sendo toda a sua atividade processual voltada para *coadjuvar* o assistido, para que este vença a demanda; embora a relação jurídica de que seja titular o assistente venha a ser também *normatizada* pela sentença. Não tendo a qualidade de parte, mas de *coadjuvante da parte*, o assistente não tem

---

24. NEVES, Daniel Amorim Assumpção. *Manual de direito processual civil*. 2. ed. Rio de Janeiro: Forense; São Paulo: Método, 2010. p. 204-205.
25. NEVES, Daniel Amorim Assumpção. *Manual de direito processual civil*. 2. ed. Rio de Janeiro: Forense; São Paulo: Método, 2010. p. 205.
26. NEVES, Daniel Amorim Assumpção. *Manual de direito processual civil*. 2. ed. Rio de Janeiro: Forense; São Paulo: Método, 2010. p. 207.

legitimação para prestar depoimento pessoal, que deve ser prestado apenas pelo assistido". [27]

Cita-se, como exemplo de assistente litisconsorcial, a empresa de um grupo econômico que não está no polo passivo do processo, embora pudesse integrá-lo, ante a responsabilidade solidária. Como ela não foi inserida no início do processo, poderá intervir para auxiliar a empresa ré. Do mesmo modo, haverá assistência litisconsorcial quando o sindicato ajuíza ação na condição de substituto processual e o substituído (empregado) busca auxiliar o sindicato no processo.

Na **assistência litisconsorcial também é exigível o interesse jurídico**, mas nessa modalidade a intensidade do interesse é muito maior, sendo mais fácil sua comprovação. Nesse sentido, leciona Manoel Antônio Teixeira Filho:

> É diversa, entrementes, a **intensidade** com que o interesse jurídico se manifesta na assistência **simples** e na **litisconsorcial**: naquela, o interesse é diáfano, rarefeito, e, por isso, de difícil constatação, muitas vezes; nesta, contudo, ele se apresenta, quase sempre, denso, concreto, e, em virtude disso, facilmente perceptível. Sucede que, enquanto na assistência **simples** o terceiro tem uma relação jurídica apenas **conexa** com o direito controvertido no processo, ou dele dependa, na **litisconsorcial** ele é um dos **titulares** do direito material litigioso, sendo suficiente, portanto, que faça prova dessa qualidade para ser admitido ao intervir na causa[28]. (grifos no original)

Assim, conquanto a presente súmula faça referência apenas à assistência simples, a litisconsorcial igualmente é admitida no processo do trabalho, por força do art. 769 da CLT, dependendo em ambos os casos de demonstração do interesse jurídico.

Cumpre registrar que a regra de demonstração do **interesse jurídico não se aplica às pessoas jurídicas de direito público no âmbito federal**, bastando nesse caso a presença do mero interesse econômico, revelado por meio da possibilidade de risco patrimonial, conforme estabelece o art. 5º, parágrafo único, da Lei nº 9.469/97[29].

---

27. ALVIM, J.E. Carreira. *Comentários ao novo Código de Processo Civil: Lei nº 13.105/15: volume 2 – arts. 82 ao 148*. Curitiba: Juruá, 2015, p. 253.
28. TEIXEIRA FILHO, Manoel Antônio. *Curso de direito processual do trabalho*. São Paulo: LTr, 2009. v. 1, p. 300.
29. Art. 5º: "A União poderá intervir nas causas em que figurarem, como autoras ou rés, autarquias, fundações públicas, sociedades de economia mista e empresas públicas federais. Parágrafo único. As pessoas jurídicas de direito público poderão, nas causas cuja decisão possa ter reflexos, ainda que indiretos, de natureza econômica, intervir, independentemente da demonstração de interesse jurídico, para esclarecer questões de fato e de direito, podendo juntar documentos e memoriais reputados úteis ao exame da matéria e, se for o caso, recorrer, hipótese em que, para fins de deslocamento de competência, serão consideradas partes".

Por fim, consigna-se que há divergência acerca do cabimento dessa modalidade de intervenção de terceiros no rito sumaríssimo.

Para fração da doutrina, há silêncio nos dispositivos da CLT que regulamentam o rito sumaríssimo, submetendo-se dessa forma à regra do art. 769 da CLT, que determina a aplicação subsidiária do CPC, incidindo subsidiariamente o art. 119, parágrafo único, do NCPC, o qual estabelece que "a assistência será admitida em qualquer procedimento e em todos os graus de jurisdição, recebendo o assistente o processo no estado em que se encontre." Portanto, admitindo a assistência em todos os procedimentos, permite-se sua aplicação no procedimento sumaríssimo[30].

Para a outra parcela da doutrina, que pensamos estar com a razão, a assistência é inadmissível no rito sumaríssimo, uma vez que viola o princípio da celeridade, bem como porque esse rito segue as mesmas diretrizes dos Juizados Especiais Cíveis, no qual não se permite intervenção de terceiros (art. 10 da Lei nº 9.099/95)[31].

6. ATOS PROCESSUAIS

6.1. Notificação

6.1.1. Pluralidade de advogados. Publicação em nome de advogado diverso daquele expressamente indicado
(Súmula nº 427 do TST)

> **Súmula nº 427 do TST.** Intimação. Pluralidade de advogados. Publicação em nome de advogado diverso daquele expressamente indicado. Nulidade
>
> Havendo pedido expresso de que as intimações e publicações sejam realizadas exclusivamente em nome de determinado advogado, a comunicação em nome de outro profissional constituído nos autos é nula, salvo se constatada a inexistência de prejuízo.

O art. 236, § 1º, do CPC/73 determinava:

> § 1º É indispensável, sob pena de nulidade, que da publicação constem os nomes das partes e de seus advogados, suficientes para sua identificação.

---

30. GARCIA, Gustavo Filipe Barbosa. *Curso de Direito Processual do Trabalho*. 4. ed. Rio de Janeiro: Forense, 2015. p. 319.
31. SCHIAVI, Mauro. *Manual de direito processual do trabalho*. 9. ed. São Paulo: LTr, 2015. p. 419. SILVA, José Antônio Ribeiro de Oliveira. *Questões relevantes do procedimento sumaríssimo: 100 perguntas e respostas*. São Paulo: LTr, 2000. p. 61. O Novo CPC faz exceção expressa ao incidente de desconsideração da personalidade jurídica, impondo sua aplicação nos juízos especiais (NCPC, art. 1.062).

Interpretando aludido dispositivo, a jurisprudência era pacífica no sentido de que, na publicação, deveria constar o nome do advogado, com a finalidade de preservar o direito ao contraditório. Também era pacífico o entendimento de que, havendo pluralidade de advogados com amplos poderes nos autos, qualquer um deles poderia ser intimado. O Novo CPC manteve a mesma ideologia, estabelecendo no art. 272, § 2º, o que segue:

> § 2º Sob pena de nulidade, é indispensável que da publicação constem os nomes das partes e de seus advogados, com o respectivo número de inscrição na Ordem dos Advogados do Brasil, ou, se assim requerido, da sociedade de advogados.

A dúvida persistia na seara trabalhista quando, existindo pluralidade de advogados, havia requerimento expresso de que a intimação fosse feita exclusivamente em nome de um determinado advogado.

O C. TST, invocando o referido art. 236, § 1º, na época do CPC/73, entendeu que ele faculta ao advogado indicar apenas um dos advogados constituídos para receber as publicações, sob pena de nulidade caso a intimação seja direcionada a outro advogado. Ademais, na visão dessa Corte, a intimação do advogado não indicado fere o direito ao contraditório disposto no art. 5º, LV, da CF/88, gerando inclusive presunção relativa de prejuízo para a parte.

A Corte Trabalhista, com essa posição, buscou unificar seu entendimento ao já consagrado no STF e STJ, como se verifica pelas ementas abaixo:

> INTIMAÇÃO – ADVOGADO ESPECÍFICO – PETIÇÃO NÃO DESPACHADA – APELAÇÃO – PAUTA – ACÓRDÃO – NULIDADE – A existência de petição da qual conste a indicação de profissional da advocacia para efeito de intimação – tendo sido a pauta de julgamento de apelação publicada com inserção do nome de outro advogado – gera, independentemente de haver sido, ou não, despachada, a nulidade do acórdão proferido[32].

> PROCESSUAL CIVIL. AGRAVO REGIMENTAL EM AGRAVO DE INSTRUMENTO. ARTS. 258 E 259 DO RISTJ. RECURSO ESPECIAL. INTIMAÇÃO. PLURALIDADE DE ADVOGADOS. SUBSTABELECIMENTO COM RESERVA DE PODERES. PEDIDO EXPRESSO DE INTIMAÇÃO ESPECÍFICA EM NOME DE UM DELES. NULIDADE DO ATO. 1. Consoante entendimento sedimentado desta Corte Superior, havendo pedido expresso para que futuras intimações sejam feitas em nome de procurador específico, a não observância de tal disposição gera nulidade do ato de intimação (Precedentes: REsp 897085/SP, Rel. Ministro Aldir Passarinho Júnior, DJe de 09/02/2009; REsp 1036980/RJ, Rel. Ministro Massami Uyeda, DJe de 20/06/2008).
> 2. Agravo regimental a que se nega provimento[33].

---

32. STF – HC 86.267-5/BA. 1ª T. Rel. Min. Carlos Britto. DJU 28.4.2006.
33. STJ – AgRg no Ag 103.6150/RJ. 3ª T. Rel. Min. Vasco Della Giustina. Desembargador convocado do TJ/RS – DJ 5.6.2009.

O NCPC adota, de forma expressa, o entendimento das Cortes Superiores. Assim, no art. 272, § 5º, estabelece:

> § 5º Constando dos autos pedido expresso para que as comunicações dos atos processuais sejam feitas em nome dos advogados indicados, o seu desatendimento implicará nulidade.

Desse modo, se houver nos autos pedido expresso para que as comunicações dos atos processuais sejam feitas em nome dos advogados indicados, o seu descumprimento implicará em nulidade. Isso porque, se a intimação possui como objetivo comunicar, caso não alcance o objeto da comunicação (advogado indicado), não se pode dizer que a intimação existiu[34].

Tratando-se de nulidade, aplica-se o princípio da convalidação ou preclusão (art. 795 da CLT), de modo que deverá ser alegada na primeira oportunidade em que a parte tiver que se manifestar nos autos, sob pena de preclusão.

A propósito, conforme determinam os §§ 8º e 9º do art. 272 do NCPC, aplicáveis subsidiariamente ao processo do trabalho, a parte arguirá a nulidade da intimação em capítulo preliminar do próprio ato que lhe caiba praticar, o qual será tido por tempestivo se o vício for reconhecido. Caso não seja possível a prática imediata do ato diante da necessidade de acesso prévio dos autos, a parte deverá limitar-se a arguir a nulidade da intimação, caso em que o prazo será contado da intimação da decisão que a reconheça.

Por fim, cumpre destacar que a indicação equivocada de outro advogado gera presunção de prejuízo e de ausência de conhecimento da comunicação. Todavia, tal presunção, por ser meramente relativa, poderá ser ilidida por prova em contrário, afastando-se a declaração da nulidade. Isso ocorre porque, pelo princípio da transcendência, só há nulidade quando existir prejuízo, conforme declina o art. 794 da CLT e a parte final da presente súmula.

---

34. NERY JUNIOR, Nelson; NERY, Rosa Maria de Andrade. *Comentários ao Código de Processo Civil*. São Paulo: RT, 2015. p. 811 e 812.

6.2. Prazos Processuais

6.2.1. Intimação ou publicação ocorrida na sexta-feira. Início da contagem do prazo (Súmula nº 1 do TST).

> **Súmula nº 1 do TST.** Prazo Judicial
>
> Quando a intimação tiver lugar na sexta-feira, ou a publicação com efeito de intimação for feita nesse dia, o prazo judicial será contado da segunda-feira imediata, inclusive, salvo se não houver expediente, caso em que fluirá no dia útil que se seguir.

O art. 775 da CLT preconiza que, na contagem dos prazos processuais, exclui-se o dia do começo e inclui-se o dia do vencimento. Trata-se de regra do direito processual trabalhista e civil (art. 224 do NCPC), de modo que o prazo somente terá início no dia seguinte ao recebimento da notificação. Exclui-se, portanto, o dia da ciência da notificação "para que todos sejam tratados da mesma forma, tanto aqueles que foram comunicados de manhã como aqueles que o foram à tarde ou ao cair da noite, tanto aqueles que tomaram ciência em audiência quanto aqueles que receberam a visita do Oficial de Justiça"[35].

No entanto, somente inicia-se a contagem do prazo processual nos dias úteis, vez que os atos processuais, em regra, igualmente só podem ser realizados nesses dias, nos termos do art. 770 da CLT. Ademais, o art. 224, § 3º, do NCPC, aplicado subsidiariamente ao processo do trabalho, é expresso em consignar que "a contagem do prazo terá início no primeiro dia útil que seguir ao da publicação". No mesmo caminho o § 1º do art. 224 que protrai o dia do começo do prazo para o primeiro dia útil seguinte "se coincidirem com dia em que o expediente forense for encerrado antes ou iniciado depois da hora normal ou houver indisponibilidade da comunicação eletrônica"[36].

No tocante à definição do que vem a ser dias úteis, o art. 216 do NCPC estabeleceu que "além dos declarados em lei, são feriados, para efeito forense, os sábados, os domingos e os dias em que não haja expediente forense". Assim, observa-se que o NCPC possui regramento diferente do código anterior, uma vez que o CPC de 1973 "não considerava feriado os sábados, embora houvesse normas de organização judiciária locais que estipulavam não haver expediente

---

35. SILVA, Homero Batista Mateus da. *Curso de direito do trabalho aplicado: justiça do trabalho*. São Paulo: Editora Revista dos Tribunais, 2015. v. 8. p. 230. Nas palavras desse brilhante doutrinador, exclui-se o "dia do susto".
36. Enunciado nº 270 do Fórum Permanente de Processo Civil: "Aplica-se ao processo do trabalho o art. 224, § 1º".

forense nesse dia da semana"[37]. Nesse sentido, declina a doutrina analisando o Novo CPC:

> **Dias úteis.** São os dias em que há expediente normal no foro. Dos dias da semana, o sábado e o domingo são considerados feriado forense, bem como os feriados legalmente previstos (CPC 216), isto é, dias não úteis. Na sistemática anterior, o sábado era considerado dia útil e nele era possível a prática de atos processuais[38].

Com efeito, se a parte for notificada na sexta-feira, seu prazo terá início na segunda-feira. Agora, caso segunda-feira seja feriado, o início da contagem será na terça-feira.

No mesmo sentido, a Súmula nº 310 do STF estabelece:

> Intimação ou Publicação com Efeito de Intimação na Sexta-Feira – Início do Prazo Judicial
>
> Quando a intimação tiver lugar na sexta-feira, ou a publicação com efeito de intimação for feita nesse dia, o prazo judicial terá início na segunda-feira imediata, salvo se não houver expediente, caso em que começará no primeiro dia útil que se seguir.

Observa-se, portanto, que a regra constante no NCPC reforçou o entendimento do TST consolidado na presente súmula, pois ao considerar o sábado como dia não útil, não poderá ser considerado como data inicial na contagem dos prazos. Assim, caso a intimação ocorra na sexta-feira, o prazo apenas começará a correr no dia útil subsequente.

Por fim, cumpre salientar que, **no processo eletrônico**, mantém-se a mesma sistemática da súmula em análise. No entanto, é importante diferenciar a intimação realizada por meio eletrônico da ocorrida pela publicação no Diário da Justiça eletrônico.

Nas intimações por meio eletrônico, estas serão consideradas realizadas no dia da consulta. Além disso, ocorrendo a consulta "em dia não útil, a intimação será considerada como realizada no primeiro dia útil seguinte" (Lei 11.419/06, art. 5º, § 2º). Não havendo consulta no prazo de 10 dias **corridos**, será **presumida** a intimação, isto é, sendo expedida a intimação via eletrônica e não tomando ciência dentro do prazo de 10 dias corridos, a parte será considerada como intimada (Lei 11.419/06, art. 5º, § 3º), iniciando-se a contagem do prazo no dia seguinte. Para efeito da contagem do prazo de 10 dias corridos será considerado:

---

37. MEDINA, José Miguel Garcia. *Novo Código de Processo Civil comentado: com remissões e notas comparativas ao CPC/1973*. 3. ed. São Paulo: Editora Revista dos Tribunais, 2015. p. 360.
38. NERY JUNIOR, Nelson; NERY, Rosa Maria de Andrade. *Comentários ao Código de Processo Civil*. São Paulo: Editora Revista dos Tribunais, 2015. p. 730.

I – como dia inicial: o dia seguinte ao da disponibilização do ato de comunicação no sistema, **independentemente de esse dia ser, ou não, de expediente no órgão comunicante**;

II – como dia da consumação da intimação ou comunicação: o décimo dia a partir do dia inicial, **caso seja de expediente judiciário, ou o primeiro dia útil seguinte** (CSJT-Res. n° 136/2014, art. 25 – grifo nosso).

No entanto, havendo consulta dentro do prazo de 10 dias, considera-se realizada a intimação no dia da ciência (consulta).

Em suma, efetivada a consulta dentro dos 10 dias corridos, será considerado intimado na data da consulta. Por outro lado, se não realizar a consulta, também será considerado intimado, mas depois de ultrapassado os 10 dias corridos.

Já na hipótese de publicação no Diário da Justiça eletrônico, a data da publicação será considerada o primeiro dia útil seguinte ao da disponibilização da informação no Diário da Justiça eletrônico, começando a correr o prazo processual "no primeiro dia útil que seguir ao considerado como data da publicação" (Lei 11.419/06, art. 4°, §§ 3° e 4°; NCPC, art. 224, §§ 2° e 3°).

6.2.2. Prazos Processuais. Intimação em sábado.
(Súmula n° 262 do TST)

> **Súmula n° 262 do TST.** Prazo judicial. Notificação ou intimação em sábado. Recesso forense
>
> I – Intimada ou notificada a parte no sábado, o início do prazo se dará no primeiro dia útil imediato e a contagem, no subsequente.
>
> II – O recesso forense e as férias coletivas dos Ministros do Tribunal Superior do Trabalho suspendem os prazos recursais.

Considerando o formato proposta para essa obra, neste tópico iremos comentar apenas o item I, sendo o item II comentado no capítulo das súmulas modificadas.

I – Intimada ou notificada a parte no sábado, o início do prazo se dará no primeiro dia útil imediato e a contagem, no subsequente.

A CLT, em seu art. 774, disciplina que os prazos contam-se a partir da data em que for feita pessoalmente ou recebida a notificação, esclarecendo no art. 775 que, na contagem, excluir-se-á o dia do recebimento, incluindo o do vencimento. É omissa, entretanto, quando a notificação ocorrer no sábado.

Conforme já declinamos nos comentários da Súmula n° 1 do TST, com o NCPC, o sábado passou a ser considerado como dia **não útil**, por força do art. 216, *in verbis*:

Art. 216. Além dos declarados em lei, são feriados, para efeito forense, os sábados, os domingos e os dias em que não haja expediente forense.

Tratando-se, portanto, de dia não útil, inicialmente cabe indagar se atos processuais podem ser realizados nesse dia.

A CLT, no art. 770, descreve que a penhora pode ser realizada "em domingo ou dia feriado, mediante autorização expressa do juiz ou presidente". Com efeito, sendo o sábado considerado, atualmente, feriado para efeito forense é possível a realização da penhora neste dia. Contudo, a doutrina, de forma acertada, entende que penhora é apenas um exemplo de ato que pode ser realizado nos domingos e feriados, não devendo tal dispositivo ser interpretado gramaticalmente[39]. Desse modo, é possível a realização de citação e intimações nos domingos, sábados, feriados e dias sem expediente forense.

Neste ponto, é interessante notar que a CLT admite a prática de tais atos, desde que haja autorização do juiz, acompanhando as diretrizes do CPC de 1973. Por sua vez, o novo CPC, em seu artigo 212, § 2º, passa a permitir a realização do ato **independentemente de autorização judicial**, como se verifica pelo seu teor a seguir transcrito:

> § 2º Independentemente de autorização judicial, as citações, intimações e penhoras poderão realizar-se no período de férias forenses, onde as houver, e nos feriados ou dias úteis fora do horário estabelecido neste artigo, observado o disposto no art. 5º, inciso XI, da Constituição Federal.

A nosso juízo, a regra do Novo CPC é condizente com a realidade atual que permite a prática de alguns atos sem a intervenção judicial, como são os atos meramente ordinatórios (NCPC, art. 203, § 4º). Além disso, essa norma se coaduna com os princípios da celeridade, efetividade processual e instrumentalidade das formas. Desse modo, ainda que a CLT não seja omissa quanto ao tema, o art. 212, § 2º, do NCPC deve ser aplicado de forma supletiva ao processo laboral, por força do art. 15 do NCPC. Assim, a intimação ou citação poderá ser realizada no sábado, independentemente de autorização judicial.

Não se pode esquecer ainda que, sendo a notificação postal a regra na fase de conhecimento, é plenamente possível que a parte a receba no sábado. Portanto, seja a notificação postal, seja a notificação por oficial de justiça, é possível sua realização aos sábados.

Embora o ato possa ser praticado no sábado, por ser um dia não útil, a intimação realizada nesse dia é considerada como efetivada no primeiro dia útil

---

39. SILVA, Homero Batista Mateus da. *Curso de direito do trabalho aplicado: justiça do trabalho.* São Paulo: Editora Revista dos Tribunais, 2015. v. 9. p. 54.

subsequente, começando a correr o prazo no dia seguinte. Exemplo: intimada a parte dia 15 (sábado), sua intimação será considerada como realizada no dia 17 (segunda-feira), iniciando-se o prazo processual no dia 18 (terça-feira). Agora, caso o dia 17 (segunda-feira) seja feriado, considerar-se-á realizada a intimação no dia 18 (terça-feira), com início do prazo no dia 19 (quarta-feira).

Cumpre salientar que a Lei n° 11.419/2006, que disciplinou a informatização do processo, manteve a mesma sistemática da súmula em análise, estabelecendo que, nas intimações por meio eletrônico, "em que a consulta se dê em dia não útil, a intimação será considerada como realizada no primeiro dia útil seguinte" (art. 5°, § 2°).

Ademais, no processo eletrônico, é importante observar que, não havendo consulta no prazo de 10 dias corridos, a parte será considerada como intimada (art. 5°, § 3°), ou seja, será **presumida** a intimação. Nesse caso, para efeito da contagem do prazo de 10 dias corridos será considerado:

> I – como dia inicial: o dia seguinte ao da disponibilização do ato de comunicação no sistema, independentemente de esse dia ser, ou não, de expediente no órgão comunicante;
>
> II – como dia da consumação da intimação ou comunicação: o décimo dia a partir do dia inicial, caso seja de expediente judiciário, ou o primeiro dia útil seguinte (CSJT-Res. n° 136/2014).

Por fim, cabe tecer uma observação quanto à contagem dos prazos processuais.

O NCPC não alterou a disciplina do CPC de 1973, no tocante ao início da contagem dos prazos processuais, mantendo a exigência de que ocorra em dias úteis. Todavia, em seu artigo 219, determina que na contagem dos prazos em dias, devem ser computados apenas os dias úteis[40].

A disposição presente no art. 219 altera substancialmente a sistemática prevista na contagem dos prazos processuais do CPC de 1973, que considerava que os prazos eram contínuos e não interrompiam em feriados (CPC/73, art. 178).

No processo do trabalho, referida alteração do NCPC não irá provocar modificações, uma vez que a CLT possui regra própria em seu artigo 775, estabelecendo que os prazos são **contínuos e irreleváveis**. Vigora, pois, o princípio da continuidade, de modo que, iniciada a contagem do prazo, ela segue de forma ininterrupta até seu vencimento, a fim de alcançar de forma mais célere e efetiva o bem da vida buscado no processo. Com efeito, a norma celetista permite o trâmite mais rápido das causas trabalhistas, contrariando

---

40. Art. 219. Na contagem de prazo em dias, estabelecido por lei ou pelo juiz, computar-se-ão somente os dias úteis.

o princípio da celeridade a aplicação do Novo CPC[41]. Assim, em razão de não existir omissão e, ainda, compatibilidade com o processo do trabalho, não há que se falar em aplicação subsidiária e/ou supletiva do art. 219 do NCPC (art. 15 do NCPC e art. 769 da CLT).

6.2.3. Feriado local. Ausência de expediente forense. Necessidade de comprovação (Súmula nº 385 do TST)

> **Súmula nº 385 do TST.** Feriado local. Ausência de expediente forense. Prazo recursal. Prorrogação. Comprovação. Necessidade. Ato administrativo do juízo *a quo*
>
> I – Incumbe à parte o ônus de provar, quando da interposição do recurso, a existência de feriado local que autorize a prorrogação do prazo recursal.
>
> II – Na hipótese de feriado forense, incumbirá à autoridade que proferir a decisão de admissibilidade certificar o expediente nos autos.
>
> III – Na hipótese do inciso II, admite-se a reconsideração da análise da tempestividade do recurso, mediante prova documental superveniente, em Agravo Regimental, Agravo de Instrumento ou Embargos de Declaração.

I – Incumbe à parte o ônus de provar, quando da interposição do recurso, a existência de feriado local que autorize a prorrogação do prazo recursal.

O art. 775, parágrafo único, da CLT declina que "os prazos que vencerem em sábado, domingo ou dia feriado, terminarão no primeiro dia útil seguinte".

Quando o vencimento do prazo acontece nos **sábados e nos domingos**, não há nenhuma dificuldade em aplicar o dispositivo, tendo em vista que não há expediente forense nesses dias. Nesse sentido, o art. 216 do NCPC estabelece que "além dos declarados em lei, são feriados, para efeito forense, os sábados, os domingos e os dias em que não haja expediente forense".

No que tange aos **feriados**, a Lei nº 9.093/95 determina em seus arts. 1º e 2º:

Art. 1º São feriados civis:

---

41. Nesse sentido: SCHIAVI, Mauro. *Manual de direito processual do trabalho – de acordo com o novo CPC.* 9. ed. São Paulo: LTr, 2015. p. 464; SILVA, Bruno Freire e. *O Novo CPC e o processo do trabalho I: Parte Geral.* São Paulo: LTr, 2015. p. 165 e LIMA, Leonardo Tibo Barbosa. *Lições de Direito Processual do Trabalho: teoria e prática.* São Paulo: LTr, 2015. p. 137. Em sentido contrário, admitindo a aplicação do art. 219 do NCPC, CASTELO, Jorge Pinheiro. *Dos prazos processuais no novo CPC, inclusive sua contagem contínua em dias úteis – da aplicação subsidiária e supletiva ao processo do trabalho – comentários iniciais.* In: Revista eletrônica: O Novo CPC e o processo do trabalho. Tribunal Regional do Trabalho da 9ª Região. V. 4. Nº 44. Setembro de 2015. p. 194-203.

I – os declarados em lei federal;

II – a data magna do Estado fixada em lei estadual;

III – os dias do início e do término do ano do centenário de fundação do Município, fixados em lei municipal.

Art. 2º São feriados religiosos os dias de guarda, declarados em lei municipal, de acordo com a tradição local e em número não superior a quatro, neste incluída a Sexta-Feira da Paixão.

Os feriados nacionais, por decorrerem de lei federal, devem ser de conhecimento dos julgadores. Por outro lado, os feriados estaduais e municipais são estabelecidos, respectivamente, em leis estaduais e municipais, razão pela qual incumbe às partes comprová-los para prorrogação de seu prazo, nos termos do art. 376 do NCPC[42].

Nesse contexto, conclui-se que o feriado nacional independe de prova. Já os feriados locais (estadual e municipal) dependem de comprovação, que será feita por meio da apresentação da lei publicada no Diário Oficial ou certidão da Vara ou do tribunal.

Cabe salientar que, no caso de recurso, o feriado ou a ausência de expediente deverá ocorrer no juízo *a quo* (juízo que proferiu a decisão impugnada), inclusive no processo eletrônico, enquanto sua comprovação deverá ser direcionada ao tribunal (juízo *ad quem*). Isso ocorre porque o juízo local deve ter conhecimento do direito vigente no local onde exerce suas funções (*iura novit curia*)[43], ou seja, ele deve ter ciência do feriado local, não sendo, por outro lado, de conhecimento do juízo *ad quem*.

É interessante notar ainda que, sendo a tempestividade um pressuposto recursal extrínseco, o C. TST entende que é ônus do recorrente comprová-la **no momento da interposição do recurso**.

O NCPC, aderindo ao entendimento do C. TST, passa a contemplar no art. 1.003, § 6º, o que segue:

> § 6º O recorrente comprovará a ocorrência de feriado local no ato de interposição do recurso.

Manteve, assim, os fundamentos determinantes (*ratio decidendi*) da presente súmula.

---

42. No mesmo sentido, NERY Jr., Nelson; NERY, Rosa Maria de Andrade. *Comentários ao código de processo civil*. São Paulo: RT, 2015. p. 2.033.

43. CÂMARA, Alexandre Freitas. *Lições de direito processual civil*. 18. ed. Rio de Janeiro: Lumen Juris, 2008. v. 1, p. 376.

Contudo, a interpretação desse dispositivo e consequentemente da presente súmula, não é tão simples como aparenta ser, podendo gerar três interpretações diferentes.

Para uns, interpretando literalmente o dispositivo, será ônus do recorrente **alegar e provar** o feriado local no momento da interposição do recurso, não podendo comprová-lo em momento posterior.

Para outros, o recorrente deverá **alegar o feriado, mas sua comprovação poderá ser realizada posteriormente**. Isso ocorre porque, ao alegar o feriado, o juízo *ad quem* saberá os motivos pelos quais o recurso foi interposto naquela data. Por outro lado, sendo a comprovação do feriado local um vício sanável, o relator deverá conceder o prazo de 5 dias para o saneamento do vício, ou seja, para comprovar o feriado local, por força do art. 932, parágrafo único, do NCPC[44]. Nesse caso, é interessante observar que não se trata de discricionariedade do relator, mas de poder-dever, exigindo a intimação da parte para comprovação do feriado. Diante disso, se a parte não comprová-lo no prazo conferido pelo relator, ocorrerá a preclusão, não incidindo as diretrizes do item III dessa súmula, isto é, não poderá comprová-lo em momento posterior como, por exemplo, no agravo interno.

Há ainda os que defenderão que o artigo não pode ser interpretado literalmente, permitindo a alegação e a comprovação do feriado local em momento posterior. A nosso juízo essa parece ser a melhor solução.

Isso porque o Novo CPC cria uma nova ideologia de suprimento de vícios processuais, especialmente na fase recursal, dando prevalência ao princípio da primazia da decisão de mérito. Desse modo, exige o afastamento de vícios sanáveis para que seja julgado o mérito do recurso. O mesmo caminho trilhou a CLT com o advento da Lei nº 13.015/14, ao admitir no art. 896, § 11, que o Tribunal Superior do Trabalho poderá desconsiderar o vício ou mandar saná-lo quando o defeito formal não se reputar grave.

Nesse contexto, embora o pressuposto extrínseco da tempestividade seja um vício insanável, a comprovação da tempestividade é plenamente sanável. Noutras palavras, interposto o recurso fora do prazo ele é intempestivo e tal vício não tem como ser sanado. Agora, se interposto dentro do prazo, mas tal prazo foi prorrogado pela existência de um feriado local, a comprovação deste é sanável, devendo, portanto, ser permitido o saneamento do vício. Ademais, tal entendimento preza pelo princípio da boa-fé, que foi reconhecido como norma fundamental do Novo CPC, o que significa que irradia efeitos para todo o código (NCPC, art. 4º).

---

44. JORGE, Flávio Cheim. *Teoria geral dos recursos cíveis*. 7. ed. rev., atual. e ampl. São Paulo: Editora Revista dos Tribunais, 2015. p. 173.

Adotando essa tese, teremos duas hipóteses diferentes: 1) o recorrente alega o feriado local, mas deixa de comprová-lo no momento da interposição do recurso. Nesse caso, o relator deverá conceder ao recorrente o prazo de 5 dias para suprir o vício, sob pena de preclusão; 2) o recorrente não alega o feriado e também não o comprova. Como o Tribunal não terá conhecimento do feriado local, o relator, como regra, não concederá prazo para comprová-lo e, consequentemente, não conhecerá do recurso. Nesse caso, como não foi concedido ao recorrente a oportunidade de comprovar o feriado perante o relator, poderá em momento posterior comprová-lo, passando a ter pertinência o item III dessa súmula que também deverá ser utilizado para o feriado local, porque embasado nos princípios da boa-fé, primazia da decisão de mérito, instrumentalidade das formas e celeridade processual[45].

II – Na hipótese de feriado forense, incumbirá à autoridade que proferir a decisão de admissibilidade certificar o expediente nos autos.

O C. TST, alterando consideravelmente seu entendimento inicial, estabeleceu que, na hipótese de feriado forense, ou seja, quando não houver expediente forense em dia útil, a incumbência de levar aos autos tal informação é do juízo *a quo*.

Em outros termos, no caso de interposição de recurso, o juízo *a quo*, por ter conhecimento do feriado forense, deve certificá-lo nos autos, com a finalidade de dar ciência ao juízo *ad quem*.

É interessante observar que o C. TST, aparentemente, diferenciou o dever de demonstração do feriado local e do feriado forense. No primeiro, impôs ao recorrente o dever de alegá-lo e prová-lo. No segundo (feriado forense), atribuiu ao juízo *a quo* o dever de certificá-lo nos autos.

No entanto, a nosso juízo o item I, de certo modo, é vinculado ao item II. Isso porque, ocorrendo feriado local, haverá um ato administrativo (em regra, uma portaria do presidente do tribunal), determinando o fechamento do fórum trabalhista e, consequentemente, possibilitando a prorrogação dos prazos processuais.

Com efeito, tanto o feriado local como o feriado forense geram a ausência de expediente no juízo *a quo*, impedindo a protocolização do recurso[46], como dispõe o art. 216 do NCPC. Ademais, ambos os feriados serão certificados pelo juízo *a quo*, permitindo a postergação dos prazos processuais.

---

45. No mesmo sentido, MEDINA, José Miguel Garcia. *Novo Código de Processo Civil Comentado: com remissões e notas comparativas ao CPC/1973*. São Paulo: Editora Revista dos Tribunais, 2015, p. 1.372.
46. No processo eletrônico, o feriado não impede a protocolização, salvo se o sistema estiver indisponibilizado, mas ele somente será considerado realizado no próximo dia útil.

III – Na hipótese do inciso II, admite-se a reconsideração da análise da tempestividade do recurso, mediante prova documental superveniente, em Agravo Regimental, Agravo de Instrumento ou Embargos de Declaração.

O presente item sumular versa sobre o momento processual oportuno para a produção eficaz de prova da tempestividade do recurso, quando não houver expediente forense no juízo de interposição do recurso.

Inicialmente, cumpre salientar que, embora o TST faça referência apenas ao item II, pensamos que terá incidência também na hipótese de feriado local, pois nesse caso existe um ato administrativo determinando o fechamento do fórum trabalhista que, do mesmo modo, deverá ser certificado nos autos. Ressalta-se que o próprio precedente desse item diz respeito ao feriado local de aniversário da cidade de São Paulo[47].

Pode ocorrer, no entanto, de o juízo *a quo* não certificar nos autos a ausência de expediente forense e o recurso não ser conhecido pelo juízo *ad quem*. Nessa hipótese, o TST e o STF entendiam que a parte somente poderia comprovar a inexistência de expediente forense no momento da interposição do recurso.

Contudo, o E. STF, alterando entendimento do plenário daquela Corte, passou a permitir a comprovação da tempestividade no agravo regimental interposto contra a decisão de não conhecimento do recurso. Em outros termos, admitiu-se a prova, *a posteriori*, da tempestividade do recurso, como se verifica pelas ementas a seguir transcritas:

> EMENTA: RECURSO. Extraordinário. Prazo. Cômputo. Intercorrência de causa legal de prorrogação. Termo final diferido. Suspensão legal do expediente forense no juízo de origem. Interposição do recurso no termo prorrogado. Prova da causa de prorrogação só juntada em agravo regimental. Admissibilidade. Presunção de boa-fé do recorrente. Tempestividade reconhecida. Mudança de entendimento do Plenário da Corte. Agravo regimental provido. Voto vencido. Pode a parte fazer eficazmente, perante o Supremo, em agravo regimental, prova de causa local de prorrogação do prazo de interposição e da consequente tempestividade de recurso extraordinário[48].

> EMENTA: AGRAVO REGIMENTAL NO AGRAVO DE INSTRUMENTO. ADMINISTRATIVO. MILITAR ESPECIALISTA. PROMOÇÃO. PETIÇÃO DE RECURSO EXTRAORDINÁRIO INTERPOSTA APÓS EXAURIDO O PRAZO RECURSAL. INADMISSIBILIDADE DO RECURSO NA ORIGEM. COMPROVAÇÃO, PERANTE ESTA CORTE SUPREMA, DA TEMPESTIVIDADE DO RECURSO EXTRAORDINÁRIO POR MEIO DE DOCUMENTO QUE COMPROVA A REGULARIDADE RECURSAL. POSSIBILIDADE.

---

47. ED-Ag-AIRR 83200-86.2009.5.02.0072. 6ª Turma. Rel. Min. Aloysio Corrêa da Veiga. DEJT 24.08.2012. Julg. 22.8.2012.
48. STF- AgRg no RE 626.358-MG. Rel. Min. Cezar Peluso. Julgado em 22.3.12. Dje 23.8.12.

1. A tempestividade do recurso extraordinário, conquanto não aceita na origem, pode ser comprovada *a posteriori* perante esta Suprema Corte. 2. O Princípio da Boa-Fé e o Princípio da Instrumentalidade das Formas impõem o reconhecimento da tempestividade recursal quando da suspensão dos prazos processuais decorrente de feriado local ou outra causa que determine o fechamento do Tribunal de origem para o recebimento de recursos, desde que se traga nos autos certidão da Corte de origem ou outra prova válida dessa suspensão. Precedente: RE 626.358-AgR, Plenário, relatoria do Ministro Presidente, julgado em 22.3.2012.(...) 4. Agravo regimental provido para admitir a subida do recurso extraordinário para melhor exame[49].

Desse modo, com base nos princípios da boa-fé e da instrumentalidade das formas, o C. TST acompanhou o entendimento do E. STF e, ainda, foi além, pois admitiu a comprovação da tempestividade não apenas na hipótese de agravo regimental, mas também no agravo de instrumento e nos embargos de declaração da decisão que não conheceu o recurso. Exemplificamos:

O dia 28 de outubro, feriado do servidor público, foi em uma quarta-feira. O TRT transferiu a data comemorativa para o dia 30.10, sexta-feira. O último dia para a interposição do recurso de revista foi no dia 30.10, ocasião que o TRT encontrava-se fechado, em decorrência da transferência do feriado, de modo que o recurso foi interposto no primeiro dia útil subsequente. O juízo *a quo* (presidente do TRT) conheceu do recurso, encaminhando-o ao TST. Por sua vez, o relator do recurso, no TST, não sabendo da ausência de expediente, não conhece do recurso. Nesse caso, poderá ser interposto o agravo regimental, trazendo o recorrente prova da ausência de expediente naquele dia, a fim de que seu recurso de revista seja conhecido.[50]

---

49. STF – AG.REG. no Agravo de instrumento 736.499/CE. Rel. Min. Luiz Fux. DJe-102 Divulg. 24.5.2012, public. 25.5.2012.
50. O C. TST já adotou o mesmo entendimento na hipótese peticionamento eletrônico em que o sistema está indisponível na data do termo final do prazo recursal. "Peticionamento por meio eletrônico (E-DOC). Sistema indisponível na data do termo final do prazo recursal. Comprovação da indisponibilidade mediante prova documental superveniente. Possibilidade. Incidência do item III da Súmula nº 385 do TST. Deve a Turma examinar, sob pena de cerceio do direito de defesa da parte, a prova de indisponibilidade do sistema de peticionamento eletrônico (E-DOC), apresentada em momento processual subsequente àquele em que o sistema ficou inoperante. Na hipótese, ante a decretação da intempestividade dos embargos declaratórios opostos pelo sistema E-DOC um dia após o termo final do prazo, e também protocolados no âmbito do TST no primeiro dia útil seguinte, a parte opôs novos declaratórios com a informação e a juntada do boletim de indisponibilidade do sistema ocorrida no último dia do prazo recursal. Assim, não tendo o órgão do Judiciário certificado nos autos a inoperância do sistema, tal como se procede no caso de feriado forense, deve o julgador reanalisar os requisitos inerentes ao prazo recursal, em face da apresentação de prova documental superveniente em sede de embargos de declaração, conforme preconiza o item III da Súmula nº 385 do TST. Com esse entendimento, a SBDI--I, à unanimidade, conheceu do recurso de embargos interposto pelo reclamante, por divergência jurisprudencial, e, no mérito, deu-lhe provimento para determinar o retorno dos autos à Turma de origem, para que prossiga no exame dos primeiros embargos de

É importante ressaltar que o E. STF permitiu a postergação do prazo para comprovação da tempestividade quando a dúvida tivesse sido aflorada no juízo *ad quem*. O TST, como dito, foi além, permitindo que a dúvida possa ocorrer no próprio juízo *a quo*, uma vez que possibilitou a comprovação da tempestividade no agravo de instrumento, que, como é sabido, decorre do trancamento do recurso pelo próprio juízo *a quo*.

Por fim, consigne-se que, com o advento do Novo CPC, esse item não incidirá na hipótese de o relator conceder o prazo de 5 dias para o recorrente comprovar a tempestividade do recurso (NCPC, art. 932, parágrafo único). É que nesse caso, não ocorrendo a comprovação no prazo concedido, haverá preclusão temporal.

7. PROVAS

7.1. Ônus da prova. Jornada de trabalho. Registro. Distribuição dinâmica do ônus da prova (Súmula nº 338 do TST)

> **Súmula nº 338 do TST.** Jornada de trabalho. Registro. Ônus da prova
>
> I – É ônus do empregador que conta com mais de 10 (dez) empregados o registro da jornada de trabalho na forma do art. 74, § 2º, da CLT. A não apresentação injustificada dos controles de frequência gera presunção relativa de veracidade da jornada de trabalho, a qual pode ser elidida por prova em contrário.
>
> II – A presunção de veracidade da jornada de trabalho, ainda que prevista em instrumento normativo, pode ser elidida por prova em contrário.
>
> III – Os cartões de ponto que demonstram horários de entrada e saída uniformes são inválidos como meio de prova, invertendo-se o ônus da prova, relativo às horas extras, que passa a ser do empregador, prevalecendo a jornada da inicial se dele não se desincumbir.

I – É ônus do empregador que conta com mais de 10 (dez) empregados o registro da jornada de trabalho na forma do art. 74, § 2º, da CLT. A não apresentação injustificada dos controles de frequência gera presunção relativa de veracidade da jornada de trabalho, a qual pode ser elidida por prova em contrário.

---

declaração, afastada a intempestividade. TST-E-ED-ED-RR-1940-61.2010.5.06.0000, SBDI-I, rel. Min. Luiz Philippe Vieira de Mello Filho, 3.4.2014 (informativo nº 78 do TST).

Havendo provas no processo, o juiz julgará com base nelas, sendo indiferente quem as produziu. Trata-se do chamado princípio da comunhão da prova ou aquisição processual da prova, o qual estabelece que a prova pertence ao processo e não às partes, de modo que, sendo trazida para os autos, poderá beneficiar ou prejudicar quem as produziu.

No entanto, pode acontecer de não existirem provas nos autos ou as que existirem forem insuficientes para provar o alegado. Nesse caso, como é vedado ao juiz proferir o *non liquet*, ou seja, não pode deixar de julgar pela inexistência e/ou insuficiência de prova, passa a ter importância o estudo do ônus da prova, o qual, portanto, pressupõe insuficiência e/ou inexistência de provas nos autos.

A CLT, ao disciplinar o ônus da prova, estabelece a máxima segundo a qual "a prova das alegações incumbe à parte que as fizer" (art. 818). Como já sedimentada na doutrina e jurisprudência trabalhista, referida máxima exige complementação pelo Código de Processo Civil, de modo que incumbe ao autor provar os fatos constitutivos e ao réu, os fatos extintivos, modificativos e impeditivos do direito do autor (NCPC, art. 373). Tem-se nesse dispositivo a **distribuição estática do ônus da prova**, isto é, a lei distribuiu previamente o ônus de cada uma das partes.

Assim, a prova de que houve trabalho extraordinário fica a cargo do trabalhador (reclamante), pois se trata de fato constitutivo de seu direito. A propósito, é regra básica que o ordinário se presume, enquanto o extraordinário se prova.

A distribuição estática do ônus da prova tem como foco o princípio do interesse, uma vez que impõe o ônus àquele que se beneficiará com o reconhecimento do fato a ser provado[51].

Porém, a doutrina moderna passou a admitir a incidência da **teoria dinâmica do ônus da prova**, consistente na possibilidade de o julgador, no caso concreto, atribuir o ônus da prova àquele que tem melhores condições de suportá-la[52]. Nessa hipótese, ao invés de incidir o princípio do interesse, aplica-se o princípio da aptidão para a prova.

Portanto, impõe-se, **por decisão judicial**, o ônus da prova a quem tem melhores condições de produzi-la. Em outros termos: prova quem pode.

Busca-se com esta teoria conceder às partes paridade de armas no processo, o que nada mais significa do que a aplicação do princípio da igualdade. Ademais, afasta-se da ideia individual e patrimonialista do processo, consolidando

---

51. DINAMARCO, Cândido Rangel. *Instituições de direito processual civil*. 6. ed. São Paulo: Malheiros Editores, 2009, v. 3. p. 72.
52. DIDIER Jr., Fredie; BRAGA, Paula Sarno e OLIVEIRA, Rafael. *Curso de direito processual civil: Teoria da prova, direito probatório, teoria do procedente, decisão judicial, coisa julgada e antecipação dos efeitos da tutela*. 8. ed. Bahia: JusPODIVM, 2015. v. 2, p. 123.

uma visão solidária do ônus da prova, impondo que as partes colaborem na produção da prova, para que o juiz alcance a verdade (princípio da cooperação).

Atento a esta teoria o C. TST impôs ao empregador, que tenha mais de 10 (dez) empregados, o ônus de provar a jornada do obreiro, embasando seu entendimento no dever de documentação e no princípio da melhor aptidão para a prova. Melhor explicando:

O art. 74, § 2º, da CLT impõe ao empregador, com mais de 10 empregados, o dever de documentação da jornada do trabalhador, exigindo a anotação da entrada e saída, de forma manual, mecânica ou eletrônica. Cabe destacar que o art. 51 da LC nº 123/2006 não exige que pequenas e microempresas fixem o quadro de horários em lugar visível, mas elas permanecem obrigadas a manter o controle de horários se contarem com mais de 10 empregados, conforme art. 74, § 2º, da CLT.

Assim, como tais empresas têm a obrigação de anotação do horário de entrada e saída, elas têm melhores condições de provar o horário de trabalho do reclamante (princípio da maior aptidão da prova), vez que lidam com a fiscalização de entrada e saída dos trabalhadores, não tendo o empregado, em regra, sequer acesso a esses documentos.

Desse modo, se as empresas não apresentarem os controles de frequência prevalecerão as declarações constantes da petição inicial.

O NCPC adota expressamente a teoria dinâmica do ônus da prova, como se verifica pelo art. 373, §§1º e 2º, *in verbis*:

> § 1º Nos casos previstos em lei ou diante de peculiaridades da causa relacionadas à impossibilidade ou à excessiva dificuldade de cumprir o encargo nos termos do caput ou à maior facilidade de obtenção da prova do fato contrário, poderá o juiz atribuir o ônus da prova de modo diverso, desde que o faça por decisão fundamentada, caso em que deverá dar à parte a oportunidade de se desincumbir do ônus que lhe foi atribuído.
>
> § 2º A decisão prevista no § 1º deste artigo não pode gerar situação em que a desincumbência do encargo pela parte seja impossível ou excessivamente difícil.

Com efeito, ante a omissão da CLT e a compatibilidade com o processo do trabalho, referido dispositivo deverá ser aplicado à seara trabalhista, mantendo--se a *ratio decidendi* (fundamento determinante) da presente súmula.

Contudo, é pertinente observar que o novel código destaca a necessidade de decisão fundamentada para que o ônus da prova seja definido de forma diversa da teoria estática. Assim, indaga-se: na hipótese da presente súmula há necessidade de decisão fundamentada em cada caso concreto?

Para alguns será imperativo decisão judicial fundamentando as razões da distribuição diversa, exigindo que o juiz requisite os controles de frequência sob pena de prevalecer a jornada da inicial, com fulcro no art. 400, II do NCPC[53].

Para outros, no presente caso, não haverá necessidade da fundamentação da decisão em cada caso concreto, devendo prevalecer a diretriz da súmula em comentário. Pensamos que essa corrente deve prevalecer.

Conquanto sejamos adeptos de que a aplicação da teoria dinâmica pressupõe decisão fundamentada a ser proferida antes da fase instrutória[54], tal exigência tem como fim possibilitar à parte contrária que se desincumba de seu ônus. É o que se verifica inclusive pela parte final do § 1º do art. 373 do NCPC. No entanto, no caso em comentário, a súmula já define antes da entrada da ação de quem será o ônus da prova, o que significa que o contraditório estará preservado, não havendo nenhuma surpresa para o reclamado. Desse modo, nesse caso, pensamos ser desnecessária decisão fundamentada em cada processo, bastando para tanto a presente súmula.

Com efeito, independentemente de decisão judicial, incumbe à empresa, que tenha mais de 10 empregados, apresentar os cartões de ponto com a contestação, sob pena de prevalecer a jornada da inicial. Nas palavras do doutrinador Sérgio Pinto Martins [55]:

> A não apresentação injustificada dos controles de ponto seria na primeira audiência, pois é neste momento que a empresa deve juntar documentos para provar suas alegações (art. 845 da CLT).

Registra-se que TST tem entendido que basta o empregador ter mais de 10 empregados, independentemente do número de empregados em cada estabelecimento[56].

Além disso, é válido destacar que o posicionamento do C. TST deixa claro que há presunção apenas **relativa** de veracidade. Logo, o empregador poderá fazer prova em sentido contrário. Atente-se, porém, para o fato de que a **não apresentação deve ser justificada**, como indica corretamente este item sumular, sob pena de sepultar a obrigatoriedade de anotação disposta no art. 74, § 2º, da CLT. Desse modo, o empregador poderá não apresentar os cartões de

---

53. Art. 400, II, do NCPC: "Ao decidir o pedido, o juiz admitirá como verdadeiros os fatos que, por meio do documento ou da coisa, a parte pretendia provar: II- se a recusa for havida por ilegítima".
54. DIDIER Jr., Fredie; BRAGA, Paula Sarno e OLIVEIRA, Rafael. *Curso de direito processual civil: Teoria da prova, direito probatório, teoria do procedente, decisão judicial, coisa julgada e antecipação dos efeitos da tutela.* 8. ed. Bahia: JusPODIVM, 2015. v. 2, p. 124.
55. MARTINS, Sérgio Pinto. *Comentários às Súmulas do TST.* 8. ed. São Paulo: Atlas, 2010. p. 224.
56. TST- E-ED-RR 1073/2005-702-04-00.0. Primeira Subseção de Dissídios Individuais. Rel. Min. Augusto César Leite de Carvalho. DEJT 4.6.2010.

ponto quando, por exemplo: **a)** comprovar que o trabalhador prestava serviços externos incompatível com a fixação de horário de trabalho, conforme art. 62 da CLT; **b)** comprovar que não os apresentou por motivo de força maior, como enchente, incêndio etc.

Aliás, não gerarão presunção relativa de veracidade os fatos que "não parecem verossímeis segundo o que ordinariamente acontece ou fora do padrão médio da sociedade, e também os fatos impossíveis ou pouco prováveis"[57]. Seria, por exemplo, o fato de o empregado ter trabalhado durante quatro anos, vinte horas por dia, sem um único intervalo. Nesse caso, entende-se que, mesmo diante da ausência dos cartões, não haverá presunção de veracidade nas declarações do empregado.

Antes de finalizarmos os comentários do presente item sumular, necessário analisar se o entendimento preconizado nessa súmula se aplica ao **empregador doméstico**, especialmente após o advento da Lei Complementar nº 150/15.

O art. 12 da referida lei declina que "é obrigatório o registro do horário de trabalho do empregado doméstico por qualquer meio manual, mecânico ou eletrônico, desde que idôneo". Vê-se por tal dispositivo que, independentemente do número de empregados, o legislador impôs ao empregador doméstico o dever de documentação.

Isso se justifica, porque inexistindo a anotação da jornada, como regra, estar-se-á diante de uma prova diabólica, entendida como aquela que é impossível ou muito difícil de ser realizada. A prova será diabólica tanto para o empregado como para o empregador.

Para o empregado essa prova é muito difícil porque, em regra, trabalha sozinho. Além disso, as pessoas que frequentam a residência pertencem ao círculo social do empregador, não apresentando simpatia ao pleito obreiro para prestar testemunho com isenção[58].

Por outro lado, o empregador terá dificuldades porque as testemunhas serão, em regra, suspeitas ou impedidas, podendo, no máximo, serem ouvidas como informantes.

Reconhecendo essa dificuldade, o legislador passa a prever o dever de documentação, impondo ao empregador a necessidade de anotar a jornada do obreiro, afastando assim a prova diabólica e conferindo ao empregador melhor aptidão para a produção da prova.

---

57. Schiavi, Mauro. Provas no processo do trabalho. 3. ed. rev. e ampl. São Paulo: Ltr, 2013. p. 17.
58. CESÁRIO, João Humberto. *Provas no processo do trabalho – de acordo com o Novo Código de Processo Civil*. Cuiabá: Instituto JHC, 2015. p. 140.

No entanto, sendo certo que a presente súmula não teve como base o empregador doméstico, até porque não havia a LC nº 150/15 na época da sua criação, pensamos que ele não está inserido na *ratio decidendi* (fundamento determinante) desta súmula. Isso significa que, para o empregador doméstico, o magistrado poderá utilizar a súmula em comentário de forma persuasiva e não obrigatória (NCPC, art. 927). Essa diferença é substancial, porque, como não há regra sumulada para o empregador doméstico, em cada caso concreto o julgador deverá proferir decisão fundamentada antes da instrução processual, a fim de impor o ônus ao empregador. Assim não agindo, incidirá a teoria estática e, por ser fato constitutivo, o ônus será do empregado.

II – A presunção de veracidade da jornada de trabalho, ainda que prevista em instrumento normativo, pode ser elidida por prova em contrário.

O item II da súmula em análise trata do princípio da primazia da realidade, ou seja, na área trabalhista prevalece a realidade sobre os aspectos formais. Dessa forma, mesmo que haja expressa previsão, em convenções ou acordos coletivos, de que os registros de ponto são verdadeiros, caberá prova em sentido contrário.

A força normativa desses instrumentos coletivos, conferida pelo art. 7º, XXVI, da CF/88, não transforma suas cláusulas em presunções absolutas de veracidade.

III – Os cartões de ponto que demonstram horários de entrada e saída uniformes são inválidos como meio de prova, invertendo-se o ônus da prova, relativo às horas extras, que passa a ser do empregador, prevalecendo a jornada da inicial se dele não se desincumbir.

Como visto no item I, a prova de que houve trabalho extraordinário fica a cargo do trabalhador, pois se trata de fato constitutivo de seu direito.

No entanto, em duas hipóteses, o C. TST confere ao empregador o ônus de provar a jornada do obreiro, sob pena de prevalecer a alegada na inicial.

A primeira é aquela em que o empregador possui mais de 10 empregados, o que foi analisado no item I.

A segunda ocorre quando os cartões de ponto demonstrem horários de entrada e saída uniformes. Nesse caso, há o chamado "horário britânico", que consiste na ausência de variação no horário da entrada e saída dos trabalhadores, levando à conclusão de que os cartões são forjados/fabricados, pois é praticamente impossível um trabalhador, por exemplo, chegar exatamente às 8h e sair pontualmente às 17h durante anos em que permaneceu na empresa. Nesse caso, como dito, prevalecerá o horário indicado pelo empregado na petição inicial, caso o empregador não se desincumba por outro meio de prova.

No ensejo, cumpre trazer em relevo discussão existente sobre a possibilidade de anotações realizadas no cartão de ponto por terceiro e não assinadas pelo empregado.

Há posicionamento, especialmente no TST, admitindo tal possibilidade, pois não há previsão em lei que determine a assinatura pelo próprio trabalhador[59]. Outro posicionamento, seguido por alguns procuradores do Trabalho, inclusive para evitar fraudes, determina que assinatura do cartão é ato exclusivo do trabalhador, não podendo ser delegado a outras pessoas.

Pensamos que os cartões de ponto não assinados pelo empregado **são ineficazes como meio de prova**, uma vez que a força probante dos documentos particulares somente se opera em relação ao signatário (NCPC, art. 408)[60]. Assim, não anotando ou assinando os cartões, não se pode admitir que tais cartões sejam eficazes a fazer prova da jornada do obreiro, salvo se reconhecida sua regularidade pelo próprio trabalhador.

Por fim, cabe consignar que foi publicada a Portaria nº 373 de 25 de fevereiro de 2011 do MTE, que possibilita ao empregador adotar sistemas alternativos de controle da jornada de trabalho, desde que autorizados por Convenção ou Acordo Coletivo de Trabalho. Esses sistemas alternativos não poderão restringir a marcação do ponto ou marcá-lo de forma automática. Nesse sentido, prevê a Portaria:

> Art. 2º Os empregadores poderão adotar sistemas alternativos eletrônicos de controle de jornada de trabalho, mediante autorização em Acordo Coletivo de Trabalho.
>
> Art. 3º Os sistemas alternativos eletrônicos não devem admitir:
>
> I – restrições à marcação do ponto;
>
> II – marcação automática do ponto;
>
> III – exigência de autorização prévia para marcação de sobrejornada; e
>
> IV – a alteração ou eliminação dos dados registrados pelo empregado.
>
> §1º Para fins de fiscalização, os sistemas alternativos eletrônicos deverão:
>
> I – estar disponíveis no local de trabalho;
>
> II – permitir a identificação de empregador e empregado; e
>
> III – possibilitar, através da central de dados, a extração eletrônica e impressa do registro fiel das marcações realizadas pelo empregado.

---

59. (TST; RR 0127400-34.2009.5.04.0005; Segunda Turma; Rel. Min. José Roberto Freire Pimenta; DEJT 09/10/2015;

60. BEBBER, Júlio César. *Eficácia (força) probatória dos controles e relatórios de horários de trabalho de autoria intelectual estranha do empregado*. In: MIESSA, Élisson; CORREIA, Henrique (org.). *Estudos aprofundados Magistratura do Trabalho*. v. 2. Salvador: JusPODIVM, 2014. p. 448-449.

8. RECURSOS

8.1. Princípio da fungibilidade. Embargos de declaração contra decisão monocrática do relator (Súmula n° 421, I, do TST)

> **Súmula n° 421 do TST.** Embargos declaratórios contra decisão monocrática do relator calcada no art. 557 do CPC. Cabimento
>
> I – Tendo a decisão monocrática de provimento ou denegação de recurso, prevista no art. 557 do CPC[61], conteúdo decisório definitivo e conclusivo da lide, comporta ser esclarecida pela via dos embargos de declaração, em decisão aclaratória, também monocrática, quando se pretende tão somente suprir omissão e não, modificação do julgado.
>
> II – Postulando o embargante efeito modificativo, os embargos declaratórios deverão ser submetidos ao pronunciamento do Colegiado, convertidos em agravo, em face dos princípios da fungibilidade e celeridade processual.

Considerando os objetivos dessa obra, nesse momento, iremos analisar apenas o item I, comentando o item II nas súmulas modificadas.

I – Tendo a decisão monocrática de provimento ou denegação de recurso, prevista no art. 557 do CPC62, conteúdo decisório definitivo e conclusivo da lide, comporta ser esclarecida pela via dos embargos de declaração, em decisão aclaratória, também monocrática, quando se pretende tão somente suprir omissão e não, modificação do julgado.

As decisões dos tribunais são pautadas no princípio do colegiado. Noutros termos, enquanto as sentenças são julgadas, em regra, por um único julgador, os acórdãos são embasados em decisões colegiadas, sendo essa a lógica do sistema.

Contudo, e respaldado nos princípios da celeridade e efetividade processual, o legislador delegou atividades dos órgãos colegiados aos relatores, dando origem, na época do CPC de 1973, ao art. 557 do CPC/73, que era aplicável subsidiariamente ao processo do trabalho (CLT, art. 769 e Súmula n° 435 do TST).

De qualquer modo, a atuação do relator no caso é uma mera delegação de poder, mantendo-se com o órgão colegiado a competência para decidir[63].

---

61. NCPC, art. 932.
62. NCPC, art. 932.
63. NEVES, Daniel Amorim Assumpção. *Manual de direito processual civil*. 2. ed. Rio de Janeiro: Forense; São Paulo: Método, 2010. p. 643.

O art. 932 do NCPC reproduz a sistemática do art. 557 do CPC/73, permitindo que o relator faça juízo de admissibilidade do recurso (inciso III), assim como julgue o próprio mérito do recurso, negando-lhe ou dando-lhe provimento (incisos III, IV e V).

No primeiro caso, admite-se a denegação do recurso (juízo de admissibilidade) quando:

1) inadmissível;

2) prejudicado;

3) não tenha impugnado especificadamente os fundamentos da decisão recorrida, observada a Súmula 422 do TST.

Por outro lado, o relator poderá analisar o mérito do recurso para:

1) **negar**-lhe provimento, quando o **recurso** for contrário a súmula do STF, do STJ (incluímos do TST) ou do próprio tribunal; quando for contrário a acórdão proferido pelo STF ou pelo STJ (incluímos do TST) em julgamento de recursos repetitivos e; quando for contrário ao entendimento firmado em incidente de resolução de demandas repetitivas ou de assunção de competência;

2) **dar**-lhe provimento, quando a **decisão** recorrida estiver em confronto com súmula do STF, do STJ (incluímos do TST) ou do próprio tribunal; quando for contrário a acórdão proferido pelo STF ou pelo STJ (incluímos do TST) em julgamento de recursos repetitivos e quando for contrário ao entendimento firmado em incidente de resolução de demandas repetitivas ou de assunção de competência.

Considerando que a decisão colegiada é a regra e que o relator no caso agirá por delegação, o art. 1021 do NCPC admite que a decisão monocrática está sujeita à interposição de agravo interno, tudo como forma de levar ao colegiado o conhecimento do recurso.

Na época do CPC/73, o art. 557, § 1º, também previa o cabimento do agravo. Diante dessa previsão, o Supremo Tribunal Federal passou a não admitir os embargos de declaração para esses casos, pacificando no sentido de que, se interpostos embargos de declaração no caso do art. 557 do CPC/73, deveriam ser admitidos como agravo, com base no princípio da fungibilidade[64].

Contudo, considerando que os embargos de declaração e o agravo possuem objetos e objetivos distintos, não merecia acolhida o posicionamento do E. STF. Isso porque, não havia razão lógica e jurídica para afastar o cabimento dos embargos de declaração para o caso, uma vez que "não há nenhum sen-

---

64. STF, Tribunal Pleno, SS-AgR-ED 3.039/SP. Rel. Min. Ellen Gracie. j. 11.10.2007, DJ 14.11.2007.

tido permitir que pronunciamentos omissos, contraditórios e obscuros não possam ser impugnados pelas partes que pretendem afastar tais vícios no caso concreto. Por vezes, a incompreensão de um pronunciamento judicial pode inclusive impedi-lo de atingir sua finalidade, além de uma decisão omissa ser óbvia denegação da atividade jurisdicional, o que em nenhuma hipótese pode ser aceito"[65].

Nesse caminho, o Tribunal Superior do Trabalho, de forma acertada, não acompanhou o entendimento do Supremo Tribunal Federal, admitindo, por consequência, os embargos de declaração da decisão monocrática quando se busca suprir omissão, sem efeito modificativo. Registra-se que, embora a súmula não esteja especificando o cabimento dos embargos nos casos de obscuridade e contradição, entendemos plenamente aplicável, pelos mesmos fundamentos levantados anteriormente, razão pela qual a presente súmula deve ser interpretada de forma ampliativa.

Para elucidar ainda mais a questão, cita-se a lúcida observação do Ministro João Oreste Dalazen, invocada na decisão dos embargos de declaração julgado pelo Ministro Milton Moura França:

> (...) V. Ex.ª está queimando etapas e, em outras palavras, a meu juízo, causando aparentemente um prejuízo à parte, não lhe ensejando a oportunidade a que, da decisão que julgasse os embargos declaratórios, houvesse a possibilidade de interposição de um agravo para a Subseção. O meu raciocínio é o seguinte, Srs. Ministros: o Relator monocraticamente profere uma decisão que por ventura se ressinta de algum esclarecimento.
>
> Então, ele próprio, monocraticamente, presta os esclarecimentos ou dá provimento. Enfim, ele monocraticamente efetiva o juízo integrativo da decisão que é dele e só depois, então, é que teria ensejo ao agravo para a Seção, porque, da forma como se faz, subtrai-se da parte um recurso.[66]

O Novo CPC passa a admitir a interposição de embargos de declaração de qualquer decisão judicial (NCPC, art. 1022, *caput*). Desse modo e acompanhando o entendimento do C. TST, permite expressamente o cabimento dos embargos de declaração da decisão monocrática, como se verifica pelo art. 1.204, § 2°, *in verbis*:

> § 2° Quando os embargos de declaração forem opostos contra decisão de relator ou outra decisão unipessoal proferida em tribunal, o órgão prolator da decisão embargada decidi-los-á monocraticamente.

---

65. NEVES, Daniel Amorim Assumpção. *Manual de direito processual civil*. 2. ed. Rio de Janeiro: Forense; São Paulo: Método, 2010. p. 669.
66. TST – EDEAIRR n° 701161/2000. Rel. Min. Milton de Moura França. DJ 26.4.2002.

Assim, da decisão monocrática que não conhecer, dar ou negar o provimento do recurso são cabíveis os embargos de declaração, a fim de sanar obscuridade, contradição e omissão, desde que não tenham efeito modificativo (infringente).

8.1.1. Juízo de Admissibilidade. Admissibilidade parcial pelo juízo a quo (súmula nº 285 do TST)

> **Súmula nº 285 do TST.** Recurso de revista. Admissibilidade parcial pelo juiz-presidente do Tribunal Regional do Trabalho. Efeito
>
> O fato de o juízo primeiro de admissibilidade do recurso de revista entendê-lo cabível apenas quanto a parte das matérias veiculadas não impede a apreciação integral pela Turma do Tribunal Superior do Trabalho, sendo imprópria a interposição de agravo de instrumento.

O juízo de admissibilidade é a avaliação da existência dos pressupostos recursais. Antes do Novo CPC, era pacífico que ele se realizava em dois momentos: o juízo de admissibilidade *a quo* e o juízo de admissibilidade *ad quem*.

O juízo de admissibilidade *a quo* é realizado pelo juízo de origem, ou seja, aquele que teve sua decisão impugnada. Nesse primeiro momento, o magistrado pode verificar a presença dos pressupostos recursais – juízo de admissibilidade positivo – processando o recurso, possibilitando assim que a parte recorrida apresente suas contrarrazões sendo, em seguida, remetido ao Tribunal *ad quem*. Por outro lado, não estando presentes os pressupostos recursais, o juízo de admissibilidade será negativo, de modo que será denegado processamento ao recurso, trancando assim a via recursal. Nessa hipótese, admite-se o recurso de agravo de instrumento a fim de destrancar o recurso, conforme disciplina o art. 897, b, da CLT.

Pode ocorrer ainda de o juízo *a quo* declinar que apenas em parte do recurso o recorrente preenche os pressupostos recursais, como, por exemplo, entende que o recorrente teria interesse recursal apenas quanto a um pedido. Nesse caso, sendo o juízo de admissibilidade parcial, o recurso será processado e encaminhado ao Tribunal *ad quem*.

Ao adentrar no **Tribunal *ad quem*, o recurso sofrerá novo juízo de admissibilidade, o qual não está vinculado ao primeiro juízo de admissibilidade**, ante a ausência de preclusão. Noutras palavras, pode ocorrer de o juízo *a quo* verificar a presença total dos pressupostos recursais, enquanto, por exemplo, o Tribunal *ad quem* entender que o recurso é intempestivo, não o conhecendo. Da mesma forma, acontece quando o juízo de admissibilidade *a quo* reconhece o preenchimento parcial dos pressupostos recursais, podendo o Tribunal *ad* *quem* livremente analisá-los novamente, concluindo pela inexistência, existência parcial ou total dos pressupostos.

Isso se justifica porque o juízo de admissibilidade *a quo*, conquanto necessário, é preliminar e superficial, não gerando nenhuma vinculação ou preclusão para o Tribunal *ad quem*, incumbido de decidir em caráter definitivo a admissibilidade ou não do recurso.

É nesse contexto que se insere a presente súmula, a qual afasta a vinculação do TST (Tribunal *ad quem)* ao juízo de admissibilidade feito pelo presidente do Tribunal Regional (juízo *a quo),* com base no art. 896, § 1º, da CLT. Na hipótese, como o recurso de revista é processado pelo TRT, haverá novo juízo de admissibilidade no TST que, por não estar vinculado ao primeiro, afasta o interesse recursal para a interposição do agravo de instrumento.

Com efeito, sendo o primeiro juízo de admissibilidade parcial, o recurso não será trancado e o Tribunal *ad quem* poderá analisar novamente a presença de todos os pressupostos recursais, razão pela qual é incabível o agravo de instrumento.

Cabe trazer em relevo que o NCPC extinguiu o duplo juízo de admissibilidade. Desse modo, na apelação, o juízo de admissibilidade será realizado apenas pelo tribunal competente e não mais pelo juízo *a quo*, conforme se observa do art. 1.010, §3º[67]. Assim, conforme estabelece o enunciado nº 99 do Fórum Permanente de Processualistas Civis, "o órgão *a quo* não fará juízo de admissibilidade da apelação". Nesse mesmo sentido, o art. 1.028, §3º, do NCPC dispõe que o recurso ordinário é remetido ao STF ou STJ independentemente de juízo de admissibilidade.

No tocante aos recursos extraordinário e especial, o NCPC também é claro ao estabelecer que a remessa ao tribunal ocorre independentemente de juízo de admissibilidade (juízo *a quo),* conforme se verifica no artigo 1.030, parágrafo único:

> Art. 1.030. Recebida a petição do recurso pela secretaria do tribunal, o recorrido será intimado para apresentar contrarrazões no prazo de 15 (quinze) dias, findo o qual os autos serão remetidos ao respectivo tribunal superior.
>
> Parágrafo único. A remessa de que trata o caput dar-se-á independentemente de juízo de admissibilidade[68].

---

67. Art. 1.010. A apelação, interposta por petição dirigida ao juízo de primeiro grau, conterá:(...) § 1º O apelado será intimado para apresentar contrarrazões no prazo de 15 (quinze) dias. § 2º Se o apelado interpuser apelação adesiva, o juiz intimará o apelante para apresentar contrarrazões. § 3º Após as formalidades previstas nos §§ 1º e 2º, os autos serão remetidos ao tribunal pelo juiz, independentemente de juízo de admissibilidade.

68. Esse dispositivo deverá ser revogado, como prevê o substitutivo ao projeto de Lei nº 2.384, de 2015, já aprovado na Câmara dos Deputados, mantendo-se o juízo de admissibilidade

Todavia, no processo do trabalho, o **novel código somente será aplicado ao recurso ordinário e ao agravo de petição**, ante a ausência de norma na CLT e sua compatibilidade com o processo do trabalho[69].

Por outro lado, o Novo CPC não fulmina o juízo *a quo* de admissibilidade do recurso de revista, vez que a CLT tem regra própria no art. 896, § 1º, da CLT que contempla, expressamente, que o juízo de admissibilidade no recurso de revista será realizado, inicialmente, pelo Presidente do Tribunal Regional do Trabalho.

Dessa forma, observa-se que, apesar de o NCPC extinguir o juízo de admissibilidade realizado pelo juízo *a quo*, no processo do trabalho, referidos dispositivos não serão aplicados ao recurso de revista, tendo em vista a presença de normas próprias na CLT, de modo que a *ratio decidendi* (fundamento determinante) da súmula em comentário fica mantida. Assim, a presente súmula deverá ser aplicada tão somente ao recurso de revista, não tendo utilidade para os demais recursos.

8.1.2. Pressupostos Recursais

8.1.2.1. Representação. Agravo de instrumento e recurso de revista interpostos por procurador com poderes limitados ao âmbito do TRT (OJ nº 374 da SDI-I do TST)

> **Orientação Jurisprudencial nº 374 da SDI – I do TST.** Agravo de instrumento. Representação processual. Regularidade. Procuração ou substabelecimento com cláusula limitativa de poderes ao âmbito do tribunal regional do trabalho
>
> É regular a representação processual do subscritor do agravo de instrumento ou do recurso de revista que detém mandato com poderes de representação limitados ao âmbito do Tribunal Regional do Trabalho, pois, embora a apreciação desse recurso seja realizada pelo Tribunal Superior do Trabalho, a sua interposição é ato praticado perante o Tribunal Regional do Trabalho, circunstância que legitima a atuação do advogado no feito.

Declina o art. 896 da CLT que caberá **recurso de revista** para as Turmas do TST das decisões proferidas em grau de recurso ordinário pelos TRTs, em dissídio individual, nas hipóteses previstas nas alíneas a, b e c.

---

a quo pelo presidente ou vice-presidente do Tribunal, nas hipóteses de recursos especial e extraordinário, aproximando-se, novamente, do processo do trabalho.

69. No mesmo sentido, SCHIAVI, Mauro. *Manual de Direito Processual do Trabalho*. 9. ed. São Paulo: LTr, 2015. p. 903.

Referido recurso é **interposto no TRT** – órgão prolator da decisão impugnada – o qual fará o primeiro juízo de admissibilidade[70], que pode ser positivo ou negativo. No primeiro caso, abre-se a oportunidade para apresentação de contrarrazões, sendo posteriormente encaminhado ao TST. Na hipótese de o juízo de admissibilidade ser negativo, o recurso de revista será trancado, cabendo o agravo de instrumento, que visa a destrancar o recurso interposto (CLT, art. 897, b). O **agravo de instrumento**, diferentemente do processo civil em que é interposto diretamente no órgão julgador (NCPC, art. 1016), **será ajuizado no órgão prolator da decisão impugnada** (IN 16/99 do TST), que poderá retratar-se ou intimar o agravado para contrarrazoar o recurso, sendo em seguida encaminhado ao Tribunal *ad quem*.

Verifica-se, por essa sistemática, que tanto o **recurso de revista** como **o agravo de instrumento são interpostos diretamente no Tribunal** a quo, no caso o TRT.

Diante disso, o C. TST passou a entender que, limitando a procuração ou o substabelecimento à atuação do procurador ao âmbito do TRT, a interposição de recurso de revista e de agravo de instrumento estaria incluída em seus poderes, vez que são direcionados inicialmente ao TRT (Tribunal *a quo*).

O mesmo caminho trilhou o art. 105, § 4º, do NCPC estabelecendo que a procuração outorgada na fase de conhecimento é eficaz para todas as fases do processo, exceto se as partes convencionarem o contrário, como se verifica pelo seu teor a seguir transcrito:

> § 4º Salvo disposição expressa em sentido contrário constante do próprio instrumento, a procuração outorgada na fase de conhecimento é eficaz para todas as fases do processo, inclusive para o cumprimento de sentença.

Assim, considerando que o NCPC contempla o entendimento do C. TST, não alterando sua *ratio decidendi*, pensamos que a presente orientação jurisprudencial deverá ser mantida com o advento do Novo CPC.

8.1.3. Documentos. Juntada de documentos (súmula nº 8 do TST)

Súmula nº 8 do TST. Juntada de documento

A juntada de documentos na fase recursal só se justifica quando provado o justo impedimento para sua oportuna apresentação ou se referir a fato posterior à sentença.

---

70. O Novo CPC não fulmina o juízo *a quo* de admissibilidade do recurso de revista, vez que a CLT tem regra própria no art. 896, §1º da CLT que contempla, expressamente, que o juízo de admissibilidade no recurso de revista será realizado, inicialmente, pelo Presidente do Tribunal Regional do Trabalho.

A prova documental é uma modalidade de prova abrangendo não somente os escritos, como também gravações magnéticas, fotografias, desenhos etc. A CLT, ao disciplinar o momento da produção da prova documental, declina que ela deve ser apresentada com a inicial (art. 787), permitindo que as demais provas sejam oferecidas na audiência (art. 845).

Diante da abertura deste último dispositivo, a doutrina diverge sobre a análise sistemática dos artigos 787 e 845 da CLT. Para uns, o art. 787 impõe a apresentação dos documentos com a petição inicial, enquanto o art. 845 diz respeito aos documentos que serão juntados na contestação, utilizando-se a mesma sistemática do art. 434 do NCPC, ou seja, o momento para juntada dos documentos é a inicial e a contestação, sob pena de preclusão. Para outros, o art. 845 da CLT permite a apresentação "das demais" provas na audiência de instrução, o que inclui a própria prova documental.

De nossa parte pensamos que o processo do trabalho utilizou a mesma sistemática do processo civil, de modo que o autor deverá juntar os documentos com a petição inicial, enquanto o réu deverá apresentá-los na contestação. Admite-se, porém, que a juntada de documentos ocorra posteriormente desde que seja para provar fatos ocorridos depois dos articulados na inicial e na contestação ou para contrapor aos que foram produzidos nos autos (NCPC, art. 435). Registra-se que, quanto ao juiz, não há preclusão no que se refere ao momento de determinar a juntada de documentos (CLT, art. 765), podendo requerê-los a qualquer tempo.

É importante observar ainda que, no processo eletrônico, os documentos são apresentados com a petição eletrônica, sendo considerados originais. Contudo, na hipótese de ser tecnicamente inviável a digitalização dos documentos, devido ao grande volume ou por motivo de ilegibilidade, eles deverão ser apresentados ao cartório ou secretaria no prazo de 10 dias, contados do envio da petição eletrônica, comunicando tal fato na petição, sendo os documentos devolvidos à parte após o trânsito em julgado (art. 11, § 5º, da Lei 11.419/06).

Questiona-se, no entanto, a possibilidade de juntada de documentos na fase recursal, o que vem estampado na súmula em comentário.

Nessa fase processual, restringe-se a possibilidade de apresentação de documentos, vez que se trata de fase que irá proferir o **reexame** dos fatos e fundamentos deduzidos em juízo, não sendo momento para nova instrução do processo. Excepciona-se tal restrição, entretanto, em **duas hipóteses**: a) **quando demonstrado o justo impedimento** de apresentação no momento oportuno, utilizando-se analogicamente o art. 1.014 do NCPC; b) **para comprovar fato posterior à sentença**, aplicando-se analogicamente o art. 493 do NCPC).

O primeiro caso, **justo impedimento**, ocorrerá quando a parte apresenta **documento** novo (prova nova) assim entendido como o cronologicamente velho, **já existente ao tempo da sentença, mas ignorado pelo interessado ou de impossível utilização**, à época, no processo (Súmula nº 402 do TST).

Isso quer dizer que o documento é velho, mas não pôde ser utilizado na fase de instrução por ser ignorado pela parte interessada ou por ser impossível sua utilização naquele momento. É o que acontece, por exemplo, com o réu revel que poderá apresentar documentos para comprovar que não foi devidamente citado. Consigne-se que os documentos a serem apresentados pelo revel ficam restritos àqueles pertinentes a afastar a revelia.

Na **segunda hipótese, o documento buscará comprovar fato que aconteceu em momento posterior à sentença (superveniente)**, o que por óbvio impossibilitou sua apresentação ou foi desnecessária sua comprovação na instrução processual, passando a ser pertinente somente na fase recursal.

Registra-se que, admitido o novo documento, obrigatoriamente deve ser dado vista à parte contrária para manifestação, como forma de preservar o **princípio do contraditório**.

Dessa forma, em regra, não se admite a juntada de documentos na fase recursal, exceto quando se tratar de justo impedimento para sua oportuna apresentação ou referir a fato posterior à sentença.

Por fim, cumpre consignar que o C. TST entende que, quando a prova tiver como objetivo a demonstração de matéria de ordem pública, não há aplicação da presente súmula, afastando, consequentemente, preclusão quanto à juntada dos documentos dessa natureza. Essa situação ocorre, por exemplo, na alegação e na comprovação da coisa julgada realizadas apenas em sede de recurso ordinário[71].

8.2. Recursos em espécie

8.2.1. Embargos de declaração

8.2.1.1. Embargos de declaração com efeitos modificativos. Cabimento (Súmula nº 278 do TST)

> **Súmula nº 278 do TST.** Embargos de declaração. Omissão no julgado
>
> A natureza da omissão suprida pelo julgamento de embargos declaratórios pode ocasionar efeito modificativo no julgado.

Os embargos de declaração **não** têm a função de anular ou reformar a decisão impugnada, sendo destinados a esclarecer ou integrar o julgado. Diante de tal função, a doutrina negava a possibilidade de a decisão dos embargos de

---

71. TST-E-RR-114400-29.2008.5.03.0037, SBDI-I, rel. Min. Márcio Eurico Vitral Amaro, 19.3.2015 (Informativo nº 102).

declaração alterar o conteúdo da decisão impugnada. Percebeu-se, no entanto, que a decisão dos embargos de declaração, por vezes, podia alterar substancialmente o julgado como, por exemplo, julgar procedente um pedido julgado improcedente na decisão embargada, ou vice-versa. Surgiram aqui os **embargos de declaração com efeito modificativo ou infringente**[72], que atualmente são admitidos expressamente no art. 897-A, *caput* e § 2º, da CLT, *in verbis*:

> Art. 897-A. Caberão embargos de declaração da sentença ou acórdão, no prazo de cinco dias, devendo seu julgamento ocorrer na primeira audiência ou sessão subsequente a sua apresentação, registrado na certidão, admitido efeito modificativo da decisão nos casos de omissão e contradição no julgado e manifesto equívoco no exame dos pressupostos extrínsecos do recurso.
>
> [...]
>
> § 2º Eventual efeito modificativo dos embargos de declaração somente poderá ocorrer em virtude da correção de vício na decisão embargada e desde que ouvida a parte contrária, no prazo de 5 (cinco) dias.

Pela análise do dispositivo anterior, é possível extrair que os embargos de declaração podem provocar a alteração substancial do julgado nos casos de omissão, contradição e manifesto equívoco no exame dos pressupostos extrínsecos do recurso.

No mesmo sentido do art. 897-A, §2º, da CLT, o art. 1.023, § 2º, do NCPC permite que os embargos de declaração possuam efeito modificativo, ou seja, em alguns casos a decisão embargada poderá ser modificada quantitativa ou qualitativamente[73].

O vício da **omissão** é o que provoca com maior frequência a alteração do julgado, até mesmo porque não houve manifestação jurisdicional sobre determinada questão relevante ou objeto do processo. É o que ocorre, por exemplo, quando o reclamante ajuíza ação postulando o pagamento de horas extras e intervalo intrajornada, sendo julgados procedentes seus pedidos, mas o juiz nada se manifesta acerca do intervalo intrajornada. Ao interpor os embargos

---

72. Alguns doutrinadores diferem os embargos de declaração, com efeito modificativo, dos embargos de declaração, com efeitos infringentes. Aqueles seriam os que, em caso de provimento dos embargos nas hipóteses de contradição e omissão, provocam a modificação do conteúdo da decisão recorrida, enquanto os embargos com efeitos infringentes buscam sanar vícios absurdos em decisões teratológicas como, por exemplo, o erro na contagem do prazo. O primeiro busca sanar vícios formais, enquanto os embargos com efeitos infringentes têm a função de sanar falhas de percepção material. Por todos: NEVES, Daniel Amorim Assumpção. *Manual de direito processual civil*. 2. ed. Rio de Janeiro: Forense; São Paulo: Método, 2010. p. 678 e 679.
73. MEDINA, José Miguel Garcia. *Novo Código de Processo Civil Comentado: com remissões e notas comparativas ao CPC/1973*. São Paulo: Editora Revista dos Tribunais, 2015, p. 1416.

de declaração para que o juiz se manifeste sobre o intervalo intrajornada, sendo providos os embargos, é evidente que haverá alteração do julgado.

A **contradição**, embora com menos frequência que a omissão, também poderá provocar a alteração do julgado, vez que, ao escolher uma das proposições inconciliáveis, o julgador poderá alterar o julgado. Seria o caso de o juiz entender que o reclamante não fazia horas extraordinárias, mas no dispositivo condena a empresa a pagá-las. Nessa hipótese, se interpostos embargos de declaração e o juiz reconhecer a contradição, haverá alteração radical do julgamento, pois a sentença deixará de ser procedente quanto ao pagamento das horas extras, tornando-se improcedente.

Já a interposição de embargos de declaração, tendo como objeto o **manifesto equívoco no exame dos pressupostos extrínsecos do recurso**, tem a finalidade de conceder às partes um instrumento rápido e efetivo para afastar um vício manifesto no processo, buscando sanar falha de percepção material. Consigne-se que somente quando houver manifesto equívoco e ainda assim quando se tratar de pressupostos extrínsecos (tempestividade, representação, regularidade formal, preparo, depósito recursal e inexistência de fato impeditivo ou extintivo do poder de recorrer) serão cabíveis os embargos de declaração. A propósito, o C. TST entende incabíveis os embargos de declaração da decisão denegatória de recurso de revista exarada pelo presidente do TRT, cabendo no caso a interposição do agravo de instrumento (OJ nº 377 da SDI – I do TST).

Registra-se que, na hipótese de **obscuridade, não haverá efeito modificativo**, pois "o que faz o novo pronunciamento é só esclarecer o teor do primeiro, dando-lhe a interpretação *autêntica*"[74].

Cabe frisar que, havendo efeito modificativo, poderá ocorrer de a decisão ser desfavorável ao embargante, o que significa que nesse recurso não incide a vedação da *reformatio in pejus*[75].

Ademais, conforme previsto na CLT, o efeito modificativo somente poderá ser observado, caso seja assegurando o contraditório. Desse modo, caso o órgão jurisdicional preveja possível modificação da decisão, deverá intimar a parte embargada[76].

Por fim, cumpre consignar que, pelo princípio da consumação, em regra, interposto o recurso, ele não poderá ser repetido ou alterado. Trata-se da pre-

---

74. MOREIRA, José Carlos Barbosa. *Comentários ao código de processo civil*. 15. ed. Rio de Janeiro: Forense, 2010. v. 5, p. 561.
75. Nesse sentido: Leonardo Borges. In: ROCHA, Andréa Pressas; ALVES NETO, João (org.). *Súmulas do TST comentadas*. Rio de Janeiro: Elsevier, 2011. p. 331.
76. Para maiores esclarecimentos acerca do contraditório nos embargos de declaração, vide os comentários da OJ nº 142 da SDI-I do TST.

clusão consumativa, de modo que, interposto o recurso, o ato está consumado, não se admitindo, novamente, a realização deste ato processual (recurso).

Todavia, havendo interposição de embargos de declaração por apenas uma das partes e interposição pela outra parte, por exemplo, de recurso ordinário, ocorrendo modificação da decisão judicial, deve ser concedida à parte que já tinha interposto o recurso ordinário a possibilidade de complementá-lo, **limitado ao objeto modificado na decisão**. Nesse sentido, estabelece o art. 1.024, §4º, do NCPC, *in verbis*:

> § 4º Caso o acolhimento dos embargos de declaração implique modificação da decisão embargada, o embargado que já tiver interposto outro recurso contra a decisão originária tem o direito de complementar ou alterar suas razões, nos exatos limites da modificação, no prazo de 15 (quinze) dias, contado da intimação da decisão dos embargos de declaração.

Desse modo, caso seja necessária a complementação ou alteração das razões recursais, no processo do trabalho, o embargado terá o prazo de 8 dias[77] para fazê-la, sempre limitado ao objeto modificado na decisão.

8.2.1.2. Embargos de declaração com efeitos prequestionatórios (Súmula nº 184 do TST)

> **Súmula nº 184 do TST.** Embargos declaratórios. Omissão em recurso de revista. Preclusão
>
> Ocorre preclusão se não forem opostos embargos declaratórios para suprir omissão apontada em recurso de revista ou de embargos.

Os **recursos de fundamentação vinculada** são aqueles em que a lei exige que o recorrente indique algum vício específico na decisão impugnada, como é o caso dos embargos de declaração em que a parte deverá obrigatoriamente demonstrar a presença de omissão, contradição, obscuridade e manifesto equívoco no exame dos pressupostos extrínsecos do recurso, conforme dispõem o art. 897-A da CLT e o art. 1.022 do NCPC.

Como tal recurso tem, dentre seus objetivos, o de suprir omissão da decisão impugnada completando a prestação jurisdicional, ele passa a ter relevante papel no prequestionamento. Isso porque o prequestionamento impõe que haja decisão prévia acerca da matéria para que os Tribunais Superiores possam se manifestar sobre o objeto recorrido. Com isso, não havendo manifestação

---

77. Prazo adaptado ao processo do trabalho, por força do art. 6º da Lei nº 5.584/70.

expressa no acórdão a respeito da matéria que pretende recorrer, deve a parte interpor embargos de declaração para suprir tal omissão, com a finalidade de preencher o requisito do prequestionamento. Têm-se aqui os **embargos de declaração com efeitos prequestionatórios**.

Isso ocorre porque, sendo os Tribunais Superiores órgãos revisores, somente se manifestam sobre matérias já esgotadas (prequestionadas) na instância ordinária, servindo os embargos de declaração para suprir a omissão e esgotar a instância ordinária, legitimando assim a "entrada" na instância extraordinária (ex. TST).

Dessa forma, por se tratar de mecanismo que visa a preencher pressuposto específico dos recursos de natureza extraordinária, ou seja, tem a função de prequestionar a matéria, eles não são considerados como protelatórios, como declina a Súmula nº 98 STJ[78].

Com efeito, havendo omissão na decisão a ser impugnada por meio de recurso de revista ou de embargos para a SDI, deverá a parte inicialmente interpor os embargos de declaração, com o fim de suprir a omissão[79]. No mesmo sentido a Súmula nº 356 do STF[80].

Aliás, o NCPC reconhece a possibilidade de interposição dos embargos de declaração com efeito prequestionatório, como se verifica pelo art. 1.025, *in verbis*:

> Art. 1.025. Consideram-se incluídos no acórdão os elementos que o embargante suscitou, para fins de pré-questionamento, ainda que os embargos de declaração sejam inadmitidos ou rejeitados, caso o tribunal superior considere existentes erro, omissão, contradição ou obscuridade.

Tal dispositivo, embora trate do prequestionamento *ficto*, acaba por contemplar expressamente os embargos de declaração com efeito prequestionatório.

Antes de finalizar esses comentários, cumpre fazer um alerta: **somente há que se falar em embargos de declaração com efeitos prequestionatórios de acórdão regional passível de recurso de natureza extraordinária**, sendo inadmissíveis de sentença judicial ou acórdão decorrente de competência originária dos tribunais, pois apenas os recursos de natureza extraordinária exigem o pressuposto do prequestionamento[81].

---

78. STJ Súmula nº 98. Embargos de Declaração – Propósito de Prequestionamento – Caráter Protelatório. Embargos de declaração manifestados com notório propósito de prequestionamento não têm caráter protelatório.
79. Quanto à necessidade de prequestionamento de matéria de ordem pública, vide os comentários da OJ nº 62 da SDI I do TST
80. Súmula 356 do STF: "O ponto omisso da decisão, sobre o qual não foram opostos embargos declaratórios, não pode ser objeto de recurso extraordinário, por faltar o requisito do prequestionamento".
81. "Daí não serem cabíveis embargos de declaração com o escopo prequestionador quando o recurso subsequente for de natureza ordinária". BEBBER, Júlio César. *Recursos no processo do trabalho*. 2. ed. São Paulo: LTr, 2009. p. 240.

Essa afirmação não se aplica apenas no rito sumaríssimo.

É que, nesse rito, a motivação *per relationem* foi expressamente prevista no art. 895, § 1º, IV, o qual declara que "se a sentença for confirmada pelos próprios fundamentos, a certidão de julgamento, registrando tal circunstância, servirá de acórdão". Nesse caso, a sentença passa a incorporar o acórdão, o que significa que este possui a tese jurídica adotada na sentença.

Assim, se a sentença não adotou juízo de valor sobre determinada controvérsia que se buscará no futuro levar ao TST, incumbe à parte interpor embargos de declaração da sentença para a adoção de tese explícita, o que acaba, de certo modo, legitimando os embargos de declaração com efeitos prequestionatórios da sentença. Pode ainda a parte se valer das razões ou contrarrazões do recurso para postular emissão de juízo de valor pelo TRT[82].

Ressalta-se que o referido no art. 895, § 1º, IV, da CLT não será atingido pelo art. 489, § 1º, do NCPC[83], o qual exige motivação exaustiva na decisão, vez que se trata de norma específica do processo do trabalho, dirigida ao rito sumaríssimo. Noutras palavras, não existe omissão na CLT a legitimar a aplicação do NCPC no caso.

Vide mais comentários sobre o tema na Súmula nº 297 do TST.

8.2.2. Recurso de Revista

8.2.2.1. Prequestionamento (recursos de natureza extraordinária)

8.2.2.1.1. Configuração (súmula nº 297 do TST)

Súmula nº 297 do TST. Prequestionamento. Oportunidade. Configuração

I. Diz-se prequestionada a matéria ou questão quando na decisão impugnada haja sido adotada, explicitamente, tese a respeito.

---

82. BEBBER, Júlio César. *Recursos no processo do trabalho*. 4. ed. São Paulo: LTr, 2014. p. 352-353.
83. NCPC, art. 489, § 1º: Não se considera fundamentada qualquer decisão judicial, seja ela interlocutória, sentença ou acórdão, que: I – se limitar à indicação, à reprodução ou à paráfrase de ato normativo, sem explicar sua relação com a causa ou a questão decidida; II – empregar conceitos jurídicos indeterminados, sem explicar o motivo concreto de sua incidência no caso; III – invocar motivos que se prestariam a justificar qualquer outra decisão; IV – não enfrentar todos os argumentos deduzidos no processo capazes de, em tese, infirmar a conclusão adotada pelo julgador; V – se limitar a invocar precedente ou enunciado de súmula, sem identificar seus fundamentos determinantes nem demonstrar que o caso sob julgamento se ajusta àqueles fundamentos; VI – deixar de seguir enunciado de súmula, jurisprudência ou precedente invocado pela parte, sem demonstrar a existência de distinção no caso em julgamento ou a superação do entendimento.

> II. Incumbe à parte interessada, desde que a matéria haja sido invocada no recurso principal, opor embargos declaratórios objetivando o pronunciamento sobre o tema, sob pena de preclusão.
>
> III. Considera-se prequestionada a questão jurídica invocada no recurso principal sobre a qual se omite o Tribunal de pronunciar tese, não obstante opostos embargos de declaração.

I – Diz-se prequestionada a matéria ou questão quando na decisão impugnada haja sido adotada, explicitamente, tese a respeito.

A doutrina diverge sobre o conceito de prequestionamento. Para a primeira corrente, prequestionamento é a **provocação** prévia da matéria (antes do julgamento) por meio das razões ou contrarrazões do recurso. Para a segunda corrente, o prequestionamento consiste em **decisão** prévia, isto é, quando há juízo de valor proferido no acórdão, independentemente de manifestação da parte interessada. Já para a terceira corrente, o prequestionamento significa a conjunção de **provocação e decisão** prévios, impondo a manifestação da parte interessada e a declaração da matéria no acórdão.

O C. TST, no item I da presente súmula, adotou a segunda corrente, pois conceituou o prequestionamento como decisão prévia acerca da matéria. Definiu, portanto, que o prequestionamento é analisado com base no conteúdo da decisão impugnada, independentemente da manifestação da parte interessada. No mesmo sentido, declina a Súmula nº 282 do STF.

O art. 896, § 1º-A, I da CLT, incluído pela Lei nº 13.015/14, também adota a segunda corrente, pois determina que é ônus da parte "indicar o trecho da **decisão recorrida** que consubstancia o prequestionamento da controvérsia objeto do recurso de revista".

Contudo, tal tese foi reconhecida de forma prioritária, pois, conforme se verificará nos comentários dos itens a seguir dessa súmula, o TST permite, **de modo secundário**, a aplicação da primeira e da terceira corrente.

Assim, para o TST, em caráter principal, o prequestionamento estará presente quando houver tese explícita (e não implícita) acerca da matéria na decisão impugnada. Tese explícita, porém, não significa a indicação do artigo violado (OJ nº 118 da SDI – I do TST), mas posicionamento sobre a questão, como ocorre, por exemplo, quando o TRT indica que não houve violação ao princípio do contraditório sem especificar o art. 847 da CLT.

II – Incumbe à parte interessada, desde que a matéria haja sido invocada no recurso principal, opor embargos declaratórios objetivando o pronunciamento sobre o tema, sob pena de preclusão.

Conforme analisado anteriormente, a **terceira corrente,** sobre o conceito de prequestionamento, entende que ele significa a conjunção de provocação e decisão prévios, impondo a suscitação da parte interessada e a manifestação da matéria no acórdão. O C. TST neste item adotou essa corrente, vez que impôs à parte interessada a necessidade de que a matéria conste do recurso principal e provoque a discussão da matéria com o objetivo de inseri-la no acórdão.

Desse modo, não havendo, por exemplo, manifestação no acórdão do TRT acerca da matéria que a parte pretende devolver ao TST, por meio de recurso de revista, incumbe-lhe interpor embargos de declaração para que o TRT se manifeste sobre ela[84]. Tem-se aqui o denominado **embargos de declaração com efeito prequestionatório**.

Contudo, tal provocação, por meio dos embargos de declaração, pressupõe que a parte tenha se manifestado sobre a matéria no recurso principal, por exemplo, no recurso ordinário, o que significa dizer que os embargos de declaração não podem trazer matéria não aduzida no recurso principal, ou seja, teses originárias. Exemplificamos:

> Exemplo 1. João ajuíza reclamação trabalhista pleiteando o pagamento de férias, 13º salário e horas extras, sendo julgado parcialmente procedentes seus pedidos, condenando-se a empresa Y a pagar as horas extras. João interpõe recurso ordinário requerendo a reforma da sentença para condenar a empresa Y ao pagamento do 13º salário, nada falando sobre as férias. No acórdão, o tribunal não dá provimento ao recurso. João interpõe embargos de declaração, sob a alegação de que houve omissão no acórdão quanto ao pedido de férias. Nessa hipótese, o TST não admite os embargos de declaração porque a matéria não foi devolvida ao tribunal por meio do recurso ordinário, estando o capítulo das férias sob o manto da coisa julgada.
>
> Exemplo 2. Patrícia ajuíza reclamação trabalhista postulando a indenização por dano moral. A empresa X apresenta contestação alegando que o deferimento da indenização provocará violação ao art. 186 do CC (lei federal) e também do art. 5º, X, da Constituição Federal, requerendo a improcedência do pedido. Na sentença, o juiz julga procedente o pedido da reclamante, condenando a empresa ao pagamento da indenização pelo dano moral, nada versando acerca dos fundamentos da empresa. Em sede recursal, a empresa X devolve ao tribunal a matéria indenização, mas levanta apenas a tese de violação à Constituição Federal. Caso o tribunal mantenha a decisão de primeiro grau, nada manifestando acerca da ausência de violação da legislação federal, o TST entende que a empresa X não poderá interpor embargos de declaração para que o TRT se manifesta sobre possível violação à lei federal. Por outro lado, se tivesse levantado os dois fundamentos no recurso ordinário e o

---

84. No mesmo sentido, a Súmula nº 356 do STF.

tribunal tivesse se omitido quanto a algum deles, nessa hipótese caberiam os embargos declaratórios com efeito prequestionatório.

Conquanto a tese adotada pelo TST tenha buscado gerar o maior número de questionamento acerca da matéria para que possa chegar ao Tribunal Superior, pensamos que esse posicionamento deve ser bem interpretado para não gerar violação ao efeito devolutivo em sua profundidade.

É sabido que o efeito devolutivo é subdividido em dois aspectos: extensão e profundidade. O primeiro decorre da própria vontade da parte que deverá transferir ao juízo *ad quem* os capítulos da decisão que pretende impugnar. Uma vez delimitada a extensão, chega-se à profundidade do efeito devolutivo transferindo **automaticamente** ao juízo *ad quem* todas as alegações, fundamentos e questões dentro da quantidade impugnada (extensão), independentemente de manifestação. É certo também que o recurso ordinário é dotado do efeito devolutivo na extensão e na profundidade.

No primeiro exemplo especificado anteriormente, tem-se a extensão do efeito devolutivo. Nesse caso, é irretocável a súmula em comento, vez que é a parte que deve delimitar os capítulos que pretende impugnar para que o juízo *ad quem* possa se pronunciar, formando-se coisa julgada quanto às demais. Com efeito, devolvido ao tribunal determinado capítulo da sentença, no exemplo o 13º salário, somente sobre este poderá se manifestar, sob pena de julgar o que não estava no pedido do recurso, o qual decorre de vontade das partes por ser manifestação do poder de ação. Por óbvio, não podendo o tribunal se manifestar sobre o que não foi impugnado (ex., férias), serão incabíveis os embargos de declaração, pois não há omissão, mas ausência de pedido no recurso sobre a matéria.

Diferentemente ocorre no segundo exemplo, que diz respeito à **profundidade** do efeito devolutivo. Isso porque, nesse caso, mesmo não havendo manifestação da parte no recurso ordinário acerca de determinado fundamento já discutido no processo, ele obrigatoriamente será transferido ao tribunal, o que denota que exigir da parte manifestação expressa no recurso ordinário sobre todos os fundamentos veiculados no processo é ferir o efeito devolutivo na profundidade. Aliás, cria-se *mutatis mutandis* o prequestionamento para a interposição do recurso ordinário. Portanto, no segundo exemplo citado anteriormente, pensamos que, ao delimitar a matéria impugnada (indenização), a empresa define a extensão da devolução pretendida, não havendo necessidade de levantar todos os fundamentos da defesa (violação à lei federal e à Constituição Federal), pois serão obrigatoriamente levados ao tribunal pela profundidade do recurso devolutivo. Nessa hipótese, caso o tribunal não se manifestasse sobre um dos fundamentos, caberia à parte interpor os embargos de declaração a fim de prequestionar a matéria, mesmo que não os tenha levantado no recurso principal.

O mesmo se diga quanto às matérias de ordem pública que, por força do efeito translativo, impõem ao tribunal sua manifestação independentemente de provocação da parte.

Agora o que precisa ficar claro é que **não se permite a interposição de embargos de declaração para a manifestação de matéria que não foi levantada e/ou discutida em nenhum momento no processo** como, por exemplo, se a empresa em nenhum momento tivesse levantado a violação à lei federal, tentando inovar tão somente nos embargos. Em outros termos, só caberão embargos de declaração com efeito prequestionatório de matéria já previamente suscitada no processo, não sendo admitida a sua alegação originária nesse recurso[85]. Nesse caso, a profundidade do efeito devolutivo não subsistirá, sendo incabíveis os embargos declaratórios.

Em suma, pensamos que este item deve ser interpretado da seguinte forma: incumbe à parte interessada opor embargos declaratórios objetivando o pronunciamento sobre o tema, sob pena de preclusão, desde que a matéria haja sido invocada no recurso principal, salvo se a matéria do recurso principal for de análise obrigatória pelo tribunal em decorrência da profundidade do efeito devolutivo, bem como do efeito translativo.

Antes de terminar os comentários deste item sumular, cumpre analisar se a profundidade do efeito devolutivo e o efeito translativo incidem nos recursos de natureza extraordinária (recurso de revista e embargos para a SDI).

O Novo CPC passa a declarar no art. 1.034 o que segue:

> Art. 1.034. Admitido o recurso extraordinário ou o recurso especial, o Supremo Tribunal Federal ou o Superior Tribunal de Justiça julgará o processo, aplicando o direito.
>
> Parágrafo único. Admitido o recurso extraordinário ou o recurso especial por um fundamento, devolve-se ao tribunal superior o conhecimento dos demais fundamentos para a solução do capítulo impugnado.

O *caput* do aludido dispositivo atrai as diretrizes da Súmula nº 456 do STF[86] e do art. 257 do regimento interno do STJ[87]. Ele tem o condão de afirmar que, no Brasil, os tribunais superiores (incluindo, evidentemente, o TST) não são cortes apenas de cassação, mas também de revisão. Em outros termos, diferentemente do que ocorre em alguns países em que tais tribunais apenas têm

---

85. STF, RE-AgR 449.137/RS, 2ª Turma. Rel. Min. Eros Grau, j. 26.2.2008.
86. SÚMULA nº 456 do STF: O Supremo Tribunal Federal, conhecendo do recurso extraordinário, julgará a causa, aplicando o direito à espécie.
87. Art. 257. No julgamento do recurso especial, verificar-se-á, preliminarmente, se o recurso é cabível. Decidida a preliminar pela negativa, a Turma não conhecerá do recurso; se pela afirmativa, julgará a causa, aplicando o direito à espécie.

a função de anular (cassar) a decisão e determinar seu retorno à origem para novo julgamento, no Brasil, eles podem simplesmente cassar (anular) a decisão ou, se necessário, rejulgá-la aplicando o direito.

Desse modo, teoricamente os recursos extraordinários tem três momentos distintos e sucessivos: 1º) análise dos pressupostos recursais; 2º) juízo sobre a alegação de ofensa constitucional ou lei federal; 3º) julgamento da causa, aplicando o direito em espécie[88].

No primeiro momento, faz-se a análise dos pressupostos extrínsecos e intrínsecos, inclusive da presença do prequestionamento. Estando presentes, passa-se a verificar a efetiva violação dos dispositivos indicados como afrontados (2º momento). Reconhecida a violação constitucional ou de lei federal, o Tribunal Superior pode determinar o retorno dos autos à origem, valendo-se apenas como corte de cassação. No entanto, pode, ao invés de determinar o retorno dos autos à origem, entrar no terceiro momento, rejulgando a causa e analisando todos os fundamentos ligados ao capítulo impugnado, incluindo fatos supervenientes, matérias de ordem pública e vícios da decisão, o que significa que, nesse momento, incidem os efeitos devolutivo na profundidade e o translativo. Repito, apenas no terceiro momento que há incidência desses efeitos.

Dessa forma, pode acontecer de o C. TST, por exemplo, ao conhecer o recurso revista por violação constitucional invocada pelo recorrente, reconhecer de ofício[89] sua incompetência para a causa[90]. Do mesmo modo, pode não dar provimento ao recurso por um fundamento secundário não analisado pelo Tribunal, mas ligado ao capítulo impugnado.

No entanto, é necessário atentar-se para o fato de que o efeito devolutivo nos recursos extraordinários continua não tendo a mesma dimensão que nos recursos ordinários, vez que não tem o condão de levar ao Tribunal violação legais ou constitucionais vinculadas ao mérito do recurso que não foram apreciadas pelo Tribunal de origem (prequestionadas) e levantadas no recurso de natureza extraordinária. Queremos dizer, no exemplo 2 anteriormente exposto, a empresa X apresentou contestação alegando que o deferimento da indenização provocará a violação do art. 186 do CC (lei federal) e do art. 5º, X, da Constituição Federal. Em sede de recurso ordinário, ainda que o recurso verse apenas sobre a violação constitucional, o Tribunal poderá analisar a violação federal. Contudo, nos recursos extraordinários isso não ocorre, porque o julgamento da violação legal ou constitucional pressupõe julgamento prévio e invocação

---

88. STJ, RE 346736 AgR-ED, Rel. Min. Teori Zavascki, 2ª Turma, DJe 18.6.2013.
89. Observado o contraditório prévio (NCPC, art. 10)
90. Vide os comentários da OJ nº 62 da SDI-I do TST.

no recurso, estando ainda em momento que definirá se vai agir como corte de cassação ou de revisão.

Esse entendimento se compatibiliza, perfeitamente, com o art. 896, 1º-A, III, da CLT que exige a impugnação de todos os fundamentos jurídicos da **decisão recorrida**. Isso porque o artigo celetista (dirigido ao recorrente) impõe a impugnação dos fundamentos existentes na decisão recorrida, incluindo os dispositivos violados, as súmulas e orientações contrariadas. Por outro lado, o art. 1.034 do NCPC (dirigido ao Tribunal) permite o acolhimento de outros fundamentos, não indicados na decisão recorrida, quando o Tribunal Superior já estiver agindo como corte de revisão.

Em resumo, o efeito devolutivo na profundidade está limitado ao terceiro momento, que é a oportunidade em que a corte irá rejulgar a causa, valendo-se de seu papel de corte de revisão.

III – Considera-se prequestionada a questão jurídica invocada no recurso principal sobre a qual se omite o Tribunal de pronunciar tese, não obstante opostos embargos de declaração.

O item III dessa súmula é subsidiário ao item II. Isso porque, na hipótese de omissão do tribunal, deverá a parte interpor embargos de declaração para que haja manifestação expressa sobre a matéria. Contudo, pode acontecer de o tribunal negar a existência de omissão e não se manifestar sobre a matéria pretendida pelo embargante. Nesse caso, o TST entende que estará preenchido o pressuposto recursal do prequestionamento, desde que a matéria já tenha sido veiculada no recurso principal, como citado nos comentários do item anterior.

Esse entendimento sumular surgiu, porque parte da doutrina e da jurisprudência entendia que interposto embargos de declaração e havendo omissão do tribunal, a parte deveria interpor recurso de revista da decisão omissa com base na violação ao art. 897-A da CLT, devendo o juízo *ad quem*, em caso de provimento do recurso de revista, devolver o processo ao juízo *a quo* para se manifestar sobre a matéria. Para os defensores dessa tese, somente nessa hipótese haveria prequestionamento, ou seja, não havendo tese explícita sobre a matéria, não se poderia falar em prequestionamento. Referida tese é adotada pelo STJ por meio da Súmula nº 211, o que, recentemente, passou a ser acompanhado pelo STF, como se verifica na ementa da decisão a seguir transcrita:

> (...) O requisito do prequestionamento obsta o conhecimento de questões constitucionais inéditas. Esta Corte não tem procedido à exegese *a contrario sensu* da Súmula STF 356 e, por consequência, somente considera prequestionada a questão constitucional quando tenha sido enfrentada, de modo expresso, pelo Tribunal a quo. A mera oposição de embargos declaratórios não basta para tanto. Logo, as modalidades ditas implícita e ficta de prequestionamento não ensejam o conhecimento do apelo extremo. Aplicação

da Súmula STF 282: "É inadmissível o recurso extraordinário, quando não ventilada, na decisão recorrida, a questão federal suscitada". Agravo regimental conhecido e não provido[91].

Contudo, o TST, prezando pela celeridade e efetividade da prestação jurisdicional, entendeu como prequestionada a **questão jurídica**, mesmo que o tribunal se omita quanto a ela após a interposição dos embargos declaratórios. Noutras palavras, a mera interposição dos embargos declaratórios contra a decisão omissa, independentemente do resultado do julgamento, cria o prequestionamento necessário a legitimar a admissão dos recursos de natureza extraordinária. Tem-se aqui o chamado **prequestionamento ficto**[92], o que significa que, nesse caso, o TST adotou a primeira corrente do conceito de prequestionamento, pois exige apenas a provocação da questão jurídica e não decisão prévia. Cria-se, portanto, a "**ficção** de que o recorrente utilizou-se do meio processual adequado e que não pode ser **prejudicado** pela omissão do julgador"[93]. Exemplificamos:

> A empresa H interpõe recurso ordinário alegando que a sentença viola a lei federal e a Constituição Federal. Na decisão do recurso, o TRT omite-se quanto à possível violação da lei federal. A empresa H interpõe embargos de declaração requerendo a manifestação expressa acerca da violação da legislação federal, mas o TRT, no julgamento dos embargos, decide que não há omissão no julgado. Diante disso, o TST entende que está presente o prequestionamento ficto, podendo a empresa interpor o recurso de revista.

Assim, para o TST, a parte deverá manifestar-se expressamente sobre as matérias que o tribunal deve julgar. Caso o tribunal não explane acerca das questões jurídicas impugnadas no recurso principal, poderá interpor embargos de declaração, de modo que, se, no julgamento deste, o tribunal negar sua omissão, já estará preenchido o prequestionamento a legitimar a interposição do recurso de revista ou dos embargos à SDI.

Cabe destacar que a Lei nº 13.015/14 inclui o § 1º-A no art. 896 da CLT, estabelecendo que o recorrente indique "o trecho da decisão a recorrida que consubstancia o prequestionamento da controvérsia objeto do recurso de revista". Em uma interpretação literal deste dispositivo, poder-se-ia argumentar que a CLT passa a exigir o prequestionamento explícito, já que impõe a transcrição do trecho da decisão. Contudo, essa determinação só tem relevância quando

---

91. STF – ARE 707221 AgR / BA – BAHIA. 1ª Turma. Min. Rosa Weber. DJe divulg. 3.9.2013.
92. NEVES, Daniel Amorim Assumpção. *Manual de direito processual civil*. 2. ed. Rio de Janeiro: Forense; São Paulo: Método, 2010. p. 695.
93. KLIPPEL, Bruno. *Direito sumular esquematizado – TST*. São Paulo: Saraiva, 2011. p. 372.

a tese tenha sido adotada explicitamente na decisão. No prequestionamento ficto, "como o Tribunal não respondeu, mesmo provocado, seria ilógico deixar de conhecer o recurso sob o fundamento de não haver obedecido esse pressuposto intrínseco, considerando que a omissão não se deve à parte, mas ao órgão prolator da decisão"[94].

Ademais, o NCPC adota a tese do TST, reconhecendo o prequestionamento *ficto*, conforme se observa em seu artigo 1.025, *in verbis*:

> Art. 1.025. Consideram-se incluídos no acórdão os elementos que o embargante suscitou, para fins de pré-questionamento, ainda que os embargos de declaração sejam inadmitidos ou rejeitados, caso o tribunal superior considere existentes erro, omissão, contradição ou obscuridade.

Referido dispositivo deverá provocar a alteração do entendimento do STJ e do STF, unificando o entendimento das Cortes brasileiras, na linha adotada pelo C. TST na presente súmula.

Por fim, registra-se que o prequestionamento ficto tem incidência para o C. TST apenas na hipótese de questão jurídica, mantendo a rigidez do prequestionamento no tocante à matéria de fato[95], já que esta deve ser esgotada na instância ordinária. Desse modo, se o Tribunal Regional for provocado a se manifestar sobre determinado **fato**, por meio de embargos de declaração, e negar a existência de omissão, não haverá prequestionamento *ficto*, admitindo-se o recurso de revista por negativa de prestação jurisdicional, ou seja, violação do art. 832 da CLT, do art. 458 do CPC e do art. 93, IX, da CF/88 (OJ nº 115 da SDI I do TST).

Em resumo, havendo embargos de declaração para suprir omissão do TRT e caso este não se pronuncie, expressamente, acerca da matéria impugnada, as consequências serão as seguintes:

a) tratando-se de matéria de direito, estará preenchido o prequestionamento *ficto* e o TST poderá examinar a matéria;

b) tratando-se de matéria de fato ou prova, haverá a possibilidade de conhecimento da nulidade da prestação jurisdicional pelo TST, determinando-se o retorno dos autos ao TRT para manifestação acerca de tais matérias.

---

94. BRANDÃO, Cláudio. *Reforma do Sistema Recursal Trabalhista: Comentários à Lei nº 13.015/2014.* São Paulo: LTr, 2015, p. 55.
95. PEREIRA, João Batista Brito. Os embargos no TST na vigência da Lei 11.496/2007 – art. 894, inc. II, da CLT. *Revista do Tribunal Superior do Trabalho.* Brasília, vol. 74, nº 2, abr./jun. 2008. p. 29.

8.2.2.1.2. Acórdão que simplesmente adota fundamentos da sentença não preenche o prequestionamento (OJ nº 151 da SDI-I do TST)

> **Orientação Jurisprudencial nº 151 da SDI – I do TST.** Prequestionamento. Decisão regional que adota a sentença. Ausência de prequestionamento
>
> Decisão regional que simplesmente adota os fundamentos da decisão de primeiro grau não preenche a exigência do prequestionamento, tal como previsto na Súmula nº 297.

Como já comentado na Súmula nº 297 do TST, para que o prequestionamento esteja presente, há necessidade de **tese explícita** sobre a matéria impugnada, entendida como **tese jurídica** apreciada e decidida pelo tribunal *a quo*, independentemente de ter constado no acórdão impugnado referência ao dispositivo legal. Impõe-se, portanto, **juízo de valor** proferido **expressamente** pelo tribunal *a quo*.

Diante disso, quando o acórdão regional decide por manter a sentença pelos seus próprios fundamentos, o tribunal regional profere decisão **ausente de fundamentação**, o que significa que não expede tese jurídica acerca do tema.

Nesse ponto, cumpre destacar a motivação *per relationem*, também chamada de técnica da motivação por referência ou remissão.

Trata-se da possibilidade de o julgador referir-se aos fundamentos da decisão recorrida, ao parecer do Ministério Público ou às informações da autoridade coatora, no momento de proferir o julgamento. A doutrina e a jurisprudência, inclusive do E. STF, têm admitido essa forma de motivação, considerando-a compatível com o art. 93, IX, da CF, como se verifica pelas ementas a seguir transcritas:

> [...] Reveste-se de plena legitimidade jurídico-constitucional a utilização, pelo Poder Judiciário, da técnica da motivação "per relationem", que se mostra compatível com o que dispõe o art. 93, IX, da Constituição da República. A remissão feita pelo magistrado – referindo-se, expressamente, aos fundamentos (de fato e/ou de direito) que deram suporte a anterior decisão (ou, então, a pareceres do Ministério Público ou, ainda, a informações prestadas por órgão apontado como coator) – constitui meio apto a promover a formal incorporação, ao ato decisório, da motivação a que o juiz se reportou como razão de decidir. Precedentes[96.]

---

96. STF – AI 825520 AgR-ED. 2ª Turma. Rel. Min. Celso de Mello. DJ 12.9.2011.

[...] A jurisprudência do Supremo Tribunal Federal orienta-se no sentido de reconhecer a plena validade constitucional da motivação 'per relationem'. Em consequência, o acórdão do Tribunal, ao adotar os fundamentos de ordem fático-jurídica mencionados nas contrarrazões recursais da Promotoria de Justiça – e ao invocá-los como expressa razão de decidir – revela-se fiel à exigência jurídico-constitucional de motivação que se impõe ao Poder Judiciário na formulação de seus atos decisórios. Precedentes.[97]

Assim, para o E. STF "a remissão feita pelo magistrado, referindo-se, expressamente, aos fundamentos que deram suporte ao ato impugnado ou a anterior decisão (ou a pareceres do Ministério Público ou, ainda, a informações prestadas por órgão apontado como coator, p. ex.), constitui meio apto a promover a formal incorporação, ao novo ato decisório, da motivação a que este último se reportou como razão de decidir"[98].

Com o advento do Novo CPC, poder-se-ia questionar se o art. 489, § 1º, que exige a motivação exaustiva, permite a motivação *por relationem*. A nosso juízo e acompanhando o entendimento do E. STF exposto no parágrafo anterior, referido dispositivo admite essa modalidade de motivação, **desde que haja transcrição expressa na decisão dos trechos importados, não bastando a mera referência a outra decisão**[99], a fim de possibilitar a interposição de recurso da decisão. Caso isso não ocorra, é necessária a interposição de embargos de declaração para que a matéria seja prequestionada, vez que a decisão não possuirá tese jurídica, a legitimar a interposição do recurso de revista. O que se busca, portanto, é que tese jurídica esteja na decisão recorrida.

Porém, essa exigência de transição expressa não se aplica no rito sumaríssimo.

É que, nesse rito, a motivação *per relationem* foi expressamente prevista no art. 895, § 1º, IV, o qual declara que "se a sentença for confirmada pelos próprios fundamentos, a certidão de julgamento, registrando tal circunstância, servirá de acórdão"[100]. Nesse caso, a sentença passa a incorporar o acórdão, o que significa que este possui tese jurídica, qual seja a já adotada na sentença.

Agora, se a sentença não adotou juízo de valor sobre determinada controvérsia que se buscará no futuro levar ao TST, incumbe à parte interpor embargos de declaração da sentença para a adoção de tese explícita, o que acaba, de certo modo, legitimando os embargos de declaração com efeito prequestionatório da

---

97. STF – HC 72.009/RS. 1ª Turma. Rel. Min. Celso De Mello. DJ 1.12.2006
98. STF – Mandado de Segurança nº 27.350/DF, Rel. Min. Celso de Mello, DJ 4.6.2008.
99. STJ – HC 242.767/SP. 5ª Turma. Relª. Min. Laurita Vaz. Dje 13.8.2013.
100. No mesmo sentido, os arts. 46 e 82, § 5º, da Lei nº 9.099/95, sendo este último reconhecido como constitucional pelo STF no HC 86533/SP. 1ª Turma. Rel. Min. Eros Roberto Grau. DJ 2.12.2005.

sentença. Pode ainda a parte se valer das razões ou contrarrazões do recurso para postular emissão de juízo de valor pelo TRT[101].

8.2.2.2. Divergência jurisprudencial

8.2.2.2.1. Configuração. Divergência específica (súmula nº 296 do TST)

> **Súmula nº 296 do TST.** Recurso. Divergência jurisprudencial. Especificidade
>
> I – A divergência jurisprudencial ensejadora da admissibilidade, do prosseguimento e do conhecimento do recurso há de ser específica, revelando a existência de teses diversas na interpretação de um mesmo dispositivo legal, embora idênticos os fatos que as ensejaram.
>
> II – Não ofende o art. 896 da CLT decisão de Turma que, examinando premissas concretas de especificidade da divergência colacionada no apelo revisional, conclui pelo conhecimento ou desconhecimento do recurso.

Considerando os objetivos desta obra, vamos nos limitar a analisar o item I da presente súmula.

I – A divergência jurisprudencial ensejadora da admissibilidade, do prosseguimento e do conhecimento do recurso há de ser específica, revelando a existência de teses diversas na interpretação de um mesmo dispositivo legal, embora idênticos os fatos que as ensejaram.

O recurso de revista e os embargos para a SDI – I são recursos de fundamentação vinculada, de modo que devem apontar algum vício específico na decisão impugnada. Ambos os recursos possuem como vício específico a **divergência jurisprudencial** (CLT, art. 894, II e 896, alíneas a e b), consistente na necessidade de se demonstrar a existência de decisões conflitantes.

Tais recursos são também de natureza extraordinária (excepcional), razão pela qual buscam tutelar de imediato o direito objetivo.

Disso resulta que o conflito a ensejar esses recursos **não** está ligado a fatos divergentes, mas, sim, à interpretação diferente do direito objetivo. Mas é evidente que a interpretação do direito pressupõe uma situação fática que servirá de base para a aplicação do direito objetivo, até porque a solução do caso concreto passa pela análise de um fato concreto. Assim, para se afirmar que a interpretação do direito é divergente, a base (situação fática) deve ser

---

101. BEBBER, Júlio César. *Recursos no processo do trabalho*. 4. ed. São Paulo: LTr, 2014. p. 352-353.

idêntica ou ao menos semelhante, pois somente há diferença de interpretação se a análise partir do mesmo ponto.

Registra-se que, embora o item sumular indique apenas fatos idênticos, os **fatos semelhantes** também são capazes de ensejar a divergência jurisprudencial, uma vez que a identidade absoluta entre as circunstâncias fáticas do acórdão impugnado e do paradigma é de difícil ou quase impossível ocorrência, pois cada caso concreto tem suas peculiaridades. Tanto é assim, que o § 8º, do art. 896 da CLT declina expressamente que o recorrente deverá demonstrar na divergência "as circunstâncias que identifiquem ou assemelhem os casos confrontados", exigindo, assim, complementação da presente súmula, especialmente depois do advento da Lei nº 13.015/14.

> O que importa é, apenas, a não existência, no plano dos fatos, de diferenças que levem, ou possam levar a resultados jurídicos distintos, pois em tal hipótese não haveria dissídio interpretativo, mas soluções diferentes para casos diferentes.[102]

Desse modo, incumbe ao recorrente demonstrar, de **forma específica**, a divergência entre os julgados de interpretação de um mesmo dispositivo legal, embora idênticos ou semelhantes os fatos, devendo cotejá-los, ou seja, proceder ao confronto **analítico** entre o acórdão impugnado e o acórdão paradigma, "o que significa que deve o recorrente transcrever os trechos que configurem o dissídio, mencionando as circunstâncias que identifiquem ou assemelhem os casos confrontados".[103]

Cabe ressaltar que o art. 1.029, § 2º, do NCPC passa a estabelecer que é vedado ao tribunal deixar de admitir recurso fundado em divergência jurisprudencial com base em fundamento genérico de que as circunstâncias fáticas são diferentes, sem demonstrar a existência de distinção[104].

Assim, para que o tribunal não admita o recurso fundado em divergência jurisprudencial, deverá recorrer à técnica do *distinguishing* (distinção). Desse modo, deverá demonstrar que determinados elementos fáticos do caso em julgamento são diferentes dos elementos fáticos que originaram o precedente, não servindo este, portanto, como referência da divergência jurisprudencial.

---

102. Estêvão Mallet *apud* HADAD, José Eduardo. *Precedentes jurisprudenciais do TST comentados*. 2. ed. São Paulo: LTr, 2002. p. 93.
103. DIDIER Jr., Fredie; CUNHA, Leonardo José Carneiro da. *Curso de direito processual civil: Meios de impugnação às decisões judiciais e processo nos tribunais*. 8. ed. Bahia: JusPODIVM, 2010. v. 3, p. 308.
104. Esse dispositivo deverá ser revogado, como prevê o substitutivo ao projeto de Lei nº 2.384, de 2015, já aprovado na Câmara dos Deputados.

Observa-se, portanto, que o dispositivo do NCPC tem como objetivo consolidar a teoria dos precedentes no sistema processual brasileiro[105].

Caso a supramencionada regra do NCPC não seja observada, a decisão será ausente de fundamentação (art. 489, § 1º, IV e VI), sendo cabíveis os embargos de declaração, com fundamento no art. 1.022, parágrafo único, II do NCPC.

8.2.2.2.2. Comprovação da divergência jurisprudencial (Súmula nº 337 do TST)

Súmula nº 337 do TST. Comprovação de divergência jurisprudencial. Recursos de revista e de embargos

I – Para comprovação da divergência justificadora do recurso, é necessário que o recorrente:

a) Junte certidão ou cópia autenticada do acórdão paradigma ou cite a fonte oficial ou o repositório autorizado em que foi publicado; e

b) Transcreva, nas razões recursais, as ementas e/ou trechos dos acórdãos trazidos à configuração do dissídio, demonstrando o conflito de teses que justifique o conhecimento do recurso, ainda que os acórdãos já se encontrem nos autos ou venham a ser juntados com o recurso;

II – A concessão de registro de publicação como repositório autorizado de jurisprudência do TST torna válidas todas as suas edições anteriores;

III – A mera indicação da data de publicação, em fonte oficial, de aresto paradigma é inválida para comprovação de divergência jurisprudencial, nos termos do item I, "a", desta súmula, quando a parte pretende demonstrar o conflito de teses mediante a transcrição de trechos que integram a fundamentação do acórdão divergente, uma vez que só se publicam o dispositivo e a ementa dos acórdãos;

IV – É válida para a comprovação da divergência jurisprudencial justificadora do recurso a indicação de aresto extraído de repositório oficial na internet, desde que o recorrente: a) transcreva o trecho divergente; b) aponte o sítio de onde foi extraído; e c) decline o número do processo, o órgão prolator do acórdão e a data da respectiva publicação no Diário Eletrônico da Justiça do Trabalho.

I – Para comprovação da divergência justificadora do recurso, é necessário que o recorrente:

---

105. BUENO, Cassio Scarpinella. *Novo Código de Processo Civil anotado*. São Paulo: Saraiva, 2015, p. 667.

a) Junte certidão ou cópia autenticada do acórdão paradigma ou cite a fonte oficial ou o repositório autorizado em que foi publicado; e

b) Transcreva, nas razões recursais, as ementas e/ou trechos dos acórdãos trazidos à configuração do dissídio, demonstrando o conflito de teses que justifique o conhecimento do recurso, ainda que os acórdãos já se encontrem nos autos ou venham a ser juntados com o recurso.

O recurso de revista e os embargos para a SDI – I são recursos de fundamentação vinculada, de modo que devem apontar algum vício específico na decisão impugnada. Ambos os recursos possuem como vício específico a **divergência jurisprudencial** (CLT, art. 894, II e 896, alíneas a e b), consistente na necessidade de se demonstrar a existência de **decisões conflitantes**. Isso ocorre porque o Tribunal Superior do Trabalho tem a função de unificar a jurisprudência trabalhista, afastando a **dissidência entre os Tribunais Regionais**, por meio do recurso de revista, e a **divergência interna no TST**, por meio dos embargos para a SDI – I (embargos de divergência).

Tratando-se de decisões conflitantes, é possível extrair que a divergência pressupõe dois julgados, ou seja, o acórdão recorrido e outro acórdão (paradigma) que aplicou o dispositivo de modo diferente, embora embasado em fato idêntico ou semelhante do acórdão recorrido.

A comprovação da divergência jurisprudencial vinha estampada no parágrafo único do art. 541 do CPC/73, não existindo, antigamente, norma celetista sobre o tema. Desse modo, o TST editou a presente súmula com o fim de explicitar a forma de comprovação da divergência jurisprudencial, nada mais fazendo, portanto, do que aplicar o dispositivo do CPC/73 de forma subsidiária ao processo laboral.

No entanto, com o advento da Lei nº 13.015/14, a CLT atraiu as diretrizes do referido artigo, passando a prever, expressamente, a comprovação da divergência, como se extrai do art. 896, § 8º, *in verbis*:

> § 8º Quando o recurso fundar-se em dissenso de julgados, incumbe ao recorrente o ônus de produzir prova da divergência jurisprudencial, mediante certidão, cópia ou citação do repositório de jurisprudência, oficial ou credenciado, inclusive em mídia eletrônica, em que houver sido publicada a decisão divergente, ou ainda pela reprodução de julgado disponível na internet, com indicação da respectiva fonte, mencionando, em qualquer caso, as circunstâncias que identifiquem ou assemelhem os casos confrontados.

Conquanto a CLT passe a ter regra própria sobre o tema, o § 8º do art. 896 da CLT tem redação muito semelhante ao art. 541 do CPC/73. Ademais, o art. 1.029, § 1º, do NCPC reproduz a redação do art. 541 do CPC/73, razão pela qual acreditamos na manutenção da presente súmula.

Assim, para que o recorrente demonstre o conflito interpretativo (divergência jurisprudencial), deverá preencher os **dois requisitos descritos abaixo (itens a e b) de forma cumulativa:**

    a) Juntar certidão ou cópia autenticada do acórdão paradigma ou citar a fonte oficial ou o repositório autorizado em que foi publicado.

Quanto a esse requisito é necessário tecer algumas considerações.

Primeiro, o acórdão paradigma poderá ser comprovado por meio de juntada de certidão, cópia autenticada, citação da fonte oficial ou, ainda, a indicação do repertório autorizado em que foi publicado.

Segundo, a cópia pode ser declarada autêntica pelo próprio advogado, conforme declina o art. 830 da CLT, com redação dada pela Lei nº 11.925/2009. Registra-se que, enquanto o art. 425, IV, do NCPC permite que "as cópias reprográficas de peças do próprio processo judicial declaradas autênticas pelo advogado, sob sua responsabilidade pessoal, se não lhes for impugnada a autenticidade" façam a mesma prova que os originais, ou seja, restringe a autenticação dos documentos do próprio processo judicial, o art. 830 da CLT é mais amplo, não fazendo tal restrição ao advogado. Assim, o acórdão paradigma poderá ser autenticado pelo próprio advogado, cessando a autenticidade somente se ela for questionada, ocasião em que haverá a necessidade de apresentação dos documentos originais ou das cópias autenticadas pelo serventuário[106].

Terceiro, o DVD, CD-ROM, bem como os julgados extraídos da rede mundial de computadores servem para demonstrar a divergência jurisprudencial.

Quarto, é obrigatório que o acórdão paradigma esteja em repositório autorizado pelo TST, o que significa que não será uma revista, um DVD, um CD-ROM ou um *site* qualquer que será capaz de ensejar a divergência, mas somente aqueles autorizados. Quanto aos julgados extraídos da internet, consigna-se que os *sites* oficiais independem de autorização do TST por meio do repositório de jurisprudência, como é o caso dos sites dos TRTs e do TST, enquanto os *sites* não oficiais devem integrar o repositório. A exigência do repositório autorizado se justifica para que não se "crie" julgado em dissonância com o princípio da probidade processual[107]. O TST em seu sítio na internet declina expressamente quais são os repositórios autorizados de jurisprudência.

    b) Transcreva, nas razões recursais, as ementas e/ou trechos dos acórdãos trazidos à configuração do dissídio, demonstrando o conflito de teses que

---

106. No mesmo sentido do texto: BEBBER, Júlio César. *Recursos no processo do trabalho.* 2. ed. São Paulo: LTr, 2009. p. 293 e MARTINS, Sérgio Pinto. *Comentários às Súmulas do TST.* 8. ed. São Paulo: Atlas, 2010. p. 221.
107. KLIPPEL, Bruno. *Direito sumular esquematizado – TST.* São Paulo: Saraiva, 2011. p. 425.

justifique o conhecimento do recurso, ainda que os acórdãos já se encontrem nos autos ou venham a ser juntados com o recurso.

Não basta que o recorrente apresente o acórdão paradigma para que seja demonstrada a divergência jurisprudencial. Há necessidade, ainda, de que faça o cotejo ou **confronto analítico** entre as decisões conflitantes, transcrevendo trechos de ambos os acórdãos que demonstrem a divergência de interpretação. Isso porque incumbe ao recorrente demonstrar de forma específica a existência da divergência (Súmula nº 296, I, do TST), ficando a cargo do Judiciário o **juízo subjetivo** acerca da existência ou não da divergência jurisprudencial.

Registra-se que somente será suficiente a transcrição de ementas dos acórdãos se contiverem os detalhes do caso, sendo capazes de, por si só, demonstrarem a divergência jurisprudencial. Não sendo assim, deverá o recorrente transcrever trechos dos acórdãos para comprovar o conflito interpretativo. Vê-se aqui a importância de uma boa, esclarecedora e detalhada ementa[108].

Há de se consignar ainda que, embora o TST não preveja a **divergência notória**, o STJ tem dispensado o cotejo analítico quando a divergência é notória, permitindo no caso a mera referência ao dissídio pretoriano[109]. Aparentemente, o TST não faz referência ao cabimento pela divergência notória, porquanto as decisões reiteradas e notórias dão origem às orientações jurisprudenciais do TST, as quais, quando violadas, permitem o cabimento do recurso de revista com a mera citação de seu número ou de seu conteúdo, conforme dispõe a OJ nº 219 da SDI – I do TST.

Por fim, cabe ressaltar que o art. 1.029, § 2º, do NCPC declina que "quando o recurso estiver fundado em dissídio jurisprudencial, é vedado ao tribunal inadmiti-lo com base em fundamento genérico de que as circunstâncias fáticas são diferentes, sem demonstrar a existência da distinção". Desse modo, o tribunal não poderá inadmitir o recurso com base em fundamento genérico, devendo, portanto, demonstrar a distinção (*distinguishing*).

II – A concessão de registro de publicação como repositório autorizado de jurisprudência do TST torna válidas todas as suas edições anteriores;

Conforme aludido anteriormente, as publicações, mídias eletrônicas (DVD e CD-ROM) e *sites* não oficiais que congregam o acórdão paradigma devem

---

108. DIDIER Jr., Fredie; CUNHA, Leonardo José Carneiro da. *Curso de direito processual civil: Meios de impugnação às decisões judiciais e processo nos tribunais*. 8. ed. Bahia: JusPODIVM, 2010. v. 3, p. 309.

109. DIDIER Jr., Fredie; CUNHA, Leonardo José Carneiro da. *Curso de direito processual civil: Meios de impugnação às decisões judiciais e processo nos tribunais*. 8. ed. Bahia: JusPODIVM, 2010. v. 3, p. 309.

integrar o repertório autorizado de jurisprudência do TST, sob pena de não se admitir a divergência jurisprudencial.

No presente item dessa súmula, o C. TST declina que a autorização do repertório autorizado terá *mutatis mutandis* efeitos *ex tunc*, ou seja, tornará válidas todas as edições anteriores como repertório autorizado de jurisprudência. Assim, se determinada revista foi autorizada em 5.5.2015, mas suas publicações iniciaram em 1.1.2010, serão válidos, para comprovar a divergência, os acórdãos publicados desde o início da revista, ou seja, 1.1.2010.

O *site* do TST declina expressamente a lista de repertórios autorizados de jurisprudência.

III – A mera indicação da data de publicação, em fonte oficial, de aresto paradigma é inválida para comprovação de divergência jurisprudencial, nos termos do item I, "a", desta súmula, quando a parte pretende demonstrar o conflito de teses mediante a transcrição de trechos que integram a fundamentação do acórdão divergente, uma vez que só se publicam o dispositivo e a ementa dos acórdãos;

O presente item visa ao acórdão paradigma extraído de fonte oficial, como é o caso do Diário da Justiça, buscando o C. TST complementar o item I, a, dessa súmula.

Desse modo, conforme aludido anteriormente, somente será admitida a transcrição de ementa do acórdão paradigma quando contiver detalhes específicos do caso, registrando o trecho da divergência levantada. Nesse caso, basta que a parte apresente a data da publicação, em fonte oficial.

Por outro lado, quando a ementa não traz o trecho da divergência, não sendo capaz de por si só comprovar a divergência jurisprudencial, o recorrente deverá transcrever trechos que integram a fundamentação do acórdão paradigma. Nessa hipótese, deverá apresentar a íntegra do acórdão paradigma por meio de cópia autenticada ou extraída de repertório autorizado de jurisprudência do TST, não sendo suficiente a mera indicação da data da publicação em fonte oficial.

Nesse sentido, indica o precedente da Subseção de Dissídios Individuais I do TST:

> RECURSO DE EMBARGOS INTERPOSTO SOB A ÉGIDE DA LEI Nº 11.496/2007. DIVERGÊNCIA JURISPRUDENCIAL. NÃO CONFIGURAÇÃO. SÚMULA Nº 337 DO TST. 1. Diante do escopo da nova lei, a função uniformizadora da SBDI-I apenas deve ser exercitada quando caracterizado o dissenso entre Turmas (ou destas com a SBDI) no tocante à interpretação de lei federal ou da Constituição da República, impondo-se, para tal fim, a demonstração da existência de decisões conflitantes e específicas – assim compreendidas aquelas que, partindo de premissas idênticas e interpretando os mesmos dispositivos de lei, consagrem conclusões diversas. 2. Inviável,

na hipótese, o conhecimento do recurso de embargos, por divergência jurisprudencial. Consoante entendimento recente desta SBDI-I, a indicação do Diário da Justiça, como fonte oficial de publicação, revela-se insuficiente para validar a transcrição do aresto paradigma, quando o trecho necessário à configuração da divergência não se encontra registrado na ementa. Considera-se, para tanto, que, em regra, no Órgão oficial de imprensa são publicados apenas o resultado do julgamento e a ementa do acórdão, não havendo divulgação do seu inteiro teor. Incumbe à parte, em tais circunstâncias, trazer aos autos a íntegra dos modelos colacionados, mediante certidão, fotocópia autenticada ou publicação em repositório oficial na internet, sob pena de não conhecimento. 3. Embargos de que não se conhece[110].

Assim, considerando que, na fonte oficial (por exemplo, Diário da Justiça), consta apenas a ementa e a conclusão, sendo estas insuficientes para demonstrarem a divergência, incumbe ao recorrente juntar aos autos a íntegra do acórdão paradigma mediante certidão, fotocópia autenticada ou publicação em repositório oficial na internet, sob pena de não conhecimento do recurso. Além da apresentação da íntegra do acórdão paradigma, deverá demonstrar a divergência específica, como declinado no item I, b, dessa súmula.

IV – É válida para a comprovação da divergência jurisprudencial justificadora do recurso a indicação de aresto extraído de repositório oficial na internet, desde que o recorrente: a) transcreva o trecho divergente; b) aponte o sítio de onde foi extraído; e c) decline o número do processo, o órgão prolator do acórdão e a data da respectiva publicação no Diário Eletrônico da Justiça do Trabalho.

O intuito desse item foi de modernizar a comprovação da divergência jurisprudencial ao contexto atual, em que os *sites* oficiais, como é o caso dos tribunais, inclusive o TST, publicam a íntegra dos acórdãos. Com efeito, não seria crível que o próprio *site* dos Tribunais Regionais publicasse seus acórdãos, mas estes fossem incapazes de ser utilizados para demonstrar a divergência jurisprudencial. O que fez o C. TST, nesse item da súmula, foi exaltar o acesso ao judiciário e atualizar a presente súmula à redação do art. 541, parágrafo único, do CPC/73 (NCPC, art. 1.209, § 1º) e, atualmente, do art. 896, § 8º, da CLT.

Assim, o aresto extraído de repositório oficial na internet é válido para comprovar a divergência. Para tanto, há necessidade da presença de três requisitos **cumulativos**.

O primeiro impõe que não basta a simples apresentação do acórdão-paradigma, devendo o recorrente transcrever o trecho divergente, a fim de fazer o

---

110. TST- E-A-RR-277500-52.2005.5.02.0019. Rel. Min. Lelio Bentes Corrêa. SBDI-1. DEJT de 5.3.10.

cotejo ou o conflito analítico entre as decisões conflitantes, como já analisamos no item I, b, dessa súmula.

O segundo consiste em apontar o sítio de onde foi extraído o acórdão-paradigma.

É interessante observar que a redação original desse item sumular impunha a indicação precisa do URL (Universal Resource Locator), e não simplesmente a indicação da página inicial do *site* oficial. Contudo, já anunciávamos que a indicação do URL ia trazer problemas ao C. TST, uma vez que tal endereço não é estático, podendo ser alterado no tempo. Desse modo, havendo alteração no URL, por vontade que é externa à do recorrente, e não existindo o redirecionamento para o URL anterior (em regra, excluído), a ideia do TST de ir diretamente ao acórdão não seria preservada, uma vez que o acórdão-paradigma não seria aberto, prejudicando inclusive a análise da divergência pelo TST.

Diante dessa problemática, ora reconhecida pelo TST, alterou-se a redação da súmula para afastar a necessidade de indicação precisa do URL, impondo, agora, apenas a necessidade de indicação do sítio de onde foi extraído o acórdão.

O terceiro requisito prevê a necessidade de declinar o número do processo, o órgão prolator do acórdão e a data da respectiva publicação no Diário Eletrônico da Justiça do Trabalho, tudo como forma de identificar com precisão o acórdão-paradigma.

8.2.3. Recurso de embargos à Seção de Dissídios Individuais do TST

8.2.3.1. Embargos à SDI da decisão em agravo (Súmula nº 353 do TST)

Súmula nº 353 do TST. Embargos. Agravo. Cabimento

Não cabem embargos para a Seção de Dissídios Individuais de decisão de Turma proferida em agravo, salvo:

a) da decisão que não conhece de agravo de instrumento ou de agravo pela ausência de pressupostos extrínsecos;

b) da decisão que nega provimento a agravo contra decisão monocrática do Relator, em que se proclamou a ausência de pressupostos extrínsecos de agravo de instrumento;

c) para revisão dos pressupostos extrínsecos de admissibilidade do recurso de revista, cuja ausência haja sido declarada originariamente pela Turma no julgamento do agravo;

> d) para impugnar o conhecimento de agravo de instrumento;
>
> e) para impugnar a imposição de multas previstas no art. 538, parágrafo único, do CPC[111], ou no art. 557, § 2º, do CPC[112];
>
> f) contra decisão de Turma proferida em agravo em recurso de revista, nos termos do art. 894, II, da CLT.

Inicialmente, registra-se que a **regra é o não cabimento dos embargos para a SDI** de decisão de Turma em agravo, exceto nos casos previstos nessa súmula. Assim, a presente súmula tem como finalidade disciplinar o cabimento dos embargos para a SDI (embargos de divergência) em face de decisão proferida em **agravo de instrumento, agravo interno ou regimental**.

Antes de adentrarmos efetivamente na análise de cada item da súmula, mister tecer pelo menos três considerações iniciais.

A súmula em comentário é aplicável no caso de decisão de **Turma do TST e não de decisão monocrática**[113]. Isso decorre da própria interpretação literal do art. 894, II, da CLT, o qual expressamente dispõe que os embargos são cabíveis de decisões das turmas. Ademais, **da decisão monocrática o recurso cabível é o agravo interno ou regimental** e não os embargos para a SDI (OJ nº 378 da SDI – I do TST).

O segundo ponto a ser ressaltado é que somente terão cabimento os embargos nas hipóteses elencadas nessa súmula, **se demonstrada a divergência jurisprudencial**, o que significa que não basta simplesmente o recorrente, por exemplo, indicar que a decisão da Turma do TST não conheceu o recurso por ausência de pressupostos extrínsecos, mas, cumulativamente, também deverá apresentar um acórdão-paradigma de outra Turma ou da SDI que confronta com a decisão que pretende impugnar ou ainda o confronto com súmula (do TST ou vinculante do STF) ou com orientação jurisprudencial do TST. Em outros termos, **todos os itens dessa súmula pressupõem divergência jurisprudencial** para a admissão dos embargos para a SDI (embargos de divergência).

Em suma, **somente serão cabíveis os embargos de divergência em agravo na hipótese de decisão de Turma do TST e quando demonstrada a divergência jurisprudencial**.

---

111. NCPC, art. 1.026, §2º.
112. NCPC, art. 1.021, §4º.
113. Em sentido contrário, entendendo que a Súmula admite a revisão de decisão monocrática: MARTINS, Sérgio Pinto. *Comentários às Súmulas do TST*. 8. ed. São Paulo: Atlas, 2010.

A terceira observação diz respeito ao Novo CPC.

Os itens "a", "b" e "d" da presente súmula somente deverão subsistir na vigência do NCPC caso se admita que, no processo trabalhista, não há a exclusão do juízo de admissibilidade *a quo* do Recurso de Revista.

Melhor explicando. O NCPC extinguiu o duplo juízo de admissibilidade. Desse modo, na apelação, o juízo de admissibilidade será realizado apenas pelo tribunal competente e não mais pelo juízo de origem (*a quo*), conforme se observa do art. 1.010, §3º[114]. Assim, conforme estabelece o enunciado nº 99 do Fórum Permanente de Processualistas Civis, "o órgão *a quo* não fará juízo de admissibilidade da apelação". Nesse mesmo sentido, o art. 1.028, § 3º, do NCPC dispõe que o recurso ordinário é remetido ao STF ou STJ independentemente de juízo de admissibilidade.

No tocante aos recursos extraordinário e especial, o NCPC também é claro ao estabelecer que a remessa ao tribunal ocorre independentemente de juízo de admissibilidade, conforme se verifica no artigo 1.030, parágrafo único:

> Art. 1.030. Recebida a petição do recurso pela secretaria do tribunal, o recorrido será intimado para apresentar contrarrazões no prazo de 15 (quinze) dias, findo o qual os autos serão remetidos ao respectivo tribunal superior.
>
> Parágrafo único. A remessa de que trata o caput dar-se-á independentemente de juízo de admissibilidade[115].

Contudo, no processo do trabalho, a nosso juízo, o novel código somente será aplicado ao recurso ordinário e ao agravo de petição, ante a ausência de norma na CLT e sua compatibilidade com o processo do trabalho[116], o que significa que nesses recursos não há falar em juízo de admissibilidade *a quo*.

Por outro lado, o Novo CPC não fulmina o juízo *a quo* de admissibilidade do recurso de revista, vez que a CLT tem regra própria no art. 896, § 1º, da CLT que contempla, expressamente, que o juízo de admissibilidade no recurso de revista será realizado, inicialmente, pelo Presidente do Tribunal Regional do Trabalho.

---

114. Art. 1.010. A apelação, interposta por petição dirigida ao juízo de primeiro grau, conterá: (...) § 1º O apelado será intimado para apresentar contrarrazões no prazo de 15 (quinze) dias. § 2º Se o apelado interpuser apelação adesiva, o juiz intimará o apelante para apresentar contrarrazões. § 3º Após as formalidades previstas nos §§ 1º e 2º, os autos serão remetidos ao tribunal pelo juiz, independentemente de juízo de admissibilidade.
115. Esse dispositivo deverá ser revogado, como prevê o substitutivo ao projeto de Lei nº 2.384, de 2015, já aprovado na Câmara dos Deputados, mantendo-se o juízo de admissibilidade *a quo* pelo presidente ou vice-presidente do Tribunal, nas hipóteses de recursos especial e extraordinário, aproximando-se, novamente, do processo do trabalho.
116. No mesmo sentido, SCHIAVI, Mauro. *Manual de Direito Processual do Trabalho*. 9. ed. São Paulo: LTr, 2015. p. 903.

Portanto, acreditamos que a presente súmula, em especial os itens "a", "b" e "d" deverão ser mantidos, uma vez que os dispositivos do NCPC referentes à exclusão do juízo de admissibilidade *a quo* não possuem aplicabilidade no recurso de revista, ante o regramento próprio da CLT.

Passamos, então, a analisar, detidamente, cada item da presente súmula.

a) da decisão que não conhece de agravo de instrumento ou de agravo pela ausência de pressupostos extrínsecos;

O C. TST nesse item a previu o cabimento dos embargos em duas situações: 1) da decisão da Turma que não conhece do agravo de instrumento por ausência de pressupostos extrínsecos; 2) da decisão da Turma que não conhece do agravo regimental (interno) por ausência de pressupostos extrínsecos.

Verifica-se que em ambos os casos a decisão decorre de **juízo de admissibilidade negativo** por ausência de pressupostos extrínsecos do próprio recurso interposto. Melhor explicando, a decisão da Turma do TST não conhece do agravo de instrumento na primeira hipótese por ausência dos pressupostos do agravo de instrumento e, no segundo caso, não conhece o agravo por ausência de pressupostos extrínsecos do próprio agravo regimental (interno).

Seria o caso, por exemplo, da interposição intempestiva do agravo de instrumento ou do agravo interno. Havendo, por exemplo, divergência entre as Turmas sobre qual o prazo ou sua forma de contagem, caberiam os embargos para unificar a jurisprudência interna do TST.

Registra-se que o C. TST somente admite os embargos de divergência quando se tratar de análise de pressupostos extrínsecos dos recursos (tempestividade, representação, regularidade formal, preparo, depósito recursal e inexistência de fato impeditivo ou extintivo do poder de recorrer). Isso porque os **pressupostos extrínsecos** são analisados de **forma objetiva,** estando ligados ao modo de exercer o recurso, enquanto os pressupostos intrínsecos dizem respeito "à própria existência do poder de recorrer" [117], sendo definidos por alguns doutrinadores como os relacionados "diretamente com o conteúdo e a forma da decisão"[118].

Assim, entende o C. TST que os pressupostos, que são analisados de modo objetivo, devem ter interpretação uniforme na Corte Trabalhista, com a finalidade de afastar a insegurança jurídica que as decisões conflitantes trazem aos jurisdicionados.

---

117. MOREIRA, José Carlos Barbosa. *Comentários ao código de processo civil*. 15. ed. Rio de Janeiro: Forense, 2010. v. 5, p. 263.
118. BEBBER, Júlio César. *Recursos no processo do trabalho*. 2. ed. São Paulo: LTr, 2009. p. 88.

b) da decisão que nega provimento a agravo contra decisão monocrática do Relator, em que se proclamou a ausência de pressupostos extrínsecos de agravo de instrumento;

Nesse caso, o agravo de instrumento não foi conhecido pelo relator de forma monocrática. Contudo, a decisão monocrática é suscetível de agravo (interno ou regimental), a fim de preservar o princípio do colegiado que permeia no Tribunal. Da decisão do agravo interno ou regimental que é proferida pela Turma, o TST admite a interposição dos embargos de divergência, desde que haja evidentemente acórdão divergente proferido em outra Turma na SDI ou ainda confronto com súmula (do TST ou vinculante do STF) ou com orientação jurisprudencial do TST.

Registra-se que o agravo de instrumento não foi conhecido, o que significa que não ultrapassou o juízo de admissibilidade. No entanto, o agravo interno ou regimental preencheu seus pressupostos, mas foi negado provimento. Noutras palavras, o agravo de instrumento está no juízo de admissibilidade, enquanto o agravo interno ou regimental está no campo do juízo de mérito do recurso.

Tanto é assim que, quando o agravo interno ou regimental não preenche os pressupostos extrínsecos, o TST também permite os embargos de divergência, mas por meio da alínea a dessa súmula.

Exemplifica-se a hipótese para melhor compreensão:

> O tribunal mantém a decisão de origem que condenou a empresa X a pagar horas extras e intervalo intrajornada ao reclamante Y. Diante da condenação, apresenta recurso de revista argumentando violação aos arts. 59 e 71, ambos da CLT. Contudo, sob o fundamento de que o recurso é intempestivo, o juízo *a quo* não dá seguimento ao recurso de revista. Assim, a empresa interpõe agravo de instrumento para destrancar seu recurso de revista. O relator, ao receber o agravo de instrumento, monocraticamente, considera-o deserto, porque a empresa não recolheu o depósito recursal previsto no art. 899, § 7º, da CLT. A empresa interpõe dessa decisão agravo interno para a Turma do TST, alegando que não recolheu o depósito recursal, pois a Lei nº 12.275/10, que criou o depósito recursal para o agravo de instrumento, entrou em vigor após a decisão judicial. A Turma conhece o agravo interno, mas nega-lhe provimento, sob o argumento de que o depósito recursal disposto no art. 899, § 7º, da CLT tem aplicação imediata, de modo que a empresa deveria recolhê-lo. A empresa poderá interpor embargos de divergência apresentando um acórdão de outra Turma entendendo que o referido artigo somente tem aplicação para as decisões publicadas após a entrada em vigor da referida lei (acórdão divergente).

c) para revisão dos pressupostos extrínsecos de admissibilidade do recurso de revista, cuja ausência haja sido declarada originariamente pela Turma no julgamento do agravo;

O caso em análise diz respeito ao juízo de admissibilidade do recurso de revista verificado no julgamento do agravo interno ou regimental. Isso ocorre porque o juízo de admissibilidade tem como finalidade verificar os pressupostos recursais que são as preliminares do recurso, sendo, portanto, matéria de ordem pública. Dessa forma, tais pressupostos, por constituírem matéria de ordem pública, podem ser analisados a qualquer tempo pelo juízo *ad quem*.

Em outros termos, os pressupostos extrínsecos do recurso de revista, mesmo que não analisados pelo relator, monocraticamente, poderão ser verificados *ex officio* pela Turma no julgamento do agravo.

Com efeito, vislumbra-se, nesse item, que o relator monocraticamente não verificou a ausência de determinado pressuposto extrínseco, o qual foi identificado, originariamente, pela Turma na decisão do agravo interno. Exemplificamos:

> Empresa interpõe recurso de revista, sendo, monocraticamente, provido porque a decisão regional estava em confronto com Súmula do TST. O reclamante interpõe agravo interno, ocasião em que a Turma do TST verifica a ausência de pressuposto processual do recurso de revista, argumentando que a procuração apresentada não é capaz de conferir poderes recursais ao patrono da empresa. Esta poderá interpor embargos de divergência apresentando decisão de outra Turma do TST que, analisando a mesma procuração em outro processo, reconheceu os poderes do patrono da empresa.

Nesse item c é importante fazer a seguinte observação.

A doutrina, em regra, subdivide os pressupostos recursais em extrínsecos (objetivos) e intrínsecos (subjetivos). Quando se trata de recurso de natureza extraordinária, inclui também os **pressupostos específicos**, que no caso do recurso de revista são: a) o prequestionamento; b) a divergência jurisprudencial; c) a violação de lei federal ou da Constituição Federal. Além disso, exige-se, no recurso de revista, a transcendência, embora ainda não regulamentada.

O C. TST, no entanto, não utiliza dessa subdivisão no julgamento do recurso de revista. **Nessa modalidade de recurso, de acordo com o TST, os pressupostos específicos são os pressupostos intrínsecos, enquanto os pressupostos extrínsecos são todos os demais**[119]. Aliás, o TST entende que a fundamentação também é um pressuposto extrínseco do recurso de revista[120].

Isso quer dizer que os pressupostos intrínsecos genéricos (recorribilidade, adequação, capacidade, legitimidade e interesse em recorrer) são considerados pressupostos extrínsecos para o C. TST no julgamento do recurso de revista, o

---

119. BEBBER, Júlio César. *Recursos no processo do trabalho*. 2. ed. São Paulo: LTr, 2009. p. 289.
120. Para o doutrinador Júlio César Bebber, as razões fundamentadas exclusivamente em matéria de direito são pressupostos especiais do recurso de revista. BEBBER, Júlio César. *Recursos no processo do trabalho*. 2. ed. São Paulo: LTr, 2009. p. 291.

que significa que estão sujeitos aos embargos de divergência, desde que comprovada a divergência jurisprudencial.

Ficam excluídos, portanto, desse item, tão somente os pressupostos específicos, admitindo os embargos de divergência para revisão de todos os demais pressupostos de admissibilidade do recurso de revista, cuja ausência haja sido declarada originariamente pela Turma no julgamento do agravo.

d) para impugnar o conhecimento de agravo de instrumento;

No item a, verificamos que o C. TST admite a interposição dos embargos da decisão que **não conhece** o agravo de instrumento por ausência de pressupostos extrínsecos. No item em comentário, trata-se de decisão da Turma que **conheceu** o agravo de instrumento. Registra-se que também nessa hipótese somente serão cabíveis os embargos para reexaminar os pressupostos extrínsecos do agravo.

Há de se consignar que o agravo de instrumento tem a função específica, no processo do trabalho, de destrancar o processamento do recurso. Nesse contexto, uma vez conhecido o agravo de instrumento e sendo provido, o seu julgamento se dará em conjunto com o recurso denegado, ou seja, há apenas um acórdão que julga o agravo de instrumento e também o recurso denegado como, por exemplo, o recurso de revista. É o que se verifica do art. 228 do regimento interno do TST, *in verbis*:

> Art. 228. Em se tratando de agravo de instrumento que tramita conjuntamente com recurso de revista, se provido o agravo, publicar-se-á a certidão para efeito de intimação das partes, dela constando que o julgamento de ambos os recursos de revista dar-se-á na primeira sessão ordinária subsequente à data da publicação.
>
> § 1.º Os autos do agravo de instrumento serão apensados aos do processo principal, com a alteração dos registros relativamente às partes, permanecendo a numeração constante dos autos principais.
>
> § 2.º Julgado o recurso de revista, será lavrado um único acórdão, que consignará também os fundamentos do provimento do agravo de instrumento, fluindo a partir da data de publicação do acórdão o prazo para interposição de embargos de declaração e/ou embargos à Seção de Dissídios Individuais.

Dessa forma, quando conhecido e provido o agravo, se a parte contrária não se conformar com o seu conhecimento, porque os pressupostos extrínsecos do agravo de instrumento foram analisados de forma diversa por outra Turma do TST (divergência), são admitidos os embargos de divergência para o reexame desses pressupostos extrínsecos.

Agora é preciso ficar claro: sendo conhecido o agravo de instrumento e desprovido, não caberão os embargos de divergência. Assim, se, por exemplo, o recurso de revista foi trancado por ser intempestivo, sendo interposto agravo de instrumento para destrancá-lo, mas este não for provido, mantendo-se o não conhecimento do recurso de revista, não caberão os embargos, pois os pressupostos extrínsecos são do recurso de revista e não do agravo.

e) para impugnar a imposição de multas previstas no art. 538, parágrafo único, do CPC[121], ou no art. 557, § 2º, do CPC[122];

Estabeleciam os arts. 538, parágrafo único, e 557, § 2º, ambos do CPC/73:

> Art. 538. Os embargos de declaração interrompem o prazo para a interposição de outros recursos, por qualquer das partes.
>
> Parágrafo único. Quando manifestamente protelatórios os embargos, o juiz ou o tribunal, declarando que o são, condenará o embargante a pagar ao embargado multa não excedente de um por cento sobre o valor da causa. Na reiteração de embargos protelatórios, a multa é elevada a até dez por cento, ficando condicionada a interposição de qualquer outro recurso ao depósito do valor respectivo.
>
> Art. 557. O relator negará seguimento a recurso manifestamente inadmissível, improcedente, prejudicado ou em confronto com súmula ou com jurisprudência dominante do respectivo tribunal, do Supremo Tribunal Federal, ou de Tribunal Superior.
>
> (...)
>
> § 2º Quando manifestamente inadmissível ou infundado o agravo, o tribunal condenará o agravante a pagar ao agravado multa entre um e dez por cento do valor corrigido da causa, ficando a interposição de qualquer outro recurso condicionada ao depósito do respectivo valor.

O Novo CPC manteve as diretrizes anteriores, alterando os valores das multas como se observa pelos arts. 1.026, §§2º e 3º e 1.021, §§4º e 5º do NCPC, *in verbis*:

> Art. 1.026. Os embargos de declaração não possuem efeito suspensivo e interrompem o prazo para a interposição de recurso.
>
> (...)
>
> § 2º Quando manifestamente protelatórios os embargos de declaração, o juiz ou o tribunal, em decisão fundamentada, condenará o embargante a pagar ao embargado multa não excedente a **dois por cento** sobre o valor atualizado da causa.
>
> § 3º Na reiteração de embargos de declaração manifestamente protelatórios, a multa será elevada a até dez por cento sobre o valor atualizado da causa, e a interposição de qualquer recurso ficará condicionada ao depósito prévio do valor da multa, à exceção da Fazenda Pública e do beneficiário de gratuidade da justiça, que a recolherão ao final. (Grifo Nosso)

---

121. NCPC, art. 1.026, §2º.
122. NCPC, art. 1.021, §4º.

Art. 1.021. Contra decisão proferida pelo relator caberá agravo interno para o respectivo órgão colegiado, observadas, quanto ao processamento, as regras do regimento interno do tribunal.

(...)

§ 4º Quando o agravo interno for declarado manifestamente inadmissível ou improcedente em votação unânime, o órgão colegiado, em decisão fundamentada, condenará o agravante a pagar ao agravado multa fixada entre **um e cinco por cento** do valor atualizado da causa.

§ 5º A interposição de qualquer outro recurso está condicionada ao depósito prévio do valor da multa prevista no § 4º, à exceção da Fazenda Pública e do beneficiário de gratuidade da justiça, que farão o pagamento ao final.

(Grifo Nosso)

Observa-se que o NCPC apenas altera os valores referentes às multas aplicáveis ao agravante, quando o agravo interno for declarado manifestamente inadmissível ou improcedente e ao embargante quando os embargos de declaração forem manifestamente protelatórios. Ademais, deixa expresso que quando a Fazenda Pública e o beneficiário de justiça gratuita forem condenados ao pagamento da multa, o recolhimento deverá ocorrer ao final do processo. Em razão de o NCPC ter mantido a disciplina de referidas multas, alterando apenas os valores aplicados, o item "e" da súmula em comento deverá ser mantido, realizando-se a adequação dos dispositivos indicados.

Portanto, é possível extrair de tais dispositivos que a condenação nasce na própria decisão sujeita aos embargos para a SDI, ou seja, na decisão dos embargos de declaração ou na decisão do agravo. Noutras palavras, a sucumbência tem origem na própria decisão que será sujeita aos embargos para a SDI, uma vez que tais dispositivos geram, nesse momento, nova condenação, nascendo assim a sucumbência a legitimar o interesse recursal. Desse modo, as multas decorrentes, por exemplo, de imposição da sentença ou do acórdão Regional não ensejam os referidos embargos, com fundamento nessa alínea[123].

Registra-se que, antigamente, admitiam-se, nessa hipótese, os embargos para SDI com fundamento na violação dos aludidos dispositivos, ou seja, permitia-se o cabimento dos embargos de nulidade. No entanto, com o advento da Lei nº 11.496/2007, os embargos de nulidade foram **suprimidos** do ordenamento, razão pela qual, atualmente, **somente são cabíveis os embargos de divergência**.

Com efeito, havendo imposição das multas declinadas nos arts. 1.021, §§ 4º e 5º e 1.026, §§2º e 3º, do NCPC, atualmente serão cabíveis os embargos para a SDI desde que o recorrente demonstre a divergência jurisprudencial.

---

123. TST-Ag-E-AIRR-8713-63.2010.5.01.0000. SBDI-I. rel. Min. Ives Gandra da Silva Martins Filho. julg. 31.5.2012. Informativo nº 11 do TST.

f) contra decisão de Turma proferida em agravo em recurso de revista, nos termos do art. 894, II, da CLT.

É sabido que o tribunal tem como natureza o colegiado, de modo que todas as decisões deveriam ser proferidas por um órgão colegiado.

No entanto, com base nos princípios da economia e celeridade processual e com a finalidade de desburocratizar as decisões dos tribunais, o legislador passou a atribuir poderes ao relator para julgar **monocraticamente** os recursos, como se observa nos arts. 894, § 3º, da CLT e 932 do NCPC, esse último aplicável, subsidiariamente, ao processo do trabalho, como se verifica pela Súmula nº 435 do TST.

Ocorre, porém, que o relator, nesse caso, atua por meio de mera delegação de poder, "mantendo-se com o órgão colegiado a competência para decidir"[124]. Disso resulta que sua decisão ficará sujeita à interposição de agravo interno para a Turma, por força do art. 1.021 do NCPC, tudo como forma de preservar o princípio do colegiado.

Interposto o agravo, a Turma, na realidade, julga de forma colegiada o recurso de revista, de modo que dessa decisão serão cabíveis os embargos de divergência.

Contudo, se a decisão da Turma, proferida no agravo, está de acordo com súmula ou orientação jurisprudencial do TST ou ainda súmula vinculante do STF, não caberão os embargos.

E isso se justifica, porque estando a decisão em consonância com súmula e orientação do TST ou súmula vinculante do STF, não haverá divergência jurisprudencial, que é pressuposto básico para o cabimento dos embargos. Exemplificamos:

> Decisão recorrida (TRT) julgou improcedente o pedido de condenação ao pagamento de honorários advocatícios com fundamento na mera sucumbência, o que vai ao encontro da Súmula nº 219 do TST. Interposto recurso de revista, o relator nega seguimento ao recurso, dando ensejo ao agravo. Da decisão do agravo, que confirma a decisão do relator, não cabem os embargos.

Por fim, ressalta-se que o agravo descrito nesse item não se refere qualquer agravo, mas do agravo interno interposto de decisão monocrática, vez que os demais casos de cabimento dos embargos em agravo estão disciplinados nos outros itens dessa súmula.

---

124. NEVES, Daniel Amorim Assumpção. *Manual de direito processual civil*. 2. ed. Rio de Janeiro: Forense; São Paulo: Método, 2010. p. 643.

8.2.3.2. Embargos à SDI contra decisão monocrática (OJ n° 378 da SDI-I do TST)

> **Orientação Jurisprudencial n° 378 da SDI – I do TST.** Embargos. Interposição contra decisão monocrática. Não cabimento
>
> Não encontra amparo no art. 894 da CLT, quer na redação anterior quer na redação posterior à Lei n° 11.496, de 22.06.2007, recurso de embargos interposto à decisão monocrática exarada nos moldes dos arts. 557 do CPC[125] e 896, § 5°[126], da CLT, pois o comando legal restringe seu cabimento à pretensão de reforma de decisão colegiada proferida por Turma do Tribunal Superior do Trabalho.

O tribunal tem como natureza o colegiado, de modo que todas as decisões deveriam ser proferidas por um órgão colegiado. Tanto é assim que a decisão do tribunal, seja interlocutória, seja sentença, será considerada acórdão, pois as decisões "são sempre precedidas da expressão *acordam*, representando, assim, a vontade de todos ou da maioria dos membros da corte"[127].

No entanto, com base nos princípios da economia e celeridade processual, o legislador passou a atribuir poderes ao relator para julgar monocraticamente os recursos, como se observa, por exemplo, nos arts. 894, § 3°, da CLT e 932 do NCPC. Trata-se, porém, de mera delegação de poder ao relator, "mantendo-se com o órgão colegiado a competência para decidir"[128].

Assim, para manter a substância do tribunal (órgão colegiado) e a competência do colegiado, a decisão monocrática do relator está sujeita ao agravo. Noutras palavras, da decisão monocrática o recurso cabível é o agravo interno ou regimental. É o que estabelece o art. 1.021 do NCPC, bem como o regimento interno do TST, o qual vaticina em seu art. 239:

> Art. 239. Caberá agravo ao órgão colegiado competente para o julgamento do respectivo recurso, no prazo de oito dias, a contar da publicação no órgão oficial:

---

125. NCPC, art. 932.
126. Artigo alterado pela Lei n° 13.015/14, passando a prever os poderes do relator no art. 894, § 3°, da CLT.
127. BEBBER, Júlio César. Recursos no processo do trabalho. 2. ed. São Paulo: LTr, 2009. p. 58.
128. NEVES, Daniel Amorim Assumpção. *Manual de direito processual civil*. 2. ed. Rio de Janeiro: Forense; São Paulo: Método, 2010. p. 643.

I – da decisão do Relator, tomada com base no § 5.º do art. 896 da CLT[129];

II – da decisão do Relator, dando ou negando provimento ou negando seguimento a recurso, nos termos do art. 557 e § 1.º-A do CPC[130].

Alguns recorrentes, contrariando os dispositivos anteriores, interpunham embargos para a SDI da decisão monocrática do relator no julgamento do recurso de revista. Assim, com a finalidade de terem seu recurso conhecido, invocavam o princípio da fungibilidade, no sentido de que os embargos fossem conhecidos como agravo interno ou regimental.

É sabido que o princípio da fungibilidade é a possibilidade de se admitir um recurso pelo outro. Trata-se de princípio que tem como base o princípio da instrumentalidade das formas, uma vez que sobreleva o conteúdo do recurso ao seu aspecto meramente formal.

Conquanto embasado na instrumentalidade das formas, o princípio da fungibilidade é uma verdadeira exceção ao pressuposto de admissibilidade recursal, qual seja, de cabimento do recurso, razão pela qual deve ser admitido em casos excepcionais. Dessa forma, para sua aplicação são exigidos os seguintes requisitos: a) dúvida objetiva; b) inexistência de erro grosseiro; c) observância do prazo do recurso correto.

O erro grosseiro consiste na interposição de um recurso manifestamente ilegal, ou seja, aquele que interpôs o recurso não possui nenhuma dúvida sobre o recurso interposto, faltando-lhe, contudo, conhecimento jurídico. Ocorre, portanto, quando a lei expressamente estabelece a forma de impugnação da decisão, mas o recorrente não observa o comando legal.

É o que acontece na presente orientação jurisprudencial, em que o recurso cabível está expressamente disciplinado no art. 1021 do NCPC, bem como no regimento interno do TST, motivo pelo qual não poderá ser invocado o princípio da fungibilidade.

Com efeito, a interposição dos embargos para a SDI pressupõe decisão de turma do TST, o que significa que sendo interposto de decisão monocrática, eles não serão conhecidos por serem incabíveis na hipótese.

---

129. Leia-se, atualmente, art. 894, § 3º, da CLT.
130. Nos dias atuais, art. 932 o NCPC.

8.2.4. Agravo interno e regimental. Constitucionalidade do art. 557 do CPC (Súmula nº 435 do TST)

> **Súmula nº 435 do TST.** Art. 557 do CPC. Aplicação subsidiária ao processo do trabalho
>
> Aplica-se subsidiariamente ao processo do trabalho o art. 557 do Código de Processo Civil[131].

As decisões proferidas pelos tribunais, tradicionalmente, decorrem de um órgão colegiado, o que deu origem inclusive à expressão acórdão, no sentido de que a decisão prolatada pelo tribunal, seja interlocutória, seja sentença, será considerada acórdão, por representar "a vontade de todos ou da maioria dos membros da corte"[132].

No entanto, com base nos princípios da economia e celeridade processual e com a finalidade de desburocratizar as decisões dos tribunais, o legislador passou a atribuir poderes ao relator para julgar monocraticamente os recursos, como se observa, por exemplo, no art. 894, § 3º, da CLT e, na época do CPC/73, no art. 557 do CPC.

Diante dessa inovação, passou-se a questionar a constitucionalidade do art. 557 do CPC/73, sob o fundamento de que a decisão monocrática do relator feria o princípio da publicidade. Fundamentava-se que as decisões do colegiado eram proferidas em sessões públicas, enquanto as decisões monocráticas eram realizadas no gabinete do relator, restringindo assim a publicidade de seu julgamento.

O C. TST, entretanto, não admitiu o argumento invocado, reconhecendo a constitucionalidade do art. 557 do CPC/73 e dando origem à OJ nº 73 da SDI-II do TST, ora convertida na presente súmula.

Isso porque a publicidade não está ligada ao julgamento na sessão do colegiado, mas à acessibilidade das partes e de seus advogados, bem como a terceiros interessados, ao conteúdo dos autos, inclusive das decisões, o que era preservado no art. 557 do CPC/73.

A propósito, o relator nessa hipótese atua por meio de delegação, "mantendo--se com o órgão colegiado a competência para decidir"[133]. Disso resulta que a

---

131. NCPC, art. 932.
132. BEBBER, Júlio César. *Recursos no processo do trabalho*. 2. ed. São Paulo: LTr, 2009. p. 58.
133. NEVES, Daniel Amorim Assumpção. *Manual de direito processual civil*. 2. ed. Rio de Janeiro: Forense; São Paulo: Método, 2010. p. 643.

decisão monocrática do relator, seja de natureza interlocutória, seja de sentença, está sujeita ao **agravo**, o qual será analisado pelo órgão colegiado do tribunal competente. Nesse sentido, já reconheceu o Supremo Tribunal Federal:

> EMENTA: CONSTITUCIONAL. MANDADO DE INJUNÇÃO. SEGUIMENTO NEGADO PELO RELATOR. COMPETÊNCIA DO RELATOR PARA NEGAR SEGUIMENTO A PEDIDO OU RECURSO: RI/STF, art. 21, § 1º; Lei nº 8.038, de 1990, art. 38; CPC, art. 557, redação da Lei 9.756/98: CONSTITUCIONALIDADE. MANDADO DE INJUNÇÃO: PRESSUPOSTOS. C.F., art. 5º, LXXI. LEGITIMIDADE ATIVA. I. – É legítima, sob o ponto de vista constitucional, a atribuição conferida ao Relator para arquivar ou negar seguimento a pedido ou recurso – RI/STF, art. 21, § 1º; Lei 8.038/90, art. 38; CPC, art. 557, redação da Lei 9.756/98 – desde que, mediante recurso, possam as decisões ser submetidas ao controle do Colegiado. (...) Agravo não provido[134].

Com efeito, o art. 557 do CPC/73, que ampliou os poderes do relator, foi considerado constitucional.

Dúvida persistia, porém, quanto ao campo de aplicação do art. 557 do CPC/73 no processo do trabalho, vez que o antigo art. 896, § 5º, da CLT previa os poderes do relator nos recursos de revista, embargos para a SDI e agravo de instrumento, sendo mais restrito que o artigo do CPC[135].

Desse modo, parte da doutrina e da jurisprudência entendia que, tratando-se de tais recursos, o relator somente poderia negar seguimento ao recurso nas hipóteses de intempestividade, deserção, falta de alçada e ilegitimidade de representação, além de negar provimento quando a decisão recorrida estivesse em consonância com súmula do TST.

Antigamente, esse era o entendimento do C. TST, como se verifica pela redação original da IN 17, III, do TST, *in verbis*:

> III – Aplica-se o *caput* do artigo 557 do Código de Processo Civil, segundo a redação dada pela Lei nº 9.756/98, ao Processo do Trabalho, salvo no que tange aos recursos de revista, embargos e agravo de instrumento que continuam regidos pelo § 5º do artigo 896 da Consolidação das Leis do Trabalho – CLT, que regulamenta as hipóteses de negativa de seguimento a recurso. (...)

---

134. STF – AgRMI/MA 595. Rel. Min. Carlos Velloso. DJ 23.4.99.
135. Antiga redação do art. 896, § 5º, da CLT: "Estando a decisão recorrida em consonância com enunciado da Súmula da Jurisprudência do Tribunal Superior do Trabalho, poderá o Ministro Relator, indicando-o, negar seguimento ao Recurso de Revista, aos Embargos, ou ao Agravo de Instrumento. Será denegado seguimento ao Recurso nas hipóteses de intempestividade, deserção, falta de alçada e ilegitimidade da representação, cabendo a interposição de Agravo."

No entanto, o E. TST evoluiu na interpretação do art. 557 do CPC/73, passando a entender que ele era aplicável a todos os recursos interpostos no processo do trabalho, dando origem à redação da presente súmula e, inclusive, alterando a redação da IN 17, III, do TST, a seguir transcrita:

> III – Aplica-se ao Processo do Trabalho o artigo 557, *caput* e §§ 1º-A, 1º e 2º do Código de Processo Civil, segundo a redação dada pela Lei nº 9.756/98, adequando-se o prazo do agravo ao prazo de oito dias.

O Novo CPC, embora trate o tema de forma mais completa e precisa[136], reproduz a ideologia do art. 557 do CPC/73 em seu art. 932 do NCPC, permitindo que o relator faça juízo de admissibilidade do recurso (inciso III), assim como julgue o próprio mérito do recurso, negando-lhe ou dando-lhe provimento (incisos III, IV e V)[137].

Desse modo, acreditamos que o TST deverá manter a aplicação da legislação processual civil de forma subsidiária ao processo do trabalho, adequando-se ao disposto no referido artigo.

Há de se consignar que a Lei 13.015/14 excluiu do art. 896 da CLT os poderes do relator, passando a prevê-lo no art. 894, § 3º, que vaticina:

> § 3º O Ministro Relator denegará seguimento aos embargos:
>
> I – se a decisão recorrida estiver em consonância com súmula da jurisprudência do Tribunal Superior do Trabalho ou do Supremo Tribunal Federal, ou com iterativa, notória e atual jurisprudência do Tribunal Superior do Trabalho, cumprindo-lhe indicá-la;
>
> II – nas hipóteses de intempestividade, deserção, irregularidade de representação ou de ausência de qualquer outro pressuposto extrínseco de admissibilidade.

---

136. Nesse sentido: BUENO, Cássio Scarpinella. *Novo Código de Processo Civil Anotado*. São Paulo: Saraiva, 2015, p. 581.
137. Art. 932. Incumbe ao relator: (...) III – não conhecer de recurso inadmissível, prejudicado ou que não tenha impugnado especificamente os fundamentos da decisão recorrida; IV – negar provimento a recurso que for contrário a: a) súmula do Supremo Tribunal Federal, do Superior Tribunal de Justiça ou do próprio tribunal; b) acórdão proferido pelo Supremo Tribunal Federal ou pelo Superior Tribunal de Justiça em julgamento de recursos repetitivos; c) entendimento firmado em incidente de resolução de demandas repetitivas ou de assunção de competência; V – depois de facultada a apresentação de contrarrazões, dar provimento ao recurso se a decisão recorrida for contrária a: a) súmula do Supremo Tribunal Federal, do Superior Tribunal de Justiça ou do próprio tribunal; b) acórdão proferido pelo Supremo Tribunal Federal ou pelo Superior Tribunal de Justiça em julgamento de recursos repetitivos; c) entendimento firmado em incidente de resolução de demandas repetitivas ou de assunção de competência; (...) Parágrafo único. Antes de considerar inadmissível o recurso, o relator concederá o prazo de 5 (cinco) dias ao recorrente para que seja sanado vício ou complementada a documentação exigível.

Com efeito, a CLT passa a contemplar os poderes do relator apenas nos embargos no TST, restringindo-os às hipóteses de denegação.

Isso não significa, porém, que o relator não possa dar provimento aos embargos monocraticamente, quando a decisão impugnada estiver em confronto com súmula do TST, súmula do STF ou orientação jurisprudencial do TST. É que, a nosso juízo, mantém-se o teor da presente súmula e da IN 17, III, do TST, admitindo-se a aplicação subsidiária do art. 932 do NCPC aos recursos trabalhistas, inclusive na hipótese dos embargos.

Tal argumento se justifica porque o art. 932 do NCPC privilegia os princípios da efetividade, celeridade e economia processual, atendendo aos anseios dos jurisdicionados, ao agilizar o julgamento dos recursos no tribunal, quando manifestamente inadmissíveis, improcedentes, prejudicados, não fundamentados e em consonância com sua súmula, jurisprudência dominante, recurso extraordinário e de revista repetitivos, incidente de resolução de demandas repetitivas ou assunção de competência, sendo, portanto, compatível com o processo do trabalho.

Desse modo, sendo omissa a CLT e havendo compatibilidade com o processo do trabalho, necessária a aplicação, de forma genérica, do art. 932 do NCPC, por força do art. 769 da CLT e do art. 15 do NCPC.

Enfim, nos termos do novel dispositivo, o relator, em grau recursal, poderá, monocraticamente, proferir juízo de admissibilidade negativo ou juízo de mérito, nos seguintes casos:

1) Juízo de admissibilidade negativo quando o recurso for:

    a) inadmissível;

    b) prejudicado;

    c) não tenha impugnado especificadamente os fundamentos da decisão recorrida, observada a Súmula 422 do TST.

2) Juízo de mérito para:

    2.1) **negar**-lhe provimento, quando o **recurso** for contrário a súmula do STF, do STJ (incluímos do TST) ou do próprio tribunal; quando for contrário a acórdão proferido pelo STF ou pelo STJ (incluímos do TST) em julgamento de recursos repetitivos e; quando for contrário ao entendimento firmado em incidente de resolução de demandas repetitivas ou de assunção de competência;

    2.2) **dar**-lhe provimento, quando a **decisão** recorrida estiver em confronto com súmula do STF, do STJ (incluímos do TST) ou do próprio tribunal; quando for contrário a acórdão proferido pelo STF ou pelo STJ (incluímos do TST) em julgamento de recursos repetitivos e quando for contrário ao entendimento firmado em incidente de resolução de demandas repetitivas ou de assunção de competência.

Ademais, o relator também deverá dirigir e ordenar o processo no tribunal, inclusive em relação à produção de provas e à homologação de acordo entre as partes; apreciar o pedido de tutela provisória nos recursos e nos processos de competência originária do tribunal; decidir o incidente de desconsideração da personalidade jurídica, quando este for instaurado originariamente perante o tribunal; determinar a intimação do Ministério Público, quando for o caso; além de outras atribuições estabelecidas no regimento interno do tribunal (NCPC, art. 932).

Por fim, ressalta-se, novamente, que, para manter a substância do tribunal (órgão colegiado), a decisão do relator **sempre** estará sujeita ao recurso de agravo interno ou regimental, previsão que passa a ser expressa no art. 894, § 4º CLT, quanto aos embargos no TST, e no art. 1.021 do NCPC para os demais casos.

9. EXECUÇÃO TRABALHISTA

9.1. Juros. Incidência independentemente de constar no pedido inicial ou na condenação (Súmula nº 211 do TST)

> **Súmula nº 211 do TST.** Juros de mora e correção monetária. Independência do pedido inicial e do título executivo judicial
>
> Os juros de mora e a correção monetária incluem-se na liquidação, ainda que omisso o pedido inicial ou a condenação.

A Jurisdição tem como característica essencial a inércia, de forma que o "Estado-juiz só atua se for provocado"[138]. Uma vez provocado[139], o juiz estará restrito aos pedidos feitos pelo demandante. Essa restrição é chamada de princípio da congruência ou adstrição, segundo o qual o juiz somente poderá emitir provimento jurisdicional pleiteado, não podendo ir além ou permanecer aquém do pedido ou conceder o que não foi requerido (art. 492 do NCPC). Exemplificamos:

> Julgamento *extra petita* (fora do pedido): empregado ingressa com a reclamação trabalhista pleiteando férias, décimo terceiro e horas extras. Durante a instrução do processo, fica comprovado que o empregador também não pagava adicional noturno. Nesse caso, o juiz não poderá deferir o pagamento

---

138. CÂMARA, Alexandre Freitas. *Lições de direito processual civil*. 18. ed. Rio de Janeiro: Lumen Juris, 2008. v. 1, p. 70.
139. O que ocorre por meio da demanda (princípio da demanda).

desse adicional, pois está restrito aos três pedidos formulados na inicial, sob pena de proferir julgamento *extrapetita*.

Julgamento *ultra petita* (além do pedido): empregado ingressa com a reclamação trabalhista pleiteando indenização por danos materiais no valor de R$ 5.000,00. Durante a instrução do processo, fica comprovado que o dano foi no montante de R$ 7.000,00. Nesse caso, o juiz fica limitado ao valor de R$ 5.000,00, sob pena de proferir julgamento *ultra petita*.

Julgamento *citra petita* (aquém do pedido): empregado ingressa com a reclamação trabalhista pleiteando férias, décimo terceiro e horas extras. Nessa hipótese, o juiz não pode deixar de julgar um dos pedidos, por exemplo, das horas extras, sob pena de proferir julgamento *citra petita*.

O princípio da congruência, no entanto, sofre exceções por meio dos pedidos implícitos, chamados no processo do trabalho de princípio da extrapetição, o qual "permite que o juiz, nos casos expressamente previstos em lei, condene o réu em pedidos não contidos na petição inicial, ou seja, autoriza o julgador a conceder mais do que o pleiteado, ou mesmo vantagem diversa da que foi requerida"[140]. Assim, o juiz poderá agir de ofício nos casos expressos em lei.

É nesse contexto que se anuncia a súmula em análise, que permite a incidência de juros e correção monetária na ausência de pedido e até mesmo no caso de ausência de condenação.

Isso ocorre porque, o art. 39, § 1º, da Lei 8.177/91 estabelece:

> Aos débitos trabalhistas constantes de condenação pela Justiça do Trabalho ou decorrentes dos acordos feitos em reclamatória trabalhista, quando não cumpridos nas condições homologadas ou constantes do termo de conciliação, serão acrescidos, nos juros de mora previstos no caput juros de um por cento ao mês, contados do ajuizamento da reclamatória e aplicados pro rata die, ainda que não explicitados na sentença ou no termo de conciliação.

No mesmo sentido, os arts. 322, § 1º e 491 ambos do NCPC, *in verbis*:

> Art. 322. § 1º Compreendem-se no principal os juros legais, a correção monetária e as verbas de sucumbência, inclusive os honorários advocatícios.
>
> Art. 491. Na ação relativa à obrigação de pagar quantia, ainda que formulado pedido genérico, a decisão definirá desde logo a extensão da obrigação, o índice de correção monetária, a taxa de juros, o termo inicial de ambos e a periodicidade da capitalização dos juros, se for o caso (...).

---

140. SARAIVA, Renato. *Curso de direito processual do trabalho*. 3. ed. São Paulo: Método, 2006. p. 50-51.

Ademais, descreve o art. 404 do Código Civil:

> Art. 404. As perdas e danos, nas obrigações de pagamento em dinheiro, serão pagas com atualização monetária segundo índices oficiais regularmente estabelecidos, abrangendo juros, custas e honorários de advogado, sem prejuízo da pena convencional.

Tais disposições derivam da própria natureza da correção monetária que não se trata de um *plus*, mas apenas a atualização monetária do débito, buscando recompor a integridade do valor da moeda no tempo.

No mesmo caminho do TST entende o Supremo Tribunal Federal, conforme declinado na Súmula nº 254[141], a qual inclui os juros moratórios na liquidação, mesmo que omisso na petição inicial ou na condenação.

Assim, com base no princípio da extrapetição (pedido implícito), haverá incidência de juros moratórios e a correção monetária independentemente de constar de pedido ou da condenação.

Contudo, cabe ressaltar que, existindo previsão expressa na decisão acerca de um determinado índice, não poderá o juiz, na fase de liquidação, alterá-lo, sob pena de violação da coisa julgada.

Importante frisar, por fim, que na área trabalhista tem se admitido a aplicação do princípio da extrapetição em outros casos como, por exemplo:

a) concessão do adicional de horas extras de, no mínimo, 50% quando houver pedido de pagamento das horas extraordinárias, mas não houver pedido expresso do pagamento do adicional;

b) deferimento do adicional de 1/3 de férias, quando houver apenas pedido do pagamento das férias, sem previsão expressa ao adicional constitucional;

c) anotação da CTPS – Carteira de Trabalho e Previdência Social – quando houver pedido de reconhecimento de vínculo, sem que haja pedido expresso da anotação da carteira do empregado;

d) decisão que deferir salário quando o pedido for de reintegração, dados os termos do art. 496 da CLT (Súmula nº 396, III, do TST).

---

141. Súmula nº 254 do STF: "Incluem-se os juros moratórios na liquidação, embora omisso o pedido inicial ou a condenação".

10. AÇÃO RESCISÓRIA

10.1. Legitimidade do Ministério Público do Trabalho (súmula nº 407 do TST)

> **Súmula nº 407 do TST.** Ação rescisória. Ministério público. Legitimidade "ad causam" prevista no art. 487, III, "a" e "b", do CPC. As hipóteses são meramente exemplificativas
>
> A legitimidade "ad causam" do Ministério Público para propor ação rescisória, ainda que não tenha sido parte no processo que deu origem à decisão rescindenda, não está limitada às alíneas "a" e "b" do inciso III do art. 487 do CPC[142], uma vez que traduzem hipóteses meramente exemplificativas.

A presente súmula passa pela interpretação do antigo art. 487, inciso III, do CPC/73, o qual declinava:

> Art. 487. Tem legitimidade para propor a ação:
>
> (...)
>
> III – o Ministério Público:
>
> a) se não foi ouvido no processo, em que lhe era obrigatória a intervenção;
>
> b) quando a sentença é o efeito de colusão das partes, a fim de fraudar a lei.

Antes de ingressarmos na interpretação do referido dispositivo, mister analisarmos o **conceito de parte**.

Trata-se de conceito antigo que não encontra pacificação doutrinária. Chiovenda entendia ser parte o sujeito que pede ou contra quem se pede a tutela jurisdicional, enquanto para Liebman, conceituando-a de forma mais ampla, é aquela que participa da relação processual em contraditório defendendo interesse próprio ou alheio, sendo sujeita de posições jurídicas ativas e passivas (faculdades, ônus, poderes, deveres, estado de sujeição).[143]

Parcela da doutrina busca adequar os dois conceitos, instituindo como parte da demanda a definição de Chiovenda, e partes do processo, a defendida por Liebman[144].

---

142. NCPC, art. 967, III.
143. NEVES, Daniel Amorim Assumpção. *Manual de direito processual civil*. 2. ed. Rio de Janeiro: Forense; São Paulo: Método, 2010. p. 91.
144. CÂMARA, Alexandre Freitas. *Lições de direito processual civil*. 18. ed. Rio de Janeiro: Lumen Juris, 2008. v. 1, P. 142-143.

Entendemos ser adequado o conceito mais amplo de parte, de modo que **parte é aquele que participa da relação processual em contraditório, sendo titular de situações jurídicas processuais ativas e passivas, independente de fazer pedido ou contra ele for pedido algo.**

Assim, o Ministério Público, quando adentra ao processo como fiscal da ordem jurídica, adquire a condição de parte, servindo a diferenciação de órgão agente ou interveniente apenas para legitimar o ingresso do *parquet* no processo. Em outros termos, **antes** de o Ministério Público ser incluído no processo **permite-se a diferenciação entre fiscal da ordem jurídica e órgão agente**, mas, **após** sua inclusão, **passa a ser considerado como parte.**

Nos dizeres do doutrinador Cândido Rangel Dinamarco:

> São diversas as posições assumidas pelos agentes do Ministério Público mas, qualquer que seja a figura processual em cada caso, *parte ele sempre será*, invariavelmente. Como tal, desfruta de todas as situações ativas e passivas que constituem a trama da relação jurídica processual, estando pois dotado dos poderes e faculdades que toda a parte tem e sujeito de ônus e de deveres inerentes à condição de parte; a ele são oferecidas, como a todas as partes, as oportunidades integrantes do trinômio *pedir-alegar-provar,* inerente à garantia constitucional do contraditório (...) O *Parquet* pede, alega e prova quer figure como mero fiscal da lei ou atue na defesa de interesses de alguma pessoa ou grupo. (...)
>
> O inc. I do art. 138 do Código de Processo Civil faz expressamente a distinção entre o Ministério Público atuando como parte e os casos em que ele *não é parte* – em óbvia alusão ao fiscal da lei.
>
> Essa distinção é todavia acientífica e choca-se com conceitos elementares do processo civil. Ser fiscal da lei não significa não ser parte, do mesmo modo que ser parte no processo não exclui que o Ministério Público possa sê-lo na condição de mero *custos legis*. (...) O *custos legis*, portanto, é parte.[145] (destaques no original)

Partindo desse conceito de parte, nota-se que o art. 487, III, do CPC/73 buscava disciplinar tão somente a atuação do Ministério Público quando **não houvesse sua participação no processo originário**, pois, havendo participação, ele será parte e terá legitimidade ampla para ajuizar a ação rescisória.[146]

Passemos, então, a efetivamente interpretar o alcance do antigo art. 487, III, do CPC/73.

Um fragmento da doutrina entendia que, quando o Ministério Público não participava do processo (não é parte), teria legitimidade somente nos casos

---

145. DINAMARCO, Cândido Rangel. *Instituições de direito processual civil*. 6. ed. São Paulo: Malheiros Editores Ltda., 2009. v. 2, p. 436-437.
146. NEVES, Daniel Amorim Assumpção. *Manual de direito processual civil*. 2. ed. Rio de Janeiro: Forense; São Paulo: Método, 2010. p. 735. MOREIRA, José Carlos Barbosa. *Comentários ao código de processo civil*. 15. ed. Rio de Janeiro: Forense, 2010. v. 5, p. 171.

expressamente declinados no art. 487, III, do CPC/73, sob o fundamento de que, admitindo a atuação genérica do Ministério Público nesse caso, tornar-se-ia inócuo o dispositivo em análise[147].

A outra parcela da doutrina e da jurisprudência admitia que a legitimidade do Ministério Público quando **não participou do processo,** não estava adstrita aos casos do art. 487, III, do CPC, traduzindo-se esse artigo em hipóteses meramente exemplificativas[148].

Sempre entendemos que a segunda corrente estava com a razão, vez que o art. 127 da Constituição Federal de 1988 incumbiu ao Ministério Público a defesa da ordem jurídica, do regime democrático e dos interesses sociais e individuais indisponíveis, de modo que não pode o legislador infraconstitucional restringir tal atribuição, sob pena de inconstitucionalidade. Assim, mesmo que o Ministério Público do Trabalho não tivesse participado do processo, havendo, por exemplo, decisão que violasse o ordenamento jurídico, o Ministério Público estaria legitimado para ajuizar a ação rescisória.

O Tribunal Superior do Trabalho anteriormente possuía posição restritiva, admitindo a atuação do Ministério Público apenas nos casos previstos no art. 487, III, do CPC/73 como se verifica pela cancelada OJ nº 33 da SDC.

No entanto, de forma acertada, alterou radicalmente seu posicionamento, passando a admitir atualmente a ampla legitimidade do Ministério Público para o ajuizamento da ação rescisória, declinando que o art. 487, III, do CPC/73, estabelecia apenas hipóteses exemplificativas.

Digno de nota o precedente da súmula em comento:

> As hipóteses das alíneas "a" e "b" do art. 487 do CPC, relativas à legitimidade do Ministério Público para ajuizar a ação rescisória, remetem na realidade à violação de dispositivo legal, vale dizer, dos artigos 83, 84 e 129 do CPC. Disso se pode inferir que a enumeração contida nas duas alíneas do art. 487 do CPC não é exaustiva, mas exemplificativa, em virtude da qual se impõe a ilação de o Ministério Público estar igualmente legitimado a propor ação rescisória com respaldo em qualquer dos motivos de rescindibilidade do art. 485, sobretudo o do inciso V, do CPC, mesmo não tendo sido parte no processo original. É preciso, por outro lado, interpretar o art. 485, inciso II – que trata da legitimação do terceiro juridicamente interessado – no

---

147. MOREIRA, José Carlos Barbosa. *Comentários ao código de processo civil.* 15. ed. Rio de Janeiro: Forense, 2010. v. 5, p. 173. Registra-se que para o doutrinador o art. 487, III, do CPC tem incidência quando o Ministério Público atua como *custos legis*, estabelecendo que o MP será parte do processo não pela simples participação na relação processual, mas quando, por exemplo, interpõe recurso.

148. DIDIER Jr., Fredie; CUNHA, Leonardo José Carneiro da. *Curso de direito processual civil: Meios de impugnação às decisões judiciais e processo nos tribunais.* 8. ed. Bahia: JusPODIVM, 2010. v. 3, p. 368. NEVES, Daniel Amorim Assumpção. *Manual de direito processual civil.* 2. ed. Rio de Janeiro: Forense; São Paulo: Método, 2010. p. 735-736.

cotejo com o art. 127 da Constituição, pelo qual fora atribuído ao Ministério Público a defesa da ordem jurídica. Equivale a dizer ser possível ingressar com ação rescisória na condição de terceiro interessado se a sentença que julgou a lide do processo rescindendo tiver envolvido preceito de lei cuja violação importe em violação da própria ordem jurídica, pois o seu interesse o será jurídico e não simplesmente econômico.[149]

Em suma, **participando ou não do processo, o Ministério Público do Trabalho, atualmente, terá legitimidade para ajuizar a ação rescisória em todas as hipóteses do art. 966 do NCPC, sempre que exigir o interesse público**, não se restringindo, assim, às hipóteses do antigo art. 487, III, do CPC/73.[150]

O NCPC adota a tese do TST, passando a declinar em seu art. 967 o que segue:

Art. 967. Têm legitimidade para propor a ação rescisória:

I – quem foi parte no processo ou o seu sucessor a título universal ou singular;

(...)

III – o Ministério Público:

a) se não foi ouvido no processo em que lhe era obrigatória a intervenção;

b) quando a decisão rescindenda é o efeito de simulação ou de colusão das partes, a fim de fraudar a lei;

c) em outros casos em que se imponha sua atuação; (...)

Portanto, observa-se pela alínea c que o Novo CPC ampliou a legitimidade do Ministério Público para propor a ação rescisória em todos os casos que imponham sua atuação, ou seja, quando houver interesse público a ser tutelado, tal como proposto pelo C. TST. Mantido, pois, os fundamentos determinantes da presente Súmula.

10.2. Competência para ajuizamento da ação rescisória (Súmula nº 192 do TST)

> **Súmula nº 192 do TST.** Ação rescisória. Competência e possibilidade jurídica do pedido
>
> I – Se não houver o conhecimento de recurso de revista ou de embargos, a competência para julgar ação que vise a rescindir a decisão de mérito é do Tribunal Regional do Trabalho, ressalvado o disposto no item II.
>
> (...)

---

149. TST-ROAR-687.985/2000.1. Rel. Min. Barros Levenhagen. DJ 19.10.2001.
150. NEVES, Daniel Amorim Assumpção. *Manual de Direito Processual Civil*. 2. ed. Rio de Janeiro: Forense; São Paulo: Método, 2010. p. 736.

Considerando os objetivos desta obra, vamos nos limitar a analisar, nesse tópico, o item I desta súmula, reservando o estudo dos itens III e IV nas súmulas superadas.

I – Se não houver o conhecimento de recurso de revista ou de embargos, a competência para julgar ação que vise a rescindir a decisão de mérito é do Tribunal Regional do Trabalho, ressalvado o disposto no item II.

A ação rescisória é uma ação especial destinada a atacar a decisão judicial que enseja, como regra, a coisa julgada material. Diante de sua natureza especial, o legislador estabeleceu que terá **competência** para julgá-la **sempre um tribunal**, o que significa que jamais a ação rescisória será ajuizada na Vara do Trabalho. Trata-se de **competência funcional** e, portanto, de natureza absoluta.

A definição de qual tribunal irá processar e julgar a ação rescisória é alcançada, em regra, pela **decisão de mérito** que se busca desconstituir. Noutras palavras, é a **decisão de mérito proferida no processo originário que vai, como regra, delimitar a competência da ação rescisória.**

Nesse contexto, define-se a competência dos Tribunais Regionais para o julgamento da ação rescisória da seguinte forma:

a) competência para rescindir seus próprios julgamentos;

b) competência para rescindir as decisões de mérito proferidas pelas Varas do Trabalho a ele vinculadas.

Nos Tribunais Superiores a diretriz fica limitada ao primeiro item, isto é, o **Tribunal Superior do Trabalho tem competência para rescindir seus próprios julgamentos**. Tratando-se de dissídios individuais, a competência no TST ficará a cargo da Seção de Dissídios Individuais, seja para as decisões das Turmas, seja para as decisões da própria SDI (art. 3º, I, a, da Lei nº 7.701/88). Nesse caso, a competência será da SDI-II do TST, nos termos do art. 71, III, a, 1, do Regimento Interno do TST. Por outro lado, sendo dissídio coletivo a competência será da SDC (art. 2º, I, c, da Lei nº 7.701/88).

Nesse momento, cabe fazer duas observações quanto à competência do TST para o julgamento da ação rescisória:

1) tem competência para rescindir suas próprias decisões, quando decorrentes dos processos de sua competência originária (ex., ação rescisória de mandado de segurança de competência originária do TST ou ação rescisória de sentença normativa de competência originária do TST);

2) tem competência para rescindir seus próprios julgamentos, quando derivados de sua competência recursal (ex., julgamento do recurso de revista e embargos para a SDI).

Em todos os casos, o que se deve buscar, em regra, para delimitar a competência para a ação rescisória é a **decisão de mérito, pois é esta que está sujeita à rescindibilidade**.

O item I da súmula em comento determina, portanto, que o TST somente terá competência para a ação rescisória derivada de julgamento do recurso de revista e dos embargos quando proferir decisão de mérito, o que não ocorrerá se não conhecer de tais recursos.

Noutras palavras, é cediço que, interposto o recurso, ele passa, inicialmente, pelo juízo de admissibilidade, oportunidade em que o Tribunal irá analisar a presença dos pressupostos recursais. Ausentes tais pressupostos, o recurso não será conhecido (admitido), não proferindo, dessa forma, decisão de mérito. Nessa hipótese, a última decisão de mérito é a decisão impugnada no recurso (por exemplo, acórdão do TRT que foi impugnado no recurso de revista). Por outro lado, estando presentes os pressupostos recursais, o recurso será conhecido, passando-se à análise do mérito do recurso (juízo de mérito), o qual será provido ou não. Nesse último caso, temos decisão de mérito, que poderá ser rescindida.

Assim, não sendo conhecido o recurso de revista por ausência de pressupostos recursais (ex., tempestividade, depósito recursal etc.), não há decisão de mérito no TST, razão pela qual a ação rescisória deve, como regra, atacar a última decisão de mérito, qual seja, o acórdão regional, devendo, por isso, ser ajuizada no TRT, observada a ressalva feita no item II dessa.

Cabe ainda registrar que, quanto aos **embargos para a SDI, há de se diferenciar a natureza da decisão impugnada.**

Isso porque os embargos para a SDI são cabíveis "das decisões das Turmas que divergirem entre si ou das decisões proferidas pela Seção de Dissídios Individuais, ou contrárias a súmula ou orientação jurisprudencial do Tribunal Superior do Trabalho ou súmula vinculante do Supremo Tribunal Federal" (CLT, art. 894, II, do TST). Assim, em regra, os embargos para a SDI são interpostos de decisão de mérito proferida pela Turma do TST. No entanto, por força da Súmula nº 353 do TST, são admitidos os embargos das decisões das Turmas proferidas em agravo quando divergirem a respeito da presença dos pressupostos extrínsecos, ou seja, neste caso são admitidos os embargos das decisões prolatadas no juízo de admissibilidade do recurso, que não são dotadas de mérito.

Com efeito, deve-se interpretar a presente súmula, quanto aos embargos, da seguinte forma: a) havendo embargos para a SDI de decisão de mérito da Turma, o não conhecimento dos embargos, torna rescindível a última decisão de mérito: a decisão da Turma do TST, o que atrai a competência do TST para o julgamento da ação rescisória; b) havendo embargos para SDI de decisão da

Turma que não conheceu do recurso de revista (decisão ausente de mérito), o não conhecimento dos embargos torna rescindível o acórdão regional, pois é a última decisão de mérito, sendo competente o TRT.

Portanto, atacando-se a **decisão de mérito**, mantido está o posicionamento do C. TST.

No entanto, o Novo CPC possibilita a ataque de decisão **sem mérito** na ação rescisória, o que significa que, nesse aspecto, a súmula em comentário não será aplicada. Melhor explicando.

A sistemática idealizada pelo CPC de 1973 sempre foi de que apenas a decisão de mérito era suscetível de corte rescisório.

Conquanto essa regra tenha sido mantida, o Novo CPC passou a permitir o ajuizamento da ação rescisória de decisão que, embora **não seja de mérito**, impeça:

I – nova propositura da demanda; ou

II – admissibilidade do recurso correspondente (art. 966, § 2º).

Em outros termos, a regra continua sendo o ataque à decisão de mérito, mas, com o advento do Novo CPC, será possível indicar decisão destituída de mérito na ação rescisória, nos termos do art. 966, § 2º.

Agora indaga-se: qual será o juízo competente para desconstituir tais decisões que não são dotadas de mérito?

Na hipótese do inciso I, deve-se atacar a última decisão que impediu a propositura da nova ação. Assim, se a última decisão é da Vara do Trabalho ou do Tribunal Regional do Trabalho, a competência será do TRT. Por outro lado, sendo a última decisão do Tribunal Superior do Trabalho, a competência será do TST. Exemplificamos:

> João ajuíza reclamação trabalhista em face da empresa Zeca postulando horas extras e reintegração, realizando acordo judicial. Em seguida, resolve ajuizar nova reclamação, pleiteando indenização por danos morais. A nova reclamação é extinta sem resolução do mérito, na Vara do Trabalho, sob o fundamento de que o acordo judicial da plena quitação ao contrato, de modo que a segunda ação viola a coisa julgada (NCPC, art. 485, V). O empregado interpõe recurso ordinário, que é conhecido e não provido, mantendo-se a decisão de origem. Transitada em julgada a decisão do TRT, embora não seja de mérito, ela impede que o empregado possa discutir o pleito de indenização em outra ação, permitindo, assim, o ajuizamento da ação rescisória que, no caso, é de competência do TRT.

Já na hipótese do inciso II, ou seja, decisão de inadmissibilidade do recurso, a análise da competência é um pouco mais complexa, passando inicialmente pela verificação da manutenção do juízo *a quo* de admissibilidade no processo do trabalho.

É que, no processo civil, o NCPC acaba com o juízo de admissibilidade *a quo*, como se depreende dos arts. 1.010, § 3º, 1.028, § 3º e 1.030[151], parágrafo único, de modo que a competência será do juízo que fez a análise negativa da admissibilidade do recurso.

No processo do trabalho, a discussão será mais aflorada, porque, a nosso juízo, o novel código somente será aplicado ao recurso ordinário e ao agravo de petição, ante a ausência de norma na CLT e sua compatibilidade com o processo do trabalho[152].

Por outro lado, o Novo CPC não fulmina o juízo *a quo* de admissibilidade do recurso de revista, vez que a CLT tem regra própria no art. 896, §1º da CLT que contempla, expressamente, que o juízo de admissibilidade no recurso de revista será realizado, inicialmente, pelo Presidente do Tribunal Regional do Trabalho.

Isso nos leva à conclusão de que, no processo laboral, o juízo de admissibilidade negativo do recurso de revista continuará existindo, tanto do juízo *a quo*, como do juízo *ad quem*. Agora voltamos ao problema central: de quem será a competência da ação rescisória nesse caso?

A resposta poderia ser simplificada, definindo a competência pelo juízo que proferiu a inadmissibilidade do recurso. No entanto, antes de responder esse questionamento, temos que definir como será o julgamento da ação rescisória nessa nova modalidade.

É sabido que a ação rescisória possui dois momentos bem distintos: o juízo rescindendo (rescindente) e o juízo rescisório. No primeiro, busca-se a desconstituição da decisão de mérito transitada em julgado, enquanto no segundo haverá novo julgamento sobre a matéria objeto de análise da sentença rescindida. Como regra, ocorrerá tanto o juízo rescindendo como o rescisório, mas em algumas hipóteses haverá apenas o juízo rescindendo.

Dessa forma, na ação rescisória que busca atacar o juízo de admissibilidade teremos, cumulativamente, o juízo rescindente e o juízo rescisório?

Em sendo positiva a resposta, chegaremos à conclusão de que o juízo *a quo* não pode ser competente para a ação rescisória, vez que no juízo rescisório estaria usurpando competência do órgão jurisdicional superior. Exemplificamos:

---

151. Esse dispositivo deverá ser revogado, como prevê o substitutivo ao projeto de Lei nº 2.384, de 2015, já aprovado na Câmara dos Deputados, mantendo-se o juízo de admissibilidade *a quo* pelo presidente ou vice-presidente do Tribunal, nas hipóteses de recursos especial e extraordinário, aproximando-se, novamente, do processo do trabalho.

152. No mesmo sentido, SCHIAVI, Mauro. *Manual de Direito Processual do Trabalho*. 9. ed. São Paulo: LTr, 2015. p. 903.

Sendo interposto recurso de revista é denegado seu seguimento no TRT de origem (juízo *a quo*). Transitada em julgado a decisão, a parte resolve ajuizar ação rescisória para desconstituir a decisão proferida no juízo de admissibilidade. Nesse caso, a ação rescisória deverá ser ajuizada no TST, pois rescindindo a decisão (juízo rescindente), poderá no juízo rescisório julgar o recurso de revista indevidamente trancado. Isso significa que, se fosse admitida a competência do TRT, ele poderia, no juízo rescisório, julgar o recurso de revista, o que não é permitido.

Como se trata de inovação sem precedentes no CPC/73, pensamos que a melhor opção será responder de forma negativa o questionamento anterior, limitando a ação rescisória ao juízo rescindente.

Em outros termos, a nosso juízo, atacando-se a decisão negativa de admissibilidade, o corte rescisório terá apenas o condão de rescindir a decisão negativa de admissibilidade, restaurando o natural andamento do processo que havia transitado em julgado, permitindo o processamento e/ou julgamento do recurso trancado.

Pensamos dessa forma, com o objetivo de manter a competência recursal. É que permitindo o juízo rescisório, estaríamos alterando a competência para o julgamento do recurso trancado. No exemplo anterior, o recurso de revista deixaria de ser julgado pelas turmas do TST (competente para esse recurso) e passaria a ser julgado pela SDI-II (competente para a ação rescisória), o que significa que a SDI-II se transformaria em subseção recursal para o julgamento do recurso de revista. O mesmo ocorrerá nos recursos de competência dos tribunais regionais.

Com efeito, a nosso juízo, nessa ação rescisória haverá apenas juízo rescindente.

Adotando nossa tese, a competência da ação rescisória no processo do trabalho, torna-se simplificada: é competente para a ação rescisória o juízo que proferiu a decisão negativa de admissibilidade do recurso.

Desse modo, se a ação rescisória busca atacar a decisão de inadmissibilidade do recurso de revista proferida no TST ou dos embargos para a SDI, a competência para analisá-la é do C.TST, ainda que a decisão não seja de mérito. Por outro lado, se a inadmissibilidade foi proferida pelo Tribunal Regional do Trabalho a competência será do TRT.

10.3. Decadência (Súmula nº 100 do TST)

Súmula nº 100 do TST. Ação rescisória. Decadência

I – O prazo de decadência, na ação rescisória, conta-se do dia imediatamente subsequente ao trânsito em julgado da última decisão proferida na causa, seja de mérito ou não.

II – Havendo recurso parcial no processo principal, o trânsito em julgado dá-se em momentos e em tribunais diferentes, contando-se o prazo decadencial para a ação rescisória do trânsito em julgado de cada decisão, salvo se o recurso tratar de preliminar ou prejudicial que possa tornar insubsistente a decisão recorrida, hipótese em que flui a decadência a partir do trânsito em julgado da decisão que julgar o recurso parcial.

III – Salvo se houver dúvida razoável, a interposição de recurso intempestivo ou a interposição de recurso incabível não protrai o termo inicial do prazo decadencial.

IV – O juízo rescindente não está adstrito à certidão de trânsito em julgado juntada com a ação rescisória, podendo formar sua convicção através de outros elementos dos autos quanto à antecipação ou postergação do "dies a quo" do prazo decadencial.

V – O acordo homologado judicialmente tem força de decisão irrecorrível, na forma do art. 831 da CLT. Assim sendo, o termo conciliatório transita em julgado na data da sua homologação judicial.

VI – Na hipótese de colusão das partes, o prazo decadencial da ação rescisória somente começa a fluir para o Ministério Público, que não interveio no processo principal, a partir do momento em que tem ciência da fraude.

VII – Não ofende o princípio do duplo grau de jurisdição a decisão do TST que, após afastar a decadência em sede de recurso ordinário, aprecia desde logo a lide, se a causa versar questão exclusivamente de direito e estiver em condições de imediato julgamento.

VIII – A exceção de incompetência, ainda que oposta no prazo recursal, sem ter sido aviado o recurso próprio, não tem o condão de afastar a consumação da coisa julgada e, assim, postergar o termo inicial do prazo decadencial para a ação rescisória.

IX – Prorroga-se até o primeiro dia útil, imediatamente subsequente, o prazo decadencial para ajuizamento de ação rescisória quando expira em férias forenses, feriados, finais de semana ou em dia em que não houver expediente forense. Aplicação do art. 775 da CLT.

X – Conta-se o prazo decadencial da ação rescisória, após o decurso do prazo legal previsto para a interposição do recurso extraordinário, apenas quando esgotadas todas as vias recursais ordinárias.

A ação rescisória é ação especial destinada a desconstituir decisões judiciais que tenham, como regra, gerado coisa julgada material. Possui, portanto, natureza constitutiva negativa. Diante de tal natureza, a ação rescisória é um direito potestativo da parte autora, não se submetendo à prescrição, mas à decadência, uma vez que, ultrapassado o prazo delimitado pela lei, extingue-se o próprio direito à rescisão da decisão viciada. O art. 975 do NCPC, aplicável ao processo do trabalho, estabelece que a ação rescisória poderá ser intentada até 2 anos do trânsito em julgado da sentença.

A presente súmula tem como finalidade sistematizar as diretrizes acerca do prazo decadencial da ação rescisória trabalhista. Passamos, assim, à análise de cada um dos itens.

I – O prazo de decadência, na ação rescisória, conta-se do dia imediatamente subsequente ao trânsito em julgado da última decisão proferida na causa, seja de mérito ou não.

Esse item buscava verificar o *dies a quo* (termo inicial) para o ajuizamento da ação rescisória, interpretando, na época, o art. 495 do CPC/73, o qual declinava:

> Art. 495. O direito de propor ação rescisória se extingue em 2 (dois) anos, contados do trânsito em julgamento da decisão.

Verificava-se, pelo dispositivo supramencionado, que o termo inicial era o trânsito em julgado da decisão.

Dá-se o trânsito em julgado de uma decisão, quando dela não caiba mais nenhum recurso, ou a parte, conformando-se com a decisão, resolve não lançar mão dos meios colocados à sua disposição, para impugnar a decisão.

Dúvida subsistia quando o recurso interposto não era admitido. Isso porque, para a doutrina majoritária, o juízo de admissibilidade tem natureza declaratória, seja positivo, seja negativo, produzindo, portanto, efeitos *ex tunc*. Diante de tal natureza declaratória, quando o recurso não é admitido, ele não tem o condão de afastar o trânsito em julgado da decisão recorrida, pois apenas certifica algo que já existia[153]. Desse modo, para essa parcela da doutrina, o *dies a quo* seria o trânsito em julgado da decisão de mérito.

O C. TST não adotou referido posicionamento, acompanhando a doutrina que indica ser o **juízo de admissibilidade negativo de natureza constitutiva**[154], produzindo, dessa forma, efeitos *ex nunc*. Isso quer dizer que o trânsito

---

[153]. MOREIRA, José Carlos Barbosa. *Comentários ao código de processo civil*. 15. ed. Rio de Janeiro: Forense, 2010. v. 5, p. 265-266.
[154]. DIDIER Jr., Fredie; CUNHA, Leonardo José Carneiro da. *Curso de direito processual civil: Meios de impugnação às decisões judiciais e processo nos tribunais*. 8. ed. Bahia: JusPODIVM, 2010. v. 3, p. 70.

em julgado corresponde à data do trânsito em julgado da última decisão, seja de mérito ou não.

E isso se justifica porque, interposto o recurso, está inviabilizado o ajuizamento da ação rescisória por ausência de um de seus pressupostos: o trânsito em julgado.

O NCPC contemplou o entendimento consolidado na presente súmula e, em seu artigo 975, *caput* esclarece, expressamente, que "o direito à rescisão se extingue em 2 (dois) anos contados do trânsito em julgado da última decisão proferida no processo" (grifo nosso).

Assim, se o recurso não for admitido, é a partir do trânsito em julgado da decisão que não o admitir que iniciará o prazo decadencial da ação rescisória[155]. Tal regra não se aplica, no entanto, ao recurso intempestivo ou recurso incabível, como será analisado no item III desta súmula.

II – Havendo recurso parcial no processo principal, o trânsito em julgado dá-se em momentos e em tribunais diferentes, contando-se o prazo decadencial para a ação rescisória do trânsito em julgado de cada decisão, salvo se o recurso tratar de preliminar ou prejudicial que possa tornar insubsistente a decisão recorrida, hipótese em que flui a decadência a partir do trânsito em julgado da decisão que julgar o recurso parcial.

É sabido que a petição inicial poderá cumular diversos pedidos (cumulação objetiva), que, embora julgados em uma única sentença, são fragmentados dentro da decisão judicial. Têm-se aqui os chamados capítulos da sentença definidos pela doutrina como "unidades autônomas do decisório da sentença"[156]. Assim, se a reclamação trabalhista postula, por exemplo, horas extras e adicional de insalubridade, a sentença terá dois capítulos: um para decidir as horas extras e outro para o adicional de insalubridade.

Interposto o recurso de apenas um dos capítulos, ou seja, recurso parcial, indaga-se: qual o momento do trânsito em julgado capaz de permitir o início do prazo decadencial da ação rescisória?

Parcela da doutrina e da jurisprudência entende que o prazo decadencial da ação rescisória deve ser apenas um, de modo que o *dies a quo* para seu ajuizamento tem início depois de esgotada a possibilidade de qualquer recurso no processo, ou seja, não se admite o trânsito em julgado parcial. Esse é o entendimento consubstanciado na Súmula nº 401 do STJ, *in verbis*:

---

155. DIDIER Jr., Fredie; CUNHA, Leonardo José Carneiro da. *Curso de direito processual civil: Meios de impugnação às decisões judiciais e processo nos tribunais.* 8. ed. Bahia: JusPODIVM, 2010. v. 3, p. 382.

156. DINAMARCO, Cândido Rangel. *Capítulos da sentença.* São Paulo: Malheiros Editores Ltda., 2002. p. 35.

O prazo decadencial da ação rescisória só se inicia quando não for cabível qualquer recurso do último pronunciamento judicial.

O C. TST, entretanto, acompanhando a doutrina majoritária, previu a possibilidade de **trânsito em julgado sucessivo** (formação progressiva da coisa julgada)[157], ou seja, interposto o recurso parcial haverá trânsito em julgado das decisões em momentos e tribunais distintos[158].

O NCPC não soluciona a controvérsia doutrinária relacionada ao trânsito em julgado sucessivo e o início do prazo para o ajuizamento da ação rescisória, uma vez que no *caput* e no parágrafo 2º de seu artigo 975 determina que o prazo para a ação rescisória tem início "do trânsito em julgado da última decisão proferida no processo" (grifo nosso).

Para parcela da doutrina, a redação do NCPC adotou a tese do STJ definindo, de forma expressa, a rejeição da formação da **coisa julgada progressiva**[159]. Dessa forma, de acordo com essa corrente doutrinária, havendo recurso parcial, o prazo para o ajuizamento da ação rescisória só começa a contar após o trânsito em julgado da última decisão proferida no processo, ou seja, mesmo para a parte não recorrida, vedando-se, assim, que ao mesmo tempo exista uma ação em grau recursal e a ação rescisória. Para essa tese, o mesmo entendimento deve ser adotado quando houver julgamento antecipado parcial do mérito (art. 356 do NCPC) e não existir recurso[160].

Todavia, acreditamos que o NCPC contempla o entendimento consolidado na presente súmula e possibilita a formação progressiva do trânsito em julgado. Isso porque, o Novo CPC reconhece, explicitamente, a existência de capítulo da sentença, admitindo inclusive ação rescisória para atacar tão somente "1 (um) capítulo da decisão" (NCPC, art. 966, § 3º). Ademais, o STF já havia adotado essa tese, afirmando que tem início o prazo de dois anos da ação rescisória a cada trânsito em julgado dos capítulos autônomos e não impugnados[161]. Desse modo, ao interpretar a expressão "última decisão proferida no processo" do art. 975 do NCPC, deve-se entender como a última decisão que tornou indiscutível determinada questão deduzida em juízo, a fim de preservar os princípios da

---

157. ROCHA, Andréa Pressas; ALVES NETO, João (org.). *Súmulas do TST comentadas*. Rio de Janeiro: Elsevier, 2011, p. 133.
158. O Supremo Tribunal Federal, recentemente, passou a adotar esse posicionamento. STF-RE 666589/DF. Rel. Min. Marco Aurélio. 25.3.2014.
159. MARINONI, Luiz Guilherme; ARENHART, Sérgio Cruz; MITIDIERO, Daniel. *Novo Curso de Processo Civil: Tutela dos Direitos mediante procedimento comum*, vol. 2. São Paulo: Editora Revista dos Tribunais, 2015, p. 595.
160. MEDINA, José Miguel Garcia. *Novo Código de Processo Civil comentado: com remissões e notas comparativas ao CPC/1973*. São Paulo: Editora Revista dos Tribunais, 2015, p. 1320.
161. STF, 1ª T., RE nº 66.589-DF, rel. Min. Marco Aurélio, j. em 25.03.2014; STF, Tribunal Pleno, AP 470 QO-décima primeira/MG, rel. Min. Joaquim Barbosa, j. 13.11.2013, DJe 19.02.2014.

segurança jurídica, da duração razoável do processo e da igualdade, como nos ensina Fredie Didier Jr:

> A valer a primeira interpretação, o prazo para a ação rescisória contra a decisão parcial seria indefinido, pois seu início dependeria do final do processo – enquanto o processo não terminasse, sempre seria possível propor ação rescisória contra qualquer coisa julgada parcial que se tenha formado durante a litispendência. Essa interpretação é, claramente, um atentado contra a segurança jurídica. Situações consolidadas há muitos anos poderiam ser, surpreendentemente, revistas.
>
> A segunda interpretação está em consonância com todo o sistema do Código. Não apenas com as regras sobre a coisa julgada parcial, que são várias, mas também com o sistema recursal, tendo em vista o que dispõe o art. 1.008 do CPC. Além disso, essa interpretação está em consonância com os princípios da segurança jurídica e da duração razoável do processo.
>
> Finalmente, esse entendimento relaciona-se, estritamente, também, com o princípio da igualdade. Se há coisa julgada parcial, há possibilidade de execução definitiva desta decisão; se o credor não promover a execução dentro do prazo prescricional, há prescrição intercorrente (art. 924, V, CPC). A coisa julgada parcial faz disparar, em desfavor do credor, o início do prazo prescricional, mas não faria disparar, em desfavor do devedor, o início do prazo decadencial para propor a ação rescisória? O credor passa a ter um prazo para executar e o devedor, um prazo indefinido para propor a ação rescisória. Essa situação é, claramente, uma ofensa ao princípio da igualdade.

Desse modo, se há condenação na Vara do Trabalho ao pagamento de horas extras e adicional de insalubridade e a empresa interpõe recurso ordinário apenas da condenação das horas extras, haverá o trânsito em julgado quanto à condenação ao adicional de insalubridade, no momento da interposição do recurso ordinário, ante a preclusão consumativa e impossibilidade de complementação do recurso[162].

No exemplo, se o Tribunal conhece do recurso ordinário e lhe dá provimento, não havendo recurso de revista pelo empregado, haverá dois trânsitos em julgado: um da sentença e outro do acórdão regional.

Essa é a regra geral aplicável quando o recurso parcial impugna capítulos **independentes** da decisão.

Diferente, porém, é o caso de recurso parcial que questiona **preliminares ou capítulos dependentes (prejudiciais)**. Nesse caso, o C. TST entende que haverá apenas um trânsito em julgado, o qual ocorrerá da decisão do recurso parcial.

---

162. KLIPPEL, Bruno. *Direito sumular esquematizado – TST*. São Paulo: Saraiva, 2011. p. 147.

Isso se justifica porque a prejudicialidade entre os capítulos impõe a extensão dos efeitos da decisão do recurso à parte não impugnada, como nos ensina Cândido Rangel Dinamarco:

> Em casos assim, onde é muito intensa a relação de prejudicialidade entre os diversos capítulos, é imperioso estender ao capítulo portador do julgamento de uma pretensão prejudicada, quando irrecorrido, a devolução operada por força do recurso que impugna o capítulo que julgou a matéria prejudicial[163].

Trata-se, porém, de exceção, de modo que sua análise deve ser restritiva. Desse modo, tal extensão de efeitos alcançará os casos de condenações acessórias decorrentes de lei (ex., juros e correções monetárias), bem como quando houver efetiva prejudicialidade entre os capítulos. "A mera conexidade entre as demanda não autoriza essa extensão de efeito"[164].

Seria o caso, por exemplo, de a sentença reconhecer o vínculo empregatício, condenando a empresa a anotar a CTPS e pagar as verbas rescisórias. Suponhamos que a empresa recorra apenas do reconhecimento do vínculo, nada dizendo acerca das verbas rescisórias. Aqui, há nítida prejudicialidade entre os capítulos da sentença, de modo que o acórdão regional poderá estender seus efeitos à parte não impugnada, pois não é coerente que o tribunal dê provimento ao recurso para não reconhecer o vínculo empregatício, mas mantenha o pagamento das verbas rescisórias.

O mesmo se diga quando há invocação de uma preliminar de mérito, por exemplo, ilegitimidade de parte. Nesse caso, a ilegitimidade atingirá a todos os capítulos dela dependentes.

Desse modo, acreditamos que o presente item deverá ser mantido na vigência do NCPC, devendo-se admitir a coisa julgada parcial e a contagem autônoma do prazo para a propositura de ação, respeitando-se, assim, as regras sobre coisa julgada parcial.

III – Salvo se houver dúvida razoável, a interposição de recurso intempestivo ou a interposição de recurso incabível não protrai o termo inicial do prazo decadencial.

O item em apreço trata de exceção quanto ao estabelecido no item I da presente súmula. Isso porque, na hipótese do item I, o C. TST entende que, havendo recurso, o trânsito em julgado conta-se da última decisão proferida na causa, seja de mérito ou não.

---

163. DINAMARCO, Cândido Rangel. *Capítulos da sentença*. São Paulo: Malheiros Editores Ltda., 2002. p. 111-112.
164. DINAMARCO, Cândido Rangel. *Capítulos da sentença*. São Paulo: Malheiros Editores Ltda., 2002. p. 112.

Registramos, naquela ocasião, que Corte Trabalhista admite ser o juízo de admissibilidade negativo de natureza constitutiva, produzindo, assim, efeitos *ex nunc*.

No entanto, na hipótese de recurso manifestamente intempestivo ou na interposição de recurso incabível, o C. TST disciplina que o efeito será *ex tunc*, já que tais recursos são incapazes de postergar o trânsito em julgado. Em outros termos, quando há a interposição de recurso intempestivo, a decisão, na realidade, já transitou em julgado, sendo incapaz o recurso de afastá-lo. O TST aplica a mesma sistemática quando se tratar de recurso incabível, entendido como aquele que é interposto com erro grosseiro ou má-fé, tendo como único objetivo postergar o início do prazo decadencial da rescisória. Exemplificamos:

> Em sentença da Vara do Trabalho, a empresa é condenada ao pagamento de horas extras e adicional noturno. A empresa interpõe recurso ordinário no décimo dia, o qual não é processado pelo juízo *a quo*. Interposto agravo de instrumento, o TRT mantém a intempestividade do recurso ordinário. Nesse caso, o trânsito em julgado não será dessa última decisão, mas terá ocorrido após o transcurso do prazo legal previsto para a interposição do recurso cabível (ordinário), ou seja, no 8º dia. Assim, o termo inicial para a ação rescisória será no dia subsequente ao trânsito em julgado, ou seja, no 9º dia.

Tal regra, no entanto, não se aplica quando houver dúvida razoável sobre qual recurso é cabível ou qual o prazo para sua interposição. Isso ocorre porque nesse caso será invocado, de certa forma, o princípio da fungibilidade recursal que exige: a) dúvida objetiva; b) inexistência de erro grosseiro; e c) observância do prazo do recurso correto (teoria do prazo menor).

O presente item não foi afetado com pela vigência do Novo CPC, devendo, portanto, ser mantido.

IV – O juízo rescindente não está adstrito à certidão de trânsito em julgado juntada com a ação rescisória, podendo formar sua convicção através de outros elementos dos autos quanto à antecipação ou postergação do "dies a quo" do prazo decadencial.

Esgotados os recursos cabíveis, é lavrada certidão de trânsito em julgado. Caso a parte ajuíze ação rescisória, deverá juntá-la com a petição inicial (Súmula nº 299 do TST), a fim de demonstrar o termo inicial do prazo decadencial.

Ocorre, no entanto, que a certidão pode ter certificado equivocadamente o trânsito em julgado, principalmente nas hipóteses do item III desta súmula. Seria a hipótese, por exemplo, de ficar certificado o trânsito julgado da última decisão do processo, embora o recurso ordinário tenha sido intempestivo. Nesse caso, como analisado no item anterior, não há postergação do trânsito em julgado, que ocorrerá no dia do vencimento do prazo do recurso ordinário.

Diante disso, com base no livre convencimento motivado do juiz, ele não fica vinculado à referida certidão, podendo analisar todo o conjunto probatório para definir qual o *dies a quo* do prazo decadencial. Tal análise pode ser requerida ou até ocorrer *ex officio*.

Registra-se, porém, que a certidão do trânsito em julgado é lavrada por servidor público, tendo fé pública e, portanto, presunção relativa de veracidade. Desse modo, a aplicação desse item sumular deverá ser ocorrer apenas quando houver manifesto equívoco na certidão, de modo que, havendo dúvida, a certidão deverá prevalecer, como forma de preservar a fé pública da certidão e a lealdade às partes do processo.

V – O acordo homologado judicialmente tem força de decisão irrecorrível, na forma do art. 831 da CLT. Assim sendo, o termo conciliatório transita em julgado na data da sua homologação judicial.

O art. 831, parágrafo único, da CLT, estabelece:

> Parágrafo único. No caso de conciliação, o termo que for lavrado valerá como decisão irrecorrível, salvo para a Previdência Social quanto às contribuições que lhe forem devidas.

Interpretando tal dispositivo, o C. TST entendeu que, na hipótese de homologação de acordo judicial, há formação da coisa julgada material no ato da homologação. Tratando-se de decisão irrecorrível, para o E. TST ela somente pode ser impugnada por ação rescisória (Súmula nº 259 do TST), sendo desnecessário nesse caso a juntada de certidão comprobatória do trânsito em julgado.

A irrecorribilidade de tal ato se justifica, porque a realização de acordo pressupõe a concordância mútua das partes com concessões recíprocas, faltando-lhes, pois, sucumbência a legitimar o interesse recursal.

Assim, o acordo judicial transitará em julgado na data da sua homologação.

Acreditamos que o entendimento consubstanciado no presente item deverá ser mantido com a vigência do NCPC, no que tange ao trânsito em julgado da decisão judicial. Todavia, conforme ressaltado na Súmula nº 259 do TST, pensamos que o acordo homologado judicialmente não poderá mais ser objeto de ação rescisória, mas sim de ação anulatória.

Isso porque o NCPC não reproduz a redação do art. 485, VIII, do CPC/73 no rol das decisões de mérito que podem ser rescindidas (art. 966), ou seja, a transação não é considerada pelo NCPC como um vício de rescindibilidade.

Ademais, o art. 966, §4º do NCPC vaticina expressamente:

> § 4º Os atos de disposição de direitos, praticados pelas partes ou por outros participantes do processo e homologados pelo juízo, bem como os atos homologatórios praticados no curso da execução, estão sujeitos à anulação, nos termos da lei.

Portanto, tal dispositivo é enfático ao admitir tão somente o ajuizamento da ação anulatória do acordo judicial, afastando o cabimento da ação rescisória.

Além disso, embora o art. 831, parágrafo único, da CLT decline que o termo lavrado na conciliação valerá como decisão irrecorrível, ele não se mostra incompatível com o NCPC, uma vez que, a irrecorribilidade do ato tem apenas o condão de gerar o trânsito em julgado e, não necessariamente, possibilitar o ajuizamento da ação rescisória. Esta somente é admitida quando presentes os vícios de rescindibilidade, que não estão inseridos na CLT, mas sim no CPC, o qual é aplicável subsidiariamente ao processo do trabalho, por força do art. 836 da CLT. Com efeito, não sendo a transação considerada como vício de rescindibilidade, inadmissível o ajuizamento de ação rescisória, devendo o acordo ser atacado por meio de ação anulatória.

Com efeito, homologado o acordo judicial haverá trânsito em julgado, mas sua impugnação deverá ser feita por meio de ação anulatória e não ação rescisória[165].

Registra-se, por fim, que, quanto à União Federal, em relação às contribuições previdenciárias, é cabível o recurso ordinário[166] do acordo judicial firmado na fase de conhecimento (CLT, art. 831, parágrafo único, e art. 832, § 4º), o que significa que o trânsito em julgado ocorrerá com o esgotamento de seu prazo recursal (16 dias). Portanto, o trânsito em julgado, no que se refere às contribuições previdenciárias, terá momento diferenciado para a União Federal.

VI – Na hipótese de colusão das partes, o prazo decadencial da ação rescisória somente começa a fluir para o Ministério Público, que não interveio no processo principal, a partir do momento em que tem ciência da fraude.

A colusão processual "é o fato consistente na utilização do processo, pelas partes, para praticar ato simulado ou atingir fim ilícito".[167] Seria o caso de a empresa, em conluio com o reclamante (amigo do dono da empresa), criar uma reclamação trabalhista apenas para transferir o patrimônio dela para o reclamante.

---

165. Vide os comentários da Súmula nº 259 do TST.
166. Nesse sentido: MARTINS, Sérgio Pinto. *Comentários à CLT*. 13. ed. São Paulo: Atlas, 2009. p. 862 e MOURA, Marcelo. *Consolidação das leis do trabalho para concursos*. 1. ed. Bahia: JusPODIVM, 2011. p. 1074. Em sentido contrário, entendendo que, no caso, a União deverá se manifestar por simples petição: LEITE, Carlos Henrique Bezerra. *Curso de direito processual do trabalho*. 9. ed. São Paulo: LTr, 2011. p. 789. Há, ainda, julgados que admitem ser cabível o agravo de petição.
167. CÂMARA, Alexandre Freitas. *Lições de direito processual civil*. 8. ed. Rio de Janeiro: Lumen Juris, 2004. v. 2, p. 15.

Considerando que o processo não pode objetivar um fim ilícito, o ordenamento prevê no art. 966, III do NCPC como causa de rescindibilidade da decisão judicial a simulação e a colusão das partes, a fim de fraudar a lei.

Diante da gravidade desse vício e sendo certo que ao Ministério Público incumbe a tutela da ordem jurídica (CF/88, art. 127), o art. 967, III, "b", do NCPC, conferiu expressamente a este Órgão Ministerial a legitimidade para ajuizar ação rescisória quando houver colusão das partes a fim de fraudar a lei.

Dúvida existia, porém, quanto ao *dies a quo* do prazo decadencial para a interposição da ação rescisória pelo Ministério Público nessa hipótese.

O C. TST, de modo acertado, definiu que o termo inicial para o *parquet* somente terá incidência quando tiver ciência da fraude. Diferenciou o momento do trânsito em julgado do início da contagem do prazo da ação rescisória que somente será iniciado quando for possível o ajuizamento da ação. Noutras palavras, o Ministério Público do Trabalho só poderá agir se tiver conhecimento da ilicitude praticada, nascendo aí a contagem do seu prazo decadencial.

O NCPC adotou o entendimento consolidado no presente item e dispõe, em seu artigo 975, §3º que

> nas hipóteses de simulação ou de colusão das partes, o prazo começa a contar, para o terceiro prejudicado e para o Ministério Público, que não interveio no processo, a partir do momento em que têm ciência da simulação ou da colusão.

Percebe-se que o Novo CPC impõe o início diferenciado para a ação rescisória, tanto para o Ministério Público do Trabalho como para o **terceiro prejudicado**[168], que não interveio no processo.

Há de se registrar que o conhecimento da fraude, em regra, somente fica evidenciado na fase executiva em que as partes em conluio procuraram dilapidar rapidamente o patrimônio da empresa, ocasião em que o magistrado oficia ao Ministério Público, dando-lhe ciência da ilicitude capaz de ensejar a ação rescisória. É dessa ciência que deverá dar início o prazo decadencial da ação rescisória ao Órgão Ministerial.

Nesse sentido, cabe citar ementa de precedente desta súmula muito elucidativo acerca da matéria:

> 1. AÇÃO RESCISÓRIA MINISTÉRIO PÚBLICO – DECADÊNCIA DIES A QUO DO PRAZO CONTAGEM A PARTIR DA CIÊNCIA DA DECISÃO RESCINDENDA, QUANDO NÃO ATUOU NO PROCESSO. Na lição de

---

168. TST-RO10353-74.2010.5.02.0000, SBDI-II, rel. Min. Douglas Alencar Rodrigues, 7.4.2015 (Informativo nº 103)

Coqueijo Costa, uma coisa é o momento do trânsito em julgado e outra, bem diversa, o dies a quo da contagem do prazo, que só flui quando é possível à parte a sua utilização (Ação Rescisória, LTr 1993 São Paulo, 6ª edição, p. 166). Tratando-se de ação rescisória proposta pelo Ministério Público com lastro em colusão (CPC, art. 487, III, b), o prazo decadencial do art. 495 do CPC só pode começar a fluir a partir do momento em que o órgão ministerial é cientificado da decisão rescindenda, quando se trata de processo no qual não interveio. Isto porque, na colusão, o delineamento de sua ocorrência não é imediato, uma vez que a simulação no processo apenas fica clara quando verificada a intencionalidade dos litigantes. E só o processamento da execução fornece elementos de convencimento para a notificação do Ministério Público, para coibir a consumação da fraude. (...)[169].

Embora o C. TST e o NCPC tenham estabelecido que tal regra aplica-se apenas quando o Ministério Público não oficiou nos autos, pensamos que, mesmo na hipótese de participação no processo, o prazo decadencial para a ação rescisória também será da ciência da fraude, quando esta for verificada em momento posterior à participação do *parquet* nos autos.

Isso se justifica, porque, como aludido anteriormente, em regra, a colusão somente é evidenciada na fase executiva, ou seja, após o parecer ou recurso do Ministério Público no processo de conhecimento. Nesse caso, entendemos que, havendo denúncia posterior acerca da colusão das partes, somente da ciência da denúncia terá início o prazo decadencial da ação rescisória a ser ajuizada pelo Ministério Público, tenha ou não participado do processo principal (originário).

No mesmo caminho, decidiu um dos precedentes que deu origem a presente súmula, cujo trecho da decisão transcrevemos a seguir:

> In casu, não há que se falar em ciência do Ministério Público, no processo de conhecimento, quanto aos fatos alegados como delineadores da colusão, por ter nele oficiado, uma vez que apenas após a assinatura do acórdão rescindendo os demais fatos que conformariam integralmente o quadro tido como de conluio das Partes ocorreram (não interposição de recurso de revista e ausência de impugnação oportuna e adequada aos cálculos), razão pela qual apenas a partir da denúncia da existência de fraude, protocolada no Ministério Público em 07/04/99 (que deu origem ao Procedimento Investigatório nº 059/99), pode ser computado o prazo para o Parquet Laboral ajuizar a competente ação rescisória (fls. 20-24). Tanto é assim que a colusão é prevista como causa especial de rescindibilidade da coisa julgada pelo Ministério Público (CPC, art. 487, III, b)[170].

---

169. TST-ROAR 624374. SBDI-2. Rel. Min. Ives Gandra. DJ de 27.4.01.
170. TST-ROAR 698667/2000. Rel. Min. Barros Levenhagen. DJ 23.5.2003.

Observa-se, assim, que o entendimento consolidado no presente item foi contemplado pelo art. 975, §3º do NCPC. Com efeito, tratando-se de simulação ou colusão das partes, o prazo decadencial da ação rescisória do Ministério Público somente terá início da data da ciência da fraude ou simulação, tenha ou não participado do processo principal.

Por fim, cabe consignar que o NCPC cria um outro termo inicial diferenciado ao disciplinar no artigo 975, § 2º, que, caso a ação rescisória seja fundada na **obtenção de prova nova**, cuja existência ignorava ou de que não pôde fazer uso, capaz, por si só, de lhe assegurar pronunciamento favorável (art. 966, VII), o termo inicial do prazo será da data de descoberta da prova nova, observado o prazo máximo de cinco anos contado do trânsito em julgado da última decisão proferida no processo.

Esse prazo máximo de cinco anos é específico para o caso de obtenção de prova nova, de modo que não deverá incidir nas hipóteses de colusão ou simulação.

VII – Não ofende o princípio do duplo grau de jurisdição a decisão do TST que, após afastar a decadência em sede de recurso ordinário, aprecia desde logo a lide, se a causa versar questão exclusivamente de direito e estiver em condições de imediato julgamento.

O recurso, como é sabido, tem como intuito revisar a decisão judicial, de modo que só há falar em revisão daquilo que foi julgado. Assim, não havendo julgamento acerca de alguma matéria, o tribunal, em regra, anula a decisão recorrida, determinando o retorno dos autos ao órgão *a quo* para prolação de nova decisão.

Com fundamento nos princípios da economia e celeridade processual, o legislador alterou substancialmente essa sistemática recursal, vez que, ao introduzir o art. 515, § 3º, do CPC/73 (reproduzido no art. 1.013, §3º, I do NCPC), passou a permitir o julgamento pelo órgão *ad quem* de matéria não examinada na decisão impugnada. Vejamos o teor do aludido dispositivo:

> § 3º Nos casos de extinção do processo sem julgamento do mérito (art. 267), o tribunal pode julgar desde logo a lide, se a causa versar questão exclusivamente de direito e estiver em condições de imediato julgamento.

Pela análise de tal dispositivo, verifica-se que ele era direcionado à decisão impugnada que extinguia o processo **sem** resolução do mérito. Nesse caso, embora a decisão não tivesse adentrado ao mérito, se a causa versasse sobre questão exclusivamente de direito e/ou estivesse em condições de julgamento imediato, o tribunal poderia julgar o mérito, sem que houvesse com isso supressão de instância ou violação ao duplo grau de jurisdição.

Ocorre, no entanto, que a decisão que pronuncia a decadência resolve o mérito da causa, como se depreende do art. 487, II, do NCPC (antigo art. 269, IV, do CPC/73). Nesse contexto, indagava-se: o art. 515, § 3º, do CPC/73 também era aplicável na hipótese de reconhecimento da decadência?

O questionamento se justificava, uma vez que, conquanto a decadência resolvesse o mérito da causa, a decisão não rejeita ou acolhe expressa e formalmente os pedidos da inicial.

Registra-se que, antes do advento do art. 515, § 3º, do CPC/73, a doutrina e a jurisprudência já entendiam que se o tribunal afastasse a prescrição e a decadência poderia prosseguir no julgamento para acolher ou rejeitar os pedidos da inicial. Nesse sentido, colhemos as lições do doutrinador Fredie Didier Jr.:

> É que, nesse caso, a sentença apreciou o mérito, exatamente porque o reconhecimento da prescrição ou da decadência importa extinção do processo *com* resolução do mérito (art. 269, IV, CPC). Não haveria, então, supressão de uma instância jurisdicional nem violação ao princípio do duplo grau de jurisdição.
>
> Esse entendimento relativo à prescrição e à decadência restou transportado, com a inclusão do § 3º ao art. 515 do CPC pela Lei nº 10.352/2001, para os casos de sentença terminativa[171].

Vislumbra-se, assim, que, na hipótese de recurso de decisão que pronunciava a decadência, o tribunal, afastando-a, poderia prosseguir no julgamento, não precisando encaminhar os autos ao juízo de origem. Não havia, portanto, necessidade nem mesmo de invocar o art. 515, § 3º, do CPC/73.

O C. TST, entretanto, a fim de afastar qualquer manifestação de nulidade, buscou, no presente item sumular, aplicar o antigo art. 515, § 3º, do CPC/73 ao recurso ordinário interposto do acórdão que proclama a decadência da ação rescisória. Para tanto, exigiu que a causa versasse sobre questão exclusivamente de direito e estivesse em condições de imediato julgamento.

O Novo CPC, no artigo 1.013, §4º, adotou de forma expressa o entendimento consolidado no presente item, declinando o que segue:

> § 4º Quando reformar sentença que reconheça a decadência ou a prescrição, o tribunal, se possível, julgará o mérito, examinando as demais questões, sem determinar o retorno do processo ao juízo de primeiro grau.

---

171. DIDIER Jr., Fredie; CUNHA, Leonardo José Carneiro da. *Curso de direito processual civil: Meios de impugnação às decisões judiciais e processo nos tribunais*. 8. ed. Bahia: JusPODIVM, 2010. v. 3, p. 108.

Desse modo, observa-se pelo referido dispositivo que a *ratio decidendi* (fundamento determinante) deste item sumular foi absorvida pelo NCPC, mantendo, portanto, o entendimento do C. TST.

Atente-se, porém, para o fato de que o tribunal estará autorizado a proferir o julgamento desde que **seja possível**. A nosso juízo, esta possibilidade deve ser interpretada em consonância com o § 3º, do art. 1.013 do NCPC o qual exige tão somente que o processo esteja em condições de julgamento. Não se exige, portanto, que o processo seja exclusivamente de direito.

Com efeito, estando a ação rescisória em condições de julgamento, o tribunal afastando a prescrição ou a decadência prosseguirá no julgamento da causa, não havendo necessidade de retornar os autos à origem. Por outro lado, não estando em condições de julgamento, como é o caso, por exemplo, de não ter sido feita a instrução probatória[172], poderá o tribunal determinar o retorno à origem.

VIII – A exceção de incompetência, ainda que oposta no prazo recursal, sem ter sido aviado o recurso próprio, não tem o condão de afastar a consumação da coisa julgada e, assim, postergar o termo inicial do prazo decadencial para a ação rescisória.

Para melhor elucidar o entendimento consubstanciado nesse item, iniciamos citando precedente que o originou:

> É verdade que a Súmula 100 do TST indica que o prazo decadencial para ajuizamento da ação rescisória só começa a fluir a partir do trânsito em julgado da última decisão do processo, seja ela de mérito ou não.
>
> Pois, bem. A hipótese dos autos apresenta peculiaridades que merecem ser ressaltadas.
>
> Verifica-se, em primeiro lugar, que a decisão rescindenda foi prolatada em 02/06/92 (acórdão de embargos declaratórios em recurso ordinário, fl. 57), e contra ela foi interposto recurso de revista (fls. 62-70), para o qual se denegou seguimento, aplicando-se a Súmula nº 23 do TST (despacho de fl. 71).
>
> Contra tal despacho, que denegou seguimento ao recurso de revista, a Reclamada interpôs agravo de instrumento, ao qual também foi negado provimento, com fundamento nas Súmulas 316 e 317 do TST (fls. 82-83), em 21/10/93.
>
> Após tal decisão, mais precisamente em 22/11/93, a Reclamada ofereceu exceção de incompetência ratione materiae e ratione personae, sustentando a incompetência da Justiça do Trabalho para processar e julgar o feito, requerendo a suspensão do processo e anulação de todos os atos decisórios nele praticados, além da remessa dos autos à Justiça Federal (fls. 187-197).

---

172. NERY Jr., Nelson; NERY, Rosa Maria de Andrade. *Comentários ao Código de Processo Civil*. São Paulo: RT, 2015. p. 2.071.

O pedido formulado na exceção foi indeferido por despacho, publicado em 02/02/94, sob o argumento de que lhe faltava amparo legal (fl. 198).

Insurgindo-se contra este último despacho, que indeferiu pedido de suspensão do processo e remessa dos autos à Justiça Federal dita competente, a União interpôs agravo regimental (fls. 199-209), para o qual se negou seguimento, sob o argumento de que o agravo não infirmou os fundamentos do despacho agravado (fls. 210-211).

Da decisão no agravo regimental, a União opôs embargos de declaração (fls. 212-214), os quais foram rejeitados (fls. 215-216). A União continuou insistindo e interpôs recurso extraordinário (fls. 217-228), que não foi admitido por não ter sido demonstrada ofensa frontal e direta à Constituição Federal (fls. 229-230).

Ora, registra-se, desde logo, que a jurisprudência tem firmado entendimento no sentido de que recurso ou providência judicial ao qual se nega seguimento, por intempestividade ou por manifesta inadmissibilidade, deve ser considerado inexistente para fins de devolução de prazo decadencial. Isso porque o trânsito em julgado da decisão dá-se pelo mero decurso do tempo, uma vez que a manifestação inoportuna das partes não tem o condão de repristinar prazos já esgotados. (...)

Assim sendo, a última decisão que vale no processo para a contagem do biênio decadencial da ação rescisória é a decisão que negou provimento ao agravo de instrumento em recurso de revista (fl. 47), tendo em vista que a exceção de incompetência oferecida não foi recebida por ausência de suporte legal.[173]

Pela análise do precedente é possível extrair que a hipótese versa sobre: a) alegação de incompetência em peça autônoma, ou seja, fora do recurso; e b) pedido manifestamente incabível.

Em regra, a aplicação dessa súmula ocorrerá quando se tratar de incompetência absoluta. Nada impede, porém, sua incidência na incompetência relativa, que terá sua aplicação mais facilitada[174].

Isso ocorre porque a **incompetência relativa** deve ser alegada na primeira oportunidade que o réu tem para falar nos autos, ou seja, no prazo para resposta, que, no processo do trabalho, ocorre na audiência (CLT, art. 847). Tal alegação deve ser formulada como preliminar da contestação (NCPC, art. 64). Não alegada a incompetência na audiência, há preclusão sobre a matéria e prorrogação da competência (NCPC, art. 65). Dessa forma, a invocação da incompetência relativa, por meio de peça autônoma, no momento recursal, é

---

173. TST – ROAR 501346/1998. Min. Ives Gandra Martins Filho. DJ 9.6.2000.
174. Em sentido contrário, entendendo que apenas na hipótese de incompetência absoluta será aplicável a presente súmula: KLIPPEL, Bruno. *Direito sumular esquematizado – TST*. São Paulo: Saraiva, 2011. p. 151.

manifestamente incabível, devendo ser afastada de plano. Diante de sua manifesta inadmissibilidade não haverá postergação da formação da coisa julgada.

Já a **incompetência absoluta**, por poder ser alegada a qualquer tempo na instância ordinária (NCPC, art. 64, § 1º e OJ 62 da SDI-I), seja no bojo da contestação, seja no recurso, seja em qualquer outra peça processual e inclusive na ação rescisória, poderia gerar dúvida sobre a formação ou não da coisa julgada caso a incompetência absoluta fosse aviada em **peça autônoma** na fase recursal.

No entanto, embora a incompetência absoluta possa ser arguida a qualquer tempo, na fase recursal ela se submete ao meio processual adequado para impugnação da decisão, qual seja, o recurso cabível na hipótese. Noutros termos, se a parte pretende alegar incompetência absoluta no momento do recurso, o meio próprio será o recurso como, por exemplo, o recurso ordinário. Isso porque apenas a interposição de recurso tem o condão de afastar a formação de coisa julgada.

Assim, sendo o recurso próprio o meio capaz de afastar a formação da coisa julgada, a interposição de peça autônoma para alegação de incompetência absoluta ou relativa na fase recursal não irá protrair o trânsito em julgado, aplicando-se o entendimento do item III desta súmula.

Por fim, consigne-se que, com o advento do Novo CPC, a *ratio decidendi* (fundamento determinante) deste item sumular será mantida. No entanto, a expressão "exceção incompetência" deverá ser alterada para "alegação da incompetência em peça autônoma", vez que o novel código impõe que a incompetência relativa e a absoluta sejam alegadas como preliminar de contestação, excluindo, portanto, a exceção de incompetência feita em peça apartada, o que já era adotado pela jurisprudência e doutrina trabalhista.

IX – Prorroga-se até o primeiro dia útil, imediatamente subsequente, o prazo decadencial para ajuizamento de ação rescisória quando expira em férias forenses, feriados, finais de semana ou em dia em que não houver expediente forense. Aplicação do art. 775 da CLT.

É pacífico na doutrina e na jurisprudência que o prazo para a interposição da ação rescisória tem natureza decadencial, vez que a ação rescisória tem natureza constitutiva negativa.

Por se tratar de prazo decadencial, salvo disposição legal em contrária, não poderá ser suspenso ou interrompido (CC, art. 207), tampouco ter seu termo final deslocado para o primeiro dia útil[175].

---

175. MOREIRA, José Carlos Barbosa. *Comentários ao código de processo civil*. 15. ed. Rio de Janeiro: Forense, 2010. v. 5, p. 221.

No entanto, o C. TST permitiu o deslocamento do termo final do prazo decadencial para o primeiro dia útil subsequente quando expirar em férias forenses, feriados, finais de semana ou em dia em que não houver expediente forense. Aplicou-se, na hipótese, o art. 775 da CLT, bem como o art. 224, §1º, do NCPC.

O entendimento se justifica porque o princípio da utilidade dos prazos dispõe que eles devem ser fixados em tempo suficiente para a prática do ato processual. Isso quer dizer que, seja nos prazos processuais, seja na própria interposição da ação, o legislador define qual o prazo adequado para tal ato, não podendo ser reduzido por atos externos à vontade da parte.

Assim, o entendimento da Corte Trabalhista buscou preservar a utilização integral do prazo decadencial, afastando qualquer prejuízo no exercício do direito de ação.

O NCPC contemplou expressamente o entendimento firmado pelo C.TST, como se verifica pelo teor do art. 975, §1º, *in verbis*:

> Art. 975. O direito à rescisão se extingue em 2 (dois) anos contados do trânsito em julgado da última decisão proferida no processo.
>
> § 1º Prorroga-se até o primeiro dia útil imediatamente subsequente o prazo a que se refere o *caput*, quando expirar durante férias forenses, recesso, feriados ou em dia em que não houver expediente forense. (...)

Assim, com a adoção da *ratio decidendi* (fundamento determinante) do presente item sumular pelo Novo CPC, não deverá haver nenhuma alteração na redação do item IX da súmula nº 100 do TST.

X – Conta-se o prazo decadencial da ação rescisória, após o decurso do prazo legal previsto para a interposição do recurso extraordinário, apenas quando esgotadas todas as vias recursais ordinárias.

O recurso extraordinário é admitido no processo do trabalho, mas sua interposição somente tem cabimento depois de esgotada as vias recursais ordinárias[176], pois a Corte Suprema apenas atuará em única ou última instância. É o que estabelece a Súmula nº 281 do STF, *in verbis*:

> É inadmissível o recurso extraordinário, quando couber, na Justiça de origem, recurso ordinário da decisão impugnada.

Isso quer dizer que, sendo possível o aviamento de recurso dentro da Justiça do Trabalho como, por exemplo, o recurso de revista e embargos para a SDI, a interposição prematura do recurso extraordinário será incabível, não sendo, portanto, admitido.

---

176. No processo do trabalho, em regra, deverão ser esgotadas as instâncias ordinárias e extraordinárias (recurso de revista e embargos para a SDI).

Com efeito, sendo incabível tal recurso, invoca-se o item III da súmula em comentário, que estabelece que, salvo na hipótese de dúvida razoável, a interposição de recurso incabível não protrai o termo inicial do prazo decadencial.

Desse modo, se a parte deveria interpor embargos para a SDI, mas lança o recurso extraordinário ao STF, o trânsito em julgado ocorrerá no dia do vencimento do prazo para a interposição dos embargos, que é de 8 dias (CLT, art. 894, *caput*), e não do vencimento do prazo do recurso extraordinário, de 15 dias (NCPC, art. 1.003, § 5º).

Agora, se todos os recursos na Justiça Especializada já foram utilizados, sendo cabível o recurso extraordinário, caso não seja interposto, o trânsito em julgado ocorrerá no dia em que esgotou o prazo para a interposição desse recurso, ou seja, após 15 dias.

10.4. Pressupostos da ação rescisória

10.4.1. Trânsito em julgado. Comprovação
(Súmula nº 299 do TST)

> **Súmula nº 299 do TST.** Ação rescisória. Decisão rescindenda. Trânsito em julgado. Comprovação. Efeitos
>
> I – É indispensável ao processamento da ação rescisória a prova do trânsito em julgado da decisão rescindenda.
>
> II – Verificando o relator que a parte interessada não juntou à inicial o documento comprobatório, abrirá prazo de 10 (dez) dias para que o faça, sob pena de indeferimento.
>
> III – A comprovação do trânsito em julgado da decisão rescindenda é pressuposto processual indispensável ao tempo do ajuizamento da ação rescisória. Eventual trânsito em julgado posterior ao ajuizamento da ação rescisória não reabilita a ação proposta, na medida em que o ordenamento jurídico não contempla a ação rescisória preventiva.
>
> IV – O pretenso vício de intimação, posterior à decisão que se pretende rescindir, se efetivamente ocorrido, não permite a formação da coisa julgada material. Assim, a ação rescisória deve ser julgada extinta, sem julgamento do mérito, por carência de ação, por inexistir decisão transitada em julgado a ser rescindida.

I – É indispensável ao processamento da ação rescisória a prova do trânsito em julgado da decisão rescindenda.

O art. 966 do NCPC declina que poderá ser rescindida "a decisão de mérito, transitada em julgado, pode ser rescindida". Impõe, portanto, como pressuposto processual da ação rescisória, a prova do trânsito em julgado da decisão. E isso se justifica, porque a ação rescisória visa a desconstituir decisões judiciais que tenham gerado, como regra, coisa julgada material, a qual somente ocorrerá após o trânsito em julgado da decisão.

Dá-se o trânsito em julgado de uma decisão, quando dela não caiba mais nenhum recurso, ou a parte, conformando-se com a decisão, resolve não lançar mão dos meios colocados à sua disposição para impugná-la. Noutras palavras, esgotados os meios recursais ou ultrapassado o prazo para interposição dos recursos, tem-se o trânsito em julgado, capaz de iniciar o prazo decadencial da ação rescisória.

Percebe-se, pois, que não há necessidade de se esgotar todos os meios recursais para o cabimento da ação rescisória (Súmula nº 514 do STF). No entanto, apenas depois do trânsito em julgado a parte terá interesse processual para ajuizar a ação rescisória, sendo, portanto, indispensável a sua comprovação na petição inicial, nos moldes do art. 320 do NCPC.

Embora o C. TST estabeleça na OJ nº 84 da SDI – II que a petição inicial deva ser acompanhada da certidão do trânsito em julgado, pensamos que sua comprovação pode ser feita por outros meios idôneos a demonstrar que já se formou a coisa julgada (ex., certidão de publicação da decisão que negou seguimento ao recurso de revista e do vencimento do prazo para a interposição do agravo de instrumento; certidão que demonstra que, após a decisão do recurso de revista, não houve interposição de nenhum outro recurso etc.)[177].

A propósito, a ampliação das formas de comprovação do trânsito em julgado se justifica, uma vez que até mesmo "o juízo rescindente não está adstrito à certidão de trânsito em julgado juntada com a ação rescisória, podendo formar sua convicção através de outros elementos dos autos quanto à antecipação ou postergação do *dies a quo* do prazo decadencial" (Súmula nº 100, item IV).

II – Verificando o relator que a parte interessada não juntou à inicial o documento comprobatório, abrirá prazo de 10 (dez) dias para que o faça, sob pena de indeferimento.

Conforme declinado no item anterior, a comprovação do trânsito em julgado da decisão impugnada é pressuposto processual da ação rescisória, sendo indispensável sua apresentação no ajuizamento da ação.

Tratando-se de documento indispensável, o TST, inicialmente, entendeu que a ausência de comprovação do trânsito em julgado provocava o indeferimento liminar da ação rescisória (Súmula nº 107 do TST).

---

177. No mesmo sentido: Rodrigo Klippel *apud* KLIPPEL, Bruno. *Direito sumular esquematizado – TST*. São Paulo: Saraiva, 2011. p. 377.

No entanto, felizmente, o C. TST alterou seu posicionamento e cancelou a Súmula nº 107. Passou a permitir que, não sendo juntada a comprovação do trânsito em julgado com a petição inicial, o autor emende a inicial.

O NCPC mantém a possibilidade de emenda ou complementação da petição inicial quando ela não preencher os requisitos indispensáveis à propositura da ação ou apresentar defeitos e irregularidades capazes de dificultar o julgamento do mérito, apenas modificando o prazo para 15 dias, conforme se observa pelos arts. 320 e 321, *in verbis*:

> Art. 320. A petição inicial será instruída com os documentos indispensáveis à propositura da ação.
>
> Art. 321. O juiz, ao verificar que a petição inicial não preenche os requisitos dos arts. 319 e 320 ou que apresenta defeitos e irregularidades capazes de dificultar o julgamento de mérito, determinará que o autor, no prazo de 15 (quinze) dias, a emende ou a complete, indicando com precisão o que deve ser corrigido ou completado.

Registra-se que a **emenda da inicial é um direito subjetivo do autor**, constituindo cerceamento de defesa "o indeferimento liminar da petição inicial, sem dar-se a oportunidade ao autor de emendá-la, em sendo a emenda possível"[178], como ocorre nesse caso.

A presente súmula ainda deve ser interpretada em consonância com o disposto no art. 321 o qual estabelece que o juiz, ao determinar a emenda ou complementação da petição inicial, deverá indicar **com precisão o que deve ser corrigido ou completado**. Assim, na situação em tela, o juiz deverá indicar à parte que o documento faltante na petição inicial corresponde à prova do trânsito em julgado da decisão, em respeito aos princípios da cooperação e da celeridade processual.

Dessa forma, considerando que o art. 321 do NCPC alterou o prazo da emenda sem alterar a *ratio decidendi* (fundamento determinante) desse item sumular, acreditamos que a presente súmula será mantida, devendo o TST apenas modificar o prazo de 10 (dez) dias para 15 (quinze) como disposto no novel código.

Portanto, não sendo apresentado o trânsito em julgado da decisão com a petição inicial, deverá ser concedido ao autor o prazo de 15 (quinze) dias para sua apresentação e, apenas quando exaurido tal prazo e não for comprovado o trânsito, poderá ser extinto o processo sem resolução do mérito.

---

178. NERY Jr., Nelson; NERY, Rosa Maria de Andrade. *Comentários ao código de processo civil*. São Paulo: RT, 2015. p. 891.

III – A comprovação do trânsito em julgado da decisão rescindenda é pressuposto processual indispensável ao tempo do ajuizamento da ação rescisória. Eventual trânsito em julgado posterior ao ajuizamento da ação rescisória não reabilita a ação proposta, na medida em que o ordenamento jurídico não contempla a ação rescisória preventiva.

Considerando o formato proposto por esta obra, o item III foi comentado no capítulo das súmulas superadas.

IV – O pretenso vício de intimação, posterior à decisão que se pretende rescindir, se efetivamente ocorrido, não permite a formação da coisa julgada material. Assim, a ação rescisória deve ser julgada extinta, sem julgamento do mérito, por carência de ação, por inexistir decisão transitada em julgado a ser rescindida.

Estabelece o art. 852 da CLT:

> Art. 852 – Da decisão serão os litigantes notificados, pessoalmente, ou por seu representante, na própria audiência. No caso de revelia, a notificação far-se-á pela forma estabelecida no § 1º do art. 841.

Além disso, o art. 1.003 do NCPC declina:

> Art. 1.003. O prazo para interposição de recurso conta-se da data em que os advogados, a sociedade de advogados, a Advocacia Pública, a Defensoria Pública ou o Ministério Público são intimados da decisão.

Os dispositivos citados anteriormente visam a dar ciência da decisão judicial às partes, a fim de que possam exercer o direito da ampla defesa e do contraditório por meio do recurso.

Vê-se, por tais dispositivos, que a ausência de intimação das partes da decisão judicial **impede o início da contagem do prazo recursal**. Isso significa que a decisão ainda poderá ser submetida ao meio recursal, não havendo, portanto, formação da coisa julgada e, consequentemente, do trânsito em julgado.

Nesse contexto, inexistindo trânsito em julgado, falece às partes o interesse processual para ajuizar a ação rescisória, provocando a extinção do processo sem resolução do mérito, nos termos do art. 485, VI, do NCPC.

Por fim, é importante observar, nesse caso, o prazo para a interposição do recurso do processo originário, isto é, reconhecendo-se na ação rescisória o vício na intimação da decisão judicial do processo originário, qual o prazo para se interpor o recurso?

Conquanto a intimação seja o meio pertinente a dar conhecimento aos envolvidos no processo acerca dos atos praticados, nada obsta de tomarem conhecimento da decisão judicial por outros meios como, por exemplo, na audiência, consulta na internet etc. Isso significa que tomando conhecimento da decisão será desnecessária a publicação. Nas palavras do doutrinador Cândido Rangel Dinamarco

> (...) o valor das publicações, de decisões, sentenças ou acórdãos pela imprensa oficial é representado pela ciência desses atos, a ser obtida através delas, é imperioso, em cada caso, dar muito mais atenção à obtenção desse resultado do que ao cumprimento da formalidade consistente em publicar. Publica-se para intimar e intima-se para fazer saber. Por isso, não tem qualquer necessidade ou relevância uma intimação a quem já sabe[179].

Desse modo, pensamos que, mesmo que tenha havido vício na intimação por ausência de publicação, a ciência pela parte da decisão supre o vício existente, iniciando o prazo para a interposição do recurso. Nesse caso, no momento em que a parte toma ciência da decisão, a qual busca desconstituir na ação rescisória, seu prazo recursal começa a fluir. Nessa hipótese, poderá acontecer inclusive de o trânsito em julgado ocorrer após a interposição da ação rescisória, acarretando o declinado no item III dessa súmula.

Portanto, o termo inicial do recurso é o momento da **ciência** da decisão do processo originário e não da ciência da decisão proferida na ação rescisória que extingue o processo sem resolução de mérito, indicando inexistir coisa julgada material por ausência de intimação.

10.4.2. Decisão de Mérito

10.4.2.1. Decisão homologatória de adjudicação, de arrematação e de cálculos (Súmula nº 399 do TST)

> **Súmula nº 399 do TST.** Ação rescisória. Cabimento. Sentença de mérito. Decisão homologatória de adjudicação, de arrematação e de cálculos
>
> I – É incabível ação rescisória para impugnar decisão homologatória de adjudicação ou arrematação.
>
> II – A decisão homologatória de cálculos apenas comporta rescisão quando enfrentar as questões envolvidas na elaboração da conta de liquidação, quer solvendo a controvérsia das partes quer explicitando, de ofício, os motivos pelos quais acolheu os cálculos oferecidos por uma das partes ou pelo setor de cálculos, e não contestados pela outra.

---

179. In:*Revista Dialética de Direito Processual*. São Paulo: Dialética, 2004, nº 16, p. 9-23.

I – É incabível ação rescisória para impugnar decisão homologatória de adjudicação ou arrematação.

O art. 966, *caput*, do NCPC estabelece que a ação rescisória será cabível para desconstituir decisão de mérito. Pressupõe, portanto, a existência de uma decisão meritória.

Por outro lado, os **atos judiciais homologatórios** ficam submetidos à **ação anulatória**, como vaticina o art. 966, §4º do NCPC, *in verbis*:

> Os atos de disposição de direitos, praticados pelas partes ou por outros participantes do processo e homologados pelo juízo, bem como os atos homologatórios praticados no curso da execução, estão sujeitos à anulação, nos termos da lei.

É o que acontece com as **decisões homologatórias de adjudicação ou arrematação**, que agora estão expressamente descritas no Novo CPC ao elencar os "atos homologatórios praticados no curso da execução".

Aliás, mesmo antes do Novo CPC, a doutrina era pacífica no sentido de que tais decisões não dependiam de sentença, de modo que **eram sujeitas à ação anulatória e não à ação rescisória**. Nesse sentido, lecionava Fredie Didier Jr.:

> Quanto aos atos que independem de sentença, têm-se como exemplo a arrematação e a adjudicação. Sua invalidade deve ser postulada por ação anulatória, e não por ação rescisória, eis que tanto a arrematação como a adjudicação não dependem de sentença; o que se invalida, portanto, é o negócio jurídico, por meio do qual houve a transferência do domínio do bem que fora penhorado[180].

Assim, cabível na hipótese a ação anulatória, que é de competência do juízo que proferiu a decisão impugnada (OJ nº 129 da SDI – II do TST).

Por fim, é importante destacar que o NCPC não reproduz os embargos previstos no antigo art. 746 do CPC/73, que possibilitavam discutir a arrematação e a adjudicação. Contudo, o art. 903, §2º, do NCPC manteve a possibilidade de impugnação mediante simples petição[181] interposta no prazo de 10 dias após o aperfeiçoamento da arrematação. No caso da adjudicação, o prazo será de 5 dias, a contar da cientificação do devedor quanto ao acolhimento da adjudicação (NCPC, art. 877). Após os referidos prazos, será expedida a carta de adjudicação/arrematação ou da ordem de entrega, de modo que, a partir de

---

180. DIDIER Jr., Fredie; CUNHA, Leonardo José Carneiro da. *Curso de direito processual civil: Meios de impugnação às decisões judiciais e processo nos tribunais*. 8. ed. Bahia: JusPODIVM, 2010. v. 3, p. 421.
181. NERY Jr., Nelson; NERY, Rosa Maria de Andrade. *Comentários ao Código de Processo Civil*. São Paulo: RT, 2015. p. 903.

então, somente por meio de ação anulatória poderá ser discutida a arrematação e a adjudicação (art. 903, §4º e 966, § 4º do NCPC).

A propósito, é incabível o mandado de segurança na hipótese, conforme se depreende do entendimento consubstanciado na OJ nº 66 da SDI – II do TST.

II – A decisão homologatória de cálculos apenas comporta rescisão quando enfrentar as questões envolvidas na elaboração da conta de liquidação, quer solvendo a controvérsia das partes quer explicitando, de ofício, os motivos pelos quais acolheu os cálculos oferecidos por uma das partes ou pelo setor de cálculos, e não contestados pela outra.

Conforme elucidado no item anterior, os atos homologatórios não se submetem à ação rescisória, mas à ação anulatória.

Tratando-se de **decisão homologatória de cálculo,** a doutrina mais abalizada leciona que, embora tal decisão tenha natureza de decisão interlocutória, trata-se, na realidade, "de pronunciamento equiparável a uma sentença, capaz de produzir coisa julgada material e, portanto, rescindível"[182]. Além disso, o Supremo Tribunal Federal tem alargado o campo da ação rescisória na execução, ao assentar que ela é o meio processual próprio para a desconstituição de decisão homologatória da liquidação de sentença, ainda que por cálculo do contador, já que a homologação, nessa hipótese, fixa os limites do aresto exequendo, sendo, consequentemente, uma sentença de mérito[183].

A **Corte Trabalhista**, por sua vez, analisa a decisão que homologa os cálculos de liquidação sob **dois enfoques**: a) a que apenas homologa os cálculos, sem proferir juízo de valor; b) a que analisa controvérsia.

No primeiro caso, entende o C. TST que, **não havendo controvérsia acerca dos cálculos de liquidação, a decisão é meramente homologatória**, o que significa que não é suscetível de ação rescisória. A propósito, para o TST "a sentença meramente homologatória, que silencia sobre os motivos de convencimento do juiz, não se mostra rescindível, por ausência de pronunciamento explícito." (Súmula nº 298, IV).

Pode ocorrer, no entanto, de a **decisão de homologação "enfrentar as questões envolvidas na elaboração da conta de liquidação**, quer solvendo a controvérsia das partes quer explicitando, de ofício, os motivos pelos quais acolheu os cálculos oferecidos por uma das partes ou pelo setor de cálculos, e não contestados pela outra".

---

182. MOREIRA, José Carlos Barbosa. *Comentários ao código de processo civil*. 15. ed. Rio de Janeiro: Forense, 2010. v. 5, p. 113.
183. STF – RE-87.109-8-SP. 1ª Turma. Rel. Min. Cunha Peixoto. DJU 25.4.80.

Nessa hipótese, o E.TST declina que a **decisão é de mérito** e não meramente homologatória, estando, portanto, suscetível ao corte rescisório.

Há de se consignar ainda que o TST, na presente súmula, ressaltou dois pontos: 1) o princípio da irrecorribilidade das decisões interlocutórias não se aplica na fase executiva, estando reservado ao processo de conhecimento; 2) no caso de liquidação por cálculos processada pelo art. 879, § 2º, da CLT, analisando as controvérsias, o juiz as resolverá definitivamente[184], ou seja, proferirá decisão de mérito, a qual, na visão da Corte Trabalhista, poderá ser submetida ao agravo de petição (Súmula nº 266 do TST) e à ação rescisória após o trânsito em julgado da decisão.

Assim, para o TST, se o juiz enfrentar as questões envolvidas na elaboração da conta de liquidação, a decisão terá **conteúdo de mérito,** podendo ser rescindida por ação rescisória, desde que presente um dos casos do art. 966 do NCPC.

10.4.2.2. Sentença de extinção da execução
(OJ nº 107 da SDI-II do TST)

> **Orientação Jurisprudencial nº 107 da SDI – II do TST.** Ação rescisória. Decisão rescindenda de mérito. Sentença declaratória de extinção de execução. Satisfação da obrigação
>
> Embora não haja atividade cognitiva, a decisão que declara extinta a execução, nos termos do art. 794[185] c/c 795 do CPC[186], extingue a relação processual e a obrigacional, sendo passível de corte rescisório.

A presente orientação jurisprudencial visa a sedimentar a divergência existente na doutrina e na jurisprudência acerca de qual o meio cabível para impugnar a sentença declaratória de extinção da execução, após o seu trânsito em julgado.

Parcela da doutrina e da jurisprudência entende que a sentença de extinção da execução não é suscetível de ação rescisória, podendo ser impugnada por ação anulatória. Fundamenta-se que a decisão que se limita a extinguir a execução, em razão da satisfação da obrigação (NCPC, art. 924, II; CPC/73, art. 794, I), não julga o mérito da causa, não fazendo coisa julgada material, o que afasta o cabimento da ação rescisória que é destinada à desconstituição decisão de mérito, ou seja, capaz de produzir coisa julgada material[187].

---

184. BEBBER, Júlio César. Recursos no processo do trabalho. 2. ed. São Paulo: LTr, 2009. p. 285.
185. NCPC, art. 924.
186. NCPC, art. 925.
187. MOREIRA, José Carlos Barbosa. Comentários ao código de processo civil. 15. ed. Rio de Janeiro: Forense, 2010. v. 5, p. 112.

O C. TST, no entanto, acompanhou posicionamento diametralmente oposto, admitindo a ação rescisória de tal decisão. Justifica seu entendimento no sentido de que a decisão que reconhece o cumprimento da obrigação analisa o mérito da fase executiva, ou seja, declara a própria satisfação da obrigação. A propósito, essa declaração atinge o vínculo obrigacional, produzindo efeitos sobre a relação jurídica material. Assim, entende o TST que o art. 924 do NCPC (art. 794 do CPC/73) está para a execução como o art. 487 do NCPC (art. 269 do CPC/73) para a fase de conhecimento. Seguindo esse caminho, leciona Manoel Antônio Teixeira Filho à época do CPC de 1973:

> Devemos admitir, entrementes, que, por exceção, haverá pronunciamento quanto ao mérito nas situações previstas pelo art. 794 do CPC, importa afirmar, quando se der a extinção desse processo em decorrência: a) de o devedor satisfazer a obrigação (I); b) de o devedor obter mediante transação ou qualquer outro meio, a remissão total da dívida (II); c) de o credor renunciar ao crédito (III). É que, nessas hipóteses, como impõe o art. 795, a extinção do processo executivo somente produzirá efeitos quando declarada por sentença[188].

Vejamos o seguinte precedente desta orientação:

> (...) II- RECURSO ORDINÁRIO. AÇÃO RESCISÓRIA. DECISÃO QUE EXTINGUE A EXECUÇÃO. ERRO DE FATO. NÃO CONFIGURAÇÃO. É conhecida a discussão doutrinária acerca da sentença de que trata o art. 795, c/c o art. 794 do CPC, se rescindível ou não. Contudo, prevalece a orientação no sentido de que a sentença que declara extinta a execução aniquila a própria obrigação, sendo, portanto, passível de corte rescisório, o que afasta a fundamentação adotada no acórdão recorrido ao extinguir o processo nos termos do art. 267, VI, do CPC. Observa-se que, mesmo tendo concluído pela impossibilidade jurídica do pedido, o Regional manifestou-se acerca da causa de rescindibilidade do inciso IX do art. 485 do CPC, registrando não estar ela configurada, o que habilita este Colegiado a examinar a controvérsia à luz do suposto erro de fato. Vale ressaltar, no entanto, que são requisitos da caracterização do erro de fato ter sido este a causa determinante da decisão e não ter havido controvérsia ou pronunciamento judicial a respeito. A ausência de pelo menos um desses requisitos infirma o êxito da pretensão rescindente, à luz do inciso IX do artigo 485 do CPC. Recurso a que se nega provimento[189].

---

188. TEIXEIRA FILHO, Manoel Antônio. *Curso de direito processual do trabalho*. São Paulo: LTr, 2009. v. 3, p. 2.772.
189. TST – ROAR-26432/2002-900-02-00.3. Rel. Min. Barros Levenhagen. DJ de 22.11.2002.

No mesmo sentido, já decidiu o Superior Tribunal de Justiça, como se verifica pela ementa do acórdão de lavra do Ministro Fernando Gonçalves, *in verbis*:

> PROCESSUAL CIVIL. AÇÃO RESCISÓRIA. ACÓRDÃO CONFIRMATÓRIO DE SENTENÇA QUE EXTINGUIU EXECUÇÃO PELO PAGAMENTO. POSSIBILIDADE. CONTEÚDO MATERIAL DO JULGADO. VIOLAÇÃO AO ART. 485 DO CPC NÃO CONFIGURADA. RECURSO NÃO CONHECIDO.
>
> 1. Para verificar o cabimento da ação rescisória em uma sentença extintiva de execução, deve se aferir se o provimento jurisdicional produziu efeitos na órbita o direito material, gerando, portanto, coisa julgada material, ou se seus reflexos restringem-se, unicamente, ao âmbito processual, caso em que haveria coisa julgada formal.
>
> 2. No caso, julgador monocrático declarou extinta a execução por entender que o INSS já havia feito o pagamento integral do débito, tendo fundamentado sua decisão no artigo 794, I, do Código de Processo Civil, que dispõe extinguir-se a execução quando 'o devedor satisfaz a obrigação'.
>
> 3. A decisão que extingue execução pelo pagamento, reveste-se de conteúdo material, sendo, portanto atacável pela ação rescisória.
>
> 4. Recurso especial não conhecido.[190]

Assim, por entender o Tribunal Superior do Trabalho que a decisão que declara extinta a execução, nos termos do art. 924 c/c art. 925 do NCPC (arts. 794 e 795 do CPC/73), fulmina a relação processual e a obrigacional (relação material), ela é passível do corte rescisório.

Antes de finalizar os comentários dessa orientação é necessário tecer algumas notas sobre o Novo CPC.

O art. 966, §4º do NCPC, ao vedar a ação rescisória para atacar atos homologatórios praticados no curso da execução, poderia conduzir à conclusão de que a presente orientação deveria ser cancelada. Todavia, conforme destacado, a extinção da execução possui conteúdo decisório e material, não sendo meramente homologatório, o que a torna suscetível do corte rescisório.

Contudo, cabe destacar que o art. 924, além das hipóteses descritas no antigo art. 794 do CPC/73, acrescentou duas outras situações nas quais será extinta a execução: indeferimento da petição inicial (inc. I) e ocorrência de prescrição intercorrente (inc. V). No tocante à prescrição intercorrente, é evidente que há interferência não somente na relação processual, como na obrigacional (relação material), tanto que a prescrição é considerada prejudicial de mérito.

---

190. STJ – Resp 238.059/RN. DJ de 10.4.2000.

Por outro lado, o indeferimento da petição inicial não acarreta efeitos na relação obrigacional e, portanto, não deverá, como regra, ser passível de rescisão.

Disse em regra, porque, conforme determina o art. 486, §1º do NCPC, a parte poderá propor nova ação, desde que corrija o vício que levou à sentença sem resolução de mérito. Por outro lado, se o indeferimento da petição inicial impedir a nova propositura da demanda será possível o ajuizamento da ação rescisória, conforme dispõe o art. 966, §2º, I.

Com efeito, é possível concluir que o entendimento do TST consubstanciado na presente súmula deverá ser mantido, sendo necessária apenas a adequação aos novos dispositivos do NCPC. Desse modo, as hipóteses descritas nos incisos II a V do art. 924 do NCPC são passíveis de corte rescisório, ressalvando-se a hipótese do inc. I que fica condicionada à situação descrita no art. 966, §2º, I do NCPC.

10.5. Hipóteses de cabimento

10.5.1. Documento novo (Súmula nº 402 do TST)

> **Súmula nº 402 do TST.** Ação rescisória. Documento novo. Dissídio coletivo. Sentença normativa
>
> Documento novo é o cronologicamente velho, já existente ao tempo da decisão rescindenda, mas ignorado pelo interessado ou de impossível utilização, à época, no processo. Não é documento novo apto a viabilizar a desconstituição de julgado:
>
> a) sentença normativa proferida ou transitada em julgado posteriormente à sentença rescindenda;
>
> b) sentença normativa preexistente à sentença rescindenda, mas não exibida no processo principal, em virtude de negligência da parte, quando podia e deveria louvar-se de documento já existente e não ignorado quando emitida a decisão rescindenda.

O art. 485, VII, do CPC/73 contemplava como hipótese de cabimento da ação rescisória a utilização de documento novo. Estabelecia o aludido artigo que a sentença de mérito, transitada em julgado, poderia ser rescindida quando:

> VII – depois da sentença, o autor obtiver documento novo, cuja existência ignorava, ou de que não pôde fazer uso, capaz, por si só, de lhe assegurar pronunciamento favorável.

Por sua vez, o art. 966, VII, do NCPC passa a dispor o que segue:

Art. 966. A decisão de mérito, transitada em julgado, pode ser rescindida quando:

(...)

VII – obtiver o autor, posteriormente ao trânsito em julgado, prova nova cuja existência ignorava ou de que não pôde fazer uso, capaz, por si só, de lhe assegurar pronunciamento favorável.

Percebe-se pelo novel dispositivo que ele mantém a sistemática do CPC anterior, mas provoca duas alterações dignas de nota:

1) substitui a expressão "documento novo" para "prova nova", ampliando o cabimento da ação rescisória para abranger, por exemplo, a prova testemunhal nova.

2) modifica o momento de disponibilidade da prova pela parte. O CPC/73 falava em documento obtivo depois da sentença, enquanto o Novo CPC se refere à prova obtida depois do trânsito em julgado. Essa alteração se justifica porque entre a sentença e o trânsito em julgado é possível a juntada de prova nova na fase recursal, por força dos arts. 435, 493 e 1014 do NCPC, bem como da Súmula nº 8 do TST. Assim, não havendo juntada da prova na fase recursal, por descuido da parte, não poderá utilizá-la na ação rescisória.

Nessa última alteração é necessário fazer uma ressalva quanto à possibilidade de juntada de documento na fase recursal, como preconizado pelo doutrinador Humberto Theodoro Júnior:

> Essa restrição, contudo, só se aplica aos recursos ordinários, porque são apenas eles que devolvem ao tribunal *ad quem* a reapreciação do suporte fático e probatório da decisão impugnável. No estágio dos recursos extraordinários, a descoberta de documento capaz de modificar a convicção formada no decisório recorrido, mesmo sendo anterior à formação da coisa julgada, não ensejaria sua reforma.
>
> Assim, embora a regra geral seja a desqualificação, para a rescisória, de documento obtido antes do trânsito em julgado, haverá casos em que a literalidade do art. 966, VII, do novo CPC, não será observada: tal acontecerá quando a descoberta do documento acontecer em momento que o priva da possibilidade de influir no recurso especial ou extraordinário[191].

---

191. THEODORO JÚNIOR, Humberto. A *ação rescisória*. In: Primeiras lições sobre o novo direito processual civil brasileiro (de acordo com o Novo Código de Processo Civil, Lei 13.105, de 16 de março de 2015). Coord. Humberto Theodoro Júnior, Fernanda Alvim Ribeiro de Oliveira, Ester Camila Gomes Norato Rezende. Rio de Janeiro: Forense, 2015. p. 719.

Portanto, diante das referidas modificações as expressões documento novo e sentença rescindenda, devem ser lidas, respectivamente, como: prova nova e sentença rescindenda transitada em julgado.

No entanto, a *ratio decidendi* (fundamento determinante) da súmula não foi atingida pelo Novo CPC.

Isso porque, para se considerar uma prova nova apta a ensejar a ação rescisória, é necessário que a prova já existisse ao tempo do processo em que se proferiu a decisão rescindenda[192]. É por isso que o C. TST, nessa súmula, declina que documento novo (leia-se prova nova) é o cronologicamente velho, já existente ao tempo da decisão rescindenda.

Não basta, contudo, que a prova seja nova. É salutar ainda que o autor da rescisória ignore a existência da prova ou não possa fazer uso, por vontade alheia a sua, durante o trâmite do processo originário. Além disso, tal prova deverá ser capaz de, por si só, modificar a conclusão da decisão que se busca rescindir.

Com efeito, o novel código mantém os mesmos requisitos para se demonstrar o que vem a ser prova nova.

Consigne-se que este vício de rescindibilidade trata de hipótese que não vislumbra defeito na decisão rescindenda (invalidade), mas que "ostenta uma injustiça a ser eliminada pela ação rescisória"[193].

A propósito, na presente súmula, o E. TST além de definir o significe de prova nova, trouxe duas hipóteses, relacionadas à sentença normativa, que não são consideradas prova nova, como passamos a analisar.

a) sentença normativa proferida ou transitada em julgado posteriormente à sentença rescindenda.

A decisão proferida no dissídio coletivo é denominada de sentença normativa, tendo o condão, ao menos no dissídio econômico, de criar normas abstratas, diferenciando-se das leis apenas em seu aspecto formal.

Caso haja descumprimento da sentença normativa, outra ação deverá ser ajuizada, denominada ação de cumprimento, conforme se depreende do art. 872 da CLT. Essa ação tem natureza de ação de conhecimento, pois a sen-

---

192. MOREIRA, José Carlos Barbosa. *Comentários ao código de processo civil*. 15. ed. Rio de Janeiro: Forense, 2010. v. 5, p. 138. MEDINA, José Miguel Garcia. *Novo Código de Processo Civil Comentado: com remissões e notas comparativas ao CPC/1973*. São Paulo: Editora Revista dos Tribunais, 2015, p. 1305. NERY Jr., Nelson; NERY, Rosa Maria de Andrade. *Comentários ao Código de Processo Civil*. São Paulo: RT, 2015. p. 1922.
193. DIDIER Jr., Fredie; CUNHA, Leonardo José Carneiro da. *Curso de direito processual civil: Meios de impugnação às decisões judiciais e processo nos tribunais*. 8. ed. Bahia: JusPODIVM, 2010. v. 3, p. 409.

tença normativa não cria um título judicial, mas, sim, uma norma jurídica abstrata. Noutras palavras, sendo a sentença normativa uma norma abstrata, seu descumprimento iguala-se ao descumprimento da legislação formal. Com efeito, exige-se o ajuizamento de uma ação de conhecimento para condenar o descumpridor da norma a cumpri-la.

Ocorre, no entanto, que o ajuizamento da ação de cumprimento não depende do trânsito em julgado da sentença normativa (Súmula nº 246 do TST).

Isso significa que interposto recurso ordinário da sentença normativa, com efeito meramente devolutivo, a ação de cumprimento já poderá ser ajuizada, a fim de efetivar os direitos contemplados na sentença normativa.

Diante disso, pode acontecer de a decisão proferida no recurso do dissídio coletivo ou o trânsito em julgado da sentença normativa ser posterior à decisão da ação de cumprimento ou da reclamação trabalhista. Exemplificamos:

> Sentença normativa confere aos trabalhadores o direito ao recebimento de uma cesta básica mensal. Dessa decisão o sindicato dos empregadores apresenta recurso ordinário, com o objetivo de que o processo seja extinto sem resolução do mérito, por ausência de comum acordo, pugnando ainda pela exclusão da exigência ao pagamento da cesta básica. Como o recurso foi interposto apenas com efeito devolutivo, o sindicato dos empregados ajuíza ação de cumprimento para o recebimento das cestas básicas, desde a data--base da categoria. Na ação de cumprimento é proferida decisão para que os empregadores efetivem o pagamento das cestas básicas. Após o trânsito em julgado da decisão da ação de cumprimento, é proferida decisão no recurso da sentença normativa extinguindo o dissídio coletivo por ausência de comum acordo.

Nesse caso indaga-se: a decisão da ação de cumprimento transitada em julgada poderá ser rescindida com fundamento em prova nova, qual seja, a decisão do recurso da sentença normativa?

O E. TST na súmula em comentário veda o cabimento da ação rescisória nessa hipótese, com fundamento em prova nova.

Tal entendimento se justifica porque a decisão do recurso da sentença normativa ou o seu trânsito em julgado é **posterior** ao trânsito em julgado da decisão que se busca rescindir (decisão da ação de cumprimento). Noutras palavras, não se trata de documento que já existia no momento da decisão rescindenda, mas de documento constituído posteriormente. Assim, sabendo-se que prova nova é a cronologicamente velha, já existente ao tempo da decisão rescindenda, incabível a ação rescisória com fulcro no art. 966, VII do NCPC.

É interessante registrar, por fim, que o C. TST entende que a decisão da ação de cumprimento é proferida sob condição resolutiva, ou seja, produz efeitos enquanto não haja alteração da sentença normativa por meio do recurso (OJ nº 277 da SDI – I do TST).

Desse modo, havendo reforma ou anulação da sentença normativa em grau de recurso, proclama a Corte Trabalhista que a ação de cumprimento, mesmo depois de formada a coisa julgada, será atingida, devendo a parte invocar a modificação em exceção de pré-executividade ou mandado de segurança (Súmula nº 397 do TST).

b) sentença normativa preexistente à sentença rescindenda, mas não exibida no processo principal, em virtude de negligência da parte, quando podia e deveria louvar-se de documento já existente e não ignorado quando emitida a decisão rescindenda.

No item analisado anteriormente, a sentença normativa é posterior ao trânsito em julgado da decisão rescindenda. No presente caso, por outro lado, a sentença normativa é anterior à sentença rescindenda, o que nos leva à conclusão de que se trata de prova nova.

No entanto, para se ensejar a ação rescisória, não basta que a prova seja nova. É necessário ainda que a parte ignore a existência ou não possa utilizá-la, por vontade externa a sua, no processo originário.

Isso quer dizer que, se "a parte deixar de juntar aos autos o documento por desídia ou por culpa sua, não poderá, posteriormente, intentar a rescisória[194]", fundada no inciso VII do art. 966 do NCPC.

Assim, tendo a parte da ação rescisória conhecimento da sentença normativa antes do trânsito em julgado da decisão rescindenda e não a apresentando no processo originário em virtude de negligência, descabe a ação rescisória com fundamento em prova nova.

10.5.2. Ação rescisória fundada em erro de fato. Caracterização (OJ nº 136 da SDI-II do TST)

Orientação Jurisprudencial nº 136 da SDI – II do TST. Ação rescisória. Erro de fato. Caracterização

A caracterização do erro de fato como causa de rescindibilidade de decisão judicial transitada em julgado supõe a afirmação categórica e indiscutida de um fato, na decisão rescindenda, que não corresponde à realidade dos

---

194. DIDIER Jr., Fredie; CUNHA, Leonardo José Carneiro da. *Curso de direito processual civil: Meios de impugnação às decisões judiciais e processo nos tribunais*. 8. ed. Bahia: JusPODIVM, 2010. v. 3, p. 411.

autos. O fato afirmado pelo julgador, que pode ensejar ação rescisória calcada no inciso IX do art. 485 do CPC616, é apenas aquele que se coloca como premissa fática indiscutida de um silogismo argumentativo, não aquele que se apresenta ao final desse mesmo silogismo, como conclusão decorrente das premissas que especificaram as provas oferecidas, para se concluir pela existência do fato. Esta última hipótese é afastada pelo § 2º do art. 485 do CPC617, ao exigir que não tenha havido controvérsia sobre o fato e pronunciamento judicial esmiuçando as provas.

O art. 966, VIII, do NCPC, mantém a sistemática do antigo art. 485, IX, do CPC/73, admitindo como causa de rescindibilidade a decisão de mérito transitada em julgado "fundada em erro de fato verificável do exame dos autos".

Para tanto, estabeleceu no § 1º do art. 966:

> 1º Há erro de fato quando a decisão rescindenda admitir fato inexistente ou quando considerar inexistente fato efetivamente ocorrido, sendo indispensável, em ambos os casos, que o fato não represente ponto controvertido sobre o qual o juiz deveria ter se pronunciado.

Percebe-se, pelo aludido dispositivo, que o erro deve estar ligado ao fato em si, se existente ou não, o que significa que não terá aplicação quando se tratar de equívoco na qualificação jurídica[197].

Além disso, a doutrina[198], ao tempo do CPC/73[199], elencava quatro pressupostos para que o erro de fato pudesse dar causa à rescindibilidade:

> a) **a sentença deve estar embasada no erro de fato**, isto é, sem ele a conclusão da sentença seria em outro sentido.
>
> b) **o erro deve ser verificado mediante simples análise dos autos do processo originário**, sendo vedada a produção de novas provas para demonstrá-lo na ação rescisória.

---

195. NCPC, art. 966, VIII.
196. NCPC, art. 966, §1º.
197. MOREIRA, José Carlos Barbosa. *Comentários ao código de processo civil*. 15. ed. Rio de Janeiro: Forense, 2010. v. 5, p. 149.
198. MOREIRA, José Carlos Barbosa. *Comentários ao código de processo civil*. 15. ed. Rio de Janeiro: Forense, 2010. v. 5, p. 149; NERY Jr., Nelson; NERY, Rosa Maria de Andrade. *Código de processo civil comentado e legislação extravagante*. 11. ed. São Paulo: RT, 2010. p. 817.
199. Mantendo os mesmos pressupostos após o Novo CPC. THEODORO JÚNIOR, Humberto. *A ação rescisória*. In: Primeiras lições sobre o novo direito processual civil brasileiro (de acordo com o Novo Código de Processo Civil, Lei 13.105, de 16 de março de 2015). Coord. Humberto Theodoro Júnior, Fernanda Alvim Ribeiro de Oliveira, Ester Camila Gomes Norato Rezende. Rio de Janeiro: Forense, 2015. p. 720.

c) **não tenha havido controvérsia sobre o fato**. Nesse caso, haverá incontrovérsia quando: 1º) nenhuma das partes o alegou e o juiz o considerou porque se tratava de matéria a ser analisada *ex officio*; ou 2º) confessado; ou 3º) faltar impugnação específica na contestação.

d) **sobre o fato não haja pronunciamento judicial**, ou seja, deve ser uma questão não resolvida pelo magistrado ou resolvida implicitamente.

Verifica-se, nesse último pressuposto, que a doutrina veda o pronunciamento judicial acerca do fato, o que significa que a decisão judicial o considera implicitamente existente quando inexistente, ou vice-versa. Trata-se de omissão do juiz acerca do pronunciamento de um ponto. Isso tinha como fundamento o § 2º do art. 485 do CPC/73 que vedava pronunciamento sobre o fato[200].

No entanto, o C. TST, na presente orientação, exige que haja, na decisão rescindenda, a afirmação categórica e indiscutida de um fato que não corresponde à realidade dos autos. Em outros termos, a Corte Trabalhista impõe a declaração expressa na decisão rescindenda (do processo originário) de que um fato existiu quando incontroversamente ele é inexistente; ou declara que não existiu, mas, incontroversamente, ele existe.

Acreditamos que o NCPC seguiu o mesmo entendimento declinado pelo TST, uma vez que o art. 966, §1º, diferentemente do CPC/73, não veda o pronunciamento judicial, mas apenas exige que "o fato não represente ponto controvertido sobre o qual o juiz deveria ter se pronunciado".

Desse modo, a nosso ver, o que quis dizer o TST e o NCPC é que o fato pode até ter sido objeto de pronunciamento judicial, havendo erro de fato tão somente quando existir **um erro de percepção do julgador** e não de interpretação ou má análise do conjunto probatório. Por outro lado, não haverá erro de fato quando o pronunciamento judicial **resultar de uma opção ou escolha do magistrado diante de uma controvérsia**.

Ademais, o E. TST declina que o erro de fato que pode ensejar a ação rescisória calcada no inciso VIII do art. 966 do NCPC (antigo art. 485, IX do CPC/73) é "apenas aquele que se coloca como premissa fática indiscutida de um silogismo argumentativo, não aquele que se apresenta ao final desse mesmo silogismo, como conclusão decorrente das premissas que especificaram as provas oferecidas, para se concluir pela existência do fato".

Melhor explicando, o que se deve atacar na ação rescisória são as premissas incontroversas, equivocadamente verificadas por erro de percepção, e não a mera conclusão do julgado. Exemplificamos:

---

200. CPC/73, art. 485. § 2º É indispensável, num como noutro caso, que não tenha havido controvérsia, **nem pronunciamento judicial sobre o fato**. (grifo nosso)

Determinada empresa, durante certo tempo, exigia que o trabalhador laborasse por mais de 5 anos para que fizesse jus à concessão do benefício X. A partir de determinada época, altera seu regulamento interno, e passa a conceder tal benefício a todos os trabalhadores, independentemente do tempo de serviço. Embora o fato tenha ficado incontroverso nos autos, o julgador, sem atentar para a modificação no regulamento interno, julga improcedente o pedido do trabalhador, sob o fundamento de que não preenchia o requisito de 5 anos de serviço na empresa.

Verifica-se, no exemplo anterior, que o fato é incontroverso. Além disso, percebe-se que a premissa fática foi analisada de forma equivocada pelo magistrado, em decorrência de erro de percepção do regulamento interno da empresa. No caso, não se irá atacar diretamente a conclusão do julgado (improcedência do pedido), mas, sim, a premissa fática analisada de modo equivocado, atingindo a conclusão apenas de forma reflexa.

Por outro lado, caso no exemplo anterior o magistrado não aplique a alteração do regulamento de empresa, porque entendeu que há uma nulidade absoluta na modificação, teremos mera interpretação do julgador e não erro na percepção. Assim, aqui poderá existir, no máximo, má interpretação do conjunto probatório, mas não erro de fato a ensejar o corte rescisório, com fundamento no art. 966, VIII do NCPC.

10.6. Recursos

10.6.1. Decisão proferida em agravo regimental confirmando decisão monocrática do relator que indefere petição inicial da ação rescisória com fundamento em matéria controvertida (Súmula nº 411 do TST)

> **Súmula nº 411 do TST.** Ação rescisória. Sentença de mérito. Decisão de Tribunal Regional do Trabalho em agravo regimental confirmando decisão monocrática do relator que, aplicando a Súmula nº 83 do TST, indeferiu a petição inicial da ação rescisória. Cabimento
>
> Se a decisão recorrida, em agravo regimental, aprecia a matéria na fundamentação, sob o enfoque das Súmulas nºs 83 do TST e 343 do STF, constitui sentença de mérito, ainda que haja resultado no indeferimento da petição inicial e na extinção do processo sem julgamento do mérito. Sujeita-se, assim, à reforma pelo TST, a decisão do Tribunal que, invocando controvérsia na interpretação da lei, indefere a petição inicial de ação rescisória.

Para melhor elucidação da súmula em comentário, iniciaremos por um exemplo:

> Sentença julga improcedentes os pedidos da reclamação trabalhista, aduzindo que o membro suplente da CIPA não tem direito à garantia de emprego. Após o trânsito em julgado da decisão, o trabalhador ajuíza ação rescisória buscando desconstituir a referida sentença, sob alegação de violação do art. 10, II, a, do ADCT da CF/88. O relator da ação rescisória indefere a petição inicial, extinguindo o processo sem resolução do mérito, sob o argumento de que, na época da decisão, havia divergência acerca do tema, que somente foi sepultada com o advento da Súmula nº 339 do TST, invocando a aplicação da Súmula nº 83 do TST. Dessa decisão, o trabalhador interpõe agravo regimental à Turma do TRT. No acórdão, a Turma confirma a decisão monocrática do relator. Da decisão do agravo, o trabalhador interpõe recurso ordinário ao TST, alegando que, por se tratar de violação de norma constitucional, não há que se falar em matéria controvertida. O TST acolhe os argumentos do trabalhador e passa a julgar imediatamente o mérito da ação rescisória, ou seja, desconstitui a sentença e, no juízo rescisório, reconhece o direito à garantia de emprego do obreiro deferindo-lhe o direito à indenização do período da garantia, aplicando assim o entendimento da Súmula nº 339 do TST e da OJ nº 6 da SDI – II do TST.

Pelo exemplo citado anteriormente é possível extrair que a presente súmula deve ser analisada sob dois enfoques: a) a natureza da decisão do relator e, consequentemente, da Turma do TRT que indefere a petição inicial da ação rescisória, com base em matéria controvertida; b) a possibilidade de o TST, no recurso ordinário, adentrar imediatamente no julgamento do mérito da ação rescisória.

É sabido que a ação rescisória é de competência originária dos tribunais. Igualmente se sabe que as decisões dos tribunais são proferidas por órgão colegiado. No entanto, respaldado nos princípios da celeridade e efetividade processual, o legislador delegou atividades dos órgãos colegiados aos relatores, dando origem inclusive ao art. 932 do NCPC, aplicável subsidiariamente ao processo do trabalho (CLT, art. 769 e Súmula nº 435 do TST).

O art. 932 do NCPC (antigo art. 557 do CPC/73), que confere poderes ao relator como regra para a seara recursal, é aplicado pelos tribunais, de forma analógica, nas ações de competência originária dos tribunais, permitindo assim o indeferimento liminar da petição inicial da ação rescisória pelo relator.

Com efeito, embora o art. 968, § 3º, do NCPC não indique que o indeferimento da inicial será realizada pelo relator, pela incidência analógica do art. 932 do NCPC, concluímos que o relator poderá indeferi-la nos casos previstos no art. 330 do NCPC e quando não efetuado o depósito prévio descrito no art. 836 da CLT.

Nesse contexto, incumbe ao autor da ação rescisória preencher os requisitos da petição inicial, devendo indicar, dentre outros, a causa de pedir.

Tratando-se de ação rescisória calcada em violação de lei, é pacífico na doutrina e na jurisprudência que a indicação do dispositivo tido por violado é a causa de pedir da ação rescisória, impondo, portanto, ao autor indicá-lo (Súmula nº 408 do TST). Desse modo, indicado o dispositivo que entende ter sido violado, estará presente a causa de pedir.

Ocorre, entretanto, que, havendo divergência jurisprudencial acerca da aplicação de determinada lei infraconstitucional, entende-se que a decisão judicial não violou o dispositivo legal, vez que, na realidade, o magistrado apenas adotou uma das posições contempladas na jurisprudência, ou seja, adotou o posicionamento que melhor interpreta a lei sob a sua ótica (Súmula nº 83 do TST e Súmula nº 343 do STF).

Nesse caso, portanto, quando o tribunal reconhece que a matéria é controvertida, ele julga o próprio mérito da ação rescisória, não ficando no campo dos pressupostos ou das condições da ação. Noutras palavras, se o tribunal entender que a matéria é controvertida, na verdade, ele está afirmando que não há violação legal, o que significa que julga improcedente o pedido da ação rescisória.

Desse modo, na hipótese, não deve o Tribunal extinguir a ação rescisória sem resolução do mérito, mas julgar seus pedidos improcedentes.

É por isso que o TST, na presente súmula, indica que essa decisão é meritória, mesmo que equivocadamente o TRT tenha extinto o processo sem resolução do mérito. Do mesmo modo, também será de mérito a decisão da Turma no agravo regimental que confirma a decisão monocrática.

Por se tratar de decisão de mérito, a Corte Trabalhista declara nessa súmula que, havendo recurso para o TST, caso este entenda pela não aplicação da Súmula nº 83 do TST, ou seja, que a matéria não é controvertida, poderá adentrar no julgamento do mérito da ação rescisória. Noutras palavras, não haverá anulação da decisão do TRT com o retorno dos autos ao Tribunal Regional, mas, sim, reforma da decisão pelo próprio TST.

Aplica-se, no caso, o art. 1.013, § 3º, I, do NCPC o qual impõe que, se o processo estiver em condições de imediato julgamento, o tribunal deve decidir desde logo o mérito quando reformar sentença que extinguiu o processo sem resolução do mérito. Percebe-se pelo referido dispositivo que o Novo CPC passa a admitir o julgamento imediato pelo tribunal, seja de recurso de decisão meritória, seja de decisão destituída de mérito, bastando que o processo esteja em condições de imediato julgamento.

Por fim, ressalta-se que, considerando que a petição inicial da ação rescisória foi indeferida liminarmente, faz-se necessário observar o contraditório no recurso, vez que esse não foi formado no TRT.

10.7. Ação cautelar em ação rescisória para suspender execução. Documentos indispensáveis (OJ nº 76 da SDI-II do TST)

> **Orientação Jurisprudencial nº 76 da SDI – II do TST.** Ação rescisória. Ação cautelar para suspender execução. Juntada de documento indispensável. Possibilidade de êxito na rescisão do julgado
>
> É indispensável a instrução da ação cautelar com as provas documentais necessárias à aferição da plausibilidade de êxito na rescisão do julgado. Assim sendo, devem vir junto com a inicial da cautelar as cópias da petição inicial da ação rescisória principal, da decisão rescindenda, da certidão do trânsito em julgado da decisão rescindenda e informação do andamento atualizado da execução.

Proferida a decisão de mérito e não havendo mais oportunidade para recurso, temos a formação da coisa julgada material, ou seja, o trânsito em julgado da decisão de mérito.

Diante do esgotamento recursal, a sentença condenatória seguirá para a efetivação por meio da fase executiva, momento em que haverá entrega ao exequente do bem da vida pleiteado.

Pode ocorrer, no entanto, de o executado ajuizar ação rescisória com a finalidade de desconstituir a coisa julgada, requerendo a suspensão da execução, por meio de pedido cautelar, como declinado na Súmula nº 405 do TST, ou por meio de tutela antecipada, como defendemos nos comentários da referida súmula. É o que prevê o art. 969 do NCPC, *in verbis*:

> Art. 969. A propositura da ação rescisória não impede o cumprimento da decisão rescindenda, **ressalvada a concessão de tutela provisória**. (grifo nosso)

Tratando de medida excepcional, pois a coisa julgada ficará sobrestada por decisão interlocutória na ação rescisória, o C. TST entende que a tutela cautelar deverá estar acompanhada dos documentos que demonstram a plausibilidade de êxito na rescisão da coisa julgada, ou seja, o *fumus boni iuris*. Seria o caso, por exemplo, da alegação de existirem duas coisas julgadas sobre determinado fato, o que demonstra a plausibilidade da desconstituição do segundo julgado. Além disso, necessário comprovar que o prosseguimento da execução ocasionará prejuízos ao executado (*periculum in mora*), inviabilizando inclusive o retorno ao *status quo ante*.

Nesse contexto, a Corte Trabalhista entende que o pedido cautelar deve estar acompanhado das cópias dos seguintes documentos:

1) **da petição inicial da ação rescisória principal**. Com tal exigência o TST inviabiliza o cabimento da tutela cautelar e antecipada antecedentes. Além disso, burocratiza o processo, já que as tutelas cautelar e antecipada incidentais caminham em apenso aos autos principais, ou seja, a petição inicial da ação rescisória estará em apenso. Desse modo, a nosso juízo, melhor seria a exclusão dessa exigência;

2) **da decisão rescindenda**, ou seja, da decisão que está sendo executada, a fim de analisar seus fundamentos;

3) **da certidão do trânsito em julgado da decisão rescindenda**. Isso porque é pressuposto, para o ajuizamento da ação rescisória, o trânsito em julgado da decisão impugnada, pois só há falar de desconstituição, por meio de ação rescisória, após a formação da coisa julgada.

4) **informação do andamento atualizado da execução**, para verificar o estágio da execução e se é capaz de gerar prejuízos ao executado. Trata-se de demonstrar o *periculum in mora*.

Citamos um precedente dessa orientação para elucidar a questão:

> AÇÃO CAUTELAR – CABIMENTO – SUSPENSÃO DA EXECUÇÃO DE SENTENÇA OBJETO DE RESCISÓRIA – NÃO EXIBIÇÃO DA PETIÇÃO INICIAL DA DEMANDA RESCISÓRIA – INEXISTÊNCIA DE CONFIGURAÇÃO DO FUMUS BONI IURIS. Não há como se aferir a evidência do fumus boni iuris quando, na instrução da ação cautelar incidental, a autora não exibe a exordial da rescisória. Isto porque a dedução do requisito inerente à cautelar reside no êxito da demanda rescisória, diante da absoluta plausividade da inexistência do direito adquirido à percepção das parcelas pleiteadas na reclamação trabalhista (IPC de junho de 1987, das URP's de abril e maio de 1988 e da URP de fevereiro de 1989). Assim, a inexatidão da manifestação do fumus boni iuris implica que a razoabilidade da pretensão exaure-se na inquestionável dificuldade de se averiguar a invocação necessária do artigo 5º, inciso XXXVI, da Lei Fundamental, na exordial da demanda rescisória. Vale enfatizar que a ilação infere-se da unificação da nova construção jurisprudencial, que impõe, em casos análogos, a improcedência da cautelar.[201]

Registra-se, por oportuno, que a tutela cautelar na hipótese é de competência dos tribunais, porque incidental à ação rescisória (NCPC, art. 299).

Assim, concluímos que deverá o autor da tutela cautelar instruí-la adequadamente para demonstrar que estão presentes os requisitos para seu deferimento, qual seja, o *fumus boni iuris* e o *periculum in mora*.

---

201. TST- RXOFROAC- 482.916/98. Rel. Min. Ronaldo Lopes Leal. DJ 7.4.2000.

Por fim, é importante destacar que, embora o Novo CPC tenha extinta a ação cautelar autônoma, manteve-se a tutela provisória cautelar que pode ser antecedente ou incidental (NCPC, art. 294, parágrafo único). Desse modo, a *ratio decidindi* (fundamento determinante) da presente súmula se mantém, havendo necessidade de adequar apenas a terminologia, ou seja, substituir a expressão "ação cautelar" por "tutela provisória cautelar", ou simplesmente tutela cautelar. Todavia, conforme já explicado, em razão da necessidade da juntada de cópia da petição inicial da ação rescisória principal, para o C. TST a tutela provisória cautelar deverá ser requerida de forma incidental ao processo, ou seja, "dentro do processo em que se pede ou já se pediu a tutela definitiva"[202] (no caso, a rescisão da decisão).

11. MANDADO DE SEGURANÇA

11.1. Cabimento

11.1.1. Tutela antecipada concedida na sentença (Súmula nº 414 do TST)

> **Súmula nº 414 do TST.** Mandado de segurança. Antecipação de tutela (ou liminar) concedida antes ou na sentença
>
> I – A antecipação da tutela concedida na sentença não comporta impugnação pela via do mandado de segurança, por ser impugnável mediante recurso ordinário. A ação cautelar é o meio próprio para se obter efeito suspensivo a recurso.
>
> (...)

Considerando os objetivos desta obra, vamos nos limitar a analisar o item I desta súmula.

I – A antecipação da tutela concedida na sentença não comporta impugnação pela via do mandado de segurança, por ser impugnável mediante recurso ordinário. A ação cautelar é o meio próprio para se obter efeito suspensivo a recurso.

O item I da presente súmula era disciplinado pela orientação jurisprudencial nº 51 da SDI – II do TST, ora transformada em súmula.

A tutela antecipada pode ser concedida em qualquer momento da fase de conhecimento, inclusive na sentença.

---

202. DIDIER JR., Fredie; BRAGA, Paula Sarno; OLIVEIRA, Rafael Alexandria de. *Curso de Direito Processual Civil: teoria da prova, direito probatório, decisão, precedente, coisa julgada e tutela provisória*, vol. 2. 10. ed. Salvador: Editora JusPODIVM, 2015, p. 571.

Discute-se a utilidade da concessão de tutela antecipada na sentença em processo trabalhista, sob o argumento de que, tendo o recurso ordinário efeito meramente devolutivo, o comando sentencial já estaria produzindo efeitos. Além disso, havendo decisão (sentença) analisada em cognição exauriente (juízo de certeza), desnecessária a concessão de tutela fundada em cognição sumária.

No entanto, conforme se depreende do art. 297 do NCPC, a tutela antecipada se efetiva. Isso quer dizer que, embora siga o rito executório, **ela não se submete à restrição da execução até a penhora**, uma vez que, na tutela antecipada, busca-se a efetivação do próprio direito material, ou seja, a entrega do bem da vida pleiteado em juízo, "inclusive a liberação de quantias em dinheiro, mesmo sem caução, pois o provimento antecipatório tem índole satisfativa".[203] Dessa forma, não se pode admitir que a tutela antecipada adiante apenas os efeitos processuais, como acontece, em regra, na execução provisória, mas, sim, antecipe os próprios efeitos materiais, concedendo ao titular do direito o bem da vida postulado. Exemplificamos:

> O magistrado concede tutela antecipada na sentença para pagamento de salário. Nesse caso, o pagamento será imediato, não ficando limitado à penhora, sob pena de o trabalhador não manter sua própria sobrevivência.

É interessante destacar que o Novo CPC, no referido art. 297, dispõe que "o juiz poderá determinar as medidas que considerar adequadas para efetivação da tutela provisória". Ademais, no seu art. 139, IV, permite ao juiz "determinar todas as medidas indutivas, coercitivas, mandamentais ou sub-rogatórias necessárias para assegurar o cumprimento de ordem judicial, inclusive nas ações que tenham por objeto prestação pecuniária". Vê-se por tal dispositivo que, mesmo na tutela antecipada de obrigação de pagar, com o advento do novo código, será possível a imposição de medidas coercitivas para sua efetivação, utilizando, por exemplo, as *astreintes*.

Além disso, o art. 297, parágrafo único, do NCPC declina que "a efetivação da tutela provisória observará as normas referentes ao cumprimento provisório da sentença, **no que couber**" (grifo nosso). Isso quer dizer que, na efetivação da tutela, não se deve observar alguns pontos da execução provisória, tais como, a necessidade de requerimento do exequente para iniciá-la, a limitação até a penhora, a obrigatoriedade, com regra, de prestação de caução[204] etc.

Com efeito, pensamos ser útil e salutar a concessão e/ou ratificação da tutela antecipada na sentença.

---

203. SCHIAVI, Mauro. *Manual de direito processual do trabalho*. 2. ed. São Paulo: LTr, 2009. p. 996.
204. DIDIER JR., Fredie; BRAGA, Paula Sarno; OLIVEIRA, Rafael Alexandria de. *Curso de Direito Processual Civil: teoria da prova, direito probatório, decisão, precedente, coisa julgada e tutela provisória*, vol. 2. 10. ed. Salvador: Editora JusPODIVM, 2015, p. 592.

Admitida a tutela antecipada na sentença, passamos a analisar o meio de impugná-la.

Com base na teoria dos capítulos da sentença, alguns doutrinadores entendem que a concessão da tutela antecipada na sentença faz nascer a possibilidade de dois meios de impugnação da decisão: uma da sentença propriamente dita e outra da tutela antecipada. Contudo, o princípio da singularidade impede a divisão da decisão em capítulos para fim de recorribilidade, de modo que a decisão deve ser considerada nesse caso como **una**. Portanto, tratando-se de sentença, **o recurso cabível no processo do trabalho é o ordinário, seja da tutela antecipada, seja das demais matérias decididas na sentença, sendo incabível o mandado de segurança**, como declinado nessa súmula. Noutros termos, não cabe mandado de segurança para impugnar a tutela antecipada concedida na sentença, porque há meio adequado de impugnação, qual seja, o recurso ordinário, não podendo, portanto, o mandado de segurança ser utilizado como sucedâneo recursal. Nesse sentido, o art. 1.013, § 5º, do NCPC:

> § 5º O capítulo da sentença que confirma, concede ou revoga a tutela provisória é impugnável na apelação.

Por outro lado, considerando que a tutela antecipada produzirá os efeitos materiais pretendidos na inicial e que o recurso ordinário é dotado de efeito meramente devolutivo, caso o recorrente tivesse interesse em sustar os efeitos da tutela antecipada, na época do CPC/73, deveria ajuizar ação cautelar inominada diretamente no tribunal, com base no art. 800, parágrafo único, do CPC/73.

Contudo, o Novo CPC excluiu a possibilidade de um processo cautelar autônomo, tal como previsto nesta orientação. Com o novel código, a tutela cautelar, seja antecedente, seja incidental, será formulada dentro da mesma relação processual. Desse modo, no presente caso, embora a substância da súmula seja mantida, o meio de impugnação será por simples petição ao tribunal ou relator competente para julgar o mérito do recurso, com a finalidade de conceder efeito suspensivo ao recurso.

Pensamos que será aplicável ao processo do trabalho o procedimento dos §§ 3º e 4º do art. 1012 do NCPC, os quais declinam:

> § 3º O pedido de concessão de efeito suspensivo nas hipóteses do § 1º poderá ser formulado por requerimento dirigido ao:
> I – tribunal, no período compreendido entre a interposição da apelação e sua distribuição, ficando o relator designado para seu exame prevento para julgá-la;
> II – relator, se já distribuída a apelação.
> § 4º Nas hipóteses do § 1º, a eficácia da sentença poderá ser suspensa pelo relator se o apelante demonstrar a probabilidade de provimento do recurso ou se, sendo relevante a fundamentação, houver risco de dano grave ou de difícil reparação.

Portanto, com o advento do Novo CPC apenas a expressão "ação cautelar" deverá ser substituída por "simples petição".

Por fim, registra-se que a Lei nº 12.016/09 alterou as hipóteses de **não** cabimento do mandado de segurança. Melhor explicando, a Lei nº 1.533/51, que regulava o mandado de segurança, não admitia seu cabimento no caso de despacho ou decisão judicial, quando houvesse recurso previsto nas leis processuais ou que pudesse ser modificada por via de correição (art. 5º, II). A nova lei, por sua vez, diminui a restrição, determinando que não cabe a segurança "de decisão judicial da qual caiba recurso com efeito suspensivo" (art. 5º, II). Com essa alteração é possível atualmente admitir hipoteticamente o mandado de segurança no processo do trabalho, com o fim de conceder efeito suspensivo ao recurso, vez que, como é sabido, os recursos no processo trabalhista são dotados de efeito meramente devolutivo. Nesse caso, o ajuizamento do mandado de segurança pressupõe a interposição do recurso no prazo legal, sob pena de operar a preclusão em relação à decisão judicial[205].

Pensamos, porém, que o novel dispositivo não pode ter uma interpretação tão ampla como parece ter. Isso porque, até mesmo no processo civil, a ação mandamental vem sendo admitida para os casos de decisões teratológicas (absurdas) ou quando o recurso seja incapaz de neutralizar um prejuízo irreparável ou de difícil reparação do impetrante[206].

Assim, ao nosso ver, acreditamos que, na seara laboral, esse dispositivo deve ser aplicado no mesmo contexto, incidindo o princípio da proporcionalidade, ou seja, somente será cabível o mandado de segurança caso, ponderados os direitos em conflito, prevalecer no caso concreto o do impetrante, que, se não for concedido naquela oportunidade, provocará dano irreparável ou de difícil reparação.

11.1.2. Execução na pendência de recurso extraordinário (OJ nº 56 da SDI-II do TST)

> **Orientação Jurisprudencial nº 56 da SDI – II do TST.** Mandado de segurança. Execução. Pendência de recurso extraordinário
>
> Não há direito líquido e certo à execução definitiva na pendência de recurso extraordinário, ou de agravo de instrumento visando a destrancá-lo.

---

205. FUX, Luiz. *Mandado de segurança*. 1. ed. Rio de Janeiro: Forense, 2010. p. 41.
206. FUX, Luiz. *Mandado de segurança*. 1. ed. Rio de Janeiro: Forense, 2010. p. 40. O próprio C. TST, por vezes, admite a impetração do mandado de segurança quando haja mecanismo de impugnação, mas tal mecanismo (ex., embargos do devedor) seja incapaz de afastar o prejuízo irreparável ou de difícil reparação (OJ nº 153 da SDI II do TST).

A presente orientação tem como finalidade interpretar o art. 893, § 2º, da CLT o qual estabelece que:

> § 2º - A interposição de recurso para o Supremo Tribunal Federal não prejudicará a execução do julgado.

Em face do disposto no referido artigo, parte da doutrina e da jurisprudência entendia que, interposto recurso extraordinário ao STF, a execução trabalhista seria definitiva, vez que a norma impunha que a execução não poderia ser prejudicada. Invocavam para tanto a Súmula nº 228 do STF, a qual declina que "não é provisória a execução na pendência de recurso extraordinário, ou de agravo destinado a fazê-lo admitir".

Ocorre, no entanto, que se entende por **execução definitiva** a destinada a executar sentença transitada em julgado, enquanto a execução será **provisória** quando se tratar de sentença impugnada mediante recurso ao qual não foi atribuído efeito suspensivo (NCPC, art. 520, *caput*).

Melhor explicando, a decisão judicial executável está, em regra, suscetível de recurso. Não havendo interposição deste ou transcorrido seu prazo, haverá o trânsito em julgado da decisão, permitindo sua execução definitiva. Por outro lado, ocorrendo a interposição de recurso, este pode ter efeito meramente devolutivo ou também efeito suspensivo. Na hipótese de ter efeito suspensivo, a decisão judicial não produzirá efeitos de imediato, impedindo o início da execução. Já no caso de efeito meramente devolutivo, a decisão gerará efeitos, possibilitando assim a execução provisória da decisão judicial (sentença ou acórdão).

Assim, havendo recurso com efeito meramente devolutivo, a decisão produzirá efeitos, permitindo sua execução provisória.

Diante da sistemática, o STF deixou de aplicar a Súmula nº 228, entendendo ser provisória a execução enquanto pendente o julgamento do recurso extraordinário[207].

Seguindo a mesma linha, o TST expediu a presente orientação jurisprudencial. Interpretou, portanto, o art. 893, § 2º, da CLT no sentido de que ele apenas expressou que o recurso extraordinário ou o agravo destinado a destrancá-lo tem efeito meramente devolutivo, ou seja, não tem efeito suspensivo.

---

207. "EXECUÇÃO. EM FACE DO NOVO CÓDIGO DE PROCESSO CIVIL, É PROVISÓRIA A EXECUÇÃO DE SENTENÇA ENQUANTO PENDE O JULGAMENTO DO RECURSO EXTRAORDINÁRIO. POR ISSO, AFASTA-SE, NO CASO, A APLICAÇÃO DA SÚMULA 228. RECURSO EXTRAORDINÁRIO CONHECIDO E PROVIDO". STF – RE nº 84334-SP. Tribunal Pleno. Rel. Min. Moreira Alves. jul. 8.4.76.

Desse modo, é possível a execução **provisória** do julgado, não tendo o exequente direito líquido e certo à execução definitiva.

Isso não quer dizer, entretanto, que não possa ocorrer o levantamento do depósito em dinheiro e atos que importe na alienação da propriedade, desde que o exequente preste caução (NCPC, art. 520, IV).

Aliás, quando o exequente possuir crédito de natureza alimentar ou demonstrar situação de necessidade, além das demais hipóteses do art. 521 do NCPC, haverá dispensa da exigência de caução, o que se adapta perfeitamente à seara trabalhista, que lida em sua maioria com créditos alimentares.

Portanto, nesses casos, embora a execução não seja definitiva, a execução provisória não ficará limitada à penhora, podendo consumar atos de liberação de dinheiro e de alienação de propriedade.

Ante o exposto, é possível concluir que não tem o exequente direito líquido e certo à execução definitiva do julgado quando estiver pendente recurso extraordinário ou agravo destinado a destrancá-lo. Isso não impede, porém, que na execução provisória seja invocado o art. 520, IV, do NCPC, admitindo o levantamento de depósito em dinheiro ou atos que importem em alienação da propriedade.

11.2. Efeitos dos recursos. Efeito suspensivo. Medida cautelar para imprimir efeito suspensivo a recurso interposto contra decisão proferida em mandado de segurança (OJ nº 113 da SDI-II do TST)

> **Orientação Jurisprudencial nº 113 da SDI – II do TST.** Ação cautelar. Efeito suspensivo ao recurso ordinário em mandado de segurança. Incabível. Ausência de interesse. Extinção
>
> É incabível medida cautelar para imprimir efeito suspensivo a recurso interposto contra decisão proferida em mandado de segurança, pois ambos visam, em última análise, à sustação do ato atacado. Extingue-se, pois, o processo, sem julgamento do mérito, por ausência de interesse de agir, para evitar que decisões judiciais conflitantes e inconciliáveis passem a reger idêntica situação jurídica.

Cumpre iniciar as explanações dessa orientação jurisprudencial citando os fatos de um dos precedentes que a originou:

> Em execução trabalhista juiz do trabalho determina a quebra do sigilo bancário do devedor para verificar se houve pagamento do exequente. Entendendo que tem direito líquido e certo de não ter seu sigilo bancário aberto,

o executado impetra mandado de segurança, requerendo que seja obstada a quebra do sigilo bancário. Denegada a segurança, o impetrante interpõe recurso ordinário e, simultaneamente, tutela provisória cautelar antecedente para conceder efeito suspensivo ao recurso. Diante dessa situação, o TST extinguiu a cautelar sem resolução do mérito, ante a falta de interesse de agir.

Pois bem, é sabido que, no processo do trabalho, os recursos **não** são dotados de efeito suspensivo, consistente no prolongamento do "veto à execução imediata da decisão impugnada"[208]. Tal efeito é admitido nessa seara apenas no recurso ordinário de sentença normativa, quando concedido pelo presidente do Tribunal (Lei nº 7.701/88, art. 7º, § 6º e art. 14 da Lei nº 10.192/01).

Ocorre, no entanto, que, em situações excepcionais, devidamente comprovadas, o C. TST entende que poderão ser suspensos os efeitos da sentença por meio de **tutela provisória cautelar,** a qual equivalerá à concessão de efeito suspensivo ao recurso (Súmula nº 414, I, do TST).

É importante consignar que o Novo CPC excluiu a possibilidade de processo cautelar autônomo. No entanto, mantém a tutela cautelar, que poderá ser formulada de modo antecedente ou incidental, mas agora dentro da mesma relação processual e não como processo autônomo.

Com efeito, a interposição de tutela cautelar antecedente pressupõe a presença das condições da ação, o que inclui o interesse de agir, isto é, o provimento buscado pelo demandante deve ser útil e adequado.

Nesse contexto, vislumbramos de imediato que, **não havendo concessão de liminar no mandado de segurança, a tutela provisória cautelar para suspensão do efeito da decisão do MS será inútil**, pois esta não retirou do mundo jurídico a decisão impugnada. No precedente indicado anteriormente, verificamos que a suspensão do efeito do acórdão do mandado de segurança é inútil, porque a quebra do sigilo bancário será mantida, já que não existe nenhuma outra decisão que suspendeu o efeito da decisão impugnada, ou seja, a liminar e a sentença no mandado de segurança denegaram a suspensão da decisão impugnada. Isso quer dizer que, para se ter a suspensão de uma decisão, deve-se buscar preservar uma situação passada. No caso, suspendendo o acórdão do mandado de segurança, será preservada a situação da decisão impugnada (manutenção da quebra do sigilo bancário), sendo, portanto, inútil.

Por outro lado, **se a tutela cautelar tiver como objetivo a retirada do efeito da própria decisão impugnada** (ex., quebra do sigilo bancário), **ela terá o mesmo objeto e causa de pedir do mandado de segurança, o que atrai reflexamente a incidência da litispendência.** Diz-se reflexamente, pois, embora no mandado de

---

208. BEBBER, Júlio César. *Recursos no processo do trabalho.* 2. ed. São Paulo: LTr, 2009. p. 193.

segurança o polo passivo seja preenchido pela pessoa jurídica de direito público indicando a autoridade coatora[209], a essência da tutela cautelar e do mandado de segurança é idêntica, ligadas inclusive às mesmas partes, o que significa que, admitindo a cautelar nessa hipótese, poderiam ser proferidas decisões contraditórias.

Por fim, pode acontecer de ser concedida a liminar no mandado de segurança e, no final, o processo ser extinto sem resolução de mérito ou o pedido for julgado improcedente (denegada a segurança), revogando-se a liminar. Nessa hipótese, também **não** será cabível a tutela cautelar com o objetivo de suspender o efeito da decisão de improcedência ou de extinção do processo e restaurar a liminar concedida, como se depreende da Súmula 405 do STF, que assim estabelece:

> **Súmula 405 do STF.** Denegado o mandado de segurança pela sentença, ou no julgamento do agravo, dela interposto, fica sem efeito a liminar concedida, retroagindo os efeitos da decisão contrária.

Isso ocorre porque a decisão final, de cognição exauriente, **substitui** a liminar, que é uma decisão proferida em juízo de cognição sumária. Desse modo, a concessão de efeito suspensivo ao recurso não tem a capacidade de restabelecer a liminar concedida[210].

De qualquer modo, com o advento do Novo CPC, o pedido de efeito suspensivo, quando permitido, deverá ser formulado por simples petição, razão pela qual pensamos ser aplicável ao processo do trabalho o procedimento dos §§ 3º e 4º do art. 1012 do NCPC, os quais declinam:

> § 3º O pedido de concessão de efeito suspensivo nas hipóteses do § 1º poderá ser formulado por requerimento dirigido ao:
>
> I – tribunal, no período compreendido entre a interposição da apelação e sua distribuição, ficando o relator designado para seu exame prevento para julgá-la;
>
> II – relator, se já distribuída a apelação.
>
> § 4º Nas hipóteses do § 1º, a eficácia da sentença poderá ser suspensa pelo relator se o apelante demonstrar a probabilidade de provimento do recurso ou se, sendo relevante a fundamentação, houver risco de dano grave ou de difícil reparação.

---

209. Cabe destacar que o STF entende que nos casos de mandado de segurança impetrados contra ato judicial, o beneficiário da decisão impugnada do processo originário é considerado como litisconsórcio passivo necessário. Nesse sentido declina a súmula nº 631 do STF: "extingue-se o processo de mandado de segurança se o impetrante não promove, no prazo assinado, a citação do litisconsorte passivo necessário".
210. No mesmo sentido do texto, DIDIER Jr., Fredie; CUNHA, Leonardo José Carneiro da. *Curso de direito processual civil: Meios de impugnação às decisões judiciais e processo nos tribunais*. 8. ed. Bahia: JusPODIVM, 2010. v. 3, p. 118 e NERY Jr., Nelson; NERY, Rosa Maria de Andrade. *Comentários ao código de processo civil*. São Paulo: RT, 2015. p. 2062.

Portanto, é incabível medida cautelar para imprimir efeito suspensivo a recurso interposto contra decisão proferida em mandado de segurança.

12. DISSÍDIO COLETIVO

12.1. Incompatibilidade do arresto, apreensão ou depósito no dissídio coletivo (OJ nº 3 da SDC do TST)

> **OJ nº 3 da SDC do TST.** Arresto. Apreensão. Depósito. Pretensões insuscetíveis de dedução em sede coletiva.
>
> São incompatíveis com a natureza e finalidade do dissídio coletivo as pretensões de provimento judicial de arresto, apreensão ou depósito.

É sabido que, para se chegar à tutela definitiva (final), o processo passa por uma sequência coordenada de atos, a fim de preservar o devido processo legal, o contraditório e a ampla defesa.

Esse caminhar, por vezes, é longo e demorado, colocando em risco o resultado útil do processo e a própria efetividade do direito material.

Surge daí a tutela cautelar, que tem como finalidade garantir o resultado útil do processo principal, afastando os efeitos maléficos do tempo. Na tutela cautelar, busca-se a conservação do direito afirmado, para que no fim seja útil a tutela jurisdicional.

Portanto, presta-se a tutelar o processo, e não o eventual direito subjetivo material da parte, prevenindo o dano que possa advir da demora na solução do processo principal, com a preservação do direito material controvertido até a resolução definitiva do conflito.

Tem como objetivo, pois, o resultado útil do processo principal, o que significa que sua natureza é instrumental e acessória.

Na época do CPC/73, a tutela cautelar poderia ser nominada (típica) ou inominada (atípica). Nominadas quando prevista especificamente no rol descrito no CPC/73. Por sua vez, as cautelares inominadas eram aquelas não descritas no CPC/73, reconhecendo o legislador a impossibilidade de prever todas as hipóteses concretas que poderiam dar ensejo à concessão da tutela cautelar, concedendo ao juiz o poder geral de cautela de deferir qualquer medida eficaz a garantir o resultado útil do processo, como era o caso do depósito.

O NCPC exclui o processo cautelar autônomo, acabando com a diferença entre cautelares nominadas e inominadas.

Embora tenha deixado de se preocupar com a nomenclatura das cautelares, manteve a possibilidade de sua concessão com base no poder geral de cautela, permitindo sua efetivação "mediante arresto, sequestro, arrolamento de bens, registro de protesto contra alienação de bem e **qualquer outra medida idônea para asseguração do direito**" (NCPC, art. 301 – grifo nosso).

Desse modo, o arresto continua sendo a medida destinada a garantir o resultado útil de futura execução de pagar quantia certa, apreendendo-se bens indeterminados do patrimônio do devedor, permitindo-se, no momento adequado, a sua conversão em penhora. Já a busca e apreensão tem como objetivo procurar coisa ou pessoa e, encontrando-a, realizar sua constrição judicial.

De qualquer modo, independentemente da medida cautelar concedida, ela possui natureza instrumental e acessória.

Em razão dessa natureza instrumental, o C. TST, na presente orientação, entendeu incabível o arresto, a apreensão e o depósito no dissídio coletivo. Argumentou que:

> ao contrário do dissídio individual, onde se visa à tutela de interesses individuais e concretos das partes, no dissídio coletivo discutem-se interesses gerais e abstratos das categorias econômicas e profissionais. No primeiro caso, o Juízo aplica ao caso concreto o comando inserido na Lei. Na segunda hipótese, o Juízo, por meio de sentença normativa, cria normas e condições de trabalho não previstas em lei. Consequentemente, o provimento jurisdicional almejado não terá caráter condenatório, mas constitutivo, uma vez que cria ou modifica a relação jurídica entre categorias antagônicas, ou declaratório, no caso de dissídio coletivo de natureza jurídica, quando se pretende a interpretação da norma preexistente, incidente sobre as relações de trabalho entre as partes. *In casu*, as medidas cautelares de arresto, depósito ou apreensão de bens, por serem típicas de processo individual, não poderiam jamais ser apreciadas e deferidas por via de ação coletiva, porquanto os seus objetos não se coadunam com a natureza da demanda coletiva[211].

Em resumo, como o dissidio coletivo tem natureza constitutivo-dispositiva (dissídio coletivo econômico) ou natureza declaratória (dissídio coletivo de greve e dissídio jurídico), para o TST não há que se falar em apreensão de bens indeterminados, constrição de coisa ou depósito, afastando-se o cabimento dessas cautelares.

Contudo, a presente orientação não vedou o cabimento de outras cautelares.

Isso porque é pacífico o cabimento da cautelar de protesto, com o objetivo de assegurar a data-base da categoria, quando não for possível o ajuizamento do dissídio coletivo 60 dias antes da data-base da categoria (CLT, art. 616, § 3º; TST-RI, art. 219).

---

211. TST-RODC 311417/1996. Ac. 598/1997. Rel. Min. Orlando Teixeira da Costa. DJ 23.05.1997. Decisão unânime.

Não se pode deixar de dizer, ainda, que, no dissídio coletivo de greve, a jurisprudência do TST tem admitido, em casos excepcionais, que haja pagamento dos salários dos obreiros durante o período da paralisação, especialmente quando ocorrer a compensação das horas de paralisação. Nessa hipótese, pensamos que não deve incidir a vedação ao cabimento do arresto, vez que, havendo possível condenação de pagar, consistente no pagamento dos salários do período da paralisação, se necessário, poderá o juiz deferir a cautelar de arresto para garantir o resultado útil do processo principal.

Além disso, a jurisprudência majoritária tem admitido que, nas atividades essenciais, o Tribunal determine a preservação de quantitativo mínimo das atividades para que não haja violação de interesses da coletividade. Em razão disso, tem-se admitido a concessão de tutela cautelar, inclusive antecedente, para tal fim[212].

Nesse último caso, nos parece que a tutela possui contornos de tutela antecipada, vez que concede os efeitos fáticos pretendidos na sentença (retorno ao trabalho), antes da decisão final, com base em cognição sumária.

Melhor explicando: a concessão da tutela definitiva pressupõe juízo de certeza (cognição exauriente), que deve respeitar o devido processual legal, o contraditório e a ampla defesa. Contudo, como já dissemos, pode acontecer de o autor não suportar a delonga do processo, tendo necessidade da imediata satisfação fática do que pretende na sentença. Nesse caso, como o juízo de certeza ainda não está formado, permite-se a concessão provisória da pretensão contida no processo, por meio de cognição sumária. Portanto, a tutela antecipada tem natureza satisfativa e não meramente instrumental como a tutela cautelar.

É o que ocorre nesse caso, pois o efeito prático pretendido com o provimento final é, além da declaração da abusividade da greve, o retorno dos obreiros ao trabalho.

De todo o exposto, conclui-se que a presente orientação não tem o condão de limitar o poder geral de cautela conferido ao juiz, mormente nos dissídios coletivos que visam a atingir a coletividade de trabalhadores, permitindo-se, quando necessário, a concessão de tutela cautelar, a fim de resguardar o resultado útil do processo, e da tutela antecipada, para adiantar os efeitos fáticos pretendidos com o provimento final.

---

212. TST-RO-539-83.2012.5.05.0000. Rel. Min Fernando Eizo Ono. Public. 23.8.2013.

BIBLIOGRAFIA

ALMEIDA, Cleber Lúcio de. *Direito Processual do Trabalho*. 4. ed. Belo Horizonte: Del Rey, 2012.

ALMEIDA, Fernando Dias Menezes de. *Memória jurisprudencial: Ministro Victor Nunes*. Série Memória Jurisprudencial. Brasília: Supremo Tribunal Federal, 2006.

ALMEIDA, Wânia Guimarães Rabêllo de. *Direito Processual Metaindividual do Trabalho: a adequada e efetiva tutela jurisdicional dos direitos de dimensão transindividual*. Salvador: Editora JusPODIVM, 2016.

ASSIS, Araken. *Processo civil brasileiro, volume II: parte geral: institutos fundamentais*: tomo 2. São Paulo: Editora Revista dos Tribunais, 2015.

ATAÍDE JR., Jaldemiro Rodrigues de. *O princípio da inércia argumentativa diante de um sistema de precedentes em formação no direito brasileiro*. Revista de processo. São Paulo: RT, nº 229, mar. 2014.

BARROS, Flávio Augusto Monteiro de. *Manual de direito civil: Lei de introdução e parte geral*. São Paulo: Método, 2005. v. 1.

BARROS, Flávio Augusto Monteiro de. *Manual de direito civil: Direito das obrigações e contratos*. São Paulo: Método, 2005. v. 2.

BEBBER, Júlio César. *Mandado de segurança: habeas corpus, habeas data na justiça do trabalho*. 2. ed. São Paulo: LTr, 2008.

_____. *Processo do trabalho: adaptação à contemporaneidade*. São Paulo: LTr, 2011.

_____. *Recursos no processo do trabalho*. 2. ed. São Paulo: LTr, 2009.

BEDAQUE, José Roberto dos Santos. *Tutela cautelar e tutela antecipada: tutelas sumárias e de urgência*. 5. ed. São Paulo: Editora Malheiros, 2009.

BRANDÃO, Cláudio. *Reforma do Sistema Recursal Trabalhista: comentários à Lei nº 13.015, de 2014*. 1. ed. São Paulo: LTr, 2015.

BUENO, Cassio Scarpinella. *Novo Código de Processo Civil Anotado*. São Paulo: Saraiva, 2015

BUSTAMANTE, Thomas da Rosa de (coord.) et. al. *A força normativa do direito judicial – Justiça Pesquisa – UFMG*. Disponível em: https://www.academia.edu/13250475/A_for%C3%A7a_normativa_do_direito_judicial_-_Justi%C3%A7a_Pesquisa_-_UFMG.

CÂMARA, Alexandre Freitas. O novo processo civil brasileiro. São Paulo: Atlas, 2015.

_____.*Lições de direito processual civil: vol. 1*. 18. ed. Rio de Janeiro: Lumen Juris, 2008.

_____. *Lições de direito processual civil: vol. 3*. 20. ed. São Paulo: Atlas, 2013.

CARREIRA, Alvim, J. E. *Comentários ao novo Código de Processo Civil: Lei 13.105/15: vol. 2*. Art. 82 ao 148. Curitiba: Juruá, 2015.

CARREIRA, Alvim, J. E. *Comentários ao novo Código de Processo Civil: Lei 13.105/15: vol. 2*. Art. 1º ao 81. Curitiba: Juruá, 2015.

CASTELO, Jorge Pinheiro. *Dos prazos processuais no novo CPC, inclusive sua contagem contínua em dias úteis – da aplicação subsidiária e supletiva ao processo do trabalho – comentários iniciais*. In: Revista eletrônica: O Novo CPC e o processo do trabalho. Tribunal Regional do Trabalho da 9ª Região. V. 4. Nº 44. Setembro de 2015. p. 194-203.

CESÁRIO, João Humberto. *Provas no processo do trabalho – de acordo com o Novo Código de Processo Civil.* Cuiabá: Instituto JHC, 2015.

CHAVES, Luciano Athayde organizador. *Curso de processo do trabalho*. São Paulo: LTr, 2009.

CORDEIRO, Wolney de Macedo. *Execução no processo do trabalho*. Salvador: JusPODIVM, 2015.

DAVID, René. *Os grandes sistemas do Direito Contemporâneo*. Tradução de Hermínio A. Carvalho. 4. Ed. São Paulo, Martins Fontes, 2002.

DELGADO, Mauricio Godinho. Curso de direito do trabalho. 10. ed. São Paulo: LTr, 2011.

DIDIER JR., Fredie; BRAGA, Paula Sarno; OLIVEIRA, Rafael Alexandria de. *Curso de Direito Processual Civil: teoria da prova, direito probatório, decisão, precedente, coisa julgada e tutela provisória, vol. 2*. 10. ed. Salvador: JusPODIVM, 2015.

DIDIER Jr., Fredie. et al. *Curso de direito processo civil: Execução*. 2. ed. Bahia: JusPODIVM, 2010. v. 5.

DIDIER Jr., Fredie; CUNHA, Leonardo José Carneiro da. *Curso de direito processual civil: Meios de impugnação às decisões judiciais e processo nos tribunais*. 8. ed. Bahia: JusPODIVM, 2010. v. 3.

DIDIER JR., Fredie. *Curso de Direito Processual Civil: introdução ao direito processual civil, parte geral e processo de conhecimento.* 17ª ed. Salvador: Ed. JusPODIVM, 2015.

DINAMARCO, Cândido Rangel. Instituições de direito processual civil. 6. ed. São Paulo: Malheiros Editores Ltda., 2009. v. 2,

_____. In: *Revista Dialética de Direito Processual.* São Paulo: Dialética, 2004, nº 16, p. 9-23.

DINIZ, Maria Helena. *Compêndio de Introdução à Ciência do Direito.* 20. ed. São Paulo: Saraiva, 2009.

DI PIETRO, Maria Sylvia Zanella. *Direito administrativo.* 17. ed. São Paulo: Atlas, 2004.

FARIAS, Cristiano Chaves; ROSENVALD, Nelson. *Curso de Direito Civil: Parte Geral e LINDB.* 11. ed. Salvador: JusPodivm, 2013.

FERRAZ JUNIOR, Tercio Sampaio. *Introdução ao estudo do direito: técnica, decisão, dominação.* 5. ed. São Paulo: Atlas, 2007.

FILHO, Efraim. *Comissão Especial destinada a proferir parecer ao Projeto de Lei nº 6.025, de 2005, do Senado Federal, e apensados, que tratam do "Código de Processo Civil" (revoga a lei Nº 5.869, de 1973): Relatório Parcial.* Disponível em: http://www2.camara.leg.br/atividade-legislativa/comissoes/comissoes--temporarias/especiais/54a-legislatura/8046-10-codigo-de-processo-civil/arquivos/parecer_deputado-efraim-filho. Acesso em 27 fev. 2015.

FLEXA, Alexandre; MACEDO, Daniel; BASTOS, Fabrício. *Novo Código de Processo Civil – temas inéditos, mudanças e supressões.* SALVADOR: Editora JusPODIVM, 2015.

FUX, Luiz. Mandado de segurança. 1. ed. Rio de Janeiro: Forense, 2010.

GARCIA, Gustavo Filipe Barbosa. Curso de direito processual do trabalho. 4ª ed. rev., atual. e ampl. Rio de Janeiro: Forense, 2015.

HADAD, José Eduardo. *Precedentes jurisprudenciais do TST comentados.* 2. ed. São Paulo: LTr, 2002.

JORGE, Flávio Cheim. *Teoria geral dos recursos cíveis.* 4. ed. rev., atual. e ampl. São Paulo: Editora Revista dos Tribunais, 2009.

_____. *Teoria geral dos recursos cíveis.* 7. ed. rev., atual. e ampl. São Paulo: Editora Revista dos Tribunais, 2015.

KLIPPEL, Rodrigo; BASTOS, Antonio Adonias. *Manual de processo civil.* Rio de Janeiro: Lumen Juris, 2011.

KLIPPEL, Bruno. *Direito sumular esquematizado – TST.* São Paulo: Saraiva, 2011.

LEITE, Carlos Henrique Bezerra. *Curso de direito processual do trabalho.* 6. ed. São Paulo: LTr, 2008.

_____. *Curso de direito processual do trabalho.* 9. ed. São Paulo: LTr, 2011.

_____. *Curso de Direito Processual do Trabalho.* 12. ed. São Paulo: LTr, 2014.

LIMA, Leonardo Tibo Barbosa. *Lições de Direito Processual do Trabalho: teoria e prática.* 3. ed. Atualizada à luz da Lei nº 13.015/14 (recursos) e da Lei nº 13.105/15 (Novo CPC). São Paulo: LTr, 2015.

LIMA JÚNIOR, Cláudio Ricardo Silva. *Precedentes Judiciais no Processo Civil Brasileiro: aproximação entre civil law e common law e aplicabilidade do stare decisis.* Rio de Janeiro: Lumen Juris, 2015.

LOSANO, Mário G. *Os grandes sistemas jurídicos: introdução aos sistemas jurídicos europeus e exra-europeus.* Tradução de Marcela Varejão. Revisão da tradução de Silvana Cobucci Leite. São Paulo: Martins Fontes, 2007.

MACÊDO, Lucas Buril de. *Precedentes judiciais e o direito processual civil.* Salvador: Editora JusPODIVM, 2015.

MAIA FILHO, Napoleão Nunes; ROCHA, Caio Cesar Vieira e LIMA, Tiago Asfor Rocha (org.). *Comentários à nova lei do mandado de segurança.* São Paulo: RT, 2010.

MALLET, Estêvão. *Reflexões sobre a Lei nº 13.015/2014.* Revista Magister de Direito Trabalhista e Previdenciário nº 63. Nov./Dez. 2014.

MANCUSO, Rodolfo de Camargo. *Divergência jurisprudencial e súmula vinculante.* 3. ed. rev., atual. e ampl. São Paulo: Editora Revista dos Tribunais, 2007.

MARINONI, Luiz Guilherme. *Aproximação crítica entre as jurisdições de civil law e de common law e a necessidade de respeito aos precedentes no Brasil.* Revista da Faculdade de Direito – UFPR. Curitiba, nº 49, p. 11-58, 2009.

MARINONI, Luiz Guilherme; ARENHART, Sérgio Cruz. *Curso de processo civil: processo de conhecimento.* 6. ed. rev., atual. ampl. São Paulo: Editora Revista dos Tribunais, 2007. v. 2.

MARINONI, Luiz Guilherme; ARENHART, Sérgio Cruz; MITIDIERO, Daniel. *Novo Curso de Processo Civil: tutela dos direitos mediante procedimento comum, volume II.* São Pulo: Editora Revista dos Tribunais, 2015.

MARQUES, Cláudia Lima. Diálogo entre o Código de Defesa do Consumidor e o Novo Código Civil: do "Diálogo das fontes" no combate às cláusulas abusivas. *Revista de Direito do Consumidor nº 45.* São Paulo, p. 71-99, jan.-mar. 2003.

MARTINS, Sérgio Pinto. *Comentários à CLT.* 13. ed. São Paulo: Atlas, 2009.

_____. *Comentários às Orientações Jurisprudenciais da SBDI – 1 e 2 do TST.* São Paulo: Atlas, 2009.

_____. *Comentários às Súmulas do TST.* 8. ed. São Paulo: Atlas, 2010.

MEDINA, José Miguel Garcia. *Novo Código de Processo Civil Comentado: com remissões e notas comparativas ao CPC/1973*. São Paulo: Editora Revista dos Tribunais, 2015

MIESSA, Élisson; CORREIA, Henrique. *Súmulas e orientações jurisprudenciais do TST comentadas e organizadas por assunto*. 5. ed. Salvador: JusPODIVM, 2015.

MIESSA, Élisson (org.). *O Novo Código de Processo Civil e seus Reflexos no Processo do Trabalho*. Salvador: JusPODIVM, 2015.

MIESSA, Élisson. *Processo do Trabalho para concursos*. Salvador: JusPODIVM, 2015.

_____. *Recursos Trabalhistas*. Salvador: JusPODIVM, 2015.

MOREIRA, José Carlos Barbosa. *Comentários ao Código de Processo Civil*. 15. ed. Rio de Janeiro: Forense, 2010. vol. 5.

NADER, Paulo. *Introdução ao Estudo do Direito*. Rio de Janeiro: Forense, 2008.

NEGRÃO, Theotonio. GOUVÊA, José Roberto F. *Código de processo civil e legislação processual em vigor*. 41. ed. São Paulo: Saraiva, 2009.

NERY Jr., Nelson; NERY, Rosa Maria de Andrade. *Código de processo civil comentado e legislação extravagante*. 11. ed. São Paulo: RT, 2010.

_____. *Comentários ao código de processo civil*. São Paulo: RT, 2015.

NEVES, Daniel Amorim Assumpção. *Manual de direito processual civil*. 2. ed. Rio de Janeiro: Forense; São Paulo: Método, 2010.

_____. *Novo Código de Processo Civil – Lei 13.105/2015*. Rio de Janeiro: Forense; São Paulo: MÉTODO, 2015.

NUNES, Rizzato, *Manual de Introdução ao Estudo do Direito*. São Paulo: Saraiva, 2011.

OLIVEIRA, Fernanda Alvim Ribeiro de. *Recursos em espécie: apelação*. In: Primeiras lições sobre o novo direito processual civil brasileiro (de acordo com o Novo Código de Processo Civil, Lei 13.105, de 16 de março de 2015). Coord. Humberto Theodoro Júnior, Fernanda Alvim Ribeiro de Oliveira, Ester Camila Gomes Norato Rezende. Rio de Janeiro: Forense, 2015.

PEIXOTO, Ravi. *Superação do precedente e segurança jurídica*. Salvador: Editora JusPODIVM, 2015.

PEREIRA, João Batista Brito. Os embargos no TST na vigência da Lei 11.496/2007 – art. 894, inc. II, da CLT. Revista do Tribunal Superior do Trabalho. Brasília, vol. 74, nº 2, abr./jun. 2008.

PINTO, José Augusto Rodrigues. *Processo trabalhista de conhecimento: direito processual do trabalho, organização judiciária trabalhista brasileira, processo e procedimento, prática*. 6. ed. São Paulo: LTr, 2001.

ROCHA, Andréa Pressas; ALVES NETO, João (org.). *Súmulas do TST comentadas*. Rio de Janeiro: Elsevier, 2011.

ROCHA, Thais Guimarães Braga da. *Procedimentos especiais: embargos de terceiro*. In: Primeiras lições sobre o novo direito processual civil brasileiro (de acordo com o Novo Código de Processo Civil, Lei 13.105, de 16 de março de 2015). Coord. Humberto Theodoro Júnior, Fernanda Alvim Ribeiro de Oliveira, Ester Camila Gomes Norato Rezende. Rio de Janeiro: Forense, 2015.

SARAIVA, Renato. *Curso de direito processual do trabalho*. 3. ed. São Paulo: Método, 2006.

SARAIVA, Renato; MANFREDINI, Aryanna. *Curso de Direito Processual do Trabalho*. 12. ed. Salvador: Editora JusPODIVM, 2015.

SARMENTO, Daniel. *Direitos Fundamentais e relações privadas*. 2. ed. Rio de Janeiro: Editora Lumen Juris, 2006.

SCHIAVI, Mauro. *Execução no processo do trabalho*. São Paulo: LTr, 2008.

_____. *Manual de Direito Processual do Trabalho*. 7. ed. São Paulo: LTr, 2014.

_____. *Manual de Direito Processual do Trabalho*. 9. ed. São Paulo: LTr, 2015.

SILVA, Bruno Freire e. *O novo CPC e o processo do trabalho I: parte geral*. São Paulo: LTr, 2015.

SILVA, José Antônio Ribeiro de Oliveira. *Questões relevantes do procedimento sumaríssimo: 100 perguntas e respostas*. São Paulo: LTr, 2000.

SILVA, José Antônio Ribeiro de Oliveira; COSTA, Fábio Natali; BARBOSA, Amanda. *Magistratura do Trabalho: Formação Humanística e Temas Fundamentais do Direito*. São Paulo: LTr, 2010.

SILVA, Homero Batista Mateus da. *Curso de direito do trabalho aplicado: Justiça do trabalho*. Rio de Janeiro: Elsevier, 2010. v. 8.

_____. *Curso de direito do trabalho aplicado: processo do trabalho*. Rio de Janeiro: Elsevier, 2010. v. 9.

_____. *Curso de direito do trabalho aplicado: execução trabalhista*. Rio de Janeiro: Elsevier, 2010. v. 10.

_____. *Curso de direito do trabalho aplicado*. Vol. 8 - Justiça do Trabalho. São Paulo: Editora Revista dos Tribunais, 2015.

_____. *Curso de direito do trabalho aplicado*. Vol. 9 - Processo do trabalho. São Paulo: Editora Revista dos Tribunais, 2015.

_____. *Curso de direito do trabalho aplicado*. Vol. 10 – Execução trabalhista. São Paulo: Editora Revista dos Tribunais, 2015.

SOUTO MAIOR, Jorge Luiz. *Honorários advocatícios no processo do trabalho: uma reviravolta imposta também pelo novo código civil*. Revista do

Tribunal Regional do Trabalho da 15ª Região, Campinas, São Paulo, nº 21, 2002. Disponível em: <http://trt15.gov.br/escola_da_magistratura/Rev21Art4.pdf>.

TARTUCE, Flávio. *O diálogo das fontes e a hermenêutica consumerista no Superior Tribunal de Justiça*. Disponível em: http://www.flaviotartuce.adv.br/index2.php?sec=artigos. Acesso em: 11 mar. 2015.

TEIXEIRA FILHO, Manoel Antônio. *Comentários à Lei 13.015/14: uniformização de jurisprudência: recursos repetitivos*. 3. ed. rev. e. ampl. São Paulo: LTr, 2015.

_____. *Curso de direito processual do trabalho*. São Paulo: LTr, 2009. v. 3.

_____. *Litisconsórcio, assistência e intervenção de terceiros no processo do trabalho: oposição, nomeação à autoria, denunciação da lide, chamamento ao processo*. 3. ed. São Paulo: LTr, 1995.

_____. *Sistema dos recursos trabalhistas*. 12. ed. São Paulo: LTr, 2014.

THEODORO JÚNIOR, Humberto. *Curso de Direito Processual Civil – Teoria geral do direito processual Civil, processo de conhecimento e procedimento comum*, vol. I. Rio de Janeiro: Forense, 2015.

_____. *Processo justo e contraditório dinâmico*. Revista de Estudos Constitucionais, Hermenêutica e Teoria do Direito jan.-jun. 2010,

THEODORO JÚNIOR, Humberto et al. *Novo CPC – Fundamentos e sistematização*, 2. ed. Rio de Janeiro, Forense, 2015.

THEODORO JÚNIOR, Humberto, OLIVEIRA, Fernanda Alvim Ribeiro de; REZENDE, Ester Camila Gomes Norato (coord.). *Primeiras lições sobre o novo direito processual civil brasileiro (de acordo com o Novo Código de Processo Civil, Lei 13.105, de 16 de março de 2015)*. Rio de Janeiro: Forense, 2015.

YARSHELL, Flávio Luiz. *Ação rescisória: juízos rescindente e rescisório*. São Paulo: Malheiros Editores Ltda., 2005.

ÍNDICE EM ORDEM NUMÉRICA

» *Os números referem-se às páginas onde as Súmulas e OJs são abordadas.*

1. SÚMULAS DO TST

Súmula nº 1 do TST. Prazo Judicial
Quando a intimação tiver lugar na sexta-feira, ou a publicação com efeito de intimação for feita nesse dia, o prazo judicial será contado da segunda-feira imediata, inclusive, salvo se não houver expediente, caso em que fluirá no dia útil que se seguir » **277**

Súmula nº 8 do TST. Juntada de documento
A juntada de documentos na fase recursal só se justifica quando provado o justo impedimento para sua oportuna apresentação ou se referir a fato posterior à sentença » **301**

Súmula nº 82 do TST. Assistência
A intervenção assistencial, simples ou adesiva, só é admissível se demonstrado o interesse jurídico e não o meramente econômico » **270**

Súmula nº 100 do TST. Ação rescisória. Decadência
I – O prazo de decadência, na ação rescisória, conta-se do dia imediatamente subsequente ao trânsito em julgado da última decisão proferida na causa, seja de mérito ou não.

II – Havendo recurso parcial no processo principal, o trânsito em julgado dá-se em momentos e em tribunais diferentes, contando-se o prazo decadencial para a ação rescisória do trânsito em julgado de cada decisão, salvo se o recurso tratar de preliminar ou prejudicial que possa tornar insubsistente a decisão recorrida, hipótese em que flui a decadência a partir do trânsito em julgado da decisão que julgar o recurso parcial.

III – Salvo se houver dúvida razoável, a interposição de recurso intempestivo ou a interposição de recurso incabível não protrai o termo inicial do prazo decadencial.

IV – O juízo rescindente não está adstrito à certidão de trânsito em julgado juntada com a ação rescisória, podendo formar sua convicção através de outros elementos dos autos quanto à antecipação ou postergação do "dies a quo" do prazo decadencial.

V – O acordo homologado judicialmente tem força de decisão irrecorrível, na forma do art. 831 da CLT. Assim sendo, o termo conciliatório transita em julgado na data da sua homologação judicial.

VI – Na hipótese de colusão das partes, o prazo decadencial da ação rescisória somente começa a fluir para o Ministério Público, que não interveio no processo principal, a partir do momento em que tem ciência da fraude.

VII – Não ofende o princípio do duplo grau de jurisdição a decisão do TST que, após afastar a decadência em sede de recurso ordinário, aprecia desde logo a lide, se a causa versar questão exclusivamente de direito e estiver em condições de imediato julgamento.

VIII – A exceção de incompetência, ainda que oposta no prazo recursal, sem ter sido aviado o recurso próprio, não tem o condão de afastar a consumação da coisa julgada e, assim, postergar o termo inicial do prazo decadencial para a ação rescisória.

IX – Prorroga-se até o primeiro dia útil, imediatamente subsequente, o prazo decadencial para ajuizamento de ação rescisória quando expira em férias forenses, feriados, finais de semana ou em dia em que não houver expediente forense. Aplicação do art. 775 da CLT.

X – Conta-se o prazo decadencial da ação rescisória, após o decurso do prazo legal previsto para a interposição do recurso extraordinário, apenas quando esgotadas todas as vias recursais ordinárias » *355*

Súmula nº 164 do TST. Procuração. Juntada

O não cumprimento das determinações dos §§ 1º e 2º do art. 5º da Lei nº 8.906, de 04.07.1994 e do art. 37, parágrafo único, do Código de Processo Civil importa o não conhecimento de recurso, por inexistente, exceto na hipótese de mandato tácito » *181*

Súmula nº 184 do TST. Embargos declaratórios. Omissão em recurso de revista. Preclusão

Ocorre preclusão se não forem opostos embargos declaratórios para suprir omissão apontada em recurso de revista ou de embargos » *306*

Súmula nº 192 do TST. Ação rescisória. Competência e possibilidade jurídica do pedido

I – Se não houver o conhecimento de recurso de revista ou de embargos, a competência para julgar ação que vise a rescindir a decisão de mérito é do Tribunal Regional do Trabalho, ressalvado o disposto no item II.

III – Em face do disposto no art. 512 do CPC, é juridicamente impossível o pedido explícito de desconstituição de sentença quando substituída por acórdão de Tribunal Regional ou superveniente sentença homologatória de acordo que puser fim ao litígio.

IV – É manifesta a impossibilidade jurídica do pedido de rescisão de julgado proferido em agravo de instrumento que, limitando-se a aferir o eventual desacerto do juízo negativo de admissibilidade do recurso de revista, não substitui o acórdão regional, na forma do art. 512 do CPC » *349*

(...)

Súmula nº 211 do TST. Juros de mora e correção monetária. Independência do pedido inicial e do título executivo judicial

Os juros de mora e a correção monetária incluem-se na liquidação, ainda que omisso o pedido inicial ou a condenação » *343*

Súmula nº 219 do TST. Honorários advocatícios. Hipótese de cabimento

I – Na Justiça do Trabalho, a condenação ao pagamento de honorários advocatícios, nunca superiores a 15% (quinze por cento), não decorre pura e simplesmente da sucumbência, devendo a parte, concomitantemente: a) estar assistida por sindicato da categoria profissional; b) comprovar a percepção de salário inferior ao dobro do salário mínimo ou encontrar-se em situação econômica que não lhe permita demandar sem prejuízo do próprio sustento ou da respectiva família. (art. 14, §1º, da Lei nº 5.584/1970) » *80*

(...)

Súmula nº 259 do TST. Termo de conciliação. Ação rescisória

Só por ação rescisória é impugnável o termo de conciliação previsto no parágrafo único do art. 831 da CLT » *165*

Súmula nº 262 do TST. Prazo judicial. Notificação ou intimação em sábado. Recesso forense

I – Intimada ou notificada a parte no sábado, o início do prazo se dará no primeiro dia útil imediato e a contagem, no subsequente.

II – O recesso forense e as férias coletivas dos Ministros do Tribunal Superior do Trabalho suspendem os prazos recursais » *189, 279*

Súmula nº 263 do TST. Petição inicial. Indeferimento. Instrução obrigatória deficiente

Salvo nas hipóteses do art. 295 do CPC, o indeferimento da petição inicial, por encontrar-se desacompanhada de documento indispensável à propositura da ação ou não preencher outro requisito legal, somente é cabível se, após intimada para suprir a irregularidade em 10 (dez) dias, a parte não o fizer » *194*

Súmula nº 278 do TST. Embargos de declaração. Omissão no julgado

A natureza da omissão suprida pelo julgamento de embargos declaratórios pode ocasionar efeito modificativo no julgado » *303*

Súmula nº 285 do TST. Recurso de revista. Admissibilidade parcial pelo juiz-presidente do Tribunal Regional do Trabalho. Efeito

O fato de o juízo primeiro de admissibilidade do recurso de revista entendê-lo cabível apenas quanto a parte das matérias veiculadas não impede a apreciação integral pela Turma do Tribunal Superior do Trabalho, sendo imprópria a interposição de agravo de instrumento » *298*

Súmula nº 296 do TST. Recurso. Divergência jurisprudencial. Especificidade

I – A divergência jurisprudencial ensejadora da admissibilidade, do prosseguimento e do conhecimento do recurso há de ser específica, revelando a existência de teses diversas na interpretação de um mesmo dispositivo legal, embora idênticos os fatos que as ensejaram » *319*

(...)

Súmula nº 297 do TST. Prequestionamento. Oportunidade. Configuração

I. Diz-se prequestionada a matéria ou questão quando na decisão impugnada haja sido adotada, explicitamente, tese a respeito.

II. Incumbe à parte interessada, desde que a matéria haja sido invocada no recurso principal, opor embargos declaratórios objetivando o pronunciamento sobre o tema, sob pena de preclusão.

III. Considera-se prequestionada a questão jurídica invocada no recurso principal sobre a qual se omite o Tribunal de pronunciar tese, não obstante opostos embargos de declaração » *308*

Súmula nº 299 do TST. Ação rescisória. Decisão rescindenda. Trânsito em julgado. Comprovação. Efeitos

I – É indispensável ao processamento da ação rescisória a prova do trânsito em julgado da decisão rescindenda.

II – Verificando o relator que a parte interessada não juntou à inicial o documento comprobatório, abrirá prazo de 10 (dez) dias para que o faça, sob pena de indeferimento.

III – A comprovação do trânsito em julgado da decisão rescindenda é pressuposto processual indispensável ao tempo do ajuizamento da ação rescisória. Eventual trânsito em julgado posterior ao ajuizamento da ação rescisória não reabilita a ação proposta, na medida em que o ordenamento jurídico não contempla a ação rescisória preventiva.

IV – O pretenso vício de intimação, posterior à decisão que se pretende rescindir, se efetivamente ocorrido, não permite a formação da coisa julgada material. Assim, a ação rescisória deve ser julgada extinta, sem julgamento do mérito, por carência de ação, por inexistir decisão transitada em julgado a ser rescindida » *141, 372*

(...)

Súmula nº 303 do TST. Fazenda pública. Duplo grau de jurisdição

I – Em dissídio individual, está sujeita ao duplo grau de jurisdição, mesmo na vigência da CF/1988, decisão contrária à Fazenda Pública, salvo:

a) quando a condenação não ultrapassar o valor correspondente a 60 (sessenta) salários mínimos;

b) quando a decisão estiver em consonância com decisão plenária do Supremo Tribunal Federal ou com súmula ou orientação jurisprudencial do Tribunal Superior do Trabalho.

II – Em ação rescisória, a decisão proferida pelo juízo de primeiro grau está sujeita ao duplo grau de jurisdição obrigatório quando desfavorável ao ente público, exceto nas hipóteses das alíneas "a" e "b" do inciso anterior.

III – Em mandado de segurança, somente cabe remessa *"ex officio"* se, na relação processual, figurar pessoa jurídica de direito público como parte prejudicada pela concessão da ordem. Tal situação não ocorre na hipótese de figurar no feito como impetrante e terceiro interessado pessoa de direito privado, ressalvada a hipótese de matéria administrativa » *220*

Súmula nº 337 do TST. Comprovação de divergência jurisprudencial. Recursos de revista e de embargos

I – Para comprovação da divergência justificadora do recurso, é necessário que o recorrente:

a) Junte certidão ou cópia autenticada do acórdão paradigma ou cite a fonte oficial ou o repositório autorizado em que foi publicado; e

b) Transcreva, nas razões recursais, as ementas e/ou trechos dos acórdãos trazidos à configuração do dissídio, demonstrando o conflito de teses que justifique o conhecimento do recurso, ainda que os acórdãos já se encontrem nos autos ou venham a ser juntados com o recurso;

II – A concessão de registro de publicação como repositório autorizado de jurisprudência do TST torna válidas todas as suas edições anteriores;

III – A mera indicação da data de publicação, em fonte oficial, de aresto paradigma é inválida para comprovação de divergência jurisprudencial, nos termos do item I, "a", desta súmula, quando a parte pretende demonstrar o conflito de teses mediante a transcrição de trechos que integram a fundamentação do acórdão divergente, uma vez que só se publicam o dispositivo e a ementa dos acórdãos;

IV – É válida para a comprovação da divergência jurisprudencial justificadora do recurso a indicação de aresto extraído de repositório oficial na internet, desde que o recorrente: a) transcreva o trecho divergente; b) aponte o sítio de onde foi extraído; e c) decline o número do processo, o órgão prolator do acórdão e a data da respectiva publicação no Diário Eletrônico da Justiça do Trabalho » *321*

Súmula nº 338 do TST. Fiscalização da jornada. Registro. Ônus da prova.

I – É ônus do empregador que conta com mais de 10 (dez) empregados o registro da jornada de trabalho na forma do art. 74, § 2º, da CLT. A não apresentação injustificada dos controles de frequência gera presunção relativa de veracidade da jornada de trabalho, a qual pode ser elidida por prova em contrário.

II – A presunção de veracidade da jornada de trabalho, ainda que prevista em instrumento normativo, pode ser elidida por prova em contrário.

III – Os cartões de ponto que demonstram horários de entrada e saída uniformes são inválidos como meio de prova, invertendo-se o ônus da prova, relativo às horas extras, que passa a ser do empregador, prevalecendo a jornada da inicial se dele não se desincumbir » *288*

Súmula nº 341 do TST. Honorários do Assistente Técnico

A indicação do perito assistente é faculdade da parte, a qual deve responder pelos respectivos honorários, ainda que vencedora no objeto da perícia » *259*

Súmula nº 353 do TST. Embargos. Agravo. Cabimento

Não cabem embargos para a Seção de Dissídios Individuais de decisão de Turma proferida em agravo, salvo:

a) da decisão que não conhece de agravo de instrumento ou de agravo pela ausência de pressupostos extrínsecos;

b) da decisão que nega provimento a agravo contra decisão monocrática do Relator, em que se proclamou a ausência de pressupostos extrínsecos de agravo de instrumento;

c) para revisão dos pressupostos extrínsecos de admissibilidade do recurso de revista, cuja ausência haja sido declarada originariamente pela Turma no julgamento do agravo;

d) para impugnar o conhecimento de agravo de instrumento;

e) para impugnar a imposição de multas previstas no art. 538, parágrafo único, do CPC, ou no art. 557, § 2º, do CPC;

f) contra decisão de Turma proferida em agravo em recurso de revista, nos termos do art. 894, II, da CLT » *327*

Súmula nº 383 do TST. Mandato. Arts. 13 e 37 do CPC. Fase recursal. Inaplicabilidade

I – É inadmissível, em instância recursal, o oferecimento tardio de procuração, nos termos do art. 37 do CPC, ainda que mediante protesto por posterior juntada, já que a interposição de recurso não pode ser reputada ato urgente.

II – Inadmissível na fase recursal a regularização da representação processual, na forma do art. 13 do CPC, cuja aplicação se restringe ao Juízo de 1º grau » *75*

Súmula nº 385 do TST. Feriado local. Ausência de expediente forense. Prazo recursal. Prorrogação. Comprovação. Necessidade. Ato administrativo do juízo *a quo*

I – Incumbe à parte o ônus de provar, quando da interposição do recurso, a existência de feriado local que autorize a prorrogação do prazo recursal.

II – Na hipótese de feriado forense, incumbirá à autoridade que proferir a decisão de admissibilidade certificar o expediente nos autos.

III – Na hipótese do inciso II, admite-se a reconsideração da análise da tempestividade do recurso, mediante prova documental superveniente, em Agravo Regimental, Agravo de Instrumento ou Embargos de Declaração » *282*

Súmula nº 393 do TST. Recurso ordinário. Efeito devolutivo em profundidade. Art. 515, §1º, do CPC

O efeito devolutivo em profundidade do recurso ordinário, que se extrai do § 1º do art. 515 do CPC, transfere ao Tribunal a apreciação dos fundamentos da inicial ou da defesa, não examinados pela sentença, ainda que não renovados em contrarrazões. Não se aplica, todavia, ao caso de pedido não apreciado na sentença, salvo a hipótese contida no § 3º do art. 515 do CPC » *212*

Súmula nº 394 do TST. ART. 462 DO CPC. Fato superveniente

O art. 462 do CPC, que admite a invocação de fato constitutivo, modificativo ou extintivo do direito, superveniente à propositura da ação, é aplicável de ofício aos processos em curso em qualquer instância trabalhista » *201*

Súmula nº 395 do TST. Mandato e substabelecimento. Condições de validade

I – Válido é o instrumento de mandato com prazo determinado que contém cláusula estabelecendo a prevalência dos poderes para atuar até o final da demanda.

II – Diante da existência de previsão, no mandato, fixando termo para sua juntada, o instrumento de mandato só tem validade se anexado ao processo dentro do aludido prazo » *254*

(...)

Súmula nº 399 do TST. Ação rescisória. Cabimento. Sentença de mérito. Decisão homologatória de adjudicação, de arrematação e de cálculos

I – É incabível ação rescisória para impugnar decisão homologatória de adjudicação ou arrematação.

II – A decisão homologatória de cálculos apenas comporta rescisão quando enfrentar as questões envolvidas na elaboração da conta de liquidação, quer solvendo a controvérsia das partes quer explicitando, de ofício, os motivos pelos quais acolheu os cálculos oferecidos por uma das partes ou pelo setor de cálculos, e não contestados pela outra » *376*

Súmula nº 402 do TST. Ação rescisória. Documento novo. Dissídio coletivo. Sentença normativa

Documento novo é o cronologicamente velho, já existente ao tempo da decisão rescindenda, mas ignorado pelo interessado ou de impossível utilização, à época, no processo. Não é documento novo apto a viabilizar a desconstituição de julgado:

a) sentença normativa proferida ou transitada em julgado posteriormente à sentença rescindenda;

b) sentença normativa preexistente à sentença rescindenda, mas não exibida no processo principal, em virtude de negligência da parte, quando podia e deveria louvar-se de documento já existente e não ignorado quando emitida a decisão rescindenda » *382*

Súmula nº 403 do TST. Ação rescisória. Dolo da parte vencedora em detrimento da vencida. Art. 485, III, do CPC

(...)

II – Se a decisão rescindenda é homologatória de acordo, não há parte vencedora ou vencida, razão pela qual não é possível a sua desconstituição calcada no inciso III do art. 485 do CPC (dolo da parte vencedora em detrimento da vencida), pois constitui fundamento de rescindibilidade que supõe solução jurisdicional para a lide » *158*

Súmula nº 404 do TST. Ação rescisória. Fundamento para invalidar confissão. Confissão ficta. Inadequação do enquadramento no art. 485, VIII, do CPC

O art. 485, VIII, do CPC, ao tratar do fundamento para invalidar a confissão como hipótese de rescindibilidade da decisão judicial, refere-se à confissão real, fruto de erro, dolo ou coação, e não à confissão ficta resultante de revelia » *171*

Súmula nº 405 do TST. Ação rescisória. Liminar. Antecipação de tutela

I – Em face do que dispõe a MP 1.984-22/2000 e reedições e o artigo 273, § 7º, do CPC, é cabível o pedido liminar formulado na petição inicial de ação rescisória ou na fase recursal, visando a suspender a execução da decisão rescindenda.

II – O pedido de antecipação de tutela, formulado nas mesmas condições, será recebido como medida acautelatória em ação rescisória, por não se admitir tutela antecipada em sede de ação rescisória » *155*

Súmula nº 407 do TST. Ação rescisória. Ministério público. Legitimidade "ad causam" prevista no art. 487, III, "a" e "b", do CPC. As hipóteses são meramente exemplificativas

A legitimidade "ad causam" do Ministério Público para propor ação rescisória, ainda que não tenha sido parte no processo que deu origem à decisão rescindenda, não está limitada às alíneas "a" e "b" do inciso III do art. 487 do CPC, uma vez que traduzem hipóteses meramente exemplificativas » *346*

Súmula nº 409 do TST. Ação rescisória. Prazo prescricional. Total ou parcial. Violação do art. 7º, XXIX, da CF/1988. Matéria infraconstitucional

Não procede ação rescisória calcada em violação do art. 7º, XXIX, da CF/1988 quando a questão envolve discussão sobre a espécie de prazo prescricional aplicável aos créditos trabalhistas, se total ou parcial, porque a matéria tem índole infraconstitucional, construída, na Justiça do Trabalho, no plano jurisprudencial » *164*

Súmula nº 411 do TST. Ação rescisória. Sentença de mérito. Decisão de Tribunal Regional do Trabalho em agravo regimental confirmando decisão monocrática do relator que, aplicando a Súmula nº 83 do TST, indeferiu a petição inicial da ação rescisória. Cabimento

Se a decisão recorrida, em agravo regimental, aprecia a matéria na fundamentação, sob o enfoque das Súmulas nºˢ 83 do TST e 343 do STF, constitui sentença de mérito, ainda que haja resultado no indeferimento da petição inicial e na extinção do processo sem julgamento do mérito. Sujeita-se, assim, à reforma pelo TST, a decisão do Tribunal que, invocando controvérsia na interpretação da lei, indefere a petição inicial de ação rescisória » *389*

Súmula nº 412 do TST. Ação rescisória. Sentença de mérito. Questão processual

Pode uma questão processual ser objeto de rescisão desde que consista em pressuposto de validade de uma sentença de mérito » *146*

Súmula nº 413 do TST. Ação rescisória. Sentença de mérito. Violação do art. 896, "a", da CLT

É incabível ação rescisória, por violação do art. 896, "a", da CLT, contra decisão que não conhece de recurso de revista, com base em divergência jurisprudencial, pois não se cuida de sentença de mérito (art. 485 do CPC) » *149*

Súmula nº 414 do TST. Mandado de segurança. Antecipação de tutela (ou liminar) concedida na sentença

I – A antecipação da tutela concedida na sentença não comporta impugnação pela via do mandado de segurança, por ser impugnável mediante recurso ordinário. A ação cautelar é o meio próprio para se obter efeito suspensivo a recurso » *394*
(...)

Súmula nº 417 do TST. Mandado de segurança. Penhora em dinheiro
(...)

III – Em se tratando de execução provisória, fere direito líquido e certo do impetrante a determinação de penhora em dinheiro, quando nomeados outros bens à penhora, pois o executado tem direito a que a execução se processe da forma que lhe seja menos gravosa, nos termos do art. 620 do CPC » *115*

Súmula nº 418 do TST. Mandado de segurança visando à concessão de liminar ou homologação de acordo

A concessão de liminar ou a homologação de acordo constituem faculdade do juiz, inexistindo direito líquido e certo tutelável pela via do mandado de segurança » *197*

Súmula nº 419 do TST. Competência. Execução por carta. Embargos de terceiro. Juízo deprecante

Na execução por carta precatória, os embargos de terceiro serão oferecidos no juízo deprecante ou no juízo deprecado, mas a competência para julgá-los é do juízo deprecante, salvo se versarem, unicamente, sobre vícios ou irregularidades da penhora, avaliação ou alienação dos bens, praticados pelo juízo deprecado, em que a competência será deste último » *126*

Súmula nº 421 do TST. Embargos declaratórios contra decisão monocrática do relator calcada no art. 557 do CPC. Cabimento

I – Tendo a decisão monocrática de provimento ou denegação de recurso, prevista no art. 557 do CPC, conteúdo decisório definitivo e conclusivo da lide, comporta ser esclarecida pela via dos embargos de declaração, em decisão aclaratória, também monocrática, quando se pretende tão somente suprir omissão e não, modificação do julgado.

II – Postulando o embargante efeito modificativo, os embargos declaratórios deverão ser submetidos ao pronunciamento do Colegiado, convertidos em agravo, em face dos princípios da fungibilidade e celeridade processual » *205, 295*

Súmula nº 425 do TST. Jus postulandi na Justiça do Trabalho. Alcance

O *jus postulandi* das partes, estabelecido no art. 791 da CLT, limita-se às Varas do Trabalho e aos Tribunais Regionais do Trabalho, não alcançando a ação rescisória, a ação cautelar, o mandado de segurança e os recursos de competência do Tribunal Superior do Trabalho » *178*

Súmula nº 427 do TST. Intimação. Pluralidade de advogados. Publicação em nome de advogado diverso daquele expressamente indicado. Nulidade

Havendo pedido expresso de que as intimações e publicações sejam realizadas exclusivamente em nome de determinado advogado, a comunicação em nome de outro profissional constituído nos autos é nula, salvo se constatada a inexistência de prejuízo » *274*

Súmula nº 435 do TST. Art. 557 do CPC. Aplicação subsidiária ao processo do trabalho

Aplica-se subsidiariamente ao processo do trabalho o art. 557 do Código de Processo Civil » *339*

Súmula nº 436 do TST. Representação processual. Procurador da União, Estados, Municípios e Distrito Federal, suas autarquias e fundações públicas. Juntada de instrumento de mandato

I – A União, Estados, Municípios e Distrito Federal, suas autarquias e fundações públicas, quando representadas em juízo, ativa e passivamente, por seus procuradores, estão dispensadas da juntada de instrumento de mandato e de comprovação do ato de nomeação.

II – Para os efeitos do item anterior, é essencial que o signatário ao menos declare-se exercente do cargo de procurador, não bastando a indicação do número de inscrição na Ordem dos Advogados do Brasil » *257*

Súmula nº 457 do TST. Honorários periciais. Beneficiário da justiça gratuita. Responsabilidade da União pelo pagamento. Resolução nº 66/2010 do CSJT. Observância.

A União é responsável pelo pagamento dos honorários de perito quando a parte sucumbente no objeto da perícia for beneficiária da assistência judiciária gratuita, observado o procedimento disposto nos arts. 1º, 2º e 5º da Resolução nº 66/2010 do Conselho Superior da Justiça do Trabalho – CSJT » *261*

2. ORIENTAÇÕES JURISPRUDENCIAIS DA SDI – I DO TST

Orientação Jurisprudencial nº 62 da SDI – I do TST. Prequestionamento. Pressuposto de admissibilidade em apelo de natureza extraordinária. Necessidade, ainda que se trate de incompetência absoluta.

É necessário o prequestionamento como pressuposto de admissibilidade em recurso de natureza extraordinária, ainda que se trate de incompetência absoluta » *111*

Orientação Jurisprudencial nº 110 da SDI – I do TST. Representação irregular. Procuração apenas nos autos de agravo de instrumento

A existência de instrumento de mandato apenas nos autos de agravo de instrumento, ainda que em apenso, não legitima a atuação de advogado nos processos de que se originou o agravo » *72*

Orientação Jurisprudencial nº 120 da SDI – I do TST. Recurso. Assinatura da petição ou das razões recursais. Validade

O recurso sem assinatura será tido por inexistente. Será considerado válido o apelo assinado, ao menos, na petição de apresentação ou nas razões recursais » *92*

Orientação Jurisprudencial nº 140 da SDI – I do TST. Depósito recursal e custas. Diferença ínfima. Deserção. Ocorrência

Ocorre deserção do recurso pelo recolhimento insuficiente das custas e do depósito recursal, ainda que a diferença em relação ao "quantum" devido seja ínfima, referente a centavos » *94*

Orientação Jurisprudencial nº 142 da SDI – I do TST. Embargos de declaração. Efeito modificativo. Vista à parte contrária

I – É passível de nulidade decisão que acolhe embargos de declaração com efeito modificativo sem que seja concedida oportunidade de manifestação prévia à parte contrária.

II – Em decorrência do efeito devolutivo amplo conferido ao recurso ordinário, o item I não se aplica às hipóteses em que não se concede vista à parte contrária para se manifestar sobre os embargos de declaração opostos contra sentença » *101*

Orientação Jurisprudencial nº 151 da SDI – I do TST. Prequestionamento. Decisão regional que adota a sentença. Ausência de prequestionamento

Decisão regional que simplesmente adota os fundamentos da decisão de primeiro grau não preenche a exigência do prequestionamento, tal como previsto na Súmula nº 297 » *237, 317*

Orientação Jurisprudencial nº 237 da SDI – I do TST. Ministério Público do Trabalho. Ilegitimidade para recorrer

O Ministério Público não tem legitimidade para recorrer na defesa de interesse patrimonial privado, inclusive de empresas públicas e sociedades de economia mista » *90*

Orientação Jurisprudencial nº 269 da SDI – I do TST. Justiça gratuita. Requerimento de isenção de despesas processuais. Momento oportuno

O benefício da justiça gratuita pode ser requerido em qualquer tempo ou grau de jurisdição, desde que, na fase recursal, seja o requerimento formulado no prazo alusivo ao recurso » *264*

Orientação Jurisprudencial nº 304 da SDI – I do TST. Honorários advocatícios. Assistência judiciária. Declaração de pobreza. Comprovação

Atendidos os requisitos da Lei nº 5.584/70 (art. 14, § 2º), para a concessão da assistência judiciária, basta a simples afirmação do declarante ou de seu advogado, na petição inicial, para se considerar configurada a sua situação econômica (art. 4º, § 1º, da Lei nº 7.510/86, que deu nova redação à Lei nº 1.060/50) » *266*

Orientação Jurisprudencial nº 310 da SDI – I do TST. Litisconsortes. Procuradores distintos. Prazo em dobro. Art. 191 do CPC. Inaplicável ao processo do trabalho

A regra contida no art. 191 do CPC é inaplicável ao processo do trabalho, em decorrência da sua incompatibilidade com o princípio da celeridade inerente ao processo trabalhista » *268*

Orientação Jurisprudencial nº 318 da SDI – I do TST. Representação irregular. Autarquia

Os Estados e os Municípios não têm legitimidade para recorrer em nome das autarquias detentoras de personalidade jurídica própria, devendo ser representadas pelos procuradores que fazem parte de seus quadros ou por advogados constituídos » *185*

Orientação Jurisprudencial nº 331 da SDI – I do TST. Justiça gratuita. Declaração de insuficiência econômica. Mandato. Poderes específicos desnecessários

Desnecessária a outorga de poderes especiais ao patrono da causa para firmar declaração de insuficiência econômica, destinada à concessão dos benefícios da justiça gratuita » *84*

Orientação Jurisprudencial nº 348 da SDI – I do TST. Honorários advocatícios. Base de cálculo. Valor líquido. Lei nº 1.060, de 05.02.1950

Os honorários advocatícios, arbitrados nos termos do art. 11, § 1º, da Lei nº 1.060, de 05.02.1950, devem incidir sobre o valor líquido da condenação, apurado na fase de liquidação de sentença, sem a dedução dos descontos fiscais e previdenciários » *187*

Orientação Jurisprudencial nº 374 da SDI – I do TST. Agravo de instrumento. Representação processual. Regularidade. Procuração ou substabelecimento com cláusula limitativa de poderes ao âmbito do tribunal regional do trabalho

É regular a representação processual do subscritor do agravo de instrumento ou do recurso de revista que detém mandato com poderes de representação limitados ao âmbito do Tribunal Regional do Trabalho, pois, embora a apreciação desse recurso seja realizada pelo Tribunal Superior do Trabalho, a sua interposição é ato praticado perante o Tribunal Regional do Trabalho, circunstância que legitima a atuação do advogado no feito » *300*

Orientação Jurisprudencial nº 377 da SDI – I do TST. Embargos de declaração. Decisão denegatória de recurso de revista exarado por presidente do TRT. Descabimento. Não interrupção do prazo recursal

Não cabem embargos de declaração interpostos contra decisão de admissibilidade do recurso de revista, não tendo o efeito de interromper qualquer prazo recursal » *107*

Orientação Jurisprudencial nº 378 da SDI – I do TST. Embargos. Interposição contra decisão monocrática. Não cabimento

Não encontra amparo no art. 894 da CLT, quer na redação anterior quer na redação posterior à Lei nº 11.496, de 22.06.2007, recurso de embargos interposto à decisão monocrática exarada nos moldes dos arts. 557 do CPC e 896, § 5º, da CLT, pois o comando legal restringe seu cabimento à pretensão de reforma de decisão colegiada proferida por Turma do Tribunal Superior do Trabalho » *337*

Orientação Jurisprudencial nº 389 da SDI – I do TST. Multa prevista no art. 557, § 2º, do CPC. Recolhimento. Pressuposto recursal. Pessoa jurídica de direito público. Exigibilidade

Está a parte obrigada, sob pena de deserção, a recolher a multa aplicada com fundamento no § 2º do art. 557 do CPC[1], ainda que pessoa jurídica de direito público » *99*

---

1. NCPC, art. 1.021, §4º.

3. ORIENTAÇÕES JURISPRUDENCIAIS DA SDI – II DO TST

Orientação Jurisprudencial nº 25 da SDI – II do TST. Ação rescisória. Expressão "lei" do art. 485, V, do CPC. Não inclusão do ACT, CCT, portaria, regulamento, súmula e orientação jurisprudencial de tribunal

Não procede pedido de rescisão fundado no art. 485, V, do CPC[2] quando se aponta contrariedade à norma de convenção coletiva de trabalho, acordo coletivo de trabalho, portaria do Poder Executivo, regulamento de empresa e súmula ou orientação jurisprudencial de tribunal » *244*

Orientação Jurisprudencial nº 56 da SDI – II do TST. Mandado de segurança. Execução. Pendência de recurso extraordinário

Não há direito líquido e certo à execução definitiva na pendência de recurso extraordinário, ou de agravo de instrumento visando a destrancá-lo » *397*

Orientação Jurisprudencial nº 59 da SDI – II do TST. Mandado de segurança. Penhora. Carta de fiança bancária

A carta de fiança bancária equivale a dinheiro para efeito da gradação dos bens penhoráveis, estabelecida no art. 655 do CPC » *226*

Orientação Jurisprudencial nº 63 da SDI – II do TST. Mandado de segurança. Reintegração. Ação cautelar

Comporta a impetração de mandado de segurança o deferimento de reintegração no emprego em ação cautelar » *129*

Orientação Jurisprudencial nº 66 da SDI – II do TST. Mandado de segurança. Sentença homologatória de adjudicação. Incabível

É incabível o mandado de segurança contra sentença homologatória de adjudicação, uma vez que existe meio próprio para impugnar o ato judicial, consistente nos embargos à adjudicação (CPC, art. 746 » *248*

Orientação Jurisprudencial nº 68 da SDI – II do TST. Antecipação de tutela. Competência

Nos Tribunais, compete ao relator decidir sobre o pedido de antecipação de tutela, submetendo sua decisão ao Colegiado respectivo, independentemente de pauta, na sessão imediatamente subsequente » *87*

Orientação Jurisprudencial nº 70 da SDI – II do TST. Ação rescisória. Manifesto e inescusável equívoco no direcionamento. Inépcia da inicial. Extinção do processo

---

2. NCPC, art. 966, V.

O manifesto equívoco da parte em ajuizar ação rescisória no TST para desconstituir julgado proferido pelo TRT, ou vice-versa, implica a extinção do processo sem julgamento do mérito por inépcia da inicial » *138*

Orientação Jurisprudencial nº 76 da SDI – II do TST. Ação rescisória. Ação cautelar para suspender execução. Juntada de documento indispensável. Possibilidade de êxito na rescisão do julgado

É indispensável a instrução da ação cautelar com as provas documentais necessárias à aferição da plausibilidade de êxito na rescisão do julgado. Assim sendo, devem vir junto com a inicial da cautelar as cópias da petição inicial da ação rescisória principal, da decisão rescindenda, da certidão do trânsito em julgado da decisão rescindenda e informação do andamento atualizado da execução » *392*

Orientação Jurisprudencial nº 78 da SDI – II do TST. Ação rescisória. Cumulação sucessiva de pedidos. Rescisão da sentença e do acórdão. Ação única. Art. 289 do CPC

É admissível o ajuizamento de uma única ação rescisória contendo mais de um pedido, em ordem sucessiva, de rescisão da sentença e do acórdão. Sendo inviável a tutela jurisdicional de um deles, o julgador está obrigado a apreciar os demais, sob pena de negativa de prestação jurisdicional » *239*

Orientação Jurisprudencial nº 84 da SDI – II do TST. Ação rescisória. Petição inicial. Ausência da decisão rescindenda e/ou da certidão de seu trânsito em julgado devidamente autenticadas. Peças essenciais para a constituição válida e regular do feito. Arguição de ofício. Extinção do processo sem julgamento do mérito

A decisão rescindenda e/ou a certidão do seu trânsito em julgado, devidamente autenticadas, à exceção de cópias reprográficas apresentadas por pessoa jurídica de direito público, a teor do art. 24 da Lei nº 10.522/02, são peças essenciais para o julgamento da ação rescisória. Em fase recursal, verificada a ausência de qualquer delas, cumpre ao Relator do recurso ordinário arguir, de ofício, a extinção do processo, sem julgamento do mérito, por falta de pressuposto de constituição e desenvolvimento válido do feito » *232*

Orientação Jurisprudencial nº 88 da SDI – II do TST. Mandado de segurança. Valor da causa. Custas processuais. Cabimento

Incabível a impetração de mandado de segurança contra ato judicial que, de ofício, arbitrou novo valor à causa, acarretando a majoração das custas processuais, uma vez que cabia à parte, após recolher as custas, calculadas com base no valor dado à causa na inicial, interpor recurso ordinário e, posteriormente, agravo de instrumento no caso de o recurso ser considerado deserto » *209*

Orientação Jurisprudencial nº 93 da SDI – II do TST. Mandado de segurança. Possibilidade da penhora sobre parte da renda de estabelecimento comercial

É admissível a penhora sobre a renda mensal ou faturamento de empresa, limitada a determinado percentual, desde que não comprometa o desenvolvimento regular de suas atividades » *230*

Orientação Jurisprudencial nº 94 da SDI – II do TST. Ação rescisória. Colusão. Fraude à lei. Reclamatória simulada extinta

A decisão ou acordo judicial subjacente à reclamação trabalhista, cuja tramitação deixa nítida a simulação do litígio para fraudar a lei e prejudicar terceiros, enseja ação rescisória, com lastro em colusão. No juízo rescisório, o processo simulado deve ser extinto » *241*

Orientação Jurisprudencial nº 107 da SDI – II do TST. Ação rescisória. Decisão rescindenda de mérito. Sentença declaratória de extinção de execução. Satisfação da obrigação

Embora não haja atividade cognitiva, a decisão que declara extinta a execução, nos termos do art. 794 c/c 795 do CPC, extingue a relação processual e a obrigacional, sendo passível de corte rescisório » *379*

Orientação Jurisprudencial nº 113 da SDI – II do TST. Ação cautelar. Efeito suspensivo ao recurso ordinário em mandado de segurança. Incabível. Ausência de interesse. Extinção

É incabível medida cautelar para imprimir efeito suspensivo a recurso interposto contra decisão proferida em mandado de segurança, pois ambos visam, em última análise, à sustação do ato atacado. Extingue-se, pois, o processo, sem julgamento do mérito, por ausência de interesse de agir, para evitar que decisões judiciais conflitantes e inconciliáveis passem a reger idêntica situação jurídica » *399*

Orientação Jurisprudencial nº 131 da SDI – II do TST. Ação rescisória. Ação cautelar para suspender execução da decisão rescindenda. Pendência de trânsito em julgado da ação rescisória principal. Efeitos

A ação cautelar não perde o objeto enquanto ainda estiver pendente o trânsito em julgado da ação rescisória principal, devendo o pedido cautelar ser julgado procedente, mantendo-se os efeitos da liminar eventualmente deferida, no caso de procedência do pedido rescisório ou, por outro lado, improcedente, se o pedido da ação rescisória principal tiver sido julgado improcedente » *174*

Orientação Jurisprudencial nº 134 da SDI – II do TST. Ação rescisória. Decisão rescindenda. Preclusão declarada. Formação da coisa julgada formal. Impossibilidade jurídica do pedido

A decisão que conclui estar preclusa a oportunidade de impugnação da sentença de liquidação, por ensejar tão somente a formação da coisa julgada formal, não é suscetível de rescindibilidade » *235*

Orientação Jurisprudencial nº 136 da SDI – II do TST. Ação rescisória. Erro de fato. Caracterização

A caracterização do erro de fato como causa de rescindibilidade de decisão judicial transitada em julgado supõe a afirmação categórica e indiscutida de um fato, na decisão rescindenda, que não corresponde à realidade dos autos. O fato afirmado pelo julgador, que pode ensejar ação rescisória calcada no inciso IX do art. 485 do CPC, é apenas aquele que se coloca como premissa fática indiscutida de um silogismo argumentativo, não aquele que se apresenta ao final desse mesmo silogismo, como conclusão decorrente das premissas que especificaram as provas oferecidas, para se concluir pela existência do fato. Esta última hipótese é afastada pelo § 2º do art. 485 do CPC, ao exigir que não tenha havido controvérsia sobre o fato e pronunciamento judicial esmiuçando as provas » *386*

Orientação Jurisprudencial nº 140 da SDI – II do TST. Mandado de segurança contra liminar, concedida ou denegada em outra segurança. Incabível. (art. 8º da Lei nº 1.533/51)

Não cabe mandado de segurança para impugnar despacho que acolheu ou indeferiu liminar em outro mandado de segurança » *94*

Orientação Jurisprudencial nº 142 da SDI – I do TST. Embargos de declaração. Efeito modificativo. Vista à parte contrária

I – É passível de nulidade decisão que acolhe embargos de declaração com efeito modificativo sem que seja concedida oportunidade de manifestação prévia à parte contrária.

II – Em decorrência do efeito devolutivo amplo conferido ao recurso ordinário, o item I não se aplica às hipóteses em que não se concede vista à parte contrária para se manifestar sobre os embargos de declaração opostos contra sentença » *101*

Orientação Jurisprudencial nº 143 da SDI – II do TST. "Habeas corpus". Penhora sobre coisa futura e incerta. Prisão. Depositário infiel

Não se caracteriza a condição de depositário infiel quando a penhora recair sobre coisa futura e incerta, circunstância que, por si só, inviabiliza a materialização do depósito no momento da constituição do paciente em depositário, autorizando-se a concessão de "habeas corpus" diante da prisão ou ameaça de prisão que sofra » *124*

Orientação Jurisprudencial nº 148 da SDI – II do TST. Custas. Mandado de segurança. Recurso ordinário. Exigência do pagamento

É responsabilidade da parte, para interpor recurso ordinário em mandado de segurança, a comprovação do recolhimento das custas processuais no prazo recursal, sob pena de deserção » *207*

Orientação Jurisprudencial nº 149 da SDI – II do TST. Conflito de competência. Incompetência territorial. Hipótese do art. 651, § 3º, da CLT. Impossibilidade de declaração de ofício de incompetência relativa

Não cabe declaração de ofício de incompetência territorial no caso do uso, pelo trabalhador, da faculdade prevista no art. 651, § 3º, da CLT. Nessa hipótese, resolve-se o conflito pelo reconhecimento da competência do juízo do local onde a ação foi proposta » *251*

Orientação Jurisprudencial nº 150 da SDI – II do TST. Ação rescisória. Decisão rescindenda que extingue o processo sem resolução de mérito por acolhimento da exceção de coisa julgada. Conteúdo meramente processual. Impossibilidade jurídica do pedido

Reputa-se juridicamente impossível o pedido de corte rescisório de decisão que, reconhecendo a configuração de coisa julgada, nos termos do art. 267, V, do CPC, extingue o processo sem resolução de mérito, o que, ante o seu conteúdo meramente processual, a torna insuscetível de produzir a coisa julgada material » *143*

Orientação Jurisprudencial nº 151 da SDI – II do TST. Ação rescisória e mandado de segurança. Irregularidade de representação processual verificada na fase recursal. Procuração outorgada com poderes específicos para ajuizamento de reclamação trabalhista. Vício processual insanável

A procuração outorgada com poderes específicos para ajuizamento de reclamação trabalhista não autoriza a propositura de ação rescisória e mandado de segurança, bem como não se admite sua regularização quando verificado o defeito de representação processual na fase recursal, nos termos da Súmula nº 383, item II, do TST » *237, 317*

Orientação Jurisprudencial nº 153 da SDI – II do TST. Mandado de segurança. Execução. Ordem de penhora sobre valores existentes em conta salário. Art. 649, IV, do CPC. Ilegalidade

Ofende direito líquido e certo decisão que determina o bloqueio de numerário existente em conta salário, para satisfação de crédito trabalhista, ainda que seja limitado a determinado percentual dos valores recebidos ou a valor revertido para fundo de aplicação ou poupança, visto que o art. 649, IV, do CPC contém norma imperativa que não admite interpretação ampliativa, sendo a exceção prevista no art. 649, § 2º, do CPC espécie e não gênero de crédito de natureza alimentícia, não englobando o crédito trabalhista » *118*

Orientação Jurisprudencial nº 154 da SDI – II do TST. Ação rescisória. Acordo prévio ao ajuizamento da reclamação. Quitação geral. Lide simulada. Possibilidade de rescisão da sentença homologatória de acordo apenas se verificada a existência de vício de consentimento

A sentença homologatória de acordo prévio ao ajuizamento de reclamação trabalhista, no qual foi conferida quitação geral do extinto contrato, sujeita-se ao corte rescisório tão somente se verificada a existência de fraude ou vício de consentimento » *168*

Orientação Jurisprudencial nº 155 da SDI – II do TST. Ação rescisória e mandado de segurança. Valor atribuído à causa na inicial. Majoração de ofício. Inviabilidade

Atribuído o valor da causa na inicial da ação rescisória ou do mandado de segurança e não havendo impugnação, nos termos do art. 261 do CPC, é defeso ao Juízo majorá-lo de ofício, ante a ausência de amparo legal. Inaplicável, na hipótese, a Orientação Jurisprudencial da SBDI-2 nº 147 e o art. 2º, II, da Instrução Normativa nº 31 do TST » *153*

Orientação Jurisprudencial nº 158 da SDI – II do TST. Ação rescisória. Declaração de nulidade de decisão homologatória de acordo em razão de colusão (art. 485, III, do CPC). Multa por litigância de má-fé. Impossibilidade

A declaração de nulidade de decisão homologatória de acordo, em razão da colusão entre as partes (art. 485, III, do CPC), é sanção suficiente em relação ao procedimento adotado, não havendo que ser aplicada a multa por litigância de má-fé » *160*

4. ORIENTAÇÕES JURISPRUDENCIAIS DA SDC DO TST

Orientação Jurisprudencial nº 3 da SDC do TST. Arresto. Apreensão. Depósito. Pretensões insuscetíveis de dedução em sede coletiva.

São incompatíveis com a natureza e finalidade do dissídio coletivo as pretensões de provimento judicial de arresto, apreensão ou depósito » *402*